DIE AUFSEHER

„Jenseits von Entführung”

von
Dolores Cannon

Übersetzt von: Mariam Schleiffer

Kongressbibliotheks-Daten zur Katalogisierung in Veröffentlichungen
Cannon, Dolores 1931 - 2014
The Custodians / von Dolores Cannon
Untersuchungen durch Hypnotherapie bei Verdacht auf Entführung durch Außerirdische. Zwölf Jahre UFO / extraterrestrische Forschung von 1986 bis 1998 unter der Leitung von Dolores Cannon.

1. UFOs. 2. Außerirdische. 3. Hypnose.
I. Cannon, Dolores, 1931-2014 II. UFO/Außerirdische III. Titel

Kongressbibliothek Katalogkartennummer: 2021934535
ISBN: 978-1-950608-37-9

Übersetzt von: Mariam Schleiffer
Bucheinband-Design: Victoria Cooper Art
Buch gedruckt in: Times New Roman
Buch-Design: Nancy Vernon

Herausgegeben durch

OZARK
MOUNTAIN
PUBLISHING

P.O. Box 754
Huntsville, AR 72740
WWW.OZARKMT.COM
Gedruckt in den Vereinigten Staaten von Amerika

INHALTSVERZEICHNIS

Zwei Straßen
gabelten sich in einem Wald
und ich . . .
ich nahm die eine
weniger befahrene
und das
machte den ganzen Unterschied.

ROBERT FROST (1875-1963)

TEIL

EINS

KAPITEL 1

EIN RICHTUNGSWECHSEL

Als ich im Jahre 1979 begann, im Bereich regressiver Hypnose und Reinkarnationstherapie zu arbeiten, hätte ich mir niemals die ungewöhnlichen Orte und Situationen träumen lassen, zu welchen diese Straße mich führen sollte. Über die folgenden Jahre hinweg hat sie mich auf einige seltsame Nebenwege gebracht. Ich hatte einige unglaubliche Abenteuer, traf einige faszinierende Leute aus dem Schattenland der Vergangenheit und gewann wertvolle Informationen zurück, die man für immer verloren geglaubt hatte. Sie wurden ans Licht gebracht durch die unglaubliche Praxis der regressiven Hypnosetechniken. Meine Zeit war ausschließlich der Erforschung der Vergangenheit gewidmet und dem Schreiben von Büchern über meine Entdeckungen. Meine unersättliche Neugier, mein heißhungriges Verlangen nach Forschung und die Sehnsucht nach Wissen rissen mich mit und führten mich weiter auf einer unaufhörlichen Suche. Ich befasste mich nicht mit Hypnose, die auf gegenwärtige Situationen angewandt wird, es sei denn, dies konnte genutzt werden, um die Lebensprobleme einer Person zu lösen. Probleme, die von Phobien oder Gesundheitsproblemen herrührten, die durch die Auswirkungen eines vergangenen Lebens verursacht wurden oder durch karmische Verbindungen, welche sich auf gegenwärtige Familienbeziehungen übertrugen und sie beeinträchtigten. Ich verwendete die Standardform der Hypnose, die sich mit dem Verstehen und der Kontrolle von Gewohnheiten befasste (Rauchen und übermäßiges Essen etc.) lediglich, wenn sie mit der Rückführungsarbeit verbunden war. Die Technik, die ich entwickelte, versetzte die Probanden automatisch in eine vergangene

Lebenssituation. Daher konzentrierte ich mich nicht auf ihr gegenwärtiges Leben.

Dies alles änderte sich, als ich unbeabsichtigt mit dem Phänomen der UFO-Entführungsfälle bekannt gemacht wurde. Meine Abenteuer nahmen eine völlig andersartige und unerwartete Wendung. Türen öffneten sich und mir wurden flüchtige Einblicke in eine Welt gewährt, von der andere meinten, sie solle besser in der trüben Dunkelheit des Unbekannten verborgen bleiben. Manche sagen, es sei besser, nicht in Dingen herumzuforschen, die unser menschlicher Verstand wahrscheinlich nicht zu verstehen in der Lage ist. Wenn aber Wissen und Verständnis vorhanden sind, dann wusste ich, ich würde suchen und meine unerschöpflichen Fragen einfach stellen müssen. Jeder neue Forschungsweg stellt für mich immer eine Herausforderung dar, und zwar eine Herausforderung, die ich nicht ignorieren kann. Aber mein Einzug in diesen Forschungsbereich wich von meinem normalen Kurs ab und erforderte, dass ich meine Techniken änderte und mich an neue Umstände anpasste.

Ich habe immer schon ein Interesse an UFOs, sogenannten „fliegenden Untertassen" gehabt. Ich habe viel von der Literatur gelesen, die sich mit diesem Phänomen befasste und war zutiefst beeindruckt von dem Betty und Barney Hill-Fall, als dieser in den 1960er Jahren erstmals bekannt wurde (Die unterbrochene Reise von John G. Fuller). Dies war der erste sogenannte „Entführungs"-Fall. Es gab viele Dinge in diesem Bericht, die mich davon überzeugten, dass die Hills eine wahrhaftige Erfahrung gemacht hatten. Beispielsweise erschienen mir die offenkundige telepathische Kommunikation und die nicht-feindselige Absicht der Aliens vollkommen plausibel. Ich las auch, was die Kritiker über die sonderbaren Ereignisse an unseren Himmeln zu sagen hatten, die nicht einfach still verschwinden wollten. Nach einem Abwägen von Für und Wider war ich persönlich überzeugt, dass da etwas Reales vor sich ging, das nicht mit dem rationalen, logischen Denken der Skeptiker erklärt werden konnte. Vielleicht war das gesamte Thema nie dafür vorgesehen, logisch zu sein und einfach erklärt zu werden. Vielleicht sollten die Taktiken der Aliens genau das tun, was sie schlussendlich getan haben: Den Menschen ins Staunen versetzen und ihn das Unmögliche in Betracht ziehen lassen.

Selbst als Teenager in den späten 1940er und frühen 1950er Jahren, als die ersten Berichte über „fliegende Untertassen" veröffentlicht wurden und allgemein auf öffentlichen Spott stießen, dachte ich weiterhin, es könne etwas dran sein. Über die Jahre hinweg hielt ich ein passives Interesse aufrecht, indem ich las und mich über die neuesten Entwicklungen auf dem Laufenden hielt. Aber ich hätte niemals gedacht, dass ich eine aktive Rolle in der Forschung spielen und am Ende direkt mit Außerirdischen aus einem anderen Existenzbereich kommunizieren würde. Vielleicht hatte mich meine jahrelange Arbeit im Bizarren sorgfältig auf die schlussendliche Begegnung vorbereitet, denn als diese geschah, war ich nicht erstaunt, ungläubig oder verängstigt. Ich war neugierig. Dies wurde zu meinem Markenzeichen: „Neugier" und diese sollte mir zum Wohle gereichen, wenn es darum ging, Information zu gewinnen.

Ich wurde in den Bereich der UFO-Forschung und UFO-Untersuchungen im Mai 1985 eingeführt. Meine Freundin Mildred Higgins lud mich ein, einer Staatsversammlung mit Mitgliedern von MUFON (Mutual UFO Network) beizuwohnen, welche in Ihrem Heim in Fayetteville, Arkansas, stattfinden sollte. Mildred war stellvertretende Direktorin für den Bundesstaat Arkansas. Sie wusste von meinem Interesse am Sonderbaren und Ungewöhnlichen und dachte, ich würde vielleicht gerne einige der Ermittler und andere interessierte Leute treffen. Obgleich dies nicht in meinem Bereich der Hypnose-Rückführung lag, dachte ich, es wäre interessant, Fragen zu einigen der UFO-Fälle zu stellen, über die ich gelesen hatte.

Bei dem Treffen erfuhr ich, dass MUFON die größte und angesehenste UFO-Forschungsorganisation ist und weltweit Mitglieder hat. Da ich den Verdacht hatte, dass die meisten Leute bei dem Treffen wissenschaftlich orientiert seien, hielt ich es für das Beste, meine Arbeit nicht zu erwähnen. Sie wurde noch immer von vielen als in dem Reich des Absurden liegend betrachtet, und ich nehme meine Forschung zu ernst, als dass ich mich der Gefahr von Spott aussetzen würde. Zu jener Zeit wurde meine Arbeit im Privaten durchgeführt und nur wenige wussten, was ich am Erforschen war.

Walt Andrus, der internationale Direktor von MUFON, war anwesend, und ich fand in ihm einen gesprächigen und überzeugenden Mann, der scheinbar die Fakten eines jeden UFO-Falles auf sofortigen Abruf in seinem Gedächtnis gespeichert hatte. Ich war beeindruckt von seiner Kenntnis all der Fälle, von welchen er viele persönlich untersucht hatte.

Ein weiterer Mann, der einen starken Einfluss auf meine künftige Verbindung mit UFOs haben sollte, war nicht gleich beim ersten Treffen beeindruckend. Lucius Farish war so still, dass der Durchschnittsmensch ihn nicht bemerkt hätte. Er lauschte aufmerksam und schien Informationen wie ein Schwamm aufzusaugen. Ich weiß heute, dass er auf diese Weise mehr lernt, als wenn er im Mittelpunkt steht. Er veröffentlicht den monatlich erscheinenden „UFO Newsclipping Service“ und verfügt im Nu über alle neuesten UFO-Informationen aus aller Welt unter seinen Fingerspitzen.

Bevor dieses Treffen vorüber war, hatte ich mich mit den Menschen dort vertrauter gemacht und enthüllte, dass ich als Hypnotiseurin im Bereich der Reinkarnationsforschung tätig sei. Ich erwartete, dass sie mich fortschicken würden, weil dies definitiv nicht das war, was als „wissenschaftliche“ Herangehensweise betrachtet wurde. Aber zu meiner Überraschung sagte Walt, Hypnose könne ein wertvolles Instrument sein und jedes Instrument, das dazu beitrage, Informationen offenzulegen, sei sicherlich zu begrüßen.

Nach dem Treffen stellte ich eine Kommunikation mit Lucius Farish her. Er unterstützte meine Arbeit und verhöhnte sie nicht, wie ich befürchtet hatte. Bis zu meiner ersten Begegnung mit dem Fachgebiet der hypnotischen UFO-Forschung verging ein Jahr. Etwa zu jener Zeit platzte Whitley Striebers Buch Kommunion über die Szene herein. Budd Hopkins Buch Fehlende Zeit war bereits seit einer Weile draußen, aber ich war zu sehr mit meiner eigenen Arbeit beschäftigt, um auch nur eines dieser beiden Werke zu lesen. Zufällig gab mir mein Agent im Mai 1986 eine Ausgabe von Striebers Buch und schlug mir vor, es zu lesen, da es Berichte über hypnotische Rückführungen im Zusammenhang mit UFOs enthielt. Zur gleichen Zeit rief Lucius (oder Lou, wie er unter Freunden bekannt ist) an, um mir mitzuteilen, dass ein weiteres Jahrestreffen im Haus der Higgins in Fayetteville stattfinden werde. Er war von einer Frau kontaktiert worden, die glaubte, sie sei von Außerirdischen entführt worden und die eine hypnotische Rückführung machen wollte. Er wollte wissen, ob ich diese durchführen würde. Obwohl ich in diesem Fachgebiet keinerlei Erfahrung hatte, glaubte er, ich könne das bewältigen. Schließlich war es selten, überhaupt jemanden zu finden, der Erfahrung mit dieser Art von Dingen hatte (besonders in Arkansas). Er sagte, die meisten Psychiater und Psychologen wollten dieses

Thema nicht behandeln, weil es außerhalb ihres Fachgebiets lag. Nur zu wissen, wie man eine Hypnose durchführt, war für eine Qualifikation nicht ausreichend. Man musste sich bei der Arbeit mit dem Ungewöhnlichen wohlfühlen, um - ganz gleich, was dabei herauskam - dadurch nicht verstört zu werden und auch in der Lage zu sein, eine objektive Untersuchung durchzuführen. Zumindest diese Qualifikation passte sicherlich auf mich. Ich hatte so lange schon im Bereich des Bizarren und Paranormalen gearbeitet, dass ich nicht glaubte, ich würde noch irgendetwas finden, das mich überraschen könnte. Wenn ich mit einem Mann umgehen konnte, der bei der Explosion einer Atombombe starb (Eine Seele erinnert sich an Hiroshima) oder die tatsächliche Beobachtung der Kreuzigung Christi bearbeiten konnte (Jesus und die Essener), sollte ich besser vorbereitet sein als die meisten Ermittler, um die Entführung von menschlichen Wesen durch Außerirdische aus dem Weltall zu bewältigen.

Dem Treffen wohnten etwa 30 Leute bei und ich war besorgt, ob dies die richtige Atmosphäre war, in der ich eine Rückführung dieser Art durchführen sollte. Es war sicherlich nicht gerade der entspannte Rahmen, welcher einer erfolgreichen Hypnose förderlich ist. Bei meiner Arbeit gehe ich normalerweise zum Haus des Probanden und die Sitzung wird in absoluter Privatsphäre durchgeführt. Manchmal mögen Zeugen anwesend sein, aber dies geschieht immer mit der Zustimmung des Probanden (oft sind es Personen, um deren Anwesenheit der Proband bittet) und üblicherweise in geringer Anzahl. Die Atmosphäre ist äußerst wichtig, um der Person die Nervosität zu nehmen. Ich sagte Lou, dies sei so, als würde man das Mädchen in einem Goldfischglas ausstellen. Ich wusste nicht, wie sie auf so viele anwesende Leute reagieren würde, und ich dachte, das Publikum würde sicherlich die Ergebnisse beeinflussen.

Ich machte mir insgeheim auch Sorgen, denn diese Art Fall lag jenseits meiner üblichen Praxis. Ich war nicht sicher, wie ich verfahren sollte. Meine Methoden treiben den Probanden automatisch in ein früheres Leben zurück. Ich würde meine Arbeitsgewohnheiten abwandeln und ändern müssen, um sie daran zu hindern, in die Vergangenheit zurückzugehen und mich auf die Ereignisse in diesem Leben konzentrieren. Da ich bereits viele Varianten meiner Technik angewandt habe, wusste ich, ich konnte eine Methode finden, die funktionieren würde. Ich musste nur mein Verfahren ändern, wusste aber nicht, welche Auswirkungen oder Ergebnisse dies haben würde.

Meine anderen Methoden sind durchaus prognostizierbar, obwohl es immer die eine oder andere Ausnahmeperson geben wird, die sich weigert, dem Muster zu folgen. In solchen Fällen muss man als Anwender lernen, die Technik anzupassen. In diesem Fall hier bliebe keine Zeit, um eine neue Methode einzuüben oder auszuarbeiten. Es müsste durch Versuch und Irrtum getan werden, wie nach Gehör spielen. Mit einem Raum voller Beobachter waren die Bedingungen für Experimente nicht wirklich förderlich. Als ich die Sitzung mit der jungen Frau durchführte, geschah dies mit Besorgnis, nicht wegen des Themas, sondern wegen der Änderung meines getreulichen Arbeitsmusters. Ich war wieder dabei, mich in ein unbekanntes Gebiet vorzuwagen, wo die Ergebnisse aus verschiedenen Gründen ungewiss waren.

Erstaunlicherweise funktionierte die Kursänderung meiner Technik sehr effektiv und wir erhielten eine ganze Menge an Informationen. Die Anwesenden wussten nicht, dass dies mein erstes Mal war, diese Art Fall zu versuchen, weil die Sitzung so reibungslos verlief. Für mich war dies ein richtungsweisender Fall, der die Tür zur UFO-Forschung öffnete. Es war meine erste Bekanntmachung mit kleinen grauen Wesen, die nachts Menschen von Ihrem Zuhause wegführten, mit Tests, die an Bord eines Raumschiffes durchgeführt wurden, mit Sternenkarten und Begegnungen, die bis in die Kindheit zurückreichten. Es war auch mein erster Umgang mit der Furcht und dem Trauma, die der Proband durchmacht. Diese Gefühle waren so vorherrschend, dass die Emotion sogar das Erlangen der Information blockierte. Die junge Frau konnte lediglich berichten, was sie sah und hörte. Sie konnte keine Antworten auf die vielen Fragen finden, die ich stellte. All dies erweckte nur mein Interesse und meine Neugier. Ich wusste, ich konnte eine Methode entwickeln, um den emotionalen Zustand zu umgehen und dem Unterbewusstsein zu erlauben, die Antworten zu liefern. Diese Methode hatte in anderen Fällen funktioniert, weil das Unterbewusstsein die ganze Information enthält. Ich sah keinen Grund, warum es nicht ebenso hier funktionieren sollte, sobald ich einmal eine Methode entwickelt hatte.

Ich war bereits dabei, im Fremden und Bizarren zu arbeiten, weil der Kontakt mit Nostradamus im selben Jahr (1986) stattfand. Dies resultierte schließlich im Verfassen der Trilogie Gespräche mit Nostradamus über die nächsten drei Jahre. Daher ängstigten mich fremdartige und ungewöhnliche Ereignisse und unerforschtes

Territorium nicht. Sie erweckten nur meine Reporter-Neugier und mein Verlangen, mehr zu erfahren.

Es war nach Mitternacht, als ich das Treffen verließ, um nach Hause zurückzukehren. Die Idee, zu dieser Nachtzeit nach dieser Art Erfahrung auf meiner verlassenen Landstraße nach Hause zu fahren, behagte mir gar nicht. All die neuen und merkwürdigen Informationen fluteten wieder zurück in meinen Kopf. Ich fühlte mich sehr misstrauisch und blickte während der einsamen Fahrt wiederholt vorsichtig gen Himmel. Bedeutete diese Rückführung, dass es da draußen wirklich Wesen gab, die Kontakt zu Menschen haben? Was, wenn sie wüssten, dass ich gerade diese Sitzung gehalten hatte? Vielleicht beobachteten sie mich gerade in diesem Moment. Diese Gedanken bereiteten mir eine sehr unruhige Reise. Es war ungefähr ein Uhr morgens, als ich mit großer Erleichterung in meine Einfahrt einbog. Ich wusste, dass ich dieses Feld weiter erforschen wollte, aber ich wusste auch, dass ich mich mit meinen eigenen, sehr menschlichen Gefühlen über sich mit Menschen beschäftigende Wesen aus dem All auseinandersetzen musste. Selbstverständlich erzeugte das Angst in mir. Wir sind durch jahrelanges Schauen von Horrorfilmen mit fremdartigen und erschreckenden Außerirdischen vorkonditioniert worden, die fest entschlossen sind, die Welt zu übernehmen. Diese Kreaturen waren stets als eine Bedrohung präsentiert worden, nicht als Helfer. Wie konnte ich verhindern, dass diese Gefühle auf die Person übertragen wurden, mit der ich arbeitete? Ich war mir sehr bewusst, dass, wenn ein Proband in hypnotischer Trance ist, er sich aller Dinge, einschließlich der Geisteshaltung des Hypnotiseurs viel intensiver bewusst ist.

Dieser Fall öffnete die Tür zur Arbeit mit anderen Fällen ähnlicher Natur. Es war das typische Entführungsszenario, das derart oft wiederholt wurde, dass es mittlerweile alltäglich geworden ist. Während meiner Arbeit sah ich ein Muster auftauchen und als dieses Muster wiederholt auftrat, wusste ich bald, ob ich an einem echten Fall arbeitete, oder an einer Fantasie. Der Proband sah immer die kleinen grauen Wesen mit den großen Augen und es wurden verschiedene Arten medizinischer Tests durchgeführt. Gelegentlich wurde während der Tests ein mehr menschenartiger Typ im Raum gesehen. Oft wurden merkwürdige insektenartige Wesen beobachtet. Da war immer der gewölbte Raum, der Tisch, das helle über dem Tisch platzierte Licht und der Einsatz von nicht erkennbaren

Instrumenten. Oft befanden sich computerartige Maschinen irgendwo im Raum. Und häufig wurde der Person eine Sternenkarte oder ein Buch gezeigt, bevor sie das Raumschiff verließ. Immer wurde ihr gesagt, sie würde das Buch verstehen und sich daran erinnern, wenn die Zeit reif dafür sei. Viele Fälle hatten ihren ersten Kontakt in der Kindheit; das Alter von zehn Jahren schien eine entscheidende Zeitspanne zu sein. Ich fand sogar ein paar Fälle vor, die über drei Generationen zurückreichten. Die Mutter und Großmutter des Probanden berichteten widerstrebend von ähnlichen Erscheinungen und Ereignissen. Dies gab mir den Eindruck von einem Laborexperiment, bei dem mehrere Generationen über einen langen Zeitraum untersucht und überwacht wurden.

Während dieser Zeit arbeitete ich mit Phil und empfing die Informationen, die zu meinem Buch Hüter des Gartens wurden. Einige der Stücke fingen an, zusammenzupassen. Jenes Buch diskutierte die Ancient Astronaut Theorie über das Besamen des Planeten Erde durch Aliens aus dem Weltall. Ich erfuhr, dass sie uns seit Anbeginn des Lebens auf der Erde beobachteten. Was könnte also natürlicher sein, als dass die Aliens uns immer noch überwachten und unsere Entwicklung beobachteten? Für mein Dafürhalten war das der Grund für die Tests und Untersuchungen, aber sie mussten geheim durchgeführt werden, damit das Leben der Testperson nicht beeinträchtigt wurde. In Hüter des Gartens wurde mir erzählt, dass es die ideale Situation sei, wenn die Testperson keinerlei Erinnerung behält und mit ihrer normalen alltäglichen Arbeit fortfährt. Aber ich war dabei, Fälle von Leuten aufzudecken, die sich an ihre traumatischen und schmerzhaften Vorfälle erinnerten und dies eher mittels Träumen als bewusst. Mir wurde gesagt, dass die Chemikalien und Verschmutzungen in unserer Atmosphäre, die Drogen, Medikamente und der Alkohol im Körper einer Person die chemischen Eigenschaften ihres Gehirns beeinflussen können. Dies könne dazu führen, dass die Person sich an Häppchen, Brocken und Bruchstücke der Erfahrung erinnern kann, aber in einer verzerrten Art und Weise, gefärbt durch Emotionen. Sie erinnere sich nicht an das tatsächliche Ereignis. Ihr Bewusstsein verändere das Ereignis zu einer emotional aufgeladenen Erinnerung. Mein Job solle es sein, hinter die bewussten Emotionen zu gelangen und direkt zum Unterbewusstsein zu sprechen, wie ich es in meiner anderen Arbeit getan hatte, denn ich wusste aus Erfahrung, dass die Antworten dort verborgen lagen. Wenn der Einfluss des emotionalen Bewusstseins entfernt wird, kann die Wahrheit des Ereignisses zum Vorschein kommen.

WARUM?

Viele Forscher untersuchen lediglich Sichtungen und physische Spuren wie Landungen, und hören dort auf. Andere Forscher untersuchen nur die Entführungen und hören dort auf. Ich begann mit eben diesen und ging dann darüber hinaus. Ich habe Einblicke in ein viel größeres Bild entdeckt, das gerade erst anfängt, zutage zu treten: ein Bild, das unser menschlicher Geist kaum erfassen kann. Es könnte das größte Bild sein, das der Menschheit jemals gezeigt wurde: Die Geschichte davon, wer wir sind, woher wir kommen und wohin wir gehen. Sind wir bereit, die Geheimnisse unserer eigenen Geschichte zu erfahren?

Mehrere Autoren und Forscher im Bereich des UFO-Phänomens sind darin übereingekommen, dass die Aliens mit oder ohne unsere Zustimmung in eine Art genetische Manipulation involviert zu sein scheinen. Es scheint auch, dass sie nicht völlig aus einem eigennützigen sachlichen Motiv heraus handeln, sondern die Anweisungen einer höheren Autorität ausführen. Ähnlich dem, wie das Personal eines Krankenhauses unpersönlich erscheint, wenn es seine verschiedenen Tests und Untersuchungen durchführt. Wie oft sind wir derselben Gleichgültigkeit begegnet, wenn wir den Grund für gewisse Krankenhaustests in Erfahrung bringen wollten? Wenn unsere Kinder dieselbe Furcht und Neugier an den Tag legten, brachten wir sie zum Schweigen, indem wir sagten, dass der Doktor etwas wissen müsse, das sie nicht verstehen würden, und dass sie ruhig sein und tun sollen, was der Arzt sage und dass es gar nicht wehtun würde. Selbst wenn wir den Grund für die Tests kennen, nehmen wir uns nicht die Zeit, dies dem Kind zu erklären, weil wir glauben, dies würde in ihm lediglich Furcht erzeugen und das Kind würde es ohnehin nicht verstehen. Also versuchen wir, das Kind zu beruhigen, bis die notwendige Arbeit getan ist. Dann hören wir häufig: „Aber Mami, du sagtest mir, es würde nicht weh tun, aber es tat weh." Dies erzeugt das Gefühl von Misstrauen, so als ob es belogen worden wäre. In einigen Fällen erzeugt dies eine Angst vor dem Arzt, dem Krankenpfleger oder dem Krankenhaus. Vielleicht verkennen wir das Kind auch, wenn wir es für selbstverständlich halten, dass es nicht die geistige Kapazität habe, zu verstehen, während es tatsächlich nicht so ist.

Die Aliens legen dieselbe Haltung an den Tag, als hätten sie es mit einem Kind oder mit jemand von unterdurchschnittlicher Intelligenz zu tun, der nicht verstünde, selbst wenn es ihm erklärt werden würde. Die Entführten reagieren auf dieselbe Art wie unsere Kinder, indem sie sagen, dass die Aliens nicht das Recht hätten, sie auf diese Weise zu behandeln. Sie sagen, die Aliens respektieren sie nicht und machen sich nicht die Mühe, ihnen zu erklären, was wirklich vor sich geht.

Wenn diese Untersuchungen und Tests in großer Anzahl auftreten und viele, viele Menschen involvieren, sehe ich es als mit der Kälte und Zurückhaltung vergleichbar an, die mit einem überfüllten Krankenhaus verbunden ist, das täglich mehrere hundert identische Tests durchführt. Nach einer Weile werden diese Tests so üblich und alltäglich, dass sie nicht mehr die Notwendigkeit sehen, diese zu erklären. Es bleibt nicht genug Zeit und nicht genügend Interesse daran, zu versuchen, mit jedem Individuum darüber zu kommunizieren. Wenn aber ein gelegentlicher Arbeiter sich dann einmal die Zeit nimmt, Trost zu spenden und zu ermutigen, bleibt seine Güte in Erinnerung und hebt sich von der scheinbaren Missachtung der anderen maschinenähnlichen Mitarbeiter ab. Ich glaube, die Haltung der Aliens ist daher nicht notwendigerweise Missachtung uns gegenüber als separater Persönlichkeit, sondern wird wohl dieselbe Art nüchterne Haltung aus Überlastung und Routineüberflutung heraus sein.

Viele Forscher haben sich auch mit den Hintergründen der Tests und Untersuchungen herumgeschlagen. Es sind mehrere verschiedene Ideen und Erklärungen hervorgebracht worden, und mehrere weitere werden in der Zukunft aufgeworfen werden. Jede in diesen ungewöhnlichen Bereich involvierte Person wird, basierend auf ihren eigenen Nachforschungen sowie ihren eigenen Lebenserfahrungen, ihrer Geisteshaltung und ihren Erwartungen ihre eigenen Theorien darüber formulieren, was geschieht.

Viele glauben, es sei Genmanipulation oder Gentechnologie mit unterschiedlichen Zielen im Gange. Manche denken, wir seien eine überlegene Rasse, die beinahe ihre Perfektion erreicht habe und die Aliens stammten von einer unvollkommenen oder sterbenden Rasse ab. Vielleicht haben sie irgendwie die Fähigkeit verloren, sich zu vermehren und brauchen daher das Sperma und die Eier unserer Spezies, um ihre eigene aussterbende Rasse aufrechtzuerhalten. Sie hoffen, dies durch Kreuzung zu vollbringen, wenn nicht physisch, dann zumindest klinisch, und außerirdisch-menschliche Hybriden hervorzubringen. Diese Idee wird von Menschen mit Schrecken betrachtet und somit wird jeder mit demselben Ziel vor Augen als ebenso schrecklich angesehen.

Meine Theorien sind anders. Ich glaube nicht, dass sie dies für ihre eigenen Zwecke tun, sondern für unsere. Natürlich, wir haben gesehen, dass mehrere verschiedene Arten von Entitäten involviert sind, und es könnte einige negative Arten geben, die diese Dinge zu ihrem eigenen Nutzen tun. Aber ich glaube, diese sind in der Minderheit, die Abtrünnigen oder Eigenbrötler der UFO-Gruppen. Wie ich in meinem Buch Hüter des Gartens erklärte, ist da eine höhere Macht am Werk, die einen Plan anordnet, der schon Äonen, bevor der erste Mensch auf unserem Planeten erschien, für unsere Welt entworfen wurde. Dieser Generalplan wurde mit Methoden konzipiert und ausgearbeitet, die weit über unser Verständnis hinausgehen. Diesen Wesen wurde das Ausführen verschiedener Schritte in diesem Projekt zugewiesen. Jedes Einzelne war für seinen eigenen kleinen Anteil verantwortlich und hatte nichts mitzureden bei der Vollendung des ganzen Projektes. Der gesamte Umfang lag wahrscheinlich sogar jenseits ihres Verständnisses. Als sie über Äonen hinweg auf unserem Planeten Leben schufen, es nährten und zurechtstutzten, war es lediglich ein Job, eine Aufgabe. Sie mögen ähnliche Aufgaben auf verschiedenen anderen Planeten in verschiedenen Wachstumsstadien gehabt haben. Als einzelne Wesen wegstarben, wurde ihre Arbeit von anderen fortgeführt. Dies war ein Projekt von extrem großer Reichweite und eines, das bis ins kleinste Detail orchestriert wurde. Zeit spielte keine Rolle, nur das Endziel: Die Erschaffung einer Spezies mit überlegenen körperlichen und geistigen Fähigkeiten. Solch ein Projekt konnte nicht über Nacht vollbracht werden und es gab immer die Möglichkeit, dass selbst ein derart sorgfältig ausgearbeiteter Plan schieflief. Es wäre unmöglich gewesen, jeden möglichen Umstand vorauszusehen.

Der Wermutstropfen ereignete sich, als ein Meteorit in die Erde krachte und Organismen einschleuste, die unserem Planeten fremd waren. In ihrer eigenen Umgebung waren sie harmlos gewesen. Als sie aber in die unberührte Erdatmosphäre eingebracht wurden, vermehrten sie sich und mutierten zu einer unberechenbaren Bedrohung für die keimende menschliche Rasse. Dies verursachte die Einführung von Krankheiten in den menschlichen Körper. Der ideale Plan war es gewesen, einen perfekten, krankheitsfrei funktionieren Körper mit langer Lebensspanne zu erschaffen. Es herrschte großer Kummer, als diese unvorhergesehene Entwicklung entdeckt wurde, und es wurde ein Treffen auf höchster Ratsebene abgehalten, um zu entscheiden, was zu tun sei. Es herrschten große Traurigkeit und Reue, weil das große Experiment fehlgeschlagen war. Weil aber bereits so viel Arbeit geleistet worden war, wurde entschieden, dass es besser sei, nicht das gesamte Experiment über den Haufen zu werfen. Es wurde beschlossen, den angerichteten Schaden möglichst zu minimieren und fortzufahren, indem man Zugeständnisse machte, und mit dem weiterzumachen, was ihnen zum Arbeiten übriggeblieben war.

In den frühen Tagen, als sich der Mensch entwickelte, gab es ein ständiges Pflegen, Zurechtstutzen und Beeinflussen der Spezies. Genmanipulation und Gentechnik waren von Anfang an Teil unserer Spezies. Es ist nichts Neues. Das ist der Grund, warum wir überhaupt hier sind und nicht in einer Höhle leben und uns gerade so in der Wildnis über Wasser halten. Die Außerirdischen haben die Entwicklung unseres Gehirns sorgfältig gezüchtet und beeinflusst, indem sie schrittweise die erstaunlichen psychischen Kräfte und intuitiven Gefühle eingeführt haben, die unter ihnen gebräuchlich sind. Als der Mensch sich vom animalischen Stadium fortentwickelte und fähig wurde, sein eigenes Leben und seine eigenen Angelegenheiten zu bewältigen, war es den Aliens nicht mehr erlaubt, so viel Einfluss zu haben. Es wurde hervorgehoben, dass dies der Planet des freien Willens ist, und es ist ein striktes universelles Gesetz, dass der freie Wille respektiert werden muss.

Die Aufgabe des Gärtners wandelte sich zu der des Aufsehers. Dem Menschen wurden vielerlei Hilfsmittel und Kenntnisse verliehen, um sein Leben leichter zu gestalten und dann musste die neue Spezies auf eigenen Füßen stehen. Wenn sie Fehler machte und das Wissen missbrauchte, war es ihr gutes Recht, dies zu tun, solange sie nicht die Rechte anderer außerhalb ihres eigenen Planeten verletzte. Die Außerirdischen unterlagen strengen Rechtsvorschriften, sich nicht einzumischen. Natürlich wurde das Studium der Spezies fortgesetzt. Das Experiment musste von Zeit zu Zeit überprüft werden, um zu sehen, wie es sich entwickelte und an seine Umgebung anpasste. Zu geeigneten Zeitpunkten wurden Korrekturen durch Genmanipulation vorgenommen. Wenn dies seit Anbeginn der Zeit geschah, warum sollte es dann nicht immer noch geschehen? Wenn sie unter der Autorität einer höheren Macht handeln, die wir nicht einmal ansatzweise begreifen können, wer sind wir dann, zu sagen, dass sie kein Recht haben, dies zu tun? Wir sagen schließlich auch nicht zu einer Mutter, sie habe weder das Recht noch die Autorität, sich um ihr Kind zu kümmern. Ich betrachte es als dieselbe Logik.

Während der Mensch Fortschritte machte, beeinflusste er seine Umwelt in solch einem Umfang, dass es seinen Körper in Mitleidenschaft zog. Ich halte es für keinen Zufall, dass, während die Umgebung des Menschen diesen bedrohlichen Veränderungen ausgesetzt ist, die Tests und Untersuchungen durch Aliens zugenommen haben. Natürlich interessieren sie sich dafür, was der Mensch seinem Körper antut. Sie waren schon immer interessiert. Was könnte natürlicher sein, als zu versuchen, uns Menschen zu korrigieren und anzupassen, um mit all dem „Zeug" fertig zu werden, das wir in unsere Atmosphäre kippen? Wenn dies Genmanipulation miteinschließt, um einen Menschen zu produzieren, der sich besser anpassen kann, dann sei es so. Ich glaube, dass sie immer noch versuchen, den Schaden ungeschehen zu machen, der vor Äonen entstand, als der Meteor Krankheitserreger in ihr Experiment einschleuste. Ich glaube, dass sie immer noch versuchen, uns zum ursprünglichen Traum und Design zurückzubringen: ein krankheitsfreier Mensch, der zu fantastischen Meisterleistungen und einer unglaublichen Lebensdauer fähig ist.

In Hüter des Gartens erzählte ich von dem anderen Projekt, möglicherweise einen perfekten Menschen zu schaffen, der auf einem Planeten leben solle, der irgendwo im Kosmos vorbereitet wird. Eine Chance, wieder neu in einer sauberen Umgebung zu beginnen, nachdem unsere über den Umkehrgrenzpunkt hinaus verseucht wurde, möglicherweise durch einen Atomkrieg oder was auch immer. Ich glaube, das ist eine Möglichkeit, aber es wird nicht die einzige sein.

Im Herbst 1988 hatte ich einen seltsamen Vorfall. In der Nacht hatte ich das eindeutige und fremdartige Gefühl, dass ein ganzer Informationsblock irgendwie in meinen Kopf eingefügt worden war. Die Erfahrung hatte keinerlei Qualitäten eines Traumes. Während sich dies ereignete, wachte ich genügend weit auf, um die Informationen zu verstehen. Ich wusste, es handelte sich um ein Konzept, nicht um bestimmte Sätze oder Ideen, und es war in einer ganz prägnanten Form in mein Gehirn platziert worden. Ich habe oft meine Probanden davon sprechen gehört, wie sie Konzepte erhielten, die sie in Sprache aufschlüsseln mussten, damit sie verständlich wurden. Ich konnte jetzt die Schwierigkeit verstehen, die sie hatten. Dies war meine erste und einzige (denke ich!) Erfahrung dieser Art. Ich wusste, dass sich das Konzept mit der Erklärung des Verhaltens der UFO-Insassen, ihrer Argumentation usw. beschäftigte. Ich wusste, dass es die Erklärung war, die in mein Buch über UFO-Fälle aufgenommen werden sollte, welches noch nicht einmal begonnen wurde. Ich hatte nicht bewusst über die Frage nachsinniert, warum die Aliens Gentechnik einsetzten, weil ich damals mit der Endredaktion des ersten Bandes der Nostradamus-Trilogie (Gespräche mit Nostradamus) beschäftigt war. Ich sammelte einfach die Informationen, von denen ich annahm, dass sie eines Tages ein Buch über meine UFO-Fälle bilden würden.

Es war ein Konzept, eine Idee und eine Erklärung, die sich von allen Äußerungen der anderen Schriftsteller unterschied, die ich zu diesem Zeitpunkt zu diesem Thema gehört hatte. Es schien sehr wichtig, dass ich mich an den Inhalt erinnere, und es wurde betont, dass dies die Information war, nach der ich gesucht hatte. Ich hatte keine Zeit, es zu analysieren, weil es zu facettenreich war. Aber ich wusste, dass ich es bis zum nächsten Tag im Kopf behalten konnte, wenn ich es in den Computer würde eingeben können. Ich schlief wieder ein und erwachte am nächsten Morgen mit einem merkwürdigen Gefühl in meinem Kopf. Bevor ich völlig wach war, kam der Informationsblock mit der gleichen Intensität in mein Bewusstsein zurück, die er in der Nacht zuvor hatte. Das war nicht normal, denn normalerweise verblassen Traumeindrücke beim Aufwachen schnell und es ist schwierig, sie zurückzuholen, selbst in reinen Bildern. Dieser hier war nicht in Bildern, sondern in philosophischer Denkart. Es wurde erneut betont, dass es wichtig sei, sich daran zu erinnern und es aufzuschreiben. Ich wusste, ich musste ihn in den Computer eingeben, bevor er sich verflüchtigte. Natürlich kommt der Alltag immer dazwischen. An oberster Tagesordnung stand, dass meine Tochter und ich Pfirsiche aus unserem kleinen Obstgarten einwecken mussten. Reife Pfirsiche können nicht warten, auch wenn ich von den Informationen abgelenkt war, die in meinem Gehirn umherkreisten. Als das letzte Glas versiegelt und zum

Abkühlen auf den Tisch gestellt worden war, hatte ich letztendlich Zeit, am Computer zu arbeiten.

Die nächste Folge der Ereignisse ist natürlich immer die Frage, wie man es in Worte fassen soll. Dies ist oft der schwierigste Teil, weil ein Konzept ganz und vollständig sein kann und sich dabei dem Aufschlüsseln widersetzen kann, welches für die Umwandlung in Worte notwendig ist. Aber ich werde den Versuch wagen in dem vollen Bewusstsein, dass ich einiges dabei verfehle. Es war eine interessante Idee, eine Erklärung, um die herum ich das Buch konstruieren und auf diese vorgefassten Schlussfolgerungen hinlenken konnte. Obwohl zu der damaligen Zeit ein solches Buch keine Form und Substanz hatte und nur ein schwacher Schatten in meinem Hinterkopf war. Diese Anfangsetappen sollten zehn Jahre lang in meinen Akten ruhen, bevor sie schließlich Wirklichkeit wurden. Bis 1998 hatte ich eine riesige Menge an Informationen angehäuft, die in einem Buch münden sollten, aber es folgte definitiv dem Konzept, das mir 1988 gegeben wurde.

DAS KONZEPT

Es wurde mir klar, dass die Manipulation von Genen unserem Schutz diente, der Erhaltung unserer Spezies, der Sicherung unseres Überlebens. Wenn man es auf diese Weise betrachtet, ist es ein Akt großer Menschenliebe und zeigt eine immense Hingabe an unsere Betreuung. In den Nostradamus-Büchern wird betont, dass die sehr reale Möglichkeit besteht, dass unsere Lebensform zerstört werden wird. Es wurde die Möglichkeit vorausgesehen, dass die Erde auf ihrer Achse kippt. Während einer solchen Katastrophe würde es Tod aus vielerlei Ursachen geben: Überschwemmung, Erdbeben, Vulkanausbruch, massive Flutwellen, jegliche dem Menschen bekannte und unbekannte Art von Katastrophen. Danach würde es Tod durch Krankheit und Hungersnot geben. Jeder, der überlebt hätte, müsste extrem abgehärtet sein. Ich habe volles Vertrauen in die Menschheit. Ich glaube, wir haben die Fähigkeit zu überleben. Ich glaube genau wie Nostradamus, dass dies nicht das Ende der Welt wäre, sondern das Ende unserer Welt, wie wir sie kennen. Es wäre eine völlige Veränderung unserer Lebensweise, aber der Mensch hat die wunderbare Ausdauer, das wiederzuerlangen, was er für eine solche Lebensweise als wichtig erachtet.

Das ist etwas, worüber ich nicht gerne nachdenke und ich nicht für möglich halten will, aber viele Experten sind sich einig darüber, dass die Möglichkeit besteht. Vielleicht blicken die Aliens nur nach vorne und versuchen, jeder Möglichkeit vorzugreifen. Sie wollen nicht wieder überrumpelt werden. Durch Genmanipulation und Gentechnik könnten sie nicht nur einen Menschen schaffen, der in einer kontaminierten Umgebung mit einem Körper funktionieren kann, der Krebs und anderen durch diese Veränderungen verursachten Krankheiten widerstehen kann, sondern auch in der Lage sein wird, sich an einen neuen, enorm stressbelasteten Lebensstil anzupassen. Eine der Probandinnen in diesem Buch sah sich selbst inmitten einer Szene voller kranker und sterbender Menschen, die einander auf jegliche auch noch so unbedeutend erscheinende Weise zu helfen suchten. Sie selbst war nicht krank und war unfähig, krank zu werden. Ihre Aufgabe war es, den anderen zu helfen. Vielleicht ist sie eine von der neuen Rasse, die zu diesem Zweck entwickelt wurde, um den Verwüstungen durch die Erdverschiebung sowie den großen Krisen, die folgen könnten, standzuhalten.

Die Theorie, die ich aus den erhaltenen Informationen entwickelt habe, ist, dass sie extrem an unserem Wohlergehen als Spezies interessiert sind, weil sie seit Äonen unsere Pfleger sind. Sie werden uns jetzt nicht aufgeben. Einige Menschen werden auf das Überleben auf einem anderen Planeten vorbereitet, der von krankheitsfreien Individuen bevölkert werden soll und dafür vorbereitet wird. Er wird so konzipiert, dass er vertraut erscheint, damit es keinen Schock gibt, wenn die Menschen in einer neuen und unberührten Umgebung eine neue Lebensweise oder die Fortsetzung der alten Lebensweisen beginnen. Andere könnten auch auf das Überleben auf diesem Planeten Erde vorbereitet werden, nachdem katastrophale Veränderungen die meisten Menschen funktionsunfähig machen. Ich glaube, dass wir in der Zukunft, wenn wir in der Lage sind, all die verschiedenen Facetten dieses Phänomens zu sehen, erkennen werden, dass diese Wesen nicht zu fürchten sind, sondern als unsere Vorfahren, unsere Brüder, unsere Aufseher willkommen geheißen werden sollten. Ihr Zweck im großen Plan wird endlich verstanden werden und der Menschheit kristallklar werden.

BETRACHTUNGEN

Seit ich mich dieser radikaleren Denkweise ausgesetzt sah, habe ich bemerkt, dass ich die Dinge um mich herum anders betrachte. Es hat sich darauf ausgewirkt, wie ich meine Mitmenschen sehe, auf die Art, wie sie ihr Leben leben und darauf, wie diese Leben in einem weltweiten Kontext miteinander zusammenhängen. Während ich diese Dinge niederschreibe, wird die Logik hinter der Aufseher-Theorie in meinem Kopf klarer und plausibler.

In einer weit entfernten Zukunft ist es sehr wahrscheinlich, dass wir die Rolle des Aufsehers für einen anderen Planeten übernehmen werden. Die Idee ist nicht nur möglich, sondern sie wird sehr wahrscheinlich geschehen. Der Mensch ist ein sehr neugieriges Tier, so wie ich sicher bin, dass es auch die Aliens waren, als sie ihr Erdpflegedienst-Projekt begannen. Es ist für mich unvorstellbar, dass der Mensch, sobald er die Raumfahrt perfektioniert und die Entfernungen zwischen unserer Welt und stillen, toten anderen Welten überwunden hat, er diese so zurücklassen will, wie er sie vorfand: tot und leblos. In dieser fernen Zukunft wird der Mensch das Wissen haben, um das Leben als Experiment einzuführen. Er wird es zunächst in einfachen rudimentären Schritten einführen, in einfachen Zellen, um zu sehen, was sich unter den gegebenen Bedingungen entwickeln würde, was auch immer die urzeitliche „Suppe" tolerieren würde. Nach vielen Versuchen wird dies dazu führen, dass komplexere Lebensformen eingeführt oder genetisch verändert werden, um sich der Umgebung anzupassen. Ich kann nicht glauben, dass der Mensch mit seiner angeborenen Neugier etwas anderes tun wird. Er wird als Grund zitieren, dass es keinerlei Schaden verursachen könne. Der Planet hatte anfangs keinerlei Leben oder vielleicht nur das Grundlegendste an Zellstruktur. Der Mensch hätte also einen unwirtlichen Planeten, der zum Experimentieren reif ist, als Spielplatz für zukünftige Wissenschaftler bereitstehend, die die Anpassung von Lebensformen ausprobieren wollen. Wen könnte es denn verletzen? Es würde die Anwendung von auf der Erde verbotenen Methoden erlauben, da es in einer außerirdischen Welt keine solchen Barrieren gäbe. Der Mensch würde natürlich von irgendeiner Regierung oder zumindest von einem Vorgesetzten geleitet und unterwiesen werden. Er würde den Anweisungen eines Generalplans folgen, weil es für den durchschnittlichen

Wissenschaftler viel zu komplex wäre, alleine zu arbeiten. Dann würde es sozusagen das Pflegen, das Beschneiden und sozusagen das Pfropfen geben, um den sich entwickelnden Lebensformen dabei zu helfen, sich anzupassen. Diese untergeordneten Aufgaben würden von weniger Gebildeten (oder sogar Robotern) ausgeführt werden, da dies nur die Befolgung von Befehlen mit sich brächte. Dieses private Projekt, ob der Bevölkerung des Heimatplaneten bekannt oder unbekannt, könnte sich über unzählige Jahre hinweg entwickeln und würde von Generationen von Wissenschaftlern weitergeführt werden, die die „neue" Welt als zu wertvoll betrachten würden, um das Experimentieren zu beenden. Diese Wissenschaftler würden eine unglaubliche Menge neuer Informationen erlernen, die zweifellos dazu benutzt werden würden, das Wohlergehen der Menschen auf Erden zu unterstützen. Das Projekt könnte nicht aufgegeben werden, wenn es gleichermaßen den Lebensstil auf dem Heimatplaneten unterstützte.

Über unzählige Zeiträume hinweg würde das Leben aufgebaut werden und beginnen, seine eigenen Eigenschaften zu entwickeln. Vielleicht würden Lebensformen von der Erde eingeführt und eingekreuzt werden, um sich genetisch anzupassen. Schließlich könnte ein Tier mit Intelligenz entstehen. Es würde natürlich mit der Genmanipulation und der Einführung von Wesenszügen unserer eigenen Rasse nachgeholfen werden. Aufregung würde sich durch die Hallen der Wissenschaft verbreiten, während Innovationen präsentiert würden. Die daraus resultierende Kreatur könnte einige unserer Charaktereigenschaften aufweisen, wäre aber wahrscheinlich keine reine Kopie, da sie sich noch an ihre Umgebung anpassen müsste. Ihre Augen, ihr Atmungsapparat und ihr Kreislaufsystem würden anders sein, aber sie würde immer noch als humanoid betrachtet werden, obwohl sie wahrscheinlich nicht auf der Erde überleben könnte. Wenn die Kreatur anfinge, Mängel aufzuweisen, die mit dem Generalplan unvereinbar wären, würde das Projekt dann aufgegeben und die Lebensform zerstört werden? Ich denke nicht. Ich denke, der Mensch würde immer noch genug vom Gottes-Geist besitzen, um alles Leben für heilig zu halten, selbst Leben, das er selbst geschaffen hat. Ich denke, er würde versuchen, der Spezies zu helfen, sich an die Fehler anzupassen, oder ihr erlauben, zu einer evolutionären Sackgasse zu werden und von selbst zu erlöschen.

In dem Maße, wie sich die vorherrschende Spezies dann entwickelte und Anzeichen von Zivilisation zu zeigen begänne, würde die Betreuung abnehmen. Sie müsste nicht ständig überwacht werden. Außerdem könnte es ein interessantes Experiment sein, zu sehen, wie sich die neuen Kreaturen ohne Hilfe entwickeln würden. Welche Art Moral würden sie aufweisen? Wären sie einfallsreich? Wären sie kriegerisch? Um unsere eigene Rasse zu verstehen, würden wir uns verpflichtet fühlen, diese Kreaturen sich eigenständig entwickeln zu lassen und zu studieren, welche Eigenschaften natürlich auftreten und welche erlernt werden. Aber sie würden nicht völlig alleine gelassen werden. Ein Berater würde kommen, um unter ihnen zu leben und ihnen beizubringen, wie sie ihr Leben verbessern können. Dieser Berater würde auch lange nach seiner Rückkehr zu seinem Heimatplaneten als ein Gott behandelt und verehrt werden. Er musste ein Gott gewesen sein, weil er so wundersame Kräfte und Wissen besaß. Es würden Anweisungen zum Sammeln von Nahrungsmitteln und zum Überleben gegeben werden. Um dann die geistige Entwicklung zu studieren, könnte der Berater nicht eingreifen. Sobald das Wissen einmal übergeben worden wäre, müsste es auf die Art und Weise verwendet werden, die die neue Kreatur entschied. Wenn es zu viele Einmischungen gäbe, könnte das Experiment völlig gefährdet werden. Es gibt offensichtlich zu viele verschiedene Faktoren, die hier aufgeführt werden müssten, aber dies wäre das allgemeine Szenario.

Dies wäre ein fortlaufendes Experiment und würde vom Heimatplaneten niemals aufgegeben werden. Über nachfolgende Generationen hinweg würde es fortwährend in den Annalen der Geschichte aufgeführt werden. Es würde immer „Beobachter“ geben, die die Spezies überwachten und die Aufzeichnungen auf dem neuesten Stand hielten. Es würden natürlich einige dieser neuen Kreaturen genauer überwacht werden, um zu sehen, wie sich die Genetik entwickelt und wie sie von ihrer Umgebung beeinflusst werden. Sollte es Probleme geben, könnten diese durch Veränderungen gelöst werden. Ich glaube nicht, dass wir dies als Einmischung betrachten würden, denn unter idealen Bedingungen würde die Kreatur nicht wissen, dass irgendetwas unternommen wurde und könnte ihr Leben unbeeinflusst fortsetzen. In diesem fortgeschrittenen Stadium des Experiments würde es besser sein, wenn der Wissenschaftler im Labor hinter dem Glas bliebe, um nicht entdeckt zu werden. Auf ziemlich die gleiche Weise werden seltene

Vögel in Gefangenschaft gezüchtet. Nachdem das Küken aus dem Ei schlüpft, tragen die Tierhalter groteske Vogelmasken oder -hauben, damit das sich entwickelnde Küken sich nicht mit Menschen identifizieren kann. Die Theorie der Wissenschaftler besagt, dass wenn er sich mit dem Menschen identifiziert, der Vogel nicht alleine in der Wildnis existieren kann. Er muss sich mit seiner eigenen Art identifizieren.

Aber was wäre, wenn die Spezies eine andere Wendung erführe und anfinge, ihr neu gefundenes Wissen zu nutzen, um Krieg auszurufen? Was, wenn diese Kriegshandlungen so tiefgreifend werden würden, dass die Spezies Waffen von schrecklicher Macht schüfe? Was, wenn sie ihre neuen Erfindungen auf rücksichtslose Weisen nutzte, die nicht nur sie selbst, sondern ihre gesamte Welt zu zerstören drohten? Wäre es ihr erlaubt, dies zu tun? Ich glaube nicht. Wenn das Experiment über zahllose Jahrhunderte beschützt und gefördert worden wäre, würden wir es aufgeben, oder würden wir das Risiko eingehen, an diesem Punkt einzugreifen? Es wäre ein gigantisches Problem und die Entscheidung würde wahrscheinlich der obersten Regierungsebene auf der Erde obliegen. Als ein ultimativer Höhepunkt des Experiments könnte beschlossen werden, ihnen zu erlauben, zu tun, was sie wünschen. Aber würden wir zulassen, dass alles verloren geht? Wahrscheinlich würden wir Zellen entnehmen und Klone produzieren, um einige Exemplare der Spezies auf der Erde zu haben oder um auf einem anderen unwirtlichen Planeten neu zu beginnen. Wir würden wahrscheinlich nicht zulassen, dass die gesamte Arbeit verloren geht. Aber ich glaube wirklich, wenn die Spezies die totale Zerstörung ihres Planeten androhte, müssten wir etwas unternehmen, um dies zu verhindern, da dies Auswirkungen auf das gesamte Sonnensystem und möglicherweise auf benachbarte Sterne und Galaxien haben könnte. Dies könnten wir nicht zulassen; es würde zu viele Störungen verursachen. Ich denke, zu diesem Zeitpunkt müssten wir endlich die goldene Regel der Nichteinmischung brechen und Farbe bekennen. Wir würden der Spezies endlich sagen, dass wir ihre Erschaffer waren, ihre Aufseher und ihre Beschützer über Äonen hinweg. Wie würden wir angenommen werden? Würden sie uns glauben? Würde es irgendeinen Unterschied machen?

Dieses ganze Szenario klingt nach Science Fiction, aber woher können wir sicher wissen, dass es nicht eintreten wird? Wie können wir sicher wissen, dass es nicht bereits eingetreten ist, nicht nur hier auf unserer Erde, sondern möglicherweise auf unzähligen Planeten im ganzen Universum? Solange es Neugier gibt, wird der Mensch suchen. Solange er weitersucht, wird es keine Hindernisse geben für das, was er erreichen wird. Das Universum ist und war immer seine Heimat. Dies ist eine wichtige Charaktereigenschaft, die wir von unseren Schöpfern und unseren Wächtern geerbt haben. Es ist sicherlich eine wichtige Charaktereigenschaft, die wir an noch ungeborene Generationen weitergeben werden, ob auf diesem Planeten oder anderswo.

Wissen ist nichts wert, wenn es nicht geteilt werden kann.

KAPITEL 2

VERDICHTETE ODER VERZERRTE ZEIT

Viele Ermittler haben Fälle von fehlender Zeit untersucht, bei denen mehrere Stunden unerklärlich vergehen, ohne dass der Betroffene den Zeitablauf bemerkt. Ich werde mehrere solcher Fälle später in diesem Buch erörtern. Aber ich habe ein Konzept entdeckt, das ich noch seltsamer finde: Fälle von verdichteter Zeit. Das ist der Fall, wenn die Ereignisse in viel kürzerer Zeit stattfinden, als sie normalerweise brauchen würden. Natürlich sind beide Phänomene Beispiele dafür, wie die Zeit aus der Sicht des Teilnehmers auf mysteriöse Weise verzerrt wird.

Wir werden behindert durch die Tatsache, dass wir in unserem Konzept der linearen Zeit eingeschlossen sind. Es wurde gesagt, dass wir der einzige Planet im Universum seien, der eine Methode erfunden habe, etwas zu messen, das nicht existiert. In meiner Arbeit wurde mir oft gesagt, dass Zeit nur eine Illusion sei, eine Erfindung des Menschen. Die Außerirdischen haben dieses Konzept nicht und sie haben mir gesagt, dass der Mensch niemals im Weltraum reisen wird, wenn er nicht die falsche Vorstellung von Zeit überwindet. Dies ist eines der Hauptprobleme, das den Menschen auf der Erde gefangen hält. Auch wenn wir dies aus psychologischer Sicht verstehen können, ist es für unseren menschlichen Geist schwierig, wenn nicht unmöglich, das zu akzeptieren. Mit unserem Leben - bestehend aus und gemessen in Minuten, Stunden, Tagen, Wochen, Monaten und Jahren - sind wir gründlich in der Zeit verwurzelt. Ich sehe keinen Weg, wie wir diesem Konzept entkommen und trotzdem in unserer normalen Alltagswelt funktionieren können. Wir glauben, dass sich die Dinge nach ordnungsgemäßer Sitte innerhalb einer bestimmten Zeit von Punkt A zu Punkt B entwickeln müssen. Es kann keine Umleitungen geben, kein Befahren von Nebenstraßen, weil sie nicht in unser Glaubenssystem passen. Damit ist unser Fokus sehr eng. Alles, was jenseits dieses Fokus liegt, gilt als unmöglich und kann daher nicht geschehen, es kann nicht existieren.

Wenn wir auf einem Planeten lebten, der seine Sonne in anderer Weise umliefe, wie würden wir die Zeit messen? Angenommen, es gäbe immer Sonnenlicht oder immer Dunkelheit, angenommen, der Planet hätte zwei Sonnen, würde man Zeit auf eine andere Art messen oder entscheiden, dass eine solche Unbill gar nicht erforderlich ist? Wie steht es mit Wesen, die lange Zeitspannen auf Raumschiffen unterwegs sind und durch den Weltraum irren, ohne Bezugspunkte, anhand derer sie zwischen Tag und Nacht unterscheiden können und ohne jegliche Veranlassung, die Jahreszeiten und Jahre voneinander abzugrenzen? Es ist kein Wunder, dass sie unseren Zweck der Zeit nicht verstehen und sich oft keinen Reim darauf machen können. Unter ähnlichen und sogar noch radikaleren Umständen könnten wir ebenso gut entscheiden, dass es gar keinen Zweck hat, Zeit zu erschaffen und so dogmatisch an ihr festzuhalten.

Ohne derlei Einschränkungen stand es ihnen frei, andere Dimensionen und Existenzebenen zu entdecken, die uns durch unsere starre Zeitstruktur verborgen bleiben. Nachdem sie diese Entdeckungen gemacht hatten, fanden sie Wege, alles, was sie transportieren möchten, zu dematerialisieren und zu rematerialisieren. Sie können durch Risse und Spalten in andere Dimensionen schlüpfen und gleiten, so einfach, wie das Schreiten durch eine Tür. Natürlich werden sie das getan haben, lange bevor unsere Vorfahren in Höhlen lebten, und wir haben recht viel Nachholbedarf. Aber wir werden diese Risse niemals finden, bis wir die Scheuklappen entfernen, die uns sagen, es sei unmöglich. Wenn eine andere menschenähnliche Spezies diesen Weg entdeckt hat, dann ist es auch uns möglich. Wenn sie uns stets geistig mit Informationen versorgt haben, die wir während der Äonen unserer Existenz gebraucht haben, dann werden sie vielleicht auch jetzt versuchen, die Geheimnisse über die Auflösung der Zeitgrenzen weiterzugeben und uns zu zeigen, wo sich die goldenen Tore befinden.

Es scheint viele metaphysische Konzepte zu geben, die einem Alien recht einfach in den Sinn kommen, aber für den Menschen beinahe unmöglich zu fassen sind. Die „praxisbezogenen" Ermittler würden das alles gerne schlicht halten: Wenn sie es nicht sehen, messen, berühren oder zerlegen können, dann existiert es nicht. Sie fühlen sich wohler mit dem Konzept des Viele-Meilen-pro-Stunde-Reisens, um den nahgelegensten Stern zu erreichen und an der Entwicklung einer Brennstoffquelle zu arbeiten, welche die Aufgabe erledigen wird. Es ist viel schwieriger für sie, das Konzept des Reisens mittels Geisteskraft und des sich in Dimensionen Hinaus- und Hineinbewegens zu begreifen. Die Lösungen zum UFO-Rätsel sind nicht mehr einfach. Je mehr wir uns in das Puzzle vertiefen, desto komplizierter und geistig anspruchsvoller werden die Konzepte. Vielleicht wurden uns deshalb diese Alternativen bisher noch nicht eröffnet. In der Vergangenheit musste unser menschlicher Geist sich an Aliens gewöhnen, die auf Arten in UFOs reisten, die wir verstehen konnten. Beispielsweise, indem sie eine Art konventioneller Brennstoffquelle nutzten, um die Lichtgeschwindigkeit zu übertreffen, damit sie den Gesetzen der Physik gehorchten, wie jedenfalls unsere Physiker sie verstanden.

Wir wurden über die Jahre mit dem Löffelchen gefüttert und haben nur so viel Information erhalten, wie wir zu der jeweiligen Zeit bewältigen konnten. Nachdem wir uns an jeden Teil des Konzepts angepasst hatten und die Idee uns nicht länger ängstigte, wurde uns ein komplizierteres Stück des Puzzles gegeben. Ich bezweifle ernsthaft, dass wir jemals das vollständige Konzept verstehen werden, genauso wenig, wie wir von einem Kleinkind erwarten können, Geometrie und Differenzialrechnungen zu verstehen. Also werden wir wohl niemals die Chance bekommen. Mir wurde mehrfach gesagt, ich solle nicht erwarten, dass alle meine Fragen beantwortet würden. Manches Wissen sei wie Medizin und manches wie Gift. Es könne mehr schaden, als dass es helfen würde. Also nehme ich, was mir gegeben wird, und ich habe erkannt, dass in dem Maße, wie ich analysiere und die Konzepte zu verstehen versuche, mir daraufhin mehr zum Verdauen gegeben wird. Aber es scheint, dass es niemals mehr ist, als ich verarbeiten kann. Dies ist die Art, wie ich meine Bücher geschrieben habe, indem ich versuchte, diese Ideen auf eine Weise zu präsentieren, wie die Leute sie begreifen können. Somit wird es in diesem Buch Konzepte geben, die ich noch nie zuvor vorgestellt habe. Es gibt weite unerforschte Gebiete, die vor dem Forscher liegen, und ich hoffe, dorthin zu reisen. Wir machen unsere ersten kleinen Schritte hinein in eine unbekannte Welt.

Wir sagen, diese Wesen und Fluggeräte benähmen sich nicht entsprechend den Gesetzen der Physik, wie wir sie kennen. Wir sagen, sie täten Dinge, die „unnatürlich“ sind. Das ist die größte Skepsis an ihrer Existenz. Die Leute sagen, die Meisterleistungen, die sie angeblich vollbringen, seien unmöglich. Ich denke, wir sollten erkennen, dass sie kein unnatürliches Phänomen sind, sondern ein natürliches. Sie könnten einem neuen physikalischen Gesetz gehorchen, welches wir noch nicht entdeckt oder noch nicht mal überdacht haben. Neu ist es lediglich für uns, weil es nicht in unseren Realitätsrahmen passt, aber in ihren Augen ist es ziemlich natürlich.

Gemäß der Information, die ich erhalten habe, sind die UFO-Fahrzeuge in der Lage, aus der Sicht oder vom Radarschirm und dergleichen zu verschwinden, weil sie plötzlich ihre Schwingungsrate verändern. Wenn man beobachtet, wie die Flügel eines sich drehenden Ventilators oder Propellers mit zunehmender Rotationsgeschwindigkeit verschwinden, bekommt man eine grobe Idee davon, wie es funktioniert. Wir, die wir in der physischen Welt auf der Erde leben, schwingen mit einer langsameren Schwingungsfrequenz. Dies wird in meinem Buch Verschachteltes Universum weiter erläutert. Viele dieser Wesen leben nicht auf anderen Planeten, sondern in anderen Dimensionen. In diesen anderen Dimensionen gibt es viele andere Welten (manche physisch, manche nicht), die zuweilen Seite an Seite mit der unseren existieren, aber auf einer höheren Schwingungsrate schwingen. Häufig sind wir uns der jeweiligen Welt des anderen vollkommen unbewusst. Die Fortgeschrittenen aus den anderen Welten sind sich unserer gewahr geworden und kommen oft zum Beobachten hierher. Um dies zu tun, müssen sie ihre Schwingungsrate senken. Es wurde als schmerzhaft beschrieben, dies zu schaffen und diese langsamere Vibrationsrate für einen längeren Zeitraum aufrechtzuerhalten. Es könnte somit den gegenteiligen Effekt auf Menschen haben, die jene Dimensionen betreten. Unsere Schwingungsrate würde beschleunigt werden und müsste beim Wiedereintritt gedrosselt werden.

Viele dieser Wesen haben sich bis zu dem Punkt entwickelt, dass sie reine Energie sind und nicht länger Körper benötigen. Sie können jedoch Körper manifestieren, falls dies nötig ist, um mit Menschen zu interagieren. Ich konnte nicht verstehen, warum Wesen, die reine Energie sind, ein Raumschiff benötigen sollten, um in unsere Dimension einzureisen. Vielleicht führen sie nicht nur ihre eigene Umwelt, wie die Schwerkraft, Atmosphäre etc. mit sich, um das Leben aufrechtzuerhalten, sondern auch ihre eigene Schwingungsrate.

Es gab viele Fälle von Menschen, die ohne bleibende Auswirkungen auf ihren Körper an Bord von kleineren Raumfahrzeugen gebracht wurden. Vielleicht ist das der Grund. Das Raumschiff tritt ein und funktioniert innerhalb unserer Schwingungsfrequenz und die Menschen können sich daran anpassen. Die kleinen grauen Wesen werden für gewöhnlich als an Bord der kleineren Schiffe präsent erwähnt. Sie sind eine Art geklonte oder speziell erzeugte Wesen, die bei diesen Frequenzen offensichtlich einfacher funktionieren können, als die anderen Wesenstypen. Sie wurden nach dem Bilde ihrer Schöpfer erschaffen, den großen grauen Wesen, um in der Lage zu sein, zur Erde zu kommen und die untergeordneten Tätigkeiten zu verrichten. Die von Menschen, Tieren, Pflanzen etc. entnommenen Proben werden dann für Laboranalysen zum großen Raumschiff gebracht. Es wurden nicht so viele Fälle berichtet von Menschen, die an Bord der größeren Schiffe oder der „Mutter"-Schiffe gebracht wurden. Diese befinden sich für gewöhnlich weit oben in unserer Atmosphäre, weil sie zu groß sind, um einfach landen zu können. Aber nun glaube ich, sie schwingen ebenfalls auf einer anderen Frequenz, welche sie unsichtbar macht. Vielleicht können die Wesen an Bord sich nicht einfach an die niederen Schwingungen anpassen und ziehen es vor, in einer behaglichen Umgebung zu bleiben. Um diese Raumschiffe betreten zu können, müssen die Moleküle von Menschen angepasst und ihre Schwingungsrate beschleunigt werden. Sie können auf diese Weise für eine begrenzte Zeit funktionieren, aber dies kann nicht unbegrenzt aufrechterhalten werden, sonst würde der Körper zerfallen. Beim Wiedereintritt erfolgt der komplizierte und schwierige Prozess, wenn der Körper der Person wieder neu angepasst und die Frequenz gedrosselt wird. Dies kann in Verwirrung, Desorientierung, zeitweiliger Lähmung und körperlichen Symptomen (wie blauen Flecken) münden, während der Körper sich von dem Trauma für sein System erholt. Das könnte erklären, warum es nicht so viele Fälle gab von Leuten, die an Bord der größeren Schiffe gebracht wurden. Die andere Erfahrung mit den kleineren Raumfahrzeugen und den kleinen

Grauen ist viel verbreiteter. Der Durchschnittsmensch wird nicht in der Lage sein, sich an die für diese Erfahrung notwendigen körperlichen Veränderungen anzupassen.

Im Jahre 1998 kam der letzte Amerikaner von der gemeinsamen Sowjetischen Mission an Bord der im Orbit kreisenden Raumstation MIR zur Erde zurück. Er sagte, die größte Umstellung sei gewesen, sich an das drückende Gewicht seines physischen Körpers zu gewöhnen, nachdem er so lange Zeit schwerelos gewesen war.

Fehlende Zeitabläufe sind nicht immer, was sie zu sein scheinen. Es wird angenommen, dass die Person im Falle von fehlender Zeit direkten Kontakt mit Aliens oder UFOs hatte, insbesondere, wenn zur selben Zeit ein Licht (oder Raumschiff) gesichtet wurde. Ich fand heraus, dass das nicht immer der Fall ist. In vielen Beispielen klammerte die Person lediglich eine unangenehme oder traumatische Erfahrung aus Ihrem Bewusstsein aus und es hatte nichts mit Aliens zu tun. Diese Information kann akkurat abgerufen werden, wenn die Trance tief genug ist, um das Unterbewusstsein direkt zu kontaktieren. Es birgt alle Erinnerungen und wird berichten, was wirklich geschah, ohne die sich einmischende emotionale Färbung des Bewusstseins. Ich rate Ermittlern immer, nicht vorschnell Schlüsse zu ziehen, wenn die Probanden von fehlender Zeit berichten oder von irgendeiner der anderen Erfahrungen, die auf das Muster zu passen scheinen. Sie sollen stets zuerst Ausschau nach der einfachsten Erklärung halten, bevor Sie ins Komplexere gehen. In vielen Fällen ist die einfache Erklärung die Antwort. Aus unbekanntem Grunde bevorzugen einige Leute die komplexere Antwort, um Ereignisse in ihrem Leben zu erklären. „Ich hatte fehlende Zeit, also muss ich an Bord eines UFOs gebracht worden sein.“ Aufgrund irgendeines mysteriösen psychologischen Prozesses ist diese abstrakte Argumentation leichter zu akzeptieren als eine banalere, aber unangenehme. In einem meiner Fälle hatte ein Mann definitiv fehlende Zeit und dies ging in der Tat mit dem Kontakt zu Aliens einher, aber es war ein Fall, in dem er zur falschen Zeit am falschen Ort war.

Tom wollte eine Periode fehlender Zeit erforschen, die sich 1972 in Massachusetts ereignet hatte und die ihn immer umgetrieben hatte. Er war bei einem Kunden zu einem Geschäftstreffen gewesen. Es waren weitere Leute anwesend und ihnen wurde ein sehr schönes Abendessen serviert. Da sich der Abend dahinzog, wurde es ziemlich spät, und eine der Frauen lud ihn ein, die Nacht in ihrer Wohnung zu verbringen, anstatt nach Hause in die nächste Stadt zurückzufahren.

Tom erinnerte sich, wie er ein helles Licht am Himmel über einigen Bäumen sah, während die Frau in dieser Nacht fuhr. Es schien sie nervös zu machen. Er erinnerte sich an nichts weiter, bis er am nächsten Morgen in ihrer Wohnung aufwachte. Er hatte weder Drogen noch Alkohol konsumiert und er konnte niemals die fehlende Zeit erklären. Nicht lange danach zog die Frau weg und er erfuhr nie, wohin sie ging. Er behielt sie in Erinnerung als eine eher seltsame Frau; sie war nicht freundlich oder gar besonders kommunikativ.

Unter Hypnose ging er zurück zu dieser Szene, erinnerte sich an das genaue Datum des Ereignisses und beschrieb das köstliche Mahl. Er lieferte viele Details, die sein Wachbewusstsein vergessen hatte. Viele, die für das, wonach wir suchten, nicht relevant waren, aber es zeigte, dass die ganze Information vorhanden und griffbereit war. Der Name der Frau war Stella und sie sagte, ihr Auto sei ein neuer 1972er Pontiac Firebird. Es war beinahe Mitternacht, als sie auf einer Landstraße zu ihrer Wohnung fuhren, und er erzählte ihre müßige Unterhaltung nach. Dann sah er im Augenwinkel, was er für einen Feuerball oder eine „Sternschnuppe“ hielt. Sie sahen zu, wie das Licht am Himmel heller wurde und sich auf sie zuzubewegen schien.

Der Wagenmotor fiel plötzlich aus und das Auto kam in der Mitte der Straße zum Stehen. Stella hatte Angst, aber Tom reagierte seltsamerweise auf andere Art. Er fühlte sich auf einmal sehr müde und schlief ein. Dies war definitiv keine normale Reaktion. Ich wusste, sein Unterbewusstsein war wach geblieben und ich würde in der Lage sein, ihm Fragen zu stellen.

Sein Unterbewusstsein erzählte mir, dass beide, er und Stella, am Schlafen waren und da ein glänzendes Licht war, das den Wagen umgab und durch alle Fenster hereinschien. Die Autotüren öffneten sich dann und ihre schlafenden Körper wurden aus dem Auto entfernt. Ich fragte, wer sie herausnahm.

„Sie sehen aus wie Menschen. Ein Mann hat braunes Haar, der andere hat blondes Haar. Sie nehmen uns einfach aus dem Auto heraus und untersuchen das Innere des Wagens. Dann betrachten sie uns. Sie haben so ein Ding, das sie über uns halten. Und dann bringen sie uns wieder zurück in den Wagen.“

Er sagte, sie haben seinen bewusstlosen Körper hoch gehalten und ein Instrument an seinem Körper auf und ab bewegt. Es machte ein klickendes Geräusch, während sie es manövrierten. Ich nahm an, er sei recht schwer, um von ihnen in dieser Weise hochgehalten zu werden. Er sagte, das war er wahrscheinlich, aber sie taten es mit Leichtigkeit.

Ich bat um eine Beschreibung des Instruments. „Es sieht schmal aus, wie eine Fernsehantenne, etwa dreißig bis fünfunddreißig Zentimeter lang mit Drahtringen drum herum. Und es blitzt in Farben von beinahe Neongrün bis hin zu einem intensiven Violettblau. Die Farben umgeben das Instrument, wenn es über eine Person bewegt wird, und ich kann ein klickendes Geräusch hören. Ich weiß allerdings nicht, wofür es gut ist."

Sie wurden dann wieder zurück ins Auto gebracht. Der Motor lief nun und sie bewegten sich die Straße hinunter. Die Männer und das Licht waren verschwunden. Stella sagte: „Oh, ich muss für eine Sekunde eingeschlafen sein. Ich muss wirklich müde sein." Tom fühlte sich auch, als wäre er eingenickt. Stella blickte dann auf ihre Uhr und war verblüfft, als sie die Uhrzeit sah. „Oh, meine Güte! Es ist zwei Uhr dreißig! Sind wir nicht gegen zwölf von dort abgefahren? Oh, ich weiß nicht. Besser, wir gehen jetzt." Beide verwarfen sie diesen Gedanken, als sie zu ihrem Apartment fuhren. Tom fühlte sich sehr müde, wie energieentleert und erschöpft. Er döste während der verbleibenden Fahrtzeit. Am Apartment angelangt ermahnte sie ihn, leise zu sein, um die Nachbarn nicht aufzuwecken. Sie zeigte ihm sein Zimmer und er brach völlig auf dem Bett zusammen. Er erinnerte sich an nichts weiter, bis ihn das Telefon am nächsten Morgen aufweckte.

Ich fragte sein Unterbewusstsein, ob es den Grund für die Untersuchung mithilfe des fremdartig aussehenden Instruments kenne. Es antwortete: „Ja, ich weiß, warum. Es war wegen Stella. Sie arbeitet für eine Firma südlich von Boston, die militärische Geheimnisse für den Krieg in Vietnam vorbereitet. Und sie hat Zugang zu lauter verschiedenen Arten von Information. Ich denke, sie wollten in Wirklichkeit die Information von ihr, nicht so sehr von mir. Ich war einfach zufällig dort zu einem Zeitpunkt, als sie sie kontaktierten. Sie überwachen sie, und sie ist wahrscheinlich schon zahlreiche Male in der Vergangenheit kontaktiert worden. Ich wusste, etwas stimmte nicht, weil sie immer so gereizt erschien. Sie ist misstrauisch und schließt nicht leicht Freundschaften. Sie ist auch häufig umgezogen. Bevor sie in Massachusetts lebte, wohnte sie in

Kalifornien, davor lebte sie auf Hawaii, und davor in Japan. Sie ist um die ganze Welt gereist."

D: Haben sie mit ihr das Gleiche mit dem Instrument gemacht?

T: Ich konnte nicht sehen, was sie mit ihr taten, weil sie dabei das mit dem Ding an mir taten. Aber ich weiß, sie taten noch etwas anderes. Sie haben eine Art Kontakt mit ihr.

D: Was war der Zweck dieses Instruments?

T: Es war ähnlich einem computertomographischen Scan-Instrument, wie wir es heute haben. Es untersuchte meine Lebensfunktionen. Es maß auch meine Gehirnwellen. Sie beeinflussen Menschen über die Gehirnwellen. Aber diese Leute waren nicht böse. Sie waren nicht kalt oder emotionslos, sie überwachten sie bloß, weil sie Angst hatten, sie könnte in etwas involviert sein. Es ist wie eine Art Spionage. Das ist einer der Gründe, warum sie sie überwachen wollten, weil sie eine Menge Informationen kennt. Stella hat einen Abschluss in Radio-Bakteriologie und einen Doktortitel in Ingenieurtechnik. Sie ist eine sehr intelligente Frau.

D: Versuchten Sie, auf diese Weise Informationen von ihr zu bekommen?

T: Nein. Sie wissen bereits alles, was sie weiß, weil sie ihre Gedanken lesen können. Aber sie ist ihnen wohl aus dem einen oder anderen Grund wichtig. Ich weiß nicht.

D: Warum sollten sie besorgt sein, falls sie in Spionage verwickelt wäre? Welchen Unterschied würde es für sie machen?

T: Sie hatte dieses Problem. Sie wurde von Leuten heimgesucht, die die Sowjetischen Blockstaaten repräsentierten. Sie waren dabei, ihr einhunderttausend Dollar anzubieten, aber sie ging nie auf deren Angebot ein. Sie zog fort.

D: Sind diese Wesen besorgt darüber, dass sie in eine Art Spionage verwickelt werden könnte? Ist es das, was du meinst?

T: Nein, sie machten sich keine Sorgen darüber, dass sie in Spionage oder etwas Ähnliches verwickelt werden könnte. Sie ist eine von jenen Leuten, die sie überwachen, das ist alles. Und sie hat Zugang zu allen möglichen verschiedenen Arten an wissenschaftlichen Abhandlungen und Dingen ähnlicher Natur. Das ist es, warum sie überwacht wird.

D: Diese Information, die du mir über sie erzählst, ist das etwas, das du bereits wusstest, oder ist es etwas, das du erst jetzt erfährst?

T: Nun, ich wusste, sie hatte einen Doktortitel. Und ich wusste, dass sie für eine Firma außerhalb von Boston arbeitete. Und dass das etwas mit Ingenieurtechnik zu tun hatte. Ich wusste allerdings nicht, dass sie in Spionage verwickelt war.

D: Dann ist dies etwas, das du erst jetzt über sie herausfindest und das du zur damaligen Zeit nicht wusstest?

T: Ja. Sie fühlt sich wirklich belästigt durch diese Überwachung, und das ist der Grund, warum sie durch die ganze Welt reist. Sie versucht, ihnen zu entkommen. Sie ging bald danach fort. Ich vermute, dass sie von Massachusetts fortzog, denn ich konnte nicht mit ihr in Verbindung treten.

D: Dann sahst du sie nicht mehr wieder?

T: Nein, sie musste gehen ... (Pause, und dann Überraschung) nach Houston. Stella wurde runter nach Houston versetzt. Deshalb ging sie.

D: Okay. Hattest du jemals wieder eine Erfahrung wie diese nach diesem Datum, mit dem Licht oder so etwas?

T: Nein, niemals wieder. Das war das einzige Mal.

Ich dachte, das sei interessant, weil es ein Fall fehlender Zeit war, bei welchem der Proband nicht das Objekt der Aufmerksamkeit der Wesen war. Da war reichlich Raum für Fantasie, falls der Proband dazu geneigt gewesen wäre, aber der Vorfall fokussierte sich nicht einmal auf ihn. Auch interessant, dass er sagte, er habe niemals einen weiteren ähnlichen Vorfall gehabt. Wenn er nur fantasiert hätte, hätte er recht einfach ausschweifen können. Aber so wie es war, gab es überhaupt keine Ausschmückungen.

Ich stieß 1988 und 1989 auf drei Fälle, die auf eine Zeitverzerrung hindeuteten und vielleicht sogar in eine andere Dimension übergingen.

Im Sommer 1987 platzierte Lou Farish eine kleine Anzeige in einer lokalen kostenlosen Supermarktzeitung in der er alle, die ungewöhnliche Vorfälle im Zusammenhang mit UFOs gehabt hatten bat, ihn anzurufen. Es war das erste und einzige Mal, dass er eine solche Anzeige aufgab. Eine Frau namens Janet rief ihn an, um von einem seltsamen Ereignis in der Nacht zuvor in ihrem Viertel zu berichten. Die Frau war sehr besorgt und wollte sich nicht identifizieren lassen. Sie erzählte ihm, dass sie in nur fünfzehn

Minuten von Little Rock zu ihrem Zuhause nach Conway gefahren war. Da es sich um eine Entfernung von ungefähr 50 Meilen handelt, dauerte die Fahrt normalerweise 45s Minuten. Es gab auf dem gesamten Weg auf der vierspurigen interregionalen Autobahn keinerlei Verkehr, was sehr ungewöhnlich war. Als sie nach Hause kam, machten ihre Hunde einen fürchterlichen Rabatz, was für sie nicht normal war. Lou sagte, es schien, als hätten wir einen Fall von verdichteter Zeit, anstatt fehlender Zeit. Das einzige, was mit UFOs in Verbindung gebracht werden konnte, war, dass die Frau während des Ereignisses ein riesiges helles Licht über einigen Bäumen gesehen hatte. Sie war eine Geschäftsfrau, die nicht identifiziert werden wollte und der es peinlich zu sein schien, darüber zu reden.

Lou suchte sie dann zuhause auf, um mit ihr zu sprechen. Er fand, dass Janet eine äußerst bodenständige Person war, die nie über UFOs gelesen oder sich in irgendeiner Art für sie interessiert hatte. Sie war sich sicher, dass es eine vernünftige, logische Erklärung für alles geben sollte, wenn überhaupt eine. Aber sie hatte Schwierigkeiten, die Beschleunigung der Zeit und das Licht am Himmel zu erklären. Lou fragte, ob sie bereit sei, sich einer Hypnose zu unterziehen, aber sie war sehr dagegen. Ich sagte ihm, er solle es nicht erzwingen, sondern sie selbst entscheiden lassen. Aber falls möglich, würde ich mich gerne mit ihr treffen.

Während des nächsten Jahres hatte er von Zeit zu Zeit Kontakt mit ihr. Sie griff nach allen möglichen bizarren Erklärungen, um das Licht zu erklären, sogar, dass sich jemand in den Bäumen befunden haben könnte mit Spiegeln, die Licht nach oben lenkten. Die Erklärungen waren bizarrer als der eigentliche Vorfall selbst. Aber sie versuchte verzweifelt, eine Erklärung zu finden, die sie akzeptieren konnte. Sie berichtete auch von seltsamen Träumen vorausahnender Natur und zeigte zum ersten Mal in ihrem Leben übersinnliche Veranlagungen.

Lou versuchte immer wieder, ein Treffen zwischen uns zu vereinbaren, aber es klappte nicht. Jedes Mal tat sie etwas anderes, das für sie wichtiger war und normalerweise mit ihrem Geschäft zu tun hatte. Offensichtlich war die Erfahrung, obwohl erschütternd, für sie nicht von vorrangiger Bedeutung.

Es war auch gut, dass diese Zeit verstrichen war, denn als ich zum ersten Mal von ihrem Fall hörte, war die Vorstellung von verdichteter Zeit eine neue Kuriosität. Aber in der Zwischenzeit stieß ich auf zwei weitere Fälle, die eine deutliche Ähnlichkeit dazu aufwiesen, und ich dachte, es könne eine Gemeinsamkeit geben. Vor allem Valeries und Eddies Fall, von denen in diesem Kapitel berichtet wird.

Mein Treffen mit Janet ereignete sich schließlich während der Ozark UFO-Konferenz in Eureka Springs im April 1989. Sie hatte widerstrebend zugestimmt, teilzunehmen, und Lou stellte uns einander vor. Sie sagte, es gebe mindestens 30 andere Dinge, die sie an diesem Wochenende lieber getan hätte, und diese Konferenz zu besuchen, gehöre nicht dazu. Ihr Interesse war einfach nicht da. Sie hatte den Rednern aufmerksam zugehört und die präsentierten Bilder und Dias angesehen, aber nichts schien ihrer Erfahrung zu entsprechen, also dachte sie, es sei reine Zeitverschwendung. Wir saßen in der Lobby, während die Mehrheit der Teilnehmer der Konferenz beiwohnte, sodass wir ein privates Gespräch führen konnten.

Janet war eine sehr attraktive Blondine, eine richtige Dame, kultiviert, aber nicht auf übertriebene Art. Schön gekleidet und den Eindruck erweckend, dass sie es gewohnt war, sich mit einer wohlsituierten, hochgebildeten Menge zu tummeln. Dennoch wirkte sie sehr freundlich und nicht so, als wäre sie hochnäsig. Sie entspannte sich merklich bei mir und begann sofort ihre Geschichte auszubreiten. Es schien ihr fast eine Erleichterung, sie endlich zu erzählen. Sie schien zu spüren, dass ich sie nicht verhöhnen würde, sondern da war, um ihr möglichst zu helfen. Sie beschloss, es endlich weiterzuverfolgen, weil sie kürzlich Flashbacks hatte, welche zusätzliche Details aufkommen ließen und dies störte sie. Sie war sich sicher, dass es eine logische Erklärung gab und war überzeugt, es würde aufhören, sie zu stören, sobald sie sie gefunden hatte. Sorgfältig und genau lieferte sie die Details.

Ich war sicher, dass sie über das merkwürdige Auftreten von verdichteter Zeit nachgelesen hatte, und das hatte sie. Sie schien der Typ zu sein, der jedes mögliche Detail überprüfen wollte, um die eigene Neugier zu befriedigen. Sie hatte es bereits anhand mehrerer Personen genau nachgeprüft, die ihr den Zeitpunkt, zu dem sie an diesem Abend ein Restaurant in Little Rock verlassen hatte, bestätigten. Es war gegen Mitternacht, als sie auf die I-40 kam und die Autobahn entlang fuhr, bis sie zu der Straße kam, die zu ihrem Haus abbog. Es gibt nur eine Straße in oder aus diesem Bereich und es ist immer Verkehr, egal zu welcher Tages- oder Nachtzeit. Sie ist mit jeder Kurve bestens vertraut und kennt jedes Haus entlang des Weges, da sie diese Strecke fast täglich fährt. Aber in dieser Nacht schien alles seltsam und anders. Es gab keine Sterne da draußen und sie bemerkte, dass es extrem still war. Da war nicht einmal der Klang der Grillen. Sie bemerkte deutlich, dass in keinem der Häuser Lichter an waren, nicht einmal die Quecksilberdampflampen draußen, die immer brennen. Sie kannte diese Gegend sehr gut und in den Häusern brannten immer Lichter, die man von weit her sehen konnte. Es gab keinen Laut und kein Lebenszeichen. Es gab keinen Verkehr, was sie für sehr ungewöhnlich hielt.

Dann sah sie das Objekt. Es war riesig und schwebte direkt über den Baumkronen vor ihr zu ihrer Rechten. Es war von enormer länglicher Form und leuchtete in einer sehr ausgeprägten hellorangen Farbe. Das Glühen war in der Form eingeschlossen und entströmte nicht nach außen. Es gab keine Markierungen, keine Fenster, Umrisse oder andere Lichter, nur diese orangefarbene längliche Form. Als sie es zum ersten Mal sah dachte sie, es sei die untergehende Sonne und der Glanz und die Farbe kämen von der Reflexion aus den Wolken. Obwohl die Sonne einige Stunden zuvor untergegangen war, war dies die erste Erklärung, die ihr in den Sinn kam. Dann dachte sie an die Möglichkeit eines Meteorblitzes oder einer Aurora Borealis. Sie versuchte, es mit etwas Logischem in Verbindung zu bringen, obwohl sie in ihrem Leben noch nie etwas Ähnliches gesehen hatte. Sie verlangsamte das Auto bis zu einem Kriechgang, um es zu beobachten. Normalerweise wäre dies wegen des üblichen Verkehrsaufkommens auf dieser Straße gefährlich gewesen.

Während das Auto im Schneckentempo fuhr, war Janet von dem riesigen Licht wie hypnotisiert. Dann sah sie auf der Straße vor ihr einen Gegenstand, von dem sie dachte, es sei wahrscheinlich ein totes Tier. Als sie auf seine Höhe kam, hielt sie das Auto an, um es genauer zu betrachten. Sie war erstaunt zu sehen, dass es eine gewöhnliche Hauskatze war, die in einer ungewöhnlichen Position eingefroren war. Sie saß auf ihren Hüften, die Haare abstehend, die Pfoten in der Luft und starrte auf eben denselben Gegenstand, der auch ihre Aufmerksamkeit erregt hatte. Das Tier war nicht tot, aber auf groteske Weise eingefroren in dieser seltsamen Lage, in welcher es den Gegenstand anstarrte; fast in einem Zustand von Scheintod. Dies war das einzige Lebenszeichen, auf das sie gestoßen war, wenn man es so nennen will.

Sie fuhr weiter, immer noch langsam fahrend und das Objekt anstarrend. Als sie dann längsseits zu ihm war, ging sein Licht aus, aber auf ungewöhnliche Weise. Die obere und untere Kante schlossen sich langsam und hinterließen wieder einen dunklen Raum über den Bäumen. Die beiden Kanten kamen zusammen und flimmerten zu Ende. Sie demonstrierte es mit ihren Händen, und ich hatte den Eindruck, als würde ein riesiges Auge die Lider schließen. Ich hinterfragte dies, um sicher zu sein, dass es sich nicht einfach hinter die Baumgrenze senkte und außer Sichtweite geriet. Sie sagte, wenn das passiert wäre, hätte sie das Licht durch die Bäume schimmern gesehen, während es sich senkte. Sie war sich sicher, dass die unteren und oberen Ränder einfach zusammen kamen und das Licht aus war. Es besteht die Möglichkeit, dass sich das Objekt möglicherweise noch dort befunden hat, nur jetzt in einem abgedunkelten Zustand. Da es keine Sterne gab, hätte sich das Objekt optisch an die Dunkelheit angleichen können. Was auch immer geschah, sie beschleunigte sodann und fuhr nach Hause, verwirrter denn je. Sie sagte, sie habe nie Angst empfunden, nur Ehrfurcht, Staunen und Verwunderung. Ihr berechnender Verstand hatte versucht herauszufinden, was es war.

Als sie in ihre Einfahrt fuhr, hatten ihre reinrassigen Hunde, die in einem stabil gebauten Hundezwinger eingesperrt waren, Tobsuchtsanfälle. Sie bellten und heulten, kratzten und bissen am Zaun und versuchten herauszukommen. Sie sagte, dass sie sich noch nie zuvor so benommen hätten, da die Rasse sehr sanft geartet war. Normalerweise bellten sie nicht einmal, wenn sie oder jemand anderes in die Einfahrt kam. Aber in dieser Nacht drehten sie durch, als sie ankam. Ich fragte, ob sie etwas Ungewöhnliches am Auto oder an sich selbst bemerkte und sie verneinte dies.

Als sie das Haus betrat, war sie überrascht, die Uhrzeit zu sehen. Sie ging durch das Haus und glich alle Uhren mit ihrer Armbanduhr ab und alle sagten dasselbe. Sie war viel zu schnell nach Hause gekommen. Sie schätzte fünfzehn Minuten, was unmöglich gewesen wäre, besonders bei der langsamen Geschwindigkeit, mit der sie unterwegs war. Sie weckte ihren Mann und bat ihn, ihr zu sagen, welche Zeit die Uhr anzeige, und hielt ihn an, sich am nächsten Tag zu erinnern, wann sie nach Hause gekommen war.

Janet sagte, sie fing an, Rückblenden zu haben, die sich auf den Vorfall bezogen. Sie erinnerte sich daran, dass etwas vor dem Auto über die Autobahn streifte, als sie das Objekt zum ersten Mal sichtete.

Zur gleichen Zeit gab es auch einen plötzlichen Lichtblitz in der Mitte der Autobahn. Sie beschrieb es als vergleichbar mit einer Spiegelreflexion, die sich plötzlich umdrehte und einen Lichtblitz oder -schimmer erzeugte. Sie hatte Schwierigkeiten, es zu beschreiben, aber es erinnerte sie an die Reflexionen in einem Spiegelsaal im Gruselkabinett auf einem Jahrmarkt.

Wir hatten nie eine Hypnose-Sitzung, obwohl ich überzeugt bin, dass an der Geschichte mehr dran war. Sie wollte den Vorfall nicht weiter erforschen, weil sie ihr Leben in Ordnung hatte. Sie war sehr in ihr Geschäft eingebunden und wollte nicht, dass etwas sie davon ablenkte oder in ihrem Leben Verwirrung stiftete. Sie würde das Ereignis als ein Kuriosum betrachten und ihr Leben fortsetzen, auch wenn sie es wahrscheinlich nie verstehen würde. Das Wichtigste an meiner Arbeit ist, dass die Personen weiterhin ein normales Leben führen. Ich versuche, ihnen zu helfen, jegliche Erfahrungen zu verstehen und sie in ihr Leben zu integrieren. Wenn die Idee, mehr aufzudecken, sie stört, dann lässt man das am besten ruhen. Ich habe auch Leuten, die aus reiner Neugier nach einer Hypnosesitzung suchen, erzählt, dass sie manchmal womöglich Dinge über sich selbst entdecken, von denen sie wünschen, dass sie sie besser nicht entdeckt hätten. Und sobald die Informationen einmal aufgedeckt sind, können sie nicht einfach wieder unentdeckt gemacht werden. In diesem Fall war Janet wahrscheinlich sehr weise, weil sie ihr sorgfältig organisiertes Leben nicht stören wollte. Das ist so, wie es sein sollte. Ich respektiere die Wünsche meiner Klienten.

In beiden folgenden Fällen hatten die Probanden lebhafte bewusste Erinnerungen an das Ereignis. Unter Hypnose wurden diese Erinnerungen erweitert und weitere Details geliefert.

Eddie war ein Handarbeiter in den Dreißigern, der zögerte, über seine Erfahrungen auch nur zu sprechen. Er tat dies lediglich auf Drängen seiner Freundin. Verlegen und merklich besorgt fühlte er sich mit dem Tonbandgerät unwohl. Ich stellte es auf den Tisch und sagte ihm, dass er in ein paar Minuten sogar vergessen würde, dass es überhaupt da sei. Bei einem Interview können leicht Details vergessen werden und der Rekorder stellt sicher, dass die Geschichte korrekt sein wird. Dies erklärt auch bewusste Erinnerungen für gültig und grenzt sie gegen die durch Hypnose offenbarten Erinnerungen ab.

Während wir uns unterhielten, entspannte er sich und nahm die Maschine bald nicht mehr wahr.

Er berichtete von einem Ereignis, das sich beinahe zwanzig Jahre zuvor zutrug, als er ein siebzehnjähriger Oberschüler war und in einer ländlichen Hofgemeinschaft in Missouri lebte. Nach einem Schwatz in der Stadt mit einem Freund fuhr er mit seinem alten Lastwagen nach Hause. Es war spät in der Nacht auf einer ländlichen Schotterstraße, wo es nur wenige vereinzelte Häuser gibt. Als er das Licht zum ersten Mal sah dachte er, es sei eine dieser Außen-Quecksilberdampflampen, die in der Gegend neu waren. Einige der Bauern ersetzten die Glühlampen durch diese, aber dies war ein Ort, an dem er es nicht gewohnt war, überhaupt ein Licht zu sehen. Als er näher kam, wurde ihm zunehmend bewusst, dass es sich nicht um eine Außenbeleuchtung handelte, weil es zunehmend heller wurde und höher am Himmel stand. Es bewegte sich auf ihn zu, bis es über ihm stoppte und dann dem Lastwagen folgte, während er fuhr. Er streckte den Kopf aus dem Fenster, um es zu sehen. Etwa eine halbe Meile von zu Hause entfernt rückte es plötzlich vor und schwebte über einer Baumgruppe. Zu dieser Zeit konnte er sehen, dass es eine große linsenartige Form war. Es gab orangefarbene Lichter im Inneren und die Mitte umlief ein rotierendes Band, wodurch die Lichter blinkten. Der Boden war von metallisch silberner Farbe. Seine Neugier veranlasste ihn, den Lastwagen am Fuß des Hügels anzuhalten. Er stieg aus und setzte sich auf die Motorhaube, um das seltsame Objekt zu beobachten. Es kam ihm seltsam vor, dass er keine Angst hatte, aber er vermutete, das war so, weil er auf dem Land aufgewachsen war und viel Zeit im Freien verbracht hatte. Während er auf dem Wagen saß und zuschaute, trat ein blaues Licht aus dem Boden und beleuchtete die Baumkronen darunter. Es schwebte vollkommen regungslos und obwohl das Band rotierte, gab es kein Geräusch. Als Größeneinschätzung sagte er, es sei ungefähr so groß wie der Raum, in dem wir saßen, was ungefähr 25 Fuß betragen würde.

Er saß dort geschätzte fünfzehn oder zwanzig Minuten und beobachtete es. Während dieser Zeit ereignete sich noch etwas Seltsames. Eine Nachbarfamilie kam mit ihrem kaputten Pickup vorbei: Zwei Erwachsene und ein paar kleine Kinder, die etwa drei Meilen von seinem Haus entfernt wohnten. Die Kinder saßen alle hinten im Lastwagen. Eddie winkte mit seinen Armen und zeigte nach oben und versuchte verzweifelt, ihre Aufmerksamkeit auf sich zu ziehen. Er wusste, dass sie ihn sehen mussten, weil sein Truck teilweise auf der Straße stand. Aber sie fuhren weiter, ohne sich auch nur zu verlangsamen. Er sagte, es war fast so, als wäre er unsichtbar. Später dann war er versucht, sie zu fragen, warum sie nicht angehalten hatten, aber er konnte sich nicht dazu bringen, mit irgendjemandem über den Vorfall zu sprechen.

Als er nach Hause kam, rannte er schreiend die Treppe hinauf. Seine Eltern schliefen, und er jagte ihnen Angst ein, indem er sie so plötzlich weckte. Er forderte sie auf, zum Fenster zu gehen und hinauszuschauen, aber das Licht hatte sich auf die Größe eines Quecksilberdampflichts reduziert. In einem Augenblick blinzelte es und verschwand. Was auch immer seine Eltern sahen, war ein blasser Vergleich zu dem großen Fahrzeug, das er gesehen hatte.

Das ganze Jahr über gab es in der Gegend viele Sichtungen, einige von der Polizei gesichtet, aber er hatte nie von einer gehört, die so nahe war, wie er sie erlebt hatte. Er konnte sich nicht dazu bringen, darüber zu reden, weil er Angst vor Spott hatte. „Ich war die Art von Kind, die diese Art von öffentlicher Bekanntheit nicht brauchte.“ Ich konnte mich mit diesem Gefühl identifizieren, weil ich auch in einer abgelegenen ländlichen Gemeinschaft lebe und man sich dort sehr bewusst ist, was die Nachbarn über einen denken. Er sagte: „Ich habe damit jahrelang leben müssen, weil ich dachte, ich bin wahrscheinlich nur verrückt, oder ich hatte irgendeinen psychologischen Grund, diese Geschichte fiktiv zu kreieren. Obwohl das nicht wahr ist. Ich sah dieses Ding. Es war ein Kampf. Ich wollte nicht die Idee von dem, was ich gesehen habe, annehmen oder zugeben, was es war. Das Ding war so nahe, dass ich sagen würde, eine gute Bienenpistole hätte es treffen können. Jedes Mal, wenn ich versuchte, jemandem davon zu erzählen, fühlte ich tief im Innern, dass die Person mich wahrscheinlich für verrückt halten würde. Ich wollte mich einfach nicht dieser Art von Reaktion aussetzen.“

Dies ist das gleiche Gefühl, das viele Leute haben, wenn sie darüber berichten, was sie gesehen haben. Eddie hatte vor diesem Ereignis noch nie Bücher über UFOs gelesen. Als Farmjunge interessierte er sich mehr für die Jagd und das Fallenstellen. Es war Jahre, bevor er Bücher durchsuchte, in der Hoffnung, etwas zu finden, das dem ähnelte, was er sah. „Ich spürte eine Art Identität. Ich konnte Stücke davon finden, aber es gab nichts, was dem von mir Erlebten besonders ähnelte.“

Ich hatte den Eindruck, dass Eddie sich unwohl dabei fühlte, so viel zu enthüllen. Ich glaube, er hatte immer noch das Gefühl, er könne verspottet werden, und er wollte nicht in diese Lage versetzt werden. Ich hatte den Eindruck, dass es ihn viel Überwindung kostete, um mir als Fremdem von etwas zu erzählen, das er all die Jahre still mit sich herumgetragen hatte.

Er fühlte sich jetzt entspannt genug bei mir, um der Hypnose zuzustimmen. Ich vereinbarte einen Termin für die nächste Woche, um herauszufinden, ob wir weitere Einzelheiten erfahren könnten.

Unter Hypnose kam nicht mehr viel dazu. Er hatte sich sehr präzise an das Ereignis erinnert. Ich beschloss, Eddies Unterbewusstsein nach weiteren Details zu fragen, von denen sein Bewusstsein womöglich keine Kenntnis hatte. Wenn sich der Proband auf einer genügend tiefen Trancebene befindet, kann dies gelingen, und oft kommen dabei überraschende Antworten heraus. Ich wollte wissen, ob etwas passiert war, dessen sich Eddie nicht bewusst war. Seine Antwort war, dass es eine Infusion gegeben hatte. Ihm wurden Fragmente, Stücke und Informationen gegeben. Und ihm wurde die Richtung gewiesen. Er bezog sich immer wieder auf Infusionen, und als ich fragte, was er damit meinte, verwendete er ein mir unbekanntes Wort. Ich kann es nur phonetisch buchstabieren: contruvering. Das Wort ergab für mich keinen Sinn und er sagte, er wisse ebenfalls nicht, was es bedeute. Er sagte, dass die Informationsfragmente vom Schiff stammten und zu seiner Entwicklung und seinem Wachstum beitragen würden. Es war eine physische Sache und die Informationen wurden von den Körperzellen aufgenommen, obwohl er keine Ahnung hatte, was die Information eigentlich war.

Viele Leute haben gedacht, weil sie eine Sichtung hatten, müssten sie auch eine Entführungserfahrung gemacht haben, an die sie sich nicht erinnern konnten. Ich habe festgestellt, dass das nicht immer vorkommt. In manchen Fällen ist eine Sichtung einfach genug, weil unterschwellige Informationen ohne tatsächlichen physischen Kontakt weitergegeben werden. Das alles geschieht auf einer unterbewussten Ebene. Viele Menschen, die glauben, sie hätten lediglich gesichtet, hatten hingegen tatsächlich viel mehr Erlebnisse und wurden auf eine Weise beeinflusst, die sie sich nicht hätten erdenken können.

Ich fragte, warum dies mit Eddie passiert war und die Antwort war, dass er verwundbar sei. Er war beeindruckbar und naiv und das erleichterte den Kontakt. Es war schwieriger, zu Leuten zu gelangen, die mehr materiell ausgerichtet oder weltlich orientiert sind. Mir wurde gesagt, „verletzbar“ oder „unschuldig“ seien gute Beschreibungen für einfache Kontakte. Und überraschenderweise spielte es keine Rolle, ob die Person an diese Dinge glaubte, denn das Ziel bestand darin, die Aufmerksamkeit des Individuums zu erlangen. Die Besetzer suchten nach einer Öffnung, einem Weg, um zum Wesen, zum Kern der Person vorzudringen, damit ein Same gesetzt werden konnte.

Ich war neugierig, welche Art von Same er meinte, und er gab eine seltsame Antwort: „Der Same ihres Seins, ihres Einsseins. Ich bin nicht getrennt. Einssein, nicht zwei, sondern eins. Der Same oder die Idee wird durch Lichtinfusion in die Psyche gepflanzt. Er ist in den Zellen, die Erinnerung an das Einssein. Er kann überall dort gepflanzt werden, wo sich eine Öffnung befindet. Wir sind alle eins mit ihnen. Wir werden nicht als zwei geschaffen, sondern als eins. Sie möchten, dass wir das wissen, und in dieser Nacht hatte er Gelegenheit, uns zu sehen. Er war ein guter Kandidat für die Implantation von Informationen.“ Es gab offenbar andere Zeiten in Eddies Leben, da er ahnungslos unterrichtet wurde. Da die Lektionen und Konzepte direkt in sein Unterbewusstsein eingingen, hatte er keine bewusste Erinnerung an sie. Er erinnerte sich nur an ungewöhnliche Erlebnisse, bei denen sich Tiere auf abnorme Weise verhielten. Der Kontakt erfolgte normalerweise durch die Augen von Tieren, da Tiere willige Probanden waren und auf diese Weise verwendet werden konnten. Durch das Element der Überraschung sah Eddie den Geist des Einsseins in den Augen des Tieres. In einigen Fällen war es kein echtes Tier, sondern eine Illusion. Dies wurde getan, um die verletzlichen Stellen in Menschen zu finden. „Die Person muss ruhig sein. Die Person muss ihre Welt anhalten.“ Durch das Element der Überraschung konnten sie die Menschen dazu bringen, etwas zu sehen, was nicht da ist. Sie erwischen die Leute in Momenten der Unachtsamkeit. Aber ich dachte, die Leute sind nicht ständig achtsam.

Die Antwort war: „Du wärst überrascht. Die Leute sind immer auf der Hut. Wir müssen Wege finden, um die Person zu überraschen. Wenn sich die Person auf etwas fokussiert, ein Schiff oder ein Tier, wenn wir ihre Aufmerksamkeit erhalten, können wir ihre Welt anhalten. Dann kann die Infusion erfolgen. Wir nutzen das Element der Überraschung. Wenn die Person ihrem normalen Alltagsablauf nachgeht, können wir weder ihre Aufmerksamkeit noch ihren Fokus erhalten, und es funktioniert nicht. Ihre Aufmerksamkeit muss irgendwie abgelenkt werden."

Ich sagte, das bedeutete, dass die Wesen ständig am Überwachen sein müssten, um diese kleinen Risse zu finden. Er sagte, dass sie das tatsächlich tun. Dies könnte auch eine Erklärung dafür sein, warum sie für Personen, die nicht an der Erfahrung beteiligt sind, unsichtbar erscheinen. Ihre Welt wurde nicht angehalten.

Er sagte: „Es können nicht nur Tiere benutzt werden, um dies zu vollbringen, sondern auch Träume. In diesem Fall wären sie kontrollierte Träume und hätten ungewöhnliche Eigenschaften. Klare Träume, die realer sind als üblich. Oft werden sie während des Traums von körperlichen Empfindungen begleitet. Diese bleiben so lange erhalten, bis die Person erwacht ist. Oftmals können sie bunte Träume oder ängstliche Träume sein, aber jedenfalls Träume von ungewöhnlichem Charakter. Es spielt keine Rolle, worum es im Traum geht. Er wird lebhafter sein und auch nach dem Erwachen die Qualität von Lebendigkeit haben. Der Traum kann Angstgefühle beinhalten, weil manchmal die träumende Person unbewusst erwischt werden muss, ähnlich wie die erwachte Person unbewusst erwischt werden muss. Angst ist das mächtigste Gefühl und kann manchmal dazu benutzt werden, die Welt zum Stillstand zu bringen, sowohl im Träumenden als auch im Erwachten. Durch das Erzeugen einer starken Emotion ist es für uns einfacher, Kontakt herzustellen. Das Überraschungselement und das Angstelement lösen das Erwachen aus. Angst wird nur vorübergehend verwendet und muss korrekt verwendet werden. Angst ist nur eine Öffnung, aber einige Leute klammern sich daran. Für viele Menschen ist das einfacher zu verstehen als die Botschaft. Sie haben wirklich keinen Grund, sich zu fürchten, aber sie möchten an dieser Emotion festhalten. Viele Menschen brauchen viel Angst, um ihre Welt anzuhalten, aber das ist ihre eigene Entscheidung."

D: Es scheint, dass die Wesen Emotionen auf Weisen benutzen, die wir nicht verstehen.

E: Wir haben Emotionen verwendet, zu Weisen, die wir nicht verstehen.

D: Dann gibt es da wirklich nichts, wovor wir Angst haben müssten?

E: Nein, es ist ein sanftes Reißen der Schale. Es ist kein Leid beabsichtigt.

Der seltsame Teil dieser Erfahrung in Bezug auf den Lastwagen voller Menschen wurde auch in einigen meiner anderen Fälle wiederholt. Die Erfahrung war anscheinend nur für Eddie gedacht, weil die anderen Leute das riesige Schiff über ihnen und auch Eddie nicht wahrnahmen. Das war höchst ungewöhnlich. Ich wohne auf dem Land, und wenn man jemanden an der Seite der Landstraße geparkt sieht, hält man immer an, um zu sehen, ob er Hilfe braucht. Dies ist reine allgemein übliche Höflichkeit, da sich die Häuser weit voneinander entfernt befinden und es schwierig sein kann, Hilfe zu finden. Man würde niemals an einem gestrandeten Nachbarn vorbeigehen. Es schien, als wäre er für sie unsichtbar, gefangen in seiner eigenen kleinen Zeitverzerrung, wo niemand sonst betroffen war. Eine wirklich private Erfahrung.

Nach dem Aufwachen erinnerte sich Eddie an einige merkwürdige Vorfälle mit Tieren. Einmal, als er seinem Vater auf der Wiese half, fuhr er mit dem Traktor, als eine Taube herabflog und auf seinem rechten Unterarm landete. Er hatte das Gefühl, dass zu dieser Zeit etwas geschah, weil es so verblüffend war. Ein anderes Mal saß er in einem Maisfeld, als ein Kojote auftauchte und begann, ihn zu umkreisen. Dies war höchst ungewöhnlich, da Kojoten Menschen größtenteils meiden. Bei einem anderen Vorfall, als er im Wald jagte, gestattete ihm ein Hirsch, sich ihm zu nähern und ihn zu berühren. Es gab überhaupt kein Angstelement. Bei diesen Gelegenheiten hatte er das Gefühl, dass etwas passiere, was ihn verlangsamte. Es ließ ihn die Dinge anders betrachten.

Es gibt viele Geschichten innerhalb der UFO-Fälle, in denen Menschen über ungewöhnliche Verhaltensweisen von Tieren berichten. Whitley Strieber nennt einige dieser Fälle „Deck-Erinnerungen“, wenn die Person die Illusion eines Tieres sieht, um zu erfassen, was wirklich da ist. Ich denke, diese Fälle zeigen, dass der Kontakt nicht physisch oder dramatisch sein muss. Es muss kein tatsächlicher Kontakt mit einer außerirdischen Kreatur sein. Es scheint, dass es passieren kann, wenn man es am wenigsten erwartet und auf sehr subtile Arten. Es hinterlässt einen lebhaften Eindruck auf das Bewusstsein, doch etwas noch Tieferes geschieht auf der unterbewussten Ebene, während der Geist abgelenkt ist und die Eingabe nicht kontrolliert.

Ich selbst hatte einen ungewöhnlichen Vorfall mit einer Eule, den ich nie vergessen habe, hauptsächlich wegen der Merkwürdigkeit des Ereignisses. Ich kann mich nicht an das Datum erinnern, aber ich weiß, es war Winter, und ich glaube, dass ich ihm keine Wichtigkeit beimaß, bis das Thema Deck-Erinnerung später aufkam. Dies dürfte ungefähr 1988 gewesen sein. Ich fuhr sehr spät abends, weit nach Mitternacht, von einem meiner metaphysischen Gruppentreffen in einer anderen Stadt nach Hause. Ich wohne in einer sehr einsamen Gegend oben auf einem bewaldeten Berg in den Ozark Mountains. Die Isolation stört mich nicht. Aufgrund meiner ständigen Reisen und Vorträge verbringe ich viel Zeit in den großen betriebsamen Städten der Welt. Nach so viel hektischer Betriebsamkeit genieße und schätze ich meine Einsamkeit, wenn ich nach Hause zurückkehre. Es gibt nur etwa fünf Häuser in den vier Meilen, die man braucht, um meinen Berg zu erklimmen. Mein Haus liegt eine Meile vom nächsten Nachbarn entfernt, somit ist die Straße sehr dunkel und ich bin es gewohnt, nachts wilde Tiere in der Gegend zu sehen.

Ich war bis zum Berggipfel gefahren und kam gerade am Tor meines letzten Nachbarn vorbei. Als ich mich meinem Platz näherte, dort an der Grenze zu meinem Land, fing mein Scheinwerferlicht eine riesige Eule ein, die mitten auf der Straße stand. Ich fuhr direkt auf sie zu und sie bewegte sich nicht. Sie stand einfach ungerührt da, scheinbar hypnotisiert von meinen Scheinwerfern. Ihr Kopf befand sich auf einer Ebene mit der Oberseite des Kotflügels, sodass ich sie und ihre riesigen, nicht blinzelnden Augen recht deutlich sehen konnte. Ich hupte und kam ihr näher. Ich wollte sie nicht verletzen, sondern nur von der Straße wegbewegen. Dann drehte sie sich um und flog mit einer großen Flügelspannweite sehr tief über dem Boden und landete knapp außerhalb der Reichweite meiner Scheinwerfer. Abermals näherte ich mich ihr und sie blieb regungslos, bis ich ganz nah an ihr dran war. Dann flog sie wieder eine kurze Strecke, landete und wandte sich zum Auto. Das ging so weiter bis zu meinem Tor. Sie stoppte an verschiedenen Stellen vor meinem Auto und starrte mich ohne u blinzeln an. Jedes Mal dauerte es mehrere Sekunden, bis sie sich bewegte. Ich lachte, weil es sehr eigenartig schien. Ich hatte keine Angst vor ihr. Ich redete immer wieder mit ihr und bat sie darum, sich zu bewegen, weil ich sie nicht überfahren wollte. Ich hätte es mehrere

Male fast getan, weil sie sich nicht rührte, bis ich direkt auf sie zukam und hupte. Dies bremste mich beträchtlich ab, da sie anhielt und dann ein kurzes Stück zu Boden flog und wieder landete. Letztendlich flog sie das letzte Mal auf die andere Seite des Eingangs zu meiner Einfahrt und stand einfach nur da, während ich einbog.

Ich erzählte meinem Schwiegersohn von diesem seltsamen Verhalten, und fand, es sei ungewöhnlich, weil sich Eulen für gewöhnlich nicht so verhalten. Er fängt und jagt und ist vertraut mit dem Verhalten der Tiere in unseren Wäldern. Er meinte auch, es klinge nach einer sehr großen Eule.

Später, als das Thema der Deck-Erinnerungen aufkam, insbesondere solcher, die sich mit Eulen beschäftigten, fand ich es amüsant. Ich hätte nicht gedacht, dass es eine von diesen hätte sein können, weil ich keine Angst verspürte, nur Belustigung. Ich wusste auch definitiv, dass es keine fehlende Zeit gab, weil ich die Uhren überprüfte, als ich reinkam und anschließend eine Weile aufblieb.

Es war Jahre später, im Oktober 1996, als dieses Ereignis mit einem Hauch von Besorgnis wieder auf mich zukam. Ich hatte gerade eine Vortragsreise durch Schottland und Nordengland absolviert. Ich hatte ein paar Tage in London mit dem Luxus, keine Verpflichtungen zu haben, bevor ich nach Dorset im Süden Englands fuhr, um auf einer Konferenz zu sprechen. Meine Vorstellung von Entspannung ist wahrscheinlich nicht das, was der Durchschnittsmensch gerne tut. Aber ich nutzte die freie Zeit, um ins Naturkundemuseum in London zu gehen. Museen und Bibliotheken sind meine Lieblingsorte. Ich wanderte stundenlang von der Haupthalle, in der die riesige Rekonstruktion eines Dinosauriers steht, zu den Nebenräumen, in denen jede Tierart in Schaukästen aufbewahrt wird. Es war in dem Vogelraum, wo ich völlig überrascht wurde. In einem Kasten wurden alle Eulenarten gezeigt. Was mich schockierte und Schauer über meinen Rücken laufen ließ, war, dass keine von ihnen so groß war wie die, die ich vor Jahren auf der verlassenen Straße gesehen hatte. Keine von ihnen hätte über den Kotflügel meines Autos hinweg gesehen werden können. Als ich sie verwundert und ratlos anstarrte, kamen mir Fragen in den Sinn. Was sah ich in dieser Nacht wirklich auf der Straße? Hatte ich eine ähnliche Erfahrung wie diejenigen, die ich untersuchte? Ist in dieser Nacht noch etwas passiert? Damals habe ich so nie gedacht, und ich habe es nur für eine Kuriosität gehalten. Aber jetzt weiß ich, dass wenn noch etwas anderes geschah, dies eine sanfte und leichte Vorbereitung auf die Arbeit war, die ich tun sollte und definitiv nichts zu befürchten war. Ich sage nicht, dass dies ein Beispiel für Kontakt mit außerirdischen Wesen war. Ich sage nur, dass es eine frappierende Ähnlichkeit mit den Fällen aufweist, die ich seitdem untersucht habe. Wenn auch nichts weiter, wirft das zumindest Fragen in meinem Kopf auf. An anderer Stelle in diesem Buch heißt es, dass es im Handumdrehen geschehen kann, sobald sie unsere Aufmerksamkeit haben. Es ist merkwürdig, wie viele Dinge uns ohne unser bewusstes Wissen passieren können.

Ich untersuchte einen anderen Fall, der sich in der Stadt Little Rock ereignete, als eine Frau während des Stoßverkehrs auf einer stark befahrenen Straße zur Arbeit fuhr. Sie sah ein riesiges kapselförmiges Schiff plötzlich direkt vor ihr am Himmel auftauchen. Sie dachte, es würde den Großteil des Verkehrs zu einem kreischenden Stillstand bringen. Stattdessen lief alles normal weiter. Auf dem Bürgersteig rannten Jogger vorbei, sie winkte verzweifelt und schrie sie aus ihrem Wagen heraus an. Sie versuchte, ihre Aufmerksamkeit zu erlangen und zeigte nach oben. Sie joggten einfach weiter, als wäre sie unsichtbar. Sie fuhr mit ihrem Auto an den Bordstein und beobachtete, wie das Schiff einige drastische Kreisbewegungen durchführte und davonflog. Niemand sonst nahm Notiz davon, obwohl es riesig war. Sie wurde nicht entführt und es geschah nichts weiter während des Ereignisses.

Ich untersuchte 1997 einen Fall eine halbe Welt entfernt in England, der in allen Punkten identisch war. Haben diese Außerirdischen die Fähigkeit, eine individuelle Erfahrung zu schaffen, die niemandem sonst zu bezeugen erlaubt ist? Ein ähnlicher Fall wird später in diesem Buch genauer untersucht werden.

Anscheinend passiert uns auf anderen Ebenen eine ganze Menge. Wenn etwas passiert, wird es uns nur unangenehm, sobald es die Aufmerksamkeit des Wachbewusstseins erregt. Ich habe das Gefühl, dass wir uns keine Sorgen machen sollten, da wir uns dessen meist nicht bewusst sind und wir ohnehin nichts dagegen tun könnten. Es wäre zu einfach, paranoid zu werden. Hoffentlich gibt es einen Plan für das alles, den wir eines Tages entdecken werden; eine Methode für den Wahnsinn sozusagen.

Diese Vorfälle scheinen jedoch eine andere Art von Erfahrung zu sein als die von Janet. Eddies Welt hatte immer noch Bewegung in sich. Janets Welt nicht. Die Welt um sie herum hatte angehalten, während ihre private Welt weiterging. Es war fast so, als würde sie sich schneller bewegen als die Dimension, in der sie normalerweise lebte. Alles in dieser Welt schien anzuhalten, weil es sich mit einer langsameren Schwingung bewegte. Fast so, als würde sie durch die Dimensionen gleiten und schlittern. Der folgende Fall ist ein weiteres Beispiel.

Als Valerie mir zum ersten Mal von ihrer UFO-Erfahrung erzählte, war ich nicht besonders interessiert, weil ich in diesem Bereich noch nicht schwerpunktmäßig arbeitete. Es schien eine gewöhnliche Sichtung zu sein, bis sie anfing, von einigen ungewöhnlichen Umständen zu erzählen. Bis zum Winter 1988, als diese Sitzung stattfand, war ich stärker in Ermittlungen involviert. Ich beschloss, mehr über den Fall zu erfragen, damit ich eine Aufzeichnung davon hätte. Ich kann jetzt erkennen, dass dieser Fall den zwei Fällen von verzerrter Zeit entspricht, über die ich bereits berichtet habe.

Val war etwas über dreißig und war eine Friseurin in einer kleinen nahe gelegenen Stadt. Ich ging an ihrem freien Tag zu ihrem Haus und bat sie, ihre Erfahrungen für das Tonbandgerät zu wiederholen. Es ereignete sich um 1975, als sie am Stadtrand von Fort Smith, Arkansas, einer mittelgroßen Stadt im Westen des Bundesstaates, lebte. Einige Freunde waren sie besuchen gekommen, und bis zwei Uhr morgens waren die meisten nach Hause gegangen. Ein Mädchen war noch da, das Val zu seiner Wohnung in der Stadt zurückfahren musste. Sie fuhr einige Seitenstraßen hinunter und steuerte gerade auf die Autobahn zu, als sie das seltsame Objekt zum ersten Mal sah. Es war ein großes, leuchtendes, weißes, glühendes Ding, das größer war als der Mond. Val hielt an der Straßenseite, damit sie es beobachten konnten. Sie waren nicht weit von einem Armeestützpunkt entfernt und dachten, es könne etwas mit militärischen Nachtmanövern zu tun haben. Es hatte die Form eines Regenschirms, also dachte sie, es könnte ein Fallschirm sein, aber es wurde schnell klar, dass es nichts derartig Normales war. Als sie es beobachteten, schoss es plötzlich direkt auf sie zu und schwebte über dem Auto. Ängstlich schaltete Val den Wagen in den Rückwärtsgang, drehte um und steuerte auf die Stadt zu. Als sie die Autobahn erreichte, begleitete sie das weiß leuchtende Objekt auf der Beifahrerseite des Wagens. Es hielt keine besondere Form aufrecht. Es schien sich zu ändern, blieb aber ein sehr weißes, helles, strahlendes Licht. Sie fuhr schneller, entschlossen, die Stadt so schnell wie möglich zu erreichen. Dann bemerkte sie ein merkwürdiges Phänomen. Auf keiner der Fahrbahnen war Verkehr, noch gab es Licht. (Dies klang überraschend ähnlich wie die Erfahrung von Janet.) Die ungewöhnliche Situation hielt an, als sie von der Autobahn abbog und die Stadt erreichte. Sie sah dann, dass die Straßenlaternen eine nach der anderen erloschen, als sie sich ihnen näherte, und konnte dennoch genug sehen, um zu fahren. Nichts bewegte sich, weder das Gras noch die Bäume. Es gab nur eine unheimliche Stille. Sie sahen keine Hunde, keine Katzen, keine anderen Autos, keine Menschen, keine Lichter in auch nur einem der Häuser. Es war, als wären sie die einzigen Menschen auf der Welt, ein seltsames „Dämmerzonen"-Gefühl. Sie beschrieb es, als ob man in einem Vakuum sei: kein Ton, keine Bewegung, nichts. Die Straßenlaternen in der Gegend, durch die sie fuhren, waren aus, und dennoch kam ein weiches strahlendes Licht von irgendwo über ihnen. Sie waren entschlossen, irgendwohin zu kommen, wo andere Leute waren. Sie gingen zu einem großen Einkaufszentrum, in dem es ein durchgängig geöffnetes Restaurant gab. Das Objekt schwebte dann über dem Einkaufszentrum. Als sie am Restaurant vorbeifuhren, bemerkten sie, dass es dort kein Lebenszeichen gab, obwohl es 24 Stunden am Tag geöffnet war. Es gab keine Lichter und nirgendwo Leute. Als sie weiterfuhren, trafen sie weder auf Autos noch auf Menschen. Obwohl es spät war, war normalerweise immer jemand auf den Straßen in der Stadt.

Aus Verzweiflung beschlossen sie, zum Büro eines Freundes im Stadtzentrum zu fahren. Er arbeitete häufig bis spät nachts, und sie wussten, er würde dort sein. Als sie das Büro betraten, kehrte ihre Welt wieder zur Normalität zurück. Sie sagten ihm nicht den wahren Grund, warum sie vorbeigekommen waren, und sie blieben nur eine Weile. Val brachte dann ihre Freundin zu ihrer Wohnung.

Als sie auf die Autobahn zufuhr, um nach Hause zurückzukehren, erschien das Objekt erneut, fast als hätte es auf sie gewartet. Während der Zeit im Büro und als sie zur Wohnung fuhr war alles normal. Aber jetzt war das Licht wieder da und begleitete sie auf der Fahrerseite des Autos. Als sie hastig zuhause ankam und in ihre Einfahrt fuhr, sauste das Objekt hurtig davon und verschwand am Nachthimmel. Val sagte, bei der Art, wie es sich zu Beginn heranäherte und bei der Art, wie es davonsauste, schien es definitiv kontrolliert zu werden.

Nach der Diskussion entschieden wir uns, eine Hypnosesitzung auszuprobieren, um weitere Details zu dem Vorfall zu finden. Sie begann sofort, sich detailliert an Kleinigkeiten zu erinnern: den Namen des Mädchens (an den sie sich bewusst nicht erinnern konnte), die genaue Uhrzeit, zu der sie das Haus verlassen hatten, die Marke und das Baujahr ihres Autos und die Tatsache, dass sie darüber verärgert war, das Mädchen so spät in der Nacht nach Hause fahren zu müssen. Sie atmete merklich schneller und war aufgeregt, als sie von der ersten Sichtung des Objekts und der wilden Fahrt in Richtung Stadt berichtete. Sie sagte zu ihrer Freundin: „Es ist dumm, so schnell zu fahren. Wenn es uns will, kann es uns kriegen." Sie versuchte, in die Stadt zu kommen, wo andere Leute sein würden, damit sie Zeugen haben konnte. Ihre Beschreibung der Ereignisse kam ihren bewussten Erinnerungen sehr nahe.

V: Wir wissen, dass, wenn wir nach Fort Smith rein können, dort jemand sein wird. Dort ist immer ein Streifenwagen nahe dem Einkaufszentrum. Dort gehen immer Leute im Sambo's essen. Wir müssen dort ohnehin vorbei. Es ist wirklich sonderbar. Nichts bewegt sich. Da sind keine Autos. Da sind keine Tiere. Da ist nichts. Es ist unheimlich. Es fühlt sich an, als wären wir in einer Raum-Zeit-Falle, wie eine Dämmerzone. Aber die Straßenlichter ... es scheint, als gäbe es da Straßenlichter vor uns, aber ... da sind keine Straßenlichter, wenn wir dort sind. Es ist, als ob etwas mit dem Strom geschähe. Wir gelangen zu der Gegend mit dem Einkaufszentrum, und es befindet sich genau über den Gebäuden. Ich will glauben, es sei der Mond, aber ein seltsamer Mond. Das kann nicht sein, weil es die Form verändert.

D: In welche Formen hat es sich verwandelt?

V: Ich kann es dir nicht genau sagen. Es war nicht richtig rund, um wie ein Mond auszusehen. Es war mehr länglich, aber es hatte keine scharfen Konturen. Es glühte und war weiß. – Und im Sambo's ist niemand.

D: Kannst du den Motor in deinem Auto hören?

V: Nein. Wir können überhaupt nichts hören. Ich glaube, unsere Herzen schlagen so schnell. (Lachen)

Beim Aufwachen sagte sie, dass sie wirklich fühlen konnte, wie ihr Herz schneller schlug, als ob sie es noch einmal durchleben würde, mit all den physischen Symptomen.

V: Alles außer uns scheint in einer Raum-Zeit-Falle zu sein. Das Auto funktioniert. Wir können einander hören. Das Auto ist ein Auto. Aber es gib keinen anderen Laut. Es ist sehr still. Es ist einfach sehr seltsam.

Den ganzen Weg lang sahen sie nicht ein einziges Auto oder ein Lebenszeichen. Als sie beschlossen, ins Büro ihres Freundes zu gehen und in die dorthin führende Straße einbogen, kehrte alles wieder zur Normalität zurück. Es gab Lichter, wie es hätte sein sollen. Im Büro waren sie versucht, ihrem Freund diese verrückte Geschichte zu erzählen, aber es schien zu absurd, da dort alles normal war.

Nachdem sie das Mädchen in ihrer Wohnung abgesetzt hatte und sie in Richtung Autobahn zu ihrem Haus umdrehte, kehrte das Objekt zurück und die Atmosphäre des Dämmerlichts kehrte zurück. Wieder keine Geräusche, keine Autos, keine Lichter und keine Menschen, obwohl im Büro alles normal gewesen war.

V: Ich muss nach Hause weiterfahren. Also ... tu ich es. Und immer noch reist dieses Licht mit mir. Es scheint nicht böse zu sein, aber es ist furchteinflößend. Es ist eine seltsame Sache, die da geschieht. Ich bat Glinda zu versprechen, dass sie niemandem davon erzählt. Ich wollte nicht, dass man glaubte, ich sei verrückt. Ich wollte nicht weggesperrt werden. Ich zwang sie, zu versprechen, dass sie es niemandem erzählen würde. Ich ging heim, und als ich in meine Einfahrt einbog, schaute ich zu dem Licht. Und es ging einfach „wusch" fort von mir, so schnell, wie es beim ersten Mal gekommen war. Und außer Sicht.

Der Großteil ihrer Erinnerungen unter Hypnose waren die gleichen wie ihre bewussten. Ich wusste, die einzige Möglichkeit, weitere Informationen zu erhalten, bestand darin, darum zu bitten, mit ihrem Unterbewusstsein zu sprechen. Ich fragte es dann, was während der Zeit passiert war, als sie fuhr und das seltsame Gefühl hatte, keine Lichter oder Bewegung wahrzunehmen.

V: Die Untersuchung. Es war eine Beobachtung dieser Entität. Sie wurde während ihrer ganzen Reise beobachtet. Die Reise geschah tatsächlich. Aber das Schiff beobachtete sie und nahm Energiemuster und Tests auf, während sie ihr Auto fuhr.

D: Wie wird das erreicht?

V: Oh, das ist nicht schwierig.

D: Wurde sie physisch fortgenommen?

V: Nein. Die Ausrüstung ist technisch sehr fortgeschritten und weitreichend. In der Tat geschieht dies häufig, dass Tests oder eine Beobachtung gemacht werden, ohne dass das physische Vehikel entfernt wird.

D: Was ist der Zweck von solchen Untersuchungen?

V: Es ist rein informativ. Es ist nichts Böses.

D: Warum fühlte sie sich wie in einer Raum-Zeit-Falle?

V: Sie war in einer Raum-Zeit-Falle.

D: Kannst du genauer sein?

V: Die Energie und die Kraft, die Teil der Musterübertragung waren, beeinflussten ihre Wahrnehmung des Musters. Beeinflussten ihre Wahrnehmung der Umgebung, als ob die Zeit stehen geblieben wäre.

D: Und doch fühlte sie sich, als ob sie wirklich am Fahren sei.

V: Und sie war am Fahren.

D: Und sie dachte, sie sei sich ihrer Umgebung bewusst.

V: Ja. Aber du weißt nun, dass mehrere Dinge auf mehr als einer Ebene geschehen, Dolores. Und dass viele Dinge gleichzeitig geschehen können. Du weißt das.

D: Ich werde mir dessen mehr und mehr bewusst.

V: Und das ist nur ein weiteres Beispiel eines simultanen Geschehnisses.

D: Ich bin neugierig in Bezug auf die Tatsache, dass es keine Lichter gab und keine Autos oder Ähnliches. Meinst du damit, dass die Zeit außerhalb ihrer unmittelbaren Umgebung buchstäblich angehalten wurde?

V: Ja, aber es hat den Rest der Welt nicht behindert. Die Energie, die diesen Ereignissen vorausging, überbrückte die Geschehnisse einfach auf direktem Wege. Verstehst du das?

D: Ich versuche es gerade. So als ob alles eingefroren wäre?

V: Ja. Aber es war so kurzzeitig, dass es nichts beeinflusste.

D: Dann wurden die Leben anderer Leute überhaupt nicht beeinflusst?

V: Richtig.

D: Aber waren da wirklich keine Lichter?

V: Ja, da waren wirklich keine Lichter für einen Augenblick.

D: Und dies wurde durch die Energie verursacht?

V: Ja, das ist richtig.

D: Hätten andere bemerken können, dass da keine Lichter waren?

V: Nein. Dieses Muster, diese Beobachtung geschah mit dieser Einen allein. Und ihrer Freundin.

D: Wenn also jemand von außerhalb es betrachtet hätte, wäre das Leben für ihn ganz normal weitergegangen?

V: Das Zeitelement war so beschaffen, dass da niemand war, der von außen nach innen schaute.

D: Du meinst, da war niemand da?

V: Da war nichts. Es war ein solcher Augenblick, ein solcher Blitz, ein solcher Moment, als wäre da nichts.

D: In dem Moment war also niemand anderes in dieses Szenario involviert.

V: Das ist richtig.

D: Dann war die Zeit also verdichtet? (Ja) Also verging eigentlich weniger Zeit, als sie dachte. (Ja) Anstatt eines Zeitraffers war es also eine Zeitverdichtung

V: Ja. Ihr schien es, als würde es sehr lange dauern, aber das tat es nicht.

D: Und was wurde in diesem Vorgang übertragen?

V: Eine Beobachtung der Seelengedächtnismuster. Ausgesandtes Licht. Verfassungen von Konzepten. Denkprozesse. Konditionierung. Was die menschliche Konditionierung ist in Bezug auf ihre Fähigkeit zu empfangen und zu senden. Und die Musterkonflikte, die durch Konditionierung und Training ins Bewusstsein gepflanzt werden. Und die Realität dessen, wer diese Wesen sind. Verstehst du?

D: Gab es einen Informationsaustausch in beide Richtungen?

V: Es gab einen Austausch zum Verständnis davon, dass eines der Dinge, über die sie sich klar war, darin besteht, dass, obwohl es sehr beängstigend war, es ein ungeheurer Segen war. Es war sozusagen ein Geschenk. Es war eine Anerkennung von mehr, als es die Konzepte der Gesellschaft erlaubt hatten. Und eine

Anerkennung eines größeren Lebens. Und von mehr als dem, was ist.

D: Gab es auch ein Zusammenspiel mit der Freundin? Ich meine, widerfuhr es beiden Leuten?

V: Es ist schwer zu sagen, was der leichte Rippenstoß für diese andere Person getan hat. Ich kann direkter für die eine sprechen. Offensichtlich hatte die Beobachtung nicht nur mit dem Fahrzeug zu tun, sondern auch mit der anderen Person bei ihr. Es scheint nur vernünftig. Sonst wäre sie alleine gewesen. Es war also eine Analogie und ein Sammeln von Informationen.

D: Aber gab es auch einen Austausch? Mit anderen Worten, gaben die Wesen auch Information heraus?

V: Ja, auf einer tieferen Ebene. Nicht auf einem bewussten Level.

D: Aber es gab kein Leid.

V: Oh, nein. Oh, nein. Es ist nicht schmerzhaft.

D: Das ist es, was manche Leute glauben, dass es schmerzhaft sei.

V: Ja, aber diese Leute sind verloren in einem Traumzustand. Sie befinden sich in einem Wirrwarr, in einem Durcheinander, in vielerlei Hinsicht.

D: Nun, kannst du von dem Schiff erzählen oder von den Wesen, die diese Information sammelten?

V: Nein. Ich könnte dir erzählen, dass sie gut waren. Und das Licht, welches leuchtete, repräsentierte das Licht, welches leuchtete.

D: Und es wurde Information für den Gebrauch in ihrem Leben auf sie übertragen?

V: Ja. Es kam ein inneres Wissen darüber in ihr auf, welches sie eigentlich beschämte, wegen ihrer Furcht.

D: Aber es ist nur zu menschlich, Angst vor etwas zu haben, das wir nicht verstehen.

V: Ja, aber sie mag es, tapfer zu sein.

D: Gab es einen besonderen Grund, weshalb sie ausgesucht wurde, oder war sie einfach zufällig am richtigen Ort?

V: Wenn das Licht übertragen wird, werden viele Lichtwesen aufgenommen und sozusagen hochgebeamt. Diese Seelen verbinden sich mit ihren Brüdern, ihren Schwestern und anderen Wesen Gottes, noch bevor ihr Bewusstsein erweckt ist.

D: Dann geschah es also nicht, weil sie einfach gerade dort war. Es war mehr ein Plan?

V: Es gibt immer einen Plan.

D: Ich arbeitete mit einigen Leuten, die derlei Erfahrungen seit ihrer Kindheit gemacht haben,

V: Und geschah das nur, weil sie einfach gerade da waren?

D: Nein, nicht in ihrem Fall.

V: Nein. Glaubst du das in Bezug auf jeden?

D: Ich weiß nicht. Ich versuche, zu lernen. Aber offenbar war es gut. Es war zu ihrem Vorteil.

V: Es war zu ihrem Vorteil. Alles hat damit zu tun, wie wir es nutzen und was wir damit tun.

D: Und es war gut, dass sie auch Information übertrug, die sie wahrscheinlich für deren Verständnis nutzen konnten.

V: Oh, ja. Ihr Verständnis liegt weit jenseits von allem. Es sind viele Informationen in sie hineingeflossen. Aber Information wird normalerweise von einem anderen Wissen angestoßen.

D: Etwas hat mich gestört. Ich scheine nur Kontakt oder Erfahrung mit positiven Erlebnissen gehabt zu haben. Aber ich habe von anderen gehört, die negative Erlebnisse gehabt haben. Ist das so, weil es auch negative Wesen gibt?

V: Ich bin nicht dieser Meinung. Ich bin der Meinung, dass der Grund dafür, dass sie mit negativen Ideen und Geschichten vernebelt sind, darin liegt, dass dies von dem Bewusstsein kommt, welches jene Geschichten erzeugt. Das ist so bunt in seiner ganzen eigenen Schöpfung.

D: Dann glaubst du, Furcht und ähnliche Gefühle haben ihre Wahrnehmung gefärbt?

V: Natürlich. Furcht ist das Einzige und die Liste, die nach Furcht kommt das jenes erschafft, was dunkel ist, was negativ ist, das weniger als Liebe und Leben und Gott ist.

D: Denkst du, dass sie einfach Erfahrungen hatten, aber ihr bewusster Verstand sie als negativ wahrnahm?

V: Ich denke, das ist möglich, aber doch bin ich nicht allwissend.

D: Dann wird auch die Frage gestellt, dass wenn der bewusste Verstand dazu gebracht werden kann zu denken, es sei eine negative Erfahrung, er genauso auch getäuscht werden kann, dass es eine positive Erfahrung ist?

V: Nein. Er kann nicht getäuscht werden, zu glauben, es sei eine positive Erfahrung. Siehst du, hier ist der Unterschied. Das, was wir als positiv wahrnehmen, nehmen wir als gut, nehmen wir als Gott wahr. Das, was wir als negativ wahrnehmen ist die Illusion.

Der Traumzustand. Wenn wir es also als positiv, als gut, als Gott wahrnehmen, sind unsere Wahrnehmungen richtig. Wenn wir es als negativ wahrnehmen, kann es negativ gewesen sein, aber nur in der Weise, wie es hingedreht wurde. So wie es wahrgenommen und benutzt wurde. Das mangelnde Verständnis. Verstehst du?

D: Ja. Das ist es, was ich glaube. Außer, dass einige Leute glauben, sie seien von diesen Wesen verletzt worden.

V: Es gibt einige Leute, die glauben, sie seien von diesen anderen Wesen verletzt worden, und von ihrem Nachbarn, und von ihrem Freund, und doch ist es nur ihre Wahrnehmung. Wir müssen verstehen und an einen Punkt der Gewissheit gelangen, dass alles gut ist. Und dass, wenn wir es aus Angst wahrnehmen, es nur negativ sein kann. Angst färbt und verfärbt. Ich kann dir nur sagen, was meine tiefste Seele sagt. Und diese tiefste Seele sagt, wenn wir aus Angst heraus antworten, wird es negativ sein.

D: Vielleicht ist das der Grund, warum ich nur in positive Erfahrungen verwickelt gewesen bin.

V: Ich denke, du bist gut ausgewählt worden.

D: Mir wurde auch von genetischen Experimenten erzählt und von Genmanipulation. Und dass einige der Resultate nicht von menschlicher Erscheinung sind.

V: Ich glaube, die genetischen Experimente geschehen auf diesem Planeten, aber sie geschehen mit der Menschheit. Der Mensch tritt über seine Spiritualität hinaus.

D: Das ist eine interessante Idee. Du meinst, es gibt Leute auf Erden, die auf diese Weise experimentieren?

V: Ja, aber es wird nicht erlaubt werden, dies weiter zu tun. Die Information, die ich habe, lautet, dass da in der Tat Wesen von anderen Planeten auf dieser Erdebene sind, um der Menschheit zu dienen. Sie sind gegenüber der Menschheit in vielerlei Hinsicht fortgeschritten. Der Mensch ist ein Mitschöpfer mit Gott, dem Schöpfer. Und in seiner Schöpfung kann er alles erschaffen, was sein Geist ihm erlaubt. Und sei es, dass es aus Liebe oder aus Angst erschaffen wird. Die, die von einem anderen Ort kommen, einem anderen Planeten, unsere Brüder und Schwestern, kommen aus Liebe. Aus Liebe für die Menschheit, für diesen Planeten Erde und für das Universum selbst. Sie kommen zu der Zeit unserer Not. Sie kommen zu der Zeit unseres Erwachens.

Vals Unterbewusstsein sagte, dass sie nie eine tatsächliche physische Begegnung mit dem Raumschiff oder den Wesen hatte. Der einzige Kontakt war dieser Informationsaustausch.

Als Val erwacht war, erinnerte sie sich an den ersten Teil, denn es war ein sehr reales Wiedererleben des Vorfalls. Aber sie hatte keinerlei Erinnerung an den letzten Teil, das Gespräch mit ihrem Unterbewusstsein. Sie hörte sich diesen Teil des Bandes an und war überrascht von dem, was sie gesagt hatte. Das ist sehr typisch. Wenn das Unterbewusstsein Informationen herausgibt, kann sich der Proband nicht daran erinnern. Es klingt immer so, als spreche eine andere Entität, und sie bezieht sich immer auf den Körper, den sie besetzt, in der dritten Person (er oder sie) anstatt als Ich. Es ist immer sehr distanziert und kann daher analytisch und objektiv sein.

KAPITEL 3

DIE DINGE SIND NICHT IMMER WIE SIE SCHEINEN

Whitley Strieber war der erste Autor, der den Begriff „Deck-Erinnerungen“ in Verbindung mit UFOs und Aliens verwendete. Dies ist eine Erinnerung an ein Ereignis oder eine Sache, die nicht exakt ist. Etwas wurde auf das, was tatsächlich vor sich geht, aufgesetzt und der Verstand interpretiert es anders. Häufig wird es auf eine sicherere und sanftere Weise interpretiert, sodass die Person nicht verängstigt oder traumatisiert wird. Als ich davon hörte, hatte ich den Verdacht, dass es Teil des Abwehrsystems des Unterbewusstseins ist, seiner Methode, die Psyche vor allem zu schützen, was es als schädlich für die Erinnerung oder das Erkennen ihrer Wirklichkeit ansieht. Diese Deck-Erinnerungen beziehen häufig Tiere mit ein. Ich hatte mehrere Fälle, in denen dies vorgekommen zu sein scheint, wo eine „Überlagerung“, wie ich es nenne, über die tatsächliche Szene gelegt wurde. Aus irgendeinem Grund spielen Eulen eine wichtige Rolle bei diesem Phänomen. In Hüter des Gartens war Phil spätabends auf einer Straße erschrocken, als eine Eule über die Autobahn und dann über sein Auto herniederschoss. Unter Hypnose stellten wir fest, dass es ganz und gar keine Eule war, sondern ein außerirdisches Fluggerät und kleine Wesen auf der Autobahn, die ihn zwangen, anzuhalten. Sein Unterbewusstsein hatte die Szene auf eine sanftere Art verkleidet, damit er sich nicht daran erinnern würde, was tatsächlich geschah.

In dem Fall, dass ich dabei bin, von „Überlagerung“ zu berichten, scheinen die Erinnerungen mit fehlender Zeit einherzugehen. Ich hatte

Brenda bereits seit mehreren Jahren gekannt und sie war die Hauptverbindung in meiner Arbeit mit Nostradamus. Wir waren stark in diese Arbeit eingebunden, als ich zudem begann, als UFO-Ermittlerin zu arbeiten, indem ich bei Verdacht auf Entführungsfälle Hypnose einsetzte. Eines Tages im Januar 1989, als ich zu unserer regulären Sitzung in ihr Haus ging, wollte sie mir von einem ungewöhnlichen Vorfall im März 1988 erzählen. Sie hielt ihn für merkwürdig, hatte ihn mir gegenüber aber aus irgendeinem Grund zuvor nicht erwähnt. Sie dachte, ich könnte jetzt interessiert sein, weil ich zunehmend mit dem UFO-Phänomen befasst war. Sie wusste nicht, ob es mit UFOs oder Außerirdischen in Zusammenhang stand, aber es ging definitiv einher mit fehlender Zeit und einer Eule.

Sie fuhr von der Arbeit in Fayetteville nach Hause, eine Fahrt, die normalerweise etwa eine halbe Stunde dauerte, und war in Sichtweite ihres Hauses auf dem Land, als sich der Vorfall ereignete. Die Sonne war untergegangen, aber es war noch nicht dunkel. Sie bog um eine Kurve und mitten auf ihrer Fahrbahn saß eine Eule. Es war nicht die normale Art von Waldkauz, die in unserer Gegend üblicherweise zu sehen ist. Sie war strahlend weiß mit silbernen Strähnchen auf der Brust und ihre Augen waren sehr schwarz. Sie war absolut schön und Brenda fuhr langsamer, um sie nicht zu überfahren. Sie nahm an, dass dies die Art war, die als „Schneeeule" bezeichnet wurde, welche normalerweise in kälteren Klimazonen wie Kanada oder den nördlichen Bundesstaaten vorkommt. Ein befreundeter Zoologe sagte mir später, dass es in Arkansas möglich sein könnte, im tiefsten Winter eine Schneeeule zu sehen, aber es sollten keine im späten Frühling zu sehen sein. Dies müsste ein sehr seltener Fall gewesen sein, falls es eine echte Eule war.

Als sie sie zum ersten Mal bemerkte, saß sie von ihr wegblickend, aber sie drehte ihren Kopf, um sie anzusehen. Dann schlug sie mit den Flügeln und flog geradewegs auf den Lastwagen zu. Ihre Flügelspannweite war so weit wie die Windschutzscheibe. Sie erschreckte Brenda, und als sie über das Dach des Lastwagens flog, drehte sich Brenda herum, um aus dem Rückfenster zu sehen. Aber da war nichts, kein Anzeichen der Eule, kein Anzeichen irgendeines Vogels. Als Brenda sich umdrehte und wieder aus dem Frontfenster sah, war sie geschockt, zu sehen, dass es draußen dunkel war. Es kam ihr in den Sinn, dass es sicherlich schnell dunkel geworden war. Völlig verwirrt musste sie ihre Scheinwerfer einschalten, um die letzte

Viertelmeile zu ihrem Haus zu fahren. Als sie das Haus betrat, sah sie aus Gewohnheit auf die Uhr. Anstatt 17:30 Uhr, wie es hätte sein sollen, war es fast 19:00 Uhr. Was war mit den anderthalb Stunden passiert? Sie war sich der Zeit, um die sie ihre Arbeit verlassen hatte, sicher, da sie bis zum Sommer keine Überstunden machte.

Sie dachte, es sei ein sonderbarer Vorfall, und sie hatte gehört, dass manchmal, wenn etwas derart Ungewöhnliches passiert, etwas aus dem bewussten Gedächtnis gesperrt wurde.

Ich fragte, ob sie irgendetwas anderes bemerkt hatte, das ungewöhnlich war. Das Wichtigste, woran sie sich erinnerte, war, dass sie für einige Tage danach eine seltsame Wirkung auf Elektrogeräte hatte. Dies war ihr auch gelegentlich in der Vergangenheit passiert. Sie kann wegen ihres elektrischen Feldes oder was auch immer es ist, keine Uhr tragen. Aber die Empfindungen waren noch nie so tiefgreifend oder so lange anhaltend gewesen. Dieses Mal versagte alles Elektrische. Einige Tage lang schaltete sich ihr Fernseher bei jeder ihrer Bewegungen ein oder aus. Bei der Arbeit spann der Computer ständig und die Uhren und der Rechner machten seltsame Dinge, die sie eigentlich nicht tun sollten. Sie fand, dass ihr elektrisches Feld die Geräte stärker als gewöhnlich beeinflusste und sie war empfindlicher für Geräusche. Ihr natürliches Gehör reicht über das normale Gehör hinaus bis in die oberen Bereiche. Sie kann höhere Frequenzen hören und war für einige Tage besonders sensibel für diese höheren Frequenzen, die die meisten Menschen nicht hören können. Das Telefon war eine der Eigentümlichkeiten. Sie sagte, es mache einen hohen Piepton kurz bevor es klingelt, und die meisten Leute hörten das nicht. Also ging sie ans Telefon, bevor es zu klingeln begann. Das war verwirrend für ihren Chef, der sagte: „Bitte, Brenda, ganz ruhig. Lassen Sie das Telefon klingeln, bevor Sie drangehen."

Sie konnte auch ein hohes Kreischen hören, das bestimmte Sicherheitssysteme in den Läden machen. Es klang so laut für sie, dass es ihr Trommelfell verletzte, obwohl es niemand sonst hören konnte. Sie versuchte, sich vom Einkaufszentrum fernzuhalten, bis sich alles wieder normalisieren würde.

Wenn sie zuhause eine Uhr zum Aufziehen in die Hand nahm, reichte das aus, um die Uhr zu zerstören. Bei der Arbeit waren die Uhren elektrisch und sie musste sie nicht anfassen. Alleine mit ihnen im selben Raum zu sein genügte, damit sie seltsame Dinge taten. Diese Uhren haben sich danach nie vollständig erholt. Die Uhr an der

Mikrowelle bei der Arbeit machte ebenfalls Probleme. Sie machte laute Pieptöne, wenn sie anfing, die Zahlen auf dem Timer einzugeben. Sie brauchte sie nicht anzufassen, sie musste nur in die Nähe kommen. Diese seltsamen Auswirkungen auf Elektrogeräte hielten vier weitere Tage lang an und normalisierten sich dann wieder nieder.

Wir beschlossen, diese Sitzung ganz dem Herausfinden zu widmen, was gegebenenfalls während dieser fehlenden Zeit passierte, anstatt unsere planmäßigen Experimente mit Nostradamus durchzuführen. Sie glaubte nicht, dass es sie stören würde, wenn sich herausstellte, dass etwas Unorthodoxes passiert war.

Als wir die Sitzung begannen, brachte ich sie zurück zum Ende des März 1988 und sie trat sofort in die Szene ein, in der sie ihren Lastwagen nach Hause fuhr. Auf dem Weg diskutierte sie über ihre tägliche Arbeit und darüber, dass sie sich Sorgen um ihre Mutter machte, die kürzlich einen Autounfall hatte. Das waren ihre Gedanken, als sie fuhr. Sie war zudem müde und begierig darauf, zu Hause anzukommen, ein heißes Bad zu nehmen und sich zu entspannen.

Sie war fast zu Hause, als sie um eine Kurve bog und etwas mitten auf ihrer Fahrbahn stehen sah. Sie hielt den Wagen an, damit sie es nicht überfahren würde. In ihrer bewussten Erinnerung an das Ereignis dachte Brenda, sie habe nur die Geschwindigkeit verlangsamt, aber sie sagte jetzt, dass sie völlig zum Stillstand gekommen war. Eine weitere Überraschung war, dass das, was sie auf der Straße sah, keine Eule war.

D: Was ist auf der Straße?

B: Das ist schwer zu sagen. Ich denke, wenn wir in alten Zeiten lebten, würden wir es einen Engel nennen.

D: (Überrascht) Einen Engel?

B: Ein Wesen von einer anderen Ebene vielleicht? Ich sehe einen Mann in der Mitte meiner Fahrbahn stehen. Er leuchtet weiß ... über den ganzen Körper. Und seine Kleidung scheint ebenfalls weiß zu sein.

D: Meinst du, das Leuchten ist wie eine Aura um ihn herum?

B: Etwas in der Art. (Sie hatte Schwierigkeiten, es zu erklären.) Es ist so etwas wie ein Schwarz-Weiß-Foto, das überbelichtet worden ist. Weißt du, insgesamt sehr hellfarbig und ein Weiß, das aus ihm herausstrahlt.

D: Es ist nicht wie das Leuchten von einem Licht?

B: Nun, das ist schwer zu beschreiben, weil es so ähnlich wie das ist und auch ähnlich wie eine Aura. Und so etwas wie ein überbelichtetes Bild, oder all das in einem.

D: Und seine Kleidung ist auch weiß?

B: Zumindest erscheinen sie mir so. Es könnte sein, dass ich nicht in der Lage bin, die Farben korrekt zu erkennen, da um ihn herum so viel Licht ist. Sogar sein Haar leuchtet weiß.

D: Kannst du sehen, wie seine Gesichtszüge aussehen?

B: Das ist schwierig, weil da so viel Licht ist. Das Eheste, was ich sagen kann, ist, dass sie klassisch griechischen Gesichtszügen ähneln, wie man sie an klassischen griechischen Skulpturen sieht. Sehr ebenmäßig, mit einer flachen Stirn und einer schönen geraden Nase, und sehr ausgewogenen Zügen.

D: Wie groß ist er etwa?

B: Ein Meter zweiundachtzig, ein Meter siebenundachtzig.

D: Dann ist er groß.

B: Er ist ein recht großer Kerl, ja. Er steht da und sieht umher. Und ich kann Strahlen aus seinen Augen treten sehen. Wenn er zu mir sieht, kann ich sie nicht sehen. Aber wenn er zur Seite blickt, sehe ich diese Strahlen aus seinen Augen kommen. Ich kenne den Zweck dieser Strahlen nicht. Und er sieht mich. Ich habe angehalten, damit ich ihn nicht umfahre. Ich wollte ihm kein Leid. Und er kam rüber zum Lastwagen. Während er zur Fahrerseite herumging, machte er eine Geste über dem Lastwagen. Er winkte genau einmal mit der Hand. (Eine Bewegung mit ihrer linken Hand, eine langsame Welle.) Er tat dies parallel zur Motorhaube des Lastwagens und schleuderte die Hand dann parallel zur Windschutzscheibe hoch. Seine Hand befand sich etwa fünfzehn bis zwanzig Zentimeter über dem Lastwagen, als er dies tat.

Anscheinend war dies, was ihr Bewusstsein als das Fliegen der Eule nahe über dem Lastwagen aufzeichnete. Es war offensichtlich, dass die falsche Überlagerung der weißen Eule aus ihrem Bewusstsein kam, weil sie in Trance nicht zögerte, sie als Person zu identifizieren. Sie erwähnte nicht einmal eine Eule.

B: Und ich kurbelte das Fenster herunter, um zu sehen, ob er mitfahren wollte oder etwas anderes.

Das schien eine merkwürdige Reaktion zu sein, wenn man eine so ungewöhnliche Person sah. Es wäre normal gewesen, wenn er als physischer Mensch erschienen wäre, aber das tat er nicht. Die erwartete Reaktion wäre gewesen, den Motor zu starten und von dort wegzukommen. Es war sicherlich ungewöhnlich, das Fenster herunterzudrehen, um zu dem leuchtenden Wesen zu sprechen. Offensichtlich weckte es keine Furcht in ihr und sie spürte keine Gefahr. Ich fragte sie, ob er sie störte.

B: Es war seltsam, aber ich war neugierig, zu erfahren, wer er war und was er vorhatte. Und ich rechnete mir aus, dass, wenn er mir Leid zufügen wollte, er mich schon längst hätte abknallen können. Ich rechnete mir aus, da er so leuchtete und Licht aus seinen Augen strahlte, wenn er mich von dort, wo er stand, abknallen wollte, hätte er es wohl können.

D: Also hattest du keine Angst vor ihm.

B: Nun, ich war besorgt, vielleicht ein wenig nervös. Aber ich war nicht in Panik oder etwas Ähnliches. Und ich fragte ihn, ob er Hilfe brauche, oder ob er irgendwohin gefahren werden müsste. Und er sagte: „Oh, gesegnet seist du, Kind. Ich schätze dein Angebot. Mein Transportmittel ist gerade da drüben." Er gestikulierte in Richtung eines Hügels, der sich neben der Straße befand.

D: Konntest du etwas sehen?

B: Nein. Ich sah nur den Hügel. Es befanden sich eine ganze Menge Zedernbäume darauf. Ausgehend von der Art, wie er gestikulierte, hatte ich das Gefühl, dass wenn sich dort irgendetwas befand, es auf der abgewandten Seite des Hügels sein musste, vielleicht hinter dem Gipfel, wo es noch dazu außer Sichtweite wäre.

Ich bin diese Straße oft zu Brendas Haus gefahren. Und nach dieser Erfahrung nahm ich diesen Hügel besonders zur Kenntnis. Er befindet sich nicht weit von der Straße entfernt, inmitten des Ackerlands eines Bauern. Es gibt ein paar Bäume darauf und keine Häuser in der Nähe. Aber er ist nicht sehr hoch, also könnte ein Schiff nicht sehr groß sein, wenn es sich hinter der dem Hügel versteckte, außer Sichtweite von der Straße aus. Es sei denn, er hätte es auch für Menschen unsichtbar gemacht.

B: Ich fragte ihn: „Wer bist du? Ich kann nicht umhin, zu bemerken, dass deine Erscheinung anders ist, als meine. Bist du ein außerirdischer Besucher oder bist du von einer höheren Ebene?“ Und er sagte, dass er vom Ältestenrat sei. Ich fragte ihn: „Was ist dieser Rat? Räte sind für gewöhnlich da, um eine Gruppe zu beraten oder zu führen oder etwas Ähnliches.“ Und er sagte, dass unterschiedliche Besucher auf verschiedenen Teilen der Erde gewesen seien und widersprüchliche Berichte darüber gebracht hätten, wie weit sich die Erde entwickelt habe. Es gebe eine Gruppe, die für den offenen Kontakt mit der Menschheit ist, und eine andere, die dafür ist, die Menschheit in Unwissenheit zu lassen, so wie es jetzt ist. Und da er Mitglied des Ältestenrates ist, beschlossen sie, dass er selbst kommen solle, um zu sehen, wie die Dinge auf der Erde stehen. Es ist eher so etwas wie eine verdeckte Mission, eine Untersuchungs-Mission, so könnte man es nennen. Damit sie mehr Information haben, auf die sie ihre Entscheidung stützen können, ob sie die Erde in Unwissenheit belassen sollen, oder die Menschheit kontaktieren und sie zu Licht, Gesundheit und Wissen zu bringen.

D: Ist es das, was du mit „Unwissenheit“ meintest?

B: Nun, obwohl die Menschheit vermutet, und manche es wünschen und davon träumen, dass es außerirdisches Leben gebe, gibt es so etwas für den größten Teil, soweit es die Beamten in den Regierungen betrifft, nicht. Das meinen sie mit Unwissenheit, indem sie diese Tatsache nicht akzeptieren. Sie haben darüber nachgedacht, die Menschen auf eine Weise zu kontaktieren, mit der sie umgehen könnten, was zudem zweifelsfrei beweisen würde, dass es außerirdische Intelligenz gibt. Und sie leben ihr eigenes Leben weiter, bis zu der Zeit, da die Menschheit genug informiert ist, um fähig zu sein, sich ihnen anzuschließen.

D: Hat er diese Kommunikation mit dir, indem er Worte spricht?

B: Nicht wirklich. Ich schätze, man könnte es „vokalisierte Telepathie“ nennen. Ich konnte ihn sehr klar hören, so als ob er spräche, aber sein Mund bewegte sich nicht. Ich nehme an, er projizierte seine Gedanken in meinen Geist, aber ich konnte sie wahrnehmen als eine sehr angenehm klingende Stimme.

D: Was geschah weiter?

B: Er sagte, er müsse mit dem, was er tat, fortfahren und ich müsse nach Hause gehen. Es gebe nichts, was ich tun könnte, um ihm zu helfen. Dann bewegte er seine Hand einmal vor meinen Augen hin und her. Und als er das tat – ich nehme an, mit den geistigen Kräften, die er besaß – konnte ich ihn nicht mehr sehen. Und ich erinnerte mich nicht länger an die Erfahrung, nachdem es geschehen war.

D: Ich frage mich, warum er da draußen war, mitten auf der Straße?

B: Ich habe das nie mit Sicherheit herausgefunden. Ich hatte den Eindruck, dass er an verschiedene Orte gegangen war und die Menschheit und alles, was vor sich ging, beobachtete. Und ich hatte das Gefühl, er war neugierig darauf, was passieren würde, wenn er die Gelegenheit haben sollte, sich mit einem Durchschnittsmenschen auf der Straße zu treffen. Ob ich in Panik geraten und versuchen würde, wegzulaufen oder ob ich Angst hätte und versuchen würde, ihn zu verletzen oder Ähnliches.

D: Also, es gibt wahrscheinlich Leute, die das getan hätten.

B: Das ist wahr. Aber ich schätze, Sie würden sagen, dass er eine durchschnittliche Stichprobe machte. Er erschien verschiedenen Menschen hier und dort und ließ sie dann die Erfahrung vergessen. Aber er nahm ihre Reaktionen auf sein Äußeres zur Kenntnis. Um eine Vorstellung davon zu bekommen, wie die Menschheit im Allgemeinen auf eindeutige Kenntnis von außerirdischem Leben reagieren würde.

D: Als er sich an der Seite des Lastwagens befand, konntest du da weitere Details an ihm sehen?

B: Also, alles war sehr weiß und leuchtend. Sein Bekleidungsstil war grundsätzlich locker und bequem. Eher wie ein Kaftan mit einem Poncho darüber oder etwas Ähnliches. Und er hatte eine Schärpe um seine Taille geschlungen. Seine Kleidung schien mehrere Beutel und Taschen zu haben, in denen er Dinge mit sich tragen konnte. Und es sah aus, als trage er Stoffstiefel an seinen Füßen, und obwohl der Stoff etwa zweieinhalb Zentimeter dick war, erschien er biegsam und weich. Er hatte wallende Gewänder an, aber in zwei oder drei Lagen, daher sah es aus, als habe er warm genug für diese Jahreszeit. Es sah aus, als seien sie aus fein gesponnener Wolle oder etwas Ähnlichem gefertigt.

D: Hatte er Haare?

B: Oh, ja. Es sah aus, wie glattes, weißes Haar, vorne kurzgeschnitten und hinten vielleicht schulterlang. Er leuchtete so sehr, dass ich nicht wirklich sagen könnte, ob er irgendwelche bestimmten Farben an sich hatte. Seine Haut und sein Haar sahen weiß aus, und seine Augen silbern. Und er war glattrasiert.

D: Gab es da immer noch die Strahlen aus seinen Augen?

B: Nein, nicht als er zu mir sprach. Aber als er in der Landschaft umhersah, kamen Strahlen aus seinen Augen.

D: Aber nichts daran war angsteinflößend. Es war nur seltsam.

B: Wirklich seltsam, aber ich fand wirklich Gefallen daran, weil es ihm nichts auszumachen schien, meine Fragen zu beantworten.

D: Welche Fragen stelltest du ihm noch?

B: Ich fragte ihn, ob es wirklich Leben da draußen gab, oder ob das lediglich Wunschdenken meinerseits sei. Und er sagte: „Ja, es gibt wirklich Leben da draußen, und es ist sehr artenreich." Es gibt viele verschiedene Arten von Leben mit allen möglichen Arten von Erscheinungsformen und Fähigkeiten. Und mehrere verschiedene Rassen freuen sich darauf, dass die Menschheit endlich verlässliche Raumfahrzeuge entwickelt, damit sie sich uns anschließen und Teil der galaktischen Gemeinschaft sein können. Und er sagte, dass unterschiedliche Rassen spezielle Charaktermerkmale hätten. Einige seien kriegerischer als die anderen, und manche Rassen tendieren dazu, unbeschwert und humorvoll zu sein. Und dann sagte er etwas, das ich seltsam fand, aber auch vielversprechend. Er sagte: „Aber du wirst in Kürze alles darüber lernen." Ich interpretierte das so, als dass vielleicht noch zu meinen Lebzeiten die Menschheit die Hand nach den Sternen ausstrecken würde.

D: Ich frage mich, wo sich dieser Rat befindet? Hast du ihn das gefragt?

B: Er sagte, er habe keinen besonderen Ort. Sie trafen sich einfach an dem Ort, den alle Mitglieder beschlossen. Ich hatte den Eindruck, dass es ein besonderes Schiff gab, das dem Rat gehörte. Ein sehr großes Schiff, und sie neigten dazu, sich höchst häufig auf diesem Schiff zu treffen, um Ihre Angelegenheiten zu erledigen. Aber die

Ratsmitglieder sind von allen möglichen verschiedenen Planeten, um mehrere verschiedene Rassen zu repräsentieren.

D: Aber du sagtest, dass er menschliche Gesichtszüge hatte.

B: Ja, er schien menschlich zu sein. Ich fragte ihn: „Das Leben da draußen auf den Sternen, kommt es in lauter verschiedenen unvorstellbaren Formen daher oder sind sie grundsätzlich menschenartig?" Er sagte, wir würden Leben in beiden Formen vorfinden: Uns ähnlich, aber ein wenig unterschiedlich, und Leben, so völlig verschieden, dass es schwierig sei, zu glauben, dass sie wirklich intelligente Lebensformen sind.

D: Du sagtest, dass du seine Hände sahst. Sahen sie wie menschliche Hände aus?

B: Sie waren sehr groß mit langen Fingern. Auf der Klaviertastatur könnten sie mit Leichtigkeit ein Zwölftel oder ein Dreizehntel spannen, ohne sich zu anzustrengen, so wie ich ein Neuntel oder Zehntel spannen kann. (Sie benutzte ihren Pianisten-Hintergrund, um einen Vergleich anzustellen.) Und seine Finger waren lang im Verhältnis zu der Größe seiner Hände. Aber das Beste, woran ich mich erinnern kann ist, dass er genauso viele Finger hatte wie wir. Und da er wallende Kleidung trug, konnte ich nicht erkennen, ob bestimmte körperliche Merkmale ihn von uns unterschieden. Das Wesentliche, das mir auffiel ist, dass er größer als der Durchschnitt war. Aber dann dachte ich, dass dort, woher er kam, sie wahrscheinlich einen höheren Gesundheitsstandard hatten. Die Menschen würden also wahrscheinlich eine größere Durchschnittsgröße erreichen.

D: Meinst du, er war größer oder einfach nur kräftiger?

B: Einfach kräftiger. Größer, breitschultrig, große Hände. Er hatte wunderschöne Zähne. Ich denke nicht, dass er jemals in seinem Leben zu einem Zahnarzt gegangen ist. Er schien sehr weise und höflich zu sein. Und er sagte, dass eines der Dinge, die die anderen Rassen erschrecken, unsere Neigung sei, auf eine Art aggressiv zu sein und vielleicht manchmal etwas kriegerisch. Er sagte, wenn wir lernen können, dies zu kontrollieren, werde unsere Zukunft sehr strahlend sein.

Dies schien die einzige Information zu sein, die sie über die sonderbare Begegnung liefern konnte. Ich wusste, dass ich stets mehr bekommen konnte, wenn ich direkt mit ihrem Unterbewusstsein sprach. Also bat ich darum, mit ihrem Unterbewusstsein zu sprechen. Mir wurde nie der Zugang dazu verwehrt.

D: Ich bin neugierig auf dieses Wesen, das sie sah. Sah er in Wirklichkeit so aus, wie sie ihn beschrieb?

B: In Wirklichkeit leuchtete er wirklich genau so, wie sie es beschrieb. Aber es gab ein paar sichtbare körperliche Unterschiede, die er ihr aus dem Gedächtnis löschte oder sie gar nicht erst sehen ließ. Ich denke, man könnte sagen, er hatte einen Charme an sich, der ihn völlig menschlich wirken ließ.

D: Kannst du mir sagen, wir er wirklich aussah?

B: Sein Haar war weiß und wallend und länger, als sie sich erinnerte und er hatte eher Geheimratsecken. Er hatte einen spitzen Haaransatz, wohingegen sie ihn wahrnahm, als habe er einen geraden Haaransatz, wie den eines jungen Mannes. Und er hatte tatsächlich große Hände, aber sie waren knochig und seine Finger hatten ein zusätzliches Gelenk. Anstatt dass die Finger dort endeten, wo unsere enden, war es, als ob sich das mittlere Gelenk wiederholte. An welchem die Finger sich auch unterschiedlich zu unseren bogen.

D: Wie viele Finger hatte er?

B: Er hatte vier Finger, aber er hatte auch einen doppelten Daumen.

D: (Das war eine Überraschung.) Einen doppelten Daumen? Was meinst du damit?

B: Zwei Daumen. Seine Hand war länger als unsere, weil sie über mehr Knochen verfügte. Er hatte einen Daumen an der üblichen Stelle und einen darüber. Da war viel Raum für zwei Daumen bevor die anderen Finger kamen. (All dies wurde von Handbewegungen begleitet.)

D: Also hatte er zwei Daumen und vier Finger, das macht zusammen sechs Finger.

B: Ja, an jeder Hand. Mit langen, schmaleren Fingernägeln als unsere. An der Wurzel, wo die Nagelhaut ist, war es eine sehr starke U-Form, anstatt einer rechtwinkeligen wie bei uns.

D: War sein Gesicht anders?

B: Es sah herber aus, als sie es in Erinnerung hatte. Er wurde sich bewusst, dass sie seine Erscheinung furchteinflößend finden könnte. Seine Augen waren sehr groß und glänzend, wegen der Kraft, die aus ihnen herausstrahlte, mit sehr buschigen

Augenbrauen darüber. Und eigentlich waren seine Augen vollkommen weiß. Da war keine Iris oder Pupille zu sehen.

D: Ich habe blinde Menschen mit solchen Augen gesehen. Ist es das, was du meinst?

B: Ja. Außer, dass dieses Weiß mit Licht leuchtete, wegen der Kraft, die von ihm ausstrahlte.

D: Was ist mit seinen anderen Körpermerkmalen?

B: Seine anderen Körpermerkmale schienen recht normal zu sein. Seine Wangen waren eher zerklüftet, eingesunken. Und er hatte eine sehr ausgeprägte Kieferform. Es war schwer, etwas über seine Ohren zu sagen, weil sein Haar sie bedeckte.

D: Und war seine Haut eigentlich auch weiß?

B: Ich glaube nicht wirklich. Da leuchtete so viel Licht, was es schwer machte, zu sagen, von welcher Farbe sie eigentlich war. Doch aufgrund des Kontrastes zwischen seinem Haar und seiner Haut und zwischen seinen Augen und seiner Haut schien es, dass seine Haut dunkler war. Aber sie leuchtete durch Licht, somit sah sie heller aus, als sie wirklich war.

D: Hatte er eine Nase und einen Mund wie wir?

B: Ja. Er hatte eine Nase und einen Mund, aber es ist schwer zu sagen, ob die Zähne wie unsere waren, weil er den Mund nicht öffnete, während er sprach. Er sprach, indem er seine Gedanken übermittelte.

D: Aber sie sah Zähne.

B: Weil das Bild, das sie sah, gelegentlich lächelte. Und das wahre Bild war sehr feierlich.

D: Also hatte sein Gesicht keinerlei Ausdruck.

B: Oh doch, es hatte Ausdruck, aber dies beinhaltete nie, die Zähne zu zeigen. Er zog die Augenbrauen hoch und schwenkte seinen Kopf und solcherlei Dinge, aber dies ging nie mit Lächeln einher. Sein Gesicht erschien vorne schmaler. Die Art, wie sein Gesicht sich zu seinem Mund abschrägte, war schärfer und enger als bei unseren Gesichtern. Unsere sind dazu vergleichsweise flach.

D: Trug er die Art Kleidung, die sie beschrieb?

B: Er trug Kleidung, aber viel komplexerer Natur, als sie es beschrieb. Es war viel Metall in seine Kleidung eingearbeitet.

D: Wofür war das?

B: Verschiedene Instrumente und Solcherlei. Manches davon war reine Zierde. Manches davon zeigte seinen Rang. Und manches davon waren Fernbedienungen für ein Schiff und dergleichen. Diese befanden sich in seinen Kleidungsstücken, in seinem Gürtel. Er trug so etwas wie einen Patronengurt über seine Brust (ihre Handbewegungen deuteten zwei Riemen an), der mit metallenen Dingen bestückt war.

D: Instrumente und ähnliche Dinge, sagtest du?

B: Eher wie Knöpfe und Schalter und solche Dinge. Und sie sahen aus wie kleine Flaschen, aber sie hatten alle ihren Zweck. Das war nicht rein zur Zierde. Wenn es Instrumente waren, dann waren sie sehr verkleinert.

D: Also sogar die Kleidung war anders, als sie dachte.

B: Sie war ähnlich, mit wallenden Ärmeln und Säumen. Sie sah einfach die Instrumente nicht und das, was sie „die Dinger" nannte. Er erlaubte ihr nicht, die Dinger zu sehen.

D: Gab es dafür einen Grund?

B: Ja, weil die Menschheit technologisch betrachtet unreif ist. Und wenn sie zu früh mit zu viel fremder fortgeschrittener Technologie konfrontiert wäre, könnte das verheerend sein.

D: Der Mensch versucht immer, neue Dinge zu erlernen. Meinst du, wir könnten sie nicht verstehen oder nicht mit ihnen umgehen, oder wie?

B: Ihr könntet nicht damit umgehen. Das Äquivalent aus der Erdgeschichte wäre, wenn Segler eine neue Welt im Südpazifik entdeckten und dem Anführer ein Gewehr als Geschenk gaben. Der Anführer war stolz auf sein Geschenk und winkte damit herum und sagte: „Hey, schaut, was ich habe." Und es ginge aus Versehen los und verletzte jemanden, weil er nicht wissen konnte, wie er darauf achten und es gebrauchen sollte.

D: Ich denke an den Begriff „Disziplin".

B: Nein, das ist nicht die richtige Bedeutung. Er hatte nicht das Verständnis dafür, wie etwas angewandt werden sollte. Denn wenn man einmal versteht, wie etwas angewandt werden soll, kommt die Disziplin ganz natürlich.

D: Also denken sie sich, es sei besser, uns nicht zu viel auf einmal zu zeigen.

B: Genau. Wir werden als intelligente Spezies betrachtet und als höchst neugierig. Und sie wissen, dass, wenn wir etwas sehen und uns daran erinnern, wir versuchen werden, das Gesehene zu verstehen und es nachzubauen.

D: Hatte er wirklich Strahlen aus seinen Augen kommen?

B: Ja. So, wie Ihre Maschinenausrüstung konstruiert ist, kann sie durch den Körper funktionieren, nicht nur durch die Maschinen. Sie kann auch den Körper benutzen. Und die Strahlen, die aus seinen Augen kommen, könnten entweder von einer Maschine rühren, die die Gegend abscannt, um zu analysieren, woraus die Dinge geschaffen waren, oder es könnten Strahlen von einer Maschine gewesen sein, die darauf ausgerichtet war, ein bestimmtes Element von etwas zu finden. Es gibt viele verschiedene Dinge, die es hätte sein können.

Das klang ähnlich wie die Fälle in meinem Buch Vermächtnis von den Sternen, in denen Maschinerie und Körper kombiniert wurden. In einigen Fällen war der Körper so verdrahtet, dass er das Raumfahrzeug durch Muskelbewegung bedienen konnte. Viele der Außerirdischen in diesem Buch wurden buchstäblich Teil ihres Schiffes. Ich dachte, das würde eine furchterregende Erweiterung der neuen Virtual Reality-Spiele sein, bei denen Maschine und Körper zusammenarbeiten.

Dies schien nun ein Fall von nicht nur einer, sondern von zwei „Überlagerungen" zu sein. Die einfache Version der Eule, an die sich ihr Bewusstsein erinnerte, war völlig verschieden von den beiden unter Hypnose gelieferten Versionen. Anscheinend haben diese außerirdischen Wesen die Fähigkeit, uns Dinge auf viele Arten wahrnehmen zu lassen. Nur Hypnose kann enthüllen, was wirklich unter der Oberfläche liegt. Können wir jemals wissen, was wirklich ist und was eine Illusion?

D: Es scheint seltsam, dass er nicht wusste, dass sie in ihrem Lastwagen vorbeikommen würde.

B: Aber er wusste es doch.

D: Oh? Ich dachte, er sei überrascht gewesen.

B: Nein. Sie war diejenige, die überrascht war. Er wusste, dass sie vorbeikommen würde. Und sie war diejenige, mit der er Kontakt haben wollte.

D: Gab es einen Grund, warum er Kontakt zu ihr haben wollte?

B: Ja. Der Ältestenrat behält bestimmte Einzelwesen auf der Erde im Auge, sodass, wenn es Zeit ist, Kontakt mit der Menschheit aufzunehmen, diese zuerst kontaktiert werden, sofern dies noch während ihrer Lebensspanne geschieht. Das haben sie über Jahrhunderte getan. Einer der Menschen, den sie für am vielversprechendsten hielten, war Leonardo da Vinci. Und während also jede Generation kommt und geht, gibt es besondere Einzelwesen, welche sie beobachten. Falls es innerhalb ihrer Generation geschieht, haben sie bereits entschieden, wen sie zuerst kontaktieren wollen.

D: Gab es irgendetwas besonders Andersartiges an ihr, dass sie sie beobachteten?

B: Sie suchen nach einer Kombination von Wesenszügen bei den Leuten, die sie zuerst kontaktieren möchten. Die Leute müssen hochintelligent sein. (Dies würde auf Brenda passen, weil sie den Intelligenzquotienten eines Genies hat.) Und aufgeschlossen und bereit, neue Dinge zu lernen. (Sie ist gewiss aufgeschlossen, sonst hätte sie unseren sonderbaren Experimenten nie zugestimmt.) Und auch spirituell fortgeschritten und in Kontakt mit den höheren Ebenen. Jemand, der sich selbst zu verbessern sucht und der offen für neue Dinge ist. Jemand, der trotz Hindernissen in seinem Leben diese in positiver Weise zu überwinden sucht, ohne dabei andere um sich herum in negativer Weise zu beeinflussen. Manche Leute überwinden ihre Hindernisse, indem sie diejenigen um sich herum niederreißen. Aber das ist nicht die Art Person, die sie wollen. Sie wollen Leute, die ihre Hindernisse mit Hilfe positiver Mittel überwinden.

D: Bleiben sie mit diesen Leuten in Kontakt oder beobachten sie sie ihr ganzes Leben lang?

B: Ja. Sie behalten ihr ganzes Leben lang ein Auge auf sie. Und von Zeit zu Zeit kontaktieren sie sie. Manchmal gestatten sie ihnen, sich zu erinnern, aber meistens vernebeln sie ihre Erinnerung, damit ihr Alltagsleben nicht verkompliziert wird.

D: Ist Brenda zuvor kontaktiert worden?

B: Ja, das wurde sie. Insbesondere, als sie ein kleines Kind war, aber sie erinnert sich daran nicht. Sie kontaktierten sie, um ihr bei der Vorbereitung zu helfen, falls die Zeit während ihrer jetzigen Lebenszeit eintritt.

D: Diese genau gleiche Art von Wesen?

B: Manchmal ein gleichartiges Wesen, manchmal ein Wesen von anderer Erscheinung, denn es sollte stets jemand von einer anderen Rasse sein. Aber es würde für gewöhnlich jemand sein, der in engem Kontakt mit dem Ältestenrat stand. Sie arbeiten zusammen.

D: Wie behalten sie jemanden im Auge? Leute bewegen sich so sehr umher. Wie können sie sie aufspüren?

B: Sie sind in der Lage, eure geistigen Ausstrahlungen wahrzunehmen. Und eure Aura ist für sie ausgesprochen sichtbar. Zudem sind einige dieser Individuen so hochgradig entwickelt, dass sie auf höheren Ebenen wahrnehmen können, als der Mensch. Sobald sie also einmal wissen, wie eure Aura und euer Höheres Selbst und eure geistige Ausstrahlung aussehen, ist es sehr einfach, euch aufzuspüren, weil jeder einzigartig ist und keine zwei Menschen gleich sind. Sie haben Maschinen, die ihnen dabei helfen. Sie geben die Information in die Maschine ein und befehlen ihr, den Planeten abzusuchen. Wo ist die Person mit dieser und jener Art Aura, dieser und jener Art geistiger Ausstrahlung? Und die Maschine kreist den Standort ein.

D: Dann mussten sie nichts an ihrem physischen Körper vornehmen, um sie zu finden?

B: Sie müssen nicht jedes Mal etwas Physisches an ihrem Körper vornehmen. Das erste Mal, als sie sie im Alter von neun Jahren kontaktierten, okulierten sie sie. Eher so, wie eine Impfung, könnte man sagen. Es ist schwer zu erklären.

D: Ich denke an einen Schuss oder so etwas.

B: Ja, es ist dem sehr ähnlich. Und manchmal hinterlässt diese Okulation eine Narbe oder eine Art Mal auf der Haut. Sie okulieren eine Substanz in den Körper, die hilft, die Wahrnehmungen zu erhöhen. Sie hilft, die Person feinfühliger für Asper-Fähigkeiten zu machen, denn diese Fähigkeiten sind in der galaktischen Gemeinschaft sehr wichtig.

D: Das ist ein sonderbarer Begriff für mich: „Asper"-Fähigkeiten?

B: Das ist ein sehr gebräuchliches Wort. Es ist nur eine andere Methode, auf all die außersinnlichen Fähigkeiten Bezug zu nehmen.

*D: Ich dachte dabei an die Bedeutung: Bestreben (von Engl. Aspiration, *Anm. d. Übersetzers).*

B: Du denkst an das falsche Wort. (Sie buchstabierte es.) „Esper", Esper-Fähigkeiten. (Von Englisch: EsPer für extrasensory perception, im Deutschen: ASW für Außersinnliche Wahrnehmung, *Anm. d. Übersetzers.)

D: Das ist ein Wort, mit dem ich nicht vertraut bin.

B: Sie ist damit vertraut. Daher habe ich es.

D: Oh, du hast es aus ihrem Vokabular. – Gut, an welchem Teil des Körpers nahmen sie diese Okulation vor?

B: In ihrem Fall, wo diese Beule ist, an ihrem linken Unterarm.

Brenda hielt ihren Arm nach oben, und ich konnte eine sehr kleine Beule sehen.

D: Wie wurde das verabreicht?

B: Es wurde nachts verabreicht, während sie schlief. Und wenn du sie fragst, während sie wach ist, wird sie dir erzählen, wann es geschah, weil es sehr merkwürdig aussah zu der Zeit, als es erschien.

D: Wurde dabei ein Instrument benutzt?

B: Ja, es scheint so etwas wie eine silberne Sonde zu sein. Und das Ende, welches sie gegen den Arm drücken ist flach oder vielleicht leicht nach innen gebogen. Aber wenn du es gegen den Arm drückst, durchbohrt etwas in der Sonde die Haut und okuliert in den Blutstrom hinein. Aber es tut nicht weh.

D: Aber es hinterlässt eine kleine Beule?

B: Wenn es heilt, bleibt da eine Beule übrig, wo sie die Okulation vorgenommen haben. Wenn sie wach ist, kann sie beschreiben, wie es zuerst erschien und wie es heilte. Und zusätzlich zu der Substanz, die sie okulieren, scheint da auch ein kleiner silberner Ball zu sein. Aber er ist eigentlich ein sehr kleines Instrument, welches ihren Maschinen hilft, die Person aufzuspüren, weil es sich auf deren geistige Ausstrahlung einstimmt. Und wenn der Kontakt noch während der Lebensspanne dieser Person hergestellt wird, können sie dieses „Ding“ aktivieren, das sie im Körper belassen haben. Dann wird es wie eine Art Übersetzer agieren. Sie kann so ihre Gedanken projizieren und kommunizieren und deren Gedanken hören. Und falls stimmliche Kommunikation benutzt wird, wird sie in der Lage sein, sie zu verstehen, sogar, wenn sie eine unbekannte Sprache sprechen. Wenn der Klang auf ihr Gehirn trifft, wird er in umfangreiche Symbole übertragen, die sie verstehen kann. Dieses Ding in ihrem Körper wird in der Lage sein, dies zu tun. Ich nenne es silberartig, weil es so erscheint. Es ist nicht wirklich aus Silber gemacht. Es ist vielleicht drei Millimeter im Durchmesser und es befindet sich im Fleisch ihre Unterarms, unterhalb der Beule, wo sie sie okuliert haben. Es befindet sich zwischen den beiden Knochen, der Speiche und der Elle, da unten im Muskel. Es wurde mit der Okulation injiziert. Sie tun dies in einem Vorgang, damit sie ihre Behausung nicht nochmals physisch betreten müssen. Sie können sie dann über ihre Instrumente beobachten.

D: Gibt es irgendwelche weiteren Fremdkörper in ihrem Körper?

B: Nicht zu diesem Zeitpunkt.

D: War da einer früher einmal?

B: Nicht, dass ich wüsste, aber es besteht die Möglichkeit, es könnten in der Zukunft welche in ihren Körper eingepflanzt werden, aus unterschiedlichen Gründen.

D: Verursacht dieser in ihrem Arm irgendwelche körperlichen Beschwerden?

B: Nein, und das sollte er auch nicht.

D: Wie sieht es mit Röntgenstrahlung aus? Könnte sie es aufnehmen?

B: Sie könnte, obwohl das unwahrscheinlich ist. Bei der Art, wie es positioniert ist zwischen ihren Knochen, würde einer der Knochen wahrscheinlich die Sicht darauf in der Röntgenaufnahme versperren. Sie versuchen, diese so zu positionieren, dass sie schwer zu finden sind, denn sie wollen verhindern, dass sie rausgenommen werden. Bei der Art, wie sie installiert sind, wie man vermutlich sagen könnte, können sie auf einen nahegelegenen Nerv übertragen werden, um Kontakt zum Gehirn aufzunehmen.

D: Ich habe von anderen Leuten gehört, die Dinge in ihrem Kopf haben.

B: Etwas könnte in der Zukunft in ihren Kopf gepflanzt werden, wenn die Gelegenheit es rechtfertigt. Aber im Moment zieht es der Ältestenrat jedoch vor, dass die, die sie beobachten, völlig freie Akteure sind.

D: Was ist der Zweck davon, eines in den Kopf zu pflanzen?

B: Ich bin nicht sicher. Von den verschiedenen Rassen und Gruppen der Menschheit, die da draußen in der galaktischen Gemeinschaft sind, haben verschiedene unterschiedliche Absichten und Ziele. Und sie benutzen unterschiedliche Instrumente. Somit werden sie die Menschheit auf verschiedenen Wegen kontaktieren. Obwohl die Kontakte durch den Ältestenrat koordiniert werden sollten, benutzen einige dieser Gruppen lieber ihre eigenen Instrumente, als diejenigen, die der Ältestenrat billigt.

D: Macht das dem Rat nichts aus, wenn sie dies tun? Ist das nicht gegen seine Regeln oder etwas in der Art?

B: Einige dieser Dinge sind gegen die Regeln und einige nicht. Es hängt davon ab, wie es getan wird und davon, ob dem Probanden irgendein Leid zugefügt wird. Und auch davon, welchen Effekt es auf den Probanden hat.

D: Kannst du sehen, wie die Wesen aussehen, die das in ihren Arm eingebracht haben, als sie neun Jahre alt war?

B: Das war ein sehr sanfter Typ Mensch. Es ist schwer zu sehen, wie sie aussehen, weil es Nacht war, als sie es taten. Sie unterscheiden sich von der Person, die sie auf der Autobahn sah. Sie hatten kein Haar auf dem Kopf. Ihre Köpfe waren sehr glatt. Und sie scheinen irgendwie silbrig zu sein. Ihre Hände waren anders, weil sie drei Finger und einen Daumen haben. Sie sind nicht so groß wie die Person, die sie auf der Autobahn sah. Diese Menschen neigen dazu, langbeinig und schlank zu sein, sehr feingliedrig gebaut. Sie haben dunkle Augen, aber das ist alles, was ich sagen kann, weil ihre Gesichter sich im Schatten befanden. Sie neigen jedoch dazu, langgliedrig und mager zu sein und sie wirken nach menschlichen Maßstäben ausgemergelt, weil sie so dünn sind.

D: Du sagtest, sie seien sanfte Leute?

B: Ja. Sie haben eine starke intellektuelle Neugier. Und sie tun dies auf Anweisung des Ältestenrats. Und der Ältestenrat, wie du dich erinnern wirst, umfasst viele Wesen von unterschiedlichen Rassen. Es gibt dort eine unendliche Anzahl Wesenstypen, weil es eine solche Vielfalt an Lebensformen gibt, wenn man das Universum als Ganzes betrachtet. Allein in dieser Galaxie gibt es viele verschiedene Arten von Lebewesen mit verschiedenen Erscheinungsformen, verschiedenen Kulturen, verschiedenen Fähigkeiten, verschiedenen Betrachtungsweisen, verschiedenen Erschaffungsmethoden. Wenn du siehst, wie manche der Rassen aussehen, kannst du verstehen, wie die verschiedenen Legenden über Gnome und Elfen zustande kamen. Denn in alten Zeiten waren die Besucher manchmal nicht sehr vorsichtig und jemand sah sie, ohne dass dessen Erinnerung zuvor vernebelt wurde und es kam dieses Gerücht von den Menschen mit einem besonderen Aussehen auf. Und wenn du diese Legenden von Menschen hörst, die entweder extrem groß und grotesk aussehend sind oder sehr klein und zerbrechlich aussehend, rühren sie höchstwahrscheinlich von einigen dieser andersartigen Rassen, die uns in der Vergangenheit besucht haben.

D: Der Rat ist derjenige, der diesen anderen Wesen Anweisung gibt, hinauszugehen und diese Dinge zu tun?

B: Das ist die Weise, auf die es geschehen sollte.

D: Es geschieht nicht immer auf diese Weise?

B: Nicht immer, nein. Aber sie versuchen, es durch den Ältestenrat aufeinander abgestimmt zu halten, damit es den geringstmöglichen Schaden anrichte.

D: Ich finde heraus, dass eine größere Mehrheit der Leute Kontakt mit diesen andersartigen Wesen gehabt hat, als wir zunächst dachten.

B: Ja, weil die Zeit für einen offenen Kontakt mit der Erde näher gekommen ist, als je zuvor. Und es ist gut möglich, dass es während der Lebensspanne der gegenwärtigen Generation derjenigen geschieht, die sie beobachtet haben. Sie hoffen dies ohnehin stark, weil viele ungeduldig darauf warten, dass die Menschheit der galaktischen Gemeinschaft beitrete.

D: Wir haben von Leuten gehört, die sagen, sie seien entführt worden. Weißt du etwas darüber?

B: Es ist wahr, dass sie gelegentlich eine genauere physische Untersuchung eines menschlichen Wesens vornehmen, um im Auge zu behalten, wie die Medizinwissenschaft fortgeschritten ist und wie sich die Menschen weiterentwickeln. Sie wollen vorbereitet sein auf die Art menschlicher Wesen, die es geben wird, wenn die Menschheit sich der galaktischen Gemeinschaft anschließt. Denn wenn dies geschieht, wollen sie die Ausrottung von Krankheit anbieten. Um dies zu tun, müssen sie Menschen zunächst untersuchen, damit sie die Heilmittel für diese verschiedenen Krankheiten entwickeln können. Dann können sie uns die Heilmittel anbieten, wenn sie uns offen kontaktieren.

D: Das ergibt Sinn. Wie werden diese physischen Untersuchungen durchgeführt?

B: Für gewöhnlich mit Licht und bestimmten Arten von Energie. Ähnlich der Art, wie wir Röntgenstrahlen nutzen, um Knochen zu untersuchen. Sie haben verschiedene Energiefrequenzen, die besondere Dinge im Körper untersuchen und mitteilen können, in welcher Form er sich befindet oder in welchem Entwicklungsstadium.

D: Wird dies bei der Person zu Hause in ihrem Bett durchgeführt?

B: Nein, sie müssen sie in eines ihrer Schiffe bringen, wo sie ihre Instrumente vorbereitet haben. Diese Instrumente strahlen spezifische Energien ab, mit denen sie spezifische Dinge im Körper untersuchen. Und da so viele davon vorhanden sind, sind sie nicht einfach zu transportieren. Sie könnten wahrscheinlich eine teilweise Untersuchung zu Hause durchführen, aber sie würde nicht so sorgfältig sein, wie an Bord ihres Raumfahrzeugs.

D: Das ist es, was die Leute meiner Meinung nach Entführungen nennen.

B: Es ist nicht als Entführung gedacht. Würden sie sie entführen wollen, brächten sie sie zum Schiff, flögen davon und brächten sie nie wieder zur Erde zurück. Das ist einfach eine Untersuchung, damit sie fortfahren können, die Information zu sammeln, die sie brauchen. Und umgekehrt werden wir als Menschheit der galaktischen Gemeinschaft unsere individuellen Errungenschaften bieten: unsere Neugierde, unseren Intellekt, unsere Liebe für Kunst und Musik. Und die Art, wie wir Dinge bauen und Dinge herausfinden. Das ist es, was wir zur galaktischen Gemeinschaft beitragen können.

D: Ich habe ebenfalls gehört, dass einige dieser andersartigen Wesen kalt erscheinen, als ob sie keinerlei Emotionen hätten.

B: Einige von ihnen erscheinen so, einfach weil sie sich auf die Verfolgung eines intellektuellen Typs konzentrieren, somit haben sie keinen Grund, irgendeine Emotion zu zeigen. Und manche dieser Wesen sind einfach von Natur aus reserviert und stützen sich mehr auf Telepathie, als auf körperliche Gesten, um ihre Gefühle auszudrücken.

D: Ich habe mit Leuten gesprochen, die große Angst haben, nachdem sie diese Wesen gesehen haben.

B: Ja. Und das ist bedauerlich, denn sie wollen uns wirklich kein Leid zufügen. Diejenigen, die solche Angst empfinden, sind normalerweise Menschen, die nicht so aufgeschlossen sind, wie sie sein könnten oder nicht auf die Erfahrung vorbereitet sind. Anstatt es also als etwas Wundervolles und als eine neue Erfahrung zu schätzen, denken sie an Spät-Nacht-Monsterfilme und daran, dass insektenäugige Kreaturen hinter ihnen her seien. (Ich lachte.) Und so bekommen sie Angst.

D: Das ist jedoch eine vollkommen normale menschliche Reaktion.

B: Das kommt darauf an. Wenn der Mensch von Kindheit an darin trainiert wurde, so zu reagieren, dann ja, dann ist das eine normale Reaktion. Aber wenn er stattdessen von Kindheit an trainiert wurde, mit Verwunderung und Neugierde zu reagieren ... Es ist abhängig davon, in welcher Weise sie diesen Dingen als Kinder ausgesetzt sind. Und von der Einstellung, die ihre Familie hat.

D: Es wurde geredet über Leute, die wunderschöne blonde Wesen sehen. Denkst du, sie sind real, oder sind sie nur eine Art Illusion?

B: Es gibt eine Rasse von Wesen, die weißes Haar haben und manche sind sehr schön. Dieses Wesen, das sie sah, war beispielsweise ein Mitglied jener Rasse. Und somit könnte es sein, dass sie diese Leute gesehen haben. Aber gleichzeitig gab es wahrscheinlich einen Anteil Illusion, der sie noch schöner erscheinen ließ, somit würden die Leute keine Angst haben. Sie wurden geschaffen, um sie in menschlichen Begriffen als schön anzusehen, damit die Leute eher positiv reagieren.

D: Das macht Sinn. Menschen sind grundsätzlich furchtorientierte Tiere.

B: Das muss nicht so sein.

D: Ich habe ein paar weitere Fragen. Als ihr Lastwagen auf der Straße angehalten wurde und das Wesen zu ihr sprach, was, wenn jemand anderes vorbeigekommen wäre? Hätte derjenige das Wesen gesehen?

B: Er hätte weder das Wesen noch ihren Lastwagen gesehen. Sie wären an ihr vorbeigefahren, denn die Straße verlief dort gerade, aber sie wären sich des Vorbeifahrens nicht bewusst gewesen. Sie hätten gedacht, dass sie einfach geradeaus führen, weil sie keinen von beiden, weder sie noch das Wesen gesehen hätten.

D: Ich habe überlegt, ob sie das Auto hätten rammen können, weil sie mitten in der Straße angehalten hatte.

B: Nein, sie wären einfach um sie herum und weiter gefahren, aber sie würden nie erfahren haben, dass dies geschah.

D: Wie wurde das bewerkstelligt?

B: Auf dieselbe Art, wie es bewerkstelligt wurde, als sie das Wesen in einer anderen Erscheinung sah. Es veränderte ihre Wahrnehmung dessen, was sie sah. Sie können das mit jedem Menschen anstellen. Sie verändern also einfach deren Wahrnehmung dessen, was sie sehen. Falls jemand vorbeikäme, würde er anstelle des Lastwagens inmitten der Straße und jemanden, der zum Fahrer spricht, einfach die offene leere Straße sehen. Und er würde einfach weiterfahren.

D: Ich verstehe. Und sie arrangieren dies, damit niemand in diesem Prozess verletzt wird.

B: Richtig. Denn sie wollen niemanden verletzen.

D: Jedenfalls gab es während dieser Erfahrung im März dort ein reelles physisches Wesen, aber dieses ließ sie nicht nur das Wesen anders wahrnehmen, es blockierte auch die Erinnerung und setzte das Bild der Eule ein. Ist das korrekt?

B: Ja, als Schutzmaßnahme, sowohl für sie als auch für ihn. Er wollte in Kontakt mir sein, aber er wollte nicht ihr Leben verkomplizieren. Also ließ er sie wahrnehmen, dass sie eine wunderschöne Eule auf der Straße gesehen hatte. Auf diese Weise beeinflusst es ihr Leben nicht wirklich. Aber gleichzeitig veränderte er ihre Wahrnehmung davon, wie sie ihn wahrnahm, wodurch es eine schonendere Erfahrung für sie sein sollte. Somit würde sie aufgeschlossener für die Erfahrung sein. Denn wenn sie ihn in seiner wahren Form gesehen hätte, hätte sie womöglich stärkere Angst gehabt. Er versuchte, es so angenehm wie möglich für sie zu gestalten.

D: Das klingt vernünftig. Aber es stört sie nicht, sich daran auf diese Weise zu erinnern, nicht wahr?

B: Nein, überhaupt nicht. Sie hat ein sehr großes Verlangen, sich daran zu erinnern. Und ich denke, das ist gut so. Ich selbst erlaube es. Sie sollte sich an all dies erinnern, wenn sie aufwacht, weil es ihr helfen wird, sich weiterhin auf die rechte Zeit vorzubereiten. Sie ist bereit für diese Information. Das ist der Grund, weshalb sie sich an die Eule erinnerte, und so konnte sie die verfügbaren Techniken nutzen, um diese Informationen zu ermitteln. Und so wird sie sich an alles erinnern.

D: Brenda sagte, dass sie noch Tage danach Probleme mit ihrem Gehör hatte und dass irgendetwas die elektrischen Geräte beeinflusste und solche Dinge. Was verursachte diese Phänomene?

B: Aufgrund ihrer Interaktion mit diesem Wesen hatte ihre Aura einiges an zusätzlicher Energie aufgenommen. Viel von dieser

Energie wurde in ihrem Körper verbraucht, aber es gab immer noch etwas Überschuss. Und ihre Aura warf diese überschüssige Energie sozusagen wie unsichtbare Blitze ab. Infolgedessen klingelten ihre Ohren und machten seltsame Dinge. Und sie hörte sehr schrille Töne. Und mit dieser zusätzlichen Energie in ihrem Körper wirkte sie störend auf die Funktion elektrischer Geräte ein.

D: Und das geschah deshalb, weil sie sich in der Nähe dieses Wesens aufgehalten hatte?

B: Es geschah aufgrund der Tatsache, dass sie für höhere Dinge empfänglich ist. Daher sind sie und ihre Aura für höhere Energien offen. Als sie sich in der Nähe dieses Wesens befand, absorbierte sie nicht nur geistiges und mentales Wissen von ihm, sondern auch etwas Aura-Energie. Es gab überschüssige Energie, die nicht sofort genutzt werden konnte, und so gab es diese Nebenwirkungen. Es ist, wie wenn man zu viel Elektrizität durch ein Kabel sendet und dann einen Funken erhält.

D: Beeinflusste dies ihre eigene Gesundheit auf irgendeine Art?

B: Nicht negativ, nein. Die überschüssige Energie in ihrem Körper half bei einigen aktuellen Heilungsprozessen, weil im Körper immer etwas Heilung vor sich geht. Und so wirkte es nicht störend auf das, was getan werden musste. Es war nur eine Sache der Beeinflussung des Gehörs und der elektrischen Geräte in ihrer Umgebung. Sie war nicht allzu erstaunt, denn die meiste Zeit ihres Lebens hat sie die Uhren um sich herum beeinflusst. Und als sie auf der Highschool war, hatte sie eine Weile lang auch Einfluss auf Automaten. Und sie hatte schon immer ein sensibles Gehör. Diese Auswirkungen haben sie also nicht beunruhigt, weil sie Dingen ähnelten, die ihr bereits zuvor passiert sind. Sie waren aber doch ein wenig anders und etwas intensiver. Die Auswirkung auf ihr Gehör kommt und geht, manchmal nur für ein paar Minuten, für einen Teil des Tages oder, wie dieses Mal, auch für mehrere Tage. Das ist es, was sie so ärgerte, weil sie daran gewöhnt war, dass die Auswirkung auf ihr Gehör schnell verblasste. In ihrem Fall nun ist der Effekt, den sie auf Großuhren und Armbanduhren hat, ein permanenter Effekt, der nur ihr zu eigen ist.

D: Aufgrund ihres Energiefeldes?

B: Teilweise wegen ihres Energiefeldes und ihrer psychischen Fähigkeiten und teilweise aufgrund der Art und Weise, wie sie Zeit wahrnimmt.

D: Was meinst du damit?

B: Die meisten Leute in ihrer Kultur haben aufgrund der Art, wie sie aufwachsen, ein starkes Bewusstsein für Zeit. Für Minuten und Stunden und für: „Mensch! Ich muss innerhalb von fünf Minuten an diesem und jenem Ort sein." Aufgrund ihrer Interessen und der Art, wie sie erzogen wurde, entwickelte sie eine ganzheitlichere Auffassung von Zeit: ein Denken eher in Form von Jahreszeiten, Jahren und Jahrhunderten als in Minuten und Stunden. Da sie also eine andere Auffassung von Zeit hat, wirkt sich dies auf die Zeitmesser um sie herum aus. Sie lebt Zeit sozusagen in einer anderen Geschwindigkeit.

Nach der Sitzung nahm ich ihre bewussten Erinnerungen auf.

D: Dein Unterbewusstsein sagte mir, dass du mir von deinem Unterarm erzählen würdest, wenn du aufwachst.

B: Von der Beule an meinem Arm? (Sie knöpfte ihren Hemdsärmel auf und zog ihn hoch.) Sie ist dort, seit ich neun Jahre alt war, also müssten es fast zwanzig Jahre sein.

Die Beule befand sich etwa vier Zentimeter unter ihrem Ellbogengelenk an der Innenseite ihres linken Unterarms. Sie hatte ungefähr die Größe und das Aussehen einer Warze, aber sie war glatt und hatte eine rosa Farbe. Warzen sind normalerweise rau. Ich berührte sie und es fühlte sich darunter nicht fest an, so wie eine Wucherung oder eine Zyste.

B: Ich denke, es könnte eine Ranke sein, die mit einem Nerv verbunden ist, denn manchmal, wenn ich sie auf eine bestimmte Weise reibe, fühle ich ein Kribbeln im Handgelenk.

D: Erinnerst du dich, wann sie auftauchte?

B: Ja, ganz genau. Am Erntedankfest-Wochenende 1969. Wir waren zum Erntedankfest zu meiner Oma gegangen. Zu jener Zeit lebten wir in Houston und meine Großmutter in Louisiana. Wir wollten am Sonntag nach Houston zurückkehren, und als ich an diesem

Morgen aufwachte, bemerkte ich, dass sich während der Nacht eine Schwellung auf meinem Arm gebildet hatte.

D: War es wie ein Insektenstich?

B: Nein, ganz und gar nicht. Es war weiß, wie eine Luftblase unter der Haut, es erhob sich wie eine Kuppel, aber sehr geschwollen.

D: Ich denke an eine Blutblase, aber eine solche ist üblicherweise blutfarben.

B: Es war mehr wie eine Wasserblase, nur dass diese keine Flüssigkeit enthielt. Es war nicht klar, sondern sehr weiß und rau. Als ich aufwachte und es entdeckte, war es nur etwa einen halben Zentimeter groß. Aber über den Tag breitete es sich aus und wuchs weiter. Bis Mittag hatte es die Größe eines Zehn-Cent-Stückes. Es war höher als eine Blase, etwa dreimal höher als es jetzt ist. Ich zeigte es meiner Mutter und meiner Großmutter, doch sie konnten nicht herausfinden, was es war. Es tat nicht weh, aber es kribbelte ein wenig. Ich wusste, dass es kein Spinnenbiss war. Es gab keine Rötung und keinen Schmerz. Sie beschlossen, nicht daran herumzufummeln und meinten, es würde wahrscheinlich von selbst verschwinden. Als wir an diesem Tag nach Hause fuhren bemerkte ich, dass es immer größer wurde. Bis zum nächsten Morgen als ich aufwachte, um zur Schule zu gehen, hatte es die Größe eines Fünfundzwanzig-Cent-Stückes. Als ich am dritten Tag aufwachte, war der geschwollene Teil schließlich verschwunden. Ich hatte eine offene nässende Wunde am Arm von der Größe eines Fünfzig-Cent-Stücks. Der Mittelpunkt war dort, wo diese Beule jetzt ist. Es sah genauso aus, wie wenn man sich das Knie aufschürft und den Schorf versehentlich abschabt und man hat Blut, Wasser und Flüssigkeit. Und es verkrustete wieder, riss wieder auf und nässte. Und um die Wunde herum war es erhaben wie ein Wall. Es blieb etwa drei Wochen so. Es war eine offene Wunde und war sehr schmerzhaft und empfindlich in der Umgebung ihres Umfangs. Schließlich schrumpfte es ganz allmählich. Inzwischen trocknete das Innere derart, dass es wie eine verkrustete Wunde war. Es brauchte ungefähr sechs oder acht Wochen, um zu schrumpfen. Es fing an zu einzugehen, aber der Wall blieb noch eine Weile bestehen. Ich beließ ein Pflaster drauf, um es vor Stößen zu bewahren.

D: Wenn es so groß wie ein Fünfzig-Cent-Stück war, dann hätte es wohl eine Narbe hinterlassen müssen.

B: Ja, das würde man meinen. Aber es schrumpfte, bis es sehr klein war. Und dann wachte ich eines Morgens auf und sah, dass eine Hautschicht darüber gewachsen war. Und als es verheilte, war es im Grunde so, wie es heute ist, nur diese kleine Beule. Früher gab es eine kleine Verzweigung an einer Seite, die sich ein paar Jahre später löste, aber diese kleine Beule blieb im Wesentlichen gleich. Gelegentlich juckt es und manchmal löst sich die oberste Hautschicht ab, besonders wenn ich draußen in der Sonne gewesen bin.

D: Bist du deshalb jemals zum Arzt gegangen?

B: Ja, das tat ich und der Arzt konnte nicht herausfinden, was es war. Das Einzige, was ihm in den Sinn kam, war eine Art Pilzinfektion durch einen Katzenkratzer, aber ich hatte keine Katzen um mich herum gehabt. Es ist nun seit neunzehn Jahren gleich und hat keine Probleme verursacht, außer, dass es gelegentlich juckt oder kribbelt.

Die kleine Beule auf Brendas Arm schien also ein Rätsel zu sein. Es gibt wahrscheinlich keine Möglichkeit, jemals herauszufinden, ob vor neunzehn Jahren wirklich ein Gerät in sie implantiert wurde und ob es noch immer dort war. Solange es keine körperlichen Probleme verursacht, wird es wahrscheinlich am besten in Ruhe gelassen und weiterhin ein Rätsel bleiben. Einige Leute möchten, dass Implantate entfernt werden, sobald sie sie entdecken. Aber ich bin der Meinung, dass, wenn die Außerirdischen sie dort haben wollen, sie sie einfach ersetzen werden.

Diese seltsamen Fälle traten nicht nur in meinen frühen Ermittlungen in den achtziger Jahren auf. Ich werde einen jüngeren Fall mit aufgreifen, der die Fähigkeit von Außerirdischen zeigt, eine Illusion von viel größerem Ausmaß zu erzeugen, als bloß einzelne Tiere.

1997 hatte Clara mehrere Male geschrieben und angerufen und um eine Sitzung gebeten. Es gibt so viele Leute, die Sessions wollen, dass ich aufgehört habe, sie zu Hause durchzuführen. Ich nehme keine neuen Themen an, es sei denn, ich halte einen Vortrag in der Stadt, in der sie wohnen, und dann auch nur, sofern ich Zeit habe. Ich habe aufgehört, Sitzungen an dem Tag durchzuführen, an dem ich einen

Vortrag halte. Ich finde, die Energie wird zerteilt, wenn ich auf den Vortragsreisen zu viele verschiedene Dinge tue. Ich halte Sitzungen nur an Tagen, an denen sonst wenig geplant ist. Clara sagte, sie habe mich zum ersten Mal im Dezember 1996 bei der Shanti Cristo-Konferenz in Santa Fe, New Mexico, getroffen. Bei jener Konferenz hatte ich nur Sitzungen mit Leuten, die im Voraus Termine vereinbart hatten, so dass es keine Zeit gab, andere zu vereinbaren. Normalerweise sage ich den Leuten, dass sie auf meine Liste gesetzt werden und dass wir, wenn ich das nächste Mal in dieser Stadt bin, einen Termin vereinbaren können. Somit erinnerte ich mich nicht an Clara oder an unser Gespräch. Sie fand heraus, dass ich im Mai 1997 auf einer Konferenz in Hollywood sein würde, also rief sie an und bat um einen Termin. Sie wohnt in der Nähe von San Francisco, war aber bereit, runter nach Hollywood zu fahren. Unter diesen Umständen hatte ich das Gefühl, ich könne sie nicht ablehnen.

Die Konferenz erwies sich als eine Katastrophe. Ein Mangel an Werbung und das Fehlen von Planung waren die Hauptgründe. Obwohl alle Referenten anwesend waren, gab es keine Teilnehmer. Mehrere Gespräche wurden abgesagt, weil es kein Publikum gab. Es war die schlimmste Konferenzveranstaltung, an der ich je teilgenommen habe, aber als Folge davon hatte ich mehr Zeit zur Verfügung als erwartet. Mein Freund Phil verwandelte die Reise in eine Sightseeing-Tour und zeigte mir das Hollywood, das ich hatte sehen wollen, seit ich ein Teenager war, welcher in einem abgedunkelten Filmtheater Träume träumte. Ich hatte nie zuvor die Zeit, es wirklich zu sehen, da ich immer nur auf das Hotel oder das Kongresszentrum beschränkt war. Wenn meine Vorlesungen beendet waren, ging ich immer direkt zum Flughafen. Wir beschlossen, das Beste aus einer schlechten Situation zu machen und ich genoss es wirklich, die glamouröse Seite der Stadt zu sehen. Als Clara zu der Sitzung in meinem Hotelzimmer ankam, war ich daher entspannt und konnte viel Zeit mit ihr verbringen.

Clara ist eine attraktive Blondine in den Vierzigern, allem Anschein nach aktiv, intelligent und bei guter Gesundheit. Als ich während des vorausgehenden Gesprächs versuchte, das Problem oder den Grund für die Sitzung zu ermitteln, sagte sie, dass die Hauptsache, die sie beunruhigte, eine Episode fehlender Zeit war, die sich wenige Jahre zuvor ereignet hatte. Sie geht gelegentlich nach Hawaii auf Konferenzen, die zu ihrer Arbeit in Beziehung stehen. Bei diesem

Anlass fuhr sie auf die Insel Maui. Es war fast Abenddämmerung, aber immer noch hell und sie suchte nach einem Hotel, das sie auf früheren Reisen gesehen hatte. Es lag am Strand und sie wollte dort zu Abend essen und den Meerblick genießen. Als sie weiter fuhr und danach suchte, stellte sie fest, dass sie am Eingang vorbeigefahren war. Sie beschloss, ein wenig weiter zu fahren, um einen Platz zu finden, an dem sie wenden und zurückfahren konnte. Dieser Teil der Insel hatte üppiges tropisches Gewächs und Palmen, die die zweispurige Straße beschatteten. Einige Häuser lagen von der Straße zurückgesetzt und waren nicht sichtbar. Sie fand schließlich eine Einfahrt, in der sie umdrehen konnte, obwohl sie im Geiste bemerkte, dass sie sie noch nie wahrgenommen hatte, wenn sie dieselbe Route fuhr. Als sie einbog befand sie sich in einer kleinen Wohnanlage, die aus Baukastensystem-Häusern bestand. Sie saßen zwischen Palmen in einer sehr angenehmen Umgebung. Sie fuhr ihr Auto hinein und drehte es herum. Und das war das Letzte, woran sie sich erinnerte.

Im nächsten Moment fand sie sich auf der anderen Seite der Insel wieder, wo sie eine belebte vierspurige Autobahn entlangfuhr. Es war jetzt stockdunkel und sie hatte keine Ahnung, wie sie dorthin gekommen war.

Ein Jahr später, als sie zu einer anderen Konferenz auf dieselbe Insel zurückkehrte, fuhr sie aus Neugier dieselbe Straße entlang und suchte nach der Häusergruppe, denn der seltsame Vorfall war ihr nie aus dem Kopf gegangen. Sie fuhr durch die Gegend und obwohl sie das Hotel wiederfand, fand sie die Wohnsiedlung mit den Baukastensystem-Häusern nicht wieder. Dies hatte sie seitdem verwirrt und veranlasste sie zu einer Sitzung. Sie wollte herausfinden, was in dieser Nacht passierte und wie sie auf so geheimnisvolle Weise auf die andere Seite der Insel gelangt war, ohne sich daran erinnern zu können, dort hingefahren zu sein.

Sie erwies sich als hervorragende Probandin. Ich hatte keine Probleme damit, sie sofort in eine tiefe Trance zu bringen, und sie war ziemlich gesprächig, nachdem sie die Szene betrat. Es wurde einfacher, weil sie sich an das Datum des Ereignisses erinnerte. Ich zählte sie zurück bis März 1994, als sie auf der Insel Maui auf Hawaii war. Sie sah sich selbst vor ihrem Hotel stehend, dem Maui Sun, und wollte gerade durch die Glastüren gehen. Sie war gerade zu einem der jährlichen Workshops gekommen, bei denen sie gerne Entspannung mit Arbeit kombinierte. Sie bewunderte die außergewöhnliche Farbe der Blumen, die das Hotel umgaben.

D: Du hast nun im Hotel eingecheckt. Und ich will, dass du weitergehst bis zu der Nacht, als du zu dem Restaurant gingst, in welchem du essen wolltest. Ist das in demselben Hotel oder in einem anderen?

C: In einem anderen Hotel.

D: Ist es sehr weit entfernt?

C: Hmmm, vielleicht ein paar Meilen. Zwei oder drei Meilen. Ich war dort noch nie zuvor zum Essen. Ich bin nur daran vorbeigefahren. Es liegt genau am Wasser dort, wo mein Hotel ist, ein bisschen weiter oben auf dem Hügel. Und ich wollte es unbedingt erleben, im Hotel am offenen Fenster zu sitzen und zu hören wie das Wasser am Strand zerschellte. Ich hatte schon lange dorthin gehen wollen, aber es ist einfach nie geschehen.

D: Bist du gerade dabei, dorthin zu fahren? (Ja) Welche Tageszeit ist es?

C: Es ist Abenddämmerung. Ich weiß nicht, welche Uhrzeit es ist, aber es ist eine Art Dämmerlicht.

D: Und glaubst du, es werde bald dunkel werden?

C: Hmmm, wahrscheinlich. Ich denke nicht sonderlich darüber nach.

D: Du näherst dich dem Ort, wo das Hotel ist. Erzähle mir, was du gerade tust.

C: Ich fahre auf der South Keyhey (lautlich) Road. Und es wird dunkler. Es ist schwer, etwas zu sehen, denn es gibt keine Straßenlaternen. Und ich fahre an Astland vorbei. Das ist ein wirklich großer Ort und ich verpasse die Auffahrt. Es ist ein Verkehrszirkel. Es gibt viele Bäume. Und die Auffahrt sieht aus wie ... nun, nicht getarnt, aber ich verpasse sie. (Gereizt) Ich kann sie einfach nicht sehen. Also fahre ich ein bisschen weiter, um einen Platz zum Wenden und Zurückfahren zu finden, weil ich wirklich in diesem Hotel zu Abend essen will. (Während dieses Teils schien sie zuweilen während des Fahrens mit sich selbst zu sprechen, und dann meine Fragen zu beantworten.) Ich fahre. Und ich finde diesen Platz ... Okay. Ich sehe nun diesen Platz. Es ist eine Sackgasse. Ja, das sieht nach einem guten Platz zum Wenden aus. Hmmm. Ich habe diesen Ort noch nie zuvor gesehen. (Verwirrt) Hmmm. Es gibt dort wunderschöne Palmen und

Blumen. Und es gibt einen Zaun, aber es ist einer, durch den ich durchsehen kann. Und es gibt alle Arten von ... (hatte Schwierigkeiten, diese zu beschreiben) Baukastensystem-Häusern oder Häusern wie ... sehr ausgefallene Wohnmobile. Ja, okay, das ist ... ein wunderschöner Ort.

D: Und findest du dort einen Platz zum Wenden?

C: Ja. Es ist wie eine Sackgasse und ich wende meinen Wagen. (Sanft) Und ich sehe diese hellen Lichter. (Pause, dann Verwirrung.) Es ist wie ... blendende Lichter.

D: Wo befinden sie sich?

C: (Ihr Atmen beschleunigte sich.) Sie kommen vom Himmel herab. Und es ist ... es ist ... wie ein Lichtschacht. Ein Trichter mit dem weiten Ende in meine Richtung. Es ist wie ein ... (Verwirrt)

D: Mit dem spitzen Ende nach oben zeigend?

C: Ja. Es ist beinahe wie ... von der Sonne, wie man durch die Bäume dieses helle strahlende Licht sieht. Und ich spüre eine Fülle sehr starker Energie von diesem Licht. (Tiefe Atemzüge)

D: Ist es ein beständiges Licht?

C: Es ist wie ein strahlendes Licht. Lichtstrahlen.

D: Aus dem Boden?

C: (Es war klar aufgrund ihrer Stimme und ihres Atems, dass sie etwas Ungewöhnliches und leicht Verstörendes erlebte.) Von unten, ja.

D: Bist du immer noch am Autofahren?

C: Nein! Ich bin einfach. Ich bin einfach.

D: Was meinst du?

C: (Ungläubig) Es fühlt sich an, als wäre ich ein Teil dieses Lichts.

D: Bist du noch immer in deinem Auto?

C: Nein. Ich fühle mich, als ob ich schwebte. Und als ob ich Teil des Lichts wäre. (Tiefe Atemzüge.) Ich bin einfach Licht. Es scheint wie eine Transzendenz von Zeit und Licht. Als ob ich mich bewege. Ich gehe irgendwo hin, aber ich weiß nicht, wohin ich gehe. Und es ist okay.

D: Ist es ein Gefühl von Bewegung?

C: Ja. Von Schweben. Von Bewegen. (Sie wurde ganz deutlich von der Erfahrung eingeholt.) Durch Farben, durch Zeit, durch Raum, durch ... (Tiefe Atemzüge.) Es ist sehr angenehm. Wie durch Zeit und Raum.

D: Aber Farbe ist alles, was du sehen kannst?

C: (Schwerfällig) Farben und goldenes Licht. Und es ist sehr friedvoll. (Sie ließ ihren Atem in entspannter Weise ausströmen. Sie fuhr fort, tief und entspannt zu atmen.) Das Gefühl ist, dass ich alles bin und alles ich ist. Alles, was ist, ist dort. Und alles, was ist, ist hier. Alles, was ist, ist.

Ich werde die Transkription dieser Sitzung an diesem Punkt beenden, da sie bald begann, komplizierte Konzepte mit einzubeziehen. Die gesamte Sitzung wird in meinem Buch Verschachteltes Universum beschrieben, in dem ich das Thema auf Theorien und Konzepte ausweiten werde, die dieses Buch nur flüchtig streift. Es wird die Fortsetzung sein, die in ganz verblüffende Ideenwelten vordringen wird. Es genügt zu sagen, dass Clara nicht zu einem Raumschiff transportiert wurde, sondern zu einem Planeten in einer anderen Dimension. Ich füge diesen Fall hier nur ein, um zu zeigen, wie selbst Umgebungen als Illusion wirken können.

Am Ende der Sitzung kommunizierte ich mit ihrem Unterbewusstsein.

D: Bist du in der Lage zu erklären, was geschah, als sie die Straße auf Hawaii hinunterfuhr und auf diesen Häuserpark zukam?

C: Sie wurde zu dieser Zeit und an diesen Ort gesandt, weil das der Ort war, der sich zu Ihrem Wohle materialisierte. Danach war es zu der Zeit nicht angebracht, dass sie an diesen besonderen Ort zurückkehre. Sie wurde also an einen Ort auf dieser Autobahn gebracht, den sie kannte. So dass das Auto dort war und sie wissen konnte, wohin sie fuhr.

D: Dann hatte die Rückkehr an einen bestimmten Ort auf Hawaii und zu genau dieser Zeit zu geschehen?

C: Nicht unbedingt. Das war nur ein Ort, an dem sie sich im physischen Körper wohl fühlte. Und der Ort (die Wohnsiedlung), der für sie geschaffen wurde, war für sie ein Ort von großer Schönheit. Es war also ein Ort, an dem sie gänzlich und vollkommen entspannt sein konnte, so dass die Übertragung vollzogen werden konnte.

D: Dann wurde ihr physischer Körper zum Auto zurückgebracht und das Auto wurde physisch auf die andere Seite der Autobahn platziert?

C: Das ist richtig. Es wurde schlicht dematerialisiert und dann wieder an einem anderen Ort rematerialisiert.

D: Ist es üblich, Autos und Menschen von einem Ort zu einem anderen zu versetzen?

C: Oh, ja. Oh, ja.

D: Dann geschieht es häufig?

C: Sehr häufig, sehr häufig.

D: Wenn es geschieht, wird dann der physische Körper ebenfalls dematerialisiert und auch wieder rematerialisiert? (Ja) Und es widerfährt dem Körper dabei kein Leid?

C: Kein Leid. Er wird reine Energie.

D: Und sie und das Fahrzeug wurden einfach von einem Ort an einen anderen versetzt.

C: Das ist richtig.

D: Als sie also wieder zu Bewusstsein kam, ich glaube ich sollte sagen, als sie wieder bewusst war, befand sie sich an einem anderen Ort auf der Insel.

C: Richtig.

D: Und war zu der Zeit am Fahren. (Ja) Und sie hatte keine Erinnerung an das Geschehene, bis jetzt.

C: Das ist richtig.

D: Ist dies das einzige Mal, dass dies in Ihrem Leben als Clara geschehen ist?

C: Es ist viele Male geschehen. Aber diesmal war sie an einem Ort und an einem Zeitpunkt in ihrem Leben, da sie offen dafür war, zu erforschen, zu sehen, was geschah und wie es geschehen sein könnte. Die anderen Male fanden nicht zu einer Zeit statt, da sie bereit für ein Verstehen war. Oder sie befand sich nicht in einer Wachstumsphase ihres irdischen physischen Lebens, durch welche sie ein Verständnis für das Geschehende haben könnte.

D: Also war dies eine Zeit, zu der etwas Ungewöhnliches geschah und ihr in Erinnerung blieb.

C: Das ist richtig.

D: Ist es für sie in Ordnung, die Information jetzt zu kennen?

C: Ja. Sie sollte die Information kennen. Sie hat sich danach gesehnt, die Information zu kennen. Sie wird sie jetzt verstehen.

D: Und kann sie von Nutzen sein, denn wir wollen absolut kein Leid.

C: Ja. Es soll ein freudiger Nutzen für sie sein.

Dann bat ich das Unterbewusstsein, zurückzutreten, und ich ließ Claras Persönlichkeit wieder vollständig in ihren Körper eintreten. Die Loslösung oder Veränderung ist immer wahrnehmbar, da der Proband an dieser Stelle tief atmet. Ich richtete sie auf die Gegenwart aus und brachte sie wieder zu vollem Bewusstsein.

Die Dinge sind also nicht immer, was sie zu sein scheinen. Können wir jemals sicher sein, dass das, was wir sehen und erleben, wirklich ist? Zumindest scheint es auf subtile und sanfte Art und Weise zu erfolgen, so dass der einzige Effekt die Neugier ist und dann (normalerweise) das Verwerfen des Vorfalls als ein Kuriosum. Es wäre nicht gut, etwas so Gutartiges zu fürchten, vor allem, wenn es keine Möglichkeit gibt, ein solches Ereignis zu antizipieren, geschweige denn, es zu kontrollieren.

Das Rätsel geht weiter und vertieft sich immer weiter.

KAPITEL 4

IN TRÄUMEN VERBORGENE INFORMATION

Wann ist ein Traum kein Traum? Wann ist er tatsächlich eine Erinnerung, die durch das Unterbewusstsein verschleiert wird, sodass er nur als Traum erscheint? Was ist ein Traum überhaupt? Wie können wir jemals den Unterschied kennen? Und schließlich: Ist es für unser Wohlbefinden überhaupt wichtig, den Unterschied zu kennen? Vielleicht sollte man solche Dinge besser unangetastet lassen.

In meiner Arbeit berichten viele Menschen nicht von tatsächlichen physischen Kontakten mit Außerirdischen oder Sichtungen von Raumschiffen. Stattdessen werden sie oft von seltsamen und außergewöhnlich lebhaften Träumen heimgesucht. Dies sind normalerweise Träume von andersartiger Qualität und Träume, die sie nicht vergessen können. Wir alle haben von Zeit zu Zeit bemerkenswert scharfe und klare Träume, die sehr real erscheinen. Und wir sind für gewöhnlich froh, dass sie nicht echt sind. Wir haben gleichermaßen Träume, an die wir uns noch lange nach ihrem Auftreten erinnern. Dies ist ein normaler Anteil unserer Schattenwelt, den wir „Schlaf" nennen und es ist häufig eine Methode unseres Unterbewusstseins, Ereignisse aus unserem Wachleben zu interpretieren. Auf diese Weise versucht das Unterbewusstsein auch, uns über Symbole Informationen zu liefern. Was macht Träume von UFOs, Außerirdischen oder Weltraumflügen anders? Und warum sollten wir ihnen überhaupt Beachtung schenken? Ich habe stets gesagt: „Was nicht kaputt ist, sollte man nicht reparieren!" Wenn die Person normal funktioniert und keine problemverursachenden

Erinnerungen hat, ist es besser, ihren Traum unangetastet zu lassen und ihn lediglich als interessantes Kuriosum zu behandeln. Es ist nicht notwendig, das Leben nur um der Neugierde willen zu verkomplizieren. Man sollte bedenken, dass man die Schachtel nicht mehr schließen kann, wenn man sie erst einmal geöffnet hat. Was man einmal in Erinnerung bringt, kann man nicht mehr vergessen. Und es kann das Leben für immer beeinflussen. Ich wünsche mir für meine Probanden immer, dass sie durch jegliche Informationen, die durch Hypnosetherapie aufgedeckt werden, positiv beeinflusst werden mögen. Wenn also irgendeine Information durch das Erforschen der Träume der Probanden aufgedeckt wird, muss diese positiv in ihr Leben integriert werden, damit sie damit umgehen und wieder ein normales Leben führen können. Dieselbe Regel gilt für Menschen, die bewusste Erinnerungen an die Interaktion mit Außerirdischen haben. Dieses Leben ist das wichtigste von allen, und sie müssen es weiterhin so normal wie möglich leben. Es liegt also in der Verantwortung des Therapeuten, sie dabei zu unterstützen, mit all dem Aufgedeckten umzugehen und es in die richtige Perspektive zu rücken.

In meinem Buch Zwischen Tod und Leben stellten wir fest, dass die Seele (oder der Geist) eigentlich nie schläft. Nur der Körper wird müde und die Seele würde sich sehr langweilen, wenn sie darauf wartete, dass der Körper erwacht. Während also der Körper schläft, hat unsere Seele bzw. unser Geist, der wahre Teil von uns, viele Abenteuer. Er kann ins geistige Reich reisen, um sich mit den Lehrmeistern und Führern zu treffen, um Rat einzuholen oder weitere Lektionen zu lernen. Er kann auch zu anderen Teilen unserer Welt reisen oder sich sogar in andere Welten und Dimensionen hinauswagen. Diese Reisen werden manchmal in Bruchstücken erinnert, vor allem in dem allgemein üblichen Traum vom Fliegen. Jener wesenhafte Teil von uns kehrt immer zum Körper zurück, sobald es Zeit zum Aufwachen ist, weil er durch das „silberne Band" mit ihm verbunden ist. Diese Nabelschnur wird nicht durchtrennt, bis der physische Tod des Körpers den Geist befreit.

Bevor ich mit der UFO-Forschung begann, dachte ich nie, dass der physische Körper tatsächlich während des Schlafzustandes irgendwo hingeht. Der Körper würde schließlich erwachen, wenn er bewegt würde, nicht wahr? Es war Teil meiner Ausbildung, diese anderen sonderbaren Möglichkeiten zu untersuchen. In diesen Fällen habe ich versucht, sorgfältig zu hinterfragen, um sicherzugehen, dass die Erfahrung eine tatsächliche körperliche Erfahrung war und keine außerkörperliche spirituelle Erfahrung. Sie können ähnlich sein, aber die Beschreibung ist unterschiedlich. In einem OBE (Abk. f. out of body experience, d.h. außerkörperliche Erfahrung, Abkürzung AKE, *Anm. d. Übersetzers) können sich die Personen an das Gefühl erinnern, ihren Körper zu verlassen. Häufig können sie nach unten schauen und ihren schlafenden Körper auf dem Bett liegen sehen. Sie beschreiben ihren Wiedereintritt in die leere Hülle nach ihrer Reise. Sie beschreiben oft, wie sie das „silberne Band" sehen, die Nabelschnur, die den Geist mit dem Körper verbindet. Manchmal beschreiben sie ein zerrendes Gefühl, wenn die Schnur sie zurückzieht, falls sie zu lange fort waren. In meiner Arbeit entdeckte ich, dass es für den Körper möglich ist, zu existieren, ohne dass der Geist sich ständig in ihm befindet. Er wird durch eine im Körper vorhandene Lebenskraft am Leben gehalten, kann jedoch ohne die Anwesenheit der Seele nicht unbegrenzt weiterexistieren.

Die andere Erfahrung vom Reisen des tatsächlichen Körpers wird anders beschrieben. Mein erster Fall dieser Art war ein wunderbarer schwarzer Mann, John Johnson, ein Psychologe, der oft mit mir reiste, um in vermuteten Entführungsfällen zu interviewen. In diesen frühen Tagen meiner Ermittlungen war alles neu. Ich hatte das Gefühl, wir würden neuen Boden pflügen. Ich hatte die Muster, die ich heute beobachte, damals noch nicht entdeckt. Dies kommt nur durch das Untersuchen vieler Fälle. Da ich kein Psychologe bin, verließ ich mich auf Johns Expertise, als wir ein erstes Mal ein Interview mit Menschen führten, die dachten, sie hätten Erfahrungen mit Außerirdischen gemacht. Er stellte Fragen, die mir nie in den Sinn gekommen wären, Fragen, die ihn über die psychische Gesundheit des Probanden und seiner Familie informierten. Manchmal, wenn wir ins Auto stiegen, um nach Hause zu fahren, erzählte er mir, dass der Proband gestört war und er Kindesmissbrauch in seiner Vergangenheit vermutete. In anderen Fällen vermutete er, dass die Person fantasiere oder nach Aufmerksamkeit suche. Ich empfing unschätzbare Lektionen, als ich von ihm einige der Zeichen erlernte, nach denen ich Ausschau halten sollte. Meistens meinte er, dass die Familie normal sei und der Proband anscheinend definitiv eine Erfahrung gemacht habe, von der er glaube, dass sie real sei. Wenn er dachte, dass es sich lohne, dies weiterzuverfolgen, vereinbarten wir einen Folgetermin und entweder er oder ich führte die Hypnose durch. In den drei Jahren, in denen wir an diesen Fällen arbeiteten, schätzte ich Johns Hilfe und Rat sehr. Er reiste viele Kilometer mit mir, um diese ungewöhnlichen Inhalte zu untersuchen, und das trotz seines schwachen Herzens, das ihm große Schmerzen bereitete. Es schien oft, als würde er Herzmedikamente wie Süßigkeiten einnehmen, aber er sagte, die Zusammenarbeit mit mir habe ihn am Laufen gehalten. Unsere Arbeitsbeziehung endete erst, als John 1990 im Alter von 53 Jahren an Herzversagen starb.

Kurz nachdem ich John 1987 getroffen hatte erzählte er mir von seiner eigenen seltsamen Erfahrung, die er unter Hypnose erkunden wollte. Es ereignete sich 1981, als er auf einer Rundreise in Ägypten unterwegs war. Er teilte sich in einem Hotel in Kairo ein Zimmer mit einem Fremden (arrangiert durch die Tour). Er konnte sich an nichts über diese Nacht erinnern, außer, dass er an dem Bett des anderen Mannes stehend aufwachte, was den Mann natürlich aufschreckte. Er konnte sich nicht erinnern, wie er aufgestanden oder dorthin gelangt war. Alles, woran er sich erinnerte, war etwas mit einem blauen Licht. Ich deutete an, dass er möglicherweise geschlafwandelt sei. Dies ist sehr üblich, wenn man versucht, an einem fremden Ort zu schlafen, besonders wenn man müde von einer Reise ist. Er hatte über diese Erklärung nachgedacht, verwarf sie aber, weil er keine Vorgeschichte mit Schlafwandeln hatte. Er war sich sicher, dass er irgendwohin gegangen war und er wollte, dass ich ihm helfe, aufzudecken, wohin.

Bevor wir die Sitzung begannen, vertraute er mir an, dass er befürchte, sein Herz könne ihm Probleme bereiten, während er in Trance sei. Er listete Symptome auf, auf die ich achten solle und sagte, dass ich ihn aus der Trance bringen solle, falls sie auftreten. Ich sagte ihm, ich sei überzeugt, dass nichts dieser Art passieren werde, und ich hatte Recht. Er hat die Sitzung wunderbar durchgestanden. Da ich wusste, dass er ein Hypnotiseur war, war ich mir sicher, es würde nicht schwierig sein, ihn hineinzubringen. Weil er die Abläufe kannte, gab er mir seine volle Kooperation.

Sobald er in Trance war, brachte ich ihn zurück zu dem Tag, an dem er in Ägypten ankam. Er war gerade von Bord gegangen und bereitete sich auf den Zoll vor. Wenn man mit Fällen arbeitet, die das gegenwärtige Leben betreffen, kann es bei der Erinnerung an das Ereignis zu Befürchtungen kommen. Viele Hypnotiseure sagen, dass der Proband Angst haben wird, zu dem Zeitpunkt des Ereignisses zurückzukehren. Ich stoße auf keinerlei Widerstand, wenn ich den Probanden nicht zum genauen Zeitpunkt des Ereignisses, sondern kurz vor das Auftreten des Ereignisses bringe. Auf diese Weise kann man sich durch die Hintertür reinschleichen und ihn von hinten auf die richtige Fährte führen. Nachdem er wiedererlebte, am Flughafen zu sein und mit der Reisegruppe durch den Zoll zu gehen, brachte ich ihn weiter zu seinem Hotel. Er machte anspruchsvolle Beschreibungen zum Hotel und der Mahlzeit, die er aß, bevor er sich in sein Zimmer zurückzog. Er war so müde von der langen Reise, dass er keine Schwierigkeiten hatte, einzuschlafen.

Wie ich schon zuvor gesagt habe, das Unterbewusstsein schläft niemals. Es ist sich des Geschehens immer bewusst. Ich wusste, wenn in der Nacht etwas passiert wäre, würde mir das Unterbewusstsein davon erzählen. Auch wenn es nur ein Traum war oder Schlafwandeln, das Unterbewusstsein würde mir das ebenfalls sagen.

D: Geschah irgendetwas Ungewöhnliches in jener Nacht?

Johns Antwort war eine Überraschung für mich. „Ich wurde aufgerufen."

D: Kannst du erklären, was du damit meinst?
J: Ich wurde aufgerufen und ging hinaus durch das Dach, durch die Zimmerdecke.

Zu diesem Zeitpunkt nahm ich an, er beschreibe eine AKE (außerkörperliche Erfahrung, *Anm. d. Übersetzers). „Tust du das öfters?"

J: Ich habe das gelegentlich getan.
D: Du sagtest, jemand habe dich gerufen. Weißt du, wer es war?
J: Nein, ich erkenne die Stimme nicht. Ich habe diese Stimme nie zuvor gehört.

Ich bat ihn, zu beschreiben, was geschah.

J: Ich schwebe einfach nach oben. Und ich schwebe durch Gegenstände, durch feste Körper hindurch. Ich habe das schon früher getan.

John fand sich dann in einem schwach beleuchteten kreisförmigen Raum wieder. Er stand vor einer riesigen glühenden weißen Tafel. Die geschätzte Größe war viereinhalb Meter hoch und zweieinhalb Meter breit. Er spürte, dass er nicht allein im Raum war, aber seine Aufmerksamkeit war auf den großen Stein gerichtet. „Ich studiere den Steinblock. Da sind Lektionen in den Block eingearbeitet.“

D: Hast du diesen Steinblock schon zuvor gesehen?

J: Diesen bestimmten Steinblock nicht, nein. Aber ich habe andere Objekte gesehen. Keine von kristalliner Form, aber ich habe andere Objekte mit Schrift darauf gesehen.

D: Während du ihn studierst, kannst du mir da mitteilen, was darauf steht?

J: Nein. Ich habe keine Erinnerung daran, was es ist. Sobald ich es lese, vergesse ich es.

D: Aber es ist wichtig, dass du es liest, und sich dann ein anderer Teil von dir erinnert? (Ja) Ist das der Grund, warum du dorthin gerufen wurdest, um dies zu lesen?

J: Ich nehme an, das war Teil meines Grundes, dort zu sein. Ein weiterer Grund ist, zu lernen.

Ich versuchte weiter, ihn dazu zu bringen, mir etwas von dem Geschriebenen mitzuteilen, aber vergeblich.

J: Ich erinnere mich nicht. Ich lerne es und in einer Millisekunde habe ich es dann vergessen. Es wird ein Teil von mir.

In einem Moment stand er vor dem Stein und studierte ihn und im nächsten war er wieder in seinem Zimmer im Hotel. „Ich bin zurück in meinem Zimmer. Ich bin nicht in meinem Bett. Mein Bett ist da drüben. Ich bin über einem anderen Bett.“

Ich ging immer noch davon aus, dass er eine AKE-Erfahrung hatte. „Dann standest du nur auf, sobald du zurück in den Körper kamst, richtig?“

J: Ich kam nicht in den Körper zurück. Der Körper war bei mir.

Das verwunderte und überraschte mich, denn es war das erste Mal, dass ich davon hörte. „Du meinst, dein physischer Körper ging durch die Decke? Ist das nicht etwas ungewöhnlich?"

J: (Nüchtern) Nein. Ich gehe manchmal durch die Wände.

D: Ich meine, wenn jemand in jener Nacht zum Bett gesehen hätte, hätte er deinen physischer Körper dort liegen sehen? (Nein) Weißt du, wie es möglich war, das zu tun?

J: Teleportation.

D: Hast du das ohne Hilfe getan?

J: Nein, ich kann das nicht durch eigenen Willen tun. Es wurde mir ermöglicht, als ich aufgerufen wurde.

Das hat mich eher erschüttert. Ich hatte Schwierigkeiten, an vernünftige Fragen zu denken.

D: Dieser kreisrunde Raum, in welchem du dich befandest, war das ein physischer fester Raum?

Ich dachte, es habe vielleicht auf der spirituellen Ebene stattgefunden, vielleicht an den Schulen oder der Halle des Lernens, wie in Zwischen Tod und Leben beschrieben.

J: Ja, er ist fest.

D: War dein Körper fest? Und die Böden, die Wände und alles Andere in dem Raum war fest?

J: Ja, sie alle sind fest.

D: Weißt du, wo sich dieser Raum befand?

J: Nein. Aber ich kann dir sagen, was ich in dem Raum sehe. (Er visualisierte ihn wieder.) Während ich die Tafel vor mir sehe, befinden sich Paneele auf der rechten Seite und ein Geländer. Die Paneele erheben sich etwa sechzig Zentimeter über die Hauptoberfläche des Fußbodens und dort gibt es einen Gang. Es gibt Paneele und Messgeräte. Ich verstehe keines von ihnen. Sie werden mir nicht gezeigt. Ich sehe das erst, als ich den Raum scanne.

D: Gibt es irgendetwas, womit du sie vergleichen kannst?

J: Ich kann es nicht sagen. Ich sehe die Zifferblätter und Anzeigen aus der Ferne.

D: Verläuft das Geländer entlang der Seite des Raumes?

J: Ja, es umläuft den Raum. Der Teil, in dem ich mich aufhalte, ist wie ein abgesenkter Raum. Er ist niedriger als der Rest des Raumes. Ich fühle, etwas ist anwesend, aber ich bin unfähig, in jene Richtung zu sehen. Es gibt wenig Beleuchtung im Raum. Die Hauptbeleuchtungsquelle scheint diese Kristalltafel zu sein. Ich sehe dort etwas Lilafarbenes (zeigend) da drüben, aber ich weiß nicht, was es ist.

D: Bist du schon zuvor an diesem Ort gewesen?

J: Ich war schon an vielen Orten. Ich weiß nicht, ob ich zuvor an diesem speziellen Ort war. Er ist mir neu. Ich kenne mich nicht aus. Dieser Raum ist mir nicht vertraut. Ich war schon in vielen Räumen. Vielleicht war nur ein Mal in diesem Raum genug. Ich war in vielen Kammern nur ein Mal.

D: Was ist mit dem Ort, an dem sich dieser Raum befindet, warst du dort schon zuvor?

J: Ich weiß nicht. Ich sehe nur den Raum. Ich bin nirgendwo sonst. Als ich hierher kam, kam ich zu diesem Raum. Wenn ich gehe, gehe ich von diesem Raum. Ich gehe nirgendwo anders hin.

D: Wie lang gingst du schon zu diesen verschiedenen Orten?

J: Mein ganzes Leben.

D: Aber du sagtest, sie waren nicht gleich. Inwieweit waren sie denn unterschiedlich?

J: Manchmal bin ich in einem Hörsaal. Manchmal bin ich in einem kleineren Raum. Manchmal bin ich in einer Bücherei. Manchmal habe ich einfach ein Gefühl von Bewegung. Es kann ein schwebendes Gefühl sein oder eine Beschleunigungsgeschwindigkeit, während ich emporsteige. Wenn ich das in der Vergangenheit tat, war es, weil ich in dieser bestimmten Zeit nichts anderes zu tun hatte. Ich hatte nichts zu lernen. Ich hatte keine Arbeit zu erledigen, also war ich alleine. Das Gefühl der Freiheit kann berauschend sein. Manchmal sehe ich auf diesen kleinen Reisen Wesen. Sie sehen aus wie menschliche Wesen. Sie sind zwar tot, aber sie waren Menschen. Sie sind nur in dem Sinne tot, dass sie nicht mehr von dieser Welt sind.

Diese Orte klangen eher wie das spirituelle Reich, in die die Seele nachts (und dazwischen) reist, um zu studieren und zu lernen.

D: War es während all dieser Male dein physischer Körper, der dies erlebte?

J: Manchmal war es mein physischer Körper. Manchmal war es mein Astralkörper. Es ist schwer zu sagen, wann diese Erfahrungen körperlich waren, weil es keine Möglichkeit gibt, diese Information zu bestätigen. Diese Erfahrung in Ägypten bezog definitiv meinen physischen Körper mit ein.

D: Ich denke, es ist sehr ähnlich, weil in beiden Fällen der Hauptteil deiner Intelligenz anwesend ist. (Ja) Als du diese Erfahrung hattest, mit deinem physischen Körper durch die Wände und die Decke zu gehen, wie fühlte sich das an?

J: Ein Gefühl von reiner Bewegung, reiner Bewegung. Ich erinnere mich nicht daran. Ich bin einfach dort. Ich weiß nicht, was ich tat.

D: Aber als du zurückkamst und dich selbst an dem Bett des Zimmernachbarn vorfandest, sahst du da irgendetwas Ungewöhnliches in dem Raum?

J: Ich sah einen blauen Strahl von der Decke herunterkommen.

D: Strahlend blau?

J: Nein, nein. Blassblau. Es ist ein wenig dunkler als ein Rotkehlchenei.

D: Was glaubst du war dieses Licht?

J: Was ich glaube, dass es war? Es war eine Rutsche. Es war nicht wirklich eine Rutsche. Aber ich sehe eine Rutsche, als ob sie mir zur Verfügung gestellt wurde, um wieder in den Raum zurückzugelangen. Ich kann sie jetzt sehen. Sie reicht von der Decke bis zum Boden und ist etwa 90 Zentimeter breit. Sie brachte mich in den Raum zurück. Es hat etwas mit dem Aufbrechen von Molekülen des Körpers zu tun. Ich kann mir keinen anderen Weg vorstellen, um dieses Kunststück zu vollbringen.

D: Woher glaubst du, dass das Licht kam?

J: Ich habe keine Idee. Aber ich befand mich in ihm, als ich rausging und als ich zurückkam. Es gibt einem das Gefühl von Genährtwerden. Es ist ein gutes Licht.

D: Wie lange hielt es an in diesem Raum?

J: Gerade lang genug, dass ich es sehen konnte und dann verschwand es. Und ich fand mich selbst in dem Raum wieder, an dem anderen Bett stehend, als wäre ich dort abgesetzt worden. Es schreckte meinen Mitbewohner auf, aber ich habe keine Erinnerung, wie ich dorthin gekommen war.

Da wir anscheinend keine weiteren Informationen über die Erfahrung erhalten konnten, wies ich ihn an, die beobachtete Szene zu verlassen. Ich brachte ihn weiter, bis zur Gegenwart (1988). Vor der Sitzung hatte John mich gebeten, etwas über seine gesundheitlichen Probleme in Erfahrung zu bringen. In anderen Sitzungen habe ich das Unterbewusstsein gebeten, mir zu sagen, was mit dem Körper nicht in Ordnung war, und Heilmittel zu verschreiben. Es hat dies stets auf eine emotionslose und losgelöste Weise getan, als spräche es von einer dritten Person. Dieser kurze Abschnitt zeigt, wie wahrlich objektiv das Unterbewusstsein sein kann.

D: (Ich sprach zu Johns Unterbewusstsein.) Er ist besorgt über Probleme, die er mit seinem physischen Körper hat. Wärst du in der Lage, seinen Körper zu scannen und uns etwas über einige dieser Probleme zu berichten?

J: Ich bin nicht tief genug, um diesen Scan durchzuführen. Der Scan erfordert eine Tiefe, die einen befähigt, durch alle Organe des Körpers zu zirkulieren. Ich habe diese Tiefe nicht erreicht. Ich besitze nur eine unvollständige Konditionierung, um diese Tiefe zu erreichen.

D: Wäre das Unterbewusstsein in der Lage, sich den Körper objektiv anzusehen und uns trotzdem einige Information zu geben? Es braucht nicht gründlich zu sein. Wir würden alles schätzen, das du uns sagen kannst.

J: Ja.. (Pause) Momentan ... stirbt dieses Herz. Es wird eines Tages aufhören ... bald.

Seine totale, emotionslose Objektivität überraschte mich. „Ist das das größte Problem des Körpers?"

J: Ja. Es hält den Körper am Laufen.

D: Gibt es irgendetwas, das John tun kann, um den Zustand zu verbessern? Hast du irgendwelche Vorschläge?

J: (Mitfühlend) Nein. Wenn seine Zeit kommt, geht er.

D: Es gibt nichts, was er dagegen tun kann?

J: Nein, nein. Es gibt nichts, was er dagegen tun will. Er ist zufrieden. Er kommt damit klar.

Ich gab Suggestionen für Wohlbefinden und Gesundheit, aber ich wusste, dass diese zwecklos sein würden. Wenn das Unterbewusstsein sich sicher war, dass es keine Hoffnung auf Erholung gab, dann gab es nichts, das Sterbliche tun konnten. Als John erwachte, erinnerte er sich an nichts von dem, was sein Unterbewusstsein gesagt hatte. Dies ist oft der Fall. Der Proband erinnert sich vielleicht an Teile der Sitzung, aber der Teil, in dem ich mich mit seinem Unterbewusstsein unterhalte, ist leer. Ich dachte, es sei das Beste, es John selbst hören zu lassen, wenn er die Tonbandaufnahme abspielen würde.

Stattdessen wollte er beschreiben, woran er sich bei diesem Raum erinnerte. Das meiste war das Gleiche wie die Sitzung. „Ich konnte die Zifferblätter und Anzeigen und das Zeug nicht klar sehen, da ich vielleicht sechs Meter entfernt war. Es war ein großer Raum und er war hoch. Weißt du, das hört sich verrückt an, aber irgendwann fragte ich mich, ob ich in der drin Erde sei. Ernsthaft. Eine Sache, die mich dies denken ließ war, dass die Wände schroff waren wie Fels. Tatsächlich war es eher wie eine Höhle. Selbst der Boden schien Fels zu sein."

Eine Woche später rief John an, um die Sitzung zu besprechen, nachdem er die Gelegenheit gehabt hatte, das Band anzuhören. Das erste, was er tat, war bekanntzugeben, dass er auf keinen Fall glauben konnte, dass sein physischer Körper aus diesem Raum gebracht wurde. Er konnte nicht glauben, dass es durch das Aufbrechen der Moleküle oder auf andere Weise geschah. Er lachte, als er das sagte, und ich lachte mit ihm und sagte: „Hey, du bist derjenige, der es gesagt hat, nicht ich." Er sagte, er könnte es glauben, wenn er es jemand anderen sagen gehört hätte, aber nicht sich selbst. Er machte wirklich einen Witz daraus, aber ich vermutete, dass er genug über Hypnose wusste, um zu erkennen, dass es wahr sein musste, sonst er hätte es nicht gesagt. Er versuchte es nur vor sich selbst zu rechtfertigen, genauso wie alle anderen, die diese Erfahrungen haben. Sie versuchen, alternative Erklärungen zu finden, die ihr Bewusstsein akzeptiert. Es ist also anscheinend egal, selbst wenn man ein Ermittler ist und sich mit den Techniken und der Hypnose selbst auskennt. Die Reaktion ist dieselbe.

John arbeitete mit sterbenden Krankenhauspatienten zusammen und versuchte, sie auf die Welt, in die sie eintreten würden, vorzubereiten. Er tat viel Gutes, bevor es an der Zeit für ihn war, diese Reise selbst zu unternehmen. Und dann, wie sein Unterbewusstsein es kommen sah, hörte sein Herz einfach auf. Ich habe von John viel über Untersuchungsverfahren gelernt. Ich werde seinen Rat immer vermissen, aber ich bin dankbar, dass ich die Ehre hatte, ihn für diese kurze Zeit zu kennen.

Johns Erfahrung zeigte die Schwierigkeit, zwischen Begegnungen mit Außerirdischen und Astralreisen zu unterscheiden. Ich fing an, die ungewöhnlichen Träume meiner Probanden zu berücksichtigen, während ich mit Phil an meinem Buch Hüter des Gartens arbeitete. Er hatte keine bewussten Erinnerungen an außerirdische Begegnungen, nur traumatische Träume. Als wir diese erforschten, fanden wir tatsächliche Begegnungserlebnisse, die bis in seine Kindheit zurückreichten. Einige der Details deckten ein Muster auf, das ich immer und immer wieder sich wiederholen sehen würde.

Die Tatsache, dass ich überhaupt mit Carrie zusammenkam, ist zu weit hergeholt, um je als Zufall betrachtet zu werden. Meine Freundin Connie hatte ihre langjährige Künstlerfreundin erwähnt, die in Houston lebte. Carrie hatte seltsame Träume und (angebliche) Visionen gehabt, die einen Kontakt mit Außerirdischen nahelegten. Connie dachte, ich würde vielleicht gerne mit ihr zusammenarbeiten, aber es schien höchst unwahrscheinlich, da Carrie so weit entfernt wohnte. Sie wurde an einer kurzen Leine gehalten, da ihr Mann ihr nicht erlaubte, von zu Hause fortzureisen. Seit sie nach Arkansas gezogen war, hatte Sie Connie nicht besucht, obwohl Connie eine alte und treue Freundin war. Dann trat der seltsame Zufall ein, um uns zusammenzubringen. Connie ging nach Houston, um Carrie zu besuchen, und wurde todkrank. Die einzige Möglichkeit, nach Arkansas zurückzukehren bestand darin, dass Carrie sie fuhr. Unter den gegebenen Umständen gab ihr Mann seine Erlaubnis, und sie unternahm die Reise.

Connie rief mich an einem Dienstagabend an, nachdem sie zu Hause angekommen war. Sie wollte, dass ich zu ihr nach Hause komme, um Carrie zu treffen, damit sie ihre Erlebnisse besprechen und vielleicht eine Rückführung machen könnte. Sie wusste, dass sie nie wieder in unserer Gegend sein würde, also würde dies ihre einzige Chance sein, sich mit mir zu treffen. Ich sollte am Donnerstagmorgen zu einer Tagung in Little Rock abreisen, also war Mittwoch der einzige verfügbare Tag. Wir trafen uns an diesem Tag zum Abendessen und dann bat ich sie, mir für das Tonbandgerät von ihren Erfahrungen zu berichten. Sie hatte Erinnerungen an Träume im Zusammenhang mit Aliens, aber sie wollte vor allem etwas über eine außerkörperliche Erfahrung und eine Vision herausfinden, die ihr gezeigt wurde. Dies hatte eine große Wirkung auf ihr Leben, wohingegen andere Leute solche Erfahrungen leichtnahmen. Ich sagte ihr, ich würde an allem arbeiten, was sie wollte. Ich war der Meinung, dass es wichtiger sei, ihr zu helfen, als ein anderes interessantes Stück Information über UFOs zu finden.

Die außerkörperliche Erfahrung ereignete sich 1978, als sie dabei war, ins Bett zu gehen. Sie wusste, dass sie noch nicht schlief. Sie hatte ihr Nachthemd angezogen und saß auf der Bettkante, als sie in der Zimmerecke oben eine tiefe Stimme sagen hörte: „Carrie, komm mit mir!"

„Und er sagte es nicht laut heraus. Es traf genau hier." Und sie zeigte auf ihre Stirn. „Und ich fühlte mich wie ein feuchtes Handtuch. Weißt du, wie wenn alles zusammenklebt und schwer ist, nachdem man ein Handtuch in Wasser legt und es anhebt? Dann fühlte ich, wie ich einfach nach oben und aus meinem Körper herausschwebte. Und plötzlich schwebte ich mit dieser gräulichen, nebligen Nicht-Form, Art von Nichts. Als ich aus mir herauskam, sah ich es. Es war dieses neblige Ding ohne Form und es hatte schwarze Augen. Tiefe, liebende Augen. Und plötzlich waren wir nicht mehr in dem Raum. Wir schwebten über allem."

Aus dieser Perspektive wurden Carrie nacheinander fünf Szenen gezeigt. Sie schienen sich auf zukünftige Ereignisse in ihrem Leben zu beziehen und sie wurden ihr in zeitlicher Abfolge gezeigt. Für mich schienen sie voller Symbolik zu sein, ähnlich der Art, wie sie unser Unterbewusstsein in Träumen verwendet. Im Laufe der Jahre seit dieser Erfahrung waren einige der Zukunftsereignisse bereits in Carries Leben eingetreten, mit Ausnahme desjenigen Ereignisses, das den größten Eindruck hinterlassen und die größte Angst und Verwirrung ausgelöst hatte. Sie hatte dies nie vergessen können.

Sie sah ein Gewässer. Sie konnte nicht feststellen, ob es sich um einen See oder ein Meer handelte, aber es gab Hügel und Bäume, die bis an den Rand des Wassers reichten. Sie schwebte über ihm und schaute darauf herab. Das Wasser hatte eine grünliche Farbe und war in einem gewaltigen Aufruhr wie von einem Sturm. Der ganze Himmel war grünlich und es gab riesige Wellen. Dann sah sie tausende toter Fische mit dem Bauch nach oben im Wasser schwimmen. Zwei weiße Vögel flogen über dem Wasser, bis sie plötzlich vom Himmel fielen.

Dann wurde ihr eine teilweise zerstörte Stadt gezeigt. Es gab Hunderte und Aberhunderte von Menschen in verschiedenen Krankheitsstadien. Und sie sah sich selbst unter ihnen, wie sie sie fütterte und versuchte, für sie zu sorgen. Die Worte kamen in ihren Kopf: „Und einige können essen, und für manche wird es in ihrem Mund zu Essig verwandeln." Für mich klang das biblisch. Während dieser Sequenz wusste sie, dass sie nicht krank war und dass sie nicht krank werden konnte.

Als sie protestierte: „Warum ich?", kam die Antwort. „Dies wurde dir nicht gezeigt, damit du dich fürchtest. Habe keine Angst. Das ist der Grund, warum du zur Erde geschickt wurdest. Du musst auf diese kommenden Zeiten vorbereitet sein." Dann wurden die Worte: „Habe keine Angst" drei oder vier Mal wiederholt.

Carrie fuhr fort: „Dann plötzlich fand ich mich in meinem Zimmer wieder, wie ich auf meinem Bett saß. Ich schaute nach, ob mein Mann wach war, und er lag da und schnarchte. Und ich zitterte, als ich mich im Raum umsah. Nichts hatte sich verändert. Ich stand auf und ging hinaus zu dem Tierbau, rauchte einen Teil einer Zigarette und machte sie aus. Ich schwitzte. Ich hatte Todesängste. Ich nicht Angst vor dem, was ich sah, ich hatte Angst, weil ich wusste, dass ich nicht schlief. Ich wusste nicht, was dann passiert war, aber ich kroch endlich ins Bett und schlief ein."

„Am nächsten Morgen rief ich vier oder fünf Seelsorger an. Ich begann damit, dass ich dachte, es sei mir etwas erschienen, um mir etwas über die Zukunft zu erzählen. Ich fand schnell heraus, dass sie nicht diejenigen waren, die ich hätte anrufen sollen. Ihre erste Andeutung war, dass mit mir mental etwas nicht stimmte. Und so lernte ich, dass es einige Dinge gibt, die man nicht mit anderen diskutieren kann. Ich wusste, dass es kein Traum war. Ich blieb über zwei oder drei Jahre hin ängstlich, weil ich wusste, dass diese Dinge geschehen würden. Es war nicht etwas, von dem ich glaubte, dass es passieren würde, sondern ich wusste, dass es passieren würde. Es änderte auch nichts, als einige der ersten Ereignisse begannen, sich zu verwirklichen."

Sie wies darauf hin, dass diese Erfahrung die wichtigste war, die sie unter Hypnose erforschen wollte. Sie war zuversichtlich, dass die anderen (außerirdisch-suggestiven) Erfahrungen „bloß Träume" waren, obwohl sie beunruhigend lebhaft waren. Ich ermutigte sie, mir dennoch von ihnen zu erzählen, nur für die Aufzeichnungen.

Sie beschrieb einen Traum oder „Albtraum", der so lebendig war, dass sie ihn nie vergessen hatte. Er ereigente sich Anfang September 1963, als sie eine neunzehnjährige Studentin an einer Universität in Texas war. In dem „Traum" befand sie sich in einem gewölbten Raum zwischen Reihen von Inkubatoren. Sie nannte sie Inkubatoren, weil sie Babys enthielten, aber sie waren nicht wie die Babys, die sie zuvor gesehen hatte. Sie hatte Bilder davon gezeichnet und sagte, sie würde mir diese schicken. Die Babys hatten riesige Köpfe und riesige Augen, die in scharfem Kontrast zu ihren kleinen, verschrumpelten Körpern standen. Sie waren komplett in Flüssigkeit getaucht und sie wusste, dass sie darin wuchsen. Die Babys kommunizierten durch ihren Geist miteinander und hatten ein riesiges Vokabular aus anspruchsvollen Wörtern. Die Babys in den verschiedenen Inkubatoren schienen sich im selben Entwicklungsstadium zu befinden. Ihre Haut war leuchtend, perlglänzend, weißlich und wirkte fast transparent.

Dann kam eine Frau ins Zimmer und ließ eine Kapsel auf den Boden fallen. Diese ähnelte einer Depot-Kapsel, nur dass sie klar war. Dies wurde in die Flüssigkeit gegeben, um die Babys zu züchten. Ich dachte, sie meinte damit, dass die Kapsel etwas enthielt, das der Flüssigkeit hinzugefügt wurde, um dem Baby zu helfen, sich zu entwickeln, aber sie betonte, dass die Kapsel das Baby war.

„Das war wie der Samen, der das Baby wachsen ließ. Sie steckten die Kapsel in die Flüssigkeit, und dann wuchs das Baby aus dieser Kapsel heraus und wuchs weiter. Aber sie ließ diese eine auf den Boden fallen. Also beugte ich mich vor, hob die Kapsel auf und steckte sie in meine Tasche. Ich wollte es jemandem erzählen und es ihm zeigen, weil ich wusste, dass sie es so machten. Dann waren andere Leute im Raum, welche sagten, ich sollte die Kapsel nicht haben. Ich hatte Angst, weil sie wütend auf mich waren. An diesem Punkt wachte ich auf."

Carrie fuhr fort: „Wie dem auch sei, das war mein Traum, und ich habe ihn nie vergessen. Ich hatte während der ganzen Zeit am College Ausschnitte desselben Traums. Ich hatte das Gefühl, nachts auf dieser Säuglingsstation zu arbeiten, anstatt zu schlafen. Kein Wunder, dass ich müde war, wenn ich aufwachte. Ich weiß nicht, ob dies mit einem UFO zu tun hatte. Ich bin eine Künstlerin. Ich bin eine kreative Person. Es könnte das sein oder es könnten einfach Träume sein. Wenn wir die Sitzung haben, kann ich mich möglicherweise an nichts weiter erinnern als an das, was ich dir davor schon erzählt habe.“

Connie wohnte der Sitzung mit ihrer Freundin bei. Carrie gab mir die ungefähren Daten an, auf die sie sich konzentrieren wollte und wir einigten uns, möglichst alle Vorkommnisse zu behandeln. Ich wusste aus früheren Erfahrungen, dass das Unterbewusstsein es uns sagen würde, falls die Vorfälle bloß Träume gewesen wären. Wir würden es solange nicht wissen, bis sie zu den Daten zurückgeführt wurde. Carrie erwies sich als ausgezeichnete Probandin und ging schnell in einen tiefen Trancezustand hinein. Ich brachte sie zum Abend der außerkörperlichen Visionen irgendwann in der letzten Juliwoche 1978. Obwohl sie sich nicht bewusst an das Datum erinnert hatte, gab sie unter Hypnose sofort das genaue Datum an: den 26. Juli.

Sie beschrieb, wie sie sich an diesem Abend zum Schlafen fertigmachte, als sie aus der Fassung geriet. Sie schrie auf, als wäre sie verängstigt, und fing an, laut zu schluchzen. Ich gab beruhigende Suggestionen, damit sie mir sagen konnte, was vor sich ging. Das Schluchzen hörte auf und zwischen den Schneuzern erklärte sie, dass sie sich plötzlich sehr schwer fühlte und das Gefühl beängstigend war. Alles war sehr dunkel und sie konnte nichts sehen. Dann sagte ihr etwas, sie solle keine Angst haben und sie war von einem großen Gefühl der Liebe umgeben. Dann wurde die Dunkelheit grau und allmählich kamen Szenen in Sicht. Sie schien über der Kulisse zu schweben und es war ein ungewöhnliches Gefühl. Sie wusste, dass eine Wesenheit bei ihr war, aber es schien nur ein graues, nebliges Ding ohne Form und Substanz zu sein. Das einzig Erkennbare waren große Augen und selbst die schienen in das Blickfeld hinein und wieder hinaus zu schweben. Die Szenen, die von ihrer Zukunft gezeigt wurden, waren identisch mit ihren Erinnerungen an sie. Es wurden keine neuen Details hinzugefügt.

Die Szene, die sie am meisten störte, war die letzte mit den Menschen, die in der großen Stadt starben. Sie weinte und ihre Stimme zitterte, als sie die Szene beschrieb: „Es ist traurig. Es sterben so viele Menschen. Einige von ihnen werden nicht gesund werden, egal was ich tue. Ich gebe ihnen etwas. Und ich halte sie in meinen Armen und berühre sie. Und einige von ihnen sterben trotzdem. Es tut mir weh, das zu sehen. Ich kann nicht allen helfen. Ich gebe ihnen etwas, was dieses neblige Ding mir auftrug, ihnen zu geben. Es ist eine Art Essen. Ich weiß nicht, wie sie krank wurden. Aber sie hängen von Balkonen herab. Und ihre Haut hat eine lustige Farbe. Sie sind irgendwie grau, gelb oder blau. Sie sehen einfach nur krank aus. Es ist hässlich und alle sind kahl und dünn." Sie weinte: „Ich bin nicht dünn. Ich kann nicht krank werden. Er sagte mir, ich könne nicht krank werden. Ich muss mich um diese Leute kümmern. Einigen von ihnen wird geholfen, anderen nicht. Es gibt einfach so viele von ihnen. Ich glaube nicht, dass es ein Krieg war, der sie krank machte. Es war eine Art Nuklearmaterial. Ich weiß nicht, ob es Wasser war oder was mit ihnen passiert ist. Es war wie eine Wolke, aber es gab keinen Krieg. Es war wie ein Sturm. Das war es wahrscheinlich auch, was die Fische tötete, die ich sah. Es hatte etwas mit Wasser zu tun, wie Regen."

Sie wurde so emotional, dass ich es für am besten hielt, sie aus der Szene hoffnungsloser Verzweiflung zu entfernen, an der sie nichts ändern konnte. „Ich kann ihnen nicht allen helfen," beharrte sie, „aber sie weinen, sie weinen. Es gibt so viele, die krank sind. Ich weiß nicht wer sie sind. Ich erkenne niemanden. Aber sie tun mir so leid, und ich liebe sie." Sie protestierte: „Ich weiß nicht, warum ich es bin. Warum tue ich das? Das neblige Ding sagt mir, dass ich keine Angst davor haben solle. Ich wurde dafür zur Erde geschickt. Ich weiß nicht warum ich. -- Oh, er hat hübsche Augen. Ich empfange solche Liebe von ihm. Es ist, als hätte er mich an der Stirn berührt, obwohl er keine Finger hatte. Und plötzlich war ich wieder in meinem Körper. Ich stand auf und ging aus dem Zimmer."

Sie starrte aus dem Fenster in den dunklen Nachthimmel und rauchte nervös eine Zigarette, während sie versuchte, der Erfahrung igendeinen Sinn abzuringen. „Ich weiß, dass ich nicht geträumt habe. Ich habe noch nie geträumt, indem ich aufrecht sitze. Ich erinnere mich an alles. Er sagte, ich müsse mich daran erinnern. Es soll wirklich geschehen, aber ich weiß nicht, wo."

Da sie so aufgeregt war, hielt ich es für das Beste, diese Szene zu verlassen und zur nächsten Erfahrung überzugehen. Offensichtlich konnten wir ohnehin keine weiteren Informationen darüber gewinnen. Nachdem ich sie beruhigt und ihr entspannende Suggestionen gegeben hatte, brachte ich sie zurück zum September 1963, als sie eine Hochschulstudentin war. Sie kehrte sofort zu dieser Zeit zurück und beschrieb ihren Schlafsaal ausführlich und sprach über ihre

Mitbewohnerin, die gleichzeitig ihre beste Freundin war. Dann wies ich sie an, zu der Nacht zu gehen, in der sie den seltsamen Traum von den Babys hatte. Sie begann sofort zu beschreiben, was sie sah.

C: Ich bin in einem Raum. Und ich bin wie eine ... Volunteerin.

D: Eine Volunteerin?

C: Ja. Du weißt schon, diese Mädchen, die frewilig in Krankenäusern arbeiten.

D: Was lässt dich vermuten, du seist eine von ihnen?

C: Weil ich auf einer Säuglingsstation bin. Dort sind Babys. Ich trage eine Schürze mit Taschen. Deshalb sehe ich aus wie eine Volunteerin. Aber ich habe Angst vor den Babys.

D: Warum solltest du for den Babys Angst haben?

C: Weil sie lustig aussehen. Sie haben riesige Augen. Und sie sind wirklich schlau.

D: Wie weißt du, dass sie schlau sind?

C: Weil sie miteinander reden.

D: Mit ihrem Mund?

C: Nein. Sie sind im Wasser. Ganz bis über ihren Kopf. Sie sind ganz ins Wasser getaucht. Es ist, als dächten sie aneinander, aber ich kann erfahren, was sie denken. Eines von ihnen weiß, dass ich die Kapsel habe. Und es wird es weitersagen.

D: Von welcher Kapsel sprichst du?

C: Von der, die auf den Boden fiel. Es ist nur eine einfache alte Kapsel. Wie eine Pille. Und man kann durch sie hindurchsehen.

D: Ist da nichts drin?

C: Nun, es ist etwas drin, aber man kann da hindurchsehen. Ich kann nicht sehen, was es ist.

D: Du sagtest, einer von ihnen sagt, er werde es erzählen?

C: (Kindisch) Mmh-mmh. Er wird von mir erzählen. Und er ist böse auf mich. Ich kann es in meinem Kopf hören.

Carrie beschrieb die Behälter, in denen sich die Babys befanden als Wannen mit abgerundeten Ecken. Sie waren aus einem Material hergestellt, das durchsichtigem Kunststoff ähnelte. Sie wusste, dass es anders war als Plastik, aber nicht hart wie Glas. Es waren viele davon in dem Raum. Sie versuchte, sie zu zählen, und meinte, es gebe mindestens fünfzehn, vielleicht sogar siebzehn dieser Behälter. Sie standen auf etwas, weil sie in sie hineinsehen konnte, ohne sich zu bücken. „Und sie sind alle mit einem durchsichtigen Rohr aneinandergekoppelt. Das hält das Wasser voll. Das Rohr geht zu allen: zwischen jeden einzelnen und in den einen und dann in den anderen, wie ein Schlauch. Es kommt aus der Seite der Wand, wo man Griffe drehen und Knöpfe drücken kann. Ich weiß nicht, was sie bedeuten. Ich habe nichts mit diesem Teil zu tun. Diese Dame kommt herein und dreht Knöpfe und stellt sicher, dass es den Babys gut geht. Sie mag die Babys und spricht mit ihnen. Meine Aufgabe ist es, die Babys zu beobachten und auf sie aufzupassen. Ich muss das Wasser kontrollieren. Es gibt eine Temperaturanzeige oder so etwas an der Seite, die ich überprüfen muss. Die Babys haben große Köpfe und einen kleinen Körper. Ich mag sie nicht. Sie sind hässlich."

D: Sind sie immer in dem Wasser?

C: Mmh-mmh. Ich habe sie nie außerhalb des Wassers gesehen.

D: Hast du dies schon zuvor gesehen?

C: Sicher. Viele Male. Sie sind der Grund, warum ich dort arbeiten kann.

Sie beschrieb die Dame als normal aussehenden Menschen, obwohl ernst und streng aussehend. „She ist meine Chefin, aber ich mag sie nicht. Sie ist gemein. Außerdem ist sie nicht der große Chef."

D: Wer ist der große Chef?

C: Der Mann in dem anderen Raum.

D: Weißt du, wie er aussieht?

C: Ich bin nicht sicher. Ich gehe dort nicht hinein.

D: Gibt es dort irgendwelche weiteren Möbel oder ist da sonst irgendetwas in dem Raum?

C: Ich sehe keinerlei Möbel. Dort sind nur die Babys in diesen Behältern. Ich muss zwischen den Babys hin- und herlaufen. Ich muss die Temperatur und das Wasser kontrollieren und sicherstellen, dass es hoch genug ist. Manche der Baby haben ihre Augen geschlossen, manche haben sie offen. Sie sehen alle gleich aus. Hässlich. Manche der Behälter sind leer. Dort legt man die Pille rein.

D: Kannst du mir sagen, wie das getan wird?

C: Sie legt die Pille in ungefähr zweieinhalb Zentimeter tiefes Wasser. Gibt durch die Leitung etwas Wasser darunter. Und dann gibt sie ein anderes Zeug ins Wasser, aber ich weiß nicht, was das ist. Sie bringt das mit sich. Es ist eine kleine Flasche. Und dann gibt sie eine Prise von einem Zeug in das Wasser, wie wenn man kocht und man eine Prise hiervon und eine Prise davon hineintut. Und dann legt sie die Kapsel hinein. Dann löst sie sich auf und beginnt, dieses Baby zu züchten.

D: Nimmt das lange Zeit in Anspruch?

C: Nein. Ich bin nicht sicher, wie lange, weil ich nicht die ganze Zeit dort bin. Aber ich weiß, dass es nicht sehr lange dauert.

D: Glaubst du, dies sind menschliche Babys?

C: Nein, weil sie hässlich sind. Wenn sie menschlich wären, müssten sie wohl krank sein.

D: Was glaubst du, dass sie sind?

C: Ich weiß es nicht.

D: Nun, warst du jemals außerhalb dieses Raums?

C: Ja. Ich weiß nicht, wo wir sind, aber es ist groß.

D: Könnte es so etwas wie ein Krankenhaus sein?

C: (Pause, dann vorsichtig.) Ich weiß nicht. Etwas in der Art, vermute ich. Es ist wie etwas Militärisches.

D: Warum hast du das Gefühl, es sei militärisch?

C: Du musst Befehle annehmen. Du kannst nicht einfach hingehen, wo du willst.

D: Wie gelangt man dorthin?

C: Man wacht einfach auf und dann ist man dort.

D: Wie lange bleibst du?

C: Oh, mindestens über Nacht.

D: Was tut man dann, wenn man von dort fortgeht?

C: Man geht schlafen. Man wacht auf. Und es ist ein Traum.

D: Du sagtest, du habest das oft getan?

C: Oh, ja! Ich glaube, seit ich vierzehn oder fünzehn war. Sie lassen nicht jeden auf die Babys aufpassen. Ich weiß nicht, wie ich dorthin gelange. Aber ich muss mit den Babys arbeiten.

D: Hast du keine Wahl?

C: Nein. Man kann diesen Raum nicht verlassen.

D: Weißt du, was sie mit den Babys tun?

C: Sie wachsen zu Leuten heran. Und sie sehen lustig aus.

D: Hast du gesehen, wie die Erwachsenen aussehen?

C: Sie sind groß und wirklich dünn. Sie haben lange Arme. Ich habe sie nicht aus der Nähe gesehen.

D: Wie sehen ihre Gesichter aus, wenn sie erwachsen sind?

C: Genau so, wie als sie Babys waren. Hässlich. Sie haben große Augen. Und einen mageren Kiefer, kaum einen. Und ihre Augen ... ihre Augen sehen aus wie Öl. Sie verändern ihre Farbe. Sie sind schwarz und nass.

D: In welche Farben verändern sie sich?

C: Lila, Blau, wie Öl.

Offenbar ähnelt es einem Ölteppich, der verschiedene Farben aufweist.

D: Welche Farbe hat ihre Haut, wenn sie erwachsen sind?

C: Ich glaube, die erwachsenen Babys sehen lustig aus, lilafarben, gräulich, krank aussehend. Die Babys sind fast so, als könne man durch ihre Haut sehen. So durchscheinend, dass man ihre Venen sehen kann. Und so ähnlich auch bei den großen Personen.

D: Tragen sie irgendwelche Kleidung wenn sie erwachsen sind?

C: Das kann ich nicht sagen. Aber er ist dürr. Seine Arme sind lang. Sie reichen bis zu seinen Beinen hinunter. Als ich ihn sah, war er weit weg. Er stand am oberen Ende der Treppe und sah hinunter.

D: Hat dieser Raum Treppen?

C: Nein. Das war außerhalb dieses Raums. Man kann nicht aus dem Raum hinausgehen. Es war draußen vor der Tür, wo man nicht hingehen darf. Ich schaute hin, als die Frau aus der Tür ging.

D: Es klingt so, als müsse dieser Teil größer sein.

C: Das ist er. Er ist groß.

D: Dann war er zu weit entfernt, um seine Hände sehen zu können. Wenn du die Babys ansiehst, kannst du sagen, wieviele Finger sie haben?

C: Die Finger der Babys sind wirklich lang. Und sie haben einen Daumen, aber er ist oben an ihrer Hand, wirklich lustig. Er ist oben, näher zu ihrem Handgelenk hin.

D: Wieviele Finger haben sie?

C: Ich weiß es nicht ... Ich hasse es, einen zu berühren.

D: Musstest du sie anfassen?

C: Ja. Man muss sie im Wasser ausstrecken. Wenn sie sich verdreht haben, greift man einfach hinein und dreht sie um, so dass ihre Köpfe zurückliegen. So verdrehen und verheddern sich dann nicht. Sie liegen auf falsche Weise auf ihrem Arm oder so etwas, weil ihre Körper nicht funktionieren. Ich muss meine Hände ins Wasser tauchen, um sie zu wenden. Und das Wasser fühlt sich komisch an, fast als ob ein Schmiermittel darin wäre. Das ist mein Job, aber sie mögen mich nicht besonders. Sie starren einen manchmal nur an.

D: Woher kamen diese Babys? Haben sie Mütter und Väter? (Dies war eine Frage, die Carrie niedergeschrieben hatte, bevor wir die Stizung begannen.)

C: Sie kommen aus der Kapsel.

D: Woher kommt die Kapsel?

C: Jemand fertigt sie an.

D: In einem anderen Raum, oder wie?

C: Das muss wohl so sein. Es ist jedenfall nicht hier in diesem Raum.

D: Wie weißt du, dass sie in dieser Kapsel sind?

C: Weil sie aus der Kapsel heraus zu wachsen beginnen, mit einem kleinen Kopf und einem kleinen Körper.

D: Weißt du, warum sie diese Babys züchten?

C: Ich weiß nicht. Ich passe nur auf diese Babys auf. Sie schaden niemandem. Sie wachsen einfach auf, um Leute zu sein. Große, lustig aussehende Leute.

D: Hast du sie gesehen, als sie aus dem Wasser herausgenommen wurden?

C: Nein. Ich darf sie dann nicht festhalten.

D: Also du weißt nicht, wie man zu diesem Ort gelangt? Man wacht einfach dort auf? And dann geht man schlafen und wacht morgens wieder in seinem eigenen Bett auf? (Ja) Und man weiß nie, wann man wieder hingeht?

C: Nein, weiß man nicht.

Es wurde zunehmend deutlicher, dass ich keine weiteren Informationen darüber erhalten konnte, weil sie diesen Raum nicht verließ. Ich beendete die Sitzung und brachte sie zu vollem Bewusstsein. Es war aus ihrem Körper und aus ihren Gesichtszügen ersichtlich gewesen, dass sie sich in einem sehr tiefen Hypnosezustand befand. Sie bewegte sich überhaupt nicht. Nur ihr Gesicht zeigte einen Ausdruck. Selbst als sie weinte, machte sie keine anderen Bewegungen. Als ich anfing, sie aus der Trance herauszuzählen, wurde sie sich ihres physischen Körpers wieder bewusst und zuckte und sprang merklich. Nach dem Erwachen hatte sie überhaupt keine Erinnerung an die Sitzung.

Nachdem sie völlig wach war, ließ ich sie einer Suggestion folgen, ein Bild von den Babys zu zeichnen. Carrie war eine versierte professionelle Künstlerin und hatte Bilder von ihnen gemäß ihren originalen Träumen gezeichnet. Sie machte jetzt eine grobe Skizze, die ich später mit den Kopien verglich, die sie mir schickte. Es gab einige Unterschiede, die sie erklärte, während sie die Skizze zeichnete. Als sie die Hand des Erwachsenen zeichnete, zeichnete sie drei Finger und sagte, die Hand sei beinahe so lang wie der Unterarm. In ihrer ursprünglichen Zeichnung hatte sie vier Finger. Diesmal sagte sie, die drei Finger fühlten sich richtig an und sie würde es so belassen. Als sie das Bild von den Inkubatoren zeichnete, sagte sie: „Diesmal habe ich den Drang, hier etwas an den Seiten hinzuzufügen. Es ist, als würde etwas sie verbinden. Ich habe das nicht in die Originalzeichnung aufgenommen.“ Während sie die Wannen und die Verbindungsschläuche zeichnete, zuckte sie plötzlich zusammen und rief: „Ooooh! Mir fiel gerade ein. Ich steckte meine Hände in dieses Wasser.“

Wir lachten. Dies war offensichtlich ein Detail, an das sie sich beim ursprünglichen „Traum“ nicht erinnerte und es empörte sie. Das letzte Bild, das sie zeichnete, war das Wesen, von dem sie einen Blick erhaschte, als die andere Frau die Tür öffnete. Es stand am oberen Ende einer Treppe und hatte ein Licht hinter sich, sodass sie die Gesichtszüge nicht erkennen konnte. Aber sie wusste, dass dies eines der Babys in Erwachsenenform war. Als sie an der Hochschule war, hatte sie ein Bild von diesem Erwachsenen gemalt, der am oberen Ende einer Wendeltreppe stand und auf eine Gruppe von Menschen hinabsah. Sie wusste nicht, woher die Idee kam. Sie nannte es „Dantes Inferno“ und gewann einen Preis dafür. Obwohl sie das Gemälde mehrere Jahre lang hatte, konnte sie es nun nicht finden. Als sie jetzt die Zeichnung für mich skizzierte, hatte sie den Eindruck, dass es sich nicht um eine Treppe handelte, sondern um eine Art Lichtstrahl (möglicherweise spiralförmig wie auf dem Bild, welches sie aus dem Inneren des Raumschiffes zeichnete). Sie versprach, Kopien der anderen Zeichnungen zu senden, die sie aus dem Gedächtnis gezeichnet hatte, obwohl es so aussah, dass wir jetzt mehr Details hätten, als in den Originalen.

Ich verließ Connies Haus um Mitternacht, während Carrie immer noch Fragen zu der Sitzung stellte. Ich sagte ihr, Connie solle ihr davon erzählen. Ich müsse nach Hause, da ich am nächsten Morgen auf eine Tagung nach Little Rock fahren müsse. Ich wusste, dass ich nicht vor ein Uhr morgens nach Hause kommen würde, aber es war es wert gewesen, mit dieser Frau zu sprechen.

In den Jahren nach diesem Vorfall habe ich festgestellt, dass einige andere Ermittler Kopien des Babybildes erhalten haben. Manche von ihnen sagen, es sei ein Beispiel für Experimente mit Hybriden aus Menschen und Aliens, aber diese Theorie widerspricht völlig dem, was Carrie unter Hypnose sagte. Sie beharrte darauf, dass die Babys nicht menschlich waren, sondern außerirdisch. Die Zeichnung, die sie mir von dem Inneren des Raumschiffes schickte, deutet darauf hin, dass sie sich während dieser Erfahrung irgendwann außerhalb des Raumes befunden haben muss.

Ich habe diese Bilder bei meinen Vorträgen über die letzten Jahren gezeigt. Ich habe diese Zeichnung immer als das Innere eines riesigen Mutterschiffs mit vielen Ebenen beschrieben. Jetzt, während ich dies schreibe, frage ich mich, ob es eine andere Erklärung geben könnte. Könnte sie in einer unterirdischen Versuchsanlage gewesen sein? Der Gedanke kam mir durch ihre Erwähnung einer militärischen Umgebung in den Sinn und durch die Tatsache, dass es dort einen anderen scheinbar menschlichen Arbeiter gab. Sie sagte nie, wo es sich befindet, nur dass sie dort aufwachte. Sie konnte nie sagen, wie sie dorthin transportiert wurde. Ich habe angenommen, dass es ein Mutterschiff war, denn meiner Erfahrung nach war dies das einzige Ding, das denkbar groß genug war, um eine solche Einrichtung zu beherbergen. Jetzt mache ich mir Gedanken.

Die Sicht, die Carrie über die Katastrophenszene berichtete, wurde durch andere Probanden wiederholt, nicht genau im Detail, aber ähnliche Szenarien beschreibend, in denen etwas Drastisches mit der Erde geschehen war. Ich hatte sogar ähnliche Fälle im Ausland gehabt, als ich UFO-Rückführungen an Menschen durchführte, die in diesem Bereich keine Kenntnis von amerikanischen „Trends“ haben. Meine Post bezeugt ebenfalls die Tatsache, dass viele Menschen ähnliche Visionen durch aufregend lebendige Träume, außerkörperliche Erfahrungen und reine Gedankenblitze gehabt haben. Woher kommen diese Szenen und Visionen? Sind sie echte Einblicke in die Zukunft? Oder sind es Wahrscheinlichkeiten und

Möglichkeiten auf den Zeitachsen, wie in meiner Trilogie Gespräche mit Nostradamus von Nostradamus beschrieben? Wenn es sich um mögliche Zukünfte handelt, können sie vom menschlichen Geist beeinflusst und verändert werden. Ist das der Grund, dass sie uns enthüllt werden?

Als ich Carrie anrief und um Erlaubnis bat, ihre Geschichte in diesem Buch zu verwenden, erzählte sie mir, dass sie vor ungefähr fünf Jahren wegen eines hiermit nicht zusammenhängenden Problems zu einem Psychologen gegangen war. Während ihrer Sitzungen erzählte sie von dem seltsamen Traum. Die Erklärung des Psychologen war, dass Carrie als Kind sexuell missbraucht worden sein müsse. Es spielte keine Rolle, dass Carrie keine Erinnerung an einen Missbrauch hatte, das musste die Antwort sein. Carrie sah den Zusammenhang nicht und ich auch nicht, da es weder in dem „Traum" noch in den Visionen sexuelle Konnotationen gab. Einige Psychologen und Psychiater werden, wenn sie mit etwas Ungewöhnlichem konfrontiert werden, anstatt eine andere Erklärung zu untersuchen, nicht vom „Lehrbuch" abweichen. Gemäß ihrer Ausbildung kann es keine andere Erklärung geben.

Carries Zeichnung der Silhouette eines Außerirdischen.

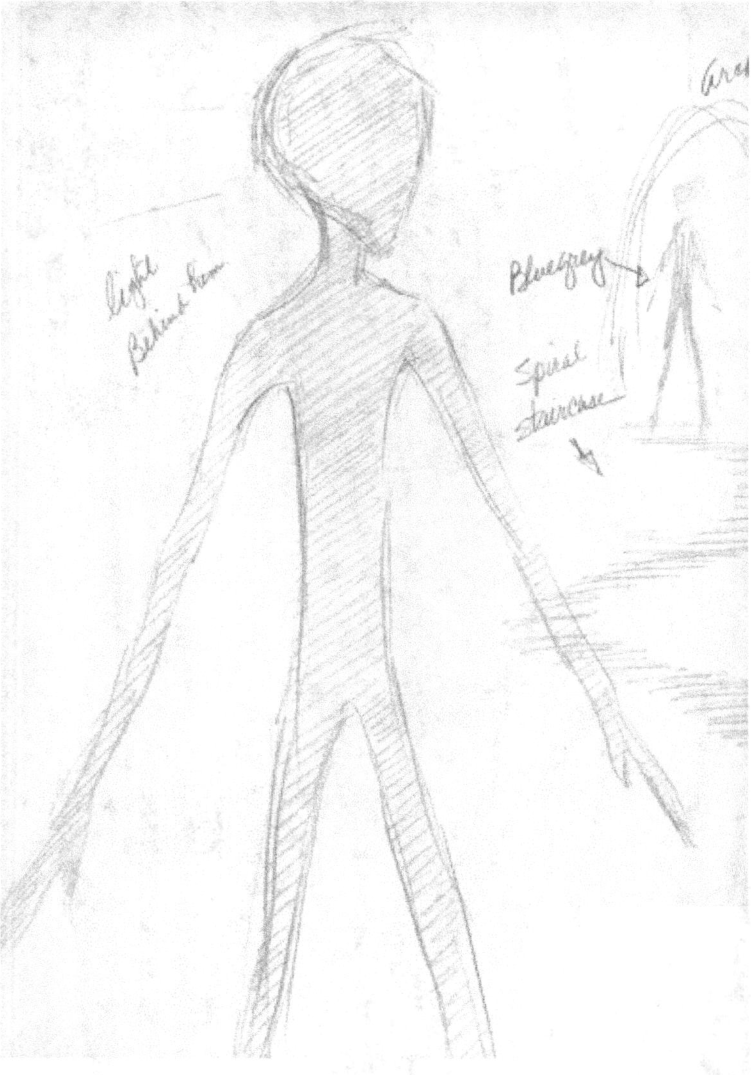

Carries Zeichnung von einem der Aliens.

Carries Zeichnung des Alien-Babys.

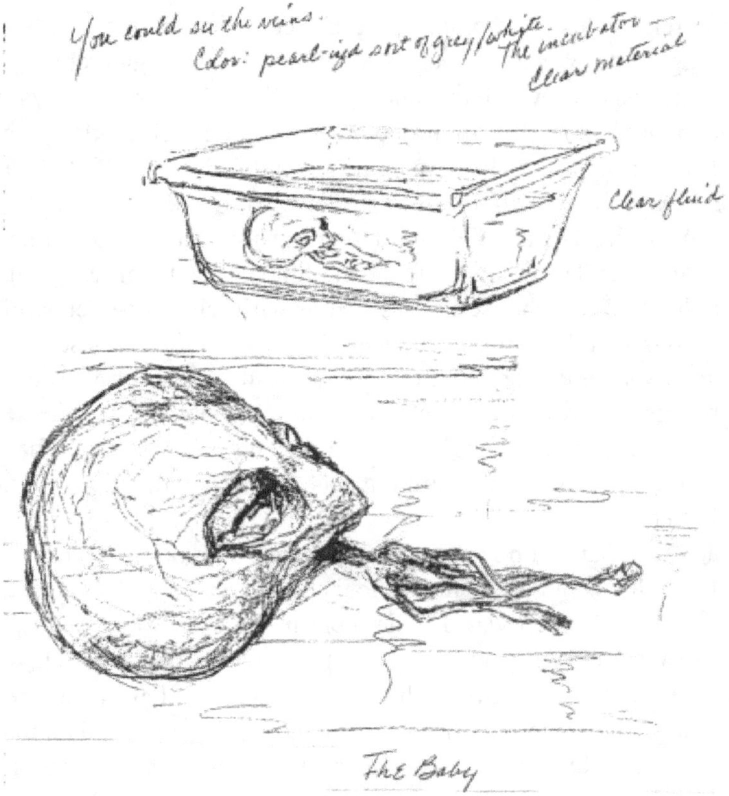

Meine Freundin LeeAnn war ein weiterer Fall von in einem traumähnlichen Zustand verborgener Information. Sie war eine Frau Anfang vierzig, die in Florida behinderten Kindern das Lernen beibrachte. Ihre Mutter und ihr Vater waren alte Freunde von mir und sie kam jedes Jahr nach Arkansas, um sie zu besuchen. Sie interessierte sich für psychische Phänomene und neuerdings für Metaphysik. Ihre Eltern verstanden nichts davon und als sie zu Besuch kam, verbrachten wir viel Zeit miteinander, um über diese Dinge zu sprechen. Zu dieser Zeit im Sommer 1988 folgten wir unserer normalen Routine. Wir gingen in ein lokales Restaurant, suchten einen Tisch in einer Ecke und unterhielten uns einige Stunden lang, oft bis sie zumachten. Ihre Eltern konnten nie verstehen, worüber wir wohl so lange reden könnten.

Während des Gesprächs beschrieb sie einige seltsame Erfahrungen, die vor etwa sechs Monaten vor sich gegangen waren. Sie dachte, dass es vielleicht außerkörperliche Erfahrungen waren, aber je mehr sie sprach erkannte ich die Symptome einer klassischen UFO-Entführung. Sie hatte vor dem Vorfall keinerlei UFO-Bücher gelesen. Danach las sie ein Ashtar-Gebotsbuch und dachte, wenn ihre Erfahrungen etwas mit Weltraumleuten zu tun hätten, so müsse es sicherlich dieser Typ sein: die schönen blonden, blauäugigen, gütigen Wesen. Ich wollte sicher sein, dass sie das wirklich erforschen wollte, weil ich das Gefühl hatte, dass wenn es wirklich der klassische Fall war, sie etwas entdecken könnte, das sie desillusionieren würde. Sie war begeistert von der Idee, es auszuprobieren, anscheinend überzeugt, dass es eine wundervolle Erfahrung sein würde. So haben wir also den ganzen Nachmittag als die Zeit für die Sitzung freigehalten.

LeeAnns Tante und Onkel waren auch Freunde von mir, die definitiv nichts von diesen unheimlichen Dingen verstanden, an denen ihre Nichte interessiert war. Da sie nicht in der Stadt waren, wussten wir, dass wir ihr Haus ohne Störungen für uns haben könnten. Wir setzten uns auf Stühle im Wohnzimmer und ich ließ sie mir ihre Erinnerungen an die Erfahrung erzählen, sehr zum Nutzen des Tonbandgeräts. Ich nehme das Interview immer gerne zuerst auf, damit wir die bewussten Erinnerungen kennen. Ansonsten könnte der Proband später sagen, dass nichts Neues enthüllt wurde, dass er sich an alles erinnerte. Hypnose fügt immer Details hinzu, die zum Zeitpunkt der Erfahrung nicht bekannt sind.

Sie nannte es einen Traum, weil sie nicht wusste, wie sie es sonst nennen sollte, aber es hatte Eigenschaften, die keinen Traum nahelegten.

Sie erinnerte sich an die genaue Nacht und an die Umstände, die zu dem Ereignis führten. LeeAnn, ihr Ehemann Mike und ihr Sohn Adam planten, ihre Schwiegereltern zu besuchen, also wusch sie spät in der Nacht Wäsche. Mike und Adam schliefen, und sie legte die Kleider im Gästezimmer zusammen. Das erste, was sie bemerkte, waren kleine Schatten in ihrem Augenwinkel. Sie hatte diese schon bei mehreren Gelegenheiten gesehen und sie schienen nie mit normalen Dingen in dem Raum in Verbindung zu stehen, die Schatten werfen könnten. Sie waren auf dem Boden oder an der Wand, immer auf einer niederen Höhe. Wenn sie versuchte, sie mit den Augen zu fixieren, waren sie nicht da. Sie waren nur aus ihrem Augenwinkel sichtbar. Diese Schatten wurden auch von anderen Leuten gemeldet, üblicherweise zu Beginn einer Alien-Begegnung. Natürlich konnten sie auch mit Gespenstern oder Geistern in Verbindung gebracht werden, aber sie scheinen eine zunehmende Verbindung mit Außerirdischen zu haben.

Ich habe eine Theorie darüber, aber sie kann derzeit nicht bewiesen werden. Es gibt zunehmend Spekualationen darüber, dass die Aliens und ihr Schiff aus einer anderen Dimension kommen. Wenn dies wahr ist, sind die Schatten vielleicht das Anfangsstadium, wenn sie gerade erst in unsere Dimension eintreten und sich noch nicht richtig materialisiert haben. Meine Vermutung wurde erhärtet durch ihre Bemerkung: „Ich sah diese kleinen Schatten wieder und ich dachte: ‚Lasst mich heute Nacht in Ruhe. Ich möchte nicht gestört werden.'". Das schien ungewöhnlich zu sein, dies ohne Nachdenken zu sagen, es sei denn, ihr Geist verband die Schatten mit irgendeiner Art von Entitäten.

Nach dem Kleiderzusammenlegen nahm sie eine Dusche und beschloss, eine Weile zu lesen. Es war gegen ein Uhr morgens, als sie sich niederlegte, um zu lesen, sie schlief jedoch sofort ein. Sie dachte, dass sie träume, aber es schien eine AKE zu sein, weil sie plötzlich über ihrem Körper war und auf ihn hinterschaute.

„Das Faszinierendste und Aufregendste war, dass ich meinen Körper als leere Hülle betrachtete als ich auf ihn hinuntersah. Und eigentlich zu wissen, wie es sich anfühlt, einen Körper ohne Seele zu haben. Zum ersten Mal ein totales Nichts, eine totale Leere, einen leeren Raum zu sehen und genau zu wissen, wie sich das anfühlt. Ich war wirklich sehr aufgeregt. Ich war nicht an zwei Orten gleichzeitig. Ich konnte meinen Körper auf dem Bett sehen, aber ich bin mir sicher, dass ich nicht in ihm steckte."

Dann änderte sich die Situation. Sie fühlte ein Gefühl der Dringlichkeit und musste in ihren Körper zurückkehren, weil sie das Gefühl hatte, dass sie aufstehen und ins Badezimmer gehen müsse. Sie war wieder in ihrem Körper, aber bevor sie aufstehen konnte, hörte sie einen lauten, schrillen Ton direkt in ihren Ohren. Sie beschrieb es als den Ton, den eine Kreissäge machen würde, hoch und schrill. Der Teil ihres Verstandes, der immer noch halb bewusst war, versuchte zu überlegen: „Es ist Nacht. Welcher alberne Nachbar lässt um diese Uhrzeit eine Kreissäge laufen?“ Sie sagte, man müsse Dinge in Begriffen definieren, die man kennt. Sie wusste jedoch, dass sie dieses Geräusch nicht zum ersten Mal gehört hatte. Da war das Gefühl von Vertrautheit, als sei dies bereits zuvor passiert.

In den folgenden Jahren sollte ich weitere Fälle entdecken, in denen die Person zu Beginn eines Erlebnisses ein Motorgeräusch hörte (oft hohe Töne). Dies ist ein weiterer Aspekt, der in ein vorhersagbares Muster fiel. Aber ihre nächsten Bemerkungen waren ungewöhnlich und unangenehm für Sie, zu erinnern.

Sie hatte das Gefühl, dass sie nicht mehr in ihrem Bett lag, sondern kopfüber an ihren Füßen hing. Dann hatte sie das Gefühl, dass ihre intimen Körperteile durchstochert und gestoßen wurden. Es schien kein sexuelles Gefühl zu sein, eher als würde es mit einer Art Instrument getan. Dann wieder der Drang, zu urinieren. Ein anderer Teil ihres Geistes sagte: „Ich werde dieses Bett nässen. Ich hatte das Gefühl, kopfüber zu hängen, bezog es aber darauf, zu schlafen und im Bett zu sein. Ich dachte, das ist unheimlich. Ich wollte zurück, weil ich wusste, wenn ich nicht zurückging, würde ich das Bett nässen und das Bett würde ein Schlamassel sein.“

Dann hatte sie das Gefühl, dass etwas (ein Instrument) in ihren Hals gesteckt wurde und sie fing an zu würgen. Und sie dachte: „Die werden mich umbringen. Ich werde mich zu Tode würgen.“ Als Nächstes das schreckliche Gefühl, dass ihr Abendessen in enem runden Klecks hockommen würde. Sie konnte tatsächlich den widerlichen Geruch von Galle riechen. Dann der Gedanke: „Jetzt weiß ich, dass das Bett ein Schlamassel sein wird. Ich werde nicht nur das Bett nässen, sondern jetzt muss ich mich auch noch übergeben. Das kann kein Traum sein. Es ist zu real!“ Ihre Warhnehmung des Geruchs war so scharf, dass es real sein musste.

Doch die Empfindung verging, so schnell sie begann und sie fand sich wieder darniederliegend. Sie wollte aufwachen und schaute, bis wo die Glasschiebetüren in ihrem Schlafzimmer standen. „Der Raum war hell und mein Bewusstsein dachte: ‚Warum ist der Raum so hell, wenn ich weiß, dass es draußen dunkel ist? Warum kommt dieses Licht durch die Schiebetür, wenn ich weiß, dass ich die Tür nicht offen gelassen habe?’Also schaute ich nach draußen oder ging nach draußen. Ich erinnere mich nicht. Es hätte eine Terrasse und einen abgeschirmten Pool dort draußen geben müssen, aber das war nicht der Fall. Wo mein Swimming Pool hätte sein müssen, befand sich ein Tisch. Und es gab ein weißes, sehr helles Licht. Das war überraschend, weil ich wirklich dachte, ich sei im Bett in meinem Zimmer. Anstelle einer Terrasse und eines Pools war da dieser helle Raum. Und ich erinnere mich daran, Leute gesehen zu haben. Sie hatten braune Haut und trugen keine Hemden. Und ich dachte: ‚Was ist mit meiner Terrasse passiert? Und wenn das meine Terrasse ist, warum sind dann diese Leute ohne Hemden an diesem Tisch?' Es war, als würde ich Dinge aus zwei Teilen meines Geistes beobachten, und nichts davon ergab einen Sinn."

Das waren die letzten Dinge, an die sie sich erinnerte. „Ich fühlte mich ruhiger. Ich fühlte mich wieder versammelt. Ich wusste, dass ich wach war, aber ich öffnete meine Augen nicht gleich, weil ich nichts sehen wollte. Ich weiß nicht, wie lange ich dort lag, aber als ich meine Augen öffnete, sah ich, dass der Raum dunkel war, wie er es nachts auch sein sollte. Und ich dachte: ‚Gott, ich bin wieder in meinem Zimmer!' Und ich lag auf dem Bauch, aber ich schlafe nie in dieser Position. Aber mein Körper war so entspannt. Ich kann mich nicht erinnern, jemals in einer so entspannten Position aufgewacht zu sein. Und das Bett war kein Schlamassel. Es gab kein Erbrochenes, keinen Urin, die Decken waren ordentlich als hätte ich mich kaum bewegt. Und die Uhr zeigte 03:00 Uhr, also waren zwei Stunden vergangen. Ich verspürte nicht den Drang, auf die Toilette zu gehen. Das erste, was ich tat, war die Schiebetür zu überprüfen, und sie war genau so, wie ich sie hinterlassen hatte. Ich sah nach meinen Sohn und meinem Mann, der auf der Couch schnarchte. Alles war so, wie es sein sollte. Dann machte ich alle Lichter an, ging in die Küche und rauchte eine Zigarette. Während ich rauchend in meiner Küche saß, schaute ich zur Decke und dachte: ‚Sieht das nicht hübsch aus? Diese physische Realität.' Und ich spürte den Tisch: 'Oh! Fühlt sich das nicht gut an? Er ist körperlich und fest. Ist es nicht gut, hier zu sein?' Ich glaube, ich dachte, das sei eine seltsame außerkörperliche Erfahrung gewesen. Ich hatte gelernt, dass es schön ist, wieder in den Körper zurückzukommen und es ist schön, Teil dieser Welt zu sein. Und es ist schön, einen physischen Körper zu haben und den physischen Körper zu schätzen, den ich jetzt habe. Das war es, was ich fühlte, als Mike aufstand und wissen wollte, warum ich noch auf war. Und ich sagte: ‚Ach Schatz, ich hatte nur gerade einen komischen Traum.'"

Wenn dies ein Albtraum gewesen wäre, der durch Verdauungs- oder Magenbeschwerden ausgelöst wurde, warum fühlte sie sich beim Erwachen dann normal? Es gab keine Übelkeit oder Erbrechen.

Um die Verwirrung der seltsamen Nacht noch zu steigern, hätte sie, wenn sie wirklich körperlich gestoßen und gestochert worden wäre, am nächsten Tag eine gewisse Reizung in diesen Körperteilen haben müssen. Stattdessen fühlte sie sich gut, wenngleich verwirrt. Sie schloss daraus, dass es ein Traum gewesen sein musste.

Nach der Besprechung gingen wir ins Schlafzimmer ihrer Tante, um die Sitzung abzuhalten. Als sie in einen guten Trancezustand getreten war, wies ich sie an, in der Ereignisnacht im Januar 1988 zu ihrem Haus zu gehen. Sie erlebte das Zusammenlegen der Kleidung nochmals. Sie fand es interessant, dass sie die Szene tatsächlich sah.

L: Ich kann das Schlafzimmer sehen. Ich kann sehen, was ich anhabe. Ich kann wirklich die Bilder an der Wand sehen, besser als in meiner Erinnerung. Dies ist wie eine Erinnerung, aber kann man die Erinnerung visualisieren? Ist dies so, wie es sein sollte? Es gibt einen Unterschied zwischen Sehen und Erinnern.

Ich musste ihren Verstand von dem Versuch abbringen, die Situation zu analysieren und zu dem einfachen Berichten dessen, was sie gerade sieht, zurückbringen. Wenn der Proband fortwährend analysiert, kann er in die beurteilende Seite seines Gehirns übergehen und den Hypnoseprozess verändern. Ich erklärte, dass es einfacher sei, sich zu erinnern.

L: Aber es gibt kein Beteiligtsein.

D: Wenn du nicht involviert sein willst, dann musst du nicht. Du hast die Wahl. Du kannst als Beobachter beobachten, wenn du es wünschst. Es liegt ganz an dir. Du hast die Kontrolle.

Sie kehrte dazu zurück, den Raum zu beschreiben. Und bemerkte dann die Schatten.

L: Sie sind immer nur nahe am Boden. Ich kann mich nie wirklich auf sie einstellen. Sie sind nicht wie Schatten an der Wand. Jene sind durch Objekte fixiert. Diese hier scheinen einfach da zu sein, und dann verblassen sie schnell.

Nachdem sie die Kleider fertig zusammengelegt hatte, wollte sie zu Bett gehen, weil sie müde war. Sie schlief sofort ein, und als ich fragte, ob sie die ganze Nacht durchgeschlafen habe, flüsterte sie: „Nein." Aber anstatt mir zu sagen, warum, begann sie, Bedrängnis zu zeigen. Ihre Gesichts- und Körperbewegungen zeigten an, dass etwas vor sich ging, sie aber nicht sprechen wollte. Schließlich seufzte sie tief und sagte: „Ich möchte mich nicht daran erinnern." Ich gab ihr tröstende Suggestionen und bestand darauf, dass sie vollkommen sicher sei und dass es in Ordnung sei, es als objektiven Reporter zu betrachten. Es brauchte mehrere Minuten des Redens, um ihr Vertrauen zu gewinnen. Ihr Atem war tief und unregelmäßig und ich wusste, dass etwas vor sich ging. Während dieser ganzen Zeit, als sie nicht redete, streckte sie ihre Hand aus und berührte sanft meinen Arm. Es war, als wollte sie sicherstellen, dass ich da war und sie nicht alleine war. Sie tat dies weiter in regelmäßigen Intervallen. Es schien ihr zu helfen zu wissen, dass ich wirklich da war und sie nicht verlassen hatte. Sie schien so in dem Geschehnis gefangen zu sein, dass es mich davon ablenkte, Fragen zu stellen. Das schien jedoch ihre Konzentration wieder auf mich zurückzulenken. Sie war definitiv dabei, etwas zu beobachten und zu erleben und hatte nicht den Impuls, zu reden. Schließlich platzte sie heraus: „Das ist verrückt!" Ich versicherte ihr, dass ich bereits viele seltsame Dinge gehört hatte und was sie auch sagte, und ganz gleich, was sie sage, es würde mich nicht überraschen. Ich versuchte sie zu überzeugen, dass es einfacher würde, wenn sie mir davon erzählte.

L: Du bist da? Okay?

D: Ich bin genau hier. Und ich werde während der ganzen Sache bei dir sein. Du wirst nicht alleine sein. Es spielt keine Rolle, wie seltsam es klingt. Was siehtst du gerade?

L: (Sie begann schließlich, zu berichten.) Ich bin drin. Ich bin nicht zu Hause. Und sie reden, aber ich weiß nicht, was sie gerade sagen. Ich mag es dort nicht.

D: Wie sieht es aus?

L: Wir sind eingeschlossen. Es ist ein Raum. Ich mag auch nicht, wie es riecht.

Sie machte eindeutige Gesichtsausdrücke, als würde sie etwas Unangenehmes und Widerwärtiges riechen. Ein Rümpfen ihrer Nase, etc. Als ich sie bat, den Geruch zu beschreiben, hatte sie damit große Schwierigkeiten, war aber auch entschlossen, es richtig auszudrücken. Dies wurde noch erschwert, weil sie den Geruch nicht präzise mit etwas Vertrautem verbinden konnte. „Nicht sauber. Faul. Nicht wie totes Zeug. Es riecht nicht nach Kompost. Nicht wie fauler Fisch. Es ist einfach beißend, wenn das das Wort ist. Eine höhere Frequenz von Fäulnis, obwohl das keinen Sinn macht. Wie schleimig faul. Es ist nicht wie irgendetwas, das ich jemals zuvor gerochen habe. Auch nicht wie Galle. Schlimmer als Galle.“ Sie machte ein angewidertes Gesicht und schien sich dabei unwohl zu fühlen. Ich gab ihr also Suggestionen, dass der Geruch sie nicht stören würde, während sie die Ereignisse beschrieb. Auf diese Weise konnten wir es blockieren, damit es sie nicht körperlich störte.

L: Es ist ein Raum, aber nicht so, wie dachte, dass er sein würde. Es gibt Leute hier. Ummph! (Lächelnd) Es ist nicht Ashtar.

Ich wollte, dass sie beschreibt, was sie sah, aber sie verstummte und wurde zu einer Beobachterin. Sie war offensichtlich durch etwas in Bedrängnis, das sie miterlebte. Ich konnte dies mehr an ihren Gesichts- und Augenbewegungen erkennen als an ihren Körperbewegungen. Ihr Atem war laut und unbehaglich. Die Hauptbewegung des Körpers war, als sie ihre Hand ausstreckte und meinen Arm berührte, um sicherzugehen, dass ich noch da war. Sie war damit beschäftigt, zu erleben, was da vor sich ging.

Plötzlich platzte sie heraus: „Warum hören sie nicht auf damit? Ihr Stoßen. Es ist, als würde ich es mehr fühlen, als dass ich es sehe.“ Ich versuchte geduldig sie zu überzeugen, mir zu sagen, was los war, und es war, als würde mein Fragen ihre Aufmerksamkeit wieder auf mich lenken. „Ihre Augen sind sehr groß“ sagte sie mit einem tiefen Seufzen. „Es ist nicht so, wie ich es mir erhofft hatte. Ich hoffte, dass es eine viel spirituellere Begegnung sein würde. Eine intellektuelle Begegnung.“ Nach einer Pause fuhr sie fort: „Es passiert nicht mehr. Ich glaube, ich bin jetzt an einem Tisch.“ Dann begann sie, die Insassen des Zimmers zu beschreiben: „Ihre Köpfe sind hellbraun, aber nicht beige. Hautfarben ist eine gute Farbe. Ich denke, sie haben Anzüge an, aber ihr Kopf ist immer unbedeckt. Ihre Arme sind länger als unsere. Sie sind nicht groß. Sie sind nicht behaart. Sie sehen ähnlich aus wie die Leute der „Gemeinschaft", nur dass sie faltiger sind. Ihre Augen sind mandelförmig, und im Verhältnis zum Rest ihres Gesichts sind ihre Augen groß. Größer als unsere Augen und es gibt kein Weiß. Ihre Pupille ist sehr groß und die Iris ist sehr dunkel, fast schwarzbraun. Sie haben keine wirkliche Nase, nur Löcher, ohne Verlängerung oder wie auch immer man es nennen würde. Sie haben auch keine Ohren, nur Löcher. Ihr Mund ist nicht wie der unsere, keine Lippen oder Zähne."

D: Wo sind sie faltiger?
L: Ihre Arme sind faltiger. Und ihre Hälse sind faltig, wie Leder. Weißt du, wie diese Hunde, die Falten haben?
D: Röllchen?
L: Röllchen ist ein gutes Wort. Im Schulterbrereich gibt es keine, aber wo auch immner es ein Bewegungsgelenk gibt, da sind Falten. Am Ellbogen und an der Innenseite der Unterarme.
D: Sind ihre Gesichter falitig?
L: Nein, ihr Gesicht ist glatter und fest, in der Art wie eine hübsche Lederhandtasche. Nicht weich wie Haut, mehr wie eine ledrige Erscheinung, aber ihr Hals ist faltiger und dünn.

Sie beschrieb ihre Hände als mit drei Fingern: einem gegenüberliegenden Daumen und zwei Fingern. Sie versuchte, ihre Füße zu sehen. „Sie haben Gelenke wie wir. Sie haben Schultern, Ellbogen und Knie. Aber ihre Füße sind nicht wie unsere Füße. Sie sind flacher. Sie sind nicht so hoch wie unser Fuß, und die Ferse ist breiter. Und ich sehe keine Zehen."

Es gab ähnliche Beschreibungen der Füße von Außerirdischen, am bemerkenswertesten die Beschreibung in Vermächtnis von den Sternen. In diesem Buch wurde so etwas wie Entenfüße oder Fäustlinge beschrieben: eine flache Struktur, jedoch ohne Gewebe.

D: Hatten sie Nägel an ihren Fingern?
L: Ich erinnere mich nicht. Aber wenn ich raten müsste, würde ich nein sagen.

Dies gilt für alle Berichte. Das Wesen hat normalerweise keine Haare, also wird es wohl auch keine Nägel haben. Nägel bestehen aus der gleichen Zellstruktur wie Haare, sodass es scheint, als dass diese Art von Wesen nicht über das Gen verfüge, um Haare zu produzieren.

L: Sie waren am Stoßen. Ich mochte das gar nicht. Überhaupt nicht. Jetzt ist es okay. Es war ekelhaft, wenn man nur gestochen und gestoßen und fabei festgehalten wurde. Es ist schlimmer als wenn man ein Kind bekommt und sie stochern und stoßen.

Ich versuchte, sie dazu zu bringen, mir zu sagen, wo sie stocherten und stießen, aber es war ihr unangenehm, darüber zu sprechen. Also fragte ich, ob sie etwas benutzt hatten, und sie versuchte, Instrumente zu beschreiben, die sie gesehen hatte. „Sie sind kalt und glatt. Ich denke metallartig. Nicht aus Edelstahl. Weißt du wie, wenn du zum Frauenarzt gehst und die Instrumente dort manchmal kalt sind? Aber es waren keine gynäkologischen Instrumente. Eines war lang wie ein Strohhalm, mit einer Art Struktur am Ende etwa zum Abschaben oder so. Das war für ihre Untersuchung im unteren Teil."

LeeAnn beschrieb dann, wo die Instrumente aufbewahrt wurden. „Da ist ein Thekenbereich, der aus einem weißen Material besteht. Alles im Raum ist sehr eingebaut. Der Thekenbereich, die Schubladen und alles rutschen in diese Wandfläche hinein und aus dieser heraus. Wenn man etwas irgendwo drauflegen müsste, würde man es aus der Wand ziehen. Ich denke, sie haben es in dieser Art, damit sie auf allen ihren Reisen nicht unbedingt Gegenstände im Raum haben. Alles wird eingesteckt."

Ich bat um eine Beschreibung weiterer Instrumente, aber sie lenkte ihren Fokus auf die Umgebung. „Ich mag es hier nicht. Der Raum ist rund. Es ist Licht im Raum. Habe ich das gesagt? Ich liege nicht mehr, aber wenn man auf dem Tisch liegt, ist ein Licht darüber. Aber dann hängen sie dich umgedreht auf." Dies war offensichtlich der Teil, der sie störte, und sie hatte es nicht beschreiben können, während es geschah. Nun konnte sie es mir schildern, weil dieser Teil vorbei war. „Man fühlt sich wie in Steigbügeln. Und man fühlt sich wie ein Stück Vieh dort. An den Füßen hängend mit dem Kopf nach unten."

D: Keine sehr bequeme Position.

L: Nein. (Pause) Ich habe gerade keine Kleider an. Ich hatte keine an, während sie das taten. Aber jetzt ist es okay. Der Geruch ist auch fort. Das war übel, das war anders. Das war woanders, ein anderer Raum. Dieses Zimmer ist sauber.

D: Der Geruch kam von woanders?

L: Jener Raum war nicht sauber, wo auch immer er war. Dieser Raum ist sehr sauber. Es riecht nicht mehr. Außer ... man sollte das Leuten nicht antun. Man sollte nicht untersuchen. Ich meine, es ist, als gebe es keinen Respekt für deinen Körper. Ha! Was für ein großer Schock, LeeAnn! So sollte es nicht sein.

D: Wieviele Leute befinden sich da drin?

L: Es gibt eine Person, die die Untersuchung durchgeführt hat. Und dann gibt es zwei andere Leute   Leute? Ha! Die nur dastehen, zusehen und reden. Aber ich weiß nicht, was sie sagen.

D: Machen sie Geräusche?

L: Ja, sie machen Geräusche, aber ich kann das Geräusch nicht beschreiben. Es gibt in ihrer Sprache im Vergleich zu Worten eine tonale Struktur. Ähnlich wie Musiktöne, aber ihre Sprachmuster klingen eher hohl. Als ob man durch (hatte Schwierigkeiten zu beschreiben) ... eine Maschine spräche, die die Stimmbänder ersetzt. Aber es ist ein hohles Geräusch. Als würde man seine Stimme durch ein Organ leiten, aber kein Organ. Eine leere Art von Klang. Kein Computer. Irgendein mechanisches Geräusch. Hohl.

Ich konnte diese Definition verstehen, weil ich einen Mann kannte, der ein Gerät benutzte, um seine Stimmbänder zu ersetzen, die wegen Krebs entfernt worden waren. Ich konnte seine Worte verstehen, sobald ich mit dem Ton vertraut wurde. Aber es hatte eine monotone, vibrierende Wirkung.

Diese Beschreibung ähnelte der von Penny in Vermächtnis von den Sternen. Sie sagte ebenfalls, dass sie hörte, wie die Wesen merkwürdige Musiktöne anstelle von Worten machten.

D: Sehen all diese Leute gleich aus?

L: Sie sehen im Grunde gleich aus, aber ihre Augen sind verschieden.

D: In welcher Hinsicht?

L: Ihre Augen sind unterschiedlich oder ihre Gesichter sind unterschiedlich im Hinblick auf ihre Empfindsamkeit. So wie alle Kaukasier gleich aussehen, weil sie Kaukasier sind. Alle Schwarzen sehen schwarz aus. Es gibt Ähnlichkeiten, richtig?

Aber du bestimmst Leute anhand ihrer Augen oder was auch immer. Und da sind jetzt sehr sanfte Augen. Du siehst, ich fühle mich jetzt okay. Ich bin nicht mehr da oben. Und der eine, den ich jetzt ansehe, hat sehr sanfte Augen. Dieselbe Form, aber sie sind ... fürsorglicher. Er war auch zuvor dort, aber beobachtend. Er war nicht derjenige, der die Untersuchung durchführte.

D: Konntest noch etwas sehen, das sie taten?

L: Ja, ich glaube. Ich mag nicht darüber sprechen.

D: Alles klar. Ich wollte nur alles herausbringen, dann müsstest du es nicht noch einmal tun.

L: Wir werden es nicht noch einmal tun, okay?

D: Das ist wahr.

L: Nein, wir werden es nicht tun. Ich werde darüber sprechen, anstatt es nochmals zu tun. Okay?

D: Du kannst das schaffen. Sprich einfach darüber, was geschah.

L: Okay, ich bekomme das Gefühl   nein, ich habe nicht das Gefühl ich sehe. Sie nahmen Fäkalienmaterial mit. Und es sieht so aus, als würden sie eine Art Laserstrahl oder etwas hineinschießen. Sie sind dort in der Ecke. Es ist nicht wirklich eine Ecke, weil der Raum rund ist. Eein Geräusch kommt von der Maschine. Es ist ein bisschen wie dieser Sound, den ich gehört habe, aber nicht so, wie ich mich erinnere. Es ist eine hohe Frequenz, die man vermutlich von einem Lichtstrahl bekommt. (Dies war möglicherweise das Geräusch der Kreissäge, das sie hörte, als sie dachte, sie sei in ihrem Bett.) Sie nahmen Proben von Ausscheidungsmaterial. Ich kann nicht sehen, was sie damit machen. Ich will es nicht sehen. Aber ich denke ... etwas denkt: „Warum sich überhaupt daran stören, was sie tun? Was ist der Zweck dessen?“ Der eine war nett, der Mann ... das Wesen mit den hübschen empfindsamen Augen. Zumindest haben sie so viel Respekt. Nachdem ich so niedergeschlagen vom Hängen war. Zu hängen, das gefiel mir nicht. Er war da, um mich wenigstens zu beruhigen, damit ich nicht ängstlich war. Ich hatte einfach das Gefühl: „Warum tun sie diese kranken Sachen?“ Und es war nicht pervers krank. Es war wie Forschen, denke ich, im Sinne von Wissenschaft im Gegensatz zu ... (Sie hatte Schwierigkeiten, zu erklären) geschändet werden. Zumindest ist es gut, dass sie die Sensibilität haben, dich nach der Untersuchung zu beruhigen.

Ein ähnliches fürsorgliches Individuum wurde von anderen Probanden gesehen und es wurde darüber in meinen anderen Büchern berichtet. Sie beschreiben es oft als einen „Krankenpfleger-“Typ, der sie beruhigt, manchmal nur durch den Ausdruck in seinen Augen. Einige sagen, dass, obwohl sie kein Geschlecht erkennen konnten, das Wesen eine weibliche Ausstrahlung hatte.

D: Du sagtest, sie hatten Anzüge an?

L: Ja, diejenigen, die stanken, hatten welche an. Sie hatten die blauen Anzüge an. Diese anderen Leute im Experimentierraum hatten dieselbe Art weißer Jumpsuits. Es ist eine eher sterile Umgebung. Sie hatten auch einen hohen Kragen am Anzug, weil sie lange Hälse hatten. Ein Teil des Halses war bedeckt. Die Röllchen befanden sich oberhalb des Anzugkragens. (Ich stellte mir einen Stehkragen vor.)

D: Sahst du irgendeine Art von von Insignien oder Ähnlichem an ihren Anzügen?

L: Lass mich sehen. (Pause) Betrachte dies mit Vorsicht. Dies ist, was kam, okay? Es ist ein Kreis. Und über dem Mittelpunkt befinden sich drei Wellenlinien. Es ist ein beruhigendes Symbol, denke ich.

D: Wo befand sich dieses Symbol?

L: Oh, man trug es auf der Brust. (Ihre Handbewegungen zeigten an, dass es auf der linken Schulter war.) Ich glaube, es war auf den weißen Uniformen.

Ich erteilte ihr Anweisungen, dass sie sich beim Erwachen an das Symbol erinnern und in der Lage sein solle, es für mich zu zeichnen. Dann wollte ich wissen, ob es noch etwas in dem Raum gab, an das sie sich erinnerte.

L: Die Lichter da drin. Ich weiß nicht, woher sie kamen, außer dem Hauptlicht über dem Tisch. Es war groß und rund, aber es war kein fluoreszierendes Licht. Es hatte nicht die Hitze des Lichts, wie beim Zahnarzt. Weißt du, wie heiß jenes Licht wird? Es hatte nicht diese Art Hitze oder wie ich mir vorstelle, dass ein Licht im Operationszimmer Hitze abstrahlen würde. Dieses Licht war hell wie jenes, aber man konnte keine Hitzeabstrahlung spüren. Der Raum war hell, aber ich kenne nicht die Lichtquelle. Es schien aus den Wänden zu kommen, aber ich konnte keine

Lichtvorrichtungen erkennen, somit kenne ich nicht den zentralen Punkt oder die Quelle, von der es herrührte.

Diese Beschreibung wurde in anderen UFO-Fällen wiederholt, wobei die Lichtquelle scheinbar von der Decke und den Wänden kommt, als ob die gesamte Oberfläche beleuchtet wäre.

L: Dieser Raum hat eine Stange, die in die Wand geschraubt ist, ähnlich wie die Edelstahl-Stange für Behinderte zum Festhalten. Kein Stab, sondern eine Stange, die kreisförmig um die Wand verläuft. Sie ist fein strukturiert wie Edelstahl, aber nicht kalt. Die Wände sind gewölbt, wie in einem großen kreisförmigen Raum. Ich sage „groß", aber es ist nicht wirklich groß. Es ist nicht massiv. Wenn man liegt und nach oben schaut, gibt es so etwas wie einen Beobachtungsraum, von dem aus Menschen oder Wesen nach unten schauen und beobachten können, was innerhalb der Grenzen dieses Untersuchungsraums vor sich ging. Ich möchte sagen, dass es Glas ist. Es ist klar, aber wahrscheinlich kein Glas. Aber etwas, das wahrscheinlich verhinderte, dass sich Keime ausbreiten, oder dass zusätzliche Dinge dem Geschehen ausgesetzt werden. Fast wie eine Aussichtsplattform, die man in einem Krankenhaus sieht. Aber ich glaube, dass in Krankenhäusern die Aussichtsplattformen weiter hinten liegen. Dies hier ist nicht so. Es ist wie Glasfenster und dahinter kann man Menschen dort stehen und beobachten sehen. Aber nicht wie in einem Krankenhaus, das man im Fernsehen sieht, wo die Studenten herumstehen und beobachten. Es unterscheidet sich davon.

D: Sind die Wesen hinter dem Glas dieselbe Art, wie diejenigen in dem Raum? (Ja) Gibt es irgendwelche anderen Objekte, die du in dem Raum sehen kannst?

L: Ich möchte sagen ... es ist kein Computer wie wir ihn uns vorstellen, mit einer Tastatur und einem Bildschirm. So ist es überhaupt nicht. Es gibt Monitore, denke ich, aber nicht wie unsere Monitore. Diese sind mehr oder weniger in die Wand eingebaut, um das zu tun, was sie tun. Sie scheinen aus dem gleichen Metall gefertigt zu sein, wie Edelstahl, und haben Paneele und Knöpfe neben sich. An den Wänden des Raumes gibt es verschiedene Arbeitsplätze. Ein Arbeitsplatz hat ein sehr komplex aussehendes

Mikroskop, und das, woran auch immer sie gerade arbeiten, wird auf dem Bildschirm darüber angezeigt. Und an einem anderen Arbeitsplatz stehen sehr fein ausbalancierte Greifzirkel und Freischwinger für das Handling und den Umgang mit extrem kleinen Objekten zur Verfügung, die zu klein sind, um die Finger zu verwenden. Ein miniaturisiertes werkzeugartiges Ding. Es gibt Farblichter an den Paneelen. Und es gibt Geräusche, die von ihnen kommen.

D: Wie Maschinengeräusche?

L: Nein, nicht wie unsere Maschinen. Die Frequenz des Geräusches ist höher. Es muss eine bestimmte Wechselwirkung zwischen den Geräuschen und den verschiedenen Lichtpaneelen geben, die dort erscheinen, aber ich weiß das nicht.

D: Gibt es weitere Geräusche?

L: Geräusche? Ja. Weißt du, was das ist? Das muss das Geräusch sein. Ich sagte, die Geräusche in dieser Untersuchung waren höherefrquenzige Geräusche, wie ein Zahnarztbohrer. Das andere Geräusch -- obwohl, das würde keinen Sinn ergeben, aber ich sage es dennoch. Dieses summende Kreissägen-Geräusch -- ist real. Das muss etwas mit den Motoren zu tun haben oder so. So könnte man das Ganze in Erdbegriffen ausdrücken.

D: Aber die anderen computerartigen Maschinen machen eine andere Art Geräusch?

L: Oh, ja! Jenes Geräusch ist melodischer. Es verändert sich nicht, sondern es ist eher melodisch. Es ist nicht wie ein Kreissägen-Geräusch.

D: Alles klar. Ich werde dich jetzt fragen, wie bist du dort hingekommen? Du kannst einfach nur zusehen. Du brauchst es nicht nochmals zu erleben. Wie bist du in den Raum hineingkommen?

L: Ich werde dir erzählen, was ich sagen will. Betrachte es mit Vorsicht. Das ist das Einzige, das Sinn zu machen scheint. Was mir in den Sinn kam ist, dass ich dorthin teleportiert oder durch durch irgendeine Methode hochgehoben worden sein muss. Nicht durch ein Raumschiff, das in mein Schlafzimmer kommt und was auch immer tut. Nein, ich komme nochmals zurück auf den Lichtstrahl-Effekt. Aber ich weiß nichts wirklich darüber, weil es ist, als hätte ich zwei Bewusstseine am Arbeiten.

D: Sage einfach, was dir so in den Sinn kommt. Mache dir keinen Gedanken über das Analysieren.

L: (Großer Seufzer) Es war, als würde ich durch irgendein Mittel an Bord gebeamt. Aber der physische Körper brach nicht zusammen wie in Star Trek. Ich denke, es muss eine Art Lichtstrahleffekt gewesen sein, denn ich denke über physische Realitäten nach, wie die Strukturen deines Hauses, und über das Zurückkehren. Es muss wohl so sein, dass sie den Körper mit diesem physischen Lichtstrahl umringen. Und vielleicht seine molekulare Struktur aufbrechen, damit er umringt werden kann. Es war also keine Festigkeit. Und dann tat der Lichtstrahl was auch immer er mit der Festigkeit des Körpers tat und nahm die gesamte Molekülstruktur über den Lichtstrahl auf.

D: Mache dir keine Gedanken darüber, ob das Sinn ergibt. Das Eine ist, was dir in den Sinn kommt und das Andere, womit wir arbeiten.

L: Das ist, was mir in den Sinn kommt, ja.

D: Und die ganze Zeit, als du dort warst, sahst du nur diese Wesen die gleich aussahen?

L: Ich würde sagen, es gab zwei Gruppen von Leuten oder Wesen. Die zweite Gruppe waren die Experimentierer. Die erste Gruppe waren diejenigen mit den blauen Uniformen. Diese waren mehr insektenartig. Sie hatten nicht dieselbe Körpergröße wie die Anderen. Sie hatten keine Brustkörbe. Sie waren eher lang und dünn und mehr abgeplattet. Und ihre Gliedmaßen waren länger...

D: Was meinst du mit insektenartig?

L: Sie waren nicht gleich. Ihre Augen waren vorgwölbt und befanden sich an den Seiten ihres Kopfes. Der Kopf bestand vorwiegend aus Augen, insektenartig. Ich erinnere mich nicht, eine Nase oder einen Mund gesehen zu haben, aber ich nehme an, dass sie einen Mund gehabt haben mussten. Und sie hatten keinen Brustkorb. Weißt du, diese anderen Leute haben Brustkörbe wie wir, mit einer Knochenstruktur. Sie waren mehr wie eine große Art von ... I würde am liebsten sagen: „Gottesanbeterin" oder „Stabschrecke" in Bezug auf ihre Stuktur. Aber groß wie eine Person von unserer Größe. Und gebrechlich --f aber ich dachte, sie könnten nicht so gebrechlich wie eine Gottesanbeterin sein. Es war ein schäbig aussehendes, ein insektenartig aussehendes

Wesen, mit wirklich langen, schlaksigen Armen. Nicht menschlich in keiner Weise, Form oder Art.

D: *(Ich versuchte, mehr Beschreibungen zu erhalten.) Waren ihre Köpfe auch kahl?*

L: Nein, die waren anders. Sie waren eher wie eine Fliege. Schwärzliche, bräunliche, gerade und spröde Haare, aber nicht viel Haar. Wie eine Fliege Haare an den Beinen hat. Sprödes Haar, das steif absteht, kein weiches Haar. Weißt du, mit diesen komischen Augen, die so kahl sind, wie du sie in den Filmen siehst und Gliedmaßen, die hängen.

Diese Beschreibung passte zu dem Wesen, das Phil in meinem Buch Hüter des Gartens auf einem Raumschiff sah. Dieser Typ wurde auch von anderen Entführten gesehen. Ein ähnlicher Typ wird von Beverly in Kapitel 5 berichtet.

L: Diese Leute -- es sind keine Leute -- scheinen nicht einmal ... entwickelt zu sein. Ich kann nicht sagen, was ich meine. Sie scheinen nicht intelligent zu sein. Sie scheinen mehr insektenartig zu sein. Drohnen, das ist ein gutes Wort. Eine Drohne.

D: *Wann hast du sie gesehen?*

L: Sie waren glaube ich am Anfang involviert. Ich denke, sie waren diejenigen, die den Geruch an sich hatten. Das muss so sein. Sie müssen von einer niederen Lebensform sein oder von etwas, das für einen bestimmten Zweck benutzt wurde. Diese Kreaturen waren zu Beginn der Erfahrung da, an die ich mich zuvor nicht erinnerte. Wie als wenn man jemandem eine Geschichte erzählt und dann taucht plötzlich etwas auf, das am Anfang geschehen war. Nun, sie waren zu Beginn da. Ich will meinen, sie waren wie Personalvermittler. (Kichern)

D: *Ah, das ist ein interessantes Wort.*

L: Und sie nahmen mich durch eine Halle und in den Raum mit dem Gestank. (Sie rümpfte ihre Nase wieder.) Jetzt gerade kommt mir ein Blitz von ... ihren Vierteln, glaube ich. Ich weiß nicht, warum ich dort war.

D: *Wie sah es dort aus?*

L: Ich kann es dir sagen ... wenn der Geruch nur einfach ... (Er störte sie wieder.)

Ich erteilte Anweisungen, dass der Geruch sie nicht körperlich stören solle, während sie über die Kreaturen sprach.

L: Es zieht einfach deine Aufmerksamkeit auf sich. Nicht, dass ich ihn jetzt riechen kann. Es ist dunkel dort. Es ist nicht wie in dem anderen Raum. Dieser hier ist dunkel und ... feucht, Aber wie kann er feucht sein? Ich verstehe es nicht, aber das ist das Gefühl, das ich bekomme. Ich verstehe ... Ich vermute, es ist Kleidung. Anzüge irgendeiner Art. Sie liegen auf dem Boden, so wie Feuerwehranzüge. Du weißt, als wir als Kinder zum Feuerwehrhaus gingen und die Jungs ihre Stiefel und alles auf einem Haufen hatten. All diese Kleider sind aufgehäuft, aber es gibt keine echten Stiefel. Die Kleidung ist eine Art Stoff, aber eher wie ein aus Erdöl hergestelltes Produktmaterial.

D: Ist das das Einzige, was du in jenem Raum sehen kannst?

L: Ja. Ich sitze dort für eine Weile.

D: Hattest du deine Kleider an, während du dort drin warst?

L: Ja, hatte ich. Ich hatte meine Schlafsachen an. Ha! Ich trug mein Nachthemd und drauf stand: „Du kannst keinen Regenbogen versenken." Das ist lustig. (Kichern)

D: Dann ist es das Selbe, das du anhattest, als du zu Bett gingst. Alles klar. Lass uns zu der anderen Erfahrung zurückgehen. Wenigstens das eine Wesen danach war nett. Tat oder sprach er irgendetwas mit dir?

L: Ja, es gab ein Streicheln des Arms, eine Gesichtsberührung und Augenkontakt. Ich vermute, als eine beruhigende Wirkung. Ich höre ... ich konnte die Geräusche fühlen. Nein, er redet nicht. Als er mich beruhigte, übertrug er nicht einmal die seltsame Formulierung, die vorher stattfand.

D: War das alles, was dort geschah? (Sie seufzte tief.) Ich denke doch, das war genug. (Kichern)

L: Ja, ich glaube. Ich will mich nicht mehr erinnern.

D: Das ist vollkommen in Ordnung. Aber dann wurdest du zurückgebracht?

L: Ja. Wie wurde ich zurückgebracht? (Pause) Nun, es gibt Kommunkation zwischen uns, während ich dort in ihrem weißen Raum stehe und ich habe wieder mein Nachthemd an.

D: Worüber ist die Kommunikation?

L: Ich weiß nicht. Ich kann mich selbst sehen und es gefällt mir. Und ich fühle mich jetzt gut. Ich kann mich nicht erinnern.

D: War es wichtig?

L: Ich weiß nicht. Ich hoffe, nicht.

D: Wenn es wichtig war, wird sich dein Unterbewusstsein ohnehin erinnern.

L: Es war mehr oder weniger ... Ich werde es sagen. Ich weiß nicht, ob es wahr oder richtig ist. Ein Abschiedsgruß und ja: „Wir werden uns wiedersehen.“ So etwas in der Art.

D: Alles klar. Aber wie wurdest du dann in dein Zimmer zurückgebracht?

L: Ich gehe mit dem netten Mann durch eine Halle. Und durch den Gestank. Und nun befinden wir uns außerhalb des Gestank-Raumes. (Pause) Ich kann mich nicht erinnern. Ich kann es nicht einmal sehen. Aber es muss dieselbe Art Strahlenquelle sein, was auch immer es ist.

D: Denkst du, dass dies die Art ist, wie du zu deinem Zimmer zurückgelangtest?

L: Ich wüsste nicht, wie sonst. (Kichern) Ich bin sicher, das Gefährt landete nicht auf meinem Haus.

D: (Lachen) Erinnerst du dich, das Äußere des Raumschiffes gesehen zu haben?

L: Ich konnte es jetzt sehen. Es war nicht rund es war mehr elliptisch geformt. (Handbewegungen) Dieses Teil war mehr elliptisch, das darunterliegende mehr rundlich.

D: Aber dann kamst du schließlich zu deinem Raum zurück und alles war gut, nicht wahr? (Sie machte einen positiven Ausruf.) Es war dann also nicht so schlimm. Es war alles vorbei. Wie fühlst du dich dabei?

L: Jetzt? Ich mochte die Erfahrung nicht, als ich sie sah. Und ich denke nicht gerne darüber nach. Aber jetzt klinge ich verärgert, nicht wahr?

D: Ein bisschen.

L: Aber wenn ich mich zurückziehe und nachsehe, war ich so nicht, als es vorbei war. Wie ich mich dabei fühle? Möchtest du das wirklich wissen? Ich glaube, ich habe alles erfunden.

D: (Lachen) Aber stört es dich, dass es geschehen sein könnte?

L: Ob es mich stört? (Nachdenklich.) Nein.

D: Ich dachte, dies mag der Grund sein, dass sie dir keine Erinnerung ließen, weil sie nicht wollten, dass es dich zu jener Zeit und später störe.

L: Das ist wahr.

Ich brachte dann LeeAnn heraus und orientierte sie. Bevor ich sie aufweckte gab ich ihr zahlreiche Suggestionen für Wohlbefinden, damit diese Erfahrung sie nicht beeinträchtigen würde.

Nach der Sitzung nahmen wir etwas zu trinken und entspannten uns ein wenig, bevor ich ihr eine Schreibtafel und einen Stift gab und sie bat, das zu zeichnen, woran sie sich erinnerte. Sie entschuldigte sich dafür, dass sie keine Künstlerin war.

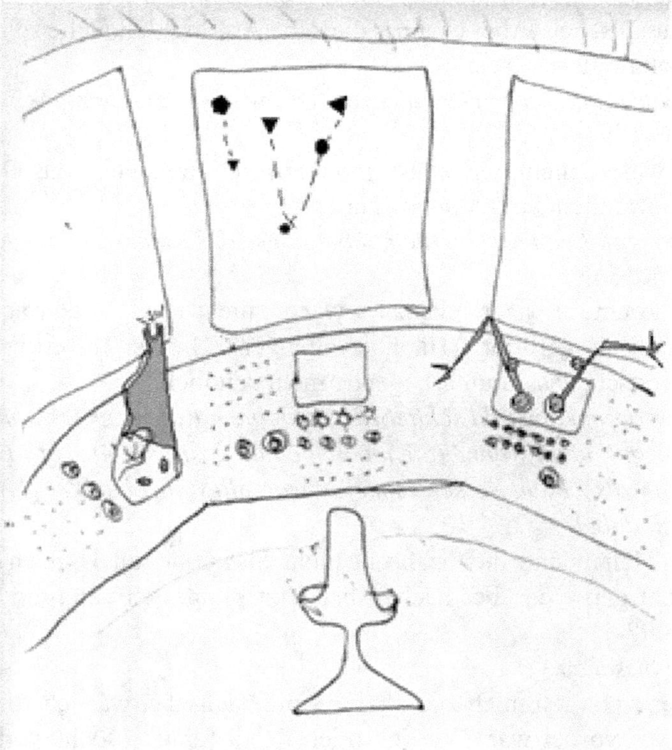

Zeichnung der Instrumententafel, des Mikroskops und der Greifzirkel von LeeAnn. Viele andere Personen sahen ähnliche Szenen: Schaltbretter und Bildschirme, die an gewölbten Wänden montiert waren, Instrumente mit Griffen zum Bearbeiten kleiner Objekte, Mikroskope, die Zellen usw. auf die größeren Bildschirme projizieren. Oft wurden Sternkarten auf den Bildschirmen gesehen.

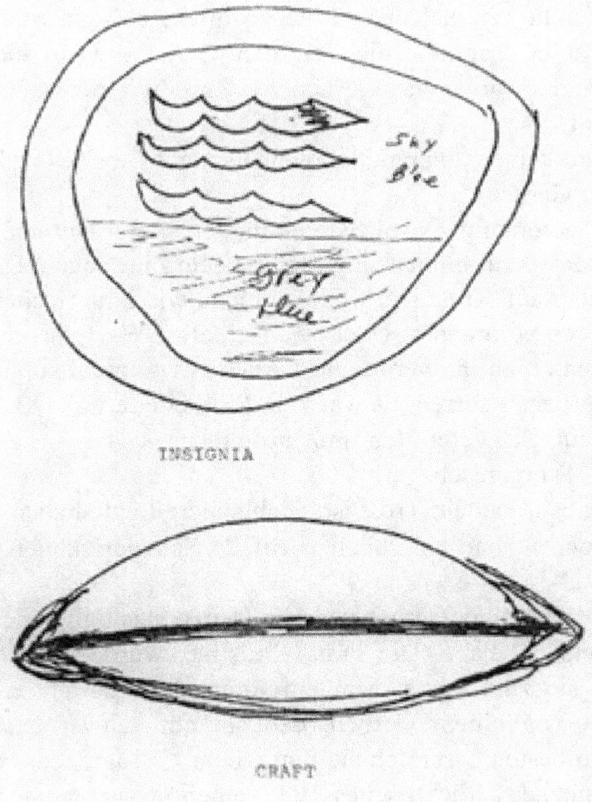

Zeichnung der Insignien und des Raumschiffs von LeeAnn.

LeeAnn bemerkte sarkastisch: „Was ist mit Ashtar passiert? Ich würde lieber mit Ashtar reisen.“

Wir lachten und ich wusste, dass es ihr gut ging, auch wenn die Erfahrung nicht das war, was sie erwartet hatte. Sie verbrachte dann recht viel Zeit damit, den schrecklichen Geruch zu definieren, der noch immer in ihrer Erinnerung nachklang. Das schien sie zu stören, und sie war fest entschlossen, eine Art Vergleich zu finden.

„Dieser Geruch ... wie nichts, das ich je gerochen habe. Du weißt, wie faule Eier riechen. Das war nicht so, denn das ist wie ein Schwefelgeruch. Es war nicht organisch. Du weißt, wie organische Dinge wirklich schrecklich riechen können, wenn sie verrotten. Es war ein anderer Geruch. Dieser Geruch ist wie ... ein brennendes ... wie ein Metall. Wir haben in Chicago direkt bei den Stahlwerken gelebt. Und es erinnert mich an den Geruch, wenn sie Metall verbrannten. Es war wie der Geruch von Zink. Wie riecht Zink, wenn es verbrennt?"

Ich hatte keine Ahnung. „Ich weiß es nicht. Aber es war wie ein verbrannter Geruch?"

„Nicht verbrannt! Es war wie ein fauler, saurer Geruch, aber als ob es mit Metall zusammenhängt. Ich möchte Zink sagen. Das taucht immer wieder auf. Trotzdem weiß ich nicht, wie Zink riechen würde, wenn man es verbrennte. Oder wie Schiefer. Wie würde Schiefer riechen, wenn man ihn verbrennte? Aber es war nicht so, als würde sich ein Körper zersetzen. Es war kein Müll oder etwas Organisches. Es war kein Schwefel. Ich möchte immer sagen, dass es eher metallisch als organisch war."

„Wenn es irgendein Trost ist, auch andere Leute haben seltsame Dinge gerochen, und sie haben ebenfalls Schwierigkeiten, dies zu beschreiben."

Ein widerwärtiger Geruch wurde in dem ersten Fall berichtet, den ich je untersucht habe. Die Frau, Christine, wurde fast körperlich krank, als sie zum ersten Mal ein Raumschiff betrat. Sie wurde überwältigt von einem Geruch, den sie nur schwer beschreiben konnte. Am besten beschrieb sie ihn, indem sie sagte, dass er sie an etwas brennendes Elektrisches, wie einen ausgebrannten Motor erinnerte. Sie glaubte nicht, dass es von den Wesen selbst stammte, sondern von einem Raum, in dem sich die Stromversorgung befand. Als sie nach der Stromquelle fragte, sagten sie zu ihr, dass sie es nicht verstehen würde, wenn sie nicht Kenntnis von Elektromagnetik und kristallisierten Strukturen hätte. Es gab keine sichtbare Möglichkeit, die Tür zu diesem Raum zu öffnen. Aber sie sah, wie die Wesen ihre Hände über bestimmte Kontrollschalter gleiten ließen und sich Türen öffneten und Dinge bewegten. Es gibt natürlich keine Möglichkeit herauszufinden, ob das Schiff, das diese beiden Frauen sahen, vom selben Typ waren, aber es ist ein Kuriosum, dass beide einen verstörenden Geruch beschrieben.

LeeAnn erklärte mir ihre Schwierigkeit und ihren Widerwillen, mir zu Beginn der Sitzung, als sie die körperliche Untersuchung durchmachte, die Ereignisse zu beschreiben. „Es war, als wollte ich nicht da reingezogen werden. Ich wollte nur einen Blick darauf werfen oder wissen, was los ist. Es war, als würde diese andere Seite von mir sagen: ‚Das willst du nicht. Du wirst dich nicht mehr erinnern.' An einem Punkt war es wie: ‚Oh, nimm mich hier raus.'“ Sie kicherte.

Ich erklärte: „Dein unterbewusster Sicherheitsmechanismus tut das, wenn er der Meinung ist, dass du nicht bereit bist, es anzusehen.“

Es war wichtig anzumerken, dass LeeAnn mit der Erwartung einer völlig anderen Erfahrung in die Sitzung ging und das gab dem Ganzen noch mehr Aussagekraft. Wenn sie phantasieren würde, wäre sie mit dem blonden, blauäugigen Ashtar auf dem Schiff gewesen. Sie hätte nicht etwas so Unangenehmes phantasiert.

Ich sah LeeAnn einige Tage später wieder, bevor sie nach Florida zurückkehrte. Ich schrieb den Großteil unseres Gesprächs später auf, solange es noch frisch in meiner Erinnerung war.

Sie sagte, dass sie die Zeit damit verbracht hatte, über die Sitzung zu rätseln. Es war, als würden zwei Teile ihres Gehirns einander bekämpfen. Das erste, was sie sagte, war, dass sie sich bei mir entschuldigen wollte. Ich war überrascht, wofür sollte sie sich entschuldigen? Sie sagte, sie entschuldige sich dafür, dass sie mir all diese Lügen erzählt und diese seltsame Geschichte erfunden hatte. (Ich wusste es besser, aber ich ließ sie reden.) Dann sagte sie, dass der andere Teil von ihr wissen wollte, warum sie sich solch eine perverse Geschichte ausgedacht hatte. Sie hatte eine schöne Erfahrung erwartet. Wenn keine religiöse, dann wenigstens eine intellektuelle. Sie meinte, dies bedeute, dass sie eine perverse und kranke Person sei, dass sie so lüge und solche wiederlichen Dinge erfunden habe. Dieser Kampf in ihr dauerte zwei Tage. Aber jetzt fühlte sie sich besser. Sie war zu dem Schluss gekommen, dass sie nicht pervers und nicht krank war. Sie wusste, dass sie normal war. Aber die Frage herrschte immer noch vor: „Woher kam das? Was bedeutete es? War es real?'“

Ich erzählte ihr, dass sie erwartet hatte, zu fantasieren und eine schöne Erfahrung zu haben. Die wahre Geschichte war ein Schock für sie gewesen. Um eine Geschichte zu fantasieren, die freilich pervers und krank war, hätte sie an der Perversion etwas Freude oder Erregung haben müssen, stattdessen fühlte sie nur Ekel und Abscheu. Für mich erhöhte dies die Aussagekraft noch und zerstreute die Theorie von der

Fantasie. Später kam ihr der Gedanke über die Möglichkeit, dass auch ihrem Sohn etwas angetan worden sein könnte. Durch diesen Gedanken fühlte sie sich in der Magengrube körperlich krank. So wie: „Was für eine Mutter bin ich, wenn ich meinen Sohn nicht schützen konnte?“ Und: „Welche Kreaturen würden ein Kind verletzen wollen?“ Sie machte sich auch Gedanken über seine Psyche und über jegliches Trauma, das seinem Unterbewusstsein möglicherweise angetan worden sein könnte. Wir diskutierten dies ausführlich. Ich hatte den Verdacht, dass ihr Sohn involviert sein könnte, wegen der anderen Fälle, die ich untersucht hatte. Ich erwähnte die Möglichkeit ihr gegenüber nicht, weil ich sie nicht beunruhigen wollte. Sie kam von alleine zu diesem Schluss. Das Wichtigste war, dass ihr Sohn keine bewussten Erinnerungen an so etwas zu haben schien, und man beließ es besser dabei.

Ungefähr einen Monat später rief sie mich aus Florida an und verbrachte fast eine Stunde damit, all dies zu besprechen. Sie hatte immer noch Probleme, damit umzugehen und es richtig einzuordnen. Die einzige Person, der sie über diese Erfahrung erzählte, war eine befreundete Psychologin, die ihr versicherte, dass sie normal sei und dies nur eine Fantasie gewesen sei. Als LeeAnn fragte, warum es so unangenehm war, erklärte die Frau, es sei wegen ihrer strengen katholischen Erziehung und es sei zweifellos die Idee in sie eingepflanzt worden, dass Sex schmutzig sei. Ich hielt das für eine interessante Erklärung, denn der Vorfall konzentrierte sich nicht unbedingt auf ihre sexuellen Köperteile. Natürlich akzeptierte LeeAnn die Erklärung nicht.

LeeAnn erwähnte eine weitere ungewöhnliche Nachwirkung. Als sie eines Tages im Stadtzentrum war, betrachtete sie ein großes weißes Gebäude mit vernebelten Fenstern, wie sie wegen der Hitze in diesem Teil Floridas üblich sind. Als sie an dem Gebäude hochschaute, kam ihr das Bild des weißen Raumes mit dem Beobachtungsfenster in den Sinn. Und sie dachte abermals an die Wesen dort oben, die sie beobachteten. Dann sagte sie sich, das sei verrückt. Als sie wieder zum Gebäude schaute, sah sie, dass da nur Leute auf der anderen Fensterseite waren, die Körperübungen machten.

Ich dachte, sie würde anfangen, die Erfahrung einzuordnen und damit umzugehen. Es war einfach eine so seltsame und neue Idee. Sie ist eine intelligente und sehr stabile Person und sollte damit problemlos umgehen können. Aber sie konnte sich immer noch nicht dazu durchringen, das Band anzuhören (ähnlich wie bei anderen Leuten, mit denen ich gearbeitet habe). Ich sagte ihr, dies sei üblich und auch dies werde vorbeigehen.

LeeAnn rief etwa eine Woche danach spät nachts an. Das erste, was sie sagte, war: „Sag mir die Wahrheit. Ist mir das wirklich passiert?“ Dies war eine schwierige Frage. Sie musste vorsichtig beantwortet werden, um keine Auswirkung auf ihr Alltagsleben zu haben. Ich sagte ihr, dass Realität schwer zu beschreiben sei. Ich habe lange mit ihr darüber geredet und ihr gesagt, dass es so oder so egal sei, ob es wirklich ist. Das Wichtigste sei, wie die Erinnerung sie beeinflusst. Sie entschied schließlich, dass sie nichts mehr über UFOs lesen würde. Sie würde sich nur für eine Weile an metaphysische Bücher halten, weil sie vielleicht zu viel darüber nachdachte und auf dem Thema herumritt. Ich stimmte zu, dass es am besten ist, wenn sie sich davon ablenkt. Sie reiste für einen Urlaub nach Kanada ab und ich hielt das für perfekt. Sie sagte, sie habe neulich einen Albtraum gehabt und er sei auch sehr real erschienen. Sie überzeugte sich also selbst davon, dass wenn dieser Albtraum (von dem sie überzeugt war, dass er nur ein Traum war) so real erschien, die Sitzung auch mit einem Traum zu tun hatte. Nicht mehr, nicht weniger. Ich sagte ihr, wenn sie sich dadurch besser fühle, dann sei das die richtige Sichtweise. Das war auch die Art, wie Phil sich entschied, damit umzugehen, einfach zu glauben, er habe eine wilde Einbildung gehabt.

Ihre Beschreibung der Untersuchung zeigte, dass die Erfahrung nicht immer auf sexuelle Körperteile bezogen ist, wie in Fällen, in denen Spermien und Eizellen entfernt werden. Die Wesen untersuchen auch Ausscheidungsprodukte (Fäkalien und Urin) und Lebensmittel, bevor sie vollständig verdaut sind.

Vielleicht war das der Grund für das Kopfüber-Hängen, um die Nahrung leichter aus der Magengegend zu entfernen. Obwohl es für uns widerlich ist, kann es für sie einen echten wissenschaftlichen Wert haben, diese Dinge zu studieren. Wir können nicht beurteilen, was wir nicht vollständig verstehen.

Diese ungewöhnlichen Fälle haben sich über die Jahre fortgesetzt. Ende der 1990er Jahre reiste ich in verschiedene fremde Länder und untersuchte Fälle, die von anderen Ermittlern und Psychologen überprüft worden waren. Ich wusste nie, was der Fall mit sich bringen würde und bis 1997 war ich eine Fachkundige in der Aufdeckung von Fantasiefällen geworden und von Individuen, die bloß Aufmerksamkeit wollten. Edith war eine von mehreren, mit denen ich im November 1997 in Südengland zusammenarbeitete. Während des ersten Interviews wurde festgestellt, dass sie kürzlich an Bulimie gelitten hatte. Obwohl sie darauf bestand, es sei kein Problem mehr, war ihr Arzt alarmiert, dass ihr Blutbild weit von einem normalen entfernt war. Ich hatte den Verdacht, dass Edith psychische Probleme hatte, und dieser Verdacht wurde noch weiter erhärtet, als sie den Grund für die selbst induzierte Bulimie erklärte. Sie war eine vierzigjährige Frau (obwohl sie nicht so alt aussah) mit erwachsenen Kindern, die kürzlich einen jungen Mann in den Zwanzigern geheiratet hatte. Ihre Verwandten schienen die Grundlage für viele ihrer Probleme zu sein, darunter auch für dieses. Sie beschimpften und kritisierten sie, indem sie sagten: „Was kann er in einer alten Frau wie dir sehen?" Sie hatte bereits ein Problem mit dem Selbstwertgefühl, das sich in ihrer Unfähigkeit widerspiegelte, einen Job zu behalten. Diese Bemerkungen haben die Situation nicht gerade verbessert und so wurde sie bulimisch in der Hoffnung, sich attraktiver zu machen. Ich persönlich konnte den Zweck darin nicht erkennen, weil der junge Mann sich in sie verliebt hatte, wie sie war. Warum verspürte sie die Notwendigkeit, sich zu ändern? Ich vermutete, dass sie mehr psychologische Beratung brauchte, als ich ihr geben konnte, vor allem in der begrenzten Zeit, die ich bei ihr sein würde. Meine Hauptsorge war ihr Glaube, dass sie UFO- und Alien-Erfahrungen gemacht habe. Bei jeder Arbeit dieser Art muss man natürlich die gesamte Persönlichkeit berücksichtigen.

Sie erklärte, dass sie seltsame Träume gehabt habe, von denen sie dachte, dass sie entweder mit Außerirdischen oder mit Geistermanifestationen zusammenhingen. Ihre Familienangehörigen waren überhaupt nicht hilfreich, weil sie kein Verständnis für das Paranormale hatten und sie Edith ständig wegen ihrer Interessen kritisierten.

Die wichtigste Erfahrung, von der sie berichtete, ereignete sich im letzten Jahr (1997). Sie war aufgewacht und sah eine Gestalt in ihrem Zimmer, die sich ihrem Bett näherte. Dann erinnerte sie sich an nichts weiter, außer an den folgenden Traum. Sie lag auf einem Tisch mit Figuren, die sie umgaben. In einer traumartigen Benommenheit hörte sie sie über sie reden. Sie sagten etwas über einen Fehler und dass zu viel Blut verloren wurde. Sie schloss daraus, dass sie ihr etwas angetan hatten, dass sie ihr Blut abgenommen hatten, und dies ihre gegenwärtigen körperlichen Probleme verursachte. Sie wollte, dass ich während der Sitzung herausfand: Warum haben sie ihr Blut abgenommen und was wollten sie damit tun? Sie war überzeugt, dass wenn die Erfahrung real war, es eine negative war.

Als ich mit der Sitzung begann, wusste ich nicht, ob irgendetwas dabei herauskommen würde, weil ich wirklich glaubte, dass die Probleme der Frau durch tiefere psychischologische Gründe verursacht wurden und die Alienverbindung eine bloße Ausrede war, um jemanden außerhalb ihrer selbst zu beschuldigen. Wenn dies der Fall wäre, würde es mir ihr Unterbewusstsein sagen.

Als sie sich in tiefer Trance befand, wies ich sie an, zu ihrer Wohnung am Abend des Ereignisses zurückzukehren. (Sie war sich bezüglich des Datums sicher, weil sie ein Tagebuch führte und die Ereignisse darin aufgezeichnet wurden.) Sie war aus dem Schlaf erwacht, weil der Raum kalt war. Dann verkündete sie besorgt: „Da ist etwas. Es schaut mich an. Es beobachtet mich. Es is an meinem Bett."

Sie beschrieb ein Objekt mit einem Durchmesser von etwa zwanzig Zentimetern, das einem leuchtenden orangefarbenen und gelben Licht mit einem großen Kristall oder Diamanten in seiner Mitte ähnelte. Ängstlich erhaschte sie aus den Decken heraus einen Blick darauf, als sie bemerkte, dass andere den Raum betraten. Einer war groß und ähnelte einem Menschen mit blasser Haut. Er wurde von drei kleinen Kreaturen begleitet, die weißen glühenden Klümpchen ähnelten. Sie war nicht verängstigt durch sie, nur amüsiert. Sie fand sie sehr süß, wie sie ihren Arm und ihr Gesicht mit eiskalten Fingern berührten. Der Große hielt jetzt das seltsame Glühgerät. Ein kalter Lichtstrahl kam von dort und wurde auf die Mitte ihrer Stirn gerichtet. Er erklärte ihr, dass es sie nicht verletzen werde; es werde es nur leichter machen, sie aus dem Haus zu transportieren. Ihr wurde gesagt, dass sie sehr ruhig liegen solle, als sie von einem von oben kommenden Lichtstrahl umhüllt wurde und dann vom Bett schwebte. Irgendwie waren sie dann draußen und schwebten nach oben. An diesem Punkt zeigte Edith Atemnot und ich musste die körperlichen Empfindungen entfernen. Im nächsten Moment befand sie sich in einem riesigen Schiff, obwohl sie sich nicht daran erinnern konnte, es betreten zu haben. Sie wurde in einen hellen Raum gebracht, in dem das Licht von den Wänden und der Decke her zu strahlen schien. In dem Raum befanden sich viele weitere Kreaturen, die sie als unterscheidlich von den kleinen, weißen, weichen Wesen beschrieb, die sie begleitet hatten. „Sie sind hässlicher. Aber sie sind nicht wirklich hässlich, nur anders. Sie sind klobiger, von lila-brauner Farbe mit größeren fetten Köpfen. Die kleinen hellen sehen weicher aus. Diese haben eine Haut, die rau aussieht.“ Sie konnte keinen berühren, um mehr herauszufinden, weil sie jetzt auf einem Tisch lag und sich nicht bewegen konnte.

Dann brachten sie eine Maschine an die Längsseite des Tisches. Sie war besorgt, als sie sah, wie ein Licht von der Maschine kam und zwischen die Rippen an ihrer linken Seite in ihren Körper eindrang. Sie rief: „Es tut weh, aber es tut nicht weh!“

Das große Wesen kommunizierte geistig mit ihr, dass es sie nicht verletzten würde. Sie würden Schäden reparieren, die sie in ihrem Magen angerichtet hatte. Sie fragte sich, warum sie zwischen ihre Rippen gingen und nicht durch ihren Mund. Er erklärte, dass es einfacher sei, durch die Seite hineinzugehen. Die Stimmung änderte sich plötzlich zu einer Stimmung der Angst, als sie die Wesen geistig sagen hörte, dass es einen Fehler gebe. Es gab mehr Schäden als erwartet. Sie waren besorgt, weil der Magen viel stärker blutete. Es gab mehr zu reparieren als zunächst gedacht. Sie hatte bereits eine große Menge Blut verloren und wurde schwach. Sie hörte die Worte: „Du darfst deinem Körper keinen Schaden zufügen. Er ist etwas Besonderes.“ Sie verwendeten dann das Licht, um die Blutung zu versiegeln.

Ich war neugierig, warum sie die Auswirkungen der inneren Blutungen nicht bemerkt hatte. Sie sagten, sie würde es schlussendlich bemerkt haben, und es wäre zu jenem Zeitpunkt wohl schwieriger gewesen, es zu reparieren. Dann führten sie eine weiße Flüssigkeit in ihren Arm durch etwas „wie eine Nadel, aber es war keine Nadel.“ Sie erklärten, dass „sie bessere Blutzellen einbrachten, um dem Schaden entgegenzuwirken. Etwas, damit die Blutzellen besser funktionierten. Damit das Blut mehr Sauerstoff bekomme.“

Als sie sich darauf vorbereiteten, das Schiff zu verlassen, teilte der Große ihr mit, dass er noch einmal kommen und nach ihr sehen werde. Sie fühlte sich bei ihm wohl und glaubte, ihn zu kennen. Er sagte, dass sie zusammen gewesen seien, bevor sie in dieses Leben trat. Und er war wirklich sehr alt.

Im der nächsten Szene befand sie sich wieder zu Hause in ihrem Bett. Ihre Gedanken waren gefüllt mit Fragen, die sich schnell auflösten, als sie einschlief. Am Morgen gab es keinerlei Erinnerung an das Ereignis außer dem Traum, der darauf hindeutete, dass sie ihr geschadet hatten, indem sie ihr Blut abgenommen hatten. Es war jetzt offensichtlich, dass sie versuchten, ihr zu helfen und dass sie ihren Körper selbst durch das ständige durch die Bulimie hervorgerufene Erbrechen geschädigt hatte.

Ihre Ärzte waren besorgt, weil ihr Blutbild so niedrig war, dass sie gar nicht verstehen konnten, wie sie überhaupt noch funktionierte, und sagten, sie hätte eigentlich bewusstlos sein müssen. Ihr Unterbewusstsein teilte mir mit, dass man sich keine Sorgen um das ungewöhnlich niedrige Blutbild machen solle. Das sei jetzt normal für sie und sie könne ganz gut dabei funktionieren. „Das Blutbild bedeutet nichts. Es ist nur schwach. Ein schwaches Blutbild ist normalerweise ein Hinweis auf Sauerstoff. Ihre Sauerstoffversorgung ist größer, obwohl sie geringer ist." Der Schaden im Magenbereich war behoben worden und die Ärzte konnten bei ihren Tests nichts finden. Es würde wahrscheinlich einfach als Rätsel aufgezeichnet werden, und solange Edith keine körperlichen Probleme hatte, ließ mam es am besten ruhen.

Dieser Fall zeigt das Problem zwischen dem bewussten Verstand, der einen verstörenden Traum interpretiert und zur falschen Schlussfolgerung gelangt und dem aus tiefer Trance-Hypnose kommenden richtigen Verständnis der Situation. Als wir dies nach ihrem Erwachen besprachen, konnte sie verstehen, dass ihre Wahrnehmung der Erinnerung an den Traum falsch war. Die Wesen auf dem Schiff hatten ihr nicht geschadet, sondern haben tatsächlich den Schaden behoben, den sie selbst durch ihre Eitelkeit und ihren Selbstzweifel angerichtet hatte.

KAPITEL 5

VERSCHÜTTETE ERINNERUNGEN

Genauso wie Träume manchmal reale Erfahrungen verbergen können, die tief im Unterbewusstsein liegen, können auch Erinnerungen mit der Zeit verzerrt werden. Als Kinder nehmen wir die Dinge auf einfachere, naivere Weise wahr. Was für ein Kind häufig traumatisch ist, wird von dem Erwachsenen, zu dem das Kind geworden ist, anders betrachtet. Oft wird die Erinnerung an ein Ereignis verschüttet, weil dieses traumatisch oder schmerzhaft war. Wenn die Erinnerung unter Hypnose gefunden und wiedererlebt wird, wird sie oft als doch nicht so bedrohlich empfunden. Sie kann vom Erwachsenen angeschaut und verstanden werden. Ich hatte Kunden, die sich an einen vergessenen Vorfall erinnern wollten. Sie dachten, weil sie ihn vergessen oder unterdrückt hatten, müsse es etwas sehr Schreckliches gewesen sein. Unter Hypnose findet man oft heraus, dass es ein Ereignis war, das leicht zu erklären ist. Zum Beispiel eine Missetat oder ein Unfug, der die Eltern verärgerte. Es muss keine körperliche Bestrafung enthalten, um eine Unterdrückung des Ereignisses zu verursachen. Oft ist es die bloße Tatsache, dass die Eltern wütend waren. Hinzu kommt die heutzutage beliebte Erklärung, dass irgendwie UFOs und Aliens involviert waren, wenn etwas unterdrückt worden ist. In neun von zehn Fällen habe ich überhaupt keine Verwicklung von Außerirdischen gefunden. Deshalb rate ich den Ermittlern, immer mit dem Einfachen und nicht mit dem Komplexen zu beginnen. Mit anderen Worten, suchen Sie nach der einfachsten logischen Erklärung, bevor Sie das Bizarre ins Spiel bringen. Bei der Verwendung der tiefsten Ebenen der Hypnose wird die eigentliche Wahrheit immer zum Vorschein kommen. Sie kann nicht versteckt werden, sofern nicht Lügen zu erzählen oder zu fabrizieren ein normaler Teil des Lebens der Person ist. In diesem Fall könnte es sein, dass sie lügt oder fantasiert, weil es Teil ihrer Natur ist. Aber solche Fälle sind selten und ihre Geschichte erweist sich nicht als stichhaltig. Wenn sie fantasiert, wird die Geschichte nicht konstant bleiben, sondern sich bei der Nacherzählung ändern. Sie wird ausgeschmückt, indem neue Details hinzugefügt werden. Die Geschichte wird zudem nicht auf das Muster passen, das ich entdeckt habe. Es besteht immer die Möglichkeit, dass ich nicht alle Teile habe, die ein Muster ausmachen. Jemand könnte mit einer Geschichte aufwarten, die eine völlig andere Seite aufzeigt, welche ich noch nicht erforscht habe. Daher muss ich mich für diese Möglichkeit offenhalten und darf nicht automatisch alle Türen schließen. Doch selbst wenn eine neue Denkweise eingeführt wird, wird es immer noch Elemente geben, die zum Muster passen. Es ist offensichtlich, dass die Arbeit eines Ermittlers nicht einfach ist, insbesondere wenn sie mit Therapie kombiniert wird. Nur weil ich für alle Möglichkeiten offen bin, sind die folgenden Fälle zutage getreten.

Fran war eine geschiedene Frau in den Vierzigern, deren auffälligstes Merkmal ihr leuchtend rotes Haar war. Sie war sehr zufrieden mit ihrer Führungsposition in einer angesehenen Firma. Sie kam im Jahr 1988 zu mir, weil sie einige ungewöhnliche, lebendige Erinnerungen hatte, die sie unter Hypnose erkunden wollte. Sie war auf einer Farm in Mississippi aufgewachsen und war in dieser ländlichen Gegend nicht mit Geschichten über UFOs in Kontakt gekommen. Sie hatte keinerlei Zugang zu okkulten oder übernatürlichen Büchern oder Themen. Und doch war es diese Umgebung, in welcher die Ereignisse geschahen und die Erinnerungen daran wurden verdunkelt und getrübt.

Fran erinnerte sich an mehrere Sichtungen seltsamer Lichter über ihrem Haus als sie heranwuchs und daran, dass ihr Auto von Lichtern verfolgt wurde, als sie älter war. Da es dafür keine logische Erklärung gab, nahm sie an, dass es UFOs gewesen sein könnten. Seltsamerweise empfand sie keine Furcht, als diese Ereignisse stattfanden, doch die Menschen um sie herum waren in Panik. Sie hatte keine weiteren bewussten Erinnerungen an etwas von dieser Art, also beschlossen wir, diese Sichtungen zu erkunden. Ich habe viele Sitzungen dieser Art durchgeführt, bei denen der Proband nur einfach weitere Details zur Sichtung hinzufügte. Wir erwarteten nicht, dass etwas Ungewöhnliches dabei herauskommen würde.

Sie hatte ein persönliches Problem, von dem sie dachte, dass wir es uns ansehen könnten, wenn die Sitzung in diese Richtung ging. Es war das, was ich „karmisches Beziehungs-“ Problem nenne. Sie schien Reibungen mit ihrer Großmutter gehabt zu haben, seit sie klein war. Sie konnte nicht verstehen, was dies verursachte, weil sie ihre Großmutter liebte, aber sie hatte das Gefühl, etwas getan zu haben, was sie kränkte. Diese Art von Situation wird am besten während der Rückführung in vergangene Lebenszeiten behandelt, sofern die Ursache der Reibung nicht in der gegenwärtigen Lebensspanne lokalisiert werden kann. Ich konzentrierte mich also nicht wirklich darauf. Ich machte mir bloß eine Notiz dazu und dachte, wir würden es verfolgen, wenn wir Zeit hätten.

Fran erwies sich als hervorragende Probandin und bewegte sich überraschend spontan zu einem ungewöhnlichen Ereignis in ihrer Kindheit zurück. Ich entschied mich dazu, dort zu verweilen und Fragen zu stellen, da das Unterbewusstsein einen Vorfall normalerweise nicht ohne Grund zur Sprache bringt. Sie war wieder ein Kind von sieben Jahren. Ihre Verhaltensweisen und Gesichtsausdrücke waren erstaunlich passend für das Alter, das sie gerade erlebte. In diesem jungen Alter saß sie im Schneidersitz in der Mitte ihres Bettes und spielte mit einer Reihe von chinesischen Porzellanschälchen. Es war ein besonderes Ereignis, denn sie durfte eigentlich nicht mit ihnen spielen, da sie ihrer Großmutter gehörten. Aber sie dachte, es sei schwierig, irgendetwas zu zerbrechen, wenn sie mit ihnen inmitten eines großen Bettes spielen würde. Sie kicherte fröhlich, während sie mit dem kleinen Krug, den Tassen und Untertassen hantierte. Sie sagte: „Sie gehören mir nicht. Ich spiele mit ihnen. Vater ist hier und er zeigt mir, wie ich mit ihnen Spaß haben kann.“

Es stellte sich heraus, dass die Person, über die sie sprach, nicht ihr leiblicher Vater war, aber er hatte Fran gebeten, ihn „Vater“ zu nennen. Anscheinend war er kein Fremder, sondern jemand, der sie regelmäßig besuchte. Ich bat um eine Beschreibung. Sie beschrieb ein sehr großes und dünnes Wesen, das an der einen Bettseite stand. „Er trägt ein Tuch, das einfach über seinem Körper hängt. Es sieht überhaupt nicht nach Kleidung aus, so wie ich sie trage." Sie zögerte, seine körperlichen Merkmale zu beschreiben. „Es ist schwierig, ihn anzusehen. Sein Gesicht sieht aus, wie wenn man Ton formt, und man ihn sehr glatt knetet. Er hat keine Haare oder Augenbrauen. Seine Augen sind groß und dunkel ... aber es spielt nicht wirklich eine Rolle."

Er brachte ihr bei, wie man schwebt. Er legte seine Hand auf ihren Kopf und sie spürte ein Kribbeln, während ihr Körper und das kleine Geschirr sich in die Luft erhoben. Sie fand es sehr lustig und lachte und sprach mit ihm. In diesem Moment platzte ihre Großmutter ganz plötzlich durch die Tür herein. Sie hatte das Reden gehört und wollte herausfinden, was in dem Raum vorging, und dachte, dass ihre Enkelin irgendeine Art Unfug anstellte. Als sie so plötzlich durch die Tür kam, unterbrach das Frans Konzentration. Das kleine Geschirr fiel zusammen und zerbrach. Die Großmutter konnte nicht verstehen, wie sie sie zerbrochen hatte, aber sie war sehr wütend auf sie, obwohl Fran darauf bestand, dass sie nichts getan hatte. Seltsamerweise schien die Großmutter das Wesen nicht zu sehen. War es etwa in dem Moment verschwunden, als sie durch die Tür kam?

Fran war spontan zu dem Vorfall zurückgegangen, der den Ärger zwischen ihrer Großmutter und ihr selbst ausgelöst hatte. Das kleine Mädchen war wütend darüber, zu Unrecht für etwas beschuldigt zu werden, das es nicht absichtlich getan hatte. Selbst wenn sie etwas bezüglich des „Vaters" erklärt hätte, hätte die Großmutter es natürlich nicht verstanden. Fran wäre beschuldigt worden, zu fantasieren oder zu lügen. Als Erwachsene war ihr bewusst, dass irgendetwas in ihrer Kindheit passiert war, aber sie konnte sich vor der Hypnose nicht an den Vorfall erinnern.

Ich wollte mehr über dieses Wesen erfahren. Das Kind Fran antwortete, dass er bei ihr gewesen war, so lange sie denken konnte. Er traf sie oft im Wald und sprach und spazierte mit ihr. Er zeigt mir, wie man lauscht und hört. Dinge, die große Leute nicht hören. Er zeigt mir, wie man sieht, Farben und Dinge sieht, die die großen Leute nicht sehen können. Es ist wunderschön."

D: Wenn er dich besuchen kommt, wie kommt er da?

F: (Verwirrt) Ich weiß nicht. Er steht einfach da. Und manchmal entdeckte ich, dass er da ist und ich gehe zu ihm hin. Manchmal weiß ich, dass er bald da sein wird. Ich weiß nicht, wie ich das weiß. Ich weiß im Geiste, dass er da sein wird.

D: Triffst du ihn jemals irgendwo außer im Haus und im Wald? (Sie zögerte, zu antworten. Sie hatte wahrscheinlich nie mit irgendjemand anderem darüber gesprochen.) Ich bin einfach neugierig. Du kannst mir Dinge erzählen, die die großen Leute nicht glauben. Es ist gut, jemanden zu haben, der dir glaubt, nicht wahr?

F: Ja. Er glaubt mir.

D: Ich wette, er tut das. Aber bist du mit ihm je irgendwo anders gewesen außer im Haus und im Wald?

F: Ich glaube ja. Es gibt da dieses Licht im Wald. Es ist ein großes Licht. Es gibt Treppen, die in dieses Licht hineinführen. Er war bei mir und wir gingen die Treppen hoch.

D: Wo führten die Treppen hin?

F: In den Grund dieses großen Lichts hinein.

Sie beschrieb, wie sie Stufen aus Licht hochstieg. Am oberen Ende der Treppe befand sich eine Metalltür. Sie sah grau aus wie Metall, obwohl sie sich weich anfühlte, als sie sie berührte. Er wollte ihr diesen Ort zeigen, erklärte aber, dass sie nicht sehr lange bleiben könne. Es gab einen Flur und Türeingänge die zu Zimmern führten. Aber die Türöffnungen sahen für sie seltsam aus, sie waren aus verschiedenen Schichten zusammengesetzt. „Es gibt einen Bereich, in den ich eigentlich nicht gehen sollte, in den großen Raum. Dieser hier ist in Ordnung."

In dem Raum, der ihr erlaubt war, lag ein metallisch aussehender Zylinder, gestützt auf eine formschlüssige Plattform. „Es ist wirklich glänzend. Und das andere Metall an den Türen glänzte nicht." Ich versuchte, eine Vorstellung von der Größe des Zylinders zu bekommen. „Er ist nicht groß genug für mich, um reinzupassen. Wenn ich mich niederlegte, würde er wahrscheinlich bis etwa hierher reichen. (Bis zu ihrer Nase.) Aber ich konnte nicht hineinpassen, weil er nicht groß genug ist. Es sollte sich eine Art Tier darin befinden."

Das Wesen trug einige Eier, die es aus einem Vogelnest im Wald entnommen hatte. Er sagte ihr, er müsse sie in den Raum bringen. „So muss ich also gehen."

D: Was tat er mit den Eiern?

F: (Ihre Stimme war kindlich.) Oh, er steckte sie weg, in ein ... in das Ding .... (sie zeigte auf die linke Seite.) Ich weiß nicht genau, was dort drüben ist. Es sieht seltsam aus. Es hat etwas Licht an sich, aber es sieht aus wie eine Art Stoff. Aber ... es ist kein gewöhnlicher Stoff. Und er legt die Eier dorthin. Ich frage mich, warum er das getan hat.

D: Meinst du, wie ein Vorhang?

F: Ja, so in der Art. Aber er ist anders. Es ist Licht darin. Er sagt, es solle ihnen beim Schlüpfen helfen. Oh! Es hält sie warm. Ich sehe solche Dinge gerne.

D: Dann brachte er die Eier herein, um sie schlüpfen zu sehen, deshalb musstest du diesen Raum gehen.

Sie versuchte auf kindliche Weise zu erklären, dass sich in anderen Räumen weitere solcher Behälter befanden und die Vogelbabys steckte man in einen von ihnen, um sie zu schützen.

F: Sie haben verschiedene Dinge, verschiedene Tiere in den Behältern. Ich denke nicht, dass sie von hier kommen. Das Tier. Es kam nicht von hier.

D: Was glaubst du, woher es kam?

F: Von den Sternen. Da kommt Vater her.

D: Das ist aber ein langer Weg, nicht wahr? Sagte er, woher?

F: Er sagte, ich würde es nicht verstehen. Er sagte nur, von den Sternen.

D: Nun, das würde erklären, warum das Tier in dem Behälter sicherer sein würde.

F: Das nehme ich an.

D: Zeigte er dir noch etwas anderes?

F: Nein. Wir müssen gehen. Wir müssen wieder zurück nach draußen gehen. Es ist jetzt Zeit, zu gehen.

D: Das hat Spaß gemacht, nicht wahr?

F: Ja, das hat es. Ich will wieder hingehen. (Kichern) Er mag mein rotes Haar.

D: Ja? Vielleicht mag er es, weil er gar keines hat.

(Sie lachte.)

D: Gehst du zurück nach draußen?

F: Ja. Die Treppen sind wie weißes Licht. Es ist anders, aber man kann drauftreten. Als ich zurück im Wald war, tippte Vater mit seinem

Finger auf die Mitte meiner Stirn und ich hörte immer wieder das Wort: „Vergiss."

Ich versuchte herauszufinden, ob sie ihn jemals wiedersah, oder ob sie weitere Abenteuer mit ihm hatte. Aber leider sagte er ihr, dass er nach dem Zwischenfall mit dem Geschirr nicht mehr kommen konnte, weil er sie bei ihrer Großmutter in Schwierigkeiten gebracht hatte. Er sagte, sie müsse ihn völlig vergessen. Ich spürte, dass er eine echte Zuneigung für das Kind empfand und wirklich nicht gehen wollte, sich aber dazu gezwungen sah. Er schien den Kontakt mit ihr zu genießen und die Belehrungen, denen er sie aussetzte. Falls sie noch irgendeine Verwicklung mit ihm mit ihm hatte -- ich war nicht in der Lage, sie in ihrer Gedächtnisbank zu finden. Entweder funktionierte die Eingebung, ihn zu vergessen, oder er kam nicht zurück.

Der Rest der Sitzung betraf die Sichtungen, die sie hatte und es kamen nur alltägliche Informationen zum Vorschein.

Beverly war eine Künstlerin in den Vierzigern. Sie nannte sich offiziell eine Künstlerin, aber diese Art von Beruf bezahlt nicht immer die Rechnungen. Also ging sie dazu über, Gemälde abzuzeichnen, um ihren Lebensunterhalt zu verdienen, und zu ihrer Überraschung war sie erfolgreich dabei. Sie verfolgte ihre Malerei jedoch weiterhin in ihrer Freizeit. Sie lebte in einem ungewöhnlichen Haus, das vollständig in die Seite eines Hügels in unserem Ozark-Gebirge gebaut wurde. Es war wie in einer Höhle zu leben. Der einzige Hinweis auf die Außenwelt kam von Licht, das durch die Tür und die Fenster auf die Frontwand schien. Hier fanden 1988 unsere Sitzungen statt. Beverly wollte ihre früheren Leben erkunden, in der Hoffnung, Erklärungen für Probleme mit ihrer Gesundheit und ihrem Geld (dem Mangel daran) zu finden. Das war es, was wir tun wollten, aber oft hat das Unterbewusstsein andere Ideen. In dem Fall füge ich mich ihm immer, denn es muss einen Grund dafür geben, wenn das Unterbewusstsein etwas zur Sprache bringt. Normalerweise ist es eher etwas, das der Proband wissen muss, als der beabsichtigte Zweck der Sitzung.

Während unseres Gesprächs vor der Sitzung erzählte mir Beverly von einigen seltsamen Erlebnissen in ihrer Kindheit, die sie nie vergessen hatte. Sie beunruhigten sie nicht. Sie betrachtete sie hauptsächlich als Kuriosum. „Als ich in die erste Klasse ging, gab es einen Vorfall, als Patricia, eine meiner Freundinnen, und ich nach der Schule angeblich weggelaufen waren. Auf der gegenüberliegenden Straßenseite der Schule war ein riesiges bewaldetes Feld, und dahin sind wir gegangen. Ich habe keine Erinnerung an das, was dort stattfand, wie lange wir blieben oder so. Aber unsere Eltern suchten nach uns. Ich wusste nicht, wie viel Zeit vergangen war, weil ich damals noch keinen Begriff von Zeit hatte. Ich wohnte sechs Blöcke von der Schule entfernt und wir waren auf halbem Weg nach Hause, als meine Mutter uns fand. Ich habe überhaupt keine Erinnerung an das, was sich während dieser Zeit ereignete, außer dass man wirklich viel Wirbel darum machte, dass wir so lange fort waren. Sie sagten, die Schule war um drei Uhr aus und es war fast dunkel, als wir nach Hause kamen. Sie waren dabei, die Polizei anzurufen. Die Sache, die mir dabei auffällt, ist, wenn dies mein erster Fall von Ausbüchsen war, hätte ich mich daran erinnern sollen, was ich getan hatte. Zumindest Teile davon, aber ich erinnere mich nicht. Ich kann mich nur daran erinnern, dass wir über die Straße und in den Wald hineingingen. Und ich erinnere mich an nichts anderes, außer dass ich später gefunden wurde und deswegen in Schwierigkeiten geriet. Ich kann mich nicht erinnern, ob ich eine gute Zeit hatte oder nicht."

Während sie in Erinnerungen an ihre Kindheit schwelgte, brachte sie weitere merkwürdige Erinnerungen zur Sprache. „Mein Zimmer war auf der Rückseite des Hauses. Ich war gern alleine. Ich ging oft dorthin und schloss die Tür, um meinen Eltern zu entkommen, mich auf mein Bett zu setzen und tagzuträumen. Zumindest dachte ich, ich würde tagträumen. Ich saß auf meinem Bett, und als Nächstes schüttelte ich mich und wenn ich wieder zu Bewusstsein kam, lag ich auf dem Boden. Meine Mutter sagte, ich sei wahrscheinlich eingeschlafen und vom Bett gefallen. Aber ich wusste, dass ich nicht schlief. Dies ging so weiter während der ganzen Grundschulzeit."

In der Vorbesprechung sprachen wir über viele Ereignisse in ihrem Leben. Das ist der Punkt, an dem ich die Person kennenlerne und herauszufinden versuche, was sie unter Hypnose erforschen möchte. Manchmal sind ihre Bemerkungen relevant und manchmal nicht. In diesem Fall gab es einige ungewöhnliche Erinnerungen, die ich mir besonders notierte. Beverlys Bericht von ihrer Kindheit löste eine weitere Erinnerung aus: eine negative, die sich mit Albträumen beschäftigte.

„Als ich so jung war, wie meine Erinnerung zurückreicht -- dies muss das Alter von drei Jahren sein -- hatte ich Albträume von riesigen Insekten. Ich weiß das Alter, weil ich mich an einen Hund erinnere, den ich damals hatte. Diese riesigen Käfer kamen zu mir auf mein Bett. Sie taten mir nicht weh, aber sie erinnerten mich an „Gottesanbeterinnen." Sie hatten lange Körper und kleine, dünne, zerfranste Fühler, wie Insekten, und riesengroße Augen."

Der Begriff „Gottesanbeterin" ließ mich aufhorchen, wegen der anderen Fälle, die diese Art von Außerirdischen einbezogen. Beschrieb sie außerirdische Wesen oder erinnerte sie sich nur an die lebhafte Fantasie eines Kindes? Ich wollte keine Hinweise auf insektenartige Außerirdische geben, von denen ich bereits gehört hatte. Ich wollte, dass sie ihre eigenen Beschreibungen machte.

„Sie waren keine runden Insekten wie Spinnen, sie waren länglich. Es gibt Insekten, die so beschaffen sind. Eine von ihnen ist die Stabschrecke und die andere ist die Gottesanbeterin. Sie hatten Gliedmaßen sowohl auf der Vorderseite als auch auf der Rückseite ihres Körpers. Und sie waren so groß wie ich. Natürlich war ich ein kleines Mädchen. Sie taten mir nicht weh, aber sie machten mir wirklich Angst, wenn sie an mir hochkletterten. Ich hatte ein Doppelbett und wenn ich darauf lag und sie auf mir drauf waren und mich ansahen, waren sie größer als ich. Ihr Körper berührte meinen Körper nicht. Ihre Fühlerbeine oder was auch immer erhoben sie hoch über mich, sodass zwischen ihrem Körper und meinem Körper ein Abstand war. Normalerweise waren zwei oder drei im Raum, mindestens aber eine, und sie schauten mich nur an. Ich hatte diese Albträume seit ich mich erinnern kann, meine ganze frühe Kindheit hindurch. Zu dieser Zeit hatte ich noch nie einen Film gesehen, geschweige denn eine Horror-Show." Sie hatten eine dunkle Farbe und hatten große Augen, die denen einer Ameise ähnelten, aber sie wusste, dass sie definitiv nicht solch eine Art Insekt waren.

Ich wachte oft schreiend auf. Manchmal stand ich auf und ging in den Garten, um meinen Hund zu holen und zurück zu mir ins Bett zu bringen. Mutter ließ den Hund nicht ins Haus. Ich hatte Angst vor der Dunkelheit, aber ich ging in die dunkle Nacht hinaus und brachte meinen Hund zurück und nahm ihn unter die Decke. Dann schlief ich gut. Wo ich lebte, hatte es meist Kakerlaken in den Häusern, weil es ein heißes, feuchtes Klima war. Aber ich träumte nie von Kakerlaken.

Ich verbrachte meine Sommer bei meiner Großmutter auf dem Land, aber dort hatte ich nie diese Albträume."

Während Beverly durch die Erinnerungen ging, brachte sie eine weitere seltsame Erfahrung auf, die einen solchen Eindruck hinterlassen hatte, dass sie sie nie vergessen hatte. Es ereignete sich, als sie erwachsen war, verheiratet war, einen Sohn hatte und Anfang der 70er Jahre in einem Vorort von Houston lebte. Ihr Haus war das einzige in der Straße ohne Bäume im Garten. Das war nicht wichtig, weil sie ohnehin einen Pool im Garten anlegen wollten. Beverlys Schlafzimmer befand sich im hinteren Teil des Hauses und sie und ihr Mann schliefen, als sie von einem ungewöhnlichen Geräusch geweckt wurde.

Sie lachte, als sie sagte: „Ich wusste einfach im Geiste, dass es eine fliegende Untertasse war. Und ich dachte: ‚Oh, es sind wieder sie.' Fragen Sie mich nicht, woher dieser Gedanke kam, denn ich habe keine Ahnung, wie sich eine fliegende Untertasse anhören könnte. Als ich aufwachte und dieses Geräusch hörte, wusste ich einfach, dass es das war. Robert schlief noch immer und wachte nicht auf. Ich fand es sehr seltsam, dass er nicht aufwachte und es hörte, aber ich wollte ihn nicht stören. Und ich bin meines Wissens nicht aufgestanden. Ich weiß nicht, wie lange ich noch wach war, aber ich schlief wieder ein, ohne je aufgestanden zu sein. Normalerweise hätte ich aufstehen müssen. Die meisten Leute würden aufstehen und nachsehen, wenn sie etwas im Garten hörten. Aber ich tat dies meines Wissens nach nicht."

Ich fragte sie, wie es sich anhörte, und ihre Antwort war sehr vertraut. „Es war wie ein surrendes Geräusch, wie ein Hochgeschwindigkeitsflugzeug." Wir überlegten uns mehrere Klangassoziationen, bevor sie eine gefunden hatte, die beinahe richtig war. „Es klang nicht nach einem Flugzeugpropeller. Weißt du, wie ein Kinder-Kreisel klingt, wenn man ihn auf einem Tisch dreht? Ein Singen oder Zischen. Ein schrilles Wirbelgeräusch, wie Wind, der richtig schnell wirbelt, dieser Klang, nur etwas verstärkt. Es war nicht sehr laut. Ich meine, es war nicht so, als wäre die ganze Nachbarschaft davon geweckt worden."

Ich schlug das Geräusch eines Hubschraubers vor, aber das wäre lauter und eine andere Tonhöhe gewesen. Eine andere Assoziation: „Oder wie eine Waschmaschine, wenn sie sich im Schleudergang befindet, außer dass ich wusste, dass sie schneller war. Und ich war mir sicher, dass ich nicht schlief. Ich legte mich hin, lauschte und dachte: ‚Nun, es ist nur ein Raumschiff im Garten.' Ich hatte keine Angst. Soweit ich weiß, bin ich einfach wieder eingeschlafen."

Dies schien eine seltsame Reaktion zu sein. Normalerweise wäre der erste Gedanke, wenn man nachts ein ungewöhnliches Geräusch hörte, dass sich jemand im Garten befand und in das Haus einbrechen könnte. Die erste Reaktion wäre Angst, und dann würde man wahrscheinlich aufstehen und aus dem Fenster schauen. Ich stimmte zu, dass alle diese Erinnerungen tatsächlich seltsame Vorfälle waren. Ich machte mir Notizen dazu, aber unser oberstes Anliegen war, Antworten auf ihre aktuellen Probleme zu finden, nicht die Erforschung von UFOs, von denen sie sagte, dass sie sie ohnehin nicht interessierten.

Beverly wechselte dann das Thema und besprach ihre vielen körperlichen Probleme. Ihr ganzes Leben schon hatte sie seltsame und ungewöhnliche Symptome, die für die Ärzte schwer zu diagnostizieren waren. „Dies ging so weit, dass es zu einem Witz geworden war. Sie wussten nie, was mit mir los war. Selbst wenn sie viele Tests durchführten, konnten sie sich nicht darauf einigen, was es war. Sie waren sich nie über irgendetwas sicher. Es war das Gleiche, wenn ich zur Diagnose in große Krankenhäuser ging. Sie versicherten mir, dass sie es herausfinden würden, machten dann aber einen Rückzieher, wenn sie es nicht genau feststellen konnten. Das war frustrierend, dreizehn Stunden zu fahren und zweitausend Dollar für medizinische Tests in Rechnung gestellt zu bekommen und sie konnten mir immer noch nicht sagen, was mit mir los ist." Einige dieser Probleme bestanden auch zum jetzigen Zeitpunkt, daher war dies eines der Gebiete, die sie erforschen wollte. Sie wollte herausfinden, warum sie so viele körperliche Probleme hatte und woher sie kamen, in der Annahme, dass die Ursache für diese Art von Karma in einem anderen Leben liegen könnte. Ihre anhaltenden Geldprobleme waren ihr ebenfalls ein Anliegen. Zu Beginn der Sitzung sollten also Gesundheit und Geld im Vordergrund stehen. Die Kindheitserinnerungen waren nur interessante Nebenprodukte.

Nachdem Beverly in tiefe Trance getreten war, verwendete ich meine Technik, die sie automatisch in ein anderes Leben hätte bringen sollen. Stattdessen sah sie nur verschiedene wirbelnde Farben. Dies passiert häufig und kann verschoben werden. Nachdem ich ihr vertiefende Suggestionen gegeben hatte, begann Beverly, eine Szene aus ihrem gegenwärtigen Leben zu beschreiben. Sie war wieder ein

Kind von sechs Jahren und erlebte ihren ersten Schultag noch einmal. Mit schrillem Gekicher sprach sie darüber, dass sie in der Toilette zurückgelassen wurde und sich in den Korridoren der großen Schule verirrte. Es war nicht beängstigend, es war ein Abenteuer. Mit kindlichen Manieren und Sprachmustern ging sie auf Details über ihren Lehrer und ihre Freunde in der ersten Klasse ein. Sie machte auch viele Angaben über die physische Anordnung der Schule. Das Unterbewusstsein ruft einen Vorfall niemals ohne Grund auf. So kam mir der Gedanke, dass dies eine perfekte Gelegenheit sein könnte, die Erinnerung an das Ausbüchsen in den Wald gegenüber der Schule zu erkunden.

D: Nun, gibt es Wälder in der Nähe der Schule?

B: Mmh-mmh. Sie sind auf der anderen Straßenseite, nicht die geschäftige Straße, sondern die Nebenstraße. Es ist irgendwie gespenstisch da drin. Ich gehe nicht in den Wald. Aber ich könnte!

D: Was ist daran gespenstisch?

B: Es ist dunkel dort, wo alle diese Bäume stehen. Aber dort befindet sich nichts weiter, außer viele Bäume. Es wird dort auch früh dunkel.

D: Alles klar, Beverly, Ich will dich weiter vorbringen zu der Zeit, als du eines Abends nach der Schule mit deiner Freundin in diesen Wald gingst. Wie war ihr Name?

B: Patricia.

D: Alles klar. Es ist dieser Abend und die Schule ist aus. Sind alle Kinder nach Hause gegangen?

B: Nein. Sie sind draußen auf dem Spielplatz. Wir streifen einfach umher.

D: Warst du jemals zuvor in diesem Wald gewesen? (Nein) Warum entschiedest du dich dazu, an diesem Abend dort hineinzugehen?

B: (Nüchtern) Wir rennen von zu Hause weg.

D: Wirklich? Warum tust du das?

B: Weil wir es hier nicht mögen.

D: Das ist eher etwas Tiefgreifendes, das zu tun.

B: Es geschieht ihnen ganz recht.

D: Warum wolltest du fortrennen? War etwas vorgefallen?

B: Nein. Nichts. Wir beschlossen es einfach, weil wir es zu Hause nicht mochten. Außerdem sollten wir jetzt in der Lage sein, zuweilen woanders hinzugehen.

D: Warum jetzt?

B: Weil wir groß sind, und wir in der Schule sind.

D: Hast du keine Angst, dass du sich verirrst?

B: Nun, wir werden wahrscheinlich wieder nach Hause zurückkehren. Ich weiß nicht, ob wir dort für immer bleiben werden. Ich denke, einige der Kinder haben die Asphaltstraße schon einmal überquert. Es ist keine echte Straße. Weißt du, es ist nur so eine Straße. Aber ich denke, andere Kinder haben es schon getan.

D: Nun, erzähle mir, was geschieht.

B: Wir liefen einfach hinein. Die Bäume sind wirklich hoch. Es gibt kein Gras. Ich meine, man kann zwischen den Bäumen gehen. Es liegen Piniennadeln und solches Zeug auf dem Boden. Es gibt kein Gras, wie in deinem Hinterhof.

D: Was hast du in dem Wald getan? (Pause) (Ihr Gesichtsausdruck und ihre Augenbewegungen deuteten an, dass etwas geschah.) Was ist es?

B: (Verwirrt) Ich weiß nicht. (Lange Pause.) Ich denke nicht, dass ich sprechen sollte. Ich denke nicht, dass ich irgendetwas tun sollte. Ich weiß nicht, wo sie ist, aber ich denke nicht, dass wir irgendetwas tun sollten.

D: Wo wer ist?

B: Pat.

D: Ist sie nicht bei dir?

B: (Pause) Ich kann sie nicht sehen. Ich glaube, ich bin erstarrt.

D: Dein Geist ist es nicht und dein Geist kann zu mir sprechen. Und es wird dich überhaupt nicht stören. Er weiß die Dinge und kann zu mir sprechen.

B: Es ist wie ... es ist ausgewischt. Wie Windschutzscheibenwischer es tun.

D: Was meinst du damit?

B: Ich weiß nicht. (Handbewegungen) Es ist gewölbt. (Handbewegungen) Es ist da draußen vor mir. Und ich sollte nichts tun.

D: Kannst du durch es hindurchschauen?

B: Ich denke nicht, dass ich schauen sollte.

D: Ich will nicht, dass du irgendetwas tust, das dich in Schwierigkeiten bringt. Ich bin nur neugierig. Woher kam es?

B: (Pause) Ich weiß nicht. Ich lief einfach durch den Wald und .... ich glaube, es ist blassrosa. (Sie bekam Angst.) Es ist wie ein Schutzschild. (Ihre Stimme bebte und Tränen strömten aus ihren Augen.) Vor mir. (Sie weinte nun offen heraus und schluchzte wie ein Kind.) Es gibt mir das Gefühl, dass ich mich nicht bewegen kann. (Offensichtlich aufgeregt.)

Ich sprach beruhigend zu ihr, damit sie sich entspannen und aufhören konnte, emotional zu sein. Nach einigen Minuten hörte das laute Schluchzen auf. Ich versuchte sie zu versichern, dass sie mit mir sprechen und mir sagen konnte, was los war. Sie begann sich zu beruhigen.

D: Du sagtest, es sei von blassrosa Farbe?

B: Ja, es ist etwas Blassrosafarbenes. Und es ist, als ob es alles betäubt. Auch meinen Verstand. Es geht von einer Seite über meine Vorderseite zur anderen Seite.

D: Einfach über dein Gesicht?

B: Ich weiß nicht. Das ist alles, was ich weiß.

D: Mit anderen Worten, das ist alles, was du momentan sehen kannst. (Ja) Und was geschah, als du durch den Wald gingst?

B: Ich glaube, wir konnten etwas Sonnenlicht irgendwo dort drinnen sehen. Ich fand es hell. Und es war hübsch, fand ich. Das Sonnenlicht kam durch die Bäume hindurch. Ich denke, es war nicht überall, ich denke, es war nur dort rechts.

D: Aber Sonnenlicht tut das zuweilen, weißt du. Was hast du dann getan?

B: Ich denke, wir haben es einfach angeschaut.

D: War es Sonnenlicht?

B: (Verwundert) Ich weiß nicht. Ich konnte nicht ... dieses rosa Ding ... konnte einfach nichts mehr tun. Es ist, als ob es alles anhielt. (Handbewegungen) Außer, dass es von hier herüber kam (über ihr Sichtfeld). Es berührte mich nicht. Und es ist glatt, aber ich kann nicht hindurchschauen. Es brachte einfach alles zum Stillstand. Es brachte meinen Kopf zum Stillstand. Es tut nicht weh. Ich kann nichts fühlen. Ich kann nichts sehen, außer dieses blassrosafarbene Ding. Es ist komplett vor mir, wie ein Schutzschild.

D: Kannst du etwas unter deinen Füßen spüren?

B: Ich bin mir meiner Füße nicht gewahr. Ich fühle mich einfach wie betäubt.

D: Kannst du etwas hören?

B: Nein. Alles hat einfach angehalten. Wie eine Momentaufnahme. Ich kann nichts darüberhinaus sehen ... (Seufzen) blassgelb, blassrosa ... es scheint einfach alles einzufrieren.

D: Alles klar. Aber erinnere dich, es ist nur zeitlich begrenzt und es wird dich überhaupt nicht stören.

Beverly konnte überhaupt keine Empfindungen schildern, so als wären alle ihre körperlichen Sinne buchstäblich eingefroren gewesen. Ich erkannte bald die Sinnlosigkeit, dies weiter zu verfolgen. Ihr Unterbewusstsein war noch nicht bereit, Informationen freizugeben. Ich brachte sie weiter zu ihrem nächsten Gefühl, sei es hören, riechen oder fühlen. Überraschenderweise begann sie plötzlich zu kichern.

B: Wir rennen aus dem Wald hinaus. (Kichern) Wir gehen raus. (Lachen)

D: Was meinst du damit?

B: Nun, wir gehen da einfach raus. (Großer Seufzer und ein Gelächter.) Wir gehen raus! (Pause) Mein Haar war lockig.

D: Was meinst du damit?

B: Nun, wir hatten gelocktes Haar. Wir kicherten und rannten aus dem Wald hinaus und unser Haar hüpfte. (Großer Seufzer) Und wir taten es. Wir gingen in den Wald und wir kamen heraus.

D: War irgendetwas geschehen, während ihr in dem Wald wart?

B: Ich weiß nicht. (Verwundert) Wahrscheinlich etwas.

D: Was meinst du damit?

B: Also, weißt du, wie wenn du wo hineingehst, wo du zuvor noch nicht warst und du dich fragst, ob du wieder dort rauskommst. Und wir sind rausgekommen.

D: Was habt ihr in dem Wald getan?

B: Ich vermute, wir spielten einfach. Ich erinnere mich nicht. Ich vermute, wir gingen einfach hinein und streiften umher. (Seufzen) Ich muss zurückgehen, über die Straße. Es war dunkel im Wald, aber es schien Licht auf dem Schulgelände, als wir reingingen. Aber jetzt wird es wirklich dunkel, also gehen wir besser nach Hause.

D: Ich glaube, du gehst besser, bevor du in Schwierigkeiten gerätst.

B: Ich glaube, wir sind bereits in Schwierigkeiten.

D: Hast du entschieden, nicht fortzulaufen?

B: Ja, ich vermute. Ich denke, wir müssen nach Hause gehen. Ich weiß nicht, ob wir ... oh! Ich glaube, sie waren hinter uns her. Unsere Mütter. Sie sind hinter uns her. Sie sind beinahe auf dem Schulhof.

D: Ihr wart also nicht sehr lange fortgegangen, nicht wahr?

B: Ich weiß nicht, Es ist wahrscheinlich ... vielleicht sechs Uhr. Abendessenszeit oder so. Es wird dunkel.

D: Hat es sich gelohnt?

B: Ich denke schon. Sie haben sich nicht allzu sehr aufgeregt. Vielleicht, weil Pats Mutter auch da war. Meine Mutter hätte sich aufgeregt, wäre sie alleine gewesen. Wahrscheinlich. Und Pat wohnt auf der rechten Straßenseite, wenn wir nach Hause gehen. Und ich wohne auf der linken.

D: Nun, sagte deine Mutter irgendetwas?

B: Ja. (Yes. (Ein weinerlicher, schimpfender, kindlicher Tonfall mit entsprechenden Gesten.) „Wo wart ihr? Ich habe überall nach dir gesucht." Sie gab mir keine Tracht Prügel. (Kichern)

D: Du hattest ein kleines Abenteuer, nicht wahr? (Mmh-mmh) Alles klar, Beverly, ich will, dass du diese Szene verlässt und dich von dort entfernst. Hattest du jenes rosa Schutzschild je zu einer anderen Zeit in deinem Leben gesehen oder war dies das einzige Mal?

B: Ich glaube nicht, dass ich das rosa Schutzschild ein anderes Mal sah. Ich erinnere mich nicht an ein Schutzschild. Manchmal ging ich einfach los und wusste nichts, als ob alles anhielt.

D: Ich werde bis drei zählen, und ich will, dass du zu einem der Male gehst, als du dieses Gefühl hattest, selbst wenn du das rosa Schutzschild nicht sahst. Und du wirst in der Lage sein, zu erklären, wie es geschah und wo es geschah. Ich werde bis drei zählen, und wir werden zu einem anderen Zeitpunkt gehen, falls es einen gibt, als du diese Erfahrung hattest. 1, 2, 3. Was tust du? Was siehst du?

B: Ich glaube, ich ging durch mein Schlafzimmerfenster hinaus. (Verwundert) Ging einfach aus dem Fenster hinaus in die Luft.

D: Aus dem Fenster geklettert?

B: Nein. Einfach ... einfach rausgesaugt.

D: Wie alt bist du?

B: Acht oder neun. Zehn vielleicht.

D: War das Fenster geöffnet?

B: Ja. Es war offen. Es ist Sommer. Und ich saß auf dem Bett und ich wurde einfach aus dem Fenster hinausgesaugt.

D: Ist das ungewöhnlich?

B: (Lachen) Es klingt für mich ein bisschen ungewöhnlich. (Seufzen) Ich denke, es geschah mehr als ein Mal. Es war Abend. Es gibt da ein freies Grundstück neben meinem Haus. Und manchmal sitze ich auf dem Boden, lehne mich auf die Fensterbank und schaue auf die Leute und Autos, die nachts vorbeifahren.

D: Und was geschah dann?

B: Ich weiß nicht. Ich ging einfach aus dem Fenster und dann kam ich wieder rein.

D: Wie fühlte es sich an, als du hinausgingst?

B: Es fühlte sich an wie ... ein Rauschen ... rauschte einfach aus dem Fenster. (Verwundert) Ich weiß nicht, wie ich das mache. Direkt durch die Lichtblende.

D: Durch die Lichtblende? Wie fühlte sich das an?

B: (Verwundert) Ich denke nicht, dass ich sie spürte.

D: Alles klar. Ich will, dass du in dieses Gefühl hineingehst und du durch die Lichtblende gehst. Lass uns dir folgen, während du auf diese Weise aus dem Fenster gehst. Und erzähle mir, was geschieht.

B: Ich glaube, ich spreche zu jemandem. Es sind welche von meiner Größe. Aber ich sehe sie nicht wirklich.

D: Wie weißt du, dass sie da sind?

B: Ich weiß nicht ... wirklich. Ich denke, da ist nur einer, genau hier zu meiner Rechten, er spricht zu mir, während wir durch die Luft wandeln. Ich kann ihn nicht sehen. Ich bekomme nur einen Eindruck, ein Gefühl. Nur eine Art abgerundeten Kopf. Alles ist gut und wir reden nur. Ich erinnere mich nicht sonderlich an Schauen und Sehen.

D: Du sagtest, du fühlst dich, als wandeltest du in der Luft?

B: Ja. Gleich über dem Grundstück nebenan. Ich denke es schwebt. Ich bin mir der Dinge unterhalb meiner Körpermitte nicht besonders bewusst.

D: Wovon sprichst du?

B: Ich denke, nur einander grüßen. Es ist freundlich. Es ist, als ob wir das wieder täten. Es ist wie jemand, den ich kenne.

D: Es ist dir vertraut?

B: Ja. Es ist als wäre es dieselbe Person, weil es nicht neu ist.

D: Wohin schwebst du?

B: (Seufzen) Ich weiß nicht. Das ist alles, was ich sehe. Es ist, als wüsste ich, dass wir irgendwohin gehen, aber ich weiß nichts sonst.

D: Kannst du Gebäude sehen?

B: Da sind keine Gebäude. Es ist ein freies Grundstück. Da sind zwei oder drei Häuser etwa einen Block weiter die Straße hinunter. Ich kann Lichter in der Ferne sehen. Aber es ist überwiegend nur ... Raum.

D: Fühlst du dich, wie wenn du weit vom Boden entfernt bist?

B: Ja, es scheint, dass ich aus dem Fenster herauskam und einfach ein bisschen höher hinaufstieg. Wahrscheinlich ein bis eineinhalb Meter. Über die Fensterebene.

D: Und du schwebst mit dieser anderen Person.

B: Ja. Ich meine, es ist keine reale Person. Es ist keine Person. Es ist rundlich. Es ist wie eine Person, aber es ist nicht farbig wie eine Person. Es ist grau-braun, seine Haut ist faltig und rau wie Elefantenhaut. Tatsächlich erinnert es mich an die Furchen auf einem Elefantenrüssel. Er sieht komisch aus, aber ich empfinde große Liebe. Er ist mir vertraut. Er ist kein Fremder.

Diese Beschreibung ähnelte der einer „Krankenpfleger"- Figur, wie sie Phil in Hüter des Gartens in einem Raumschiff sah. Sie war ebenfalls faltig und vermittelte das Gefühl von Fürsorglichkeit.

Ich erteilte Anweisungen, dass sie sich daran erinnern könne, was während dieses seltsamen Ereignisses passierte. Dass die Erinnerungen da waren und es war wahrscheinlich an der Zeit war, dass sie hervortraten. Dann verkündete sie plötzlich, dass ihr Kopf schmerzte und sie zeigte auf den rechten Schläfenbereich. „Wie Kopfschmerzen. Als ob er zusammengedrückt worden wäre oder etwas Ähnliches." Ich gab Suggestionen, um die Beschwerden zu beseitigen. Dann sagte ich ihr, dass die Erinnerungen hervortreten dürften und wir könnten sie als Kuriosum untersuchen und als Beobachter, falls nötig.

B: Ich denke, es ist gibt da wahrscheinlich etwas. Aber ich glaube es nicht wirklich. Man kann solche Sachen auch erfinden.

D: Was siehst du, dass du denkst, du erfindest es?

B: Nun, es ist wahrscheinlich wie ein Spiel, das man erfindet. Dass man mit dieser kleinen Kreatur durch die Luft und dann in das Raumschiff geht.

D: Gut, erzähle mir, was du siehst. Wir machen uns keine Sorgen darüber, ob es ein Spiel ist oder nicht. Wenn es ein Spiel ist, spielen wir das Spiel. Wir können Spaß dabei haben, das Spiel zu spielen. Was siehst du?

B: Nun, wir wissen, dass wir dort hingehen. Er wurde gesandt, um mich zu holen.

D: Hat er dir das gesagt?

B: Nun, ich wusste das einfach. Ich weiß nicht, wie ich es wusste. Ich weiß nur, ich ging durch das Fenster und er war da. Dann gingen wir wieder auf eine Art Besuch zurück. Da ist etwas wie ein Raumschiff drüben auf der rechten Seite. Und es ist am hinteren Teil des Grundstücks beleuchtet. Es ist ein sehr großes Grundstück. Aber das ist alles, was ich sehe.

D: Wie sieht es aus?

B: Es ist rund und flach und glänzend.

D: Rund wie ein Ball?

B: Nein. Es wie eine Scheibe. Es ist dünn. Und es ist oben abgerundet. Es sieht unten irgendwie flach aus, aber es ist nicht sehr dick. Und es ist glänzend. Wie glühend. Fast fluoreszierend. Überall silbriges Weiß.

D: Ich frage mich, ob jemand anderes es sehen könnte, wenn er hinsähe.

B: Ich weiß nicht. Es ist niemand anderes in der Nähe.

D: Was wäre, wenn deine Mutter in den Raum käme, während du fort bist. Würde sie sich da drin vorfinden?

Ich versuchte herauszufinden, ob es Beverlys physischer Körper war, der durch das Fenster ging, oder ihre Geistesform.

B: Nein. Ich bin nicht da drin. Aber ich denke nicht, dass sie das je tut. Oder falls sie täte, würde sie einfach denken, dass ich in einem anderen Teil des Hauses sei. Sie schaute nicht wirklich nach mir. Ich weiß, dass ich immer meine Zimmertür schloss. Und ich denke nicht, dass ich sehr lange fortblieb.

Anscheinend hatte sie die Auffassung, es sei ihr physischer Körper, der die Erfahrung hatte.

D: Was denkst du, wie groß die Scheibe ist?

B: So groß wie ein Haus. Also, vielleicht nicht ganz so groß wie ein Haus. Sie ist viel größer, als Autos. Vielleicht, wenn man drei Autos zusammenfasst, so groß könnte sie etwa sein.

D: Erzähle mir, was geschieht.

B: Ich glaube, es hielt einfach an. Ich sehe nicht ... dass es fortfährt. Ich sehe keine Fortdauer. Ich sah einfach, was ich sah. Also auf halber Strecke über dem Grundstück und ich sah das Schiff auf der anderen Seite und dort hielt alles an. Sonst sehe ich nichts.

D: Du weißt nicht, ob du näher rangingst, oder nicht?

B: Ich weiß nicht. Ich denke, ich tat es vermutlich. Dort gingen wir hin.

D: Woran erinnerst du dich als Nächstes?

B: Ich falle immer aus dem Bett auf den Boden. Das tue ich immer, wenn ich zurückkehre. Ich bin auf dem Bett und falle runter auf den Boden. Jedes Mal.

D: Wie gelangst du zurück zum Bett?

B: Ich denke, sie laden mich einfach dort ab. Und dann falle ich runter auf den Boden. Das weckt mich dann auf.

D: Wie lange hattest du diese Erlebnisse schon?

B: Mindestens ein oder zwei Jahre. Es ging über eine lange Zeit. Seit ich mein eigenes Zimmer bekam, weiß ich. Ich erinnere mich nicht, dass es geschah, bevor ich mein eigenes Zimmer bekam. Aber jetzt erinnere ich mich nicht, wo ich schlief, bevor ich mein eigenes Zimmer hatte. Ich glaube, einen Sommer geschah es vermutlich häufiger.

D: Und es ist immer das Selbe, aus dem Zimmer hinausschweben, weit hinausgehen und zurückkommen?

B: Mmh-mmh. Aber ich kam nicht auf dieselbe Art zurück, wie ich hinausging. Es schien, als ob ich einfach in mein Bett fiel. Und dann fiel ich auf den Boden, weil ich immer dachte: „Was tue ich auf dem Boden?“

D: Hörte deine Mutter dich je auf den Boden fallen?

B: Ja, das tat sie! Sie hörte diesen dumpfen Schlag. Sie kam herein und fragte mich, was ich da tat. Und ich erzählte ihr, dass ich gerade aus dem Bett gefallen war. Ich vermute, sie sah, dass ich in Ordnung war. Aber ich weiß, sie hörte es in dem anderen Raum.

Dann ließ ich sie diese Szene verlassen, die sie gerade betrachtete und bat sie, in der Zeit zurückzugehen.

D: Ich will, dass du zu der Zeit zurückgehst, als du klein warst und immer wieder einige sehr seltsame Träume hattest. Willst über sie sprechen?

B: Nun, sie waren wirklich beängstigend, weil diese Dinger nachts in mein Zimmer kamen. Ich lag in einem Doppelbett gegen die Innenwand. Und es war dunkel in meinem Zimmer. Sie kamen herein, wenn alle schliefen. Und sie krochen herum und schauten mich an. Sie hatten riesengroße Augen und waren wie riesige Insekten. Dafür hielt ich sie. Auf der anderen Seite des Raumes gab es ein Fenster. Manchmal schien Licht durch und ich konnte einige von ihnen auf dem Boden sehen. Und ich konnte sie am Fußende meines Bettes sehen. Sie kamen über mein Gesicht und meine Brust. Und ich öffnete meinen Mund, um zu schreien, aber nichts passierte. Aber wenn ich wirklich aufwachte, konnte ich schreien.

D: Wie groß waren diese?

B: Sie waren größer, als ich. Sie waren groß genug, um beinahe mein Bett auszufüllen. Ihre Köpfe waren auf einer Höhe mit meinem Kopf, wenn sie oben auf meinem Körper waren.

Ich gab ihr Anweisungen, dass sie die Szene wieder deutlich sehen könne, aber es sie nicht störe. Sie könne sie als Beobachter sehen, wenn sie wollte.

D: Wo sind sie, wenn du sie jetzt ansiehst?

B: Okay, da ist einer mit hellen Farben, oder es ist das Licht, das auf ihn scheint. Und zwei von ihnen sind auf dem Boden. (Handbewegungen.)

D: Zu deiner Rechten?

B: Mein Bett stand gegen die Wand, es befand sich nicht in der Mitte des Zimmers. Und so lag der Rest des Zimmers zu meiner Rechten. Und es waren ein oder zwei von ihnen auf dem Boden in dem Mondschein, der hereinschien. Wir hatten Jalousien, die nicht richtig abdichteten. Und dann waren da noch ein oder zwei am Fußende meines Bettes. Sie krabbelten entweder zu mir, oder ihre Körper waren lang genug, sodass sich ihre Gesichter direkt über meinem Gesicht befanden und sie auf meine Augen, meine Nase und meine Ohren blickten. Und sie konnten ihre Beine oder was auch immer spreizen und ihre Körper über mir aufrechthalten, ohne mich zu berühren. Also waren ihre Beine lang genug, um sie mit Abstand über mir zu halten. Aber sie berührten mein Gesicht manchmal.

D: Sage mir, wie sie aussehen.

B: Sie hatten einen riesengroßen Kopf und riesengroße dunkle Augen. Und ihre Körper waren spindeldürr. Und es scheint, als hätten ihre Armglieder die gleiche Länge wie ihre Beinglieder. Sie waren wie Insekten. Wie Heuschrecken oder etwas, das Beine vorne und Beine hinten hat. Sie waren glatt, stromlinienförmig glatt. Fast wie eine lange Röhre mit diesen Beinen oder Armen oder was auch immer, die da rauskommen, wie Insektenbeine. Ich denke, die auf dem Boden waren etwas anders. Sie waren heller in der Farbe. Und ich glaube, sie waren kürzer und hatten dickere Körper.

D: Sah ihr Gesicht insektenartig aus?

B: Alles, woran ich mich erinnere sind die Augen. Und dieser große runde Kopf, wie ein Ameisenkopf. Er war rund und lief nach unten spitz zu und hatte riesengroße Augen. Die im Bett waren dunkel, die auf dem Boden waren hell. Ich weiß, dass sie verschiedene Farben hatten.

D: Kannst du irgendwelche Hände sehen?

B: Nein, denn wenn sie Hände haben, sind sie unten auf dem Bett und ich kann nicht dort hinuntersehen, weil ich nach oben in ihre Gesichter sehe.

D: Weil du sagtest, sie berührten dein Gesicht manchmal.

B: Das taten sie! Sie hatten Finger. Sie zogen meine Augen auf. Sie stocherten in meinem Gesicht herum. Alles, was ich sehen kann, sind Finger, dünne, dünne Finger, die so auf meinem Gesicht machten. (Handbewegungen, wie ein Berühren oder Streicheln ihrer Wangen. Die Erinnerung erregte sie und sie begann zu weinen.)

D: Ich würde das auch nicht mögen. War das alles, was sie taten?

B: (Weinend) Das ist alles, woran ich mich erinnere. (Weinend, emotional.) Und dann schrie ich und schrie und schrie.

Ich beruhigte sie, indem ich mit ihr sprach wie mit einem verängstigten Kind.

D: Hast du je bemerkt, wie sie in den Raum gelangten?

B: (Überrascht) Sie müssen durch das Fenster hereingekommen sein. Es scheint, als ob meine Tür immer geschlossen war, denn wenn meine Mutter dort hereingerannt kam, wenn ich schrie, musste sie immer die Türe öffnen. Ich glaube nicht, dass sie durch die Tür hinausgingen.

D: Was geschah, als du zu schreien begannst?

B: Ich denke, sie gingen. Ich wusste nicht, dass ich versuchte, sie zu vergraulen. Ich hatte einfach Angst, also schrie ich. Und ich denke, ich hätte früher geschrien, wenn ich gekonnt hätte, aber ich glaube nicht, dass ich konnte. Dann ging ich dorthin, wo ich schreien konnte, und dann gingen sie. Und ich vermute, es weckte meine Mutter auf und sie kam herein. Aber sie sah sie nie.

D: Hast du ihr je über sie erzählt?

B: Ich denke, ich sagte ihr, dass Rieseninsekten kamen, um mich zu holen. Sie sagte mir nur, ich hätte Albträume und ich solle wieder schlafen gehen.

D: Ja, und es klang wirklich nach Albträumen.

B: Manchmal wusste ich, dass sie kommen würden, und dann ging ich meinen Hund holen. Sie kamen nicht, wenn ich das tat.

D: Wie wusstest du, ob sie kamen?

B: Ich wusste einfach, wenn ich zu Bett ging, würden sie sich zeigen. Ich wusste es einfach.

D: Vielleicht hielt der Hund sie fern?

B: Entweder das, oder ich wachte nicht auf, wenn ich meinen Hund schmuste. Oder ich wachte nicht auf, als hätte ich einen Albtraum.

D: Als das Licht durch das Fenster schien, war es ein helles Licht?

B: Es schien ziemlich hell zu sein. Ich dachte es sei der Mondschein, aber weißt du, es konnte das Ding oben am Himmel sein, das Licht durch die Jalousien warf.

Ich dachte, wir hatten für diese Sitzung genug erforscht.

Es war merkwürdig, dass die gleiche Art von Blockade am nächsten Tag bei der Arbeit mit einer anderen UFO-Probandin auftrat. Sie erlebte einen dunklen Energiestrudel, der Dinge einzufrieren oder aufzuhalten schien. Sie konnte sich ebenfalls nicht über einen bestimmten Punkt hinaus erinnern. Es ist interessant, dass dieselbe Art von Blockierung bei zwei getrennten Personen in solch enger zeitlicher Nähe auftritt.

In den späteren Jahren (1990er Jahren) meiner Untersuchungen trat dies gelegentlich auf. Manchmal konnte ich es als einen Versuch des Unterbewusstseins erkennen, die Informationen zu blockieren, wenn der Proband nicht bereit war, etwas Derartiges zu untersuchen. Andere Male fragte ich mich, ob es durch posthypnotische Suggestionen der Außerirdischen selbst verursacht wurde, um zu verhindern, dass sich der Proband über einen bestimmten Punkt hinaus erinnert.

In den darauffolgenden Sitzungen mit Beverly konnten wir die Blockade lösen und herausfinden, was jenseits dieser Barriere lag.

Ein paar Wochen später trafen wir uns wieder und hatten eine weitere Sitzung. Wir versuchten immer noch, etwas zu finden, das ihre Gesundheits- und Geldprobleme in diesem Leben erklären konnte. Diesmal war die Sperre vom letzten Mal weg. Zu Beginn der Sitzung bot ihr Unterbewusstsein ihr zwei getrennte vergangene Leben zur Betrachtung an. Eines ereignete sich in einem Wüstenland. Das andere schien um den Bürgerkrieg herum datiert zu sein. Ich ließ sie die Wahl treffen und sie ging mit Leichtigkeit in ein Leben, das offenbar um die Jahrhundertwende endete. Es war nicht sehr interessant für mich, es war eher banal, was normal ist, aber es hatte doch einige Informationen, die für Beverly wichtig waren.

Als Nächstes ging sie in das andere Leben, das sie gesehen hatte, das Leben in der Wüste. Sie war ein Mann mittleren Alters und Mitglied einer Gruppe nomadischer Wüstenbewohner. Sie reisten und nahmen eine Ziegenherde mit. Die Ziegen waren für ihr Überleben wichtig, weil sie abgesehen davon, dass sie Nahrung boten, in den Städten verkauft oder für Güter des täglichen Bedarfs gehandelt wurden. Ich führte sie durch wichtige Ereignisse und sie war auf einem Markt und verkaufte und handelte Waren, die sie auf ihrem Weg mitnehmen wollten. Sie mochte die Freiheit, wandern zu können und frei von den vom Stadtleben auferlegten Gesetzen und Einschränkungen zu sein. Als sie nach einem Namen des Stammes gefragt wurde, fiel ihr der Name: „Teleg“ ein, aber sie war sich nicht sicher, ob es der Name des Stammes, seiner Stadt oder ihrer selbst war. Sie glaubte, sie befänden sich in Ägypten. Viele Informationen traten zutage, aber es war ein langweiliges Dasein.

Die Überraschung kam, als ich sie zu einem anderen wichtigen Tag in diesem Leben brachte. Normalerweise führe ich die Probanden durch ein vollständiges Leben hindurch, wichtige Tage antippend und dann mit ihrem Tod endend. Gelegentlich hüpfen sie in ein anderes, nicht verwandtes Leben. Dies ist üblich und zeigt die Instabilität des Unterbewusstseins, an einem Leben festzuhalten, wenn dieses Experiment zum ersten Mal versucht wird. Wenn der Proband dies Verhalten aufweist, gehe ich normalerweise mit, weil das Unterbewusstsein möglicherweise etwas Wichtigeres haben könnte, das es hervorbringen möchte. Normalerweise kann der Proband nach einigen Sitzungen an einem Leben festhalten und es detailliert untersuchen. Offenbar glaubte Beverlys Unterbewusstsein, dass es keinen Grund gebe, das Wüstenleben weiter zu erkunden. Es entschied sich, in etwas vorzustoßen, das es als bedeutungsvoller erachtete. Ich hätte sie für weitere Informationen in die Wüste zurückbringen können, aber ich entschied mich, diesmal mit dem Unterbewusstsein zu gehen. Da es bereits in der vorangegangenen Sitzung eine Sperre gezeigt hatte, dachte ich, es würde sich vielleicht vorbereiten, die Tür zu öffnen.

Ich bat sie, die Marktszene zu verlassen und zu einem anderen wichtigen Tag in ihrem Leben überzugehen. „Was tust du jetzt? Was siehst du?“

B: Ich bin in der Einfahrt bei der Tankstelle meines Vaters.

D: (Sie befand sich offensichtlich nicht mehr länger in dem Wüstenleben.) Oh? Wo ist das?

B: Nur die Straße von meinem Haus runter.

D: In welcher Stadt ist das?

B: In Shreveport.

D: Was tust du da draußen?

B: Mit den Jungs spielen, die dort arbeiten. Sie unterrichten mich über Harry Truman und das ABC. Und das Zählen.

D: Oh. Wie alt bist du?

B: Fünf oder sechs.

D: Ist dein Name Beverly?

B: Mmh-mmh. Sie lehren mich auch, das zu buchstabieren.

D: Gehst du schon zur Schule?

B: Nein. Aber ich werde mehr wissen, als die anderen Kinder, wenn ich in die Schule komme, weil Eddie mich lehrt. Eddie ist ein schwarzer Mann. Ich weiß nicht, warum sie sie schwarz nennen, denn sie sind braun.

D: Ja, das sind sie. Nun, du hast Glück, dass dich jemand unterrichtet. Du wirst mehr wissen, als die anderen Kinder, nicht wahr?

B: Mmh-mmh. Und ich bin glücklich. Ich mag Eddie. Er hat aber nur eine Hand.

D: Wirklich? Was geschah?

B: (Sachlich) Die andere wurde abgehackt.

Diese typische kindliche Ehrlichkeit kann manchmal überraschend sein.

D: Oh? Und du sagtest, dein Vater habe eine Tankstelle?

B: Mmh-mmh. Und Eddie arbeitet für ihn. Eddie ist fast so schlau wie mein Vater.

D: Nun, ich finde es schön, dass er dich unterrichtet.

Ich beschloss, die Szene im Wald erneut zu probieren, jetzt, da die Barrieren anscheinend niedergerissen waren. Sie befand sich offensichtlich in einem viel tieferen Zustand. Sie legte die Persönlichkeit des kleinen Mädchens an den Tag, bis hin zu ihren Gesichtsausdrücken, Handgesten und Körperbewegungen. Ich strukturierte meine Rede und Fragen so, als spräche ich mit einem Kind.

D: Lass uns weitergehen, bis zu der Zeit, als du in der ersten Klasse bist und zur Schule gehst und Dinge lernst. Gehe weiter zu dem Tag, an welchem du mit deiner Freundin in den Wald neben der Schule gingst. Warum hast du das getan? Wolltest du nicht nach Hause gehen?

B: Nein! Wir wollten draußen bleiben und weiterspielen.

D: Magst du Schule?

B: Es ist okay. Ich lernte eine Menge neuer Leute kennen. Und es ist einfach. Alles, was wir tun ist die ganze Zeit in Büchern malen.

D: Lernst du nicht deine Buchstaben und alle die Dinge?

B: Ja, aber ich kenne sie schon. Ich bin die Kleinste in der Schule, aber ich weiß schon so viel wie sie.

D: Gut, wer ist bei dir?

B: Diese eine Lehrerin, die heiraten wird, mir fällt ihr Name nicht ein. Aber ich sehe ihr Gesicht. Sie hat braunes Haar und sie wird heiraten und ihr Name wird sich ändern. Und da ist Clinton. Da ist ein weiterer Lehrer. Und meine Freundin Patricia. Und ein Junge namens Bobby,

D: Die sind in deiner Klasse?

B: Draußen auf dem Schulhof.

D: Nun, dann gingst du rüber in den Wald?

B: Ja, als die Schule aus war und alle gegangen waren, gingen Patricia und ich.

D: Erzähle mir davon. Wie war der Wald?

B: (Sanft und kindlich hochgestochen) Er war unheimlich.

D: (Kichern) Aber war es ein gutes Unheimlich?

B: Ja. Und die Bäume sind wirklich hoch. Und wir kichern einfach, weil wir etwas tun, das wir nicht tun sollten.

D: Warst du je zuvor in dem Wald?

B: Nicht dort in diesem Wald. Ich war in einem kleinen Wäldchen. Aber das ist ein Wald mit langen, langen Wegen.

D: Hast du keine Sorge, du könntest dich verirren?

B: Ich werde denselben Weg rauskommen, den wir reingekommen sind.

D: Was siehst du, während du gehst?

B: Nun, wir sehen eine Menge Bäume.

Es gab eine lange Pause. Ihre Augenbewegungen zeigten, dass sie etwas erlebte.

D: Hat Patricia ungefähr dein Alter?

Ihre Stimme war leiser, als sie antwortete: „Ja.“ Ich wusste, dass etwas vor sich ging, aber ich musste sehr vorsichtig sein, sie nicht zu leiten oder gar zu suggerieren.

B: (Vorsichtig) Ich glaube, da ist etwas in dem Wald. Es könnten Mäuse sein. Vielleicht auch nicht. Es könnten große Insekten sein.

D: Was siehst du?

B: Ich sehe nichts, aber ich weiß einfach, da ist etwas darin. Ich kann es hören.

D: Wonach klingt es?

B: (Pause) Es ist nur Bewegung. Etwas bewegt sich da drinnen umher.

D: Wirst du herausfinden, was es ist?

B: Ich weiß nicht. Ich denke nicht, dass wir weitergehen sollten. Ich denke, wir bleiben besser genau hier. Ich sehe ein Licht.

D: Woher kommt es?

B: Es kommt von drinnen aus dem Wald, es kommt auf mich zu.

D: Wir groß ist das Licht?

B: Es ist nicht wirklich groß. Aber es ist blau, blau-weiß. Es rückt vor.

D: Etwa so groß wie eine Taschenlampe?

B: Nein, es ist größer, als eine Taschenlampe.

D: Wie das Scheinwerferlicht eines Autos?

B: So in der Art. Es könnte so groß sein, ja.

D: Aber Scheinwerferlichter haben nicht diese Farbe, nicht wahr? (Nein) Kommt es schnell, oder langsam?

B: Langsam. Ich weiß nicht, was ich tun soll. (Seufzen) Ich muss mutig sein.

D: Was willst du tun?

B: Nun, ich denke nicht, dass ich irgendetwas tun kann. Ich denke nicht, dass ich rennen kann. Ich denke, ich wurde schon erwischt.

D: Warum glaubst du nicht, dass du rennen kannst?

B: Ich denke einfach nicht, dass ich es kann. Ich denke, es ist zu spät. Es ist, als ob ich in einer Schlingenfalle wäre oder so. Ich glaube nicht, dass ich mich jetzt zurückziehen kann. Es fühlt sich nicht so an, als könnte ich mich umdrehen oder irgendetwas.

D: Ist das Licht noch da?

B: Mmh-mmh. Ich glaube, wir gehen mit ihm. Ja, es zieht uns zu sich.

D: Wie groß ist es jetzt?

B: Es ist so groß wie ich.

D: Zuerst sagtest du, es sei so groß wie ein Scheinwerferlicht?

B: Das war dort, wo es herauskam, aber es wirft ein großes Licht aus. Wenn es dorthin scheint, wo es so groß ist wie ich bin, kann ich nirgendwohin gehen. Es ist ganz um mich herum.

D: Was ist mit Patricia?

B: Ich weiß nicht. Ich vermute, es ist auch um sie herum.

D: Du sagtest, du fühlst dich, als wolltest du mit ihm gehen?

B: Ich glaube, ich muss. Ich denk nicht, dass ich jetzt entkommen und rennen kann. Außerdem würde es mich einfach fangen, wenn ich es täte. Ich gehe auf den Blättern nach vorne, aber es ist, als brächte mich das Licht dazu, es zu tun. Es ist hell und es macht mich außerstande, die Dinge zu sehen. Aber es ist okay. Es tut mir nicht weh.

D: Erzähle mir, was geschieht.

B: Nun, wir gehen da hoch und wir gehen in dieses kleine Gebäude hinein. Es ist angefüllt mit Licht. Ich konnte es nicht sehr gut sehen. Es ist ungefähr wie ein Auto. Größer, als ein Auto, vermute ich.

D: Welche Form?

B: Es ist rund, wie die Hälfte eines Balles.

D: Wie geht man hinein?

B: Durch eine der Fensteröffnungen. Sie haben eine ganze Reihe Nischen oder Fensteröffnungen, durch die man hineingehen kann.

D: Befindet es sich auf dem Boden?

B: Nein, es ist nicht auf dem Boden. Es befindet sich über dem Boden. In etwa. Es ist auf niedriger Höhe, aber es ist über dem Boden. Man schwebt einfach hoch zu der Fensteröffnung und geht dort hinein. Und dann legen sie mich schlafen.

D: Was konntest du sehen, bevor sie dich schlafen legten?

B: Kleine Leute. Sie sehen nicht sehr wie Leute aus. Sie sehen aus wie kleine Kreaturen. Sie sind nicht viel größer als ich. Aber sie sind nett. Könnten Schein-Freunde sein.

D: Könnte sein. Kannst du ihre Gesichter sehen?

B: Kleine Käfergesichter, außer dass sie hell sind. Ich meine, sie sind nicht dunkel wie Käfer. Eine Art blassrosa-gräuliche Farbe, wie die Haut eines kleinen Kindes, aber käferartige Gesichter. Weißt du, wie hässlich Käfer im Gesicht aussehen?

D: Haben sie Haare?

B: Nein. Keiner von ihnen hat Haar. Und sie bringen mich nur in den Schlaf.

D: Konntest du sehen, wie ihre Augen aussahen?

B: Es sind riesengroße runde Augen, wie schwarze Knöpfe oder so etwas. Sehr große.

D: Was ist mit ihrer Nase und ihrem Mund?

B: Sie haben keine Nasen und keine Münder. Vielleicht. Sie haben nur eine Art ... Käfergesichter. Weißt du, sie haben keine Gesichtszüge, wie wir.

D: Hast du irgendetwas an ihren Körpern bemerkt?

B: Eine Art geisterhafte Körper. Weißt du, ich glaube nicht, dass sie Beine haben. Ich denke, sie schweben nur irgendwie herum. Vielleicht haben sie Beine, aber dann sind es nicht Beine, wie meine. Ihre Körper und Arme und auch Beine sind wirklich dürr. Ich weiß nicht, wie sie sich auf ihnen halten können. Deshalb sagte ich, dass sie so etwas wie schweben. Es ist alles blassrosa hier drin. Die Farbe, das Licht, es ist komplett rosa. Ich vermute es ist rosa für kleine Mädchen. Ich weiß nicht.

D: Das würde Sinn ergeben, nicht wahr? Konntest du sehen, wie viele Finger sie haben?

B: Oh, Sie haben ... entweder drei oder vier Finger.

Sie hielt ihre Finger hoch, knickte den kleinen Finger nach unten und hielt ihn mit ihrer anderen Hand nach unten. Sehr kindliche Gesten.

B: Sie haben keinen kleinen Finger. Sie haben einen Daumen und ... zwei, nein es müssen drei da oben sein. Es gibt einen Jungen in meiner Schule, der sechs Finger hat. Und diese Leute haben nur vier. Lester ist sein Name. Er hat sechs Zehen und sechs Finger.

D: Und diese Leute haben nur drei Finger und einen Daumen. So kann es passieren. (Mmh-mmh) Tragen diese kleinen Leute Kleider?

B: Nein. Sie tragen keine Kleider, so wie Tiere keine Kleider tragen. Ich sehe nichts, weißt du.

Sie sagte dies irgendwie geheimnistuerisch. Bezog sie sich auf die Genitalien?

D: Siehst du sonst noch etwas in dem Raum? Du sagtest, es gebe rosa Licht?

B: Ja. Viele Lichter überall. Und viele Tische. Nicht viele Tische. Einige Tische. Wie einen Arzttisch. Wie Untersuchungstische. Und dann gibt es noch einen anderen Raum. Es ist ein kleiner Raum. Und da sind diese Vergrößerungsglasdinger auf dem anderen Tisch in dem anderen Raum.

D: Was meinst du damit, ein Vergrößerungsglas?

B: Sie sehen aus wie jene Dinge, die in die Luft ragen und dann wieder nach unten kommen. (Sie machte Handbewegungen.) Wie wenn sich das Licht biegt. Nicht biegt, es hat eine Krümmung in sich. Es geht hoch und dann kommt es wieder runter. Und sie können es scheinen lassen, wohin auch immer sie wollen.

D: Oh, ja, du meinst, sie können es herumbewegen? Ein großes Licht, wie es Ärzte haben? (Ja) Und es vergrößert?

B: Ich glaube, das tut es. Es befindet sich in dem anderen Raum. Da drüben. (Sie schwang ihre Hand und ihren Arm mit einer schnellen Bewegung und zeigte nach links.) Wo der andere kleine Tisch ist. Und das Licht ist auf dem langen Stock-Ding, das aus aus der Wand ragt.

D: Du sagtest, es gebe viele Lichter? Wo sind diese?

B: Sie befinden sich in den Wänden. Es ist wirklich leuchtend. Es ist wie, wenn Lichter in einem Raum verborgen sind, aber dennoch alles erhellt ist? Nun es ist wirklich leuchtend und erhellt, aber ich sehe nicht, wo die Lichter sind.

D: Du meinst, als wären sie hinter etwas?

B: Ja, oder sie kommen einfach aus den Wänden, bis auf den anderen kleinen Raum, wo das große gekrümmte Licht ist. Das ist, wo sie einen untersuchen. Dort gibt es auch Tische drin. Ich weiß nicht, wofür sie jene Tische verwenden, weil sie mich niemals auf jenen Tisch gelegt haben. Vielleicht verwenden sie das für erwachsene Leute.

D: Sieht es größer aus?

B: Ja. Die Tische stehen in einem Kreis in der Raummitte.

Ich bat sie, zu erklären.

B: Nun, es sind lange Tische. Und dann ist da noch ein anderer und noch einer und noch einer. Vielleicht sind es keine Tische zum Untersuchen. Vielleicht sind sie eine Art Behälter für etwas. Sie gehen bis runter bis zum Boden. Es ist wie etwas Festes, wo man Zeug reinstecken kann. Mit Schubladen und solchen Dingen.

D: Woraus scheinen diese Tische gemacht zu sein?

B: Rostfreier Stahl. Echt glänzend.

D: Wenn sie in einem Kreis stehen, gibt es da irgendetwas in der Mitte des Kreises?

B: Nein, da ist nichts in der Mitte. Aber man kann hineingehen und in deren Mitte stehen, wie zwischen den Tischen.

D: Nun, siehst du etwas neben den Tischen?

B: Ich sehe die Zugbrücke.

D: Was ist das?

B: Es ist das Ding vorne draußen, das die Türe schließt.

D: Ist es das, worauf du reingekommen bist?

B: Ich vermute. Es war bereits offen, als ich reinkam. Aber ich weiß, es ist da draußen und sie schließen es.

D: Siehst du noch etwas in dem Raum?

B: Um die Wand herum gibt es all diese Zählscheiben und Griffe und all so etwas, um das Schiff zu drehen und zu betreiben. Sie gehen ganz rundherum. Alles sieht aus ... wie ein Flugzeug. Es ist mir zu kompliziert. Es gibt ein paar Sachen, die aussehen ... Ich meine, es sieht nicht aus wie ein richtiger Fernseher. Es ist keine Kiste. Es ist wie ein Paneel oder ein Bildschirm, auf dem man Dinge sehen kann. Sie sind nicht eingeschaltet. Ich kann mir allerdings vorstellen, dass sie sie einschalten, wenn sie herumfliegen. -- Weißt du, was ich wette, dass diese Dinge in der Mitte sind? Ich wette, sie sind Betten für diese kleinen Kerle. Ich wette, das ist es. Sie schlafen wahrscheinlich oben drauf und behalten alle ihre Sachen unten drin.

D: Das macht Sinn, nicht wahr? Kannst du noch etwas da drin sehen?

B: Nein. Ich bin bereit, zu gehen, wirklich.

D: Was meinst du?

B: Ich bin bereit, wegzugehen. Bereit, rauszugehen und nach Hause zu gehen.

D: Sagtest du, wie bringen dich in den Schlaf?

B: Sie bringen in mich in den Raum. Und ich bin so schläfrig, dass ich meine Augen nicht offen halten kann. Und dann, wenn ich dort bin, bin ich ... ich erinnere mich nicht. Ich schlafe nur.

D: Was taten sie, um dich schläfrig zu machen?

B: Ich glaube, sie strahlen diese Lichter auf mich. Das lässt mich einschlafen.

D: Bist du von alleine auf den Tisch gelangt?

B: Nein, sie müssen mich da hochgelegt haben, denn ich schlief zu tief. Ich ... schwebte einfach so da hoch. Aber sie hoben mich auf eine Art an. Und dann war ich einfach eingeschlafen. Ich denke, die Lichter verursachen es. Die Lichter sind echt seltsam. Sie tun alle möglichen Dinge. Wenn man in das Licht gelangt, kann man nirgendwo anders hingehen. Und dann, wenn es einen reinzieht, muss man mit ihm mitgehen, denn man kann nichts anderes tun. Und dann weiß ich, dass innen drin alles blassrosa war, aber immer noch weißlich und mit einer Art gelbem Blassrosa drin. Das liegt daran, dass es so hell ist. Es ist wie Sonnenlicht, das gelb-rosa ist. Weißt du, nicht gelb-rosa lackiert. Aber es kann dich zum Schlafen bringen oder dich aufwecken. Es muss fähig sein, alle möglichen Dinge zu tun.

D: Aber auch wenn du schlafen gingst, erinnerst du dich immer noch und du kannst mir erzählen, was geschah, als du auf dem Tisch lagst.

B: (Leise) Sie lehnten sich über mich. Und sie zogen das Licht herunter. Und sie führten es über meinen ganzen Körper.

D: Was sahen sie sich an?

B: (Kindlich) Nur, um zu sehen, woraus ich gemacht wurde. Dann war es wie im Schlafzimmer, wenn sie über mein ganzes Bett krabbeln.

D: Sind das dieselben?

B: Ich denke nicht, dass es dieselben sind. Sie sind heller. (Emotional) Ich denke, sie schauen nur, aber ich kann mich nicht bewegen. Ich kann nicht sprechen.

D: Das ist in Ordnung. Du kannst zu mir sprechen.

B: Es ist nicht so, als täte es richtig weh. Aber man kann sich nicht bewegen. Es ist sehr beängstigend. (Sie weinte beinahe.) Und dann berühren sie mich, aber das ist nicht der Grund, warum ich mich nicht rühren kann. Ich kann mich in keiner Weise bewegen. Ich bin wie erstarrt.

D: Denkst du, es hat etwas mit dem Licht zu tun?

B: Dem Licht oder dem Tisch.

D: Wie fühlt sich der Tisch an?

B: Ich fühle ihn nicht, weil ich nicht wirklich darauf liege. Ich bin darüber. Er sieht für mich aus, als sei er kalt. Aber es ist, als liege ich dort einfach in der Luft.

D: Was tun sie, während sie dich ansehen?

B: Sie machen leise Geräusche. (Sie machte leise zirpende oder schrille Schnattergeräusche.) Als würden sie einen Sturm heraufbeschwören.

In der Mehrheit der Fälle wird berichtet, dass die Kreaturen geistig oder telepathisch kommunizieren und keine Geräusche machen. Aber ein paar Fälle in diesem Buch und in meinem Buch Vermächtnis von den Sternen berichten von einer schrillen, zuweilen melodischen mündlichen Kommunikation.

D: Kannst du sie verstehen?

B: Nein. (Sie machte mehr von den zirpenden Lauten.) Wie kleine Ameisen. Kleine geschäftige Ameisen.

D: Das ist eine lustige Art, zu sprechen, nicht wahr? Was taten sie noch?

B: Nichts. Sie waren fertig und brachten das Licht wieder zurück nach oben in die Wand. Es passt irgendwie in die Wand.

Ihre Stimme war jetzt nicht mehr so aufgeregt. Als ob sie sich beruhigte, sobald sie fertig waren.

B: Es war, als wären sie ganz um mich herum. Weißt du, es ist wie erstickt werden.

D: Warum sind sie so nah?

B: Sie schauen. Ich denke, sie schauen ganz durch mich hindurch.

D: Ganz durch dich hindurch? Glaubst du, sie können das tun?

B: Mit diesen Lichtern können sie es. Ja. Ganz hindurch. Deshalb bin ich nicht direkt auf dem Tisch, so können sie es auch darunter tun. Sie können es mit diesem Licht tun. Dann begannen sie, sich zurückzuziehen. Und es war, als wäre ich in diesem rosa Schlaf. Und ich kam dann wieder von dem Tischbereich herunter. (Handbewegungen)

D: So schwebend?

B: Ja. Aber dann aufrecht. Und dann auf eine Art in diesem Licht in den anderen Raum zurückgetragen. Und dann ging ich.

D: Liefst du einfach aus der Tür?

B: Ja. Ich lief die Rampe hinunter. Und ich war wieder unten im Wald.

D: Ich wundere mich, warum sie all dies taten?

B: Ich denke nicht, dass ich mich zu viel wundern kann. Sie reden alle diesen Kauderwelsch. Das einzige Mal, dass sie richtig redeten war, als sie meinen Körper untersuchten, somit glaube ich, dass es etwas damit zu tun hatte. Aber es ist, als ob sie einen irgendwie taub machen würden und man kann nicht zu viel denken oder sich zu viel fragen. Insbesondere, wenn man klein ist, denn sie sind größer als ich. Aber wenn das eine erwachsene Person wäre, würden sie nicht größer sein.

D: Sie sahen nicht sehr stark aus und doch denkst du, sie hoben dich hoch.

B: Die Lichter taten es.

D: Nun, ist dies das erste Mal, dass du an diesem Ort warst?

B: Nein. Aber es ist das erste Mal, dass ich vom Wald aus dorthin gegangen bin. Die anderen Male kamen sie einfach und holten mich aus meinem Bett.

D: Dann war dir dieser Ort vertraut? (Ja) Nun, weißt du, ob Patricia noch bei dir ist?

B: Ich habe keine Erinnerung an Patricia, bis wir aus dem Wald hinausrannten. Aber dieser Raum war nicht sonderlich groß. Ich weiß nicht, wo sie gewesen sein könnte. Ich sah sie nicht. Aber diese Lichter tun alle möglichen Dinge. Also es ... (verwundert) sie könnte dort gewesen sein und ich sah sie nur nicht.

D: Aber bist du aufgewacht, als du nach draußen gingst?

B: Ich erinnere mich daran, wie ich die Rampe hinunterging und daran, im Wald zu sein. Und dann erinnere ich mich ein paar Minuten lang an nichts mehr. Und dann rannten Patricia und ich kichernd aus dem Wald hinaus.

D: Was geschah mit dem großen Licht, das wie ein Halbkreis aussah?

B: Ich weiß nicht. Wir ließen es im Wald zurück.

D: Aber du sagtest, sie kämen in dein Zimmer, dich zu holen?

B: Mmh-mmh. Das war beängstigend. Ich mochte das überhaupt nicht. Manchmal tun sie das in meinem Zimmer und erschrecken mich zu Tode. Andere Male holen sie mich aus meinem Zimmer heraus.

D: Wie tun sie das?

B: Durch das Fenster hinaus.

D: Sie tragen dich raus durch das Fenster?

B: (Gereizt) Sie müssen mich nicht tragen. Das Licht trägt einen einfach. Es ist, wie in einem Fahrstuhl zu sein, nur dass es ganz aus Licht ist.

D: Ist das Fenster offen, wenn sie das tun?

B: Es spielt keine Rolle, ob es offen ist, oder nicht. Wenn es nicht offen ist, gehen wir einfach durch es hindurch.

D: Das ist wie Magie, nicht wahr?

B: Mmh-mmh. Sie sind magisch.

D: Glaubst du also, falls jemand in dein Zimmer gekommen wäre, während du fort warst, hätte er dich im Bett liegen sehen?

B: Sie würden niemanden reinlassen. Sie werden nie erwischt. Ich glaube, sie lassen die Zeit stillstehen. Ich glaube, das ist es, was sie tun.

D: Sahen sie immer gleich aus?

B: Nein. Es gibt einige andere, die anders aussehen. Sie sehen aus wie Raupenkörper mit Armen und Beinen.

D: Du meinst, lang und dünn?

B: Höckerige Körper. Weißt du, wie Raupen Höcker auf dem Rücken haben?

D: Ja, wie Bergrücken?

B: Ja. Diese Leute sind nur Boten. Ich weiß, dass sie es sind.

D: Die höckerigen Leute? Was lässt dich glauben, dass sie Boten sind?

B: Das einzige Mal, dass ich sie sehe, ist, wenn sie mich auf diesem Licht aus meinem Bett holen und in diesen Raum bringen und dann sind sie weg. Das ist der einzige Moment, in dem ich sie sehe. Und sie sprechen zu mir. Sie sprechen nicht mit ihrem Mund. Es ist als wären sie Krankenpfleger. Weißt du, wie Krankenpfleger sich um einen kümmern, wenn man den Flur hinuntergeht? So tun sie es. Und ich glaube, das ist alles, was sie tun.

D: Was sagen sie zu dir?

B: „Wie geht es dir heute?" Sie sagen es nicht. Sie denken es einfach, und man weiß, dass sie es denken. Und es ist, als wären sie nett, weil sie wissen, dass sie einen dorthin bringen müssen.

Von diesem Typ wurde auch in anderen Fällen berichtet, zum Beispiel in meinem Buch Hüter des Gartens. Es ist interessant, dass sie es wegen des fürsorglichen Eindrucks einen Krankenpfleger nennen, während die anderen kalt, abgelenkt und oft desinteressiert sind. Die Probanden sagen, dieser Typ Krankenpfleger vermittle einen weiblichen Eindruck, obwohl es keinen Hinweis auf das Geschlecht gebe.

D: Welche Art von Gesichtern haben jene Leute?

B: Sie sind wie die anderen Leute, aber sie sind dunkler und gröber. Sie sind nicht so ebenmäßig. Sie sind nicht so fein.

D: Sind ihre Gesichter auch höckerig? (Nein) Was für Augen haben sie?

B: Sie haben ebenfalls riesengroße schwarze Augen.

D: Es ist nur ihre Haut anders?

B: Nun, ich glaube, sie sind auch dicker.

D: Haben sie Haare?

B: Nein, kein Haar, aber so etwas, wie wenn man gerade einen Bart bekommt. Sie haben es über ihren ganzen Körper, einfach kleine kurze steife Haare. Nicht sehr dicht, nur hier und da auf ihren kleinen bräunlichen Körpern.

D: Unebene, höckerige Körper.

B: Wirklich raue Haut. Auch nicht wie Kuhhaut. Vielleicht eher wie Schweinehaut. Ich glaube, sie sind eine Art Arbeiter.

D: Keiner dieser Leute trägt Kleidung, nicht wahr?

B: Nein, nein. Sie müssen es nicht.

D: Nun, wie bringen sie dich zurück in dein Zimmer?

B: Ich weiß nicht. Ich wache immer einfach auf und bin dort. Ich vermute, sie bringen mich auf dieselbe Art zurück, aber schau, bis dann schlafe ich bereits.

D: Tun diese Leute jedes Mal, wenn du dorthin gehst, dasselbe mit dem Licht auf dem Tisch?

B: Ich nehme nicht an, dass es immer dasselbe ist. Manchmal machen sie an meinen Haaren herum. Sie nehmen Stücke davon und sie nehmen etwas von meinem Blut.

D: Wie tun sie das?

B: Sie zappen es einfach raus. Weißt du, wie man durch einen Strohhalm saugt? Nun, das hier war etwas winziger. Sie saugten es nicht und benutzten keine Nadel oder Ähnliches, sie ließen das Blut einfach in einem kleinen Strahl aufsteigen, um es zu gewinnen. Durch die Haut. Ich konnte kein Instrument sehen. Ich glaube nicht, dass sie eines hatten.

D: Wenn das Blut durch deine Haut herauskäme, wo würde es hinfließen?

B: In ein kleines ... Ding. Ein kleines Gefäß. (Handbewegungen) Und sie nahmen etwas von meinem Pipi. Sie gingen einfach mit einem Gefäß dort runter und .... taten es einfach.

D: Sie wissen, wie man alle möglichen Dinge tut, oder? (Ja) Ich frage mich, warum sie das immer wieder tun?

B: Ich vermute, sie versuchen, noch mehr Dinge zu erfahren. Sie behalten mich nicht sehr lange dort. Ich denke, sie wollen nicht, dass meine Eltern oder sonst jemand etwas davon weiß, weil scheinbar niemand von ihnen weiß. Du redest nicht über sie. Ich rede nicht über sie. Es ist so, als wäre das einfach ... irgendwo da drüben.

D: Es ist getrennt von dir, meinst du?

B: Ja. Und so behalten sie mich nicht lange, denn sonst würde man sie wahrscheinlich entdecken. Vielleicht bekommen sie nicht alles auf einmal erledigt, das ist es, was ich denke. Da sie mich nicht lange behalten, bringen sie mich vielleicht immer wieder zurück, um etwas anderes zu tun.

D: Das macht Sinn. Aber die Hauptsache ist, dass sie dich nicht verletzen, oder?

B: Sie verletzen mich nicht, aber ich mag es nicht, wenn sie mich auf dieses tischähnliche Ding legen und dann überall auf mir sind.

D: Ja, und du kannst dich nicht bewegen. Das ist ein bisschen beängstigend. Ich schätze, sie haben Gründe für das, was sie da tun.

B: Es geht mich nichts an. Ich denke es ist ziemlich schäbig, weil sie dabei hinterlistig sind. Aber es ist wie eine ganz andere Welt. Und mit dieser Welt reden sie nicht darüber. Ich weiß nicht warum, aber so ist es eben.

D: Wenn ich komme, um dich wiederzusehen, wirst du mir dann ein paar weitere Dinge erzählen?

B: Ich denke schon.

D: Denn ich bin interessiert und ich rede gerne mit dir. Und ich erzähle es niemandem weiter. Ich werde dich in keinster Weise in Schwierigkeiten bringen.

B: Weißt du, ich glaube nicht wirklich, dass du mich noch in Schwierigkeiten bringen würdest. Ich glaube nicht einmal, dass sie überhaupt noch kommen.

Ihre Stimme war jetzt reifer. Sie hatte das Kind anscheinend zurückgelassen.

Als Beverly erwachte, war das Einzige, woran sie sich bei dieser Sitzung erinnerte, etwas über die Wüste und ein rosafarbenes Licht. Das war alles.

Da ein schrecklicher Sturm ausbrach, bevor ich ihr Haus verlassen konnte, blieb ich und aß mit Beverly zu Abend. Sie wollte einen Teil des Bandes hören. Als sie zuhörte, war es, als würde sie es zum ersten Mal hören. Sie war verdutzt. Sie hatte absolut keine Erinnerung an irgendetwas davon und sagte immer wieder, sie müsse es erfunden haben.

Wir trafen uns einige Tage später erneut zu einer weiteren Sitzung. Wegen des Durchbruchs in der letzten Sitzung wollte ich mich auf ihre UFO-Erfahrungen konzentrieren. Ich wollte etwas über die Zeit in Houston herausfinden, als sie behauptete, ein Raumschiff in ihrem Garten gehört zu haben, aber anstatt aufzustehen, um Nachforschungen anzustellen, wieder schlafen ging. Sie wurde auch gereizt, weil ihr Mann nicht aufwachte.

Als sie in Trance war, sagte ich ihr, sie solle zurückgehen bis irgendwann in den Jahren 1973 bis 1975, als sie in Houston, Texas, lebte. Ich bat sie, zu der Nacht zurückzukehren, als sie die ungewöhnliche Erfahrung hatte, ein Geräusch in ihrem Garten zu hören. Als ich sie hineinzählte, kehrte sie automatisch zu dieser Nacht zurück. Das Jahr war 1974, und sie machte sich bettfertig.

B: Wir haben ein wirkliches großes Bad, das sich zum Schlafzimmer hin öffnet. Eine Bogentür.

D: Und nun bist du zu Bett gegangen. Bist du sofort eingeschlafen? (Ja.) Hast du die ganze Nacht durchgeschlafen?

B: Nein. Jemand kam in mein Schlafzimmer.

D: Jemand, den du kanntest?

B: Nein. Es war eine Gestalt. Sie war beinahe wie ein Geist. Sie war riesengroß. Ich denke, es war eine männliche Gestalt. Und sie war gertenschlank.

D: Was meinst du mit gertenschlank?

B: Als könne sie im Wind wehen. Sie war fast wie durchsichtig.

D: Als hätte sie nicht viel Substanz?

B: Ja. Groß. Weißlich aussehend. Beinahe wie ein Geist, aber er war kein Geist. Gräulich-weiß. Und die Gestalt schien einfach in dem Türbogen im Raum zu schweben.

D: Was geschah dann?

B: Ich lag einfach da und schaute sie an. Sie kam in den Raum zwischen diese Tür und die Schranktür. Ich weiß, sie war näher beim Bett. (Pause) Und ich hatte Angst.

D: Ja. Ich denke, das hattest du. Du hast das nicht erwartet. Was geschah dann?

B: Ich weiß nicht. Nur ... (Seufzen) Ich weiß, da ist etwas im Garten.

D: Woher weißt du das?

B: Es hat ein Licht. Es ist wie ein Glühen. Etwas landete im Garten. (Mit Resignation) Und ich vermute, es ist ein Raumschiff und es glüht.

D: Was lässt dich vermuten, dass es ein Raumschiff ist?

B: Ich weiß es einfach.

D: Könnte es nicht ein Auto sein oder so etwas?

B: Nicht im Garten. Es gibt keine Möglichkeit, dort mit einem Auto hinzukommen. Es ist alles mit einem hohen hölzernen Sichtschutzzaun umzäunt.

D: Könnte es nicht jemand da draußen mit einem Licht oder so etwas sein?

B: Ich denke nicht. Es sitzt unten am Boden. Ich sehe das Glühen durch die ... da ist ein bambusartiger Lichtschutz an dem großen Dreifachfenster.

D: Sieht das Licht sehr groß aus?

B: Nein. Es ist wirklich sehr klein. Mein Garten hat keine Bäume. Wir haben wahrscheinlich den einzigen Garten da draußen ohne Bäume. Wir überlegen, einen Swimmingpool einzubauen.

D: Hast du etwas gehört?

B: Ich weiß nicht, ob ich etwas draußen hörte. Es ist, wie wenn du weißt, da ist ein Geräusch, aber du hörst es nicht mit deinen Ohren. Das ist wahrscheinlich das, was mich wachrüttelte. Und dann spürte ich dieses Ding im Raum. Es war gegenüber der Seite des Bettes, wo ich schlief.

D: Auf der Seite deines Mannes?

B: Mmh-mmh. Aber er war nicht wach.

D: Welche Art Geräusch weckte dich auf?

B: Es ist wie ein Hochleistungsbohrer oder eine Hochleistungssäge oder Ähnliches, aber nicht so tief. Es ist ein hellerer Klang als der, aber es war der Klang von schnellem Drehen.

Das hörte sich gewiss bekannt an.

D: Und du denkst, das war es, was dich aufweckte?

B: Ich glaube. Ich meine, es war nicht laut. Es war, wie wenn man die Anwesenheit von etwas spürt und man weiß, dass da jemand ist. Und es einen irgendwie erschreckt.

D: Also war es nicht das Geräusch selbst. Es war das Geräusch und das Gefühl einer Anwesenheit.

B: Ja. Wenn das Geräusch etwas anderes gewesen wäre, hätte mich die Lautstärke normalerweise nicht aufgeweckt. Aber es ging ein Gefühl damit einher.

D: Denkst du, deswegen hörte es dein Mann nicht?

B: Wahrscheinlich. Er sagt er habe einen leichteren Schlaf als ich, aber offensichtlich doch nicht.

D: Aber wann immer du diese Gestalt sahst, sahst du auch etwa zur selben Zeit das Licht im Garten?

B: Ich glaube, ich war zur Tür gewandt, also sah ich die Gestalt zuerst. Aber ich konnte sagen, dass hinter mir, wo das Fenster war, ein Glühen durch die Bambus-Jalousien schien.

D: Es könnte nicht der Mond gewesen sein?

B: Es schien irgendwie wie ein Mond hindurch, nur, dass es nicht von weit oben war. Es war wie ein geballtes Licht. Weißt du, wie der Mond sein Licht überall hinstrahlt?

D: Ja. Aber ich denke, es ist interessant, dass du glaubtest, es sei ein Raumschiff.

B: Es war ein Raumschiff.

D: Gut, was geschah dann?

B: Die Gestalt war in der Nähe der Seite meines Mannes, aber sie störte ihn nicht. Sie war wegen mir da. Ich weiß das, weil dies schon seit langer Zeit vor sich ging.

D: Es ist nichts Neues. Was geschah dann?

B: Ich weiß nicht. Es hört hier auf. Ich liege im Bett auf meiner linken Seite, bin zur Tür gewandt und schaue diese Gestalt an in dem Wissen, dass dieses Glühen da draußen im Garten ist. Sie ist dort einfach erstarrt. Und sie macht mir Angst. Weißt du, (Seufzen) in mir ist ein Gefühl der Angst.

D: Deshalb denke ich, es ist wichtig, dass du sie betrachtest und herausfindest, was passiert ist. Dann wirst du keine Angst mehr vor ihr haben. Sobald wir herausgefunden haben, was passiert ist, können wir uns weiterbewegen und es zur Ruhe bringen. Du bist in der Lage, sie anzusehen, weil dein Unterbewusstsein alles aufzeichnet, auch wenn sich der Körper nicht bewusst daran erinnert. Es passierte also etwas, das das Bewusstsein an genau jenem Punkt blockierte. Was geschah? Was hat die Gestalt getan?

B: Die Gestalt ging um das Fußende des Bettes herum und aus dem Fenster hinaus. Und ich folgte ihr. (Lässig) Und ich ging geradewegs durch das Fenster.

D: Dies ist ähnlich dem, was du als Kind zu tun pflegtest, nicht wahr?

B: Mmh-mmh. Ich denke, deshalb habe ich solche Angst davor.

D: Warum machte es dir diesmal Angst?

B: Ich denke, es macht mir immer Angst. Das ganze Ding. Man sollte eigentlich nicht fähig sein, durch Fenster hindurchzugehen.

D: Das ist wahr. Denkst du also, es ist wie ein Traum, in dem du solcherlei Dinge tun kannst?

B: Vielleicht. Vielleicht geht mein Geist hinaus und mein physischer Körper nicht. Ich weiß nicht. (Seufzen) Vielleicht lassen sie mich de-materlialisieren? (Sie war sich dieses Wortes unsicher.) Und re-materialisieren mich. Vielleicht geht mein Körper aber tatsächlich.

D: Glaubst du, wenn dein Mann aufwachte, er würde dich nicht im Bett sehen?

B: Er wird nicht aufwachen. (Nachdenkend) Mein Körper muss gehen. Wenn er nicht ging, warum sollte es ihnen wichtig sein, dass sonst niemand aufwachte oder hereinkam? Sie taten es, als ich ein Kind war, weißt du, in meinem Kinderzimmer. Und sie tun es in meinem Schlafzimmer hier. Mein Schlafzimmer liegt am hinteren Ende des Hauses. Es ist ein wunderschönes Schlafzimmer, aber ich habe immer Angst darin gehabt. Es ist so weit weg vom Rest des Hauses.

D: Wo gingst du hin, als du aus dem Fenster gingst?

B: Raus in den Garten. Zu einem Raumschiff. Es ist ein winzig-kleines rundes ... na ja, nicht wirklich klein, es ist groß genug, um hineinzukommen. Es muss eines sein, das sie aussenden. Weißt du, es gibt größere, und dies ist ein kleines. Und es ist silbern und kuppelförmig auf der Oberseite, und es hat diesen Rand um die Mitte des -- nicht die Mitte -- etwa dreiviertel der Strecke der Kuppelform hinunter. Und dann hat es einen kleinen Bauch darunter. Keinen fetten Bauch, aber einen etwas flachen Bauch an der Unterseite. Die Unterseite ist nicht so kuppelförmig, wie die

Oberseite. Das Ganze ist nur neunzig bis einhundertzwanzig Zentimeter groß.

D: Woher kommt das Glühen?

B: Von dem Rand, der herausragt. Es ist, als ob er mit etwas ausgekleidet ist und ein Licht abstrahlt.

D: Was geschieht dann?

B: Wir stiegen in die Luft und gingen.

D: Wie sah es drinnen aus?

B: Es war klein und irgendwie eng. Ich soll einfach reingehen und mich hinsetzen, und sie fliegen los. Es ist fast wie ein Liegestuhl. Ich meine nicht einen Gartenstuhl, ich meine, wie ein Zahnarztstuhl oder etwas, in dem man sich zurücklehnt.

D: Kam denn das Wesen mit dir herein?

B: (Überrascht) Ich glaube, er ist zu groß, um hier reinzupassen, solange er nicht .... Ich glaube, was in dem Zimmer war, war die Essenz des Wesens.

D: Denkst du, dass er deshalb schmächtig war?

B: Mmh-mmh. Ich denke, es ist, als ob er einen Teil seiner selbst in den Raum projizierte. Aber sein schwererer Körper befand sich draußen in einem Raumschiff. Da sind entweder zwei oder drei andere hier drinnen bei mir. Sie sind klein.

D: Sitzen sie auch?

B: Nein, sie laufen umher. Da ist nicht viel Platz. Es ist niedriger als der Zaun, und der Zaun ist ein fast zwei Meter hoher Zaun. Und ich vermute, es gibt Platz zum Umherlaufen für sie. Sie sind nicht so groß, wie diese Projektion war. Sie sind kleiner. Ich muss mich setzen. Also, ich denke, ich könnte aufstehen, aber lediglich in der Mitte. (Beverly ist eine kleine Frau, nur etwas mehr als eineinhalb Meter groß.) Sie scheinen nirgendwo sitzen zu müssen. Sie tun Dinge. Du weißt, umhergehen und auf Knöpfe drücken und auf Bildschirme schauen.

D: Wo ist das alles?

B: Es ist in den Innenwänden. Es ist wie ein kleines Cockpit.

D: Gibt es da etwas auf den Bildschirmen zu sehen?

B: Karten und Grafiken. Ich sehe sie nicht wirklich, aber ich weiß, dass sie darauf zu sehen sind. Ich meine, ich habe flüchtig draufgeblickt.

D: Du meinst, wie eine Landkarte ....

B: Vom Himmel. Ich denke, es ist wie eine Flugkarte, du weißt, zum Fliegen. Es gibt bestimmt Wege, die in einem Flugzeug immer wieder benutzt werden. Was also auf dem Bildschirm erscheint, ist eine Art Route, um irgendwohin zu gelangen. Es ist fast wie ein Schaubild. Vielleicht ist es eine Art Radar. Es hat vertikale und horizontale Linien, wie Millimeterpapier. Es gibt einige Bildschirme, die das nicht haben. Sie haben nur Linien, die sich kreuzen und in verschiedene Richtungen verlaufen. Und ich weiß nicht, was sie bedeuten. Der Bildschirm ist weiß. Die Linien haben alle dieselbe dunkle Farbe. Vielleicht ist es ein Computersystem. Das ist es, wie die Bildschirme aussehen, wie eine Art Computerbildschirm. Alles ist in die Wand eingebaut. Die Wand ist gerundet.

D: Alles klar. Wie sehen diese kleinen Wesen aus?

B: Sie sind grau. Sie sind klein, ungefähr einen Meter groß und mit einer Art genoppter Haut.

D: Genoppt? Was meinst du damit?

B: Sie sind höckerig. Sie sind nicht ebenmäßig oder weich aussehend. Nun, vielleicht sind sie weich, aber sie sind noppig. Wie ET in dem Film, aber nicht so extrem. Es sieht rau aus, ist es aber vielleicht nicht. Tatsächlich glaube ich, dass es das wahrscheinlich nicht ist, wenn man es wirklich berührt, aber es hat eine dicke und raue Wirkung.

D: Kannst du ihre Gesichter sehen?

B: Mmh-mmh. Sie haben kleine Gesichter. Kein Haar. Ich glaube nicht, dass sie Ohren haben, oder falls doch, sind sie auf eine Art vertieft. Sie ragen nicht heraus, wie unsere Ohren. Sie haben Augen, die meinen Augen ähnlich sind. Es sind keine große schwarze Augen. Sie haben nur das Weiße des Auges. Sie haben eine Nase und einen Mund.

D: Wie deinen?

B: Nein, ihre Gesichter sind noppig, wie bei einer sehr alten Person mit einem wirklich faltigen Gesicht mit Millionen Falten über das ganze Gesicht verteilt. Außer, dass ihre Köpfe wirklich klein sind, oben größer als unten, beinahe am Kinn spitz zulaufend. Und ihre Gesichter sehen irgendwie eingedrückt aus. So wie ein Pekinese-Hund eine Art zusammengedrücktes Gesicht hat.

D: Ich verstehe, was du meinst. Kannst du ihre Hände sehen, während sie die Knöpfe bedienen? (Mmh-mmh.) Wie viele Finger haben sie?

B: Sie haben fünf Finger.

D: Fünf Finger? Vier Finger und einen Daumen?

B: Mmh-mmh, aber sie sind länger, als meine.

D: Kannst du von dort wo du bist ihre Füße sehen? (Mmh-mmh) Wie sehen sie aus?

B: Sie sehen fast aus wie mit Schwimmhäuten. Sie haben fünf Zehen. Und ihre Füße sind groß im Vergleich zu ihrem Körper. Sie sind in der Zehengegend breit und haben Schwimmhäute dazwischen. Aber nicht wie eine Ente. Das ist zu viel Schwimmhaut. Dies ist eine Kreuzung zwischen unserem Fuß und sagen wir, den Schwimmhäuten an einem Entenfuß.

Von dieser Art Fuß wurde auch in Vermächtnis von den Sternen berichtet. Ein ähnlicher Typ, geformt wie ein Fausthandschuh, bei dem die Knochen des Fußes wie Bergrücken unter der Haut erscheinen.

D: Findest du irgendeinen Weg, die Geschlechter zu unterscheiden?

B: Nein. Ich denke, Sie sind Boten oder Arbeiter. Ich denke nicht, dass sie Roboter sind. Wenn sie das wären, müssten sie schrecklich hochentwickelte sein. Ich denke, diese hier sind lebendig.

D: Kommunizieren sie mit dir auf irgendeine Weise? (Nein) Aber du setzt dich in diesen Stuhl. Was geschieht danach?

B: Nun, es hebt ab. Hoch, aus dem Garten hinaus, hoch, nach links.

D: Kannst du die Bewegung fühlen?

B: Ganz bisschen. Ich spüre ein Abheben vom Boden. Aber danach gibt es sehr wenig .... Man spürt keinerlei Bewegung. Man kann eine Kurve spüren. Aber solange man hochfährt oder in eine Richtung, geradeaus oder zurück oder so, spürt man keine Bewegung.

D: Kannst du etwas hören?

B: Nein. Es dauert nicht sehr lange. Es fliegt zu einem anderen Schiff oben am Himmel.

D: Gibt es irgendwelche Fenster, durch die du hindurchsehen kannst?

B: Ja, ich wusste nichts davon, bis wir nach innen gelangten. Es gibt einige Fenster, die wie kleine Bullaugen sind. Und sie befinden sich rings um den Teil der Kuppel herum, aus dem der Dachfirst hervortritt. Und ich schätze, die Lichter strahlten von dort heraus. Oberhalb des kleinen plattformartigen Dings und ich denke, auch darunter.

D: *Aber du konntest nichts durch die Fenster sehen, während du am Fliegen warst?*

B: Ich war der Raummitte zugewandt. Und nein, ich konnte nichts sehen. Es ist wie im Halbschlaf sein.

D: *Dann gehen sie zu einem größeren Schiff, sagtest du?*

B: Es geht in ein größeres hinein, von der Seite aus. Da ist eine Öffnung. Und es geht in es hinein. Und dann hebt die Kuppel ab. (Versuchend, korrekt zu sein.) Der obere Teil hebt ab. Oder ein Teil davon. Vielleicht das Ganze. Ich bin nicht sicher. Entweder wurde der gesamte Kuppelteil oder die Hälfte abgehoben, sodass er offen lag. Und dann geht man einfach raus und geht einen Flur entlang.

D: *Gehen sie mit dir?*

B: Mmh-mmh. Der Flur ist sehr glatt. Sehr stromlinienförmig Helle Wände. Ich glaube nicht, dass sie weiß sind, aber vielleicht ein Eierschalenweiß. Sie sind in einem hellen Farbton aus Metall oder Stoff oder woraus auch immer sie gemacht sind. Ich weiß nichts über den Boden. Und es ist etwa wie eine Startbahn in einem Flughafen. Tunnelartig, aber groß. Sie bringen mich in ein Zimmer. Es ist nur ein kleines Zimmer, und sie bringen mich dort hinein. Es gibt keinen Tisch. Aber es ist so, dass sie hereinkommen und mich anschauen können.

D: *Wer kann das? Diese kleinen Leute?*

B: Nein, es sind nicht dieselben Leute. Sie gehen zu ihren ... Chefs, vermute ich. Und sie kommen herein. Ich glaube, es ist wie eine psychologische Untersuchung. Es gibt keinen verbalen Austausch. Sie umzingeln mich einfach und untersuchen mein Gehirn. Sie sind insektenartig. Ich schätze, es ist dasselbe Wesen, das ich immer sah, als ich ein Kind war, aber sie sind nicht wirklich Insekten. Ihre Körperglieder sind sehr elastisch, sehr biegsam und sehr knochig. Sie sind vielleicht etwa einen 30 Zentimeter größer als die kleinen höckerigen Leute. Vielleicht meine Größe, meine Körpergröße. Sie sind weißlich-grau, somit sind sie von hellerer Farbe als die kleinen höckerigen Dinger. Sie sind ... wie nanntest du sie vor einer Weile? Sie sind nicht so kräftig. Schmächtig. Die kleinen höckerigen Leute sind nicht schmächtig. Sie sind höckerig.

D: Du sagtest, der eine in deinem Schlafzimmer war schmächtig.

B: Ja, er ist wie diese. Vielleicht projizieren sie sich selbst durch diese kleinen höckerigen Leute.

D: Du sagtest, sie haben knöchrige Gliedmaßen. Haben sie Finger oder Hände?

B: Ja. Es gibt einen Daumen und drei Finger.

D: Haben sie irgendetwas an?

B: Nein. Kleider wären schwerer als sie selbst, scheint mir. Kleider würden mehr Gewicht und Substanz als ihre Körper haben. Oder wenn sie eine Bedeckung haben, dann ist diese wie ein Teil ihres Körpers.

D: Du meinst, es ist nichts, das sie ausziehen können?

B: Nun, vielleicht könnten sie es ausziehen, aber wenn es angezogen ist, dann wird es zu einem Teil dessen, was wie ihr Körper aussieht. Ich weiß nicht, ob sie so geschaffen wurden und sie keine Kleidung tragen. Oder ob das äußere Teil, das ich sehe, Bestandteil der Kleidung ist und eigentlich abnehmbar ist. Aber es sieht nicht anders aus als sie. Es gibt keine Trennung dort, wo die Kleidung beginnt und dort, wo das Fleisch oder was auch immer beginnt.

Dies wurde auch in anderen Fällen berichtet. Einige der außerirdischen Kreaturen haben eine empfindliche Haut, die leicht beschädigt werden kann. Von dem Moment ihrer Geburt an sind sie von einer membranartigen Substanz umhüllt, die ihr ganzes Leben um den Körper herum verbleibt, um die Haut zu schützen.

D: Du sagtest, du seist dir nie sicher gewesen, wie viele Gliedmaßen sie hatten, weil das Schlafzimmer dunkel war. Kannst du sie nun sehen?

B: Es gibt nur die zwei Arme und die zwei Beine. (Bewegungen) Die Beine biegen sich in einem sehr scharfen Winkel nach oben, und dann geht der untere Teil des Beins nach unten, aber es sieht fast so aus, als ob noch andere Beine darunter wären. Und die Arme sind genauso. Sie sind dünn und sehr knochig. Sie können sich fast flach biegen. (Bewegungen)

Sie schien frustriert zu sein, weil sie Schwierigkeiten hatte, verständlich zu machen, was sie sah.

D: Alles klar. Gibt es noch etwas in dem Raum?

B: Es gibt nichts. Der Raum ist nur eine Nische, ein kastenartiger Raum.

D: Ist es hell dort drin?

B: Ja. Das Licht scheint von den Wänden auszuströmen. Es gibt keinen Beleuchtungskörper. Hier konnten sie entweder die Wände einschalten oder herunterdrehen, wie man das Licht einschaltet oder herunterregelt. Ich sehe nirgendwo einen Knopf, aber ich denke, so funktionieren die Wände.

D: Es ist, als wäre die ganze Wand ein Licht?

B: Richtig.

D: Und du sagtest, sie umzingelten dich, als wäre es eine Art psychologische Untersuchung? Woher weißt du das?

B: (Seufzen) Nun, ich weiß es nicht. Aber aus einem bestimmten Grund sahen sie nur meinen Kopf an. Sie berührten mich nicht. Ich weiß, dass sie irgendwie projizieren. Und ich weiß nicht, ob sie sich selbst in meinen Kopf projizierten oder ob sie Sachen aus meinem Kopf in ihren zogen oder beides.

D: Konntest du Bilder in deinem Kopf sehen, während dies vor sich ging?

B: Nein. Ich wusste einfach. Es war wie ein Sog zwischen meinem Kopf und diesem anderen Wesen. Und dann fühlte ich einen Sog zwischen meinem Kopf und einem weiteren Wesen. Und dies schien die ganze Zeit so hin und her zu gehen.

D: Wie viele sind dort drin?

B: Es müssen etwa fünf sein. (Pause) Vier.

D: Vier? Und du fühlst etwas wie einen Sog zwischen allen vieren von ihnen?

B: Mmh-mmh. Ich fühle das nicht alles zur selben Zeit. Ich fühle es mehr von einer Seite und danach von einer anderen. Ich denke es liegt daran, dass ich mich wende und in diese Richtung bewusst bin. Ich denke, es geht die ganze Zeit vor sich. Wir stehen alle auf. Und es ist, als wanderten sie durch meinen Kopf.

D: Aber es stört dich nicht, oder?

B: Nein, das Ganze ist nur unangenehm. Es ist nicht schmerzhaft, aber sie tun Dinge, die normalerweise nicht getan werden. Und somit stört es mich. Ich mag es nicht.

D: Irgendwie ein Ärgernis?

B: Mehr als das. Es ist wie eine Furcht. Es ist, als wäre ich ihnen ausgeliefert. Es ist, wie wenn man in einem Krankenhaus ein Baby bekommt und sie einem sagen, was alles zu tun ist. Und man ist dabei, es zu gebären und man kann nichts anderes tun. Meine Mutter hat mir immer gesagt, wenn man ein Baby bekommt, ist man der Welt ausgeliefert.

D: Mmh-mmh. Man kann nichts dagegen tun.

B: Nichts, was man tun kann. Und dies ist die Art von Gefühl. Ich weiß nicht, was sie wollen. Ich weiß nicht, warum sie dies immer wieder tun. Und ich weiß nicht einmal, was sie davon haben. Ich habe nichts davon in meinem Kopf.

D: Du glaubst also, dies ist schon zuvor geschehen?

B: Oh, ja. Es geschah, als ich ein Kind war. Aber es scheint, dass sie meistens meinen Körper untersuchten, das physische Zeug. Vielleicht haben sie alles gelernt, was sie darüber lernen können, oder vielleicht ist dies nur eine andere Zeit. Wer weiß? Aber es ist, als könnten sie in meinen Kopf gehen und Informationen herausziehen oder sich umsehen und sehen, was da drin ist. Und ich kann nichts dagegen tun.

D: Aber es stört dich nicht wirklich körperlich oder geistig?

B: Körperlich stört es mich nicht. Geistig, nun, es ist, als hätte man keine Privatsphäre. Es ist, als würde man körperlich nackt ausgezogen, nur dass es mental schlimmer ist. Man ist völlig ungeschützt. Und es ist nicht nur die Gegenwart, die sie betrachten. Wenn sie in dein Gehirn gelangen, schauen sie sich alles an. Die ganze Vergangenheit ist da. Es gibt absolut keine Geheimnisse.

D: Du meinst, alle deine Erinnerungen?

B: Mmh-mmh. Und dein Wissen.

D: Ich frage mich, warum sie an deinen Erinnerungen interessiert sein könnten?

B: Ich weiß nicht, nur, dass es ist, als wäre deine ganze Lebensgeschichte in deinem Kopf. Du bist derjenige, der sie kennt. Es ist nicht die graue Masse, die sie sich ansehen. Es ist die Essenz deines Seins, die sie untersuchen. Und so ist es nicht nur bezogen auf heute. Wenn sie den Geist bekommen, untersuchen sie ihn bis zehn Jahre zurück, fünfzehn Jahren oder eine Woche zurück. Sie wählen es aus. Sie finden, was sie sehen wollen, oder sie spazieren hindurch und sehen etwas anderes. Informationen, dein Wissen, das in deinem Kopf gespeichert ist. Und deine Gefühle.

D: Deine Gefühle?

B: Deine Gefühle, ja, wahrscheinlich mehr als alles andere. Warum kümmert es sie, was ich an meinem zehnten Geburtstag tat? Und körperlich haben sie das alles angesehen. Wahrscheinlich geht es vornehmlich darum, wie das Gehirn funktioniert, wie der Geist funktioniert und wie die Gefühle funktionieren.

D: Was tun sie mit der Information?

B: Sie stecken sie in ihren eigenen Geist, vermute ich. Ich weiß es nicht.

D: Es gibt keine Maschinen oder Instrumente oder irgendetwas?

B: Nein. Es geschieht alles durch geistige Telepathie. Aber es ist beinahe, als könnte ich Lichtwellen zwischen meinem Kopf und ihrem Kopf hin- und hergehen sehen.

D: Wie elektrische Ströme? (Ja) Hast du je versucht, mit ihnen zu kommunizieren und sie zu fragen, warum sie dies tun?

B: Nicht dieses Mal. Ich kann mich jetzt gerade nicht erinnern ... es wäre ziemlich dumm, wenn ich das nie getan hätte. Aber wenn, dann glaube ich nicht, dass ich irgendeine Antwort bekommen habe, also habe ich einfach aufgegeben.

D: Ich würde meinen, du wärst neugierig.

B: Nun, ich war neugierig. Es gibt keinen Grund, zu kommunizieren, weil sie bereits wissen.

D: Aber du weißt nicht.

B: Sie wissen, dass ich neugierig bin. Sie wissen, dass ich Fragen habe. Sie wissen, dass ich nicht will, dass sie das tun, aber sie tun es trotzdem. Es hat keinen Sinn zu fragen. Sie würden es mich wissen lassen, wenn sie wollten, dass ich es weiß. Es ist, als hätte es keinen Sinn, irgendwelche Worte darüber zu verlieren. Es ist alles in deinem Kopf. Und sie wissen, was in deinem Kopf ist. Und was sie wollen, dass ich weiß, lassen sie mich wissen, sonst nicht. Mein Bitten hätte keine Wirkung. Es hat also keinen Sinn, es zu tun.

D: Außer, deine eigene Neugierde zu befriedigen.

B: Aber es würde sie nicht befriedigen, weil sie nicht antworten würden. Sie wollen herausfinden, was in unseren Köpfen vor sich geht. Warum, das weiß ich nicht ... ich schätze, weil wir eine andere Spezies sind. Wenn wir uns auf einem anderen Planeten befänden, würden wir dasselbe vielleicht mit denen tun, die dort wären.

D: Das ist möglich.

B: Wir tun es hier. Wir experimentieren mit Tieren.

D: Nun, dauert es sehr lange?

B: Zwanzig Minuten vielleicht.

D: Ist es das Einzige, das sie tun? Nur dieser Austausch ... nicht wirklich ein Austausch, nur eine einseitige Art der Kommunikation. (Ja) Was passiert dann?

B: Sie verlassen den Raum. Und die drei Wesen, die mich vom Raumschiff herunterbrachten kommen dann und holen mich und wir kehren zurück zu dem kleinen Schiff. Und wir fliegen zurück.

D: Sahst du keinen anderen Teil dieses größeren Schiffes?

B: Nein. Ich weiß nur, dass es viel größer gewesen sein muss als dasjenige, in dem ich herkam, weil das ganze kleine Schiff hineinpasste und das schien nur einen kleinen Teil zu füllen. Weißt du, so wie wir darüber reden, eine Basis im Weltall zu haben, auf der eine ganze Kolonie leben könnte? Ich habe den Eindruck, dies war, wenn nicht etwas so Großes, dann zumindest recht nahe dran. Und ich weiß nicht, warum ich das glaube, denn ich habe den Rest davon nicht gesehen. Es ist nur ein Eindruck.

D: Was geschah dann, als sie dich zurückbrachten?

B: Ich ging in das kleine Schiff. Es ist so, wie ein Zubringerfahrzeug oder ein Helikopter für uns wäre. Und wir flogen damit ab. Ich kann mich nicht erinnern, wieder auf den Boden oder wieder in mein Bett gelangt zu sein.

D: Du weißt nicht, ob es wieder im Garten landete?

B: Wahrscheinlich schon, aber ich sehe es nicht. Ich erinnere mich nicht daran. In der Tat glaube ich nicht, dass ich mich an irgendetwas erinnere. Als Nächstes ist es Morgen. Ich denke, dass sie die Fähigkeit haben, die Funktion des Gehirns abzuschalten. Oder es zu öffnen und freizulegen, wie wenn man den Bauch aufschneidet, aber es wird nicht physisch getan.

D: Aber es wird dabei nichts verletzt.

B: Nein. Nicht körperlich. Nichts davon war schmerzhaft. Ich meine, es ist nicht so, als wäre dein Schädel aufgerissen worden.

D: Hattest du am nächsten Tag irgendwelche Nachwirkungen?

B: Am nächsten Tag erinnerte ich mich an diese Gestalt in meinem Zimmer. Ich erinnerte mich, wie ich dachte, es warte eine fliegende Untertasse da draußen auf mich. Aber das war alles, woran ich mich erinnerte. Und ich fragte mich, ob ich das geträumt hatte. Ich erinnere mich nicht an körperliche Nebenwirkungen, aber ich glaube ich habe Kopfschmerzen, während sie es tun.

D: Aber es ist in Ordnung, die Erfahrung anzusehen und darüber zu sprechen. Dann können wir alles in die Vergangenheit stellen.

B: Könnte sein. Aber es ist schon in der Vergangenheit. Es gibt also nicht viel dabei zu tun.

D: Das ist wahr. Aber die Hauptsache ist, dass es dich nicht behelligt hat. Nicht wahr?

B: Ich denke, es hat mich behelligt. Ich denke, es behelligt mich immer noch. Und was es dem Kopf antut. Es ist als müsste man eine Lüge leben. Ich meine, man kann nicht hingehen und vierundzwanzig Stunden am Tag über Dinge lügen. Was ich also denke, ist, man vergisst es einfach. Man blockiert es. Und dann, so glaube ich, fügt das deinem Kopf psychischen Schaden zu.

D: Was meinst du damit, in einer Lüge zu leben?

B: Nun, du musst hingehen und vierundzwanzig Stunden am Tag so tun als existiere es nicht. Ich meine, niemand sonst denkt, es existiere. Niemand sonst spricht darüber. Und wenn du aber weißt, dass es existiert, dann musst du eine Lüge leben, um in den Rest der Welt zu passen.

D: Weil sie dir nicht glauben würden?

B: Natürlich würden sie mir nicht glauben.

D: Aber an eine Menge davon hast du dich selbst nicht erinnert, oder?

B: Richtig. Aber das ist ja, was ich sage, es ist zu schwierig, vierundzwanzig Stunden am Tag eine Lüge zu leben, besonders, wenn man jung ist. Ich denke, der Verstand radiert es einfach aus. Entweder sie tun es oder dein eigener Verstand tut es. Ich weiß es nicht. Ich denke, sie tun viel. Aber ich denke auch in psychologischer Hinsicht, dass unser eigener Geist es vertuscht, um damit zu leben. Es ist wie Massenunwissenheit. Ich möchte „Massenignoranz“ sagen, aber es ist keine Unwissenheit, wie wenn wir an die übliche Verwendung des Wortes „Ignoranz" denken. Es ist Massen-„Unwissenheit von".

D: Ich frage mich, wie sie wissen, wo sie dich finden?

B: Sie wissen das immer. Ich weiß nicht, ob es etwas ist, das sie mit dir tun, oder ob es durch ihren Geist geschieht. Wenn mit ihrem Geist, dann scannen sie einfach, wo man ist und es erscheint einfach. Ich meine, so könnte es sein. Ich weiß nicht wirklich, wie sie es wissen. Außer, dass sie scheinbar alles wissen. Nun, ich sage das, aber offensichtlich wissen sie nicht alles. Sie würden einen nicht untersuchen, wenn sie alles wüssten. Aber sie wissen so viel mehr als ich, dass es erscheint, als ob sie alles wüssten.

Ich bereitete mich darauf vor, sie in eine andere Szene zu bringen, als sie abrupt unterbrach. „Vielleicht ist da etwas an mir und an all den anderen, mit denen sie dies tun. Und es gibt andere Leute, mit denen sie das tun."

D: Glaubst du?

B: Oh, ja. Ich habe sie mit anderen Leuten im Raumschiff gesehen, genauso wie sie mich mitnahmen. Ich weiß nicht, was alles vor sich ging, aber ich weiß, es gab dort andere menschliche Wesen drin.

D: Wann geschah dies?

B: Es geschah mehr als einmal. Ich weiß nur, dass es weitere Leute gibt, denen sie das antun. Ich sprach darüber, wie sie einen finden. Hast du diese riesengroßen Weltkarten gesehen, die sie an der Wand anbringen? Und sie stecken diese roten Punkte an bestimmte Stellen, oder lila Punkte oder was auch immer? Ich denke, etwas ist an uns, das entweder piept oder aufblinkt oder sie wissen lässt, welche Leute sie untersucht haben. Jetzt weiß ich nicht, ob es ein Ding ist oder ob man, nachdem sie einen untersucht haben, so wird. Sodass man eine Art Lichtsignal oder ein akustisches Signal sendet. Sodass es einen wie ein Computer-Scanning finden kann, wie eine Kriegsrakete ein Ziel findet. Ich meine, es gibt bestimmte Arten von Radar. So etwas, womit man Dinge finden kann. Sogar wir können das tun. Und so gibt es etwas, das sie in die Lage versetzt, jeden unter Kontrolle zu halten, mit dem sie zu tun haben. Ich denke, man wird wahrscheinlich auf eine Weise gekennzeichnet, so wie wir Tauben kennzeichnen.

D: Alles klar. Wir können das herausfinden. Ich will zu deinem Unterbewusstsein sprechen. Ist Beverly auf irgendeine Weise körperlich gekennzeichnet? Wurde irgendetwas physisch vorgenommen, sodass sie sie wieder orten können?

B: Ja. Ich glaube, es ist in ihrer Nase. Ich denke, es ist in der Mitte hier. (Sie zeigte auf den Nasenrücken.) In der Mitte von Gesicht und Nase.

D: Der Nasenrücken? (Ja.) Was ist da?

B: Ich weiß nicht, ob es eine runde Sache wie ein Kügelchen ist oder ob es ein wenig eckig ist, fast wie ein Stück Papier. Aber es ist kein Papier. Es müsste mehr Substanz als das haben. Es wurde nur irgendwie da hineingelegt.

D: Welchem Zweck dient es?

B: Es sendet eine Art Signal aus.

D: Beeinträchtigt es sie in irgendeiner Weise?

B: Ja, es bereitet eine Art Kopfprobleme, Kopfschmerzen, Nasennebenhöhle. Ich denke stets, da ist etwas Fremdes im Kopf oder irgendwo im Körper, es wird ein leichtes Problem geben. Und es ist uns fremd, irgendetwas dort drin zu haben. Es ist nicht dazu bestimmt, irgendetwas dieser Art zu verursachen, aber ich denke, dass es das tut. Genauso, wie wenn man Kontaktlinsen oder etwas Fremdes im Auge trüge.

D: Du meinst, es sei nicht dazu bestimmt, irgendwelche Probleme zu verursachen. Aber weil es dort nicht hingehört, könne es als Nebeneffekt leicht Probleme verursachen.

B: Ja. Und dann hinge es vom Rest der Gesundheit ab, wie stark es einen beeinträchtigen würde.

D: Wann wurde es dort eingepflanzt?

B: Ich glaube, vor vielen vielen Jahren in sehr jungem Alter. Sehr jung, vielleicht noch nicht einmal aus der Krippe draußen.

D: Also war es die ganze Zeit dort. Aber das Unterbewusstsein kann helfen, Probleme zu lindern, die durch einen Fremdkörper verursacht wurden. (Ja) Weil wir nichts dagegen tun können. Wenn es drin ist, muss es drin bleiben.

B: Ich denke, es können Anpassungen vorgenommen werden, die helfen, den dadurch hervorgerufenen Befunden entgegenzuwirken.

D: Ist das der einzige Fremdkörper, den sie in ihrem Körper hat?

B: Ich bin nicht sicher. Es könnte etwas im Gehirn sein. Und das ist ein Überwachungsgerät. Ich denke, es ist auf der rechten Seite. (Sie legte ihre Hand auf den rechten Schädelbereich.) Vielleicht gegen hinten.

D: Welche Art Gerät ist das?

B: Ich denke, es überwacht die Hirnwellenaktivität.

D: Wie sieht es aus?

B: Ich weiß nicht, wie ein Mikrochip aussieht, aber ich habe das Gefühl, dass es wie ein Mikrochip sein muss, wie er in Computern benutzt wird. Etwas Winziges. Vielleicht nicht ganz so dünn, wie ein Stück Papier, sondern etwas dicker, aber sehr winzig.

D: Verursacht dieses irgendwelche Probleme?

B: Nicht merklich. Ich glaube, das Bewusstsein, dass all dies existiert, verursacht mehr Probleme, als die Objekte selbst.

D: Dann glaubst du, es sei besser, dass sie nicht davon weiß?

B: Nein, wenn ich „Bewusstsein" sage, meine ich nicht unbedingt bewusstes Gewahrsein. Es gibt ein Bewusstsein, wo sie einfach davon weiß, Punkt, und immer gewusst hat. Und das hat genügend emotionale Angstgefühle gefördert, um für sie ein Problem darzustellen.

D: Ich verstehe. Wir wollen ihr keinerlei Beschwerden bereiten. Die Hauptsache ist, dass sie gesund und glücklich ist.

B: Nun, ich glaube nicht, dass man es ignorieren kann.

D: Das stimmt. Aber vielleicht können wir ihr helfen, jegliche dadurch verursachte Probleme oder Nebeneffekte zu lindern. Ich würde es also schätzen, wenn du ihr in irgendeiner Weise helfen könntest.

B: Ich denke, Akzeptanz ist wahrscheinlich die einzige Antwort. Ich weiß nicht, was ich sonst vorschlagen soll ... auch wenn ich vielleicht mehr weiß, als ich zu wissen glaube. Aber es ist so viel weniger als sie wissen, dass ich mich mit etwas beschäftige, das jenseits meines Horizonts liegt.

D: Das ist wahr. In jenen Fällen ist es besser, es zu ignorieren. Aber physisch wollen wir versuchen, alle durch diese Objekte verursachten Probleme zu lindern.

Dann brachte ich Beverly wieder zu vollem Bewusstsein und richtete sie wieder auf den heutigen Tag aus. Ich gab ihr Suggestionen, die ihr helfen sollten, mit dem Rauchen aufzuhören, wie sie es vor Beginn der Sitzung erbeten hatte. Die einzige Erinnerung, die sie nach dem Erwachen hatte, beschäftigte sich mit einigen dieser Suggestionen und den Bemerkungen, die ihr Unterbewusstsein bezüglich ihrer Schwierigkeit, die Gewohnheit zu stoppen machte. Sie erinnerte sich an nichts, was über die Gegenstände in ihrem Kopf gesagt worden war. Ich fand es am besten, ihr zu diesem Zeitpunkt nicht von ihnen zu erzählen. Ich wusste, sobald sie sich die Bandaufnahmen anhörte, würde sie davon erfahren. Vielleicht würde sie dann in der Lage sein, es zu akzeptieren. Ich wollte sie nicht entmutigen oder erschrecken.

Ich hatte nie wieder eine Sitzung mit Beverly. Sie entschied, dass sie das Thema UFOs nicht mehr untersuchen wolle. Anscheinend dachte ihr Unterbewusstsein, sie habe genug entdeckt und wollte ihr Leben nicht verkomplizieren. Wahrscheinlich legte sie aus demselben Grund die Tonbandaufnahmen weg und hörte sie nie an. Erstaunlicherweise können sich viele meiner Probanden niemals dazu bringen, die Sitzung zu anhören. Wenn sie vorbei ist, legen sie es weg. Vielleicht ist es auch gut so.

Wir haben die Ursachen für ihre seltsame schlechte Gesundheit nie gefunden. Vielleicht war das einer der Gründe für die Alien-Überwachung. Sie haben vielleicht auch versucht, es zu verstehen. Sie führte ihr Leben als Schildermalerin und Teilzeitkünstlerin fort, sodass diese seltsamen Sitzungen anscheinend keine schlimmen Auswirkungen hatten.

Über Jahre, besonders nachdem ich in UFO-Forschungen involviert wurde, habe ich Notizen über ungewöhnliche Vorfälle in meinem eigenen Leben geführt. Ich weiß nie, ob sie paranormal sind oder nicht, aber wenn sie ungewöhnlich genug sind, um meine Aufmerksamkeit zu erregen, schreibe ich über sie. Ich weiß nie, ob sie einen zukünftigen Nutzen haben oder nicht. Ich tue dasselbe, wenn ich an einem Fall arbeite. Ich behalte massenhaft Notizen, damit das Ereignis wieder lebendig wird, wenn ich es in ein Buch aufnehmen möchte. Daher stammen auch die Einzelheiten in diesem Buch.

Während ich die Fälle zusammenstellte, auf die ich mich in diesem Buch konzentrieren wollte, ging ich meine Notizen durch und entdeckte darin ein mir geschehenes Ereignis, das mich an Beverly erinnerte, wie sie aufwachte und das seltsame Licht in ihrem Garten sah. Ich hatte Beverlys Reaktionen seltsam gefunden, weil sie nicht aufstand und nachforschte. In meinem Vorfall zeigte ich die gleiche

Nonchalance und akzeptierte das Ungewöhnliche als etwas Normales, während es sich ereignete.

Die Mehrzahl dieser Fälle trat in den späten achtziger Jahren auf, insbesondere der Fall mit Beverly. Meine Notizen besagen, dass sich mein Vorfall im Dezember 1988 auf dem Höhepunkt dieser Untersuchungen ereignete. Zu jenem Zeitpunkt stellte ich keine Verbindung zwischen den Fällen her.

Meine Notizen:

18. Dezember 1988. Gegen drei Uhr nachts stand ich auf und ging ins Badezimmer. Als ich von meinem Schlafzimmer durch den kurzen Flur zum Badezimmer ging bemerkte ich, dass durch das große Panoramafenster im vorderen Raum ein helles Licht schien. Es beleuchtete die meisten Gegenstände im Raum und schien auf die Flurwand. Ich sagte mir, dass es wohl Vollmond sein muss, weil nur er in dieser Helligkeit hereinscheinen kann. Ich hatte dies allerdings nicht in meinem Zimmer bemerkt, aber die Vorhänge sind hier zugezogen, um jegliches Licht auszusperren. Während ich im Badezimmer war stand ich der Flurwand zugewandt, die ich durch den Badezimmereingang sehen konnte. Das Licht aus dem vorderen Raum schien auf einen Teil der Wand. Ich dachte an überhaupt nichts, als plötzlich das Licht verschwand und alles in tiefe Dunkelheit getaucht war. Es war nicht so, als wäre es ausgeknipst worden. Es war schrittweiser als das, wenngleich schnell. Es schien, dass sich die Dunkelheit von rechts nach links bewegte und das Licht schnell auslöschte. Es gab nur noch einen kurzen Blitz, und das ganze Haus war äußerst dunkel. Ich dachte sofort, dass die Wolken über den Mond geweht sein und ihn verdunkelt haben mussten, obwohl es sich sehr schnell bewegende Wolken hätten sein müssen. Das hätte passieren können, wenn ein starker Wind geweht hätte. Als ich das Badezimmer verließ und zurück in mein Schlafzimmer ging, zog ich die Vorhänge beiseite und schaute hinaus. Da waren kein Mond, keine Wolke und kein Wind. Es war eine ruhige, klare sternenklare Nacht. Ich fragte mich, wenn ich zuerst in das Vorderzimmer anstelle des Badezimmers gegangen wäre, ob ich etwas außerhalb des großen Panoramafensters gesehen hätte. Ich mache das oft, gehe zum Fenster und schaue auf den Mond oder die Sterne. Aber der Drang, auf die Toilette zu gehen, hinderte mich, irgendetwas anderes zu tun. Die Art, wie das Licht verschwand, deutete auf eine Bewegung hin, als ob es sich von links nach rechts über das Fenster bewegt hätte. Dies würde die Bewegung der Dunkelheit im Flur aus der anderen Richtung erklären.

Mein Haus ist auf ungewöhnliche Weise gebaut. Es ist zweistöckig und das Wohnzimmer, Schlafzimmer und die Küche befinden sich im Obergeschoss. Das Wohnzimmer hat ein großes Panoramafenster, das auf die dünn besiedelten, sanft geschwungenen Hügel gerichtet ist. Ich erwog die Möglichkeit, dass Autos auf der Straße vor meinem Haus vorbeigefahren sein könnten, verwarf diese Theorie aber wieder. Die Straße ist mehrere hundert Meter entfernt und das Haus wird von einer dicken Baumreihe abgeschirmt. Ich habe viele Male beobachtet, wie Autos auf dieser Straße auf- und abfahren, und die Spiegelung ihrer Lichter an der Wand ist immer sporadisch und flimmernd, da sie durch die Bäume scheint. Die Umrisse der Bäume sind an der Wand immer sichtbar, wenn sie vorbeifahren. Selbst wenn ein Auto die Einfahrt heraufkommt und vor meinem Haus parkt, sind die Lichter anders. Ich beobachtete das viele Male. Dies war kein Auto, weder auf der Straße noch in der Einfahrt. Es musste ein sehr helles Licht sein, das aus einem höheren Winkel hereinschien, um den gesamten Raum und den Flur zu beleuchten.

Fast eine Woche später, als der Mond wirklich voll war, sah ich nach, um herauszufinden, ob er nachts denselben Effekt erzeugen würde. Ich fand heraus, dass der Mond um diese Jahreszeit (Winter) direkt über das Hausdach wandert und nicht wie im Sommer vor dem Fenster. So scheint das Mondlicht in einem anderen Winkel in das Fenster hinein. Es erzeugte nicht den Effekt, den ich sah. Ich frage mich immer noch, ob ich etwas gesehen hätte, wenn ich imstande gewesen wäre, früher zum Fenster zu gehen.

Ich sage nicht, dass das Licht, das ich sah, ein UFO war, aber es zeigt, dass wir uns nicht immer rational verhalten, wenn wir in der Nacht durch seltsame Lichter oder Geräusche geweckt werden.

KAPITEL 6

DIE BIBLIOTHEK

Wenn der Proband in den schlafwandlerischen Zustand der Trance versetzt wird, können Informationen auf viele verschiedene Arten gewonnen werden. Oft kommt sie aus dem Wiedererleben eigener Erfahrungen in vergangenen Leben, aber dies wird durch die Einschränkungen erschwert, in einem bestimmten Leben auf einen Körper begrenzt zu sein. Sie können lediglich von Dingen erzählen, die sie persönlich kennen und denen sie während der Lebenszeit ausgesetzt waren. Ich habe herausgefunden, dass die beste Information kommt, wenn der Proband in den Zwischenstatus versetzt wird, den sogenannten „Todes"-Zustand. Dann sind die Beschränkungen des physischen Körpers aufgehoben, die Scheuklappen abgenommen und sie haben Zugriff auf alle Informationen, die sie erforschen möchten. Ich habe einen wunderbaren Ort auf der anderen Seite im geistigen Reich entdeckt, an welchem dem Wissen keine Grenzen gesetzt sind. Dies ist mein Lieblingsort, um Forschung zu betreiben: die Bibliothek. Dieser wurde von meinen Probanden auf viele unterschiedliche Weisen beschrieben, aber ich glaube, dass sie über denselben Ort sprechen. Sie bauen ihn nur in den Kontext ihrer Wahrnehmungen ein. Viele haben ihn als ein tatsächliches Gebäude beschrieben, in welchem Informationen je nach dem Fortschritt des Suchenden in vielen verschiedenen Formen zur Verfügung stehen. Es stehen dort Bücher in Regalen, die gelesen werden können, oder die Person kann Räume betreten, in denen die Information in holographischen 3D-Bildern an den Wänden ringsherum angezeigt wird. In vielen Fällen gibt es einen Wächter oder Verwalter der Bibliothek, der uns beim Eintritt begrüßt und theoretisch prüft, ob wir die Erlaubnis zur Nutzung der Einrichtungen haben. Er führt uns dann zum richtigen Bereich der Bibliothek, in welchem die von uns gesuchten Informationen gefunden werden können. In einigen Fällen beschrieben meine Probanden die Bibliothek anders, aber ich glaube, es ist dennoch der gleiche Ort auf der geistigen Seite.

Beschreibung eines Probanden: Diese Bibliothek ist meine Lieblingsbibliothek von allen Bibliotheken auf allen Welten.

D: Ich bin in der Bibliothek gewesen. Kannst du mir sagen, wie deine Bibliothek ist, damit ich weiß, ob es dieselbe ist?

S: Sie ist weiß. Sie hat keine Decke. Sie hat kein Dach. Sie hat Säulen. Die Bücher stehen in Regalen und in Glaskästen eingeschlossen. Es gibt Bücher über jedes dem Menschen bekannte Thema in all seinen Formen. Es gibt Bücher, die die Geschichten aller Welten aufzeichnen, die jemals existiert haben. Es gibt Bücher, Es gibt Bücher, die auf die Welten verweisen, die erst entstehen werden. Sie beherbergt die Vergangenheit. Sie beherbergt die Zukunft. Und sie beherbergt die Gegenwart, denn sie sind alle eins.

D: Gibt es dort jemand, der verantwortlich ist?

S: (Enthusiastisch) Ja!

D: Ich nenne ihn den „Wächter". Ist er derselbe?

S: Ja. Ich nenne ihn „Verwalter" der Bücher, aber sein Zweck ist derselbe, wie der eines Wächters. Aber es gibt eine Anzahl verschiedener Bibliotheken. Jede hat ihren eigenen Verwalter. Jede hat ihre eigene Information. Genauso wie es Gruppen in dieser Welt gibt, gibt es Gruppen in jener Welt. Jede Gruppe in jener Welt hat ihr eigenes System. Genauso wie ethnische Gruppen ihre eigenen Bräuche haben, haben Gruppen dort entsprechende Systeme. Zum Beispiel gibt es dort eine medizinische Bibliothek, die nur für Personen ist, die am Erlernen von Medizin interessiert sind. Es gibt Bibliotheken über die Sterne für Leute, die Astronomie oder Astrologie erlernen wollen. Es gibt ganze Bibliotheken, vollständige Bibliotheken, die nur ein Thema abdecken. An diesen Orten können wir tatsächlich eine Menge Dinge lernen. Oder wir können lernen, was wir wissen sollen, weil wir nur so viel wissen können. Es gibt viel Material, das nicht für uns bestimmt ist.

D: Ja, ich habe das zuvor schon gehört. Dass manches Wissen wie Gift, anstatt wie Medizin ist. Dass wir es nicht verstehen würden, sondern es uns behindern würde.

Weitere Informationen kamen 1987 durch, als der Proband in die Bibliothek ging, um Informationen zu suchen. Seine Antworten waren umfangreich und wurden auch bei anderen Probanden mit einbezogen, die auf die gleichen Aufzeichnungen Zugriff hatten. Da das Material so ähnlich ist, habe ich es zusammengeschrieben, um es so lesen zu können, als spreche eine Person, während es tatsächlich von mehreren Personen kam. All diese Informationen kamen durch, bevor ich mit den aktiven Ermittlungen begann.

S: Ich komme gerade in den Rundbau der Bibliothek.

D: Ist der Wächter der Bibliothek dort?

S: Er kommt in diesem Augenblick auf mich zu. Er ist ein helles Wesen gehüllt in ein weißes Gewand. Er hat eine Kapuze und sein Gesicht ist beinahe glückselig. Es ist wunderschön. Er strahlt einfach mit all diesem Licht und pulsiert in Farben um ihn herum.

D: Wir würden es schätzen, wenn er uns einige Informationen über das Phänomen finden könnte, das in unserer Zeit als UFOs oder Fliegende Untertassen oder Außerirdischenraumschiff bekannt ist. Können wir Zugang zu dieser Information bekommen?

S: Er bringt mich gerade in den Beobachtungsraum. Man selbst befindet sich in der Mitte des Raums und um einen herum passiert alles. Es ist wie ein Hologramm. Man sieht die Szenen von allen Seiten, und schaut sie auf diese Weise an. Und er zeigt auf verschiedene Dinge auf dem Bildschirm. Er sagt, es gibt viele interessante Dinge über diese Raumschiffe, wie ihr sie nennen würdet, sie sind jedoch alle Teil des Plans. Er sagt, es gebe viel, viel, viel mehr Planeten im Universum, die höhere Lebensformen entwickelt haben, als ihr Leute auf der Modellschule Erde versteht. Er zeigt mir ... (Ehrfürchtig.) Ich sehe ... oh, einfach unzählige und unzählige Sterne. Es ist sehr klar und wunderschön. Er zeigt mir die Erde und zeigt auf verschiedene Sterne. Und er sagt: „In diesem Bereich leben höhere Lebensformen ... in diesem Bereich und in diesem Bereich." Er zeigt mir wunderschöne Bilder von anderen Welten. Es gibt einen wunderschönen violettfarbenen Planeten, und er sagt, dass von ihm viele UFOs hergekommen sind. Und er sagt, diese Wesen müssen ein Fahrzeug nachbauen. Sie können in geistiger Form von ihrem Planeten reisen, aber wenn sie sich der Erdatmosphäre nähern, müssen sie sich in einem Raumfahrzeug inkarnieren. Im Wesentlichen das, was wir ein „Raumschiff" nennen.

D: Du meinst, sie erschaffen dies, nachdem sie in unsere Atmosphäre eintreten?

S: Richtig, weil die Erde von einer solch anderen Dichte und Schwingungsnatur ist als ihr eigener Planet.

D: Hast du eine Idee, wo sich dieser Planet befindet oder wie weit entfernt er ist?

S: Er sagt gerade etwas über Betelgeuse. Ich glaube, es ist eine Konstellation oder ein Stern.

D: Warum kommen sie hierher?

S: Der Bibliothekar bespricht das alles gerade jetzt mit mir. Er sagt, sie kommen, weil die Erde Teil des spirituellen Universums werden wird. Und viele Wesen haben sich aus dem ganzen Universum versammelt, um dieses bedeutsame Ereignis zu sehen.

D: Du meinst, sie sind hier, um zuzusehen?

S: Um zu analysieren und zu beobachten.

D: Nun, wenn sie in geistiger Form hierhergereist sind und dieses Raumschiff errichtet haben, wurden sie dann auch selbst physisch?

S: Sie mussten das Schiff errichten, um in die Erdatmosphäre eintreten zu können, weil die Erde eine andere Schwingung hat als sie. Somit war dies eine Möglichkeit, wie sie landen und nachsehen konnten, wie es auf der Erde ist. Es ist ähnlich, wie wenn wir zum Mond gehen, wir müssen da Sauerstoff und solche Dinge mitbringen.

D: Das ist verwirrend, denn ich dachte, wenn sie in Geistform ... aber du meinst mehr oder weniger, sie transportieren ihre Körper. Und dann erschaffen sie dies?

S: Ja, denn es ist sehr schwierig für sie. Die Schwingungsnatur des Planeten verändert sich und sie werden zur Stelle sein, um dies zu beobachten. Sie könnten jedoch nicht in dieser Schwingung funktionieren, also müssen sie sich schützen und Vehikel wie Raumschiffe verwenden.

D: Haben sie feste physische Körper?

S: Nicht auf ihrem Heimatplaneten, nein.

D: Wie ist es auf diesem Planeten?

S: Auf diesem Planeten bedecken sie sich mit einer Art Körpergehäuse, damit sie in dieser Schwingungsmatur funktionieren können.

D: Wie sieht dieses Körpergehäuse aus?

S: Sie versuchen, wie Menschen auszusehen. Und ich sehe, dass sie wunderschöne Gesichter und Augen und blondes Haar haben, aber ihre Haut ist von beinahe goldener Farbe.

D: Wie sind sie dann auf ihrem Heimatplaneten?

S: Sie haben eher etwas wie einen Energiekörper, der jede Form annehmen kann, die er wünscht.

D: Und diese Wesen beobachten einfach nur?

S: Überwachen ist das bessere Wort. Sie versuchen, andere Leute zu verschiedenen Zeiten zu kontaktieren.

D: Was sollte der Zweck dessen sein?

S: Sie wissen zu lassen, dass sie überwacht werden. Sie sind hier wegen dieses bedeutsamen Ereignisses, wenn die Erde höher erleuchtet und dann Teil des spirituellen Universums wird.

D: Und sie wollen, dass bestimmte Leute auf Erden wissen, dass sie sie überwachen?

S: Ich kann diese Frage wirklich nicht beantworten.

D: Weißt du es nicht oder ist es dir nicht erlaubt?

S: Der Bibliothekar sagt: „Alles hat einen Zweck. Zweifle nicht." Er sagt, dass alles schließlich enthüllt werden wird. Es gibt auch andere Wesen. Ihre Erscheinungen werden zur rechten Zeit einen Zweck haben, aber momentan kann diese Information nicht erläutert werden. Aber es gibt einen bestimmten Grund, warum sie hier sind. Er kann momentan nicht offenbart werden.

D: Nun, können wir ihm konkrete Fragen stellen? Wird er dir die Antworten zeigen?

S: Es hängt von der Frage ab. Er sagt, es sei sehr wichtig zu verstehen, dass ihr bei dem Grad eurer mentalen Fähigkeiten möglicherweise nicht alle Worte versteht, die dieses Medium verwendet. Er sagt, dass einige Fragen bei dem gegenwärtigen Grad eurer Entwicklung nicht beantwortet werden können.

D: Dann wird er uns sagen, falls es etwas gibt, das nicht beantwortet werden kann. Also gut. Können wir dieses Sonnensystem untersuchen?

S: Er weist gerade auf die verschiedenen Planeten hin, die jetzt um unsere Sonne ausgerichtet sind.

D: Wie viele gibt es?

S: Er sagt, rechtzeitig vor dem Ende der Erde wird es sechzehn Planeten geben, die als Teil dieses Sonnensystems entdeckt werden. Er sagt, dass ein riesiger Planet um 2040 entdeckt werden wird. Dann wird ein weiterer Planet um das Jahr 3000 gefunden. Und dann wird noch ein weiterer Planet entdeckt, und dies wird der letzte Planet sein. Dies wird etwa 6000 Jahre nach Christi Zeit stattfinden.

D: Gibt es zurzeit Leben auf diesen Planeten?

S: Er sagt, auf allen Planeten ist Leben, aber es mögen Lebensformen sein, mit denen ihr in der irdischen Welt nicht vertraut seid.

D: Sind da irgendwelche, die menschliche oder menschenähnliche Bewohner haben?

S: Nicht in diesem Teil des Sonnensystems. Die Erde ist der einzige.

D: Gab es je welche in der Vergangenheit?

S: Ja. Er sagt, zu einer Zeit gab es auf dem Planeten Mars menschenähnliches Leben. Er zeigt gerade jetzt darauf, weil es ein roter Planet ist. Und er sagt, es gab ein geistartiges Leben auf dem Planeten Venus. Er sagt, dass allerdings alle Planeten geistige Wesen beherbergen, die den Wächtern und Beobachtern gleichen.

D: Nehmen diese geistigen Formen je einen fleischlichen Körper auf jenem Planet oder anderswo an?

S: Die meisten der Geistwesen auf diesen anderen Planeten sind von einer höheren Schwingungsrate als ihr auf der Erde. Es ist schmerzhaft für sie, auf die Erde zu kommen, weil sie ihre Schwingung senken müssen, damit sie auf der Erdebene nicht so häufig inkarnieren. Aber sie haben inkarniert, sowohl in der Gegenwart als auch in der Vergangenheit wie auch in der Zukunft. Es ist jedoch sehr schwer für sie, weil es höchst schmerzhaft sein kann, ihre Vibrationsrate zu senken. Es ist wie der Versuch, einen Tornado in ein Glas zu pressen.

D: Gute Analogie. Du sagtest, es gab zu einer Zeit eine menschliche Lebensform auf dem Mars?

S: Ja, aber dies war vor langer Zeit in der Vergangenheit: vor beinahe fünfundsiebzigtausend Jahren nach unserer Erdrechnung. Auf dem Planeten Mars existierten Lebensformen, die den Erdenmenschen sehr ähnlich sind, aber aufgrund ihres

Energiemissbrauchs ... waren sie nicht im Einklang mit dem spirituellen Fortschritt, der in diesem Teil des Sonnensystems stattfindet. Und als Ergebnis wurden sie in einen anderen Teil des Universums verbannt.

D: Gibt es Überreste ihrer Zivilisation?

S: Der Mensch wird Beweise ihrer Zivilisation entdecken, wenn er dieses Gebiet erforscht. Aber diese Information wird der allgemeinen Öffentlichkeit nicht zugänglich gemacht werden.

D: Warum wird sie nicht zugänglich gemacht werden?

S: Er sagt, der Mensch funktioniere noch immer durch seinen Sinn für Gier und sein Gefühl für Macht und Herrschaft. Daher sind Informationen dieser Art nur für die Wenigen, die nicht nach Macht und Herrschaft suchen.

D: Welches ist das uns nahegelegenste Sternensystem, das intelligentes Leben hat, welches zu Raumfahrt fähig ist?

S: Aldebaran.

D: Wie steht es um das Raumschiff und die Wesen, die uns jetzt besuchen?

S: Es gibt Außerirdische, die den Planeten beobachten, aber sie versuchen, sich nicht allzu sehr einzumischen. Sie kommen mit einer Gesinnung des Friedens und des guten Willens für den Menschen, denn sie versuchen, die Evolutionsrate ihrer irdischen Brüder zu verbessern. Viele von ihnen stammen aus Aldebaran, Betelgeuse und Sirius, dem Hundestern. Diese Entitäten aus diesem Gebiet sind Teil derselben Galaxie, aus der die Erdenmenschen stammen. Gegenwärtig beobachten sie, wie die Evolutionsrate des Planeten Erde zu einem hohen Grad wächst, damit er seinen Platz innerhalb der galaktischen Föderation einnehmen kann. Dies ist eine spirituelle Konföderation fortgeschrittener Wesen, die in Licht und Liebe zentriert sind, und wir sind Teil dieses Plans. Er sagt, dass nicht alle Wesen, die zur Erde kommen, positiv sind. Es gibt eine Gruppe, die ihr als negativ betrachten würdet, aber sie sind in der Minderheit. Sie gehören einer anderen Föderation an.

D: Kannst du uns sagen, wie diese Wesen aussehen?

S: Ein gemeinsames charakteristisches Merkmal ist, dass sie reptilienartige Wesenzüge aufweisen. Ihre Augen sind mehr reptilienartig. Er zeigt mir gerade ein Bild von einem. Er sagt, ihre ursprüngliche Evolution geschah durch die Reptilienfamilie. Was die Erdenmenschen „reptiloid“ nennen würden. Ihre Haut ist nicht glatt wie unsere Haut. Sie hat eine rauere Textur, aber nicht exakt wie Schuppen. Sie haben große Augen mit einer schlitzförmigen Pupille. Und sie haben keine Nase oder Schnauze, sondern Nasenlöcher. Und ihr Mund ist eigentlich sehr klein. Sie essen nicht wie wir hier auf der Erde. Es sieht so aus, als atmeten sie Essenzen ein, die ihnen helfen zu überleben. Er zeigt mir verschiedene Größen verschiedener Mitglieder dieser ganzen Rasse und ihre Körpergröße variiert von etwa 1 Meter zwanzig bis zwei Meter vierzig.

D: Haben sie Gliedmaßen wie wir?

S: Ja, sie haben Gliedmaßen. Und sie haben echsenartige fingerartige Dinge, beinahe, wie die Krallen eines Vogels, aber es sind keine Krallen. Sie laufen spitz zu.

D: Wie viele Finger haben sie?

S: Es hängt von der Spezies ab, von dem System. Manche haben vier, andere haben drei, und wieder andere haben sechs.

D: Haben sie gegenüberstellbare Daumen, wie wir sie haben?

S: Diejenigen, die vier Finger haben, ja. Die anderen nicht.

D: Was ist mit Haaren an ihrem Körper?

S: Sie haben nicht wirklich Haare, wie wir haben. Sie haben auch kein Fell. Sie haben Schutzbeschichtungen in verschiedenen Körperbereichen, die mehr verhärtete Haut als Haare sind. Zum Beispiel ist die Haut im Bereich des Fortpflanzungssystems sehr verhärtet, denn wenn sie sich der Fortpflanzung widmen, bringt dies ihre verhärteten Sinne zum Ausdruck und sie können grob zueinander sein. Aus diesem Grund hat sich dieser Bereich gröber entwickelt.

D: Haben sie unterschiedliche Geschlechter?

S: Ja, sie haben verschiedene Geschlechter, aber bei den Dreigefingerten gibt es Zwitter. Sowohl das Männchen als auch das Weibchen von den Dreigefingerten können jung brüten. Sie sind reptiloid, somit tragen sie Eier in ihrem Fortpflanzungssystem. Er zeigt mir jetzt gerade ein Bild davon. Er sagt, auf diese Weise gebären sie. Sie tragen Eier und diese werden in speziellen Kammern untergebracht, die sie in ihrem Körper haben.

D: Haben sie Ohren?

S: Er sagt, ihr Hörsinn ist sehr fein gestimmt. Sie haben muschelähnliche Dinge in ihrem Schädel. Sie sind nicht wie Ohren, aber sie können einen größeren Tonumfang hören als wir.

D: Wie sieht es mit ihren Schiffen aus? In welcher Art von Raumschiff werden sie überwiegend gesehen?

S: Ihr Raumschiff hat eher eine Zylinderform. Einige Schiffe sind zigarrenförmig. Andere erscheinen in Form eines Eies oder einer Kugel. Sie verwenden ein organisches Material aus ihrer Welt, um ihre Schiffe zu bauen. Es ist eine Kombination wie Gummi, Kunststoff, Fiberglas und Metall zusammengemischt. Es ist eine sehr harte Substanz, sie ist jedoch organisch und kann viele verschiedene Wärmeaustausche aushalten bis hin zu kalten Extremen. Und es überdauert eine lange Zeit, weil sich ihr Heimatplanet auf der anderen Seite des Universums befindet. Es ist ein sehr belastbares Material. Es hält viel aus, mithin kann es sich ausdehnen und zusammenziehen. Die Schiffe werden von einem Sonnenkollektor angetrieben, da sie etwas über Solarenergie gelernt haben. Wir würden es Solarenergie nennen, aber für sie ist es Sternenenergie. Sie bündeln Lichtstrahlen verschiedener Sterne, um ihre Schiffe anzutreiben. Sie nennen es einen Sternenkollektor, weil sie auf ihren Reisen verschiedene Sterne als Leitsystem verwenden, um dorthin zu gelangen, wo sie hin wollen. Sie kommen aus einiger Entfernung von diesem Planeten und sie streifen jetzt gerade in diesem Teil unserer Galaxie umher.

D: Wie lang waren sie schon hier?

S: Sie haben diese Gegend nur die letzten tausend Jahre durchschweift.

D: Wie können wir den Unterschied zwischen den positiv und den negativ orientierten Außerirdischen erkennen?

S: Das ist eine sehr interessante Frage. Man fühlt sich mit den höheren Wesen, die ein Gefühl der Verwandtschaft mit den Erdenmenschen vermitteln, im Einklang. Es vermittelt sich ein Gefühl der Liebe, das man spürt, ein Gefühl des Glücks und ein Gefühl der Kameradschaft. Die Wesen von dieser anderen Föderation sind grundsätzlich sehr kalt, nüchtern, und Sie empfinden Angst. Angst ist sehr vorherrschend.

D: Es gibt Berichte von großen blonden Aliens. Weißt du etwas über sie?

S: Die einen, die mehr menschenartig aussehen, sind Teil dieses galaktischen Systems.

D: Haben sie irgendwelche Stützpunkte hier?

S: Sie haben zwei auf den Monden des Uranus genutzt. Er zeigt mir gerade Uranus als Basisstation für ihre Erkundungen in diesem Teil der Galaxie.

D: Haben sie Basen auf der Erde?

S: Die Humanoiden haben Basen. Er zeigt mir gerade eine, die im Ozean liegt. Er sagt, dass ihr Raumschiff ins Wasser gehen könne. Diese hier befindet sich in der Nähe des karibischen Meeres. Und irgendwo hoch oben in den Bergen gibt es noch einen anderen Ort. Ja, es sieht aus wie Südamerika in der Nähe des Amazonasflusses. Und dann gibt es noch einen weiteren Ort, den er mir in Australien oder Neuguinea zeigt, irgendwo in diesem Gebiet in der Nähe des Ozeans. Diese Leute, sagt er, sind voller Liebe und Licht und versuchen, der Menschheit zu helfen. Sie kommen seit Tausenden und Abertausenden von Jahren auf diesen Planeten. Wir würden sie „Die Beobachter" nennen.

D: Haben diese Leute je Kontakt mit Menschen?

S: Ja, aus bestimmten Gründen. Entweder um bei ihrem spirituellen Wachstum behilflich zu sein, oder um Informationen über neue Erfindungen und Dinge dieser Natur weiterzugeben. Diese werden von Nutzen sein, wenn sich die Erde verschiebt.

D: Diejenigen, die eher humanoid sind, was ist mit ihrem Raumschiff?

S: Sie sind normalerweise von traditioneller Untertassenform, hauptsächlich aus irgendeiner Art Metall bestehend. Es ist ein sehr stark glänzendes Metall. Ich weiß nicht, was für ein Metall es ist. Er sagt gerade, in Zukunft werde man über diese Schiffe und dieses Metall Bescheid wissen, aber es wird nicht auf dieser Erde abgebaut. Es gibt hier kein vergleichbares Metall. Und sie treiben es durch Gedankenenergie an. Das ist der Ausdruck, den er mir gibt, „Gedankenkraft". Diese ermöglicht einen schnellen Antrieb durch Gruppengedankenenergie. Sie wird gesammelt und als Energie in Batterien gespeichert und dies treibt diese Schiffe an.

D: Aus welchem Material oder welcher Art Substanz sind diese Batterien zusammengesetzt, oder wie funktionieren sie?

S: (Lächelnd) Er hat mir gerade einen riesengroßen Bauplan vorgelegt. Ich kann ihn nicht verstehen. Gedanken sind Energie, sagt er gerade, und Menschen der irdischen Form erkennen nicht, wie mächtig sie sind. Es ist schwer für dich zu verstehen, sagt er. Sie wird nicht per se in Batterien gespeichert. Ich verstehe nicht, was er zu sagen versucht. Er sagt, es ist schwer für deinen Verstand zu erfassen, was es bedeutet. Die Leute der Erde, die Menschen, werden zur rechten Zeit ihr Bewusstsein erweitern, um dieses Phänomen zu verstehen. Aber bei dieser gegenwärtigen Entwicklungsgeschwindigkeit sind Sie für diese Informationen nicht bereit.

D: Reisen die Beobachter durch Zeit genauso wie durch Raum?

S: Als fortgeschrittene Wesen sind sie in der Lage, durch alle Richtungen des Raums zu reisen. Und Zeit ist Raum.

D: Sind jemals Schiffe auf der Erde eingenommen worden oder abgestürzt?

S: Zwei der Reptiloiden-Schiffe sind auf der Erde abgestürzt. Eines in der Nähe der Wüste von Arizona und das andere im Indischen Ozean.

D: Wurden sie geborgen?

S: Das eine, welches in Arizona abgestürzt ist, wurde geborgen.

D: Irgendwelche Insassen an Bord?

S: Zwei verbrannte Leichen waren an Bord.

D: Was geschah mit ihnen?

S: Er sagt, sie seien jetzt eingeäschert worden, sie seien aber von Wissenschaftlern untersucht worden. Er sagt, dass die amerikanische Regierung und die Sowjetregierung viele Kontakte zu Außerirdischen hatten, sowohl zu Reptilien als auch zu denen aus diesem Teil der Galaxie. Sie geben keine Informationen an die Massen heraus aus Angst, die Menschen in Panik zu versetzen. In der Sowjetunion kommunizierte zu einem bestimmten Zeitpunkt ein Radioteleskop-Betreiber mit einer außerirdischen Quelle, aber seine Vorgesetzten zogen ihn von seinem Rang ab und wiesen ihn neu zu. Sie wiesen ihn in eine psychiatrische Anstalt ein, in welcher er Schockbehandlungen unterzogen wurde, die jetzt ... (als Frage) seinen Verstand zusammenbrechen ließen? Hmmm. Dies tat man, weil er dem sowjetischen Untergrund diesbezüglich Informationen zur Verfügung stellte und sie der Meinung waren, dies würde die Nation in Panik versetzen und sie würden keine Kontrolle und Macht mehr haben.

D: Welche Art von Kommunikation empfing er?

S: Er erstellte mit ihnen eine Art Code durch elektronische Impulse.

D: Ähnlich unseren Morsezeichen?

S: Nein, es war nicht wie Morsezeichen. Er zeigt mir gerade so etwas wie Lichtenergie, die in Impulse auf einem radarartigen Bildschirm übersetzt wird.

D: Die Beobachter, von denen du sprachst, leben irgendwelche von ihnen innerhalb der Erde?

S: Nein, sie leben nicht auf der Erde, sie leben auf ihren eigenen Schiffen.

D: Ich meinte, gibt es Leute, die in der Erde drin leben? Gemäß der Theorie von der hohlen Erde.

S: Nein. Er zeigt mir gerade ein Bild von der Erde. Und er sagt, zu einer Zeit wurden Basen freigelegt, die vor Äonen genutzt wurden. Sie wurden von diesen Beobachtern wiederentdeckt. Es ist wie Forscher, die beim Bergsteigen gelegentlich zu einer Höhle zurückkehren, aber nicht wirklich in ihr leben. Sie wollen nicht wirklich auf der Erde leben. Es ist ihnen nicht sehr wichtig. Sie machen hier Erkundungen, aber meistens gibt es eine Kommunikationsverbindung zu diesen anderen Sternensystemen.

D: Was ist mit den Fällen, in denen wir von Schiffen gehört haben, die an verschiedenen Orten der Erde Energie oder Wasser zu sammeln scheinen?

S: Sie sammeln nicht Wasser, sie sammeln nicht Energie. Sie laden tatsächlich das elektrische Feld auf und nehmen Kommunikation auf, Energie. Sie beobachten verschiedene Lebensformen, die es im Ozean gibt: Wale, Delfine, Haie. Sie machen Experimente, das ist es, was er mir gerade zeigt. Sie überwachen auch unsere Kommunikation, unsere elektronische Kapazität und unsere Kernenergie, wenn sie über verschiedenen Anlagen erscheinen, die sich mit Kommunikation und Strom beschäftigen.

D: Sie vermitteln den Eindruck, dass sie irgendwie abhängig sind. Die Leute glauben, dass sie Strom aus den Elektrizitätswerken und Dergleichen entnehmen.

S: (Lächelnd) Er sagt, nein, das ist nicht wahr. Diese Wesen sind so hochentwickelt, dass ihr Leute im Vergleich dazu noch im Kindergarten seid, während sie Oberschulniveau sind.

D: Was ist die Art und Weise ihrer interplanetarischen oder galaktischen Kommunikation, wenn man bedenkt, dass sie so große Entfernungen zurücklegen müssen?

S: Nochmals, es wird Gedankenkraft genutzt.

D: In Bezug auf die gleiche Frage: Warum reagieren sie nicht auf unsere Abfragen über Funkfrequenzen?

S: Er sagt, das haben sie in der Vergangenheit. Wir sprachen gerade über das Phänomen, das sich in der Sowjetunion ereignete. Aber nochmals, der Mensch ist nicht bereit. Das ist, es, was er sagt: „Der Mensch ist nicht bereit" oder er hat Angst, dass er von fortgeschrittenen Wesen beherrscht wird.

D: Nun, das Bild, das wir bekommen, ist im Grunde, dass es zwei Haupttypen gibt, den Reptiloiden und die Beobachter. Wie viele andere besuchen die Erde derzeit?

S: Dies sind die zwei Hauptgruppen, die sich derzeit in diesem Teil der Galaxie offenbaren. Es gibt sogar noch fortgeschrittenere Wesen als die Beobachter, die gelegentlich auf diesen Planeten reisen. Aber sie kommen nur einmal etwa alle zehntausend Jahre.

D: Hatte irgendeiner dieser Leute etwas mit der Erschaffung eines menschlichen Lebens auf unserem Planeten zu tun?

S: Ja, die Beobachter haben geholfen, den Menschen zu gestalten. Er sagt, ihr würdet diese als Engelswesen betrachten. Und sie sind den Menschen in der Vergangenheit als Engel erschienen. Und ja, sie haben dazu beigetragen, das Leben auf diesem Planeten zu gestalten und zu einer höheren Stufe weiterzuentwickeln. Sie helfen bis zum gegenwärtigen Zeitpunkt, die Entwicklungsrate des Menschen zu verbessern. Sie versuchen derzeit, einen perfekteren menschlichen Körper zu schaffen, was die immunologische Reaktion auf Krankheiten und die anfängliche Resistenz gegen Krankheiten betrifft. Es wird also irgendwann diese oder jene Bestände an menschlichen Körpern geben, die gegen die meisten heutigen Krankheitsformen auf eurem Planeten resistent sind. Die Absicht hinter dieser Gentechnik besteht im Wesentlichen darin, einen vollkommeneren physischen Körper zu schaffen, sodass sich der Geist, sobald er einmal ein erhöhtes Bewusstsein hat, sich perfekter auf diese vollkommeneren Körper übertragen kann. Ein perfekter Geist erfordert einen perfekteren Körper.

D: Dann helfen sie eigentlich mehr als dass sie schaden, nicht wahr?

S: In der Tat. Es gibt bei keinem von ihnen eine Absicht, zu schaden.

D: Einige Aliens scheinen in der Lage zu sein, Häuser zu betreten, wobei sie nicht einmal Einbruchalarme auslösen. Sie erscheinen einfach dort. Wie schaffen sie das?

S: Sie haben eine Antimaterie-Energie, die sie dazu nutzen. Wodurch sie sich zu verteilen und aufzulösen scheinen, um dann wieder aufzutauchen. Und so können sie auch transportieren.

D: Du meinst, sie zerlegen den physischen Körper?

S: Ja, zerlegen die physischen Moleküle und setzen sie dann wieder zusammen.

D: Es scheint mir, dass dies ein Trauma verursachen müsste.

S: Oh ja, das stimmt. Dies ist ein Grund, warum sich die Leute hinterher meistens nicht mehr daran erinnern. Die Außerirdischen haben ihnen ihre Erinnerung genommen, weil es für Menschen in der Regel sehr traumatisch und schmerzhaft ist, sich an diese Art von Erlebnissen zu erinnern.

D: Nun, auf diese Weise wäre es ein Gefallen.

S: Die Beobachter sind gekommen, um bei der Evolution des Menschen von seinen primitiven Anfängen bis zu seiner spirituellen Glorie zu helfen, damit er an dem teilhaben kann, was sie die „Föderation" nennen, diesem galaktischen Zusammenschluss fortgeschrittener Wesen. Einige der anderen Wesen haben ihre eigenen Zwecke. Sie vernetzen sich im gesamten Universum, um zu erforschen und zu sehen, was da draußen ist, zu sehen, was sie für ihre eigenen Lebenssysteme auf ihren Heimatplaneten nutzen können. Es war ihnen also in den letzten tausend Jahren erlaubt, hierher zu kommen, um zu sehen, was auf der Erde für sie von wertvollem Nutzen sein könnte. Diese haben Dinge von der Erde mitgenommen, wie: Kristalle, verschiedene Arten von Steinen, insbesondere Magnesium. Deshalb erscheinen sie über Gebieten Afrikas und Asiens, besonders um Indien. Sie haben bestimmte Mineralien von der Erde mitgenommen, die für ihre eigenen Lebensformen sehr wertvoll sind und nicht auf ihrem Planeten vorkommen. Sie haben auch Pflanzenleben entnommen und sie gentechnisch verändert, sodass sie zu ihrer Heimatumwelt passen, die sehr andersartig ist. Sie hat eine andere Atmosphäre, Schwerkraft und Dichte, aber sie brauchen Pflanzenleben auf ihren verschiedenen Welten.

D: Warum können die Beobachter die negativen Aliens nicht davon abhalten, zu kommen?

S: Weil sie immer noch dabei sind, zu erforschen, haben sie noch keine Welten erobert. Es gibt im gesamten Universum andere Welten neben der unseren, die sich an ähnlichen evolutionären

Punkten befinden. Er zeigt mir soeben einen anderen Planeten, der der Erde ähnlich sieht, aber er liegt in der Nähe eines Sterns, der sehr weit entfernt ist und nicht einmal einen Namen hat. Er ist der Erde sehr ähnlich und sie haben diesen Planeten ebenfalls beobachtet. Diese Aliens werden kriegerischer und besessener werden müssen, um ihr Territorium im Universum zu erweitern, bevor die Beobachter wirklich etwas unternehmen können.

D: Haben antike Zivilisationen auf der Erde Kontakt mit diesen Wesen gehabt?

S: Oh, zu Zeiten von Atlantis wurde ein Großteil der Informationen über Kristalle und Energie, Licht und Sonnenlicht, Sonnenenergie und solche Dinge mit Außerirdischen frei gehandelt. Die Beobachter beteiligten sich aktiv an der Entwicklung dieser Zivilisation sowie an der Zivilisation der Lemurier. Sie pflegten auch Umgang mit den Zivilisationen der Ägypter und Babylonier sowie mit den Menschen im Indus-Tal. Sie waren alle an dem einen oder anderen Punkt mit den Beobachtern verbunden.

D: Waren die Beobachter denn die Einzigen, die die Erde damals besuchten?

S: Ja, sie waren die einzigen Wesen, denen es erlaubt war, auf diesen Planeten zu kommen.

D: Sind die Beobachter alle von einem Typ, einer Rasse?

S: „Erdlinge", wie er uns nennt, sind von derselben genetischen Ausstattung. Sie selbst sind Humanoide. Sie können einige Unterschiede aufweisen, z. B. verschiedene Augenfarben und unterschiedliche Knochenstrukturen. Und zwei oder drei Organsysteme, die sich sehr stark von denen der Erdenmenschen unterscheiden, im Großen und Ganzen sind sie jedoch sehr im Einklang mit den Menschen der Erde, weil wir alle Teil einer Galaxie sind. Und sie beobachten, wie sich die Erde von unserer barbarischen Ebene in eine hohe Schwingungsebene hineinbewegt, um ihren Platz innerhalb der galaktischen Föderation einzunehmen. Zu dieser Zeit gibt es in dieser Föderation etwa sechsunddreißig Planeten. Die Erde wird der siebenunddreißigste sein, und es wird noch zwei weitere geben.

D: Wissen die Beobachter, was im Rest des Universums vor sich geht?

S: Der Wächter sagt, dass sie vollkommene Kenntnis haben. Und sie stehen in ständigem Kontakt mit ihren Heimatbasen und allen anderen Stützpunkten. Sie haben ... das beste Wort, das ich mir vorstellen kann, ist „Osmose“. Sie verfügen zu jeder Zeit über ein perfektes Wissen über Zeit und Raum und darüber, was vor sich geht. Sie verwenden Telepathie anstatt zu sprechen, um miteinander und mit anderen Wesen zu interagieren. Sie sind in dieser Hinsicht sehr weit fortgeschritten. Sie können Energien über große Entfernungen oder Zeiträume und Raum senden. Wären wir auf dieser Ebene, würden wir keine Kriege oder Konflikte haben, weil wir alle im Einklang sein würden. Sie sind alle aufeinander eingestimmt. Das ist das Wort, das er verwendet: eingestimmt.

D: Unterscheiden sich die Reptilien in dieser Hinsicht? Insofern als sie nicht über dieselbe Art von Kommunikationsfähigkeiten und Wissen verfügen?

S: Er sagt, dass sie Klick-Signale entwickelt haben, die sie verwenden. Sie klingen wie Klicks, die sowohl von Instrumenten in ihrem Körper als auch innerhalb ihres Raumschiffs aus gesendet und verstärkt werden können. Diese übertragen sich über große Zeitspannen hinweg. Sie nutzen Sternenenergie, um diese unterschiedlichen Klick-Signale reflektieren zu lassen. Und so können sie Informationen von einem Ende ihrer Galaxie zum anderen übertragen.

D: Gibt es unter unserer menschlichen Bevölkerung auf der Erde humanoide Außerirdische?

S: Ja. Er sagt, dass einige von ihnen inkarniert sind, um zu Diensten zu sein, wenn die Erde bei der schnellen Entwicklung zur höheren Schwingungsform ihre Veränderung durchmacht.

D: Ich meine, leben welche von ihnen in ihrer eigenen Form unter uns und nicht als eine Inkarnation?

S: Viele Seelen sind aus diesen Gebieten gekommen und haben sich auf der Erde inkarniert. Ja, aber es gibt auch von den Beobachtern abstammende Humanoide, die in ihrer Form auf der Erde gelebt haben. Es gibt nur rund sechsunddreißig, verstreut über die ganze Welt. Und sie überwachen insbesondere unser Wachstum und unsere Fähigkeiten in der Nuklear- sowie in der Laser- und Zerstörungstechnologie.

D: Dann gibt es nicht so viele, dass wir welche von ihnen finden würden.

S: Sechs sind in unserem Südwesten versammelt, drei sind in unserem Nordosten versammelt, einer ist im Nordwesten, zwei sind in den zentralen Teilen unseres Landes versammelt und ein anderer befindet sich in Florida. Zwei sind um das Radioteleskop in Puerto Rico versammelt. Und der Rest ist auf der ganzen Welt verstreut.

D: Stehen sie in Kommunikation zueinander?

S: Ja, sie überwachen das Geschehen bei allen Arten von Energieentwicklungen.

D: Haben sich diese Humanoiden gekreuzt oder hatten sie Nachkommen mit den menschlichen Lebensformen auf der Erde?

S: Das war ihnen verboten, zu tun. Sie taten das in der Vergangenheit. So wuchs der Mensch heran. Sie paarten sich früh mit tierähnlichen Formen und trugen dazu bei, dass sich menschliche Formen entwickelten. Aber sie paarten sich nicht im eigentlichen Sinne, sie verwendeten das, was wir Gentechnik nennen würden. Er zeigt mir gerade die laborartigen Bedingungen dazu. Und daher stammt der Mensch. Er zeigt mir das biblische Zitat. „Die Söhne Gottes ließen sich auf die Töchter des Menschen ein."

Er bezog sich auf: Gen 6: 2. „Die Söhne Gottes sahen die Töchter der Menschen, dass sie schön waren, und sie nahmen sich von ihnen allen zu Frauen, welche sie wollten." Und Gen. 6: 4. „In jenen Tagen waren die Riesen auf der Erde, und auch danach, als die Söhne Gottes zu den Töchtern der Menschen eingingen und sie ihnen Kinder gebaren."

S: Von hier kam diese Passage, die das Geschehene beschreibt. Und nun können sie das nicht mehr tun, weil das gegen den freien Willen ist. Du siehst, die Beobachter respektieren unseren freien Willen. Die Reptilienwesen betrachten uns jedoch als eine niedere Lebensform. Sie entwickelten sich aus einer reptilienähnlichen Form, und folglich sind sie auf der Skala der sogenannten „spirituellen Evolution" nicht sehr hoch entwickelt. Der Wächter sagt, dass die Beobachter von einer höheren spirituellen Energie sind, so können wir die negativen Wesen zurückweisen, indem wir uns erlauben, in einer höheren spirituellen Form zu arbeiten. Die Reptilien werden definitiv von einer höheren spirituellen Kraft abgestoßen, sie werden von dieser Art von Energie nicht angezogen.

Es ist eine interessante Beobachtung, dass das negative Element dieser Außerirdischen reptilienartig ist. Die Bibel ist vollgepfropft mit Symbolen von Schlangen, Vipern, Drachen etc., die stets den negativen Einfluss repräsentieren.

In diesem Teil sprach der Wächter der Bibliothek direkt zu uns.

S: Es ist wichtig für euch zu wissen, dass nach der kommenden Zeitspanne der Turbulenzen und der Erdveränderungen viel ruhiges Segeln kommen wird. Es wird viel Lernen geben. Es wird Unterstützung beim interplanetaren Reisen geben. Ihr werdet anfangen, mehr über euer Universum und all die vielen anderen zu erfahren. Es wird Unterstützung von Wesen aus anderen Weltraumbereichen geben, und ihr werdet euch ihnen anschließen. Es wird eine Verbundenheit geben, eine kenntnisreiche Verbundenheit auf beiden Seiten, ein Zusammenarbeiten. Das habt ihr zuvor nicht gehabt. Andere Entitäten im Weltraum haben von euch gewusst, aber ihr habt nicht von ihnen gewusst. Und das wird passieren. Es wird ruhiges Segeln geben. Eine Linderung nach dem Aufruhr, der stattgefunden hat.

D: Warum geben sie uns diese Unterstützung?

S: Sie würden jedem diese Unterstützung geben. Ihr würdet dasselbe tun, wenn ihr in dieser Position wärt, denn wir waren alle Teil des Einen und wir sind alle miteinander verwandt. Ihr wart euch dessen nicht bewusst, weil ihr euch in einem solchen Säuglingsstadium befandet. Ihr werdet da herauswachsen und in das Bewusstsein hineinwachsen, dass wir alle eins sind. In etwa so, wie damals, als das Zeitalter der Vernunft über die Menschen hereinbrach.

D: Du sagtest, wir seien alle miteinander verwandt. Meinst du auch körperlich?

S: Sprichst du jetzt von dem körperlichen Aussehen?

D: Von den Genen oder was auch immer.

S: Ja. Sie mussten alle von irgendwoher kommen und wir sind körperlich verwandt. Und sogar noch wichtiger, metaphysisch verwandt. Wo ihr alle begonnen habt und alles, worüber ihr aus eurer Geschichte wisst, ist hier. Aber es gab einen Anfang davor oder es gab eine Existenz, bevor ihr jemals hier wart. Und das ist es, wovon eure Geschichtsbücher nichts wissen.

D: Ein Gedankengang ist, dass wir alle uns hier auf diesem Planeten entwickelten und hier begannen. Wir wurden durch die Evolution der Spezies geschaffen.

S: Ja, durch einen Mischmasch aus Gasen und Nebeln und Festkörpern, die zusammen herumhüpften und zufällig mit etwas auftauchten, das sie für Leben hielten. Das ist nicht wahr. Es gibt viele, viele, viele Planeten wenn wir sie so nennen wollen -- auf denen es zum jetzigen Zeitpunkt keinerlei Lebensform gibt. Falls und wenn sie eine haben, dann nicht, weil sie einfach so aufgetaucht ist. Sondern weil sie auf eine bestimmte Weise erschaffen wurde. Entweder wird der Planet einer Veränderung unterzogen, sodass er Leben tragen kann, oder wenn er es schon kann, wird die Saat sozusagen dorthin gesät, sodass sich das Leben dann entwickeln kann.

D: Meinst du, dass es niemals eingeborenes Leben gibt, das einfach rein zufällig auf einem Planeten beginnt?

S: Richtig. Leben beginnt nicht zufällig. Und „eingeboren" hängt davon ab, wie weit zurück ihr gehen wollt. Sieh, wenn etwas schon seit Zeiten vor eurer Geschichtsaufzeichnung da war, dann betrachtet ihr es als eingeboren. Aber das ist nur so, weil eure Geschichte begrenzt ist, nicht weil es zwingend eingeboren war. Es ist abhängig davon, wie weit zurück ihr gehen wollt.

D: Dann wäre es sicher zu sagen, dass alles Leben, Pflanzen, Mineralien oder was auch immer beginnen muss, indem es hineingebracht wird? (Ja) Es entwickelt sich nie einfach von selbst?

S: Nein. Und das wird es auch niemals. Das wäre ziemlich unberechenbar. Ziemlich ich weiß nicht, wie das Wort heißt sehr unorganisiert, sehr unkontrolliert, ohne Verbindung. Es wäre ein sehr großes Durcheinander.

D: Ich dachte, in der natürlichen Abkühlung eines Planeten mit der Mischung aus Gasen und allem könnte sich das Leben spontan entwickeln.

S: Nein, das geschieht nicht so. Bei der Abkühlung der Gase und/oder worauf auch immer du dich beziehst, kann der Lebensraum für eine Lebensform unterstützend werden, diese kann sich jedoch nicht von selbst entwickeln. Das Leben ist so wertvoll und wichtig. Ihr wisst nicht, wie sorgfältig es tatsächlich behandelt wird. Es ist kein System, das so aufgebaut ist, dass es aus eigenem Antrieb entspringt und von dem niemand sonst etwas weiß oder etwas damit zu tun hat. So wurde es einfach nicht getan. Es gibt auf jedem Planeten viel Fürsorge um die Lebensformen. Und diese werden sorgfältig geplant. Ihr Aufbau ist strukturiert und die Ausstattung wird vorsichtig behandelt, bevor die Lebensform je in die Existenz kommt. So viel Bedeutung wird dem Leben beigemessen.

D: Ich dachte gerade an die Ungeheuerlichkeit eines solchen Projekts; an all die Menschen, die beteiligt wären.

S: Das sind Dinge, auf die ich nicht alle Antworten weiß. Ich weiß, dass es sogar von weitaus bedeutender Größe ist, als du dir vorstellen kannst.

D: Ich denke an all die unzähligen Welten, die es möglicherweise gibt, und dann die Anzahl der Individuen, die ein solches Programm durchführen müssten.

S: Das stimmt, aber sie sind nicht exakt Individuen. Es gibt große Kräfte. Größer als ich weiß. Also kann ich nicht darüber sprechen.

D: Ich denke an die Individuen, die ausgesandt werden müssten, um diese verschiedenen Aufgaben zu erledigen. Aber du meinst, es gibt noch etwas jenseits dessen.

S: Es gibt etwas darüber hinaus, ja. Ich wusste nicht, dass du dich auf die körperlichen Entsprechungen beziehst. Ist es das, was du meinst?

D: Ich vermute. Ich beziehe mich auf diejenigen, die für die Durchführung verantwortlich wären. Es scheint ein sehr großes Programm zu sein.

S: Es ist eine Frage von Bewusstsein, nicht so sehr davon, dass Leute für die Durchführung ausgesandt werden. Es ist wahr, es gibt diejenigen, die ausgesandt werden, um Dinge dieser Art zu vollbringen. Es wird auch sozusagen ein Bewusstsein gesetzt, damit es in der Masse durchgeführt wird, anstatt Einzelne auszusenden. Beides kann stattfinden.

D: Ich denke an Individuen, die hingehen und verschiedene Dinge tun müssen. Ich weiß, dass sie Befehle von jemand anderem empfangen müssten oder von jemandem, der den größeren Plan kennt.

S: Das ist es, worüber ich anfangs dachte, dass du sprichst und worauf ich mich bezogen habe. Das geht so weit über mein Wissen hinaus, dass ich keine Möglichkeit kenne, auch nur einen kurzen Einblick in eine Antwort zu geben.

D: Dann ist das Massenbewusstsein mehr wie ein Geist. (Ja) Es könnte physisch nichts manifestieren.

S: Doch, das Bewusstsein kann etwas physisch manifestieren.

D: Es kann Leben manifestieren? (Ja) Wie, in Anfangsstadien?

S: Eigentlich kann es das in jedem Stadium, aber normalerweise würde das nicht so zufällig geschehen. Ich spreche davon als „Es", doch es ist kein „Es". Das Bewusstsein kann sich jederzeit und ohne Anstrengung augenblicklich als alles manifestieren. Ihr seid euch nicht bewusst, dass die Bewusstseinsebenen, unter denen ihr operiert, die Macht des Bewusstseins sind, aber es ist so. Und ihr seid wie Babys, die einfach in diesen Bereich des Gewahrseins ihres Bewusstseins und was es bedeutet hineinschleichen. Aber wenn sich das Bewusstsein als kompletter Planet manifestieren wollte, mit vielen Menschen bevölkert, dann könnte es dies tun. Es würde es nur nicht auf diese Weise tun.

D: Ich glaube, du beziehst dich auf das, was wir in unserem Glaubenssystem als Gott betrachten.

S: Das kann stimmen, aber es ist mehr als nur ein Glaube. Es ist eine Manifestation. Bis zu einem gewissen Grad macht der Glaube es erst wahr. Aber das Bewusstsein ist da, ob du es glaubst oder nicht. Es ist nur so, dass eure Fähigkeit zu wissen verringert wird, wenn ihr es nicht glauben könnt.

D: Also kann Leben durch dieses Bewusstsein und auch durch die Manipulation anderer Individuen entstehen?

S: Ja. Und das wäre die angemessenere Art und Weise. Ihr seht, das Bewusstsein ist nicht einfach da draußen, um sich bloß zu manifestieren. Es hört nie auf. Bewusstsein nimmt nichts zurück. Wenn es sich nach außen manifestiert, bleibt das für immer bestehen. Das Bewusstsein ist also etwas zurückhaltend darin, zufällig einen anderen Planeten zu erschaffen und eine Menge Leute draufzuwerfen, weil es das dann nicht mehr „auslöschen" kann. Es könnte sich selbst, seinen Fokus von ihm abziehen. Aber das, was es manifestiert hatte, würde dann sein eigenes Bewusstsein haben und würde immer weiter bestehen. Eine höhere Bewusstseinsebene würde also nicht so gedankenlos und unberechenbar oder unverantwortlich sein, solche Dinge zu tun. Sie würde Freude, Trost, Liebe und all die Dinge schaffen, die wir als positiv empfinden. Sie würde nichts tun, das einen ganzen Planeten in dem Unwissen hinterließe, was als Nächstes zu tun sei.

Ein anderer Proband beschrieb die Bibliothek auf andere Weise.

S: Ich bin an einem Ort, der ähnlich ist wie ... der eheste Vergleich, den ich finden kann, ist eine Bibliothek. Sie befindet sich auf einer anderen geistigen Ebene als der, die ich gerade verlassen habe. Wenn du möchtest, werde ich dir diese Bibliothek beschreiben. Nichts kann die Bibliothek-Kartei in dieser Bibliothek hier verbessern. Diese Bibliothek verfügt nicht über Bücher im eigentlichen Sinne, sondern über Wissenskerne. Dieses Wissen schwebt in seinem eigenen Raum, hell strahlend wie ein Lichtfunken. Diese Wissensstückchen sind überall um einen herum und man ist von ihnen umgeben. Und wenn man sich entscheidet, etwas über eine bestimmte Art von Wissen zu lernen, wird die Energie dieser Wissensstücke zu einem hingezogen. Man sieht diese Lichter auf einen zukommen und sie ruhen sozusagen auf dem Kopf, ich sage sozusagen, weil man hier nicht körperlich ist. Und man kann das Wissen daraus aufnehmen.

D: Das wäre viel schneller, als in einem Buch zu lesen. Es ist nicht wirklich wie eine Bücherei, die ich mir mit Büchern in einem Regal vorstellen würde.

S: Nein, aber es ist der beste Vergleich, den ich finden kann. Sie besitzt alles Wissen. Es ist nur eine Frage meiner Fähigkeit, mich damit verbinden zu können. Du wirst also nicht durch den Ort beschränkt, sondern du wirst durch mich beschränkt, wenn es überhaupt Beschränkungen gibt. Ich kann finden, wonach wir suchen, aber werde ich es in einer Weise betrachten können, die dir hilft, zu verstehen? Das ist die Beschränkung. Das Wissen ist komplett hier, funkelnd und glänzend und bereit, erlernt zu werden. Wenn sich die Antwort irgendwo anders befindet, werde ich mich stattdessen dorthin projizieren. Es ist kein Problem.

Nachdem sie erwachte, behielt sie einen lebendigen Eindruck dieser Bücherei und wollte mehr Information über deren Aussehen hinzufügen.

S: Die Ebene dieser Bibliothek ist wie ein Energiefeld, das die Form eines riesigen Himmelsgewölbes hat. Und innerhalb des Gewölbes ist die Ebene der Bibliothek. Das Gewölbe soll niemanden fernhalten. Es ist nur eine Vorrichtung, um die Informationen in diesem Bereich organisiert zu behalten und aufzubewahren. Ich nehme an, ihr würdet es ein magnetisches Indexierungssystem nennen, das Informationen anlockt, dann übermittelt und sie an die richtige Stelle führt. Und wenn man die Bibliothek nutzt, schwebt das eigene Bewusstsein oder was auch immer genau in der Mitte, und jedes Stück Information schwebt in diesen verschiedenen Lichtformen umher. Manchmal sind sie tropfenförmig oder rund oder fast wie Christbaumschmuck. Und sie alle funkeln im Licht in verschiedenen Farben. Und irgendwie sagen die Form des Lichts, seine Farbe und wie es funkelt dem Bewusstsein, welche Art von Information es ist.

D: Ich frage mich, was den Unterschied macht?

S: Ich denke, es ist wie der Unterschied zwischen Büchern über Tiere und Büchern über Regierungsverfahren oder derlei. Es ist einfach ein anderes Thema. Und ich habe das Gefühl, dass wenn man nicht wirklich etwas Besonderes im Sinn hat, worüber man etwas lernen will, eine dieser Formen einfach etwas entfacht. Wenn man jedoch nach einer bestimmten Information suchen möchte, dann kommt das Licht, das sich auf diese Informationen bezieht, und verschmilzt auf eine Art mit einem. Und wenn es sich dann wieder trennt, hat man die Informationen daraus gelernt. Ich hatte das Gefühl, dass ich dadurch ein neues Erkenntnispaket gewonnen hatte.

D: Ich glaube, das Unterbewusstsein zieht einfach jedes Stück Information an, das es wünscht.

S: Ich vermute. Und der Hintergrund ist ein dunkles Mitternachtsblau, sodass das Licht wirklich scheint und leuchtet.

D: Wie gelangt man in diese Ebene?

S: Man denkt sich selbst hinein.

D: Man geht einfach durch seine Wand oder was auch immer.

S: Ja. Ich habe dieses Gefühl, dass man denkt: „Jetzt will ich in der Bibliothek sein“ und wenn man die Augen öffnet, ist man dort. Es war sehr schön. Die Bibliothek steht allen zur Verfügung. Diejenigen auf der physischen Ebene, die es schaffen, diese Bibliothek zu kontaktieren, sind in ihrem Wissensreich willkommen.

Dies war also mein Lieblingsplatz, um nach Wissen zu suchen, genauso wie ich es genieße, in die Bibliothek der Universität von Arkansas zu gehen, um für meine Bücher zu recherchieren. Ich bin definitiv in meinem Element, wenn ich einen ganzen Tag in den Hallen des Wissens verbringen kann. Wenn ich einen Probanden in das geistige Reich bringen konnte, hatte ich immer viele Fragen zu vielen Themen. Nachdem ich mit der UFO-Forschung begonnen hatte, nutzte ich die Gelegenheit, in der Bibliothek Wissen über UFOs und Entführungen zu finden. Als ich dies später mit den eigentlichen Hypnosesitzungen kombinierte, war das nicht widersprüchlich, sondern ähnlich und fügte dem Versuch, das Phänomen zu verstehen, eine zusätzliche Dimension hinzu. Einige der Informationen wurden 1985, 86 und 87 übermittelt, bevor ich mit meinen eigentlichen Untersuchungen begann, als ich noch in der Phase der Neugierde war.

Eine weibliche Person befand sich in der Bibliothek und beobachtete den Weltraum. Es schien der perfekte Zeitpunkt zu sein, um Fragen zu Aliens und UFOs zu stellen.

S: Ich betrachte diese Galaxie. Dieser Teil der Bibliothek hat einen holographischen Effekt, daher fühle ich mich, als befände ich mich tatsächlich unter den Sternen. Ich habe meditiert und währenddessen diese Sterne angestarrt. Und ich habe mir die verschiedenen Planeten und das Leben auf diesen verschiedenen Planeten angesehen.

D: Kannst du mir einige der Dinge schildern, die du siehst, wenn du die Galaxie betrachtest?

S: Nun, ich sehe die Erde. Die Erde ist wie ein grünes Juwel. Und es gibt andere Sterne, darunter Planeten wie dieser. Manche von ihnen haben Leben und manche von ihnen nicht. Und das Leben befindet sich auf verschiedenen Entwicklungsstufen.

D: Kannst du die anderen Planeten in unserem Sonnensystem sehen?

S: Ja, es gibt zehn davon. Es gibt die neun, die ihr bereits kennt: Merkur, Venus, Erde, Mars, Jupiter, Saturn, Uranus, Neptun, Pluto. Der Planet, den die Wissenschaftler jenseits von Pluto vermuteten. Er ist dort. Die Wissenschaftler haben ihm einen Namen gegeben, aber dieser lässt sich nur schwer aussprechen. Ich bin nicht sicher, ob meine Zunge den Namen formen kann. Dieser andere Planet kreist sehr weit außerhalb, die Sonne ist dennoch das Zentrum seiner Umlaufbahn. Die Sonne sieht für ihn einfach aus wie ein heller Stern, weil er so weit draußen ist. Er bekommt wirklich keine nennenswerte Wärme von der Sonne. Aber er umkreist die Sonne und würde daher als Planet dieses Sonnensystems betrachtet.

D: Ich würde gerne Fragen zu dem stellen, was wir UFOs nennen und Fliegende Untertassen.

S: Außerirdische Raumfahrzeuge, ja.

D: Das ist ein noch genauerer Ausdruck.

S: Ich bin mir der Begrifflichkeit des Phänomens bewusst, über das du sprichst. Es gibt verschiedene Arten von UFOs. Sie haben die gleiche Grundform, denn es gibt eine intergalaktische Zivilisation, die schneller als Licht durch Zeitschleifen wandert. Und die Fahrzeuge müssen alle dieselbe Grundform haben, um die Reise zu überleben. Es gibt jedoch unterschiedliche Details, weil sie aus den verschiedenen Nationen stammen, die diese Zivilisation ausmachen. Die verschiedenen UFOs kommen aus verschiedenen Gründen zur Erde. Ein Gerät, das allerälteste Gerät, das kommt, behält die Entwicklung der Erde im Auge. Man könnte sagen, die Erde war ihr Lieblingsprojekt. Und diese eine besondere Nation -- so werde ich sie nennen ist eine Nation von Denkern und Experimentatoren. Sie wollten sehen, ob die vorhergesagten Ergebnisse eintreten würden, wenn sie zu einer sehr formbaren Zeit in der Geschichte des Planeten eine bestimmte Aktion ausführen würden.

D: Welche Aktion war das?

S: Es war ein beständiges Muster sanfter Interferenzen seit der Zeit, bevor es auf der Erde Leben gab. Und die Erde war wie ein fruchtbarer Schoß. Das Leben entwickelte sich hier, aber sie beschleunigten den Prozess, indem sie die Erde mit Ur-Leben besiedelten. So konnten sie die Entwicklung kontrollieren und sehen, in welche Richtung sie gehen würde, anstatt die Erde ihr eigenes natürliches Leben alleine entwickeln zu lassen. Man könnte diese Leute archaisch nennen. Sie haben die Erde die ganze Zeit über im Auge behalten, um die Entwicklung der Dinge zu verfolgen. Und um gelegentlich hier und da die Dinge etwas anzustoßen, damit sie sich in die gewünschte Richtung entwickeln. Andere Fahrzeuge, die hierherkommen, stammen von anderen Nationen dieser Zivilisation und kommen aus verschiedenen Gründen hierher. Eine Nation schickt regelmäßig fünf Fahrzeuge, um zu sehen, ob hier eine vergleichbare Technologie entwickelt wurde, sodass wir bereit wären, der Zivilisation beizutreten oder zumindest Handel mit einigen Mitgliedsstaaten dieser großartigen Zivilisation zu eröffnen. Eine Nation hat anscheinend eine eher paranoide Einstellung und schickt Fahrzeuge, um die militärischen Anlagen zu erkunden, um sicherzustellen, dass wir dem Rest des Universums durch unsere Waffenentwicklung und durch unsere militärisch-wissenschaftliche Erkundung keinen Schaden zufügen werden. Es gibt noch einen anderen Schiffstyp, der kommt, und ich sage „Typ". Sie sind im Grunde alle gleich, aber ich spreche von den andersartigen, die vorwiegend von den verschiedenen Nationen kommen. Es gibt einen anderen Schiffstyp, der aus reiner Neugier kommt. Sie versuchen immer alles herauszufinden, was bei allen vor sich geht. Sie wussten aus der Ferne, dass die Erde dank der Sonne Leben tragen könnte. Und als sie den Planeten beobachteten, entdeckten sie, dass hier tatsächlich Leben vorkam. Aber sie sahen, was in Bezug auf die politischen und religiösen Strukturen geschehen war und sie wussten, dass es noch keine gute Idee sein würde, jetzt schon mit dem Leben auf diesem Planeten in direkten Kontakt zu kommen. Hauptsächlich wegen der heiklen Lage und der explosiven Gewalt die immer unter der Oberfläche schwelte. Und sie hielten Wache, weil sie in Kontakt bleiben wollen. Sie glauben, dass die beiden Zivilisationen zusammen etwas wirklich Großes aufbauen und sich zu einer galaktischen Macht entwickeln könnten. Sie sehen, dass wir uns sehr bemühen, uns zu entwickeln, aber wir noch nicht ganz so weit sind. Es muss der richtige Zeitpunkt abgewartet werden, und so warten sie. Sie werden einen Testkontakt aufnehmen, um zu sehen, wie gut sich die Menschen entwickelt haben. Sie kommen zu verschiedenen Zeiten und verkleiden sich, damit sie sich unter die Menschen mischen können. Mit ihren psychischen Fähigkeiten können sie ein Gefühl für die allgemeinen Strömungen in der sozialen und geistigen Entwicklung bekommen. Gelegentlich nehmen sie einen Menschen und unterziehen ihn einer körperlichen Untersuchung, damit sie verfolgen können, wie sich unsere Lebenswissenschaften entwickeln, da sie darauf auf ihrem Planeten stets großen Wert legten. Sie haben die Theorie, dass je nach dem Stand der Biowissenschaften und dem Maß, wie sie sich um die Rasse im Allgemeinen in Bezug auf Ernährung, medizinische Versorgung, allgemeine Gesundheit und Lebensmittelversorgung kümmern, dies mit technologischen Entwicklungen einhergeht.

D: Diese sind nicht die Einzigen, die zur Erde kommen, nicht wahr?

S: Nein, nein. Es gibt viele andere, die die Erde beobachtet haben, aber sie sind die uns nahestehendsten. Sie sind diejenigen, die am ehesten geeignet sind, als Erste erfolgreich mit uns in Kontakt zu treten. Sie beobachten zumeist passiv. Sie greifen nicht wirklich häufig direkt bei den Menschen ein. Es war üblicherweise einmal im Jahrhundert, aber in letzter Zeit, seit sich die Lebenswissenschaften in so astronomischer Geschwindigkeit entwickelt haben, ist es häufiger geworden. Sie haben das Gefühl, die Zeit sei sehr nahe, dass sie erfolgreich mit Menschen in Kontakt treten und beginnen können, ihre Technologie zu teilen. Dies sind die UFO-Gruppen, die zu eurem Planeten reisen. Die physischen Typen, weil ich den Eindruck habe, dass du Informationen über Fahrzeuge anfragst, deren Dimensionen eure Dimensionen eng überlappen. Ihre Dimensionen liegen nahe genug an euren eigenen, sodass ihr sie problemlos wahrnehmen könnt. Es gibt viele, viele, viele weitere UFOs, die ihr niemals wahrnehmt, einfach weil ihre Dimensionen nicht genug mit euren eigenen überlappen. Die Längen-, Höhen- und Breitenmaße dieser UFOs entsprechen sehr genau euren Wahrnehmungen, aber ihre Zeitdimension unterscheidet sich von eurer. Folglich scheint deren Zeit von eurem Standpunkt aus verzerrt zu sein. Sie scheinen aufgrund dieser Zeitverzerrung sehr schnell und geschwind zu reisen. Gleichzeitig fühlt sich die Zeit, wenn ein Mensch eine nahe Begegnung mit ihnen hat, so an, als würde sie sich unbegrenzt ausdehnen, weil die Zeit einmal mehr verzerrt wird.

D: Aus welchem Gebiet kommt dieser Raumfahrzeugtyp?

S: Es ist schwer zu sagen, weil es in der Galaxie eine ziemlich wetteifernde interstellare Gemeinschaft gibt. Und sie können aus vielen verschiedenen Gebieten kommen, abhängig davon, warum sie zu eurem Planeten kommen möchten. Sie alle wissen von der Existenz des anderen. Und oft haben sie sehr engen Kontakt miteinander, abhängig davon, welche Gruppe es ist. Es gibt eine Gruppe aus einem anderen Zweig der Galaxie, die ziemlich weite Strecke bis zur Erde reisen muss. Sie haben großes Interesse an der Erde, weil sie schon vor Jahrtausenden einige frühe Kolonisten auf die Erde gebracht haben. In gewisser Weise sind die Menschen also ihre Nachkommen. Es gibt mehrere verschiedene Gruppen, die sich für die Erde interessieren. Die Erde ist wohlgemerkt nicht der einzige Planet, an dem sie interessiert sind. Mehrere verschiedene Gruppen sind aus unterschiedlichen Gründen an der Entwicklung verschiedener Planeten interessiert, abhängig davon, in welchem Entwicklungsstadium die Planeten sich befinden. Natürlich sind die Gruppen, die an der Entwicklung der Erde interessiert sind, die, mit denen ihr auch am meisten Kontakt habt. Einige dieser Gruppen haben sich zusammengetan und diesen Bereich des Weltraums zeitweilig unter Quarantäne gestellt, um der Erde Zeit zu geben, sich selbst weiterzuentwickeln, weil sich die Menschheit gerade in einem entscheidenden Stadium befindet. Vor nur einem Lidschlag, gemessen an der Weltzeit, trat die Menschheit in das Atomzeitalter ein, und dies ist immer eine entscheidende Zeit für jede Kultur. An diesem Punkt wissen sie, dass sie es nicht wagen dürfen, sich einzumischen, oder alles könnte vollkommen zerfallen. Und so müssen sie sich zurücklehnen und warten, um zu sehen, wie eine neu in die Atomkraft eingeführte Rasse mit ihr umgeht sich auseinandersetzt. Wenn sie erfolgreich damit umgeht, wird die Quarantäne aufgehoben und sie schicken technische Berater, um den Planeten und die Rasse zu betreuen, um sie für den Beitritt zur Galaxiengemeinschaft vorzubereiten. Berater werden entsandt, um neue Ideen anzuregen, Fragen zu beantworten und den Wissenschaftlern einige der Bereiche zu zeigen, von denen sie glaubten, dass sie ausgehend von den derzeit formulierten wissenschaftlichen Gesetzen unerforschbar seien, die eigentlich aber gar nicht unmöglich sind. Die wichtigste Art und Weise, wie die Menschheit in den Plan der galaktischen Gemeinschaft passen wird, ist: Sie werden die Wichtigsten sein, die in neue Universen und die galaktischen Gemeinschaften in diesen neuen Universen vorstoßen. Denn die Menschheit wird einen ausreichend hinterfragenden Verstand haben, der notwendig ist, um diese neuen Universen kennenzulernen und zu verstehen, aber sie wird gleichzeitig die Kraft haben, nicht unangemessen von ihnen beeinflusst zu werden.

D: Es gibt also sozusagen eine höhere Macht, die über all dies wacht.

S: Die älteren Mächte. Je älter eine Macht ist, desto höher steht sie in der Hierarchie der galaktischen Rassen.

D: Wir sind an Berichten interessiert, denen zufolge Aliens Menschen entführt und an Bord ihrer Schiffe gebracht haben. Hast du etwas über diese Art von Wesen in der Bibliothek?

S: Ja. Vor Jahrhunderten und Aberjahrhunderten kamen diese Wesen auf ihren Schiffen auf die Erde. Ich nenne sie die Archaischen oder die Alten. Sie „besamten" den Planeten, sodass sich hier ein intelligentes Leben entwickeln konnte. Und so kommen sie zurück, um sozusagen Ernteproben zu nehmen, um zu sehen, wie ihr „Projekt" ausfällt. Sie beobachten, was los ist und wie sich die Dinge entwickeln, weil sie im Universum noch mehr intelligentes Leben schaffen wollen, indem sie im manchmal „ein bisschen auf die Sprünge helfen". Sie haben das Gefühl, sie können das am besten erreichen, indem sie die Informationen von einer der intelligenteren Spezies auf dem Planeten erhalten: dem Menschen.

D: Könntest du mir etwas über die archaische Rasse erzählen? Du sagtest, sie waren schon unterwegs, bevor es Leben auf der Erde gab?

S: Ja. Ihre Technologie entwickelte sich zu einem galaktischen Level, als das Leben auf der Erde noch ganz in seinen Anfängen steckte. Sie mussten mit der Erde arbeiten, weil der Planet Probleme mit klimatischen Extremen hatte. Und sie arbeiteten mit der Erde zusammen, um das Klima so auszugleichen, sodass sich Leben entwickeln konnte. Gelegentlich gerät die Erde wieder aus dem Gleichgewicht, und sie müssen sie wieder ins Gleichgewicht bringen. Das hat in der Vergangenheit zu Eiszeiten geführt.

D: Du meinst, sie waren aktiv am Klima beteiligt? (Ja) Was ist mit der aktiven Beteiligung an der Spezies?

S: Ja, sie haben genetische Manipulationen durchgeführt. Wenn sich die Art entwickelt, muss man versuchen, den Entwicklungsprozess zu beschleunigen.

Ich hatte das bereits in meinem Buch Hüter des Gartens entdeckt, aber ich verifiziere diese Theorien immer gerne durch andere Probanden, wenn sich die Gelegenheit dazu ergibt.

S: Das ist einer der Gründe, warum sich der moderne Mensch so schnell entwickelt hat. Sie entdeckten dieses anthropoide Tier (den Affen) und erkannten das Potenzial in den Genen und die größere Gehirnkapazität. Sie erkannten die Fingerfertigkeiten der Hände und sie wussten, dass es für sie sehr einfach sein würde, Werkzeuge und damit Technologie zu entwickeln. Diese Art von Fingern ist wichtig für die beginnende Entwicklung von Technologie. Sie begannen sie zu manipulieren, und als Erstes veränderten sie die Skelettstruktur, um die Hände für die Herstellung von Werkzeugen freizugeben. Nachdem die Hände frei waren und zum Herstellen von Werkzeugen verwendet wurden begannen sie, die Gehirnkapazität zu erhöhen, damit sie die Technologie entwickeln konnten, mit der sie jetzt physisch umzugehen wussten. Anschließend begannen sie mit einer intensiven genetischen Manipulation, um den Prozess so weit wie möglich zu beschleunigen, ohne die Rasse zu gefährden. Sie hatten dafür einen laborartigen Ort, aber sie beließen die Menschen in ihrer natürlichen Umgebung. Sie nahmen das Sperma und die Eizelle, manipulierten es genetisch im Labor und kamen dann zurück und besamten die Weibchen künstlich. Sie taten dies fortdauernd bis in die Neuzeit, was in alten Geschichten als Besuche von Engeln und Dergleichen aufgezeichnet wurde.

D: Wie steht es mit dem Leben, bevor es dieses Stadium erreichte? Als es ganz am Anfang lauter reine Zellhaufen war? Hatten sie etwas mit den Dingen jener Zeit zu tun?

S: Oh, ja, die ganze Zeit, in allen Stadien, um dem Leben zu helfen, sich in existenzfähige Richtungen zu entwickeln.

Ich überprüfte wieder Informationen, die ich bereits zuvor erhalten hatte, aber ich versuchte, die Fragen so zu stellen, als ob ich nichts davon wüsste. Wenn mehrere Probanden dieselbe Art von Informationen liefern und keine Widersprüche bestehen, gibt dies dem eine erhöhte Aussagekraft.

D: Kannst du mir etwas über ihre ersten Anfänge erzählen?

S: Als das Leben als einzellige Tiere begann, ermutigten sie sie, sich zu verschiedenen Arten zu vermehren, um eine ausgewogene Ökologie zu erreichen. Und wann immer eine bestimmte Art von einzelligen Tieren die Tendenz zeigte, sich zu mehrzelligen Organisationen zusammenzuschließen, förderten sie dies. Und das entwickelte sich allmählich zu vielzelligen Kreaturen und so weiter. Und so hatten sie es die ganze Zeit gefördert, nicht auf radikale Art, sondern sachte, um sicherzustellen, dass es sich weiterhin in eine positive Richtung entwickelte. Denn sie hatten viele Fälle beobachtet, in denen ein Planet Leben in der Einzelzellerphase entwickelte. Die einzelnen Zellen klumpten sich zusammen, und irgendwie waren sie nicht erfolgreich und zerfielen wieder zu einzelligen Tieren. Und nach einer Weile starben die einzelligen Tiere ab und der Planet war wieder leblos.

D: Dann führten sie auch zu jener Zeit genetische Manipulationen durch?

S: Mehr eine selektive Zucht zu jener Zeit. Eine Förderung der besten Zellen, derjenigen mit dem größten Potenzial, sich zu vermehren. So wie man die besten Tiere nimmt, sagen wir Pferde, und sie züchtet, um ein bestimmtes Wesensmerkmal zu entwickeln.

D: Dann ließen sie zu, dass die anderen, die sich nicht richtig entwickelten, ausstarben?

S: Ja. Sie haben nichts getan mit denjenien, die eine evolutionäre Sackgassen waren. Sie entwickelten sich auf natürliche Weise bis zur Sackgasse und starben. Eines der Dinge, das sie an diesem Planeten begeisterte, war, dass er so eine so reiche Vielfalt an Molekülen und Chemikalien hatte, die sich in unendlichen Variationen kombinieren ließen. Als sie anfingen, am Klima zu arbeiten gestalteten sie es günstig, sodass diese verschiedenen Zellverbunde sich zu komplexen Formen verbinden konnten. An diesem Punkt begannen sie aktiv zu intervenieren ist nicht das richtige Wort -- sich aktiv zu beteiligen. Und sie halfen diesen komplexen Formen sich zu noch komplexeren Formen zu verbinden. Sie mussten an diesem Punkt sehr empfindliche chemische Verfahrenstechniken anwenden. Und nach und nach entwickelten sie sich zu ... zunächst zu Viren, dieser Art von Kreatur. Und von dort entwickelten sie sich zu einzelligen Tieren.

D: Meinst du, wie die Amöbe und diese Arten?

S: Zuerst entwickelten sie sich zu Viren. Wie du weißt, verhält sich das Virus, wenn es sich in einem flüssigen Medium wie Wasser befindet, wie ein Lebewesen. Wenn man es aus dem Wasser nimmt und es zu einem Kristall vertrocknet, verharrt es einfach dort. Dies war eine Art Zwischenform. Und von dort aus entwickelte es sich zu größeren einzelligen Tieren.

D: Und dann begannen sie sich durch einen natürlichen Evolutionsprozess zu verändern?

S: Ja, sie nutzten den natürlichen Evolutionsprozess, drängten sie jedoch weiterhin in begünstigende Kanäle, damit sie sich zu komplexeren Organismen entwickeln konnten, ohne zu zerfallen. Und so ist es, als würde man einen Wasserkulturgarten pflegen.

D: Blieben sie die ganze Zeit hier, als sie dies taten?

S: Dies war, als sie auf dem Mond stationiert waren, also im Endeffekt waren sie hier. Da sie sich immer noch mit dem Klima des Planeten befassten, war es für sie sicherer, sich so weit wie möglich vom Planeten fernzuhalten. Aber sie mussten Proben der Lebensformen entnehmen, nachsehen, wie sie sich entwickelten und die chemischen Zusammensetzungen entsprechend ausgleichen, als sich die Lebensformen in den Meeren befanden. Und so waren sie in der Nähe und beobachteten alles genau, während sie dies alles taten.

D: Das muss eine recht lange Zeit in Anspruch genommen haben.

S: Ja, es war ein weitreichendes Projekt.

D: Also waren sie mehr oder weniger dort stationiert und reisten immer wieder hin und her. Ist dies das, was dieses archaische Volk üblicherweise tat, zu Planeten reisen und nach einem geeigneten Leben suchen?

S: Nein, dies ist nur eines der Dinge, die sie taten. Sie hatten mehrere große Projekte, aber das war das, was uns am unmittelbarsten betrifft. Sie taten dies, denn ganz zu Beginn half ihnen eine andere Rasse. Aber als sie zu galaktischer Macht gelangten, war diese Rasse ausgestorben. Diese archaische Rasse ist in Bezug auf ihre

Zivilisation sehr fortgeschritten und sehr alt. Ein Grund, warum sie versucht haben, diese anderen Rassen zu entwickeln und anderen dabei zu helfen, sich selbst weiterzuentwickeln, ist es, diese Galaxie zu einer ausgeglichenen Gemeinschaft zu machen, die in der Lage ist, mit anderen Galaxien und schließlich mit anderen Universen zu interagieren.

D: Als sie diese Manipulationen durchführten und die Art entwickelten, hatten sie da je Fehler oder Probleme?

S: Ja. Von Zeit zu Zeit stellten sie fest, dass sich ein bestimmter Zweig auf eine nicht vorhersehbare Weise entwickelte und ein Problem verursachte. Oder er entwickelte sich nicht so, wie er sollte. An diesem Punkt versuchten sie es entweder mit genetischer Manipulation oder, wenn der Fehler zu verheerend war, überließen sie diese Spezies sich selbst und ließen sie ihre normale Entwicklungszeit zu Ende leben. Sie mischten sich nicht ein, aber töteten sie auch nicht aktiv.

D: Ist die archaische Rasse immer noch aktiv im Umgang mit Menschen und deren Veränderung durch Genmanipulation?

S: Ja. Das Wichtigste, was sie jetzt tun, ist der Versuch, unsere Lebensspanne zu verlängern, und dazu beizutragen, den menschlichen Körper im Allgemeinen gesünder und stärker zu machen. Sie unterstützen auch den medizinischen Beruf, indem sie das Auffinden von Entdeckungen erleichtern. Sie tun das psychisch, indem sie ihnen die Ideen dazu geben.

D: Mir wurde gesagt, es sei an der Zeit, dass die Menschen wissen, wie die menschliche Rasse begann und wie die Dinge anfingen.

S: Ja. Eure Wissenschaftler haben die Evolutionstheorie theoretisiert. Sie sind auf dem richtigen Weg. Sie kennen nur nicht alle Fakten und nicht alle beteiligten Kräfte.

D: Hätte sich das Leben nicht ohne Einmischung der Weltraumleute eigenständig entwickelt?

S: Das ist ein sehr zweifelhafter Vorschlag. Es hätte sich spontan entwickelt, aber es hätte viel länger gedauert und es hätte viele Fehlstarts gegeben. Manches Leben hätte sich entwickelt, und dann wäre es ausgestorben. Und es hätte wieder ganz von vorne anfangen müssen, bis sich schließlich die richtige Kombination entwickelt hätte.

D: Glaubst du, wir hätte uns je zu dem menschlichen Stadium entwickeln können, wenn wir uns selbst überlassen gewesen wären?

S: Vielleicht schlussendlich, aber es hätte hunderttausende Mal länger gedauert, als es dies tat.

D: Dann gibt es einige Lebensformen auf anderen Planeten, die eingeboren sind und die nicht beeinflusst wurden?

S: Gewiss. Alles Leben auf einem Planeten ist für diesen eingeboren. Es wurde nur behandelt, als wäre es in einem Treibhaus. Wenn man draußen eine Pflanze pflanzt, sagen wir, eine Tomatenpflanze, entwickelt sie sich und wächst und produziert Tomaten. Stellst du sie in das Treibhaus, dann wächst sie und entwickelt sich und produziert Tomaten. Sie tut es nur schneller.

D: Glaubst du, wir hätten ohne die direkte Genmanipulation je den Intellekt entwickeln können, den wir heute haben?

S: Das ist sehr fraglich. Das Potenzial war da, aber ob es spontan ausgelöst worden wäre oder nicht, ist eine ganz andere Sache. Sie dachten jedoch, dass das Potenzial vorhanden sei, und stellten sicher, dass es sofort abgerufen wurde.

D: Denkst du, diese Genmanipulation im ganzen Universum häufig vorkommt?

S: Ich bin mir dessen sicher. Wenn es hier Leben gibt, ist dies ein Beweis dafür, dass sich das Leben zu einem bestimmten Zeitpunkt spontan entwickelte und sich weiter zu einem fortgeschrittenen Stadium entwickelte, in welchem sie anfangen konnten, es in Richtung anderer Lebensentwicklungen zu beeinflussen. Es geschieht also spontan. Es gibt viele Orte, an denen sie sehen werden, dass sich Leben ziemlich recht entwickelt und sie sich wirklich nicht einmischen müssen. Entweder weil sie ein dringenderes Projekt haben wie die Erde oder was auch immer. Und sie behalten nur ein Auge darauf, um sicherzustellen, dass nichts passiert, das die Erde aktiv zerstört.

D: Dann muss es zu einem Zeitpunkt in der Vergangenheit spontan geschehen sein.

S: Oh, ja, es ist mehrere Male geschehen. Wo hat das Leben sonst ursprünglich angefangen? Es musste irgendwo anfangen.

D: Kommen irgendwelche von unseren Beobachtern von unserem eigenen Sonnensystem?

S: Nicht direkt vom Sonnensystem. Nun, einige Beobachter haben Stützpunkte im Sonnensystem und sie reisen von diesen Stützpunkten aus. Sie haben rotierendes Personal an diesen Stützpunkten, aber man kann nicht sagen, dass sie aus diesem Sonnensystem stammen. Sie arbeiten nur hier und kommen aus einem anderen Teil der Galaxie. Einige ihrer bevorzugten Orte, um diese Basen zu errichten, befinden sich auf den größeren Monden der größeren Planeten, insbesondere den Monden um Jupiter und Saturn, da sie nahe genug an der Sonne sind, um ausreichend Sonnenenergie für den Betrieb ihrer Technologie und Maschinen zu gewinnen. Und sie sind in kurzer Beobachtungsentfernung von der Erde, aber noch weit genug entfernt, um nicht von der sogenannten „Nachwuchs-Technologie" entdeckt zu werden.

Ein Gedanke hier über eine weitere kurze Sitzung in den frühen achtziger Jahren, in der sich ein Mann auf einem unwirtlichen Außerirdischen-Planeten sah. Er und andere waren mit einigen Maschinen in einer Höhle und sprachen über uns, die Erdenmenschen und sagten, dass sie uns beobachteten. Damals klang das seltsam, aber ich frage mich, ob er vielleicht eine dieser Basen sah.

D: Was ist mit unserem Mond?

S: Sie waren bis zum zwanzigsten Jahrhundert für gewöhnlich auf unserem Mond stationiert. Das war der ideale Ort. Sie waren da direkt über uns und mussten, um uns zu beobachten, buchstäblich nicht einmal aus dem Bett steigen. Und sie hinterließen dort automatische Maschinen. Sie stellten dort automatische Leuchttürme und automatische Beobachtungsausrüstung auf, die sie mit ihren Geräten einschalten konnten, wenn sie Nahaufnahmen haben wollten. Sie besuchen die Basis gelegentlich zur Wartung und Instandhaltung. Sie behalten jedoch kein Personal dort, weil Menschen den Mond aktiv erkunden und sie noch keinen direkten Kontakt mit Menschen wollen.

D: Gibt es irgendeine Möglichkeit für unsere Leute, diese Ausrüstung zu finden?

S: Nicht wirklich. Der Mond ist recht groß und er wurde nur sehr spärlich erforscht. Sie haben schützende Energieabschirmungen, um die Energie der menschlichen Instrumente umzulenken. Sie wissen damit also nicht, dass man sie beobachtet, wenn man sie beobachtet.

D: Dann gibt es nichts, was sie durch ein Teleskop sehen könnten?

S: Normalerweise nein. Einer der Forschungssatelliten hätte beinahe das Gerät entdeckt, aber die Besitzer des Geräts sahen es rechtzeitig. Und sie taten etwas mit dem Satelliten, sodass die Wissenschaftler es nur als kurzzeitigen Signalton interpretierten.

D: Eine vorübergehende Fehlfunktion oder so etwas. Meistens befinden sich ihre Basen jedoch auf anderen Planeten.

S: Richtig. Auf den Monden anderer Planeten. Manchmal haben Leute durch ihre Teleskope auf Planeten in diesem Sonnensystem etwas gesehen, das wie Ruinen und solcherlei aussieht. Diese können wahrhaftig früheren Beobachtern und ihren alten, verlassenen Beobachtungsstationen zugeschrieben werden.

D: Gibt es Stützpunkte auf der Erde?

S: Keine großen Betriebsstätten. Es gibt Übergangshäuser, wie man ihr sie nennen würdet, die auf dem Planeten in abgelegenen Gebieten angesiedelt sind und immer dann verwendet werden, wenn sie einen Beobachter unter die Bevölkerung schicken. Nicht um die Menschen zu kontaktieren, sondern nur um die Menschen zu beobachten und psychische Gefühle von ihnen aufzunehmen. Sie kommen zuerst ins Übergangshaus und leben dort für eine Weile, um sich an das Klima, die Schwerkraft und die Luft und solcherlei Dinge anzupassen. Sie können so menschlicher wirken, wenn sie unter den Menschen sind. Wenn sie möchten, dass jemand für eine langfristige Beobachtung bleibt, verkleiden sie ihn als Arzt oder jemand, der den Menschen während des Beobachtungsprozesses aktiv helfen kann.

D: Aber diese Basen befinden sich an abgelegenen Orten?

S: Normalerweise ja. Sie befinden sich normalerweise in Berggebieten, in denen die Isolation größer ist, ohne dass das Klima zu hart ist. Es würde den Zweck verfehlen, die Übergangshäuser in rauen Klimazonen zu haben, weil sie sich dann an ein abnormales Klima anpassen würden. Sie möchten, dass sich die Übergangshäuser in Gegenden befinden, in denen das Klima gemäßigt oder wenigstens beinahe normal ist. Das wären also die bergigen Gebiete in den Tälern zwischen den Bergen, wo viel Grün ist und ein gemäßigtes Klima herrscht.

D: Kommen diese Wesen und ihre Raumschiffe außer von Planeten noch anderswo her?

S: Was meinst du damit? Planeten sind die einzigen Orte, von denen sie kommen. Sie leben alle auf Planeten.

D: Sie leben alle auf physischen, dreidimensionalen Planeten?

S: Ja. Sie sind nicht unbedingt in den gleichen drei Dimensionen, in denen wir uns befinden, aber sie sind alle dreidimensionale Planeten. Sie alle wirken körperlich auf die Menschen, die auf ihnen leben, weil sie an diese Dreidimensionalität gewöhnt sind.

D: Ich dachte eigentlich an die vierte Dimension, glaube ich.

S: Einige der Planeten umfassen die vierte, fünfte und sechste Dimension oder die zwölfte, dreizehnte und vierzehnte Dimension. Es gibt jedoch unterschiedliche Zusammenstellungen der verschiedenen Dimensionen, da es unendlich viele Dimensionen gibt. Und diese Planeten sind nicht nur in den verschiedenen Galaxien verstreut, sondern auch in den verschiedenen Dimensionen, um alles im Gleichgewicht zu halten, damit die Dinge nicht zu überfüllt werden.

D: Ich habe auch gehört, dass sie aus verschiedenen Existenzebenen kommen. Würde sich das auf dasselbe beziehen? (Ja) Wir denken, dass diese Schiffe und die Menschen auf ihnen nur von nahe gelegenen Galaxien und Planeten wie unseren kommen.

S: Nein. Das ist einer der Gründe, warum die Entfernungen im Weltall so weit erscheinen. Denn in dieser Zusammenstellung von Dimensionen gibt es nichts, aber es gibt Dinge in anderen Zusammenstellungen anderer Dimensionen.

D: Dann ist es nicht einfach nur leerer Raum.

S: Richtig. Es ist einfach nicht möglich, es von diesen Dimensionen aus wahrzunehmen.

D: Aber wenn jemand durch sie gehen würde, würden sie sie dann als physisch erkennen, auch wenn sie sie nicht von der Erde aus sehen können?

S: Es gibt keine Möglichkeit, dass sie wahrgenommen werden, weil sie sich nicht in diesen Dimensionen befinden.

D: Alles, was ich tun kann, ist, dies niederzuschreiben und es diejenigen verstehen zu lassen, die es können, auch wenn ich es nicht ganz verstehen kann.

S: Diejenigen, die besser ausgebildet sind, haben möglicherweise ein schwierigeres Zeitverständnis, weil sie noch stärker in ihren Ideen verankert sind.

Ich wollte, dass sich das Gespräch eher wieder auf etwas konzentrierte, das für mich leichter zu verstehen wäre, als auf diese komplizierten Konzepte, die mir Kopfschmerzen bereiteten und mich mit dem Gefühl zurückließen, dass mein armes Gehirn verbogen worden war wie eine Brezel.

Diese Art von Ideen und Theorien wird in Verschachteltes Universum fortgesetzt und weiter erforscht. Möge es genügen zu sagen, dass es unzählige Welten um uns herum gibt, die für uns unsichtbar sind, weil sie in einer anderen Frequenz schwingen. Die Bewohner jener Welten nehmen ihre Umgebung als physisch wahr und sind sich unserer ebenso wenig bewusst, wie wir uns ihrer. Dennoch haben einige der Außerirdischen, die die Raumfahrt gemeistert haben, gelernt, durch diese verschiedenen Dimensionen hin- und herzureisen, indem sie einfach ihre Schwingungen beschleunigen oder verlangsamen.

D: Kannst du mir in Bezug auf unser Sonnensystem etwas über den Asteroidengürtel erzählen?

S: Ja. Es gab dort bereits einen Planeten, als sich die Planeten entwickelten. Es war zu der Zeit, als sich Jupiter beinahe in eine Sonne verwandelte, in einen Doppelstern, der um die Sonne kreisen sollte. Es wäre eine kleinere Sonne gewesen. Jupiter hatte eine starke Anziehungskraft und mit einem weiteren großen Planeten in der Nähe, Saturn, konnte der Planet zwischen Jupiter und Mars der Anziehungskraft nicht standhalten. Einerseits wurde er so angezogen, dass er sich um die Sonne drehte, aber gleichzeitig zerrte Jupiter an ihm, um ihn dazu zu bringen, sich um Jupiter zu drehen. Und so zerbrach die Anziehungskraft ihn in Fetzen.

D: Jupiter ist ein riesiger Planet, und er hatte zu viel Schwerkraft. Warum entwickelte sich Jupiter nicht weiter zu einem Zwillingsstern?

S: Er war nicht groß genug, um die notwendige Kernreaktion auszulösen. Wenn die Kernreaktion ausgelöst worden wäre, hätte er sich wahrscheinlich selbst erhalten, aber er hatte nicht genügend Masse, um die Kernreaktion auszulösen, sodass er ein Stern werden konnte. Die archaische Rasse hätte eine nukleare Reaktion auslösen können, aber sie hielt es nicht für notwendig, zwei Sonnen in diesem System zu haben. Sie waren der Meinung, dass dies das neue Leben auf der Erde nachteilig beeinflussen würde.

D: Ja, wir hätten auf beiden Seiten von uns eine Sonne gehabt. Ich frage mich, welche Wirkung es gehabt hätte. Das hätte uns mehr Hitze verschafft, oder?

S: Nein, aber mehr Strahlung erzeugt.

D: Jupiter hat Monde angesammelt, also hat er die Schwerkraft, um Dinge anzuziehen.

S: Ja, mit der Anzahl Monden, die er hat, ist es fast wie ein kleines Sonnensystem in sich. Die archaische Rasse beschloss, diese Entscheidung der Menschheit zu überlassen, denn sie wussten, wenn sich die Menschheit in eine galaktische Ebene hineinentwickelte, könnten sie Jupiter in eine andere kleine Sonne umwandeln. Er ist immer noch in der Phase, in der man dies auslösen könnte, obwohl er stets als Planet betrachtet wurde. Aber sie dachten, sie würden dies dem Ermessensspielraum der vorherrschenden Lebensform überlassen, die sich entwickelte.

D: Was könnte der Grund sein, dies tun zu wollen?

S: Für zusätzlichen Lebensraum. Wir könnten Weltraumkolonien auf den Monden rund um Jupiter entwickeln.

Diese Auszüge sind nur ein kleiner Ausschnitt aus dem Wissen, das man erhalten kann, wenn man Zugriff auf die Bibliothek bekommt.

KAPITEL 7

DIE AUSSERIRDISCHEN SPRECHEN

Als ich im Oktober 1986 anfing, mit Suzanne zu arbeiten, wurde sie von mehreren Allergien heimgesucht und wir suchten nach den Ursachen ihres Problems in früheren Leben. Sie ging umgehend in tiefe Trance und war eine ausgezeichnete Probandin. Die Sitzungen waren sehr erfolgreich. Wir hatten mehrere Leben erforscht und die Informationen erwiesen sich als hilfreich. Ihr Problem mit Asthma wurde bis in ein anderes Leben zurückverfolgt, in welchem sie als Kind an einer Lungenentzündung starb. In der jetzigen Lebenszeit rief alles, was ihre Atmung beeinträchtigte, eine unbewusste Todesangst in ihr hervor und löste einen Asthmaanfall aus.

Als unsere nächste Sitzung Weltraum-Aliens zum Vorschein brachte, war dies eine Überraschung, weil wir definitiv nicht danach gesucht hatten. Suzanne hatte nie Sichtungen, Träume oder irgendein Interesse an UFOs gehabt, daher war dies das Letzte, was sie in einer Sitzung zu finden erwartete. Es war der Beginn meines direkten Kontakts mit Außerirdischen und deren direkter Kontaktaufnahme mit mir. Es war ein spontanes Ereignis, das ein fortlaufendes Muster begründen sollte, welches verblüffende Ergebnisse hervorbringen würde.

Wir hatten eine Hypnosesitzung beinahe beendet, die ein Leben in England in den 1930er Jahren zum Vorschein brachte. Nach ihrem Tod in jenem Leben nahm ich sie mit in die jenseitige Welt, um Informationen über das Leben nach dem Tod zu erhalten. Dies ist mein Muster, wenn ich einen guten Probanden habe, der zu tiefer

Trance fähig ist. Ich versuche, Informationen zu verschiedenen Themen zu sammeln und diese später durch Kombinieren und Vergleichen auf ihre Gültigkeit hin zu prüfen. Als ich sie also bat, zu beschreiben, was sie nach ihrem Tod sah, hatte ich bereits eine Vorstellung davon, was ich von ihr zu erwarten hatte. Am Anfang war ihre Stimme schwerfällig und sie sprach langsam.

D: Kannst du dort irgendetwas sehen oder gibt es dort etwas zu sehen?

S: (Pause) Nun, ich sehe ... eine Computerplatine.

Das war eine Überraschung. Es war überhaupt nicht das, was ich ausgehend von dem, was meine anderen Probanden gesehen hatten, erwartet hatte. Diese vielen anderen Berichte wurden in meinem Buch Zwischen Tod und Leben zusammengefasst und erläutert.

D: Eine Computerplatine?

S: Es gibt dort einige Wesen. Es ist, als würden sie etwas überwachen. Sie haben Bedienelemente und Schalter, sie sitzen auf Stühlen und schauen sich etwas an. Ich kann nicht genau sehen, was sie überwachen. Es gibt da viele Dinge, Karten und ... Jetzt befinde ich mich über allem. Erde. Ich sehe die Kontinente. Und sie überwachen, was dort im Ozean und auf den Kontinenten vor sich geht. Sie beobachten es. Sie wissen mehr. Ich lerne. Und sie lassen mich zusehen. Sie tun dies, weil es eine andere Macht gibt, die sie führt, und sie Boten für diese Macht sind. Sie tun es, um der Menschheit zu helfen.

Ich dachte, dass sie wahrscheinlich den Computerraum auf dem geistigen Schiff sah. Das Zimmer, das mir zuvor nicht zu betreten erlaubt war. Es war gesperrt, weil dort alle Bestandteile eines Menschenlebens angesammelt sind und die Details bezüglich ihrer nächsten Reinkarnation untersucht werden. Da ich sie angewiesen hatte, zur Geistebene (oder der sogenannten „Todes"-Ebene) zu gehen, versuchte ich, ihre Antworten mit dem zu vergleichen, was ich bereits wusste.

S: Sie verstehen leichter. Wissen und Technologie sind auf diesen Ebenen weiter fortgeschritten. Ein viel höheres Niveau des Verstehens findet statt.

D: Kannst du sehen, wie diese Wesen aussehen?

S: Sie sind weiß gekleidet. Sie sehen überall weiß aus. Und sie haben einen runden Kopf und wirken kürzer, wie ein Weltraumkörper. Und sie haben größere Augen. Sie sitzen auf Stühlen und bewegen Dinge: Wählscheiben und Schalter. Sie haben ein großes Fenster, um hinauszuschauen. Es befindet sich in einem runden Kreis. In der Mitte befindet sich eine Struktur, die wie ein kugelförmiger Körper ist.

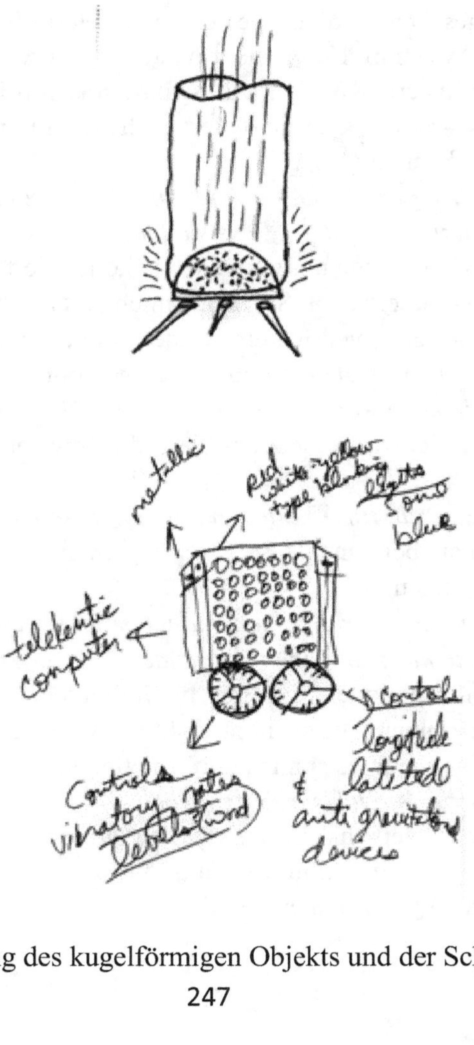

Zeichnung des kugelförmigen Objekts und der Schaltpulte

Halbkugel - flache Seite am Boden. Schien vom Boden weg durch Beine abgestützt. Transparent - innen schien sich ein funkelnder Kristall zu bewegen. Funkelnde winzige Stücke, die ständig in Bewegung sind. Lange Röhre, die von der Decke kam, um den oberen Teil der Halbkugel einzuschließen. Rohr fest aber transparent. Licht (?) kam durch dieses herunter. Es hatte etwas mit dem Vortrieb des Schiffes zu tun und lenkte auch die Tarnkappeneinrichtung. Sie war überrascht, als sie das sagte. Sie wusste nicht, woher diese Anmerkung kam. Dieses Gerät befand sich in der Mitte des Schiffes.

D: Dann ist dies ein physisches Raumschiff?

S: Es kann gesehen werden oder es kann getarnt werden. Es hängt davon ab, was ihre Hauptmission ist, was überwacht werden soll. Die kristallisierte Kugel gibt diesem Raumschiff Energie, um sich selbst anzutreiben. Und sie steuert auch die Antigravitationsgeräte für dieses Fahrzeug.

D: Du sagtest, sie erlaubten dir, dies zu sehen? Ist es unüblich, dass sie dir erlauben, zu sehen, was sie tun?

S: (Nüchtern) Wir haben uns zuvor schon kontaktiert. Sie haben mich schon zuvor überwacht. Sie haben mich untersucht. Und es macht ihnen nichts aus, weil ich ein Bruder bin und in Frieden komme. Sie wollen Unterstützung von Wesen wie mir.

D: Macht es ihnen etwas aus, wenn ich diese Dinge weiß?

S: Nein, jetzt nicht. Sie möchten, dass die Informationen übersetzt werden.

D: Wären sie bereit, Informationen mit mir zu teilen?

S: Ja. Es hat begonnen. Sie werden mich benutzen, um zu kommunizieren.

D: Ich hätte gerne Informationen und ich möchte, dass sie verstehen, dass ich sie nur zum Guten verwenden würde. Wissen sie das?

S: Ja. Die Informationen sind nur für Individuen, die damit etwas anfangen können. Die sie in produktiver Weise einsetzen können. Falls nicht, wären es sinnlose Informationen.

D: Verstehen sie, wie ich sie nutzen möchte?

S: Sie sind sehr telepathisch. (Leise) Sie nehmen Kontakt auf. (Dann änderte sich die Stimme und klang mechanisch, wieder roboterhaft.) Wir scannen gerade.

Nach einer Pause hatte ich das Gefühl, tatsächlich gescannt zu werden. Es war ein prickelndes Gefühl durch meinen ganzen Körper hindurch, besonders im Kopfbereich. Ich glaube nicht, dass es eine mentale Suggestion meinerseits war, weil ich nicht wusste, was mich erwartete. Das Gefühl war definitiv körperlich und unerwartet. Ich versuchte, ruhig zu bleiben, obwohl dies sehr beunruhigend war, sodass ich ihnen einen klaren Eindruck von mir vermitteln konnte. Aber ich hatte das Gefühl, dass es keinen Unterschied machte. Ich hatte das Gefühl, sie konnten bis in den Kern meines Wesens sehen und es könnte ohnehin nichts verborgen oder verfälscht werden. Sie konnten mich und meine Motive wahrscheinlich klarer sehen als ich selbst.

S: Bestimmte Phänomene müssen näher erklärt werden. Und du bist eine Brücke für die Information. Du hast die Fähigkeit, zu schreiben. Das ist notwendig.
D: Auf diese Weise kann die Information an andere Personen weitergegeben werden.
S: Ich sehe ein Wesen. Ganz weißer Körper. Klein, lange, dünne Arme. Großer Kopf. Große dunkle Augen. Ich sehe jetzt seinen ganzen Körper. Seine Beine. Ich sehe allerdings keine Kleider an ihm. Und er sieht mich irgendwie an. Er sieht mich an.

Die Seite des Schiffes, die sie sehen konnte, hatte eine gekrümmte Wand. Wesen saßen auf Stühlen vor Bildschirmen, Knöpfen und Bedienelementen und nahmen sie nicht wahr. Nur das eine Wesen nahm sie wahr. Sie war sich seines Status auf dem Schiff nicht bewusst. Er kommunizierte mit ihr telepathisch. Sie erklärte später, dass die Wesen kahlköpfig waren, sich aber von dem Buchumschlag von Communion (im Deutschen: Die Besucher, Buch von Whitley Strieber, *Anm. d. Übersetzers) unterschieden, weil ihre Augen nicht so abgeschrägt waren. Ihre Körper waren ähnlich denen in Close Encounters (im Deutschen: Unheimliche Begegnung der Dritten Art, Film von Steven Spielberg, *Anm. d. Übersetzers), nur nicht so kindlich. Ihre Glieder waren stämmiger, dicker und klobiger.

D: Wäre er bereit, einige Informationen mit uns zu teilen?
S: Er möchte durch mich channeln.
D: Wie denkst du darüber?

S: Ich bin glücklich. (Lachen)

Normalerweise hätte eine solche Aussage einen Hypnotiseur beunruhigt, und er wäre unsicher, wie er vorgehen solle. Zu jener Zeit arbeitete ich an dem Nostradamus-Material, daher hatte ich mich daran gewöhnt, mit körperlosen Wesen zu sprechen. Mein Hauptanliegen war immer das Wohlergehen des Probanden. Sobald das gewährleistet war, übernahm meine Neugier und ich war voller Fragen. Ich habe festgestellt, dass dies die einfachste Methode ist, die Verbindung abzusichern. Beginne einfach, nach Informationen zu fragen.

D: Ich bin neugierig auf ihn. Was ist das für ein Ort?

S: Es ist ein Raumschiff.

D: In welchem Raum befinden wir uns?

S: Es gibt nur einen Raum. Er versucht sich gerade mit meiner Energie zu vermischen. Er versucht sich zu integrieren. (Eine Reihe von großen, tiefen Atemzügen. Dann eine tiefere Stimme.) Einen Moment bitte.

D: Was? (Ich war erschrocken. Die Stimme war nicht Suzannes Stimme.)

S: Einen Moment bitte.

D: Alles klar. Aber denke daran, wir schützen sie.

S: Ja. Keinen Schaden. Keinen Schaden. (Weitere tiefe Atemzüge, dann eine mechanisch klingende Stimme.) Sie muss sich vorübergehend zurücknehmen, damit diese Übertragung vollständiger wird. Sie blockiert. Ich versuche, Blockaden in ihrem Bewusstsein zu beseitigen. Sie ist an diese Art von Erfahrung nicht gewöhnt. Das ist ein Teil der Blockade. Sie ist es nicht gewohnt, sich selbst bewusst aus diesem Fahrzeug zu entfernen.

D: Aber das ist natürlich. Deswegen müssen wir es erst einmal ganz ruhig angehen.

S: Ich helfe ihr. Es wird einige Zeit dauern, aber es ist ein Anfang. Ich kann mich teilweise durch sie integrieren. Es muss jedoch vollständiger sein, um die genauesten Informationen zu erhalten, ohne dass ihre Gedanken diese Informationen kombinieren und verändern. Verstehst du?

D: Ja. Deshalb wollen wir vorsichtig sein und langsam vorgehen, damit es auf diese Weise effektiver wird.

Ich war die Mutterhenne. Ich wollte sie beschützen, während sie durch diese merkwürdige Erfahrung ging.

S: Sie muss sich daran gewöhnen, eine höhere Schwingungsart zu integrieren. Ihr Wille steht dieser Art von Suggestion und Kommunikation offen gegenüber. Sie blockiert nicht auf diese Weise, sondern es ist mehr eine physische Blockade. Energien die daran gewöhnt sind, einfach da zu sein. Man muss sich erst daran gewöhnen, in einem anderen Bewusstseinszustand zu sein. Und dort zu warten, während die Kommunikation stattfindet. Verstehst du?

D: Ja, das tue ich.

S: Also kann ich dir zu diesem Zeitpunkt wohl teilweise Informationen geben, aber ich arbeite immer noch an ihrer stimmlichen Kommunikation. Und an den mentalen Bildern ... sie muss sich erst an diese Art der Übertragung gewöhnen. Ich bin jetzt noch stärker mit ihrem Bewusstsein verbunden, aber sie wird zur rechten Zeit in der Lage sein, sich für eine temporäre Kommunikation vollständiger zurückzunehmen.

D: Okay. Wir sind geduldig. -- Kannst du mir einige der Dinge in dem Raum zeigen und mir sagen, wofür sie genutzt werden?

S: Es ist zu diesem Zeitpunkt schwer, die Worte genau zu vermitteln. Einige dieser Fragen magst du vielleicht später wiederholen wollen, um die korrekte Formulierung zu erhalten. Aber ich werde versuchen, mich dem anzunähern in Worten, die sie beschreiben kann. Sie mögen vielleicht ähnlich aber nicht genau sein.

D: Die Sprache und die Wörter sind immer schwierig.

S: Ich zeige ihr einen unserer Computer, der viele Lichter hat. Wie eine quadratische Tafel, mit kleinen runden Lichtern, die sie vollständig bedecken. Wie ein Spielbrett, oder sie denkt in Linien, in Reihen. Hoch und runter, vertikal, horizontal, vollständig eine quadratische Silbertafel bedeckend. Diese Lichter leuchten alle. Rote Lichter ... blaue ... die Farben bedeuten verschiedene Dinge, wenn sie angeschaltet sind. Sie werden durch kreisförmige Wählscheiben mit Markierungen gesteuert, wenn sie in verschiedene Positionen gedreht werden. Dies ist eine Art Hauptcomputer für unser Schiff. Es hat einen Namen, aber ich habe ein Problem damit, den Namen zu übermitteln. Etwas, das sie sagt, klingt wie „Telekinetische Schalttafel." Es klingt ähnlich, aber es ist nicht ganz das richtige Wort. Wir versuchen ihr etwas zu vermitteln, das sich wie „telekinetisch" anhört. Und es gibt etwas, was ihr als Linien bezeichnet. Einige sind lange, andere sehr kurze Linien. Diese Zwischenräume zwischen den Linien, die um den äußeren Rand des Zifferblatts gehen, markieren bestimmte Breiten, Längen und Höhen. Sie steuern diese Vorrichtungen zum Manövrieren dieses Fahrzeugs. Sie sieht nur seine Oberfläche. Ich versuche, ihr so viel Veranschaulichung zu geben, wie ich nur kann. Der Computer hat ein silbernes Außenteil. Es ist nicht wirklich quadratisch. Es ist in das Schiff hineingebaut. Sie kann es also nicht sehen ... obwohl sie jetzt dabei ist zu visualisieren, hinter all den kleinen Lichtern sind viele Kabel oder was man in einem Mikrocomputer sehen würde, wenn man ihn öffnete. Man würde viele elektrische Verbindungen sehen, viele Drähte, die jedoch aus anderen Materialien bestehen als auf eurem Planeten. Es ist ein sehr komplexes System. Ihr habt unserer Kenntnis nach keinen Computer dieses Typs.

D: Was ist anders an diesem?

S: Das Material, aus dem er gemacht ist, wozu er fähig ist. Er kontrolliert antigravitationale -- sie kann nicht das richtige Wort finden Manöver des Raumschiffes. Es gibt Menschen auf eurem Planeten, die mit antigravitationalen Raumschiffen experimentieren, aber nicht auf dem Niveau, das wir bereits entwickelt haben. Sie bekamen einige Ideen anhand der Schiffe, die auf diesem Planeten abgestürzt sind. Ich glaube, das wurde von eurer Luftwaffe geheim gehalten. Nicht viele Leute wissen es, aber sie haben die Stücke kopiert, soweit sie das ohne die richtigen Materialien können. Sie konnten nur so weit gehen, aber sie haben nicht die Geschwindigkeit. Es gibt so viele Dinge, die eine Weiterentwicklung erfordern, damit diese Bestandteile korrekt sind. Und um diese bestimmten Effekte zu erzielen, müssen bestimmte Materialien verwendet werden. Das ist einer der Gründe, warum wir uns zu diesem Zeitpunkt dazu entschlossen haben, zu kommunizieren, um dem Menschen zu helfen, sich schneller zu entwickeln und voranzukommen. Ihm dabei zu helfen, andere Dimensionen zu erkunden, damit er leichter zu anderen Dimensionen und Planeten reisen kann. Ich werde später ausführlicher auf die Feinheiten eingehen ... Wörter ... dieses Wort. Und wieder ist es nicht exakt das, was ich zu sagen versuche. Wir werden aber noch auf den technischen Aspekt näher eingehen. Ihr Vokabular für elektrische Dinge ist nicht sehr groß. Deshalb muss ich die Energie stärker in sie integrieren, weil ich sie dann detaillierter übermitteln kann. Ihr Bewusstsein in diesem speziellen Leben ist nicht sehr mechanisch ausgerichtet. Ich weiß, dass Frauen eurer Spezies nicht dazu neigen, so zu sein. Es ist mehr etwas, was Männer tun oder der männliche Part der Spezies tut. Die Fähigkeit ist da, aber das Training war es nicht. Wenn ich also vollständiger durch sie hindurch kommuniziere, kann ich euch genauere Details geben. Ich denke, dass ihr das bevorzugen würdet.

D: Anscheinend ist das richtige Material sehr wichtig.

S: Ja. Genauso wie bestimmte Metalle in eurer Gesellschaft für elektrische Zwecke verwendet werden, um Computer herzustellen. Wenn es beispielsweise aus Holz gefertigt wäre, würde es nicht so gut funktionieren wie aus einem metallischen Stoff. Das Material spielt also eine bedeutende Rolle beim Aufbau der Funktionalität dieser Computer und Generatoren, wie ihr sie nennen würdet. Einige dieser Gegenstände können auf anderen Planeten gesammelt werden, wenn man zu einem Transport in der Lage ist, entweder in einem Space Shuttle oder ich sehe das als ersten Schritt für einen fortgeschrittenen Transport in großem Maßstab. Wenn diese Substanzen von anderen Planeten gewonnen werden können, werdet ihr meiner Meinung nach viele Einsatzmöglichkeiten finden, was diese Gesellschaft technologisch und wissenschaftlich vorantreibt.

D: Glaubst du, wir könnten auf unserem Planeten Ersatzstoffe finden, die einige dieser Prozesse duplizieren könnten?

S: Es gibt Wege der Alchemie. Eine Mischung aus bestimmten Metallen, anders gemischt als ihr vielleicht gedacht habt. Ja, es gibt mehr Möglichkeiten, als bisher entdeckt wurden.

D: Es würde dann ein völlig neues Metall entwickelt werden?

S: Ja. Und es muss auf eine bestimmte Weise geschehen, bei einer bestimmten Temperatur, in einer bestimmten Mischung. Es können Substanzen erstellt werden, die ähnlich, aber nicht identisch sind. Ihr müsst die Ressourcen verwenden, die ihr hier habt.

D: *Vielleicht können wir uns trotzdem nähern.*

S: Ja, das ist ein weiterer Grund, warum diese Kommunikation stattfindet, um den Menschen bei einigen dieser Entdeckungen zu helfen.

D: *Wie groß ist dieses Raumschiff, wenn es nur einen Raum hat?*

S: (Pause, zögernd, als ob unsicher.) Nochmals, ihre Einschätzung der Größe ist begrenzt. (Lachen) Ich möchte sagen ... 3000 eurer Meter, das, was ihr „Meter" nennt, im Durchmesser. Etwas in dieser Größenordnung. Ähm, 300, 3000, ähm, frag später nochmal danach. (Lacht) Ich denke, wenn sie einen Maßstab von 300 Metern hätte, würde sie wissen, ob es 300 oder 3000 Meter sind.

D: *Nun, kannst du ihr sagen, wie die äußere Form dieses Raumschiffes aussieht?*

S: Es hat eine runde Form mit einer ovalen Oberseite. Unten etwas flacher als oben, aber wie eine umgedrehte Schüssel. Silbern, metallisch. Fenster am Seitenrand, um die Ecke herum. Es gibt Lichter an diesem Fahrzeug, die zu bestimmten Zeiten verwendet werden.

D: *Ich meine, du hast mir bereits etwas über die Kraftquelle erzählt. Sie befindet sich in der Raummitte? Ist das richtig?*

S: Ja. Der Zylinder. Wie ein kristallener kugelförmiger Körper. Er erzeugt die Energie für das Raumschiff. Er ist in einem kreisförmigen, klaren Schaft. Der obere Teil der Kugel ist ein Halbkreis, ähnlich wie eine in die Hälfte geschnittene Kugel.

D: *Ich bin mit einigen Funktionsweisen von Kristallen vertraut. Ich weiß, dass es viele Möglichkeiten gibt, wie sie verwendet werden können. Ist das ein großer Kristall?*

S: Er wurde aus kristallisierten Substanzen eines anderen Planeten gewonnen. Und er ist zu einer Kugel geformt, so wie man eine Kristallkugel aus Quarz formt. Er ist nicht durchsichtig, aber es befinden sich Dinge darin, sogar innerhalb der Kugelform. Es ist ein Transmuter von Energie.

Als ich dieses Band abschrieb, dachte ich zuerst, sie wollte „Transmitter" sagen, aber als ich die Definitionen nachschlug, sah ich den Unterschied zwischen den Wörtern. Ein Sender sendet etwas aus, wohingegen ein Transmuter oder Energieumwandler etwas von einer Form in eine andere umwandelt.

S: Es sieht so aus, als würden verschiedenfarbige Lichter in dem Kristall blinken. Es ist nicht ganz klar. Mit anderen Worten, es gibt Gebilde und Formen darin. Lichter.

D: Und dies ist die Hauptenergiequelle, die alles an diesem Fahrzeug steuert?

S: Es ist eine bedeutende Energiequelle.

D: Es ist nicht die einzige?

S: Nein, der Computer kontrolliert noch andere Energiequellen. Falls eine Stromversorgung beschädigt ist, gibt es eine weitere Sicherung. Eine Energiequelle, die dieselbe Energiemenge ersetzen kann. So können wir normalerweise dorthin zurückkehren, wo wir herkommen. Es ist eine sehr seltene Begebenheit, dass ein Fahrzeug abstürzt. In einem solchen Fall spielen normalerweise atmosphärische Bedingungen eine Rolle. Das Problem liegt nicht so sehr im Raumschiff selbst, als vielmehr in atmosphärischen Bedingungen in Kombination mit einem Fehler. Eines der Wesen im Raumschiff hat etwas falsch programmiert. So kann die Kombination zustande kommen.

D: Dann ist es euren Leuten möglich, Fehler zu machen?

S: Auch das ist sehr selten. Wir sehen es nicht als das, was ihr einen „Fehler" nennt, aber es gibt immer Raum, um mehr zu lernen. Dinge passieren, aber wir passen uns der Situation zur jeweiligen Zeit an.

D: Mit anderen Worten: Ihr seid also nicht unfehlbar.

S: Nein. Und es ist nur ein normaler Prozess dabei, ein lebendes Wesen zu sein, aber wir betrachten es nicht als einen Fehler, der Bestrafung erfordert. Ihr Wesen scheint das Gefühl zu haben, dass, wenn man einen Fehler macht, man das Gefühl von Schuld haben müsse. Und dann manchmal eine Strafe verhängt werden muss, um die Schuld zu verstärken, sodass der Fehler nicht noch einmal gemacht wird. Aber wir glauben nicht, dass dies notwendig ist. Wann immer das geschieht, was ihr als „Fehler" bezeichnet, gleichen wir dies automatisch aus. Die Person ist sich bewusst, dass er passiert ist. Alles, was benötigt wird, ist, dass sie sich seiner bewusst ist und sie wird bestmöglich daraus lernen. Diese Schuldgefühle, die Strafen, sind die hauptsächlichen Dinge, die die Erdenwesen so werde ich sie nennen davon abhalten, sich schneller weiterzuentwickeln. Sie sind „besessen" von dieser Art Phänomen, und sie halten sich selbst vom Fortschritt ab. Das ist ein Hindernis. Und wenn diese Hindernisse beseitigt werden können, kann ein Mensch oder ein Erdenwesen seine Träume eher verfolgen. Er kann Dinge verwirklichen, sie leichter geschehen lassen, weil er sich nicht zurückhält. Der größte Teil der Krankheiten ergibt sich daraus. Dieser Planet ist mit der gleichen Art von Verstärkung umwickelt. Eine echte Konditionierung, die in jungen Jahren vermittelt wird. Es hat mit Beschränkungen zu tun. Die Menschen müssen lernen, ihre Grenzen zu überwinden, wenn sie schneller vorankommen wollen. Es ist hilfreich, wenn diese Konditionierung in einem jüngeren Alter begonnen wird, denn wenn sich diese Verhaltensmuster einmal festgesetzt haben, ist es nicht einfach, sie wieder loszuwerden.

D: Kann dieses Raumschiff, auf dem Sie sich befinden, von selbst durch den Weltraum reisen?

S: Was meinst du damit: von selbst?

D: Nun, ich denke immer noch, dass es nicht so groß ist. Kommt es von einem anderen Schiff oder kann es von selbst zu eurem Heimatplaneten hin- und wieder zurückfliegen?

S: Ich bin diesmal sehr einfach mit ihr. Ich integriere diese Energie. Ich möchte die Dinge gerne etwas mehr ... überladen ausdrücken, wie ihr es vielleicht nennen würdet, kühner. Aber um auf deine Frage zurückzukommen: Wir müssen in der Lage sein zurückzukehren, für den Fall, dass dem Schiff, zu dem wir zurückkehren wollen, etwas zugestoßen ist. Wenn wir nicht zurückkehren könnten, würden wir in dieser Atmosphäre feststecken. Und unser Körper besteht nicht aus Zellen, die auf diesen Planeten und seine Atmosphäre konditioniert sind. Wir können für kurze Zeitspannen aus unserem Raumschiff kommen. Aber auch dann müssen wir wegen der Bakterien hier eine Art Schutz verwenden. Sie sind uns fremd. In unserem Raumschiff stellen wir unsere Wählscheiben auf eine Schwingung eines Ortes ein und transportieren uns einfach dorthin. Es ist wie ein großer Sprung und dann ein paar kurze Sprünge an der Lichtgeschwindigkeit vorbei. Es gibt andere Arten von Wesen, die dies möglicherweise anders machen, aber soweit Wesen unseres Typs betroffen sind, wir können immer zu unserem Heimatplaneten zurückkehren, wenn der Planet nicht aufgrund atmosphärischer Bedingungen oder sonst etwas zerstört wurde. In unserer Denkart hielten wir das für weise.

D: Ja. Aber ich bekomme den Eindruck, dass ihr das nicht immer tut. Du sprachst davon, zu einem anderen Raumschiff zu gehen?

S: Es gibt andere Raumschiffe, an die ihr vielleicht in Begriffen wie „Mutterschiff" denken würdet. Wir haben ein größeres Schiff. Unterschiedliche Schiffe werden für unterschiedliche Zwecke verwendet. Kleinere Schiffe werden normalerweise zur Überwachung von Dingen eingesetzt. Größere Schiffe sind mehr für Beobachtungen oder für telepathische Kommunikation. Es hängt also vom Zweck ab, welche Fahrzeuggröße verwendet wird.

D: Kannst du mir eine Idee geben, wo dein Heimatplanet ist? Es könnte vielleicht schwierig sein.

S: Jenseits dessen, was ihr den Nordstern nennt. In diese Richtung. An fünf Sternen vorbei, in einer Reihe. (Pause) Ich möchte „Centra" sagen. Der Planet hört sich danach an. Sie versteht das Wort nicht genau richtig. Centeria? Etwas, das sich danach anhört. Oh, ich denke es wird später genauer rauskommen.

D: Ist dieser innerhalb unserer Galaxie?

S: Nein. Ähm, es ist Lichtjahre darüber hinaus. Es gibt Systeme von für euch fremdartiger Natur, die sich in größerer Reichweite befinden.

D: Dann bist du aus einer anderen Galaxie, wäre das richtig ausgedrückt?

S: Ich scheine nein zu bekommen und ja. Es ist ein Nein und Ja als Antwort, weil wir zu vielen Galaxien reisen. Es gibt einen Heimatplaneten, aber wir sind nicht sehr oft dort. Wir reisen immer, erkunden und verbringen die meiste Zeit in Raumschiffen. Wir senden Informationen aus unseren Erkundungen zurück an den Heimatplaneten, aber wir kehren nicht immer direkt zum Planeten zurück. Wir können Informationen senden, ohne dort sein zu müssen.

D: Wird das telepathisch gemacht oder ....?

S: Teilweise. Aber es gibt Übertragungen auf unserem Schiff eingerichtet. Und es gibt eine Art Übertragungsempfangsgerät. Es ist wie eine dünne Metallstange, die auf der Basisstation aufgestellt wurde, so wie man sich eine Antenne vorstellt. Und sie ist genau auf unser Raumschiff eingestellt und die Informationen treffen auf dieses Ding, diese Stange. Und sie werden hinuntergeleitet, von den Wesen dort entschlüsselt und in unseren - wie ihr es nennen würdet - Geschichtsbüchern festgehalten. Und in unseren wissenschaftlichen Daten zu verschiedenen Lebensformen im Universum.

D: *Und diese Art von Stabantenne steht auf dem Heimatplaneten? (Ja) Seid ihr in der Lage, physische Objekte sowie Nachrichten über diese große Entfernung zu transportieren?*

S: Nein. Bestimmte Dinge untersuchen wir auf unserem Schiff. Dann werden die Informationen gesendet. Was wir bei unserer Forschung auf dem Schiff entdecken, ist, dass Information eher in Wortform oder in Form einer Kommunikation gesendet wird.

D: *Dann müsst ihr keine physischen Objekte transportieren.*

S: Nein, das wird üblicherweise nie getan. Wir könnten uns selbst und das Schiff transportieren, aber das kommt selten vor. Wir sind in der Lage, unser Raumschiff für lange Zeitspannen in dem zu halten, was ihr „erdnahen Raum" nennt. Zeit ist für uns nicht so, wie ihr sie kennt. Und wir können sehr leicht viele Lichtjahre weit reisen. Wir haben genügend Ressourcen in der Galaxie gefunden, um unser Raumschiff zu unterhalten und ihm die nötige Energie zuzuführen. So verschleißt es nicht so wie viele Dinge auf diesem Planeten zu verschleißen scheinen. Die in unserem Schiff verwendeten Materialien halten viel länger. Sie sind langlebiger, wie ihr es vielleicht ausdrücken würdet.

D: *Ich habe so viele, viele Fragen. Ich würde dich gerne über deinen Körper befragen. Brauchst du irgendeine Form von Unterhalt, Nahrung, wie wir es nennen?*

S: Flüssigkeiten. Es gibt eine Flüssigkeit, die wir einnehmen. Die Umwelt gibt uns Dinge, die uns am Leben erhalten. Die Atmosphäre in unserem Schiff wird bei einer bestimmten Temperatur und Konsistenz gehalten, sodass unsere physischen Fahrzeuge so erhalten bleiben, dass sie nicht verfallen. Wir altern nicht, wie ihr wisst. Wir bleiben in einer Form. Wenn ein Wesen „geboren" wird, wie ihr es nennt, beginnt es als eine kleinere Form. Wenn es die Reife erreicht, bleibt es in dieser Form. Es gibt kein Alter. Wir können uns durch unsere mentalen Fähigkeiten aufrechterhalten, so wie man eine Visualisierung verwendet, um sich jung zu halten. Es ist ähnlich. Es ist fast in uns einprogrammiert, so zu sein. Wenn einer von uns in irgendeiner Weise verletzt wird oder in atmosphärische Lebensbedingungen geraten ist, die irgendeine Form von Verschlechterung verursachen, haben wir ein spezielles Fluid von unserem Planeten, das in unser System aufgenommen wird, um zu helfen, dieses zu reparieren. Es wird jedoch nur für Notfälle dieser Art verwendet.

D: Dann benötigt ihr es nicht die ganze Zeit über, um zu überleben?

S: Nein. Die atmosphärischen Bedingungen im Schiffinneren sind auf gewisse Temperaturen und Geschwindigkeiten eingestellt, die mir fällt gerade nicht das richtig Wort ein. Es wird eine bestimmte Atmosphäre geschaffen und diese hält unsere physische Form aufrecht. Das ist einer der Gründe, warum wir nicht lange Zeit außerhalb des Raumschiffes bleiben können, weil es einen Verfallseffekt auf unsere Form hat.

D: Die Luft, die Erdatmosphäre meinst du? (Ja) Dann braucht ihr keine Nahrung oder dergleichen, nur diese Flüssigkeit. Trinkt ihr dieses Fluid?

S: Ich vermute, es ist eher wie trinken, aber es könnte uns auch gespritzt werden. Es muss nicht getrunken werden, wir ihr es bezeichnet. Es gibt nicht wirklich eine Notwendigkeit für Nahrung, wie ihr sie kennt.

D: Dann wird die Flüssigkeit nicht durch euren Mund aufgenommen?

S: Sie kann so aufgenommen werden, sie wird aber mehr in den Mund injiziert, als getrunken. Es ist, als würde man es jemandem was denkt sie -- intravenös geben oder Ähnliches. Einen Schlauch hinein- und etwas hindurchgesteckt. Du siehst, deshalb ist es für Notfälle. Auf unserem Planeten gibt es einige Pflanzen, die in unser System aufgenommen werden können, aber es ist nicht notwendig. Unsere Systeme oder unsere „Körper" wie ihr sie nennt, haben alles, was wir brauchen, um sie aufrechtzuerhalten, wenn die Atmosphäre stimmt. Schau, wenn man Nahrung aufnimmt, verursacht dies einen Wachstumseffekt, der in der menschlichen Form später einen Alterungseffekt erzeugt. Das ist einer der Gründe, warum wir uns bei einer Größe halten können, weil wir nicht diese Nahrungsaufnahme betreiben, die Größen in unserem Körper verändert. Das würde später einen Alterungseffekt erzeugen.

D: Das ist eine interessante Idee. Aber woraus besteht diese Flüssigkeit in etwa?

S: Nichts, das auf diesem Planeten vorkommt, aber vielleicht könnte es etwas geben, mit dem ich es vergleichen könnte. Sie empfängt ein Bild von einer rötlichen Flüssigkeit, aber es ist nicht Blut. Mehr eine vitaminartige Substanz. Vielleicht denkt sie an eine rote Vitaminflüssigkeit. Wie man vielleicht an B 12 oder B 6 Vitamine denkt, wenn es in flüssiger Form injiziert wird. Es mag von ähnlicher Konsistenz sein, etwas von dieser Art, wie ein Vitaminfluid, aber anders.

D: Ich fragte mich, wenn ihr einen Notfall hättet und die Flüssigkeit nicht bekommen könntet, ob es irgendetwas auf der Erde gäbe, womit ihr es ersetzten könntet.

S: Wir würden versuchen, zum Planeten zurückzukehren, um es zu bekommen. Oder wir würden versuchen, zu einem anderen Schiff zu gelangen, das vielleicht etwas übrig hat, und es auf diesem Weg zu bekommen. Normalerweise gibt es ein anderes Schiff, das wir zuerst aufsuchen können, bevor wir zum Heimatplaneten zurückkehren müssen.

D: Dann scheint es, dass das Wichtigste für das Überleben die Atmosphäre im Raumschiff ist.

S: Ja, sie ist wichtig für unsere Art von Körper.

D: Sie muss konstant bleiben?

S: Wie ich schon sagte, wir können das Schiff nur für kurze Zeit verlassen. Es ist einfacher für uns, es in Energieform zu verlassen, ohne den physischen Körper mitzunehmen. Verstehst du? Wir können eine reine Energieprojektion von uns leichter bewegen, ohne von den atmosphärischen Bedingungen beeinflusst zu werden, quasi als eine weitere Möglichkeit, uns selbst zu schützen.

Dies mag eine Erklärung für die Berichte in diesem Buch über schmächtige, nicht-feste Wesen sein.

D: Auf diese Weise gefährdet ihr nicht eure physische Form.

S: Ja, wir müssen einen mentalen Zustand aufrechterhalten, wenn wir in physischer Form das Schiff verlassen. Wir programmieren uns darauf, dass wir in einem konstanten Zustand atmosphärischer Bedingungen bleiben, um nicht von ihnen beeinträchtigt zu werden. Aber wir können diese Geisteshaltung nicht für immer aufrechterhalten. Wir müssen sie wieder ändern. Deshalb ziehen wir es vor, es nur für kurze Zeit zu tun. Hilft diese Erklärung?

D: Ja, ich denke, ich verstehe. Wenn ein menschliches Wesen sich in dem Schiff aufhielte, könnte es in derselben Atmosphäre atmen oder leben?

S: Wir ziehen es nicht vor, Wesen in voller physischer Form an Bord unseres Schiffes zu nehmen, es sei denn, sie haben einen gewissen Schutz um sich und wir sind ebenfalls vor diesen Wesen geschützt, weil sie nicht an die Atmosphäre unseres Schiffs gewöhnt sind. Wir versetzen sie in eine ähnliche Geisteshaltung, bevor sie an Bord gebracht werden. In einen tranceartigen Zustand. Wir schützen ihr Bewusstsein, damit es mit einer anderen Art von Atmosphäre umgehen kann, ohne dass diese körperlichen Schaden verursacht. Aber wenn ein Erdenwesen sehr lange auf unserem Schiff wäre normalerweise werden sie unverzüglich zurückgebracht würde es ihm Schwierigkeiten bereiten, sich in dieser Atmosphäre zu halten. Ich denke, es könnte in der Tat ein Gesundheitsproblem auslösen, es sei denn, dass sie sich an uns anpassen. Sie könnten sich jedoch hinsichtlich der gesamten Erfahrung in einem leichten Schockzustand befinden. Eine Kombination aus beidem könnte die Gesundheit dieses Wesens schädigen. Das ist der Grund, warum diese Dinge nur über eine sehr kurze Zeit durchgeführt werden. Andere Wesen bringen ein Erdenwesen manchmal nicht zurück. Aber dieses Wesen würde wahrscheinlich schließlich nach kurzer Zeit versterben. Wir ziehen es vor, das nicht zu tun, weil wir hier sind, um zu helfen. Manche Wesen betrachten das menschliche Leben mehr in tierischen Begriffen und behandeln ein menschliches Wesen, wie ihr eine Kuh. Weißt du, vielleicht zerlegen Sie es aus wissenschaftlichen Gründen und halten es nur für ein unintelligentes Tier. Normalerweise tun sie das nie, um es zu essen oder irgendetwas dieser Art, und sie würden wahrscheinlich warten, bis das Wesen gestorben ist, bevor irgendein Experiment solcher Art stattfände. Aber wir ehren das Leben hier. Wir haben uns im Rat verpflichtet, den Wesen hier zu helfen, auch wenn wir weiter fortgeschritten sind. Wir sehen Hoffnung in diesen Wesen. Und sie strecken auch die Hand nach uns aus. Sie haben uns geehrt und wir ehren sie. Jedoch manche Wesen aus anderen Systemen, die nicht Teil des Rates sind, betrachten das menschliche Leben nicht als eine wertvolle Sache, wie wir es tun.

D: Ich bin froh, dass du das tust. Denn so haben wir eine ähnliche Geisteshaltung. Ich denke, dass wir auf diese Weise besser kommunizieren können, weil wir beide das Gleiche für das Leben empfinden.

S: Es gab ein oder zwei Wesen, die zu unserem Planeten und anderen Planeten transportiert wurden. Andere Weltraumwesen haben ähnliche Dinge getan, aber es ist ein sehr seltenes Vorkommnis. Der einzige Weg, wie das möglich ist, ohne dass das Wesen verstirbt, bevor es dort ankommt, ist, es unmittelbar an Bord zu nehmen und unverzüglich zum Heimatplaneten zu gelangen. Denn Zeit ist wichtig, damit das Wesen in der Lage ist, die Erfahrung zu überleben. Es ist nicht immer eine angenehme Erfahrung, dennoch wünschen einige Wesen, dass dies geschieht. Und dieser Wunsch schafft eine Gelegenheit dafür, dass es stattfindet. Aber wenn sie dann da sind, sind sie manchmal nicht so erfreut, wie sie zunächst dachten, denn sie werden einsam unter Wesen ihrer eigenen Art. Es ist für eine Weile interessant für sie und sie fühlen sich geehrt, besonders auserwählt worden zu sein. Aber sie sehnen sich nach einem Gefährten, wie die meisten Wesen.

D: Sie müssten dort in einer besonderen Atmosphäre gehalten werden, nicht wahr?

S: Ja. Wie ich schon sagte, menschliche Wesen sind sehr mit ihren Emotionen beschäftigt. Sie können mehr Hindernisse spüren und erfahren deshalb das, was „Einsamkeit“ genannt wird. Und es kann ein Wesen so sehr beeinflussen, dass es nicht länger leben möchte. Ich verstehe den Grund dafür nicht.

D: Könnten sie nicht zurückgebracht werden, wenn sie solche Dinge erleben?

S: (Seufzer) Die meisten von ihnen hätten Schwierigkeiten, eine solche Erfahrung zweimal zu überleben, ohne zu verscheiden. Es ist ein großer Schock für das System. Sie sind es nicht gewohnt, mit diesen Geschwindigkeiten zu reisen und normalerweise benötigen sie sofort medizinische Betreuung, wenn sie dort ankommen. Einige von ihnen überleben die Reise dorthin nicht einmal, weil ihr System dadurch verletzt wird. Die meisten von ihnen wünschen sich, jemand anderen zu haben, ein anderes

Wesen, das dorthin transportiert wird, anstatt selbst zurückzukehren.

D: Sie glauben, sie wollen es tun, aber wenn es passiert, empfinden sie es anders.

S: Wenn ein Wesen durch unsere Lehren genügend Fortschritte macht, dann wird ihm möglicherweise die Gelegenheit gegeben, ein Schiff von diesem Planeten aus zu betreten. Kurze Reisewege, um zu lernen, wie man ein Weltraumfahrzeug steuert, aber normalerweise sind sie nur in der Lage, kurze Strecken zurückzulegen. Es wäre schwierig für Erdenwesen zu lernen, wie man eine so weite Entfernung reisen kann, ohne eine bestimmte Art von Körper, der für diese Art von Reise geschaffen ist. Unsere Körper sind dafür geschaffen. Unser Körper kann mit hohem Tempo und Geschwindigkeiten wie Lichtjahren usw. umgehen, ohne dass diese uns körperlich schaden. Aber ein menschlicher Körper hat Beschränkungen, weißt du. Daher kann er diese Art von Reisen nicht so einfach bewältigen, bevor er nicht weiter entwickelt ist. Es gibt höher entwickelte Wesen in menschlicher Form, die im Weltraum reisen. Aber sie sind keine Menschen, verstehst du? Sie haben ein menschliches Aussehen, aber die Zellstruktur wurde verändert. Sie sind weiter entwickelt. Aus diesem Grund können sie im Weltraum reisen, während es anderen Menschen schwerer fällt, sich selbst zu erhalten, ohne ernsthafte körperliche Nebeneffekte von dieser Art von Reisen davonzutragen.

D: Dann sehen sie aus wie Menschen, sind aber in Wirklichkeit keine. Kommen diese Art Wesen auch zur Erde?

S: Ja, sie besuchen die Erde auch.

D: Dann wäre es täuschend, nicht wahr? Wir würden glauben, sie seien menschlich.

S: Ja. Du siehst, es gibt einige Formen, die viele Formen annehmen können. Sie nutzen sie als Werkzeug, um die Menschen näher zu studieren und zu beobachten. Einige von ihnen werden nicht so sehr von atmosphärischen Bedingungen beeinflusst wie unser Typ. Zu solchen Dingen fähige Wesen sind sehr weit fortgeschritten.

D: Du meinst, sie bilden einen Körper?

S: Es ist wie das, was ihr ein „Chamäleon" nennen würdet. Es kann seine Form ändern, um sich optisch anzugleichen. Sie sind im

Grunde eigentlich Energie. Wenn ihr sie sehen könntet, ohne dass sie eine Form annähmen, wäre dies eine flüssig aussehende Energie. Fließend.

D: Fließend? Wie aus festem Stoff?

S: Wenn es eine Form annimmt, hat es eine Festigkeit. Aber wenn ihr sie in ihrer natürlichen Form sehen könntet, wäre dies eher eine Art flüssiger, fließender Energie. Wie euer Geist in eurem Körper ist, ohne dass der Körper daran haftet. Es würde ähnlich aussehen. Diese Wesen sind jedoch selbst in ihrem sogenannten ursprünglichen oder normalen Zustand weiter fortgeschritten. Was wir „spirituelle Form" nennen würden, ist in gewisser Weise eine physische Form für sie.

D: Aber sie können einen Körper bilden.

S: Ja, sie manifestieren Dinge sehr einfach, weil sie sehr fortgeschritten sind.

D: Wie es scheint, gibt es vieles, worüber wir nichts wissen.

S: Es gibt viele Formen. Genau wie es allein auf deinem Planeten viele Arten von Lebewesen gibt. Viele Spezies, Insekten, Tierarten, Pflanzen. Weißt du, es ist schwer für eine Person, alle Arten zu nennen. Wenn du es also auf diese Weise betrachten kannst, wirst du feststellen, dass es im Universum auch viele, viele Formen gibt. Und auch auf anderen Planeten gibt es viele andere Arten und Lebensformen. Es gibt Insektenleben, Pflanzenleben, die sich sehr von eurem Planeten unterscheiden.

D: Du sagtest, wenn sie einen Menschen mit an Bord nehmen, versetzen sie ihn in einen Trancezustand. Und dies geschieht, um ihn an die Umwelt anzupassen und seine Psyche zu schützen. Ist das richtig?

S: Bewusstsein.

D: Ihr Bewusstsein?

S: Ihre Psyche auch, ja.

D: Ich dachte immer, es sei ein reiner Liebesdienst, dass sich die Leute manchmal nicht an diese Erfahrungen erinnern, damit diese ihr normales Leben nicht stören können.

S: Es soll sie davor bewahren, aus der Erfahrung in einem vollen Zustand des „Schocks" hinauszutreten, wie sie es nennen würde. Unser Ziel ist es, dem Einzelnen nicht zu schaden, deshalb möchten wir ihm keine solche Erfahrung auferlegen.

D: Aber es ist auch dazu da, dass sie sich an die Atmosphäre anpassen können.

S: Ja, es ist eine Kombination.

D: Aber sie können diesen Trance-Zustand nur so lange halten, und dann müssen sie wieder aus ihm heraustreten.

S: Ja. Deshalb werden die meisten von ihnen sehr schnell zurückgebracht. Die Zeit wird fast angehalten, wie ihr wisst. Diese Dinge können im Handumdrehen geschehen. Die Zeit kann verändert werden, und es können Dinge passieren, die der Mensch in dieser Entwicklungsstufe nur schwer begreifen kann. Das ist der Grund, warum diese verschiedenen Wesen die Erfahrung haben. Genau wie dieser Channel eine Erfahrung hatte. Es war fast in null Komma nichts, dass viele Dinge stattfanden, weil sich die Zeit im menschlichen Geist veränderte. Aber in unserem Geist hat sie sich nicht wirklich geändert. Es ist einfach natürlich. (Kichern)

D: Es ist für euch ohnehin natürlich. Ich habe oft gedacht, dass eine Art Hypnose an dem Individuum angewandt worden sei.

S: Es ist eine telepathische Übertragung, die an das Bewusstsein dieser Person gesendet wird. Etwas, das sie fähig ist, zu empfangen. Auch gibt es verschiedene Stellen im Gehirn, die stimuliert werden können. Wie ein Opiat, wie sie es nennen würde, das diese Art von Wirkung hervorruft. Wenn die Energie auf einen bestimmten Teil des Gehirns gedrückt wird, kann dies einen Trance-Zustand hervorrufen. Diese Art von Bewusstsein ähnelt dem, was jetzt gerade passiert. Deshalb kannst du das, was du jetzt gerade tust, in einem hypnotischen Zustand, wie ihr es nennt, tun. Ein bestimmter Teil des Bewusstseins wurde durch eine Form der Kommunikation einer gewissen Energieform stimuliert. Dies ist ähnlich, aber diese Energie ist von viel höherer Geschwindigkeit; sie ist stärker. Jener Teil des Gehirns des Wesens wird viel stärker stimuliert als in diesem Trancezustand.

D: Manche Menschen haben teilweise Erinnerungen, andere haben Rückblenden im Traumzustand und andere erinnern sich nach diesen Erfahrungen überhaupt an nichts.

S: Der Grund dafür ist, dass das Gehirn jedes Wesens ein wenig anders ist. Und es reagiert ein wenig anders als das Gehirn eines anderen Wesens. Die Grundeinstellung ist ähnlich, aber diese Positionen, an denen sich die Druckpunkte im Kopf einer Person befinden sind bei jeder Person etwas unterschiedlich. Nur leicht verändert. Die unterschiedliche Zellstruktur und die Chemikalien, die das Gehirn einer Person durchlaufen, werden durch das, was diese Person tut, verändert. Die Drogen, die jene Person eingenommen hat, die Nahrung, die diese Person zu sich nimmt. Wenn jemand sich am Kopf gestoßen hat, gibt es eine Flüssigkeit im Gehirn, die sich darauf einstellen muss. Wenn es zu einer Gehirnerschütterung kommt, etc., etc. Krankheitsbeschwerden ziehen ebenfalls das Gehirn in Mitleidenschaft. In die Körperflüssigkeiten eingebrachte Rauschmittel beeinflussen deren Fließen. All dies sind Faktoren dabei, wie diese Person auf diese Art von Erfahrung reagieren wird. Deswegen haben manche eine bessere Erinnerung als andere. Denn wenn diese Energie in das Gehirn einer Person gedrängt wird, passen sich einige anders daran an als andere. Deshalb werden sich manche an mehr erinnern und mehr Rückblenden haben und andere nicht. Auch hängt es von der Entwicklungsstufe ihres Bewusstseins ab. Davon, was sie bereit sind zu akzeptieren und zu bewältigen, während andere Angst haben, wieder mit einer solchen Erfahrung in Berührung zu kommen. Sie werden die gesamte Erfahrung eher vor sich selbst verstecken, weil sie Angst davor haben, sich ihr zu stellen.

D: Somit ist es sehr individuell.

S: Ja, das ist es.

D: Aber es ist interessant, dass wir durch den Einsatz von Hypnose Zugang zu diesen Erinnerungen bekommen können.

S: Es ist eine Stimulierung bestimmter Punkte und Zellen im Gehirn.

D: Speicherbänke oder so etwas? Ich war schon immer gespannt, wie es funktioniert.

S: Es gibt elektrische Übertragungen. Es ist, als würden elektrische Nervenstimulationen auf verschiedene Teile des Gehirns übertragen. Es gibt Teile des menschlichen Gehirns, in denen Daten und Informationen gespeichert werden. Andere Teile dienen der Kreativität und der Manifestation von Ideen. Aber es ist wie ein elektrischer Strom, der hinüberschnellt, um das andere Ende eines Fadens zu erreichen. Ich weiß, dass es physisch ausgedrückt so aussehen würde, wenn man es sehen könnte.

D: Wenn eine Person in Trance versetzt und auf das Schiff gebracht wird, führt dies zu Blockaden im Kopf?

S: Bewusstseinsblockaden, um dieses Individuum zu schützen. Eine solche Erfahrung kann für ein Wesen, das diese Art von Erfahrung nicht gewohnt ist, sehr verstörend sein. Gerade so, wie beispielsweise jemand, sagen wir, der eine Fahrverletzung oder einen Unfall hat. Das Gehirn schützt sich automatisch vor bestimmten Arten von Schmerzen, die eine Person erlebt. Es versetzt sie automatisch in einen anderen Bewusstseinszustand. Aus diesem Grund haben manche Leute außerkörperliche Erfahrungen. Ihr Bewusstsein versucht, sich vor dem „Horror", wie ihr es nennen würdet, oder vor dem „Schrecken" dieser Erfahrung zu schützen. Es schirmt sich auf ähnliche Weise ab, wie bei einer außerkörperlichen Erfahrung.

D: Das ergibt für mich Sinn. Aber dann kann Hypnose diese Schutzblöcke umgehen.

S: Sie öffnet diese geschlossenen Türen.

D: Aber ich weiß, dass es nur passiert, wenn die Person willig ist.

S: Ja, der Wille hält die Tür leicht angelehnt.

D: Wenn sie sich nicht erinnern oder erleben wollen ....

S: Dann schließen sie sie. Menschen mit dieser Art von Alienerfahrungen haben eine Beziehung zu ihnen, sonst treten sie auch nicht auf. Ihr Wunsch ist zuerst da, dass so ein Erlebnis passiert. Sie wollen ihr Bewusstsein erweitern. Sie geben es vielleicht nicht zu, aber sie sind bereit für diese Erfahrung, bevor sie geschieht.

D: Ja, das glaube ich. -- Nun, ich weiß wirklich all das zu schätzen, was du mir erzählt hast. Ich hätte gerne die Erlaubnis, wiederzukommen und mit dir zu sprechen. Darf ich das tun?

S: Ja. Ich werde in der Lage sein, dir zur rechten Zeit bessere Beschreibungen von den Dingen zu geben, wenn sie sich mehr an diese Art von Übertragung gewöhnt hat.

D: Ich finde, du hast heute sehr gute Arbeit geleistet.

S: Ich bin einfach noch nicht ganz in ihr Energiefeld integriert, nicht ganz. Wir haben bereits eine Vereinbarung getroffen, durch dieses Medium zu kommunizieren. Wir möchten unterstützend sein und helfen.

D: Und ich danke dir, dass du uns erlaubst, mit dir zu sprechen.

S: Ich danke euch.

Dann brachte ich Suzanne wieder voll zu Bewusstsein. Ich wollte wissen, was sie erlebte, als der Außerirdische durch sie sprach. Ich schaltete den Kassettenrekorder wieder ein.

S: Sobald ich aufwachte, erinnerte ich mich, wie ich ein Wesen mit einem weißen Kopf sah, ganz ohne Haare. Aber ich sehe große, dunkle Augen. Es starrte mich an. Sah mich wirklich an. Es schien auf anderen Ebenen mit mir zu kommunizieren, als denen, von denen ich erzählte. Und es strahlte bestimmte Dinge zu mir aus, die über das hinausgingen, was ich verbal vermitteln könnte. Und ich bekam ein echtes Gefühl für die Präsenz seines Kopfes, wie er mich in Augenschein nahm, während ich immer bewusster wurde. Es wurde ein deutlicher Kontakt mit diesem besonderen Wesen hergestellt und es herrschte eine sehr starke Energie. Ich fühle mich auch jetzt immer noch als Teil dieser Energie in meinem Kopf.

D: Aber es ist ein gutes Gefühl, nicht wahr?

S: Es ist ein beruhigendes Gefühl, ja, ich meine, es fühlt sich gut an. Aber es ist sehr stark, fast tranceartig.

D: Und das ist alles, woran du dich jetzt gerade erinnerst, dass er dich anstarrte?

S: Jetzt gerade.

Sie sagte, dieses Wesen schien einen ganzen Batzen Information in Ihrem Kopf unterzubringen und ihr Gehirn zu „scannen". Es wurde viel mehr eingefügt, als sie mir erzählte. Als er gefragt wurde, wie sie sich wieder mit ihm in Verbindung setzen sollte, zeigte er ihr das Symbol eines „Dreiecks". Sie nannte es eine Pyramide und schien die Bedeutung nicht zu kennen, die es für mich hatte. Dieses Symbol wurde bei vielen Entführungserlebnissen gesehen, normalerweise an Bord eines Schiffes oder auf Insignien. Suzanne hatte keine Angst vor dieser Erfahrung. Sie fühlte sich aufgeregt und gespannt. Sie hatte das Gefühl, dass es nicht darum ging, die Informationen an die „falschen" Personen weiterzugeben, aber warum sollte man sie an jemanden weitergeben, der nicht wüsste, was er damit anfangen sollte. Sie spürte etwas Körperliches, als er sagte, er scanne mich. Ich fühlte ein stacheliges Gefühl auf der Kopfhaut, wie wenn die Kopfhaut einschläft.

Die nächste Sitzung mit Suzanne wurde im März 1987 auf der ersten MUFON UFO-Konferenz in Eureka Springs gehalten. Dies war das einzige Mal, dass die Konferenz von MUFON gesponsert wurde. Im nächsten Jahr übernahmen Lou Farish und Ed Mazur sie und nannten sie seitdem Ozark UFO-Konferenz. Die Hauptmoderatoren auf dieser Konferenz waren pensionierte militärische Ermittler aus den ursprünglichen Blue Book- und Grudge-Projekten, somit war sie auf Skepsis und auf die offizielle Ablehnung der gesamten UFO-Phänomene ausgerichtet. Interessantere Experimente fanden außerhalb des Konferenzsaals statt.

Lou war die einzige Person, mit der ich Informationen über meine in den Kinderschuhen steckenden Fälle austauschte. Da ich meine ersten Gehversuche in dieser Art von Ermittlungen unternahm, musste ich jemanden haben, dem ich vertrauen und mit dem ich diese Fälle besprechen und Theorien abschmettern konnte. Lou hat sich als diese Person erwiesen und er hat mein Vertrauen in all den Jahren, in denen wir zusammenarbeiteten, nie missbraucht. Er wusste von der überraschenden Wendung meiner Rückführungssitzung mit Suzanne. Lou Farish sagte, er würde gerne an einer Sitzung teilnehmen und Fragen stellen, wie er das bei anderen Treffen in Fayetteville und Mena getan hatte. Wir waren der Meinung, dies sei bei dieser Konferenz die beste Chance, da alle an einem Ort zusammen sein würden. Auch viele andere Menschen bekundeten ebenfalls Interesse. Dies wäre sicherlich eine Änderung der Gangart gegenüber den Stunden der offiziellen Ablehnung, die wir auf der Konferenz durchlitten hatten.

Suzanne war naturgemäß nervös wegen der Sitzung, weil sie so etwas zuvor noch nie öffentlich gemacht hatte. Dies trug zu einer unruhigen Situation bei, als wir nach Ende der Konferenz zum Motelzimmer gingen. Sie wurde noch nervöser, als sie die Menge sah, die sich versammelte. Sie bat etliche von ihnen, zu gehen. Wir versuchten, dies auf diskrete Weise zu tun, sodass sie nicht beleidigt sein würden. Es waren noch etwa zehn Personen im Motelzimmer anwesend. Die meisten waren Ermittler, die ich bei anderen Treffen getroffen hatte, aber einer war John Johnson, ein schwarzer Psychologe, der später mit mir an UFO-Fällen arbeitete. In den folgenden Jahren wurde er unentbehrlich, als ich mich durch meinen Weg auf einem Gebiet tastete, in dem es in den achtziger Jahren nur wenige Experten gab. Wir alle lernten voneinander sowie aus unseren eigenen Fehlern.

John machte den Eindruck eines ruhigen, zurückhaltenden Herrn. Er war nicht gesprächig und saß ruhig beobachtend da. Da ich ihn nicht kannte, hatte ich Angst, dass die Idee, durch ein Mädchen in Trance mit einem Außerirdischen zu kommunizieren, für ihn zu weit hergeholt sei. Ich war besorgter darüber, was er denken würde, als was die anderen denken könnten, weil sie alle bereits mit meiner Art von Arbeit in Kontakt gekommen waren. Aber er überraschte mich als er sagte, dass er an Reinkarnation glaube und verstehe, was vor sich ging. Er arbeitete mit sterbenden Patienten in den Veteranen-Krankenhäusern, also war er definitiv auf dem Weg zu metaphysischem Denken. Ich war angenehm überrascht und entspannt, als wir uns auf die Sitzung vorbereiteten. Ich richtete meine Aufmerksamkeit auf Suzanne. Ich war ein wenig in Sorge über die Ergebnisse, da sie zum ersten Mal vor so vielen Menschen in Trance versetzt werden sollte. Ich hatte keine Ahnung, was dabei zum Vorschein kommen würde.

Sie war anscheinend auch besorgt, denn sie atmete tief, in dem Versuch, sich zu entspannen. Sie hätte sich keine Sorgen machen müssen, denn ich wusste, dass das Kennwort die Aufgabe mit wenig Anstrengung ihrerseits erfüllen würde. Die Lichter im Raum störten sie, also schalteten wir sie alle aus und öffneten die Badezimmertür, um das Licht von dort hereinscheinen zu lassen. So saßen alle ruhig in einem halb abgedunkelten Raum und warteten auf das, was geschehen sollte. Ich benutzte das Kennwort und zählte sie bis zu der Szene, als wir mit dem Wesen gesprochen hatten, in der Hoffnung, es wiederzufinden. Falls wir erfolgreich wären, beabsichtigte ich, im Interesse der Ermittler im Raum einige Fragen zu wiederholen, die ich bereits gestellt hatte.

D: Ich werde bis drei zählen und bei drei werden wir dort sein, zurück in dieser Szene. 1, 2, 3, wir sind wieder zu dieser Szene zurückgekehrt. Was tust du gerade und was siehst du?

Ich war überrascht von dem befehlenden Tonfall. „Sei spezifisch!“ Es war fast so, als hätten wir jemanden gestört oder unterbrochen. Ich war völlig überrumpelt.

D: Spezifisch sein? Alles klar. Als wir das letzte Mal sprachen, versuchte ich, mehr über dich und dein Schiff herauszufinden.

Die Stimmung änderte sich plötzlich und der Ton ihrer Stimme war sehr leise. „Was möchtest du wissen?" Dann lauter und fast ungeduldig: „Nach welcher Information suchst du?"

D: Du sagtest mir, das Schiff, auf welchem du dich jetzt befindest, habe nur einen Raum. Ist das richtig?

S: Dasjenige, auf welches du dich zuvor bezogen hast?

D: Ja. Oder wo sind wir jetzt?

S: Ich befinde mich im Inneren eines Raumschiffes. Ich bin nicht immer auf demselben Schiff, über welches wir zuvor gesprochen haben. Ich wechsle gelegentlich. So werden manche Schiffe für unterschiedliche Zwecke benutzt.

D: Wofür wird das Schiff verwendet, auf welchem du dich gegenwärtig befindest?

S: Was ihr als „Späh-Schiff" bezeichnen würdet. Es wird verwendet, um zu beobachten. Ich versuche mit ihrem Bewusstsein zu sprechen. Es benötigt ein bisschen Anpassung ihrerseits. Die Energie ist anders und sie versucht, sich anzupassen.

D: Okay. Aber denke daran, kein Schaden an dem Medium.

S: Kein Schaden.

D: Es dauert ein wenig, bis man sich daran gewöhnt hat, nicht wahr?

Er wollte anscheinend nicht um den heißen Brei herumreden und sich mit Geplauder beschäftigen, sondern gleich zur Sache kommen. „Was möchtest du wissen?"

D: Alles klar. Du sagtest, das Schiff werde für Späharbeiten benutzt? Welche Art von Aufgabe meinst du?

S: (Nüchtern) Beobachten, Wesen überwachen. Alle Arten von Lebensformen.

D: Warum tut ihr das?

S: Diese Daten werden viele Lichtjahre jenseits dieses Planeten an einen Heimatplaneten gesendet. Sie werden dann von anderen Wesen dort erneut analysiert. Ich sende sie lediglich dorthin. Ich bekomme so viele Informationen wie ich in der Lage bin, weiter zu kommunizieren. Wir verfügen über ein Kommunikationsgerät, das es uns leicht macht, Informationen über große Entfernungen zu senden.

D: Was für eine Art Gerät ist das? Wie wird es angetrieben?

S: Es ist wahrscheinlich schwierig für euch, es vollständig zu verstehen. Wir sind sehr telepathische Wesen. Wir können zwar Informationen mental sehr weit senden, aber wir haben auch ein Klanggerät. Es wird ein Vibrationsgeräusch abgegeben und gesendet. Klang verbreitet sich weiter, als ihr vielleicht entdeckt haben mögt. Es gibt Möglichkeiten, ihn noch weiter zu senden. Wir haben eine Röhre aus einem metallischen Material, wie ihr es nennen würdet. Ein Vibrationsgeräusch wird hineingedrückt und durch die Röhre hindurch wieder hinausgedrückt. Es muss in eine bestimmte Richtung auf einen bestimmten Ort, einen bestimmten Vibrationspunkt, fokussiert sein, auf den wir unsere Messgeräte einstellen. Und es wird unverzüglich dorthin übertragen. Es gibt, wie ihr es nennen würdet, einen dezenten Zeitraffer aufgrund der Entfernung. Manchmal kommt es schon, was ihr „Tage" nennen würdet, tatsächlich früher als erwartet dort an.

Es gab Störungen im Raum, als einer der Leute anfing zu husten, aufstand und in den Nebenraum ging. Meine Aufmerksamkeit war abgelenkt.

D: Und es wird durch diesen auf ihn gerichteten Klang angetrieben?

S: Und durch eine Nachricht, die im Sound verschlüsselt ist. Ähnlich eurem Morse-Code. Ergibt das einen Sinn für euch?

D: Ja, es ergibt einen Sinn. Obwohl wir den Klang nicht verstehen würden, kann ich das Konzept verstehen.

Dies war das gleiche Konzept, das Phil in Hüter des Gartens vorgestellt hatte, dass manche Alien-Kommunikation über weite Strecken durch Töne gesendet wurde.

D: Ich glaube, du sagtest zuvor, dass es einen Leitungsmast, ein antennenähnliches Gerät auf dem anderen Planeten gebe. Ist das richtig?

S: Es ist ein Empfangsgerät für diese Nachrichten. Es gibt einen Sendemast und einen empfangenden Typ was ihr als „Stabantenne" bezeichnen würdet. Ein sehr großer

Metallzylinder. Es wird an genau diesen Ort gesandt, an die exakt gleiche Schwingungsposition. Deshalb landet es dort und wird nicht falsch platziert. So wie eine Antenne eine Funkübertragung empfängt, wird dieser auf ähnliche Weise verwendet, als ein auf diese Frequenz abgestimmter Empfänger.

D: Und du sagtest, die Information werde am anderen Ende entschlüsselt und in eure Dateien aufgenommen? Dass ihr Aufzeichnungen zu verschiedenen Lebensformen macht?

S: Nun, wir führen keine Aufzeichnungen, wie ihr es tut. Sie werden geführt in unserer, wie ihr es nennen würdet, Speicherbank. Diese Informationen werden, sobald sie einmal dort abgelegt sind, niemals vergessen. Sie können sehr leicht abgerufen werden. Wir müssen sie nicht in ein Buch schreiben. Wir haben Orte, an denen wir verschiedene Muster ablegen. Sie werden an einem bestimmten Ort in einem sogenannten unterirdischen Container aufbewahrt, um sie vor den Elementen unseres Planeten zu schützen.

D: Werden alle Aufzeichnungen der Erde dort aufbewahrt?

S: Wir sind nicht mit allen Aufzeichnungen der Erde beschäftigt. Wir haben das, was wir von der Erde und vielen anderen Planetensystemen wollen. Wir nehmen einfach das, woran wir interessiert sind. Wir brauchen nicht alles. Wir können schon viele der Lebensformen hier verstehen. Es ist sehr leicht für uns.

D: Ist es in Ordnung, wenn andere Leute dir Fragen stellen?

S: Ich werde ebenfalls versuchen, sie nach besten Kräften in diesem kombinierten Energiezustand zu beantworten.

Ich dachte, die Leute würden laut fragen wollen, wie sie es bei anderen Sitzungen getan hatten, aber einige begannen, mir Notizen zuzureichen. Es war schwierig, sie im Halbdunkel zu lesen.

Ich las die erste Frage: „Wie seid ihr fähig, diese großen Entfernungen physisch zu überwinden?“

S: Es gibt viele verschiedene Methoden der Energieübertragung. Elektromagnetismus, Gedanken und andere, die alle dieselbe Aufgabe erfüllen. In vielen Fällen gibt es einfach die Übertragung von einer dimensionalen Realität auf eine andere. Auch gibt es einfach die mentale Anpassung, die es der Energie, die die Kontrolle über die Schiffskommandeure ausübt, erlaubt, einfach zu tun, was befohlen wird. Das ist wie bei der Gedankenübertragung. Man muss sich nur selbst mental in eine Gegend versetzen, um dort zu sein. In dem Maße, wie sich euer Bewusstsein und euer Verständnis für eure Realitäten erweitern, werdet ihr sehen, dass eure mentale Kraft einen direkten Einfluss auf die physischen Objekte in eurer Umgebung haben kann. Sodass, wenn diese Objekte in eurer identischen mentalen Frequenz mitschwingen, ihr dann absolute Kontrolle über sie habt. Eure Welt, so wie sie jetzt ist, ist in ihren Frequenzen etwas zerstreut, sodass es keine zwei gleichschwingenden Frequenzen gibt. Wenn diese Materialien jedoch mit dieser mentalen Energie in Resonanz sind, werden auch sie mit dieser mentalen Energie übertragen. Sie erscheinen und verschwinden einfach gemäß den Gedankenbefehlen, welche sie steuern. Ihr werdet diese Technologie (für den Gedankenantrieb eines Schiffes) in kurzer Zeit erhalten. Der Rat hat zu diesem Zeitpunkt jedoch keine Möglichkeit, euch diese Technologie zu gestatten, bis ihr zu einer verantwortungsbewussteren Ebene fortgeschritten seid. Ihr habt mit eurer Atomenergie bereits die Existenz eures gesamten Planeten gefährdet. Ihr wisst nicht, was ihr tut, aber ihr tut es trotzdem. Wir möchten euch bitten, nicht auch noch den Rest des Universums damit zu gefährden.

Ich las die nächste Frage: „Welche Art Informationen sammelt ihr über menschliche Wesen auf der Erde?"

S: Menschliche Wesen sind in vielerlei Hinsicht besonders und einzigartig. Deshalb versuchen wir zu dieser Zeit, sie zu unterstützen. Wir interessieren uns auch für den Planeten selbst und für die Umweltveränderungen auf ihm. Die Wesen sind weniger fortgeschritten, manchmal fast animalisch, aber es besteht viel Hoffnung für diese Wesen. Sie entwickeln sich und schreiten mit unserer Hilfe rasch voran. Wir arbeiten schon lange mit den Erdenwesen zusammen. Wir beeinflussen sie telepathisch über Traumzustände, um den Menschen zu helfen, technologisch und wissenschaftlich weiterzukommen. Um zu dem zu gelangen, was Menschen „emotionale Reife" nennen würden. Emotionen verursachen großes Chaos für den Menschen, bis er lernt, sie zu beherrschen und zu steuern. Er muss lernen, sich mit seinen positiven Energien voranzutreiben und die negativen Energien umzuwandeln. Die negativen Energien sind Emotionen: Wut, Eifersucht, diese Art von Emotionen, mit denen ihr vertraut seid. Diese sind des Menschen Untergang. Diese halten den Menschen vom Fortschritt ab. Die positiven Emotionen treiben ihn zum Aufstieg an. Es kann jedoch einige Zeit dauern, bis der gesamte Planet zu dieser Erkenntnis gelangt ist.

D: (Lesend) Als die Art von Wesen, das du bist, hast du Emotionen?

S: Nicht so wie ihr. Es gibt ein Gefühl der Nähe zwischen unseren Wesen, wenn sie das wollen, was ihr „sich fortpflanzen" nennt. Ein Wesen verbindet sich zu diesem Zweck mit einem anderen Wesen. Aber wir sind nicht von diesen Gefühlen besessen, wie ihr es seid. Es gibt keine Anhaftung. Wir sind eher losgelöst, weil diese Emotionen ein Hindernis für den Aufstieg sein können. Es liegt nicht in unserer Natur, einem Gefühl zu erlauben, uns von unserer Weiterentwicklung abzuhalten. Einige andere Weltraumwesen sind von diesen Emotionen fasziniert, einfach weil sie sie nicht auf dieselbe Weise erleben. Sie sind neugierig, aber sie betrachten sie fast als ein Hindernis. Sie denken, dass sie hilfreich sein können. Es hängt davon ab, wie ihr diese „Gefühle", wie ihr sie nennt, benutzen wollt. Wenn sie positiv genutzt werden, können sie dem Fortschritt des Wesens helfen. Es liegt an jedem Einzelnen.

D: Ich fragte mich, ob du Emotionen verstehst, wie wir sie kennen.

S: Wir beobachten sie in anderen Wesen. Für das, was wir wissen müssen, verstehen wir genug. Aber wir sehen Menschen als Energiekanäle, als eine Energie. In einem menschlichen Körper gibt es sich drehende Wirbel, die alle verschiedenen Arten von Energie kanalisieren, die ihn umgeben. Viele Wesen sind sich dessen nicht bewusst.

Bezog er sich auf die Chakren im Körper? Man spricht von ihnen oft als sich drehend und sie müssen sich harmonisch drehen oder funktionieren, damit der Körper ein gesundes Gleichgewicht behält.

S: Aber wir glauben, dass es für den Menschen Hoffnung gibt. Er ist ein besonderes Wesen. Wenn er sein Potenzial und seine Gaben umfassender ausschöpfen kann, kann er sich in vielerlei Hinsicht weiterentwickeln, was ihm und dem gesamten Universum zugutekommen wird.

D: Das klingt sehr gut. Seid ihr denn sexuelle Wesen?

S: Wir sind androgyn. Mit anderen Worten: Jeder von uns kann sich fortpflanzen.

D: Ich bin neugierig diesbezüglich. Meinst du, ihr wechselt euch bei den verschiedenen Geschlechtern ab, oder habt ihr beide Geschlechter in einem Körper?

S: In unserem Fall telepathisch. Wir projizieren geistig ein Bild von dem, was wachsen soll. Es wächst nicht im Sinne von „älter werden". Sondern es gibt eine Schwellung in der „Magen"-Gegend, wie wir sie nennen würden. Das jüngere Wesen wird in einer sehr kurzen Zeit gebildet, verglichen mit dem, was ein Mensch dafür ertragen muss. Und wenn das Wesen aus dem magenartigen Bereich herauskommt, wie man es nennen würde, verschließt sich dieser sofort wieder. Es ist keine Operation oder Inzision notwendig. Es wird alles geistig getan. Die Wesen kommen in etwas kleinerer Größe heraus. Und dann entwickeln sie sich zu einer gleichbleibenden Größe und bleiben so, solange die atmosphärischen Bedingungen in einer bestimmten Weise gehalten werden.

D: Dann entscheidet ihr einfach, wann ihr euch fortpflanzen wollt. Das ist keine automatische Sache.

S: Es ist eine gegenseitige Entscheidung zwischen zwei Wesen, dahingehend, wer drankommen will. Wir können es sozusagen verhandeln. Es spielt keine Rolle. Aber unsere Wesen sind schon in jungen Jahren sehr fortgeschritten. Sobald sie gehen können, werden ihnen Galaxienkarten gezeigt und sie werden unmittelbar zu Sternenreisenden. Das ist unsere Natur. Wir sind in diesem Bereich sehr weit fortgeschritten.

D: Ich denke, ich bin neugierig auf Emotionen. Habt ihr irgendwelche Arten von Gefühlen für diese Jungen, diese Kinder?

S: Nicht in derselben Weise, wie ihr.

D: Habt ihr etwas wie Aufziehen?

S: Es gibt ein Verlangen nach Aufziehen, nach Lehren, aber es ist nicht emotional. Es ist nur instinktiv für uns. Der Lehrinstinkt. Die Jungen zur Reife zu bringen. Und unsere Jungen lernen automatisch, was sie lernen müssen. Es ist in ihrer Veranlagung verwurzelt, in meiner Veranlagung. Es ist genau das, was sie wissen müssen und sie entfalten sich von selbst. Es ist sehr einfach. Es gibt einen Instinkt zu lehren, voranzubringen. Es gibt nicht diese Art aufziehenden Instinkt. Das ist nicht das Selbe. Obwohl doch eine Art Gefühl ausgesandt wird, wenn eines unserer Wesen auf irgendeine Weise verletzt oder geschädigt wird. Es ist nicht wirklich eine Traurigkeit, wie ihr es nennen würdet, aber es wird eine Schwingung ausgesendet. Es gibt eine Sehnsucht danach, dass dieses Wesen wieder vollständig sein möge, aber es ist keine Traurigkeit, wie ihr sie kennt. Und wenn möglich, wird etwas unternommen, um dieses Wesen wiederherzustellen, falls ihm wirklich etwas geschieht.

D: Ich versuche zu verstehen, inwiefern ihr uns ähnlich seid und inwiefern verschieden. Habt ihr niemals negative Gefühle, wie Wut? (Nein)

Mir wurde eine weitere Notiz zugereicht: „Welches ist die häufigste Art von Wesen, die zu dieser Zeit unsere Erde besucht? Ein körperliches außerirdisches Wesen."

S: Die humanoide Untergruppe von ... Ich kann kein übersetzbares Äquivalent finden, es gibt jedoch Untergruppen der allgemeinen Kategorie von Humanoiden. Es gibt viele, die mit euren physischen Körpern identisch sind. Das Besamen auf eurem Planeten war von dieser Natur. Und es gibt jene, die entfernt verwandt miteinander sind, aber gemäß euren Maßstäben auf sehr unkonventionelle Weise. Dieser Typ, der entfernte Cousin, ist der vorherrschende Erscheinungstyp. Die Androiden, wie ihr sie nennen würdet, sind einfach Arbeiter, die sich freiwillig für diese Mission gemeldet haben. Sie haben sich aus dem Gebiet entfernt, in dem sie dazu programmiert wurden, ihre Dienste in dieser „Verrichtung" freiwillig zur Verfügung zu stellen. Ich zögere, das Wort „Experiment" zu verwenden, denn das Ergebnis ist bereits vorausgesagt und bekannt. Um jedoch für den Großteil der Arbeit nicht „Mission" zu sagen ... Ich stelle fest, dass ich diesen Diskurs abbrechen muss. Mir wird gerade gesagt, dass da ein Missverständnis über die Absicht der eingeschlagenen Richtung entsteht. Die angegebenen Informationen wurden als aggressiv und nicht als hilfreich zerlegt. Wir möchten nicht die Idee fördern, dass wir als Eroberer kommen, sondern als Helfer.

D: Du erwähntest, das Ergebnis sei bereits bekannt. Kannst du uns sagen, was du damit meinst?

S: Das Endergebnis, nicht die individuellen und persönlichen Ergebnisse, die jeder von euch auf seine eigene Weise hervorbringen muss.

D: Was ist das Endergebnis?

S: Die Erhebung der Menschheit zu einer universellen Bewusstseinsstufe. Brüder der Sternenvölker zu sein und keine Unterjochten oder Untergebenen.

D: Wie sehen diese Androiden aus?

S: Diejenigen, die ihr als von grauem Aussehen und von kleiner Statur beschrieben habt, sind typisch. Die Augen sind natürlich das Hervorstechendste, einfach weil sie die kommunikativen Rezeptoren sind.

D: Funktionieren ihre Augen genauso, wie die Augen von Menschen?

S: In gewissem Sinne. Sie sehen, sie sammeln jedoch viel mehr von dem, was ihr euer sichtbares Lichtspektrum nennt. Dazu gehören auch die Infrarot- und Ultraviolettbereiche.

D: Haben ihre Augen Pupillen und funktionieren auf dieselbe Weise wie unsere?

S: Nicht in dem Sinne, dass sie Licht bündeln und einfangen. In diesem Sinne sind sie unterschiedlich. Sie empfangen zwar, aber ihre Methode des Empfangens beruht irgendwie auf einem anderen Prinzip.

D: Haben ihre Augen Augenlider?

S: Nicht in dem Sinne, dass sie bedecken. Nicht so, wie ihr dies von euren Augenlidern sagen würdet.

D: Haben sie ähnliche Atmungsorgane wie wir?

S: Sie sind nur in der Hinsicht ähnlich, dass sie zur Analyse, nicht aber zum Verdauen oder Belüften verwendet werden.

D: Gibt es bei diesen Leuten ein Mittel zur Versorgung des Körpers?

S: Reine geistige Energie ist ausreichend. Sie benötigen keine physischen Versorgungsmittel. Sie sind Energiewesen die sich durch reine Energie erhalten können.

D: Dann ist dies das, was wir als ewiges Leben bezeichnen.

S: Nicht ganz, denn die Körper werden verborgen, nachdem ihr Nutzen erlöscht ist.

D: Dann konsumieren sie nichts von dem, was ein Mensch konsumiert?

S: Nicht in diesem groben physischen Sinne.

D: Was ist mit der Osmose? Du sagtest, sie seien Energiewesen. Assimilieren sie durch Osmose?

S: Es gibt Assimilation. Eine Analyse von Stoffverbindungen und eine eventuelle Behebung bestimmter auftretender Anomalien. Als Nahrung beziehen sie jedoch Energie eher aus Energiequellen als aus Verdauungs- oder Atmungsfunktionen.

D: Meinst du in der Atmosphäre vorhandene Elemente? Oder von welcher Art Energie leben sie?

S: Von mentaler Energieversorgung.

D: Können sie durch Emotionen gedeihen?

S: Hier gibt es keinen emotionalen Inhalt. Dies sind Androiden, die emotionslos sind und dennoch auf mentale Energie reagieren.

D: Ich meine, können sie auf der Basis von Emotionen gedeihen, die von anderen ausgestoßen wurden?

S: Sie werden von ihnen beeinflusst, jedoch nicht versorgt.

D: Sind diese Wesen irgendwelchen Leiden unterworfen, die ihre Lebensbedingungen beschränken?

S: Es gibt keine, die wir damit in Verbindung bringen können. Es gibt jedoch solche, die im entsprechenden Kontext schwächend sein können.

Die Fragen wurden mir in Häufchen gegeben und ich versuchte, sie in dem schwach beleuchteten Raum zu ordnen.

D: Wie werden diese Kreaturen produziert? Werden sie geklont oder erzeugt?

S: Es gibt einen Prozess im zentralen Teil der ... er ähnelt der Region oder dem Bundesstaat, in dem euer politisches System liegt, um eine Analogie zu verwenden. Es gibt also einen Prozess, der demjenigen Planeten zugeordnet ist, der eine Residenz für solcherlei Energien bietet, die gouverneurartiger Natur sind. Der Prozess ist eine Mischung aus Energien, sowohl physischer als auch mentaler Natur, sodass dieser physischen Konstruktion dann eine mentale Reaktionsfreudigkeit gegeben wird. Um nicht zu sagen geistige Identität, jedoch eine geistige Reaktionsfähigkeit, die es dieser körperlichen Schöpfung ermöglicht, auf mentale

Stimulation zu reagieren. Diese Androiden reagieren auf eure mentalen Energien, nehmen aber dennoch Befehle an oder sind denjenigen unterworfen, die diese bestimmte Operation durchführen, in der man sie findet. Sie sind Diener.

D: Wurden sie geklont oder auf eine Weise hergestellt? Von einem anderen Wesen gemacht?

S: Sie sind beides, in dem Sinne, dass die mentale Energie durch Lebenskräfte verliehen wird. Sie werden jedoch in gewisser Weise so hergestellt, dass der Prozess eher einem Zusammenfügen als einem Wachstum gleicht. In diesen Einheiten steckt jedoch Leben oder Lebenskraft, obwohl sie Elemente oder Maschinen sind.

D: Kommunizieren Androide mit Menschen auf der Erde?

S: Ich möchte klarstellen, dass sie zwar kommunizieren, jedoch nicht mit den Erdlingen, sondern mit ihren Vorgesetzten. Ein Mensch würde die Operation nicht direkt leiten. Sie reagieren allerdings auf menschliche Emotionen, jedoch nicht in dem Ausmaß, dass sie mit dem Intellekt interagieren.

D: Wer sind ihre Vorgesetzten?

S: Diejenigen, die für die besondere Mission verantwortlich sind, in welcher es eine Interaktion gibt. Es gibt jedoch auch Elemente von Bewusstsein, die weit darüber hinausgehen. Es ist, als ob die Meister des Universums jene Untergebenen aussenden, die dann an jeglicher gewünschten Mission teilnehmen und sich dann zurückmelden. Ähnlich eurer militärischen Struktur.

D: Verstehen sie menschliche Emotionen?

S: as ist korrekt. Sie sind einfühlsam.

Eine andere Frage: „Haben diese Androiden die Fähigkeit, andere Androide hervorzubringen?“

S: Das ist nicht korrekt. Die Androiden sind nicht zur Fortpflanzung fähig. Sie sind nicht von Natur aus selbsterhaltend. Sie sind einfach Kreaturen, die durch einen Bindungsprozess eine Lebenskraft erhalten, die mit dieser Lebenskraft, mit der sie in Kontakt kommen, reagiert und mitfühlend wirkt. Sie sind jedoch nicht fortpflanzungsfähig.

D: Gibt es noch andere Wesen bei diesen Androiden auf diesen Raumschiffen?

S: Gewiss. Es gibt viele von vielerlei Gestalt, aber das müssen sie nicht unbedingt sein.

D: Sind sie mehr wie wir? Lebensunterhalt benötigend und ....

S: Das ist richtig.

D: Wie sehen jene Arten von Wesen aus? Die am häufigsten vorkommenden, die diese Androiden begleiten?

S: Auch sie sehen menschlich aus und sind dabei oft unbeobachtet. Zwar sehen sie vielleicht, werden aber häufig nicht gesehen. Sie sind für diejenigen, die an Bord genommen werden, nicht ohne weiteres ersichtlich.

D: Sie geben sich der Person üblicherweise nicht zu erkennen, meinst du?

S: Das ist richtig.

D: Wenn sie Nahrung zu sich nehmen, welcher Art ist diese?

S: Die Elemente und Mineralien, die für ihre Körperfunktionen notwendig sind, werden in flüssiger Form verabreicht.

D: Also nicht in fester Form, wie wir sie kennen?

S: Nicht von der gleichen Art, wie ihr selbst euch ernährt.

D: Gibt es irgendwelche Elemente auf der Erde, die diese Wesen brauchen? Die sie von der Erde beziehen müssen?

S: Es gibt Energieelemente, weniger die physikalischen Verbindungen selbst. Die Energien, die auf eurem Planeten vorherrschen. Die spirituellen Aspekte von Elektrizität und Wasser sind Beispiele.

D: Ich fragte mich, ob sie irgendetwas Vergleichbares wie Wasser benötigen.

S: Nicht in dem Sinn, dass sie Wasser brauchen, sondern die Energie, für die Wasser einfach eine Übersetzung ist.

D: Ist das der Grund, warum sie über Kraftwerken gesehen wurden?

S: Möglicherweise, aber nicht unbedingt. Es könnte viele Gründe geben, warum sie sich über Kraftwerken aufhalten. Beobachtungen. Manipulationen. Versuche.

D: Durchlebt eine große Anzahl von Erdbewohnern eine Art des Kontakts oder der Kommunikation mit diesen Wesen?

S: Wir würden sagen, ja, es gibt viele, die sich freiwillig dazu gemeldet haben.

D: Warum nehmen diese Wesen Menschen an Bord dieser Schiffe? Welche Absicht steckt dahinter?

S: Ihr müsst verstehen, dass euer Aufenthalt auf diesem Planeten nicht, wie manche meinen, zufällig geschah. Auch geschah es nicht, wie andere glauben, genau gemäß dem Buch, das eure Bibel genannt wird. Das heißt, dass Gott den Menschen nach seinem eigenen Bild geschaffen hat, wie es von einem etwas fundamentalistischen Standpunkt aus verstanden wird. Wir bitten euch, zu verstehen, dass die menschliche Existenz auf diesem Planeten von denjenigen geschaffen wurde, die jetzt zurückkehren, um die Früchte ihrer Arbeit zu untersuchen, wie ihr vielleicht sagen würdet.

Ein paar Leute versuchten, mir flüsternd Fragen zu stellen. Das lenkte mich einen Moment lang ab. Das Wesen hörte dies.

S: Und die Frage lautet?

D: Du sagtest, ihr benutzt euer Schiff zum Ausspähen, späht ihr auch auf anderen Planeten aus?

S: In anderen Planetensystemen, in diesem Sonnensystem und in anderen Sonnensystemen.

D: Habt ihr abgesehen von der Erde je intelligentes Leben innerhalb unseres Sonnensystems entdeckt?

S: Oh, ja. Es gibt dimensionale Wesen. Manche Wesen schwingen sehr schnell. Ihr könnt sie nicht mit dem sehen, was ihr „physische Augen“ nennt, aber es gibt sie doch. Manche von ihnen können sehr hochentwickelt sein. Und manche von ihnen existieren sogar auf eurem Planeten, worüber ihr euch nicht voll bewusst seid. Auf einigen Planeten geht noch mehr im Hinblick auf Lebensformen vor sich, was ihr mit den physischen Augen nicht sehen könnt. Wenn ihr euch in einem ähnlichen Dimensionsbereich befändet, würdet ihr euch dessen eher bewusst sein. Wie mein Medium mir erzählt, gab es heute Abend Diskussionen über die Möglichkeit von Leben auf dem Planeten, den ihr „Mars“ nennt.

D: Gibt es dort Leben?

S: Ja, mehr als eine Art. Es gibt intelligentes Leben dort. Die fortgeschritten Lebensformen dort sind Formen von Lichtwesen. Es gibt verschiedene Grade von Licht, die sich in ihnen reflektieren. Sie kommen als Lichtblitze. Deshalb sind sie nicht immer sichtbar für, sagen wir, ein Wesen eurer Art. Wenn sie sich in einer helleren

Form manifestieren wollen, können sie es tun. Wenn sie nicht gesehen werden wollen, ist das auch möglich.

D: Dann haben sie keinen physischen Körper, wie wir.

S: Nein, aber es gibt eine verglichen mit ihnen weniger fortgeschrittene Tierart. Dieses Tierleben ist zu einem bestimmten Zweck dort. Es hilft bei der Worte Substanz, aus welcher der Planet gemacht ist. Ihre Körper sind so beschaffen, dass sie sich an die Umweltbedingungen gewöhnen, ohne zu sterben. Sie sind jedoch nicht die fortgeschrittene Lebensform.

D: Ist das eine kohlenstoffbasierte Lebensform?

S: Ja, es gibt eine kohlenstoffartige Substanz in eurer sogenannten „Atmosphäre". Es ist eine Mischung der atmosphärischen chemischen Art ... Chemikalie Worte.

D: Ja, die Worte sind immer schwierig. Mir wurde oft gesagt, dass diese Sprache nicht ausreiche. Ich habe eine andere Frage. Haben die Außerirdischen jemals versucht, Menschen in Machtpositionen auf der Erde zu kontaktieren?

S: Oh ja, viele Male. Sie führen Verhandlungen, die schon viele Jahre andauern.

D: Mit wem haben sie verhandelt?

S: Es war mit den Regierungsführern. Es war immer schon mit den Regierungen.

D: Was versprachen die Außerirdischen im Gegenzug als Tauschgeschäft?

S: Manchmal tauschten die Regierungen gegen Informationen über Energie, Informationen zu Medikamenten, Informationen zu außerirdischen Aktivitäten und Informationen zu verlorenen Astronauten.

D: (Überrascht) Verlorene Astronauten?

S: Es sind viele verloren gegangen.

D: In unserer Zeit, in unserem zwanzigsten Jahrhundert?

S: Seit 1960 sind viele verloren gegangen.

D: Wie gingen sie verloren?

S: Sie wurden ins Weltall geschickt und aufgrund von Mechanikfehlern dieser primitiven Raumfahrzeuge konnten sie nicht zur Erde zurückkehren. Einige starben im Raumschiff. Andere schwebten ziellos umher, bis sie von anderen Schiffen aufgenommen und für Studien an verschiedene Orte gebracht wurden. Manchmal durften diese Personen dank dieser Verhandlungen zur die Erde zurückkehren.

D: *Waren sie zu jenem Zeitpunkt am Leben? (Ja) Aber wir, die Öffentlichkeit, wir glauben, alles über alle Flüge gewusst zu haben.*

S: Nein. Es gab sehr geheime Flüge, sowohl in den USA als auch in Russland. Andere Länder haben ebenfalls experimentiert: Japan, China, England, Kanada. Alle sogenannten „fortgeschrittenen" Völker haben Raumschiffe entsendet.

D: *Wir dachten, dass es nur die großen Länder gewesen seien, wie die Vereinigten Staaten und Russland. Du meinst, die anderen Länder haben auch Raumfahrtprogramme und Orte, von denen aus sie Raumfahrzeuge starten können?*

S: Zum einen oder anderen Zeitpunkt haben sie alle experimentiert. Viele haben wegen ihrer Verluste und der Furcht vor dem öffentlichen Widerhall die Programme eingestellt.

D: *Sie haben also Raumstationen in diesen verschiedenen Ländern?*

S: Ja, in ihren militärischen Anlagen.

D: *Aber wenn einige der Männer verloren wären, würde ich meinen, dass wir davon erfahren hätten.*

S: Nein, aus Angst, gestoppt zu werden. Und oft wussten sie nicht, wo diese Leute waren. Sie wussten nicht, ob sie am Leben waren.

D: *Hätten die Männer, die zurückgebracht wurden, den Leuten nichts erzählt?*

S: Nein, weil sie sich nicht erinnern.

D: *Sie erinnern sich nicht an den Flug und wie sie von den Aliens zurückgebracht wurden?*

S: Nein. Es wurde vereinbart, dass im Fall ihrer Rückgabe jegliches Wissen durch eine Störung ihrer Gedächtnisbank sicher verwahrt werden würde.

D: *Wurde diese durch die Aliens gestört?*

S: Ja. Man glaubte, dass die Menschen auf diesem Planeten nicht hoch genug entwickelt seien, um über den Aufenthaltsort einiger dieser Planeten und über die Technologie Bescheid zu wissen. Wir möchten derzeit keine ungebetenen Besuche.

D: *Aber du sagtest, die Regierungsbeamten wussten davon. Ein Teil der Verhandlungen bestand darin, zu wissen, was mit den Astronauten geschah?*

S: Ja. Es wurde ihnen gesagt, dass wir sie hatten und sie vielleicht zurückbringen würden, vielleicht aber auch nicht. Das ist der Umfang ihres Wissens.

D: Dann verfolgen die Außerirdischen unsere Raumflüge.

S: Auf jeden Fall.

D: Und du sagtest, diese Gespräche und Verhandlungen würden auch jetzt weitergehen?

S: Ganz sicher.

D: Bekommen die Aliens eine Gegenleistung?

S: Wir haben Zugang zu natürlichen Materialien, die wir brauchen, die hier verbreitet sind, aber auf anderen Planeten nicht so leicht zu finden sind. Und ... manchmal nehmen wir Leute mit, um sie zu studieren.

D: Wie bekommt ihr diese Leute?

S: Durch Verhandlungen mit Regierungen. Sie erlauben uns, einige zu haben.

D: Sagen sie euch, wen ihr nehmen sollt? (Ja) Warum sollten sie Entscheidungen darüber treffen? Könntet ihr nicht einfach nehmen, wen auch immer ihr wollt?

S: Oh ja, aber wir nehmen gerne die an, die sie wählen.

D: Ich frage mich, wie sie entscheiden, welche Leute mitgenommen werden sollen.

S: Zuerst waren es Unerwünschte, und wir fanden, dass wir genug von ihnen gehabt hatten.

D: Welche Typen werden als Unerwünschte angesehen?

S: Militärisches Personal, das die Erwartungen nicht erfüllte oder Menschen mit Disziplinproblemen. Diese bereiteten auch uns einige Sorgen, sodass wir diese Personen nicht länger nehmen. Diejenigen, die jetzt mit uns gehen, stellen ihre Dienste für eine begrenzte Zeit freiwillig zur Verfügung. Die Zeit wird vereinbart, bevor sie mitgenommen werden.

D: Du meinst, diejenigen, die du „Unerwünschte" nanntest, schufen Disziplinprobleme?

S: Ja, sie waren nicht sonderlich gefällig.

D: Nun, diejenigen, die jetzt als Freiwillige mitgehen, sind diese alle Militärpersonal?

S: Nein. Manche sind aus dem medizinischen Bereich, manche aus der wissenschaftlichen Gemeinschaft, die sowohl lernen als auch experimentieren möchten. Sie sind jedoch freiwillig dabei, in voller Kenntnis, dass alles Wissen bei uns bleiben muss, wenn sie zurückkehren.

D: *Wenn sie dann zurückkehren, erinnern sie sich nicht? (Nein) Können sie die Zeitspanne erklären, die sie fortbleiben?*

S: Im Allgemeinen wird gesagt, dass sie ein Sabbatjahr machen.

D: *Stört es sie nicht, dass sie es nicht in ihrem eigenen Kopf nachvollziehen können, wenn sie zurückkommen?*

S: Manchmal tut es das. Sie rechnen jedoch mit der Tatsache, dass sie sich in den nächsten zwanzig Jahren erinnern werden.

D: *Eher so etwas wie eine Zeitverzögerungssache? (Ja) Nun, die „Unerwünschten", die mitgenommen wurden, wurden sie auch wieder zurückgebracht?*

S: Manche ja, manche nicht.

D: *Ich habe mich über ihre Familien gewundert. Wenn sie plötzlich verschwanden, wie wurde das erklärt?*

S: Die meisten hatten keine Familien oder waren bereits entfremdet.

D: *Wurden sie deshalb ausgewählt? (Ja) Aber die, die jetzt gehen, sind Freiwillige. Sie werden nicht gegen ihren Willen mitgenommen.*

S: Das ist richtig.

D: *Ich glaube, das ist wichtig. Aber es geschieht noch immer in Zusammenarbeit mit der Regierung? (Ja) Es wurde über Untergrund-Basen gemunkelt, vor allem in den Vereinigten Staaten. Weißt du etwas darüber?*

S: Es gibt viele Stützpunkte, sowohl unterirdisch als auch oberirdisch, von denen ihr nichts wisst.

D: *Mir wurde gesagt, dass in einigen dieser Stützpunkte die Aliens mit der Regierung arbeiten.*

S: Das ist richtig. Wir versuchen, unsere Anstrengungen zu vernetzen und mit unserem Wissen offen umzugehen, vorausgesetzt, es wird für den richtigen Zweck verwendet. Bis zu diesem Zeitpunkt wurde das sehr geheim gehalten, weil die Regierung der Meinung war, dass die Bevölkerung nicht bereit sei, die Realität einer solchen Vernetzung zu akzeptieren. In den nächsten zwei, vielleicht drei Jahrzehnten wird all dies zu Allgemeinwissen werden.

D: *Kannst du mir sagen, woran sie in diesen Untergrundbasen hauptsächlich gemeinsam arbeiten?*

S: Raumfahrt, Energiesysteme, Medizintechnik. Lagerung und Zubereitung von Lebensmitteln, Produktionsergänzung.

D: Das sind alles gute Dinge. Man könnte meinen, sie hätten nichts dagegen, wenn die Öffentlichkeit über sie Bescheid wüsste. Werden diesen Menschen aus der medizinischen und wissenschaftlichen Welt, die nun freiwillig gehen, Informationen geliefert, oder liefern sie den Aliens Informationen?

S: Beides.

D: Beide Richtungen. Es wurde auch gemunkelt, dass in einigen dieser Untergrundbasen genetische Experimente durchgeführt wurden.

S: Ja, durch die medizinische Gemeinschaft und auch durch andere Wesen. Dies war für andere Lebensformen schon immer von Interesse.

D: Sind es überwiegend die Regierungen, die diese Experimente durchführen? Von wem stammt diese Idee?

S: Sie stammt ursprünglich von den Aliens. Die Weltraumwesen haben sich schon immer für dieses Gebiet interessiert, weil sie sich schon so lange damit beschäftigt haben. Die menschliche Rasse beschäftigt sich nur mit der Entwicklung eines Übermenschen. Dies steht nicht immer in Verbindung mit dem Ziel der Weltraumleute.

D: Ist das der Grund, warum die Regierung diesen Experimenten zugestimmt hat? Sie versuchen, eine Superrasse zu erschaffen?

S: Nicht wirklich. Das ist nur ein Aspekt.

D: Nun, was könnte dann der Grund für unsere Regierung sein, in genetische Experimente involviert zu sein?

S: Einige hoffen, Antworten auf genetische Problemstellungen zu finden. Warum sie auftreten, wie man sie verhindern kann. Und ob sie verändert werden könnten, wenn sie einmal auftreten.

D: Das ist eine gute Idee. Was ist mit dieser Erschaffung einer Superrasse? Schreitet dies voran?

S: Viele würden es gerne voranschreiten sehen. Es lief jedoch nicht sehr gut, weil viele auf dieser Erde befürchtet hatten, dass es außer Kontrolle geraten könnte. Derzeit konzentrieren sie sich hauptsächlich auf genetische Schwächen und deren Beseitigung.

D: Das ist die Hauptsorge der Außerirdischen?

S: Nein. Sie möchten höhere Wesen schaffen, die zu einer Vielzahl von Errungenschaften fähig sind.

D: Es scheint, dass eine Superrasse von Menschen keine Gefühle haben würde, oder verstehe ich das richtig?

S: Emotionen sind eine überwiegend menschliche Eigenschaft, die auf anderen Planeten nicht einschlägig ist. Dies ist ein Studiengebiet für uns.

D: Dann sind die Aliens überwiegend an der Entwicklung einer neuen Art von Menschen interessiert? Du sagtest, eine Art höhere Spezies, nicht unbedingt eine Superrasse.

S: Das ist richtig.

D: Es wurde über die Untergrundbasen gemunkelt, dass sie dort Monster züchten: schreckliche Hybriden oder Abarten. Weißt du etwas darüber?

S: Manchmal geschehen Dinge, und was für eine Spezies schrecklich ist, um euren Begriff zu verwenden, ist für eine andere Spezies Schönheit. Wenn ihr beginnt, Spezies in genetischen Experimenten zu kombinieren, werdet ihr immer Abweichungen erhalten.

D: Die Idee klingt für uns eher abstoßend. Aber haben diese verschiedenen Spezies eine Seele, einen Geist, wie wir ihn kennen?

S: Manche ja, manche nicht. Es hängt davon ab, woher sie stammen. Wenn sie genetische Mutanten sind, roboterartig von Natur aus, haben sie keinen Geist. Sie werden streng genetisch gezeugt. Wenn ihre Quelle dagegen ursprünglich geistig ist, dann wird das Ergebnis daraus eine geistige Funktion haben.

D: Was ist mit dem Intellekt? Erschafft dies eine weitere Arbeiterrasse, oder sind sie so intelligent wie Menschen?

S: Auch hier gibt es wieder sehr viele Arten, mit denen experimentiert wird. Einige sind roboterartig und haben keinen Verstand. Und einige sind intellektuell sehr hochentwickelt.

D: Was wird schließlich mit diesen Kreaturen oder diesen verschiedenen Spezies geschehen, die geschaffen werden?

S: Einige, die offener für die Natur dieser Dinge sind, wurden bereits zu anderen Planeten mitgenommen.

D: Wird einer von ihnen jemals auf die Erde gebracht werden? (Nein) Dann kennt die Regierung diese Zwecke der Experimente? (Ja) Also kooperieren auch die staatlichen Ärzte und Wissenschaftler mit ihnen?

S: Manche. Nicht alle. Ein paar Auserwählte.

D: Und dies ist eines der Dinge, die die Aliens ausgehandelt haben. Der Regierung das Wissen über diese Experimente zugänglich zu machen und im Gegenzug erhalten die Aliens die Rohstoffe, die sie benötigen.

S: Richtig.

D: Es ist erstaunlich, wie die Regierung all das vor den Menschen geheim halten kann.

S: Es ist sehr gut versteckt, und es wurde in der Vergangenheit verstanden, nur sehr wenige über diese Verhandlungen Bescheid wissen zu lassen.

D: Was ist mit dem Präsidenten unseres Landes, den Vereinigten Staaten? Weiß er von diesen Dingen?

S: Manche Präsidenten ja, manche nicht. Es hängt von ihrer Persönlichkeit ab.

D: Ich habe mich gefragt, wie sie diese Stützpunkte mit Militärpersonal versteckt halten konnten, ohne dass der Präsident über sie und ihre Funktionen Bescheid weiß.

S: Manchmal ist der Präsident der Letzte, der etwas erfährt.

D: Dann werden die Basen bewacht, und das Militärpersonal und das Geld kommen aus anderen Budgets oder so ähnlich.

S: Das ist richtig.

D: Ich gehe davon aus, dass sie gut bewacht werden. Ist das wahr?

S: Auf eine Weise. Sie werden nicht so bewacht, wie ihr denkt. Es gibt keine Geschütze oder Raketen. Sie werden auf andere Weise bewacht.

D: Nun, wir haben von einem Stützpunkt in Nevada gehört, der viele bewaffnete Wachen und militärisches Personal hat und es ist niemandem gestattet, in seine Nähe zu kommen. Ist das einer dieser Orte? (Ich dachte an die berüchtigte Area 51.)

S: Nein, das ist etwas anderes. Das ist eine streng militärische Operation.

D: Die Aliens sind nicht daran beteiligt? (Nein) Es scheint, dass militärisches Personal und Wachen die Aufmerksamkeit auf sich ziehen. Meinst du das?

S: Ja, aber wir sind nicht an militärischen Unternehmungen beteiligt.

D: Uns wurde gesagt, dass es militärische Waffen gibt, wie den Tarnkappenbomber, die von außerirdischer Technologie stammen, die uns übergeben wurden. Ist das wahr?

S: Zum Teil. Die Technologie wurde hauptsächlich für Weltraumreisen übermittelt. Sie war nicht als militärisches Mittel gedacht.

D: Ich verstehe. Kannst du sehen, was für ein militärisches Experiment das auf der Basis in Nevada ist, aufgrund dessen sie so streng bewacht wird?

S: Das militärische Experiment soll die Reisegeschwindigkeit des Militärtransports beschleunigen. Auch seine Waffen und seine Fähigkeit, sich gegen Angriffe feindlicher Krieger zu schützen.

D: Feindlicher was?

S: Feindlicher Mannschaften.

D: Aber zu diesem Zeitpunkt denken wir, wir haben keine Feinde, gegen die wir uns verteidigen müssen. Was für einen Grund könnte es geben, die militärischen Experimente fortzusetzen?

S: Es gibt immer diejenigen, die die Kontrolle haben und die Macht über andere Rassen und Menschen haben wollen. Zu diesem Zweck widmen sie sich der Entwicklung von Mechanismen, die dies ermöglichen.

D: Weiß der gegenwärtige Präsident von diesem Militärstützpunkt in Nevada? (George Bush im Jahr 1987.)

S: Ja, das tut er.

D: Wenn es also etwas mit militärischer Verteidigung zu tun hat, dann weiß er es.

S: Das ist richtig.

Als 1998 dieses Buch verfasst wurde, wurde Area 51 still und heimlich geschlossen. War es wegen all der unerwünschten Aufmerksamkeit durch die Öffentlichkeit und die Medien?

D: Es scheint, dass viele Dinge vor sich gehen, von denen der Durchschnittsmensch nichts weiß. Ist es in Ordnung, wenn ich den Leuten berichte, was du uns heute erzählt hast?

S: Es wird in Ordnung sein, denn innerhalb der nächsten drei Jahrzehnte wird es Allgemeinwissen sein. Wir hoffen, dass mit den Menschen dieses Planeten ein Bündnis gebildet werden kann, sodass wir als Freunde kommen und gehen können. Mein Medium steht für die Übertragung bereit. Ich nehme noch mehr Fragen wahr. Aber sie müssen ziemlich schnell übertragen werden. Sie wird müde.

D: Alles klar. Wir wollen nichts tun, was ihr Unbehagen bereitet. -- Jemand möchte wissen, ob es irgendwo anders als auf der Erde menschliche Wesen gibt, die ihr gefunden habt?

S: Ich habe sie euch in unserer letzten Sitzung beschrieben. Flüssige Lebensformen. Flüssiges schwimmendes Fluid. Wie ein Chamäleon kann es viele Formen annehmen. Ein sehr fortgeschrittenes Wesen. Es kann sich in viele planetarische Zivilisationen einfügen, indem es sich selbst die Erscheinung der dort lebenden Wesen gibt. Es kann menschliche Gestalt annehmen, kann Weltraumbrudergestalt annehmen, kann viele Formen annehmen. Das ist die dem Menschen ähnlichste Form, der ihr meiner Meinung nach auf diesem Planeten begegnen könnt.

D: Was ist mit anderen Planeten? Gibt es andere Menschentypen, die ihr auf anderen Planeten vorgefunden habt?

S: Es gibt einen anderen Planeten. Er hat eine menschenähnliche Lebensform, diese ist aber aufgrund der Umwelt dort nicht ganz so fortgeschritten. Es dauert für sie länger, sich zu entwickeln. Mit ähnlichen menschlichen Eigenschaften, aber ihre Natur unterscheidet sich von den Wesen hier.

D: Ich glaube, es gibt nur noch ein paar weitere Fragen. Kommen irgendwelche Wesen und / oder zugehörige Schiffe von oder reisen sie durch oder innerhalb des Planeten Erde?

S: Das ist richtig. Es gibt das Gebiet, das sich teilweise unterhalb eurer mexikanischen Golfküste befindet, welches zur heutigen Zeit von Wesen atlantischer Abstammung bewohnt wird. Es gibt auch das Gebiet unterhalb eures antarktischen Kreises, das von Wesen interdimensionaler Natur bewohnt wird.

D: Ist der Planet so, wie unsere Wissenschaftler ihn im Inneren wahrnehmen?

S: Es ist ein fester Kern mit schwimmendem Mantel. Es ist jedoch kein durchgehender Mantel.

D: Ist die Erde hohl?

S: Das ist nicht richtig.

D: Sind große Bereiche innerhalb des Planeten hohl und geeignet, eine große Zivilisation aufrechtzuerhalten?

S: Ja. Obwohl nicht groß im Hinblick auf das Gesamtvolumen der Erde. Groß in Bezug auf das Raumgefühl im Vergleich zu euren

Entfernungen. Groß genug, um eine Zivilisation aufrechtzuerhalten.

D: In den von dir erwähnten Gebieten?

S: Ja. Es gibt weitere. Diese hier sind jedoch insofern von größter Bedeutung, als sie zu diesem Zeitpunkt eine bedeutendere Rolle bei eurem Aufstieg spielen.

D: Sagtest du, dass das Medium müde wird?

S: Ja. Ich kann bei Bedarf behilflich sein. Ich bin gekommen, um Daten zu übermitteln, um beim Fortschritt des Menschen zu helfen. Um ungelöste Fragen zu lösen, die der Mensch möglicherweise hat. Dies wird niemandem aufgezwungen. Wenn ihr mehr Informationen wünscht, könnt ihr mich rufen. Ich werde euch behilflich sein und euch Informationen mitteilen. Falls nötig, telepathisch, um euch bei eurem Fortschritt zu unterstützen.

D: In Ordnung. Ich schätze es wirklich. Und ich werde es an andere Menschen weitergeben und das wird nur aus guten, positiven Gründen geschehen.

Als Suzanne aus der Trance kam, plagte sie ihr Magenbereich. Sie sagte, dass sie sich nicht gerade übel fühle, aber so als ob in ihr viel Energie herumwirble. Es war ein Heiler anwesend und er arbeitete an ihr. Bei unseren anderen Sitzungen, fühlte sich Suzanne, wenn sie aus der Trance kam, immer wunderbar und wachte sogar gelegentlich lachend auf. Da dies zum ersten Mal so passierte, neigte ich zu der Ansicht, dass dies mit der Nervosität zusammengehangen sein mag, die sie vor Beginn der Sitzung empfand. Es waren viele Leute in dem Raum und sie hatte möglicherweise deren Energie aufgefangen, zumal sie sich in einem sensiblen Zustand befand. Außerdem hatten wir die Energie dieses Wesens innerhalb einer Woche zweimal verwendet. Es war ihr vielleicht zu viel gewesen, das so schnell zu tun. Es dauerte vielleicht längere Zeit, bis sie daran gewöhnt war, diese Art von Energie zu kanalisieren. Ich dachte wirklich, es sei eine Kombination aus vielen Faktoren.

Da Suzanne in tiefster Trance gewesen war, war sie sich nicht bewusst, dass während der Sitzung andere Dinge im Raum vor sich gingen. Ursache waren einige Ermittler, die sich weigerten, diese Art von Forschungen ernst zu nehmen. Als Ergebnis der Versuche, das Ganze durch abscheuliche Bemerkungen (die hier nicht enthalten sind) ins Lächerliche zu ziehen, beschloss ich, diese Art von

Befragung nicht noch einmal zuzulassen. Ich dachte, es sei eine Methode, um Informationen für Forschungs- und Studienzwecke zu erhalten, aber mir wurde schnell klar, dass die Ermittler 1987 dafür noch nicht bereit waren. Einige von ihnen hatten sich dem Thema noch nicht aus metaphysischer Sicht angenähert. Ich war zu der Erkenntnis gekommen, dass, solange der Ermittler die Metaphysik nicht versteht, er nie die komplexe Natur von UFOs und Außerirdischen zu verstehen beginnen wird.

Es ist alles miteinander verbunden und kann nicht getrennt werden, obwohl sich der „A und O"-Typ hartnäckig hält. Ich vermute, es gibt Platz für alle Arten von Ermittlern auf diesem Gebiet. Wir alle haben Teile des Puzzles. Wir können nicht davon ausgehen, dass unser eigenes kleines Teilchen das gesamte Puzzle ist. Es gibt zu viele Schattierungen und Variationen, daher müssen wir lernen, alle zusammenzuarbeiten.

Die meisten Leute gingen, aber einige von uns blieben und redeten bis nach ein Uhr morgens. Suzanne nahm ungefähr zu dieser Zeit eine Dusche und rief mich dann rein, um ihre Füße anzusehen. Als sie aus dem Badezimmer kam, bemerkte sie, dass sie mit großen roten Flecken übersät waren. Die Verfärbung war nur an den Füßen und erstreckte sich nicht über ihre Fußgelenke hinaus. Sie begannen bereits wieder, zu ihrer normalen Hautfarbe zu verblassen. Niemand konnte es wirklich erklären, es sei denn, es hatte etwas mit der Alien-Energie zu tun. Es könnte auch mit der Nervosität zu tun gehabt haben, die sie vor Beginn der Sitzung empfand.

Zu jener Zeit wusste ich nicht, dass ich in den folgenden Jahren andere Fälle haben sollte, bei denen der Körper von einer ähnlichen Energiequelle beeinflusst würde. Mir sollte bald klar werden, dass der menschliche Körper in der Lage ist, viele Dinge zu tun, die er nicht tun sollte, wenn er in den tiefsten Trancezuständen arbeitet. Der wichtigste Grundsatz, den man bei dieser Art von Arbeit beachten sollte, ist: „Füge keinen Schaden zu!" Man muss jedoch ständig auf das Unerwartete vorbereitet sein.

Ich hatte keine weiteren Sitzungen mit Suzanne. Dies war für sie interessant gewesen, aber sie behandelte es als ein seltsames Kuriosum und wollte das Channeln von Außerirdischen nicht weiter fördern. Sie besuchte die Business School und war mehr daran interessiert, einen Job zu finden. Ich respektiere immer die Wünsche meiner Probanden, also habe ich das mit ihr nicht weiter verfolgt. Ich musste mir keine Sorgen machen, denn da nun einmal ein direkter Kontakt mit Wesen aus einer anderen Welt hergestellt worden war, sollte es weitergehen. Sie hatten einen willigen Zuhörer gefunden und die Kommunikation würde mithilfe anderer Mittel fortgesetzt. Ich hatte die Tür für ein weiteres Abenteuer geöffnet.

Ich finde es bemerkenswert, dass alle in diesem ersten Teil beschriebenen Fälle (und Fälle, die ich nicht aufgenommen habe) einem erkennbaren Muster folgen. Die gleichen Eigenschaften wiederholen sich auf der ganzen Welt. Es gibt eine Redundanz, die nicht fantasiert werden kann, zumal die Probanden in vielen Fällen nicht mit UFO-Literatur vertraut waren. In den achtziger Jahren, als die meisten von ihnen untersucht wurden, waren zu diesem Thema nicht viele Bücher veröffentlicht. Und selbst diejenigen, die gedruckt wurden, konzentrierten sich nicht auf die Facetten, die ich aufgedeckt habe. Zum Beispiel: ähnliche Arten von Wesen, die am häufigsten gesehen werden, ähnliche Arten von Raumfahrzeugen, ähnliche Prozeduren, die von Außerirdischen durchgeführt wurden, ähnliche Motive und die wiederholte Geschichte der Besamung des Planeten. Diese Ähnlichkeiten geben den Geschichten Gültigkeit, da zwischen den Probanden keine irgendwie Möglichkeit der Zusammenarbeit bestand. Während zudem andere Ermittler und Veröffentlichungen die außerirdische Agenda als negativ und böse darstellten, berichteten meine Fälle regelmäßig von einer wohlwollenden Kreatur. Sogar die Wissenschaft erkennt an, dass wenn ein Experiment wiederholt wird und die Ergebnisse gleich sind, dies der glaubwürdige Beweis ist, den sie zur Feststellung der Gültigkeit benötigen. Am wichtigsten ist, dass die Menschen in diesem Buch keine Öffentlichkeit oder Bekanntheit wünschten. Das Gegenteil war wahr, sie suchten nach Anonymität und um ihre Wünsche zu respektieren, wurden ihre Namen und Berufe geändert, damit sie ihr Leben weiterhin ungestört fortführen können.

TEIL

ZWEI

KAPITEL 8

KONTAKT MIT EINEM KLEINEN GRAUEN WESEN

Ich beschloss, diesen gesamten Teil über meine Ermittlungen in einen separaten Abschnitt zu stecken, da es sich um die fortlaufende Arbeit mit einer einzigen Probandin handelte, Janice S. Die anderen Fälle lieferten zwar wertvolle Informationen, die mich von den einfachen Fällen in der UFO-Forschung zu den komplexen führten. Meine Arbeit mit Janice nahm jedoch eine andere Wendung. Dies resultierte aus der direkten Kommunikation mit den Aliens selbst. Die Informationen, die sie über einen Zeitraum von drei Jahren lieferten, führten mich immer tiefer in komplexe Theorien und Erklärungen, die mir zu den Anfangszeiten meiner Arbeit zu begreifen unmöglich gewesen wären. Ich habe immer gewusst, dass mir nie mehr gegeben wird, als ich zu der jeweiligen Zeit bewältigen kann. Wenn die Informationen zu radikal sind oder eine zu starke Abweichung von der Norm, besteht die Tendenz, sie zu ignorieren oder als sinnlos zu verdrängen. Wenn die Informationen dagegen löffelweise zugeführt oder in kleinen Dosen verabreicht werden, ist es einfacher, eine neue Denkweise zu diesem Phänomen zu entwickeln. Was früher unmöglich zu verstehen war, macht dann nach und nach einen merkwürdigen Sinn, auch wenn es den Verstand etwas verbiegt und uns in eine völlig neue Richtung denken lässt.

Genau das ist bei meiner Arbeit mit Janice passiert. Am Anfang folgte dieser Fall der gleichen Richtung wie die anderen Fälle, wenngleich er neue Informationen lieferte. Dann begann es in Bereiche zu fließen, die so komplex waren, dass ich mich entschied, nicht alles davon in dieses Buch aufzunehmen. Dieses Buch war ohnehin bereits größer als die meisten Bücher, die ich schreibe. Aber wenn es um die Auswahl ging, Material herauszuschneiden, um die Buchgröße zu reduzieren, wurden die Entscheidungen schwierig. Als Ermittler erachtete ich jegliches Material als wertvoll dabei, neue Erkenntnisse hervorzubringen. Als die Sitzungen mit Janice jedoch fortschritten, verließen sie das Gebiet der UFOs und betraten das Gebiet der verschiedenen Dimensionen und komplexer Theorien über Zeit und Paralleluniversen. Ich war bereits dabei, an einem anderen Buch über eben diese Themen zu arbeiten, Das verschachtelte Universum, also beschloss ich, einige Sitzungen in jenes Buch zu verschieben, damit der Leser nicht völlig durcheinander gebracht und überfordert werde. Wenn der Leser für das nächste Buch bereit ist, wird sein Verstand vielleicht auch bereit sein, die beteiligten Theorien zu verstehen.

Als ich 1989 zum ersten Mal mit Janice in Kontakt kam, war ich bereits seit 1987 dabei, am UFO-Thema und vermuteten Entführungsfällen zu arbeiten. In jenen frühen Tagen reiste ich weite Strecken, um an Fällen zu arbeiten und ich versuchte, mit jedem zu arbeiten, der eine Sitzung beantragte. Das ist jetzt nicht mehr möglich. Mein Zeitplan ist so hektisch mit Vorträgen und Reisen zu Tagungen, Seminaren usw., dass ich nicht mehr länger Zeit für Reisen habe, nur um mit einer Person zu arbeiten. Ich habe diesen Luxus nicht mehr. Ich sammle immer noch Informationen, aber nicht mehr in der langsamen Art und Weise, wie ich es zu Beginn meiner Arbeit tat.

Im Sommer 1989 erschien mein erstes Buch Gespräche mit Nostradamus Band I und ich reiste nach Little Rock, um meine ersten Vorträge über das Thema der Nostradamus-Prophezeiungen zu halten. Viele Leute baten aus Neugierde um Sitzungen und als sie herausfanden, dass ich auch Hypnose in Bezug auf Entführungsfälle machte, bekam ich auch Anfragen dazu. Da ich wusste, dass Lou interessiert war, versuchte ich auf meinen Reisen nach Little Rock so viele UFO-Fälle wie möglich einzuplanen. Janice war eine von diesen, eine Frau, die nach meinem ersten Vortrag auf mich zukam und sagte, dass sie gerne mit mir über die beunruhigenden Ereignisse in ihrem Leben sprechen würde. Als ich im August 1989 nach Little Rock zurückkehrte, kam sie in das Haus, in dem ich mich aufhielt, und wir unterhielten uns zwei Stunden lang, während sie versuchte, sich aus den merkwürdigen Ereignissen, die den größten Teil ihres Lebens über geschehen waren, einen Sinn zusammenzureimen.

Janice war eine Frau in den Vierzigern, die nie geheiratet hatte, obwohl sie attraktiv war. Sie kann wegen weiblicher Probleme seit der Pubertät keine Kinder bekommen. Ihr Hauptanliegen war es, ihre Identität geheim zu halten, da sie eine verantwortungsvolle Position als Computeranalystin für ein großes Unternehmen hatte. Ihre Hauptangst war, dass sie ihren Job verlieren würde, wenn es irgendein Anzeichen von Inkompetenz gäbe. Im Laufe der Jahre versuchte sie, mit jemandem über ihre Erfahrungen zu sprechen, sie vermochte es jedoch nicht. Ich war die erste Person, bei der sie sich wohl genug fühlte, um all die seltsamen Vorfälle zu offenbaren.

Zu dieser Zeit wohnte ich bei meiner Freundin Patsy, als ich die vier Stunden nach Little Rock fuhr. Sie hatte ein großes Haus und gab mir die nötige Privatsphäre für Gespräche mit den Klienten und für die hypnotischen Sitzungen. An diesem Tag hatten wir das Haus für uns alleine und ich stellte mein Tonbandgerät auf den Esstisch, um Janices Ausführungen aufzunehmen. Sie entspannte sich merklich, während die Diskussion voranschritt und dem Rekorder wurde nur dann Aufmerksamkeit zuteil, wenn ich die Tonbänder wechselte. Wir sprachen nach dem Zufallsprinzip und gingen sogar in andere Bereiche ihres Lebens über, sodass ich nur die relevanten Teile abschrieb.

Als sie endlich anfing, all die aufgestauten Informationen freizugeben, kam dies so Hals über Kopf, dass ich mir keinen Reim darauf machen konnte. Ich wurde überflutet, also versuchte ich sie zu gliedern, indem ich sie bat, mit ihren frühesten Erinnerungen zu beginnen.

Diese Erinnerungen gingen auf das Alter von vier Jahren zurück, als sie beim Erwachen schrie, dass „sie" gekommen waren und sie geschnappt hatten. Ihre Mutter glaubte, dass sie bloß Albträume hatte, willigte jedoch ein, sie mit eingeschaltetem Licht schlafen zu lassen. Sie erinnerte sich, wie sie oft in ihrem Zimmer spielte, sich umsah und ein Gesicht am Fenster sah. Sie wusste, dass „sie" sie holen kamen, und sie begann, den Flur entlang zu rennen. Aber sie schaffte es nie weit, weil sie angehalten wurde, gelähmt und außerstande, sich zu bewegen. Sie wusste nie, wie viel Zeit verstrichen war, aber wenn sie wieder zu sich kam, stand sie auf dem Flur, durch und durch kalt, kaum atmend, während ihre Mutter sie schüttelte. Dies ereignete sich auch, wenn sie mit ihrem Bruder auf dem Hof spielte. Er rannte dann ins Haus und schrie: „Mutter, es passiert wieder mit ihr. Sie ist schon wieder weg." Während dieser ganzen Zeit hatte sie eine vorausahnende Angst, dass „sie" wiederkommen würden, oder „diese Leute", wie sie anfing, sie zu nennen. Obwohl sie nie wusste, wer „sie" waren.

Ich bat sie, das Gesicht zu beschreiben, das sie am Fenster sah, und sie sagte, es war ein kleiner Kerl mit großen sehr dunklen Augen, aber dann verwandelte er sich in einen Hund, der in das Fenster schaute. Als sie dies ihrer Mutter erzählte, glaubte sie ihr natürlich nicht, zumal das Fenster ihres Zimmers sehr hoch über dem Boden lag. Kein normaler Hund konnte ins Fenster schauen.

Sie versuchte ihrer Mutter zu erklären, dass sie, nachdem der Lähmungs-Vorfall geschah, irgendwo da draußen gewesen war. „Ich wusste, ich war außerhalb von mir gewesen, in einem anderen Zustand, als wir ihn kennen. Man könnte es "außerkörperlich" nennen. Die einzige Möglichkeit, wie ich es annähernd genau beschreiben kann, ist, wie wenn man seine Essenz herausgenommen und das Physische verlassen hat. Ich bin zwar physisch hier, aber die Essenz befindet sich auf einer anderen Ebene oder dergleichen." Oft wachte sie am Morgen auf und wusste, dass sie nicht wirklich die ganze Nacht im Bett gelegen hatte.

Während ihrer Kindheit gab es mehrere Fälle, bei denen sie schwere, lebensbedrohliche Krankheiten hatte. Es gab sogar eine Zeit, in der die Ärzte ihrer Mutter sagten, dass sie nie wieder gehen würde. In jedem dieser Fälle hatte sie eine wundersame Genesung und die Ärzte konnten niemals erklären, was mit ihr geschehen war.

Als sie älter wurde, hatte sie viele Vorfälle von fehlender Zeit. Sie war sich nicht bewusst, dass etwas Ungewöhnliches passiert war. Die fehlende Zeit wurde erst durch andere bestätigt, was zu ihrer Verwirrung beitrug. Ihre Mutter meinte: „Du bist die einzige Person, die ich kenne, die zum Lebensmittelgeschäft gehen kann und drei Tage später wiederkommt." Sie musste Geschichten fabrizieren und ihr sagen, dass sie einen Freund getroffen und zu seinem Haus gegangen war, während sie in Wirklichkeit keine Ahnung hatte, wo sie gewesen war. Sie hatte eine schwache Erinnerung daran, wie sie durch Baumkronen herunterkam, dann in den Lebensmittelladen ging, das Brot holte und nach Hause ging. Zu dieser Zeit war sie ein

Teenager auf der Highschool und ihre Mutter glaubte, sie sei ausgegangen zum Feiern, aber Janice sagte, dass sie sehr wenig trinke und nie Drogen genommen habe.

Dieses Gefühl hielt ihr ganzes Leben lang an. Sie ging irgendwohin und kam spät zurück. Sie wusste nicht, was mit der Zeit passiert war und hatte Angst, wenn sie jemandem davon erzählte, dass man sie einsperren würde. Sie sagte: „Ich hatte eine Empfindung, einen kleinen Schimmer Wissens, dass etwas passiert war. Und ich kam mit schnellen Schritten wieder zurück. Ich habe jetzt gelernt, dass sich meine Erdenzeit und jene Zeit anpassen und wieder synchronisieren müssen. Es war wie das Gefühl, mich schnell zu bewegen und mich fahrend in meinem Auto wiederzufinden. Das war eine große Anpassung."

Sie wuchs mit dem Gefühl auf, dass sie sich irgendwo verstecken musste, damit sie sie nicht finden konnten. Sie befürchtete, es würde auch anfangen, mit ihrer Familie zu passieren, also zog sie mit achtzehn von zu Hause weg. Sie hatte immer noch keine Ahnung, was es war. „Ich hatte mit einem unbekannten Etwas zu tun. Und ich konnte niemandem davon erzählen. Ich hatte Angst, davon zu erzählen, weil sie mir nicht glauben würden."

Die Erinnerungen an einen tatsächlichen Kontakt mit unbekannten Mächten begannen schließlich um 1987 durchzusickern. Es geschah normalerweise unerwartet und in den ungelegensten Momenten. Ein Beispielsfall war, als sie bei der Arbeit einem Mädchen im Büro das Superkopieren am Computer beibrachte. „In diesem Fall befindet man sich in zwei Dokumenten gleichzeitig. Ich versuchte, es dem Mädchen zu erklären. Ich sagte: 'Eigentlich ist es so, als ob man sich zur gleichen Zeit an zwei Orten aufhält.' Sofort hatte ich einen telepathischen Blitz: 'Ja, gleichzeitige Zeit.' Und es war wie ein Film in meinem Kopf von simultan ablaufenden Leben. Es war so überwältigend, dass ich mich entschuldigen und zur Damentoilette gehen musste. Ich saß da drin und all dieses Wissen strömte auf mich ein in Bezug auf Teleportation, wie sie mechanisch funktioniert und wie man an zwei Orten gleichzeitig sein kann. In Gedanken sah ich, wie sich mein Körper auflöste und in Kalifornien landete oder an einem Ort, an dem ich noch nie zuvor war. Ich hatte ein seltsames Gefühl in meinem Kopf, als dies geschah. Ich würde es nicht 'schwindelig' nennen. Ich weiß nicht, wie man das eigentlich nennen könnte, außer dass mir, während ich auf der Toilette war, etwas Komplexes beigebracht wurde. Und das hat sich seit 1987 fortgesetzt. Eine Art von Unterricht."

Auch 1987 hatte Janice eine seltsame Erfahrung, die sowohl diese alten Erinnerungen weckte als auch einige Teile zusammenfügte.

J: Ich bereitete mich vor meinem Badezimmerspiegel auf ein Potluck-Dinner vor (Essen, bei dem jeder Gast eine Speise mitbringt, *Anm. d. Übersetzers), als ich diese lustige kleine Empfindung in meinem Kopf hatte. Mir war etwas schwindelig und ich dachte, ich sollte mich besser hinsetzen. Es war nicht sehr weit vom Bad zu meinem Bett, aber ich habe es nie geschafft. Ich fühlte, wie ich anfing, mich herauszuheben.

D: Was meinst du damit?

J: Mein Geist, meine Essenz. Ich schätze, man könnte es eine außerkörperliche Erfahrung nennen, aber es saugte mein Inneres aus. Es war wie ein „Rauszischen". Und ich konnte mich selbst dort stehen sehen. Drei Stunden später stand ich immer noch da, so wie damals, als ich ein Kind war.

D: Das war aus der anderen Perspektive.

J: Das stimmt. Das brachte mich in Kontakt mit der Kindheits-Erfahrung. Das hat mich zum Nachdenken und Erinnern veranlasst: „Also das geschah, als ich klein war."

D: Und du wurdest ausgesaugt und konntest dich selbst sehen.

J: Ich war draußen und konnte immer noch das Physische sehen. Und da war jemand, vielleicht war es mein Schutzengel. Ich musste nicht einmal schauen. Ich hatte das Gefühl, es war jemand Vertrautes. Und er fragte: „Willst du zu deinem Anfang gehen?"

D: Willst du zu deinem Anfang gehen? Das ist interessant.

J: Ich hatte erzählt, gesagt, gebetet, gesendet ... Es gibt eine Intensität, zu der man gelangt, wenn man etwas wirklich tun will, und man tut es. Und ich hatte seit Tagen und Wochen gesagt: „Ich meine es ernst. Es ist Zeit für mich, meine Quelle zu kennen. Es ist Zeit für mich, an meinen Anfang zu gehen. Es ist Zeit für mich, all dieses Zeug aufzudecken, mit dem ich seit über vierzig Jahren gelebt habe. Und ich meine, jetzt." Also sagte er: „Bist du bereit zu gehen?" Und ich sagte: „Ja, lass uns gehen." Und ich hatte immer noch eine Art körperliches Ich, obwohl ich schauen und mich dort stehen sehen konnte. Obwohl meine Hand durch meinen Arm hindurchging, sah ich ein körperliches Ich.

D: Es sah aus, wie du, aber es war nicht ... feststofflich. (Ja) Aber konntest du durch dein Haus hindurchsehen, oder wo befandest du dich?

J: Ja, ich konnte durch das Haus hindurchsehen. Ich konnte durch meine Decke nach unten sehen und dort stand ich. Und ich dachte: „Das ist irgendwie nett." Und ich hatte keine Angst. Ich habe das seitdem verstanden. Wenn ich Angst gehabt hätte, hätte dies niemals stattgefunden.

D: Ja, du wärst wahrscheinlich gleich wieder in den Körper hineingebracht worden oder was auch immer.

J: Ja. Und wir stiegen auf und gingen hoch durch einige Ebenen. Als ob man eine Schichttorte hätte und sozusagen durch die Lagen ginge. Und da war die Babyseelenebene. Dann gingen wir hinauf und es gab eine Ebene ich weiß nicht von einer Art geistiger Dinge. Und ich dachte, hmm, das fühlt sich hier nicht gut an. Dann schaute ich nach links und da waren Dämonen und Monster und solche Dinge dort drüben. Sie kamen auf mich zu. Und ich sagte: „Stop! Im Namen des Herrn Jesus Christus. Ich habe keine Angst vor euch." Und zisch! Es war, als ob ein Stück Frischhaltefolie herunterkäme, und sie sich da hineinsaugten. Und ich sagte: „Seht ihr, ich sagte euch, ich habe keine Angst." Und als wir weiter nach oben gingen, konnte ich dort hinschauen und da waren die 1800er. Ich konnte dort drüben hinschauen und es war 1945. Und ich konnte in verschiedene Richtungen sehen und verschiedene Zeiträume sehen. Es war, als würde man einen Fernseher einstellen. „Oh, das ist hübsch. Diese Zeit war genau hier."

D: Du konntest das alles sehen, indem du dich lediglich im Kreis umsahst?

J: Nun, es war nicht im Kreis. Es war eigentlich eine Art gerade Linie.

D: Linear? Aber du konntest überall hinschauen?

J: Ich konnte mich hier einschalten und sehen, was vor sich ging. Es geht alles vor sich.

D: Geht es immer noch vor sich?

J: Oh, ja. Es ist alles immer noch dort und geht gerade jetzt vor sich. (Lachen) Also sagte ich zu diesem Kerl: „Oh, das ist so hübsch. Ich möchte gleich dort drüben hingehen." Und er sagte: „Du warst doch dort drüben. Du hast das getan. Dies ist Zeit. Du kannst jederzeit dorthin gehen. Du wolltest allerdings an deinen Anfang gehen. Das musst du ein anderes Mal tun." Also gingen wir daran vorbei. Dann war das Nächste, worauf ich stieß, ein Punkt. Und ich dachte: „Menschenskind, ich bin Licht, ich bin Licht. Wow.“ Wie ein Licht bei einer Glühlampe.

D: Aus Licht geschaffen, meinst du?

J: Ja. Urplötzlich war ich reines Licht.

D: Du hattest nicht diese Ähnlichkeit mit deiner körperlichen Form? Du warst Licht?

J: Ja, eigentlich war ich Licht. Ich schoss zu einem Stern empor. Und ich sagte: „Wow, ich bin ein Stern“ und ich war nicht mehr Janice. Ich war dieser Stern. Ich sah mich um   als Stern um   und ich sah, wie sich dieses Universum ausbreitete. Und ich sagte: „Alles klar! Dies ist mein Punkt im Universum.“ Ich habe seitdem gelernt, warum das geschah. Ein Stern oder ein bestimmter Teil des Himmels ist der Eintrittspunkt für die Energie der Seelenessenz in das Physische. Und sie kommt durch einen bestimmten Sektor.

Das klang mir vertraut und ich erinnerte mich an die Nahtoderfahrung, von der Meg in meinem Buch Zwischen Tod und Leben berichtete. In Ihrer Erfahrung reiste sie ebenfalls zu einem Stern und fühlte die Totalität des Universums.

D: Aber du warst im Wesentlichen ein Lichtwesen, das aus Licht besteht.

J: Ja, in diesem Moment. Ich blieb dort, bis ich mir dessen bewusst wurde. Und dann zum Zeitpunkt der Bewusstwerdung, zisch. Jedes Mal, sobald ich mir der Dinge bewusst wurde, ging ich zu etwas anderem über. Von diesem Punkt an war es wie die Engelsebene. Wir gingen durch Farben und ich konnte jede Farbe fühlen und sein. Und nachdem wir die Farben durchgemacht hatten, schaute ich und sagte: „Wow, ich bin nur Moleküle. Ich bin nur Luft.“ Ich wusste, dass dieser Abschnitt ich war. Ich hatte eine Wesenheit. Ich hatte eine Form.

D: Du hattest noch immer eine Persönlichkeit.

J: Ich hatte alles. Ich war alles, das ich jemals war, außer das Physische. Aber falls ich physisch sein wollte, war alles, was ich zu tun hatte, es zu denken, und ich konnte mich sehen. Ich konnte mich, Janice sehen.

D: Somit wusstest du, dass du den Kontakt nicht verloren hattest.

J: Ich war immer noch ich, wenn ich wollte ... wenn ich nachdenken wollte ... und ich konnte auch denken: „Oh, diese Energie. Ich würde gerne sehen ....“ Sobald man es denkt, kann man es sehen. Sie sagten mir: „Nun, das ist dein Anfang.“ Und ich sagte: „Oh, wow, das ist nett.“ Und sie sagten: „Du hast diese Stufe erreicht.“ Und ich sagte: „Ja.“ Es war, als bliebe man dort und tauschte dort Energien auf dieser Ebene aus. Und sobald ich dachte: „Aber das ist nicht meine Quelle“, fuhr ich fort. Bis zum Punkt, an dem es keine Zeit gibt, bis zu dem Punkt, an dem es eine Schöpfung gibt, über den Punkt der Schöpfung hinaus, bis zu einer Ebene, auf der das Allwissen und die Uralten sind. Ich kam an den Göttern, der Götterebene vorbei und ging direkt zu einer großen Rosenquarzessenz. Es muss die bedingungsloseste Liebe sein, die ich je gekannt habe. Ich war einfach glücklich, an meinem Anfang zu sein. Es war, als wäre ich revitalisiert worden, und ich dachte: „Ach, vielleicht bin ich ja gestorben.“ (Kichern) Ich hing da rum und sonnte mich einfach in diesem warmen, schönen Geist Gottes. Oh, es war wunderschön. Alles kribbelt, wenn ich daran denke. Und dann hörte ich: „Es ist Zeit, jetzt zurückzugehen, mein Kind.“ Ich wollte nicht gehen. Ich weinte, weil ich nicht zurückkommen wollte. Und ich sagte: „Ich will nicht alleine sein. Ich war immer alleine da unten. Und diese Leute werden kommen, und ich will das nicht.“ Und so wie ich das gesagt hatte, zisch, befand ich mich in einem Raumschiff. Nun, das war jetzt ein bisschen viel oben drauf auf das, was ich gerade durchgemacht hatte. Ich meine, ich war jetzt völlig ausgeflippt. Ich wusste zunächst nicht, ob ich körperlich oder nicht körperlich war, als ich mich in diesem metallischen Raum befand. Und mir wurde klar, dass er rund war, und es ein Raumschiff war, und diese Wesen waren da. Ich protestierte: „Okay, das war's. Ich habe es satt.“ Und sie sagten mir, dass sie seit meiner Kindheit bei mir waren. „Wir sind hier, um dich zu schützen. Wir sind hier, um dir zu helfen. Du hilfst uns. Du hast dem zugestimmt, bevor du jemals in dein körperliches Leben eingetreten bist.“ Und ich schrie: „Tat ich nicht.“ Ich schlug ganz schön Krach, richtig? Weil ich nichts über irgendwelche Weltraum-Jungs wusste. (Lachen) Also holten sie ein Papier heraus. Ich schaute drauf und sagte: „Das ist mein Name. Das ist meine Unterschrift. Ich habe es wirklich getan, nicht wahr?“

D: Haben sie dir gesagt, zu was du zugestimmt hast?

J: Sie sagten, ich habe meinen Zweck als Helfer gelebt. Dass in vielen Situationen oft Energien durch mich dringen, die je nach Situation das eine oder andere umwandeln, um Menschen zu helfen. Dass die Leute meistens nicht wissen, wie sehr ihnen geholfen werde, und ich wisse es auch nicht. Und sie sagten, es werde mir offenbart werden. Dass ich lernen solle. Und dass ich niemals alleine sei.

D: Wie sah das Raumschiff aus?

J: Es war metallisch, silbern, klinisch. Es war so sauber. Ich meine, es war einfach unwirklich, wie sauber ... es war klinisch rein. Es gab Instrumente. Es gab einen runden Raum. Er hatte Skalenscheiben. Er hatte rechtwinklige ... ich weiß nicht, was sie waren. So etwas wie ein Bildschirm. In dem Raum, in dem ich war, stand ein Tisch. Ich schaute nicht hinter mich, aber es gab eine Tür zu einem anderen Raum. Und dieser Raum hatte – weißt du, wie Fensterplätze aussehen? Er hatte gebogene Sitze ringsherum. Und die Leute können sich auf sie legen oder einfach nur hier ausruhen. Wir hatten also eine Diskussion dort drin und da waren noch mehr Menschen, mehr Energien. Sie waren alle um mich herum und ich weiß nicht genau, wo ich war. Aber ich erinnere mich, dass ich versuchte, alles zu sehen. Sie sprachen mit mir und erzählten mir von meiner Vereinbarung und dass ich es nicht tun müsse.

D: Du konntest da herauskommen, meinst du?

J: Sicher. Sie sagten, wenn du wirklich nicht weitermachen willst, dann musst du nicht.

D: Das ist gut, zu wissen. Wieder freien Willen, nehme ich an.

J: Ja, wir haben tatsächlich freien Willen. Und sie zeigten mir an dieser Stelle einen Film über das Leben.

D: War das auf einem jener Bildschirme?

J: Es war nicht auf einem Bildschirm. Es war, als würden sie ihn zu mir denken. Telepathisch ist alles, was mir in den Sinn kommt. Es gab keine wirklichen Worte. Ich schaute auf die Erde und sah überall Menschen. Sie strömten in zwei getrennten Linien. Man entscheidet, in welche Linie man geht und es ist die Entscheidung, ob man ein höheres Bewusstsein hat oder nicht. Nicht jeder geht in diese Linie. Man kann die andere Linie von Menschen sehen, und man befindet sich im weißen Lichtkörper, wenn man in diese

Linie geht. Das hat mit der Erhöhung der Schwingungsrate der Menschen zu tun und zwar in direkter Übereinstimmung mit der Erhöhung ihres Bewusstseins. Und an einem Punkt, ich weiß nicht, was dieser Punkt ist, wird die Erde wie in der Offenbarung in Flammen aufgehen. Es besteht die Möglichkeit, dass es so kommen wird. Falls und wenn dies passiert, werden sie die Leute in dieser Linie dort herausnehmen.

D: Die UFO-Leute werden das tun?

J: Die UFO-Leute. Jene werden herausgenommen. Ich sah die Erde, wie sie explodierte. Ich sah, wie sie sich in eine Sonne verwandelte und einfach vom Himmel verschwand. Sie hinterließ ein großes Loch, als wäre der Himmel plötzlich ganz schwarz. Weißt du, wenn du auf die Erde schaust und sie blaugrün ist und nun plötzlich wurde sie orange-rot. Es war das Ende der Welt. Als nun diese Erde aus diesem Loch verschwand, sah ich eine neue Erde hineinrollen. Es gibt wirklich eine neue Erde. Ob es die Symbolik war, die sie mir zeigten, weiß ich noch nicht. Ich weiß nur, dass ihre Absicht dabei, mir die auf mich bezogenen Dinge zu zeigen, darin bestand, dass ich nicht glauben solle, dass ich das durchmachen muss. Ich werde nicht bleiben. Und sie versuchten zu helfen, und ich fragte: „Aber was ist mit diesem und mit jenem?“ Und sie sagten: „Nicht jeder wird diese Linie wählen. Also entweder wählst du die Linie oder du wählst sie nicht.“ Dann kam ich plötzlich in meine Wohnung zurück und ich hatte drei Stunden verloren. Ich protestierte: „Weltraumleute! Ich mache nichts mehr mit Weltraum-Jungs. Ich weiß nichts über das Zeug.“ Ich war wieder in meinem Schlafzimmer. Ich war wieder in mir drin. Und ich kam durch diesen Abschnitt meines Kopfes zurück.

D: Deine Stirn.

J: Und ehrlich, als ich mich wieder in meinem Körper befand, wollte ich ins Bett gehen. Und ich dachte, okay, ich gehe ins Bett, aber der Körper ging nicht ins Bett. Der Körper bewegte sich nicht. Der Körper stand da und sagte: „Oh, wir sind frustriert. Wir können nicht zum Bett gelangen. Oh, wie gelangen wir zum Bett?“ Das Wort war: „Gehen.“ Gehen? Gehen? Und ich hatte Probleme mit dem Wort „Gehen“. Dort oben in der Geist-Ebene, wenn man irgendwohin wollte, dann dachte man es und man ging. Ich hatte Probleme, den Körper zum Funktionieren zu bringen. Und ich hatte auch Probleme zu wissen, was die Dinge waren.

Wie: Auto, Fahren. Es war, als wäre ich ein Baby und müsste lernen, müsste mich wieder integrieren. Ich merkte tatsächlich, dass ich mich wieder integrierte, weil ich so viel Energie erfahren hatte. Es ist, als würde man 120 Volt nehmen und diese in eine 60-Watt-Glühlampe stecken. Und so hatte mein Körper das noch nicht unbedingt verarbeitet, um hier wieder funktionieren zu können. Es kostete mich eine Woche.

D: Eine Woche? Das könnte ein guter Grund dafür sein, warum sich Leute an viele Dinge nicht erinnern, die ihnen geschehen. Sie erinnern sich unterbewusst, aber nicht bewusst.

J: Ja. Und es gab Zeiten, in denen ich mich an Dinge erinnern durfte und Zeiten, in denen ich nicht durfte. Das war mir zunächst sehr unangenehm. Aber jetzt habe ich mich mit der Tatsache abgefunden, dass ich nicht das Problem habe von „Etwas Abgefahrenes geschieht." Und beim nächsten Sonnenaufgang war die Harmonische Zusammenkunft. Ich sollte mit einigen Leuten gehen, um den Sonnenaufgang anzusehen. Stattdessen nahm ich meinen kleinen Hund und wir gingen zum See hinunter. Und die Sonne war am Aufgehen und als der erste Sonnenfunke den Tau im Gras traf, war dieser Funke der Funke, der ich war. Sie ließen mich diese Verbindung erkennen. Damit ich immer verbunden bin. Und ich weinte, weil ich gehen wollte. Es war ein sehr einsames Gefühl, als würden die eigenen Verwandten einen verlassen, fortgehen. Und ich war traurig, dass sie gehen mussten. Ich wollte, dass sie bleiben und helfen. Und so sah ich zum Himmel über dem See auf und sagte: „Wenn ich wirklich mit einem Raumfahrzeug verbunden bin, gib mir ein Zeichen. Ein körperliches Zeichen. Zeige es mir. Weil ich nicht glauben kann, dass dies wirklich passiert." Als ich also diesen Ort verließ, sagte ich, ich wünschte mir ein körperliches Zeichen, anderenfalls hätte ich nichts weiter damit zu tun. Das ist lächerlich, bizarr und ich bin damit fertig. Das war's! Also ging ich zurück zu meinem Auto und fing an zu lachen und dachte, sie werden mir überhaupt nichts zeigen. Und ich schaute und da war ein Funke unten am Boden. Ich dachte, das sei wahrscheinlich ein Stück Glas. Ich beugte mich nicht hinunter und hob es auf, sondern ich ging daran vorbei. Und ich wurde körperlich zurückversetzt. Ich ging zu meinem Auto und es war wie „Stop! Bewege dich zurück!" Und ich ging hin, um es zu aufzuheben. Und du wirst es nicht glauben, was ich dort am Boden fand.

Janice kramte dann in ihrer Handtasche und nahm eine kleine Geldbörse heraus. Sie zog dann ein kleines Medaillon heraus. Als sie es öffnete, war ein kleines Objekt darin. Sie hielt es auf ihrer Handfläche. Es war ein kleiner Metallstern.

Sie erklärte: „Ich wollte es nicht verlieren, also legte ich es ins Medaillon. Es war vollkommen rosa, als ich es bekam. Jetzt wird es silbern."

Ich behandelte es sorgfältig und versuchte zu sehen, woraus es gemacht war. „Es fühlt sich nicht wie Metall an. Es fühlt sich an wie hartes Plastik. Es ist so klein ... oh, nicht einmal einen Zentimeter groß."

J: Als ich es aufhob, wusste ich, wo der obere höchste Punkt war. Es gibt eine bestimmte Stelle, welche die Spitze ist. Und ich kann es auf keine andere Weise zurück in das Medaillon stecken.

Wir spielten damit und lachten. Als sie es aus einem plötzlichen Impuls heraus wieder zurück in das Medaillon legte, untersuchte ich es näher. Da bemerkte ich, dass es meinem Ring ähnelte. Ich habe einen ungewöhnlichen Silber- und Türkisring, in dessen Besitz ich durch mysteriöse Umstände kam. In den frühen 80er Jahren, bevor ich in derartige Untersuchungen involviert wurde, ließ eine Frau den Ring bei einer meiner Töchter mit der Anweisung, ihn mir zu geben. Die Frau sagte, sie wisse, dass ich für meine Dienstleistungen keine Gebühren erhalte, und wolle, dass ich den Ring in Anerkennung für meine Arbeit bekomme. Sie wusste, wenn sie ihn mir gab, würde ich ihn ablehnen, aber wenn sie ihn meiner Tochter gab, konnte ich ihn nicht zurückgeben. Sie hatte Recht, ich hielt ihn für zu wertvoll, um ihn zu akzeptieren. Aber weil ich ihn nicht zurückgeben konnte, behielt ich ihn und steckte ihn auf den einzigen Finger, auf den er passte, meinen Zeigefinger. Obwohl ich normalerweise keinen Schmuck trage, habe ich ihn seitdem nie ausgezogen, was ebenfalls seltsam erscheinen könnte. Viele Leute haben ihn bewundert und gefragt, ob ich ihn verkaufen würde oder ihnen zumindest sagen würde, wo sie einen weiteren solchen Ring finden könnten. Ich denke, er wird einzigartig sein, weil ich noch nie einen anderen mit demselben Design gesehen oder davon gehört habe. Um den Rand sind sieben Silberkügelchen angeordnet: fünf an der Unterseite und zwei an der Oberseite, die durch einen Silberstab getrennt sind. In der Mitte befindet sich ein fünfzackiger türkisfarbener Stern. Viele Leute denken, es gebe eine Art Symbolik in dem Design. Der einzige Hinweis auf den Silberschmied, der ihn hergestellt hat, ist eine U- oder Hufeisenmarke im Inneren.

Janice platzierte ihren kleinen Stern über dem Stern auf meinem Ring und er passte genau in der Größe, als wäre es ein Duplikat. Jetzt war ich beeindruckt. Konnte das Zufall sein? Ich rief Patsy aus dem anderen Raum, um es ihr zu zeigen. Wir lachten alle, aber es war ein seltsames Gefühl, al ob etwas Unnatürliches vor sich ging. Patsy fand es auch ungewöhnlich, dass die Steine genau übereinstimmten. Es war eine exakte Übereinstimmung. Natürlich, Janices Stern war silberfarben und mein Stein war türkis.

„Sieh dir das an", sagte Janice. „Ich muss es im Herz-Medaillon aufbewahren, damit die obere Spitze oben ist. Und auf dieselbe Weise trägt man den Ring, mit der gleichen Spitze nach außen zeigend."

Wir wussten damals nicht, dass die genaue Übereinstimmung der Sterne eine Art Omen sein sollte. Ein Hinweis darauf, dass wir gemeinsam eine wichtige Arbeit machen würden. War unser Zusammentreffen reiner Zufall, oder gab es ein höheres Motiv oder eine höhere Kraft dahinter?

Wir hatten mit meinem zuverlässigen Tonbandgerät an Patsys Esszimmertisch gesessen und über zwei Stunden lang über Janices Erfahrungen und Erinnerungen gesprochen. Es war jetzt an der Zeit, die Rückführung abzuhalten. Das einzige Problem bestand darin, zu entscheiden, welcher Vorfall zuerst behandelt werden sollte. Wir gingen hinauf ins Gästezimmer und während ich meine Ausrüstung vorbereitete, erzählte sie mir von einem weiteren sehr neuen Vorfall. Es geschah im Monat zuvor, im Juli 1987, daher war er noch sehr frisch in Janices Erinnerung.

Als sie an jenem Morgen erwachte, hustete sie und als sie sich aufsetzte, kamen große Blutklumpen aus ihrem Mund. Das erschreckte sie, aber als sie aufstand, bemerkte sie, dass kein Blut auf dem Bett war. Stattdessen schien etwas Wasser über dem unteren Teil ihres Körpers und auf dem Bett unter ihr zu sein. Sie hatte das Bett nicht genässt und es war kein Geruch damit verbunden. Es war, als hätte jemand Wasser auf sie und das Bett gegossen. Das einzige Unbehagen war ein brennendes Gefühl in ihrem Vaginabereich. Sie ging ins Badezimmer und wusch sich den Mund aus und die Blutung hörte so plötzlich auf, wie sie begonnen hatte. Ihr kleiner Hund benahm sich sehr aufgeregt, was Janice mit ihrer Rückkehr von der Arbeit in Verbindung gebracht hatte. Das Blut beschäftigte sie so sehr, dass sie an diesem Tag zum Arzt ging, der aber konnte nichts finden, um die Blutklumpen zu erklären.

Ich entschied, mich auf diesen Vorfall zu konzentrieren, da er so neu war. Und wenn dort nichts zu finden wäre, hätten wir noch Mengen an anderem Material zu erforschen. Als sie in die hypnotische Trance eintrat, fiel sie sofort in einen sehr tiefen Trancezustand. Ich zählte sie dann zurück bis in die Nacht, bevor sie in dem belastenden Zustand aufwachte, um zu sehen, was diesen verursacht hatte. Ich schlug auch vor, dass sie dies als objektive Reporterin beobachten könne, wenn sie es wünsche, um jegliches körperliches Unbehagen zu beseitigen.

D: Ich werde bis drei zählen und auf drei werden wir am Anfang jenes Abends sein, wenn du dich für das Bett fertig machst. Und du kannst mir erzählen, was geschieht. 1, 2, 3, wir sind zurück in jener Nacht. Was tust du gerade? Was siehst du?

J: Ich betrachte meinen Hund. Er schaut so seltsam umher, wirklich seltsam. Und ich weiß, dass er etwas erblickt, das ich noch nicht sehen kann. Aber ich weiß, es ist da, weil ich es fühlen kann.

D: Was kannst du fühlen?

J: Es sind sie. Es sind sie. Ich will, dass er ... (Tiefer Atemzug) mit mir geht, denn ich weiß, dass sie kommen.

D: Hat er das je zuvor getan?

J: Ja, er ist weg.

D: Oh? Ich frage mich, wie ihm das gefällt.

J: (Sie schien sich langsam Sorgen zu machen.) Ich weiß nicht.

D: Alles klar. Erzähle mir, was geschieht.

J: Meine Energie war wirklich niedrig. Viel Stress bei der Arbeit. Sie sagen mir, sie müssen einige Arbeiten tun. (Besorgt.) Und ich weiß nicht, wohin wir gehen. Und mein Kopf tut weh.

Ich gab ihr unverzüglich Suggestionen, die jegliches physische Unbehagen beseitigen sollten. Innerhalb weniger Sekunden zeigten ihre Gesichtszüge, dass sie nicht mehr länger unter dermaßen viel Stress stand und der Kopfschmerz gelindert war.

D: Wo sind sie?

J: Sie kamen durch mein Fenster.

D: Wie? Hindurchgeklettert?

J: Einfach durch die Wand. (Es schien sie zu ärgern.) Geradewegs durch die Wand.

D: Wie sehen sie aus?

J: Nicht so groß, wie ich, aber beinahe. Und ich kenne sie, aber jedes Mal, wenn es geschieht, ist es ein bisschen unheimlich. (Tiefer Atemzug)

D: Oh, ja, das kann ich verstehen. Das ist nur menschlich. Aber du wirst keine Angst haben, solange du mir darüber erzählst. Versteht du? (Ihre Atmung und ihre Körperempfindungen indizierten Besorgnis.) Du brauchst keine Angst zu haben, wenn du zu mir sprichst, denn ich bin hier bei dir. Und ich bleibe bei dir. Aber wie viele sind dort?

J: (Ihre Stimme zitterte. Sie war den Tränen nahe.) Zwei.

D: Willst du mir erzählen, wie sie aussehen?

J: (Ihre Stimme zitterte noch immer.) Sie haben keinerlei Haar. Und sie haben diese großen braunen Augen. Und sie haben Haut, aber sie ist nicht wie unsere. Sie ist anders. Und man meint, sie haben Kleidung an, aber man weiß nicht sicher, ob sie Kleidung anhaben.

D: Inwiefern ist ihre Haut anders?

J: Sie fühlt sich nicht wie Haut an. Sie fühlt sich trocken an. Wie eine Art Papier, aber eher wie Krepppapier. (Ihre Stimme war immer noch kurz davor, zu zerbrechen.)

D: Ich verstehe, was du meinst. (Sie begann zu weinen. Es war ein Angstweinen.) Es ist alles gut, ich bin bei dir. Was geschah?

J: (Sie war wegen des Schluchzens zuerst schwer zu verstehen.) Sie wollen, dass ich mit ihnen gehe, aber ich ... ich sagte, ich wolle etwas länger hier bleiben. Ich wollte mein Baby behalten. (Schluchzen)

Das war eine Überraschung. Sie hatte mir früher während des Interviews erzählt, dass sie nicht schwanger werden konnte.

D: Was meinst du?

J: Es war an der Zeit für sie, mich mitzunehmen, aber ich wollte bleiben und es für eine Weile behalten.

D: Bist du schwanger?

J: Ich denke schon. Ich glaube nicht, dass sie das so nennen. Ich weiß nicht, wie sie es nennen. Sie sagen nur, es sei Zeit zu gehen.

D: Wie verlässt du dann den Raum?

J: Wir gehen wie sie durch die Wand.

D: Fühlst du, wie du das selbst tust?

J: Ja, ich fühle, wie ich es selbst tue. Sie können festlegen, wo man es tun soll. Und man geht dann wirklich dort hindurch. Man ist aus seinem Zimmer draußen.

D: Dann geht dein echter physischer Körper einfach durch die Wand?

Ich wollte klarstellen, dass es keine außerkörperliche Erfahrung war. Als dies das erste Mal bei John auftrat, war ich überrascht zu erfahren, dass der physische Körper durch feste Gegenstände wie Wände oder Dächer hindurchgeführt werden konnte. Seitdem habe ich jedes Mal, wenn darüber berichtet wurde, zu bestimmen versucht, ob es sich um den physischen Körper oder um eine spirituelle Erfahrung handelte. Ein Proband ist immer positiv gegenüber dem, was passiert. Er ist niemals vage oder unsicher.

J: (Ihre Stimme war ruhiger.) Es hat mit der Verschiebung der Moleküle zu tun. Sie zeigten mir, wie es geschieht. Und es ist ein komisches Gefühl, wenn es passiert.

D: Wie fühlt es sich an?

J: Der Körper fühlt sich ein wenig taub an. Und dann spürt man, wie er schmilzt. Er schmilzt einfach in die Luft. Es könnte Luft sein, aber man ist keine Luft. Es ist, als wäre man Luft, außer, dass man eine Form in der Luft hat. Es macht einen mehr zu der Konsistenz von Luft. Was passiert, ist, dass man bis zu dem Punkt beschleunigt wird, dass der Körper eine andere Schwingungsrate hat als die Materie, durch die man hindurchgeht. Deshalb kann man durch Materie hindurchgehen.

D: Das hört sich nach einer sehr bemerkenswerten Sache an.

J: Es ist merkwürdig.

D: Was passiert dann, nachdem du mit ihnen durch die Wand gegangen bist?

J: Es ist dunkel und wir bewegen uns. Ich weiß nicht sicher, wie ich mich bewege.

D: Sind sie immer noch bei dir?

J: Ja. Sie sind auf beiden Seiten und ich habe meinen Hund.

Dies wurde auch in anderen Fällen berichtet. Sobald der Körper durch die Wand oder Decke geführt wird, befindet sich auf jeder Seite ein außerirdisches Wesen, während die Person hoch zum Schiff gebracht wird. Vielleicht ist dies ein Teil der Transportmechanismen. Die Wesen müssen sich um den Menschen herum befinden, damit er durch die Luft zum Schiff gelangen kann.

D: Dann ging der Hund auch durch die Wand. Ich frage mich, wie er sich dabei fühlte.

J: Er hatte keine Angst.

D: Kannst du sehen, wohin du gehst?

J: (Wieder schwerer atmend.) Ich bin nur im Schiff. Ich bin auf dem Tisch.

D: Wie bist du ins Schiff gelangt?

J: Ich weiß es nicht. Es ist ausgeblendet. Ich weiß nur, dass ich da bin.

Dies ist ein weiteres wiederholbares Detail. Es gibt oft eine ausgeblendete Stelle, wenn sie in das Raumschiff einsteigen, während es in der Luft schwebt. Vielleicht gehen sie auch in derselben Weise durch die Außenhülle, wie sie ihr Haus verlassen haben. Wenn ja, führt dies offensichtlich zu einer Gedächtnislücke. Wenn sich das Raumschiff am Boden befindet, erinnern sie sich oft daran, eine Treppe oder eine Rampe hinaufzugehen oder hinaufgebracht zu werden.

D: Was geschieht dann?

J: Sie machen ... ich lege mich hin. Und wir machen das wieder.

D: Machen was nochmals?

J: Es ist, als wäre man beim Frauenarzt. Ich weiß nicht, wie sie das machen, weil ich niemals wach bleiben kann. (Sich aufregend.) Ich wollte es wissen. Und ich bat sie, mich wissen zu lassen, wie sie es tun.

Ich entdeckte in den frühen Tagen meiner Ermittlungen, dass es möglich war, Antworten zu erhalten, selbst wenn der physische Körper in den Schlaf gebracht wurde. Man kann direkt zum Unterbewusstsein gehen, da dieser Teil niemals schläft (sogar während einer Operation) und objektive und gründliche Antworten bereitstellen kann.

D: Ich denke, so, wie wir das jetzt machen, kannst du es vielleicht herausfinden. Möchtest du es herausfinden?

J: (Schniefend) Ich denke ja.

D: Willst du als Beobachter im Hintergrund bleiben und mit deinem Geist zusehen, während dein Körper dort schläft? Denkst du, dass das möglich ist?

J: Ich weiß es nicht. Ich fühle mich, als ob ich gerade dort wäre. Ich bin jetzt genau dort. Genau dort. (Sie schniefte.)

D: Frage einen von ihnen, ob du als Beobachter zuschauen kannst. Und warte ab, was sie sagen. (Nein) Sie sagen, nein? Können wir Fragen stellen? (Ja).

An diesem Punkt änderte sich ihre Stimme unerwartet. Mit ihrer Antwort: „Ja" klang die Stimme autoritärer, nicht mehr so verängstigt, wie zuvor.

D: Alles klar. Aber der Körper schläft? Ist dies die Art, wie es getan wird?

J: Es ist kein Schlafzustand.

Die Stimme, die antwortete, war definitiv nicht die von Janice. Sie war eintönig, mechanisch, fast roboterhaft. Sie sprach jede Silbe einzeln aus, nicht so wie wir sprechen, indem wir Laute miteinander verbinden. Manchmal klang sie hohl und hatte fast eine Echoqualität, die definitiv nicht vom Tonbandgerät oder dem Mikrofon verursacht wurde. Dies war die Art, wie ich die Stimme von ihr hörte, und ich konnte nicht verstehen, wie sie sie auf natürliche Weise so klingen lassen konnte. Sie hatte überhaupt keine Ähnlichkeit mit Janice. Diese Stimme mit ihrer Einzigartigkeit in Ton und Eigenart dauerte während der restlichen Sitzung fort und änderte sich nicht, bis die Entität am Ende aufgefordert wurde zu gehen. Diese Verschiebung erschreckte mich nicht, denn das ist schon andere Male zuvor passiert. Ich nutzte die Gelegenheit, um Fragen zu stellen.

D: Wenn das kein Schlafzustand ist, was ist es dann?

J: Es ist eine Ebene des Bewusstseins, an die ihr nicht gewöhnt seid.

D: Warum muss sie sich in diesem Bewusstseinszustand befinden?

J: Damit es keine Schmerzen geben wird.

D: Das finde ich sehr gut. Wir möchten nicht, dass sie Schmerzen hat. Was passiert denn, das Schmerzen verursachen könnte?

J: Die Geburt eines Menschen ist schmerzhaft.

D: Das stimmt. Ist dies eine Geburt?

J: Dies ist eine Geburt.

D: Kannst du mir sagen, was gerade passiert?

J: Dasselbe, was bei eurer Geburt auf der Erde passiert.

D: Aber auf der Erde passiert das auf natürliche Weise.

J: Es passiert auf natürliche Weise.

D: Wenn auf der Erde eine Geburt stattfindet, sind damit Geburtswehen verbunden.

J: Aus diesem Grunde habt ihr den veränderten Zustand. Die Mutter spürt keinen Schmerz.

D: Aber kann ich davon ausgehen, dass der Embryo nicht sehr groß sein kann?

J: Das ist richtig.

D: Dann sollte es sehr leicht passieren können.

J: Es wird Schmerz geben. Dieser Mensch hat noch nie ein Kind auf eurer Erde gehabt, daher ist der Kanal anders.

D: Geschieht etwas, um den Prozess zu stimulieren? Ähnlich wie Geburtsschmerzen, Geburtskrämpfe?

J: Ich verstehe deine Frage nicht.

D: Wird etwas mit Instrumenten oder Maschinen gemacht, um den Körper in die Wehen zu bringen?

J: Es ist jetzt Zeit dafür in unserem Reich. Der Zeitraum von neun Monaten, den ihr als ... Beendigung ... als Höhepunkt betrachtet, ist einfach verändert. Es ist eine kürzere Zeitspanne, wegen der Art von Wachstum, das während der Zeit stattfindet, in der das Kind von der Mutter getragen wird. Daher entwickeln sich die Organe und die verschiedenen embryonalen Entwicklungszustände auf ein höheres Niveau als in einem Zeitraum von neun Monaten in euren Erdenjahren.

D: Dann ist es nicht so groß wie ein neun Monate altes oder ein voll entwickeltes Baby?

J: Das ist richtig.

D: Aber es ist nach euren Standards voll entwickelt?

J: Das ist richtig. Ihr versteht unsere Standards noch nicht, insofern, als unsere Standards bedeuten würden, dass das Baby ein neunmonatiges Baby ist, obwohl die körperliche Größe nicht die eines neun Monate alten Babys ist.

D: Hat es alle Eigenschaften eines volljährigen Babys?

J: Ja, und seine Systeme auch.

D: Gemäß unserer Denkweise hat ein kleiner Embryo eine sehr primitive Art von Entwicklung und könnte nicht überleben.

J: Es dauert vier Monate, wenn er auf eurer Existenzebene ausgetragen würde. Wir unterstützen den Geburtsvorgang während der Zeit, in welcher die Mutter den Embryo trägt. Diese besondere Unterstützung bewirkt, dass sich die Systeme mit einer anderen Geschwindigkeit entwickeln als der normale Geburtsvorgang, den ihr Menschen ausführt.

D: Welches ist die Größe des Fötus, wenn er geboren wird?

J: Es ist von der Größe her ein viermonatiges Kind, im Verhältnis zu eurer Geburt.

D: Nach meinem Verständnis ist das ungefähr die Größe, die in eine Handfläche passen würde.

J: Es ist etwas größer.

D: Hatte sie diesen Fötus seit vier Monaten in sich? (Ja) War sie sich dessen bewusst?

J: Nicht so bewusst wie vorher. Sie hat Zeiträume, in denen sie sich dessen bewusst ist. Es ist kein ständiges Bewusstsein. Sie spürte, dass sie schwanger war. Sie erlebt das gleiche Phänomen, das ihr Menschen auf der Erde habt, indem sich der Unterleib ausdehnt und sie daran erkennen kann, was geschieht.

D: Hören die Perioden auf?

J: Sie hat keine Periode mehr.

D: Ist das dafür nicht nötig? (Nein) Alles was man braucht ist die Gebärmutter?

J: Selbst die Gebärmutter ist nicht notwendig. Es hat mit der Energie des menschlichen Körpers zu tun, im Gegensatz zu den hormonellen Sekreten des menschlichen Körpers.

D: Ich versuche wirklich sehr, zu verstehen. In menschlichen Begriffen müssen die Gebärmutterschleimhaut und die Hormone vorhanden sein, damit die Plazenta den wachsenden Fötus anheften und nähren kann.

J: Dieser Fötus erlebt das Leben auf eine ganz andere Art und Weise als euer menschliches Baby, das von der Mutter getragen wird, insofern, als es das Leben auf eurem Planeten in derselben Fülle erlebt, wie die Mutter das Leben erlebt, während sie ihren täglichen Aktivitäten nachgeht.

D: Dann kann dies mit einer Frau jeglichen Alters getan werden.

J: Richtig. Es hat jedoch mit einem bestimmten Frauentyp zu tun, insofern, als dass bestimmte Bedingungen für den Teilnehmer an diesem Projekt bestehen müssen.

D: Kannst du mir sagen, welches diese Anforderungen sind?

J: (Methodisch, als ob sie rezitiere.) Die Anforderungen sind: Ernährung. Anforderungen sind: Aufrechterhaltung eines besonderen Existenzniveaus. Anforderungen sind: Reinheit. Und es gibt ein paar weitere, die wir später besprechen können.

D: Das scheint für die meisten Frauen zu passen.

J: Nicht die meisten Frauen.

D: Inwiefern wären sie nicht gleich?

J: Wegen der Beteiligung der meisten Frauen an bestimmten Aktivitäten. Wegen der Konzentrationsstufe der meisten Frauen. Weil es zu dieser Zeit eine Interaktion mit dem Gehirn der Frau gibt. Die Probanden werden in einer Weise ausgewählt, dass sie den Entwicklungskriterien des Wesens, der Entwicklung der Mutter entsprechen. Es ist ein komplizierter Prozess.

D: Du wirst vermutlich sehen, dass ich viele Fragen habe. Ich bin sehr neugierig. Sprichst du von sexueller Aktivität?

J: Dies ist ein beitragender Faktor.

D: Weil dies Hormone, Emotionen und alles andere beeinflusst.

J: Es hat mehr mit der Essenz der Mutter zu tun als mit der hormonellen Körperlichkeit der Mutter. Man könnte dies die Spiritualitätsebene nennen, in euren Begriffen der Erdensprache.

D: Dann ist nicht jede Frau geeignet.

J: Das ist richtig.

D: Wurde das zuvor schon mit ihr gemacht?

J: Richtig.

D: In meiner Arbeit wurde mir gesagt, dass die Fortpflanzung auch durch Klonen erfolgt?

J: Es gibt ein Projekt für das Klonen. Es ist separat und von diesem Projekt getrennt. Einige Frauen nehmen an beiden teil, manche nur an einem.

D: Wenn man Geburten auf diese Weise haben kann, warum ist dann auch der Klonvorgang erforderlich?

J: Weil es beim Klonen einen genetischen Unterschied gibt, der bei diesem anderen Projekttyp fehlt.

D: Kannst du das erklären? Ich verstehe ein wenig vom Klonen. Dass es sich um ein exaktes Duplikat handelt.

J: Das Klonen ist ein äußerst genaues Duplikat. Die andere Methode nimmt äußere Reize in den Prozess hinein, andere, als nur die Essenz der Mutter. Es werden zwei getrennte und unterschiedliche ausgeprägte Arten von Individuen produziert.

D: Dann ist der Klon ein exaktes Duplikat. Der andere hat eine andere Art genetischer Ausstattung. Stimmt das so?

J: Das ist richtig. Denn der andere birgt auch all die außersinnlichen Reize, die die Mutter während der Zeitdauer des Embryonalzustandes erhält.

D: Du meinst den Klon oder den natürlichen?

J: Den natürlichen.

D: Bedeutet das, dass der Klon eine kalte, emotionslose Person ist?

J: Nur soweit die Mutter dieselbe emotionale Verfassung hat. Das Problem, das ihr dabei habt, dies zu verstehen, ist, dass der Klon alles enthält, alles ist, was die Mutter ist. Bei der natürlichen Geburt, wie ihr es nennen würdet, enthält das Kind alles, was die Mutter ist, plus alles, dem die Mutter während der Schwangerschaft ausgesetzt war.

D: Es gibt also einen Unterschied.

J: Einen deutlichen Unterschied. Wir versuchen euch zu erklären, dass der Embryo im Mutterleib ruht und mit ihr das Leben führt.

D: Erlebt, was sie fühlt.

J: Genau!

D: Und der Klon tut das nicht. Kann ich dich fragen, wie dieser Embryo gekeimt wurde? War der Vater auch ein Mensch, oder wie?

J: Das wird nicht zu diesem Zeitpunkt diskutiert. Die Informationen werden ans Licht kommen. Zuerst müssen wir ein Vertrauen in euch schöpfen.

D: Das ist vollkommen in Ordnung für mich. Ich stelle nur viele Fragen, solange dies nicht zu beanstanden ist.

J: Wir möchten sehen, was ihr mit diesen Informationen tut und wie sie verwendet werden.

D: Ich werde alles tun, was ihr von mir erwartet.

J: Sie sollen nicht in der Öffentlichkeit verbreitet werden, bis ihr das gesamte Bild habt.

D: Ich bin bereit, das zu akzeptieren. Ich will ohnehin keine halben Geschichten, keine Halbwahrheiten.

J: Wir müssen euch daran erinnern, den Einzelnen zu schützen.

D: Ich habe sie mit Schutz umgeben, während wir in diesem Zustand arbeiten. Ist es das, was du meinst?

J: Nein. Was wir damit meinen, ist, dass das, was ihr mit den Informationen macht, eine direkte Auswirkung auf das Leben dieser Person haben kann.

D: Das ist sehr wahr. Die meisten Leute, mit denen ich arbeite, wollen nicht bekannt sein. Sie möchten anonym sein. Das ist sehr wichtig, denn sie nicht wollen nicht, dass ihr Leben gestört wird. Und ich bemühe mich sehr, das zu respektieren.

J: Aus diesem Grunde sprechen wir mit dir. Aus dem Grund, weil du ein sehr verantwortungsbewusstes Individuum bist.

D: Und soweit es in meiner Macht steht, wird niemand wissen, wer sie ist. Es gibt immer Dinge, die jenseits meiner Kontrolle liegen. Aber mit dem, was ich kontrollieren kann, würde ihr Name niemals preisgegeben. Ist es das, was du meinst?

J: Zu diesem Zeitpunkt muss das so bleiben. Es gibt andere Aufgaben, die wir erledigen müssen. Sie ist eine sehr hoch entwickelte Probandin. Sie versteht mehr als die meisten Probanden. Deshalb haben wir ein größeres Projekt für sie im Sinn, das nicht durch Neugier unterbrochen werden soll.

D: Ja, und es gibt viele neugierige Leute. Es scheint, als ob ich diejenige bin, die die Probleme haben wird.

J: Nicht, wenn es uns erlaubt ist, dich auch zu beschützen.

D: Das wäre mir recht. Denn ich habe das Gefühl, ich werde an Orte reisen, wo es Negativität gibt.

J: Genau.

D: Und Unglauben.

J: Genau.

D: Und ich würde mich über jeden Schutz freuen, den ihr mir geben könntet.

J: Du wirst durch deinen Ring wissen, dass wir immer bei dir sind.

Dies war mein Stern-Türkis-Ring, der schon zuvor erwähnt wurde, den ich auf seltsame Weise erhalten hatte und den ich nie abgenommen habe.

D: Ich wundere mich über diesen Ring. Kannst du mir etwas über ihn erzählen?

J: Ihr Leute auf der Erde glaubt immer, dass die UFOs von den Sternen kommen. Der Stern sollte für dich dein Symbol dafür sein, dass du mit ihm verbunden bist. Und dass du in Gedanken immer bei uns bist, für die Arbeit, in die du involviert bist, mit der du hilfst, die Vorstellung zu zerstreuen, dass wir schlechte und böse Wesen seien.

D: Ja, denn die Informationen, die ich erhalten habe, scheinen positiv zu sein.

J: Sie sind positiv. Ich muss dich jedoch warnen, es existiert tatsächlich eine Kraft, aus der die andere Seite der Medaille kommen kann, wie ihr in eurer Erdenzeit sagt.

D: Aber ich glaube immer, dass man das anzieht, was man will, was man erwartet.

J: Das ist richtig.

D: Ich habe nicht erwartet, solche Negativität vorzufinden.

J: Aber du musst wissen und dir bewusst sein, dass sie existiert. Du musst auch wissen und dir bewusst sein, dass du bei deiner Arbeit möglicherweise mit jener Seite der Wesen in Kontakt kommen wirst. Es ist jedoch eine Entscheidung, die jeder Einzelne treffen muss, auf welcher Seite er arbeitet. Es ist eine eindeutige Entscheidung zu treffen.

D: Ich habe von dieser Negativität gehört. Und ich möchte nicht in diese Seite verwickelt sein.

J: Wenn du deine Wahl getroffen hast, musst du keine Angst haben, denn du wirst nicht in jene Seite verwickelt sein. Sie kann sich über dich erheben. Sie kann sich um dich herum befinden, aber du wirst davor beschützt, dass sie mit dir arbeitet.

D: Das ist sehr gut. Ich weiß das zu schätzen, denn alles, was ich will, ist reine Information.

J: Und das ist es, was wir teilen möchten.

D: Alles klar. Kann ich wissen, mit wem oder mit was ich spreche?

J: Ich verstehe deine Frage nicht.

D: Nun, ich glaube nicht, dass ich mit Janices Unterbewusstsein spreche, oder doch?

J: Nein, das tust du nicht.

D: Mit wem spreche ich? Es muss kein Name sein. Ich bin nur neugierig, womit.

J: Sieh auf auf das Frontcover des Buches Communion (Die Besucher von Whitley Strieber, *Anm. d. Übersetzers) und du wirst mein Bild sehen. Das war der Grund, weshalb das Wesen Janice in der Weise von diesem Buchdeckel betroffen war. Sie ist höchst vertraut mit uns. Sie weiß, dass es aus der Erdperspektive Zeiten gibt, in denen wir Schmerz zu verursachen scheinen, oder aus der Erdperspektive könnte man den Eindruck gewinnen, dass wir unfreundliche und unempfindliche Wesen seien. Sie durfte die Geschichte dahinter kennenlernen. Darin ist es einfach die Perspektive des Wesens. Und sie war in der Lage, die Perspektiven bis zu dem Punkt zu verschieben, dass sie die Bedeutung hinter dem, was wir tun und hinter jedem Schmerz versteht, den wir ihr zufügen. Sie weiß, dass sich dies aus den Problemen ergibt, die sie mit der Akzeptanz dessen hat, dem sie einst zustimmte. Sie ist sich dessen bewusst und wurde sehr häufig von uns daran erinnert, dass sie jederzeit ablehnen kann und darf. Sie weiß auch, dass es von unserer Seite zu keiner Zeit Konsequenzen für ihre Nicht-Teilnahme geben wird, wenn sie sich zu unwohl fühlt, um fortzufahren. Sie weiß und es wurde ihr gesagt, dass wir ihr auf jede Weise helfen, in welcher sie ganz gleich, wann auch immer, Hilfe braucht.

D: Das sind alles sehr gute Dinge. Sieh, eine der Theorien, die die Leute haben, ist, dass eure Leute sehr kalt und gefühllos seien und Schmerzen verursachen und sich nicht um Menschen kümmern.

J: Nach euren Maßstäben ist das richtig. Das Problem, das Menschen haben, ist, dass sie sich nicht an unsere Stelle versetzen und aus unseren Augen sehen können. Personen wie Janice, mit denen ihr sprecht, können effektiv wir werden und unsere Absichten kennen, unsere Gedanken kennen und unser Wesen kennen.

Daher verstehen sie, dass wir nicht daran beteiligt sind, Schmerzen nur um des Schmerzens willen zu verursachen. Aufgrund der Tatsache, dass wir keinen Schmerz fühlen, wenn ihr Schmerz fühlt, ist es für uns manchmal schwer zu verstehen, dass wir ihn verursachen.

D: Ich verstehe. Ist das so, weil euer Nervensystem anders ist?

J: Genau.

D: Dann habt ihr euch nicht auf die gleiche physische Weise entwickelt wie der Mensch? (Nein) Seid ihr zu Emotionen fähig?

J: Wir sind zu simulierten Emotionen fähig, aber wir haben sie nicht so eingebaut, wie ihr Menschen sie herumtragt.

D: Seid ihr eher wie eine ich möchte nicht sagen, wie eine „Maschine" wie eine gefertigte Person, als wie eine, die genetisch fortgepflanzt wurde?

J: Entschuldige. Die Frage ist unklar.

D: Ich versuche herauszufinden, wie ich es in Worte fassen soll. Ich bin es gewohnt, dass Menschen menschlich sind und Gefühle haben, es sei denn, sie sind maschinenähnlich. Eher hergestellt als in genetischer Weise reproduziert.

J: Wir fühlen, aber es bedeutet nicht dasselbe.

D: Kannst du mir helfen zu verstehen?

J: Wenn du mich berührst, dann fühle ich es. Es überträgt sich nicht auf ... es bedeutet nicht, dass dieselbe Empfindung auch stattfindet. Mein Verstand weiß, dass du mich berührt hast. Ich fühle die Berührung, aber nicht auf dieselbe Weise wie ein Mensch eine Berührung fühlt. Es ist ein Prozess, eine telepathische Berührung, im Gegensatz zur Körperlichkeit. Dabei operieren wir aus einer Ebene der Telepathie heraus. Daher ist unsere Entwicklung in dem Stadium, dass unsere Sinne durch die Art des Wissens kommen, im Gegensatz zu der körperlicheren Ebene der emotionalen Berührung, die ihr verstehen würdet.

D: Ich denke an die Art, wie Leute einander streicheln, insbesondere, wenn sie ein Kind streicheln.

J: Wir lernen. Wir möchten die zwei verschiedenen Arten von Emotionen integrieren und verstehen. In dem Integrationsprozess wird eine Entwicklung von und eine Integration in die telepathische Art des Fühlens und Erkennens sowie in das sensorische Fühlen und Erkennen stattfinden.

D: Ich verstehe. Dann fühlt ihr auch keine Gefühle wie Liebe oder Hass?

J: Wir verstehen sie nicht, obwohl wir sie fühlen können. Bei uns ist das anders.

D: Könnt ihr dann Ärger fühlen?

J: Wir können jede Emotion fühlen, die ihr fühlen könnt, aber sie wird in unserem Geist gefühlt, anstatt unseren physischen Körper zu beeinflussen.

D: Dann seid ihr nicht vollkommen kalte Leute.

J: Das ist richtig. Wir erleben es, aber es beeinflusst unsere Körperlichkeit nicht so wie beim Mensch. Stress ist ein Teil des menschlichen Lebens. Er zerbricht den Körper. Er beeinflusst den Geist. Er beeinflusst die molekulare Struktur eures Körpers.

D: Und du versuchst ...

J: Ich versuche euch zu sagen, dass, wenn Stress auf uns ausgeübt wird, dieser unseren Körper nicht auf diese Weise beeinflusst. Wir erleben ihn jedoch mit unserem Geist. Wir sind nicht hier, um zu schaden. Wir sind nicht hier, um euren Planeten zu übernehmen. Es ist zu schade, dass ihr das nicht verstehen könnt.

D: Ich glaube das.

J: Ja, das tust du. Ich sprach kollektiv.

D: Dieser Gefühlsmangel, wurde er ausgelöst, weil sich eure Rasse in eine andere Richtung entwickelte?

J: Das liegt einfach daran, dass dort, woher wir kommen und wo wir uns entwickelten, wir uns anders entwickelten. Es ist nicht, weil wir es nicht hatten. Wir kannten es nicht. Es war einfach ein unnötiger Teil unserer Existenz.

D: Ich dachte, vielleicht fingen wir alle am gleichen Punkt an, und ihr habt euch in eine andere Richtung entwickelt.

J: Wir begannen so, wie wir sind. Deshalb ist es für uns schwer, die Emotionen der Erde zu verstehen und einige der Existenzweisen, in denen ihr euch selbst befindet.

Ich hielt an, um das Band im Rekorder herumzudrehen.

D: Ihr wisst wahrscheinlich sehr genau, dass ich eine Maschine benutze.

J: Wir verstehen Maschinen.

D: Dies ist eine Maschine, die die Stimme erfasst und mir hilft, diese Stimme zu einem anderen Zeitpunkt wiederzuerlangen. Die Worte.

J: Wir behalten die Stimme in unserem Geist.

D: Wir haben diese Fähigkeit nicht ganz, also habe ich eine kleine Maschine, in die die Worte aufgenommen werden. Und wenn die Zeit kommt, kann ich sie wiedergeben und sie wieder hören und verstehen.

J: Ihr könntet sie in eurem Geist behalten.

D: Aber es ist sehr schwierig, wenn man so viele Informationen hat.

J: Es ist eine Frage von Selbst .... (Sie hatte Schwierigkeiten, das richtige Wort zu finden.) Es geht darum, die Informationen zu sortieren und zu kategorisieren und zu archivieren.

D: Nun, ich kann das recht gut.

J: Es ist eine Frage der Bildgebung und Bildverfolgung. Etwa so, wie wir fliegen. Wir können euren Planeten oder einen Ort abbilden, und dann müssen wir nicht dorthin fliegen, um dorthin zu gelangen.

D: Seid ihr jetzt in unserer Atmosphäre?

J: Wir sind in eurer Atmosphäre.

D: Aber du meinst, wo du ursprünglich herkommst? Da bildet ihr einfach ab, wohin ihr gehen wollt?

J: Das ist richtig.

D: Und dann benötigt ihr keinerlei Energiequelle für das Schiff oder so etwas?

J: Wir brauchen keine Art von Energiequelle. Gedanken sind unsere Energiequelle.

D: Sie sind ist ausreichend, um das gesamte Schiff zu führen?

J: Sie können viele Schiffe führen.

D: Ist dies kollektives Denken oder der Gedanke von nur einer Person wie dir?

J: Es kann einer sein oder es kann kollektiv sein.

D: Wissenschaftler denken heutzutage, dass Sie eine Art Kraft haben müssen: mechanisch, elektrisch oder etwas Ähnliches?

J: Es gibt Schiffe, die aus vielen verschiedenen Quellen gespeist werden. Das ist es, wo ihr euch verirrt. Ihr Menschen glaubt, dass alle Schiffe dieselbe Energie brauchen. Ist das korrekt?

D: Oder zumindest Energie, die wir verstehen können, brennbare Energie oder andere Arten.

J: Versteht ihr Lichtenergie?

D: Nur so, wie wir Strom verwenden.

J: Nun, es gibt einen Punkt hinter dem Licht, auf dem wir reisen. Es ist eine Lichtfrequenz. Sie ist mit bloßem Auge nicht sichtbar.

D: Ich denke an Laser.

J: Du kommst näher.

D: Näher? (Kichern) Soviel ich weiß, ist der Laser schneller, glaube ich. Nicht wahr?

J: Ja. Diese Frequenz ist schneller als euer Licht.

D: Ich denke an Mikrowellen.

J Das ist eine ganz andere Sache.

D: Okay. Dann seid ihr in der Lage, mit einem physischen Schiff auf dieser Frequenz zu reisen, indem ihr Gedankenenergie nutzt. (Ja) Indem ihr Gedanken nutzt, seid ihr in der Lage, zu dematerialisieren und an einem anderen Ort zu rematerialisieren?

J: Genau.

D: Alles klar. Denn wir denken darüber nach, mit Lichtgeschwindigkeit zu reisen.

J: Dies ist schneller als die Lichtgeschwindigkeit.

D: Ist das ähnlich der Art, wie sie durch die Wände ging?

J: Das ist ähnlich, aber es wird ein anderer Prozess für das Reisen verwendet. Wenn ihr davon sprecht, durch Materie zu gehen, sprecht ihr von einem anderen Prozess als dem, durch den wir aus unserem Universum in eure Atmosphäre reisen.

D: Nur weil es nicht durch Materie geht, ist es ein anderer Prozess?

J: Genau.

D: Aber es ist immer noch eine Entmaterialisierung an einer Stelle und eine Rematerialisierung an anderer Stelle. Ist das korrekt? Ich bemühe mich so sehr, es zu verstehen.

J: Ich kann es dir zurzeit nicht erklären. Ich kann dir sagen, dass es zwei getrennte Reiseprozesse gibt. Sobald das Wesen durch ihre Wand kam und anfing zu reisen, reiste sie im zweiten Prozess zwischen ihrer Außenwand und dem Schiff. Aus diesem Grund hat der Mensch manchmal Schwierigkeiten, sich wieder an euren Zeitrahmen und eure Vibrationsrate anzupassen. Denn die Schwingfrequenzen ändern sich bei dieser Art der Fortbewegung. Je nach Art des Wiedereintritts dauert es eine Weile, bis sie langsamer werden.

D: Er reist schneller, dann muss er die Geschwindigkeit wieder drosseln.

J: Genau. Es kann manchmal zu Anpassungsproblemen kommen. Dies kann zu einer gewissen Orientierungslosigkeit führen, die wir so schnell wie möglich zu lindern versuchen, wenn wir uns bewusst werden, dass sie im Individuum besteht.

D: Darf ich dich fragen, ob eure Leute sexuell sind? (Ja) Ihr habt männlich und weiblich? (Ja) Und pflanzt ihr euch auf dieselbe Weise fort, wie Menschen?

J: Wir haben eine Wahl.

D: Kannst du das erklären?

J: Wir können uns auf diese Weise fortpflanzen. Wir können aber auch mehrere andere Methoden verwenden.

D: Welche anderen Methoden sind verfügbar?

J: Ich habe dir zwei davon bereits erklärt.

D: Klonen und diese Methode mit Janice? (Ja) Ich bin gespannt, was mit diesem Baby gemacht wird. Ich meine, warum möchtet ihr eine menschliche Kombination haben?

J: Weil in der Menschenkombination alle körperlichen Fähigkeiten des Menschen und die geistigen Fähigkeiten unserer Rasse integriert sind.

D: Aber verfügen eure eigenen Leute nicht über hervorragende körperliche Fähigkeiten?

J: Wir denken, dass ihr schön seid. Wir haben physische Fähigkeiten, aber sie unterscheiden sich von euren physischen Fähigkeiten.

D: Ich dachte, ihr seiet glücklich mit euch selbst, so wie ihr beschaffen seid, und ihr würdet nicht ....

J: Es ist keine Frage von unglücklich. Es ist eine große Lektion für euch Menschen zu lernen. Anders als.

D: Was meinst du damit?

J: Anders als im Gegensatz zu unzufrieden mit. Es geht nicht um besser als oder schlechter als. Es ist nur anders als.

D: Das habe ich versucht zu verstehen. Warum möchtet ihr das physische Erscheinungsbild eurer Rasse ändern?

J: Es ändert nichts an der physischen Erscheinung unserer Rasse als solcher. Weil es nicht unsere Rasse ist. Auch ist es nicht eure Rasse als solche.

D: Was meinst du damit?

J: Ich meine, es ist nicht eine von beiden Rassen, sondern eine Rasse.

Ich verstand nicht, dass er sich auf die Schaffung einer neuen, separaten Rasse bezog.

D: Du meinst, jeder gehört zu einer einzigen Rasse?

J: Letztendlich wird das geschehen.

D: War das, wo alles begann?

J: Ich verstehe diese Frage nicht.

D: Begannen wir alle als eine Rasse?

J: Ich habe dir die Unterschiede in der Art und Weise, wie wir Emotionen erleben, im Vergleich zu der Art, wie Menschen Emotionen erleben, erläutert. Die Integration dieser beiden Arten von Erlebnissen in ein Wesen erzeugt ein andersartiges Wesen, tut jedoch keiner der beiden Rassen einen Abbruch. Es ändert auch nichts an der Tatsache, dass dieses bestimmte Individuum aus beiden Rassen zusammengesetzt ist.

D: Also haben wir alle als verschiedene Rassen angefangen. Dann ist es das Ziel, sich in eine Rasse zu integrieren, die die besten Teile von allen hat. Ist das richtig?

J: Das ist ein Projekt, ja.

D: Es gibt also noch andere Projekte? (Ja) Könntest du mir von ihnen erzählen?

J: Ich kann dir zu diesem Zeitpunkt nicht davon erzählen.

D: Nun, ich habe viel Geduld, aber ich habe gleichzeitig so viele Fragen. Ich versuche, den Zweck von all dem zu verstehen.

J: Ein Teil der Essenz, der auf der Erde verbleibt, kann zu einem Zeitpunkt auf den neuen Menschen übertragen werden, wenn sich eine neue Erde entwickelt.

D: Eine neue Erde? Was meinst du? (Pause) Ich weiß sehr viel über zukünftige Prophezeiungen. Ich versuche zu sehen, ob das, was du sagst, dazu passt.

J: Ich sage, das neue Wesen wird die Art Wesen sein, welches die neue Erde bevölkert.

D: In unserer Zukunft oder wie meinst du?

J: Ja, in eurer Zukunft. In allen unseren Zukünften. Ihr versteht es vielleicht besser, wenn ich das Wort „Transfer" verwende.

D: Transfer wovon?

J: Wenn ihr in Abhängigkeit von den Ergebnissen eurer Entscheidungen auf eurem Planeten eine Wahl trefft, dann besteht das Bedürfnis nach einer Rasse von Menschen, die euren Planeten neu bevölkert. Die Essenz der Menschen, die euren Planeten bereits bevölkern, existiert in der neuen Rasse. Wenn ihr also den Weg der Zerstörung wählt, wird die Wiederbevölkerung höchstwahrscheinlich außerhalb dieser Menschenrasse stattfinden. Deshalb werdet ihr wirklich eine neue Rasse haben, die euren neuen Himmel und eure neue Erde bevölkert. Eine neue Rasse mit nur den besten Eigenschaften.

D: Eine wahrlich weiter entwickelte Rasse. (Ja)

Ein ähnliches Konzept wurde in meinem Buch Hüter des Gartens beschrieben. Es handelt von einem Planeten, der darauf vorbereitet wurde, eine neue (perfektere) Spezies von Menschen zu erhalten, für den Fall, dass wir unseren Planeten Erde zerstören. Dieser neue Mensch wurde durch den an Bord dieser Raumschiffe durchgeführten Experimentierprozess entwickelt. Mir wurde gesagt, dass die menschlichen Gene nicht sterben müssen, sondern auf diese Weise erhalten werden.

D: Nun, dieser Embryo ... Ich glaube, man könnte es ein Baby nennen. Du sagtest, es sei voll ausgetragen und in der Größe von vier Monaten vollständig gebildet.

J: Vier Monate.

D: Wo wird das Baby hingebracht?

J: Wir haben Einrichtungen genau so wie ihr in euren Krankenhäusern. Wir pflegen und nähren das Kind auf die gleiche Weise. Wir haben Wesen, deren Aufgabe es ist, das Kind zu pflegen. So zu dienen, wie jemand, den ihr eine „Ersatz"- Mutter für das Kind nennen würdet. Die leibliche Mutter besucht das Kind, wenn sie sich dazu entscheidet, obwohl sie die Erinnerung daran, dies zu tun, oft nicht behalten wird. Die Mutter des Kindes bringt diesen Wesen auch bei, wie sie mit dem Kind interagieren sollen. Dies ist ein Teil unseres notwendigen Lernens.

D: Wächst das Kind in einem anderen Tempo?

J: Ja, es wächst anders. Innerhalb von zwei Minuten eurer Erdenzeit kann es vier Jahre alt sein.

D: Das geht sehr schnell. Scheint es in eurer Zeit auch so schnell zu sein?

J: Es kann oder kann auch nicht so schnell sein.

D: Auf diese Weise könntet ihr in wenigen Tagen einen Erwachsenen haben, nicht wahr? (Ja) Ich verstehe. Wird dieses neue Wesen, diese neue Rasse, irgendwo anders eingesetzt?

J: Sie leben und werden unterrichtet an einem ganz anderen Ort. Dieser ist so wie die Umgebung, in der sie letztendlich leben werden.

D: Aber dieser Ort ist von der Erde entfernt? (Ja) Und hier werden sie sozusagen daran gewöhnt. Akklimatisiert? (Ja) Was ist mit den Klonen? Werden sie letztendlich zur Erde zurückkehren?

J: Ja. Einige von ihnen sind bereits auf der Erde.

D: In welcher Funktion?

J: Als Menschen.

D: Was war der Grund dafür?

J: Weil wir einen Menschen klonen können, und wir können seine Körperlichkeit bis zu dem Punkt umgestalten, an dem im Falle der Notwenigkeit der Rückkehr des Klons zu seiner Quelle dies auch mit einem unmittelbaren Kontakt zu ihr geschehen kann.

D: Aber wird der Klon die Erinnerung an das behalten, was geschehen ist?

J: Nicht unbedingt.

D: Ich dachte, wenn der Klon in dieser anderen Umgebung aufgezogen würde, würde er diese Erinnerungen behalten.

J: Wir haben die gleichen Fähigkeiten bezüglich Zeit, wie ich sie dir zuvor erklärt habe, auch mit einem Klon. Mit anderen Worten, wir könnten sehr wohl in einer sehr kurzen Zeitspanne einen Menschen haben. Dieser Klon kann auf eine Mission geschickt werden oder für eine Mission auserwählt werden, um einem von euch in Not zu helfen. Und dadurch eure gesamte Essenz behalten wobei die Wechselbeziehung vollständiger und schneller integriert wird.

D: Ich dachte, der Klon wisse, dass er nicht wie die anderen Menschen ist.

J: Ja, einige von ihnen wissen es. Ein Klon bleibt jedoch nicht unbedingt länger auf eurem Planeten.

D: Er ist nur für eine bestimmte Aufgabe dort, einen bestimmten Job und dann geht er woanders hin.

J: Das ist richtig.

D: Ich denke, eines der Probleme, das die Leute haben, vieles davon zu akzeptieren und ich versuche, einiges von diesem

Missverständnis auszuräumen ist, dass sie denken, dass ihr Aliens und Menschen miteinander kreuzt. Dies sind ihre Worte, und sie behaupten, dass dies ohne unser Wissen und unsere Zusammenarbeit und gegen unseren Willen geschieht. Und ich denke, hier kommt das Missverständnis ins Spiel. Sie sehen es als schlecht an, weil sie nicht alle Fakten kennen.

J: Dies ist dasselbe Problem, das ich euch in Bezug auf euren Blickwinkel zum Thema Schmerz erläutert habe. Wir wurden beschuldigt, euch Schmerzen zuzufügen. Es ist das gleiche Missverständnis.

D: Sie glauben, dass es bedeutet, etwas gegen den Willen einer Person zu tun. Sie zwangsweise zu nehmen und Tests und Dinge an ihr durchzuführen.

J: Das liegt daran, dass der Mensch nicht vollständig für die Mission erweckt werden kann, die er unternommen hat. Jeder, der entführt wurde, hat zuvor zugestimmt. Aufgrund einiger Probleme in ihrer molekularen Struktur können wir die Zellen nicht vollständig aktivieren, die ihnen erlauben, sich daran zu erinnern, so wie wir es bei anderen Probanden können. Die Probanden, die eine größere Darmkraft und größere innere Stärke haben, können den Zweck des gesamten Weltraumprogramms besser verstehen.

D: Ich frage mich, warum sich manche Leute erinnern und manche nicht.

J: Ihr erinnert euch an das, was ihr aushalten könnt. Und in dem Maße, wie sich eure Wachstumsrate entwickelt, erinnert ihr euch und erhaltet mehr Informationen.

D: Woran sich einige dieser Leute erinnern, ist für sie sehr beängstigend. Sie haben nur Bruchstücke.

J: Es ist beängstigend, weil es sehr fremd ist. Und einige der Experimente sind für den Menschen erschreckend. Aber die Experimente, die den Menschen Angst machen, sind die gleichen Experimente, die Menschen durchführen. Und es ist dieselbe Furcht, die ein Tier empfindet, wenn der Mensch das Experiment am Tier durchführt.

D: Ja, das macht für mich Sinn. Gibt es auf deinem Raumschiff nur deine Art von Wesen?

J: In diesem Moment?

D: Nun, bist du in der Regel die einzige Art von Wesen, die sich auf jenen Schiffen befindet?

J: Auf dieser besonderen Art von Schiff sind wir die einzigen Wesen. Andere Wesen können in Abhängigkeit vom Thema dieses Schiff betreten.

D: Welche Art von Schiff ist das? Wie sieht es äußerlich aus?

J: Dies ist ein scheibenförmiges Raumschiff.

D: Ist es groß? (Nein) Dann gibt es noch andere Arten von Raumschiffen? (Ja) Ich bin neugierig auf andere Arten von Wesen, die zwischen den verschiedenen Booten hin- und hergehen können. Wir haben so viele verschiedene Beschreibungen gehört.

J: Was wünschst du dir?

D: Kannst du mir etwas über die anderen Arten erzählen?

J: Je nach dem menschlichen Thema, je nach Projekt arbeiten wir auch mit anderen Wesen zusammen. Daher hängt es von der Projektebene und ihrer Art ab, wer darin involviert wird.

D: Kommen diese anderen Wesen alle von dem gleichen Ort, von dem du gekommen bist? (Nein) Denn ich denke, dass alle unterschiedlich aussehen, nicht wahr?

J: Sie sehen unterschiedlich aus.

D: Und ich gehe davon aus, dass jeder eine andere Art von Job hat. Vielleicht irre ich mich da. Wie eine Aufgabe, die nur sie tun.

J: Es sind komplexe Projekte, an denen wir arbeiten. Einige Menschen sind an vielen unserer Projekte beteiligt.

D: Meinst du als Proband oder als Teilnehmer?

J: Beides. Ein Mensch kann ein Proband in einem Projekt sein, ein Teilnehmer in einem anderen, ein Berater in einem weiteren, ein Lehrer in einem anderen. Es hängt also davon ab, ob der Mensch mehrschichtig ist. Wir suchen nach mehrschichtigen Menschen. Du sprichst mit einem mehrschichtigen Menschen, wenn du mit Janice sprichst. Sie versteht Ebenen und Dimensionen und kann in verschiedenen Ebenen und Dimensionen gleichzeitig arbeiten. Daher ist sie eher für die Zusammenarbeit mit uns geeignet und daher eine hochgeschätzte Teilnehmerin, Lehrerin und Probandin.

D: Ich frage mich, ob die anderen Menschen, die an diesen mehreren Ebenen beteiligt sind, wissen, was los ist.

J: Manche wissen es in unterschiedlichem Maße. Einige wissen mehr als Janice. Einige wissen weniger. Es hängt von ihrem Entwicklungsgrad ab. Es hängt von ihrer Schwingungsrate ab. Es hängt vom Grad der molekularen Strukturentwicklung ab. Es hängt vom Grad der Gehirndichte ab. Es gibt viele Elemente, die in Betracht gezogen werden. Und wir sind höchst „liebevoll“ in dieser Hinsicht, um mit euren Erdenbegriffen zu sprechen. Insofern, als wir niemandem Schaden zufügen wollen, der sich zur Teilnahme bereiterklärt hat. Zuerst können die Menschen eurer Erde, die sich zur Teilnahme bereit erklären, nicht verstehen, sie wissen nicht, warum und können anfangs nicht alle Dinge wissen, die sie später lernen, wenn sie ihre Teilnahme fortsetzen. Was oft mit ihnen passieren kann, ist, dass sie aus dem Gleichgewicht geraten und schließlich in eure Irrenanstalten eingeliefert werden. (Sie sagte tatsächlich: „Gesundheits-Anstalten".)

D: Weil sie mit all dem nicht fertig werden?

J: Sie wissen nicht, wie sie es in ihren Alltag integrieren sollen. Daher geraten sie in ein Ungleichgewicht und sie können keinen Ausgleichspunkt finden. Wir entschuldigen uns dafür und versuchen, dies zu verhindern. Und manchmal wurden wir von anderen menschlichen Elementen aus eurer Gesellschaft mit Falschinformationen versorgt, mit denen wir Vereinbarungen haben. Sie liefern uns angeblich Personen, die untersucht wurden, um teilzunehmen. Wir stellen fest, dass wir eine bessere Erfolgsquote haben, wenn wir uns den Individuen selbst nähern. Denn es gab einige Spielchen zwischen bestimmten .... Es gab einige Falschinformationen von Mitgliedern eurer Gesellschaft, zu deren Teilnahme wir zugestimmt hatten. Daher haben wir es als notwendig erachtet, außerhalb der uns zur Verfügung gestellten Liste zu arbeiten.

D: Wer stellte diese Liste bereit, die Falschinformationen enthielt?

J: Es gibt eine Gruppe, die uns bestimmte Namen von Individuen liefert, mit denen sie eine Zusammenarbeit mit uns wünschen. Wir stimmten zu und haben es getan. Aber wir fanden Täuschung in ihrer Absicht und Unreinheit bei der zugrundeliegenden Quelle in ihrem Wunsch, mit uns zu interagieren. Daher konnten wir auf dieser Ebene nicht teilnehmen.

D: Kannst du mir sagen, woraus die Gruppe besteht? Ich will keine Namen, aber woher die Gruppe kommt.

J: Zu dieser Zeit werde ich es nicht sagen. Ich kann es dir sagen, aber ich werde es nicht tun. Denn im Moment darf ich euch das nicht preisgeben.

D: Okay. Mit anderen Worten, sie haben dich betrogen.

J: So in etwa.

D: Ich würde meinen, mit euren höheren geistigen Fähigkeiten hättet ihr entdecken können, dass sie euch nicht die Wahrheit sagen.

J: Das haben wir getan. Wir hatten gehofft, falsch zu liegen.

D: Glaubst du, dass dies eine vorsätzliche Täuschung war, um eurem Projekt Schaden zuzufügen?

J: Es war eine vorsätzliche Täuschung, um unser Projekt zu kontrollieren. Es war eine Art der Kontrolle, im Gegensatz zum gleichberechtigten Teilen.

D: Sie gaben Namen von Leuten an, mit denen ihr arbeiten solltet, damit sie das Experiment kontrollieren konnten. (Ja) Ich kann nicht verstehen, wie sie davon profitieren könnten, es sei denn, dies würde die Ergebnisse irgendwie kontrollieren.

J: Die Ergebnisse kontrollieren und auch das Wissen erlangen und möglicherweise missbrauchen.

D: Habt ihr das Wissen mit dieser Gruppe geteilt?

J: Das war unsere Absicht. Und wir haben es getan.

D: Teilt ihr es immer noch mit ihnen?

J: In viel geringerem Maße.

D: Wegen dieser Täuschung?

J: Ja. Sie wissen nicht, dass wir erkennen, dass sie uns getäuscht haben.

D: Ich kann verstehen, warum du mir nicht sagen wolltest, wer sie sind. Sie glauben, dass ihr immer noch mit ihnen arbeitet.

J: Das tun wir. Es ist nur auf einer anderen Ebene. Und sie wählten diese Ebene.

D: Ihr seid jetzt vorsichtiger. (Ja) Wäre es mir erlaubt, zu einem anderen Zeitpunkt mehr Information zu bekommen (Ja) Ich dachte, du möchtest mich vielleicht zuerst überprüfen.

J: Wir haben dich bereits überprüft. Es ist einfach noch nicht an der Zeit. Die Probandin muss erst entwickeln und verdauen, was ihr zur Verfügung steht. Wir haben unsere Arbeit mit ihr verlangsamt, weil es für sie viel zu verdauen gab.

D: Du sagtest auch, dass sie zu einem späteren Zeitpunkt noch etwas anderes zu tun habe.

J: Ja. Dieses Individuum arbeitet mit anderen Energien als den Raumenergien. Sie arbeitet mit Energien, die viel höher entwickelt sind als wir.

D: Ihr habt also andere Projekte im Sinn.

J: Es sind nicht wir, die die Projekte im Sinn haben. Wir sind die, die von einer Ebene geleitet worden, die weiter fortgeschritten ist als wir.

D: Aber verstehe ich richtig, dass sie immer beschützt und nicht absichtlich verletzt werden wird?

J: Um dieses Wesen herum gibt es einen Schutz, der undurchdringlich ist.

D: Das ist sehr gut, denn das wünsche ich mir immer für jeden, mit dem ich arbeite. Wenn möglich, möchte ich nicht, dass sie verletzt werden oder sich unbehaglich fühlen.

J: Es wird zuweilen Unbehagen geben.

D: Aber ihr könnt euer Bestes geben, um es auf ein Minimum zu reduzieren, oder?

J: Das ist unser Job.

D: Darf ich dann wiederkommen und um mehr Informationen bitten?

J: Wir hoffen, dass du wiederkommst. Wir hoffen, dass du mit dem, was dir heute hier offenbart wurde, äußerst vorsichtig sein wirst. Wir hoffen, dass du wartest, dass du es verdaust, bevor du überhaupt darüber nachdenkst, es zu veröffentlichen. Wir möchten dich bitten, zu diesem Zustand des Seins zurückzukehren und eine Anleitung in Empfang zu nehmen. Wir bitten darum, um eine Vereinbarung mit dir zu treffen, dass zu diesem Zeitpunkt kein gedrucktes Wort darüber von dir ausgeht. Es gibt noch viel zu tun. Wenn du das Gefühl hast, dass du teilnehmen möchtest, kannst du dich erneut an uns oder eine andere Person wenden.

D: Dann werde ich es zu diesem Zeitpunkt geheim halten.

J: Ja, das ist korrekt. Du wirst es zu diesem Zeitpunkt geheim halten.

D: Ich weiß nicht, wann wir wieder arbeiten können. Ich muss eine weite Strecke zurücklegen.

J: Es wird eine Möglichkeit geben, wie du wieder mit uns arbeiten wirst, und das Ganze wird dir erleichtert werden.

D: Wenn ich dann wiederkomme, wie kann ich dann mit dir in Kontakt treten, dem Wesen, mit dem ich gerade spreche?

J: Wir setzen uns mit dir in Verbindung und du musst dir keine Sorgen darüber machen, mit uns Kontakt aufzunehmen. Wenn dieses Medium, Janice, in diesen Zustand übergeht, nimmt sie Kontakt mit der Person auf, mit der sie zu dieser Zeit gerade arbeiten muss.

D: Ich dachte, wenn ich einen Namen hätte, könnte ich fragen ... oder ein paar Anweisungen.

J: Du wirst mich an meiner Stimme erkennen. Es gibt andere Stimmen, die du noch kennenlernen wirst. Später geben wir dir Methoden zur Bestimmung.

D: Soll ich sie dann in diesen veränderten Zustand bringen und sie dann zu eurem Raumschiff bringen? Oder welche Art von Anweisungen kann ich bekommen, damit ich euch kontaktieren kann?

J: Die Anweisungen, die du für die Kontaktaufnahme mit uns haben kannst, sind sehr einfach. Die Probandin wird in einen Zustand in einer anderen Realität versetzt.

D: So?

J: So. Du wirst eine Veränderung in ihrer Stimme bemerken. Daher wirst du feststellen, dass eine Energieverschiebung in ihr stattgefunden hat. Es gibt keinen Code.

D: Ich muss nicht darum bitten, mit einer bestimmten Person zu sprechen.

J: Sie wird kommen, wann immer sie gebraucht wird.

D: Alles klar, ich wollte sicher gehen, dass ich dich wieder kontaktieren kann.

J: Du kannst mich erneut kontaktieren, wenn ich derjenige bin, mit dem du sprechen musst. Du könntest vielleicht andere Wesen kontaktieren, mit denen sie arbeitet. Wie ich dir gesagt habe, gibt es andere Energien außer den Raumenergien, mit denen sie identifiziert wird.

D: Also gut, aber ich will nur positive Energien.

J: Dies sind positive Energien, denn dies ist ein reines Lichtwesen. Und andere als positive Energien dürfen nicht eintreten. Es ist unmöglich.

D: Und ich hätte gerne den gleichen Schutz für mich, wie du zuvor sagtest.

J: Du bist ein reiner Geist. Rein im Herzen, rein im Geist, rein im Körper, rein in der Seele. Dies sind die Dinge, die man benötigt, um die eigene Schwingungsrate so weit zu erhöhen, dass man mit den Energien arbeitet, mit denen du arbeitest. Ansonsten könntest du nicht die Arbeit tun, die du tust. Dies sind die gleichen Kriterien, die in Janice verkörpert sind, mit der du sprichst.

D: Ich schätze es wirklich. Und ich hoffe, dass ihr mich schützen werdet, wenn ich mit diesen verschiedenen Botschaften, die ich verbreiten muss, in die Welt hinausgehe.

J: Es gibt, wie ihr sagen würdet, ein Gefühl der „Liebe" für die Arbeit, die du machst. Aus diesem Grund haben wir euch beide zusammengebracht. Damit ihr euch wie verwandte Seelen fühlen könnt und damit ihr im jeweils Anderen eine erdende Unterstützung findet, wenn ihr dies braucht.

D: Danke, dass du mit mir gesprochen hast. Ich schätze es.

J: Wir danken dir für deine Arbeit.

D: Dann bitte ich dich um Erlaubnis, mit viel Dank abzureisen und das Bewusstsein von Janice in dieses Medium zurückkehren zu lassen.

J: Es ist vollbracht.

D: Dann kehrt das Bewusstsein von Janice vollständig zurück und unser guter Freund verlässt uns. Und ich werde Janice bitten, die Szene zu verlassen, die sie gerade sieht.

Janice stieß einen großen Atemzug aus und ich wusste, dass ihre Persönlichkeit zurückgekehrt war.

Sie hatte sich während der gesamten Sitzung überhaupt nicht bewegt. Die Stimme hatte einen so seltsamen mechanischen Resonanzklang an sich, aber dies schien ihr keine Mühe zu bereiten. Nachdem ich sie mit einem Kennwort konditioniert hatte, brachte ich sie zu vollem Bewusstsein zurück, aber es dauerte eine ganze Weile, bis sie sich sogar aufs Bett setzen konnte, geschweige denn versuchen konnte, aufzustehen und zu gehen. Sie hatte keine Erinnerung an die Sitzung, weil sie in eine solch tiefe Trance gegangen war. Als sie sich aufsetzte, wirkte sie schwindlig und desorientiert. Also ließ ich sie ruhig sitzen, während wir miteinander sprachen. Ich hielt es für das Beste, ihr zu dieser Zeit nicht zu viel zu erzählen, weil ich sie nicht erschrecken wollte. Ich sagte ihr, ich würde ihr eine Kopie des Bandes schicken, und sie könne es sich in aller Ruhe anhören. Es dauerte gut fünfzehn Minuten, bevor sie versuchte aufzustehen, und selbst dann war sie wackelig auf den Beinen.

Ich wollte auf jeden Fall wieder mit ihr arbeiten, aber das bedeutete, dass ich eine besondere Reise nach Little Rock oder wahrscheinlich mehrere Reisen planen musste, da ich davon ausging, dass sich dies zu einem langfristigen Projekt entwickeln würde. Ich wusste damals nicht, dass ich diesem kleinen Wesen nicht wieder begegnen würde.

Die Bemerkungen des Wesens über die Entwicklung verschiedener galaktischer Rassen ließen mich an unsere irdischen Probleme denken. Rassenunterschiede: Farben, ethnische Unterschiede, Religionen usw. sind für uns so schwer zu verstehen und es fällt uns schwer, uns damit abzufinden. Viel Gewalt ist wegen der Unterschiede geschehen und sogar Kriege wurden wegen angeblicher Überlegenheit oder Minderwertigkeit geführt. Wenn wir uns nicht dazu bringen können, diese Unterschiede zu verstehen, zu beseitigen und auszusöhnen, wie können wir dann hoffen, Weltraumwesen zu verstehen? Können wir es ihnen zum Vorwurf machen, dass sie keinen direkten bewussten Kontakt wünschen? Sie haben zu viele Beispiele dafür gesehen, wie wir gewaltsam mit denen umgehen, die anders sind. Der Mensch hat Angst vor dem, was er nicht versteht und er misstraut allem, was er als anders wahrnimmt.

Wir sind nicht vier Rassen,
Wir sind nur eine: die menschliche Rasse.
Und wir sind ebenso Teil der
galaktischen Rasse.

KAPITEL 9

MITGENOMMEN VON DER AUTOBAHN

Als ich im Dezember 1989 zu einem Vortrag nach Little Rock zurückkehrte, vereinbarte ich eine Sitzung mit Janice. Ich erholte mich gerade von einer Erkältung und fühlte mich nicht gut. Die gesamte Reise war eine Belastung, also versuchte ich, ein geringstmögliches Arbeitspensum zu planen.

Ich wollte jedoch definitiv wieder mit Janice arbeiten, ungeachtet dessen, wie ich mich körperlich fühlte. Ich hoffte, mit derselben Wesenheit in Kontakt zu treten, die mit mir während der ersten Sitzung sprach. Jener Kontakt damals kam spontan zustande, daher war ich mir wirklich nicht sicher, wie ich vorgehen sollte. Wir beschlossen, eine seltsame Erfahrung zu erkunden, die Janice zu einem früheren Zeitpunkt in jenem Jahr gemacht hatte. Von diesem Ereignis aus konnte ich herausfinden, wie ich die Wesenheit kontaktieren konnte. An dem fraglichen Tag verließ sie die Arbeit und ging für mehrere andere Angestellte Mittagessen holen. Sie erinnerte sich, wie sie das Gebäude verließ und während sie fuhr, sah sie ein UFO über der Autobahn. Sie versuchte, die Leute auf der Straße dazu zu bringen, das Objekt wahrzunehmen, aber sie gingen weiter, als wäre sie unsichtbar. Während dieses Zeitraums gab es auch keine Geräusche, als hätte sie plötzlich das Gehör verloren. Die Leute ignorierten sie völlig. Danach kehrte sie zur Arbeit zurück und war erstaunt, als sie ihr Gehör wiedererlangte und der Ton in einem lauten Ansturm zurückkehrte. Sie entdeckte, dass nun die Leute um sie herum auf den Stufen des Gebäudes sie hören und sehen konnten. Als sie ihren Arbeitsplatz betrat, waren die Mitarbeiter irritiert, weil sie mehrere Stunden lang weg war, statt der kurzen Zeit, die sie für verstrichen hielt. Sie wollten das Mittagessen, das sie ihnen mitbrachte, nicht mehr. Wir beschlossen, zu versuchen, herauszufinden, was an jenem Tag geschah.

Janice konnte sich selbst nicht dazu durchringen, das Band der letzten Sitzung anzuhören. Obwohl es für andere schwer zu verstehen ist, ist dies üblich unter den Leuten, mit denen ich arbeite. Sie meiden die Aufnahme oft wie die Pest. Vielleicht gibt es der ganzen Sache mehr Realität, wenn sie ihre eigene Stimme diese Dinge sagen hören und auf bewusster Ebene ist dies genau das, was sie zu vermeiden suchen. Es liegt eine gewisse Seligkeit in der Unwissenheit. Das spielt jedoch keine Rolle, da die Therapie und Heilung ohnehin auf der unterbewussten Ebene stattfinden.

Während wir uns auf die Sitzung vorbereiteten, befürchtete Janice, möglicherweise nicht noch einmal in Trance fallen zu können, da seit der ersten Sitzung einige Monate vergangen waren. Ich wusste, dass es kein Problem geben würde, da die Kennwort-Suggestion immer funktioniert, wenn sie in einem solch tiefen Trance-Zustand gegeben wird. Ich verwendete ihr Kennwort und zählte sie zurück bis zu dem Tag, als sich der Vorfall ereignete. Ich wusste, dass wenn ich mich nur sorgfältig genug darauf konzentrierte, das Unterbewusstsein diesen problemlos lokalisieren konnte, auch wenn wir uns des Datums nicht sicher waren.

Am Ende der Zählung war sie am Tag der Veranstaltung in ihr Büro zurückgekehrt. Sie war besorgt, weil sie ein seltsames Geräusch in ihrem Kopf hörte. „Es ist das komische Geräusch, das ich höre, welches mich wissen lässt, dass sie da sind. Ich stand an meinem Schreibtisch und hörte es und ich spürte eine schwache Empfindung in meinem Kopf. Ich dachte, das seien sie und dann dachte ich, nein, ich stelle mir das nur vor. Und ich war beschäftigt. Ich hatte keine Zeit innezuhalten und darüber nachzudenken. Es ist ein positives Geräusch. Es tut nicht weh oder so etwas. Manchmal ist es sehr schrill, es kann aber auch wie ein Brummen klingen. Außer es ist im Kopf und der Ohrdruck kann sich dabei verändern. Wenn es kommt, spürt man irgendwie, dass die Ohren knallen oder so ähnlich.“

D: Und du weißt nicht, was es ist?

J: Nun, ich weiß es schon. Aber man denkt nicht darüber nach. Wenn es also passiert, ist es eine Art Überraschung. Ich dachte, sie ließen mich einfach wissen, dass sie da waren, und es war okay. Das war nicht das erste Mal, dass sie an meinem Schreibtisch waren. Manchmal tun sie das und sie lassen die Energie durch einen hindurchwirken. Man muss nichts tun, denn es ist Energiearbeit für den Planeten. Manchmal muss man nicht einmal irgendwohin gehen.

D: Aber diesmal hattest du das Gefühl, du müssest irgendwo hingehen?

J: Ich hatte nicht vor, irgendwohin zu gehen. Ich wollte nicht Mittagessen holen gehen, und dann wiederum war ich überrascht, als ich sagte, ich würde doch Mittagessen holen gehen. Dann dachte ich: „Oh! Habe ich das gesagt?“ (Kichern) Und mir wurde klar, dass sie wollten, dass ich gehe, denn ich hatte nicht geplant zu gehen. Dann dachte ich: „Oh, na ja, sie müssen wohl ihre Arbeit tun oder so was, also sollte ich gehen.“ Es störte mich, denn üblicherweise geschieht es, wenn ich zu Hause bin und nicht mitten am Tag bei der Arbeit. Als ich dann im Aufzug nach unten ging, fühlte sich mein Magen komisch an, und so wusste ich, dass es losging. Das tut es manchmal, wenn sich die Zeit ändert.

D: Die Zeit ändert?

J: (Ihre Stimme wurde langsamer, wurde weicher.) Ja. Man bewegt sich in eine andere Zeit hinein.

D: Was meinst du damit?

J: Die Dinge werden anders. Man hört auf, in dieser Zeit zu sein, und man geht ... als ich in den Aufzug stieg, wurde mir klar, dass die Zeit sich veränderte. Aber es war okay. Ich weiß jetzt, was es ist. Und ich hatte keine Angst. Und dann, als sich der Aufzug zu bewegen begann ....

Sie begann, schwerer zu atmen, wie unter Anstrengung oder vielleicht verursacht durch Übelkeit. Ich gab ihr tröstende Suggestionen. Nach weiteren schweren Atemzügen wollte ich sie aus dem Fahrstuhl entfernen.

D: Gingst du dann zu deinem Auto?

J: Ja, ich fühlte mich dann wie in einem Traumzustand. Hu! (Noch mehr Atemnot.) Da wurde mir klar, dass sie wirklich, wirklich hier waren. Und dass ich wirklich, wirklich nicht ganz in dieser Dimension war. Dass ich in ihr war, aber außerhalb von ihr. Ich bewegte mich körperlich durch sie hindurch, aber es war ... (Weitere Sinneseindrücke.) Und ich ging zu meinem Auto und versuchte nur, diese Dimension beizubehalten. Und ich dachte: „Nun, ich fahre gleich. Ich sagte, ich würde für die Mädchen im Büro Mittagessen holen gehen und ich gehe."

D: Und du musst in der Lage sein, zu fahren.

J: Ja. (Sie schien verwirrt zu sein.) Und ich startete das Auto und mir wurde klar, dass ... hu! Ich fühlte mich komisch. Es ist wie: beschleunigt und verlangsamt, beschleunigt und verlangsamt, beschleunigt und verlangsamt.

D: Junge, das muss ja verwirrend sein.

J: Nun, es ist keine Verwirrung. Es ist nicht einmal das. Es ist das molekulare ... du kannst fühlen, wie dein Körper es tut. Und du weißt, dass es passiert und du weißt, dass du es tust, und du weißt, dass es ... (Tiefer Atemzug) Es beginnt sich zu bewegen, es beginnt sich zu bewegen. (Verwirrung) Es ist nicht schlecht. Das ist keine schlechte Sache.

D: Aber wir erinnern uns an diesem Punkt lediglich und es wird dich in keiner Weise behelligen.

J: Es ist keine Behelligung. Es ist Aufregung. (Tiefer Atemzug) Du weißt, dass du hier auf dieser Erde bist, und doch, puh! Es ist wie über einen Abzugsgraben gehen. Puh!

D: Alles klar. Lass uns weitergehen, bis dieses Gefühl vorüber ist.

J: Nun, es wird nicht vorübergehen.

D: Aber du wirst in der Lage sein, das Gefühl zu ignorieren, während du mit mir redest. So wird es unsere Kommunikation nicht stören.

J: (Ein Flüstern) Es tut mir leid.

D: Ist schon okay. Weil ich nicht möchte, dass du auch nur irgendetwas erlebst, das dir Unbehagen bereitet.

J: Oh, es ist nicht Unbehagen. Es ist ein wunderbares Gefühl. Es ist gut.

D: Aber du kannst es beiseite legen, während du mit mir sprichst, sodass du auf diese Weise klar kommunizieren kannst. Nun, was passierte, als du mit deinem Auto diese Straße entlang fuhrst?

J: (Die Empfindung störte sie jetzt anscheinend nicht. Ihre Stimme war ruhig und klar.) Nun, ich stieg in den Wagen und fuhr auf den Rand des Parkplatzes zu. Und ich hätte nach links abbiegen, auf die Autobahn fahren und zu Andy's gehen und Mittagessen holen sollen. (Überrascht) Aber als ich an den Rand des Parkplatzes kam, bog ich nicht nach links ab, sondern nach rechts. Und als ich rechts abbog, dachte ich: „Oh! das ist wirklich seltsam, denn ich hätte nach links fahren sollen." Das ist verrückt, rechts abzubiegen. Und ich dachte mir: „Oh, also das Postamt ist hier unten. Da ich nun schon mal diesen Weg fahre, hole ich einfach meine Post auf dem Postamt ab." Also drehte ich um und fuhr die Siebte Straße hinunter. Und ich drehte auf der Woodlawn vor dem Kapitol. Und als ich auf das Kapitol zufuhr, begann die Empfindung wieder. Dann bog ich nach rechts ab, um die Vierte Straße entlangzufahren. Sobald ich um die Ecke bog, habe ich ... (ihre Stimme wurde leiser) Ich habe es verloren. (Verwirrung, verstümmelte halbe Sätze.)

D: Was meinst du damit, du hast es verloren? Du wusstest nicht, was dann geschah, oder wie?

J: Ich weiß nicht. Ich schien irgendwo hingegangen zu sein, und dann war ich „schwupp" wieder in meinem Auto. Und es war wie: „Ach wo bin ich?" Weil ich zurück war ... ich meine, ich war zurück. Ich fuhr schnell, aber das Auto lief nicht schnell. Und ich dachte: „Oh, oh, oh, wohin gehe ich? In welcher Stadt bin ich?" Für eine Minute wusste ich nicht, wo ich war. Dann dachte ich: „Oh, sollte ich das Auto anhalten?" Aber dann ... war es gut. Mir ging es gut. Und ich hatte keine Angst. Es war keine Furcht. Es war nur eine Überraschung und dann, wo war ich? Und ich versuchte, mich umzusehen und zu erkennen, wo ich war. Es sah ungewohnt aus. Und dann war ich plötzlich am Postamt und es gab keinen Platz, um das Auto abzustellen. Also fuhr ich abermals und abermals um die Post herum. Und während ich fuhr, verspürte ich den starken Drang, nach oben zu schauen. Und dort waren sie, genau dort oben. Drei von ihnen und einfach wunderschön.

D: Wie sahen sie aus?

J: Sie waren silbern und rund und machten ein summendes Geräusch. Es waren drei und sie bewegten sich in einem Muster, als tanzten sie. Es war für mich. Es war wie ein Dankeschön. Ich wusste was es war, aber ich wollte, dass die Leute es wissen. Ich wollte, dass sie sehen, was ich sah. Sie waren hübsch, wirklich hübsch. Ich wusste, ich war gerade von dort zurückgekehrt. Sobald ich hinsah, sobald ich sie sah, wusste ich es.

D: Sah noch irgendjemand anderes das?

J: Ich versuchte es. Ich wollte, dass sie es sehen. Ich kurbelte alle meine Fenster herunter und schrie. Und ich konnte kein Geräusch hören. Autos fuhren die Straße hinunter und ich konnte sie nicht hören. Ich konnte die Leute nicht reden hören. Sie standen direkt vor mir und redeten, und ich konnte nicht hören, was sie sagten. Ich war außer mir, weil ich wollte, dass sie nach dort oben schauen. Ich gezeigt dorthin und schrie: „Hey! Sehen Sie es nicht? Schauen Sie! Schauen Sie!" Und ich versuchte, es allen zu zeigen, aber sie schauten nicht. Ich verstand nicht, warum sie nicht schauten, und dann wurde mir klar, oooh, ich kann sie nicht hören. Ooooh! Ich muss unsichtbar sein. Vielleicht können sie mich nicht sehen oder so. Ich dachte: „Wo bin ich?" Denn wenn sie mich nicht sehen können und ich hier bin, wo bin ich dann? Ich hatte diese Gedanken. Ich verstand es nicht, aber es war irgendwie lustig. Und ich fragte die Schiffe: „Was passiert hier gerade?" Und sie teilten mir geistig mit, dass ich sie sehen wollte. Also wollten sie mir das zum Geschenk machen. Ich weiß, dass ich dort gewesen bin, aber ich erinnere mich nicht an jenen Teil.

D: Dann kehrten die Dinge danach wieder zur Normalität zurück?

J: Nicht sofort. Ich parkte zuerst das Auto. Und nachdem ich ausgestiegen war, ging ich zu Fuß und sprach zu diesem Kerl, aber er hörte mich nicht einmal. (Kichern) Das war ein wenig nervig. Und ich dachte: „Okay. Ich werde mich einfach normal verhalten." Als ich dann anfing, die Stufen hochzugehen, konnte ich meinen Körper wieder fühlen. Und ich sah jemanden aus dem Gebäude kommen und schrie ihn an. Ich war so nah, dass es ihn aufschreckte. (Lachen) Sobald er sagte: „Hi!", konnte ich hören.

D: Die Geräusche kamen zurück?

J: Hmm-hmm. Und ich konnte die Leute sprechen hören. Ich konnte niemanden reden hören, bis jener Mann „Hi!" sagte. Er sah vertraut aus und ich wusste, dass ich ihn kannte. Aber er sprang auf, er war aufgeschreckt.

D: Aber das hat brachte dich wieder zur Normalität zurück. Nun, ich würde gerne den Teil erkunden, von dem du glaubst, dass du irgendwohin gingst. Als die Zeit beschleunigt wurde, bevor du zurückkamst. Wir werden sehen, was während jener Zeitspanne geschah. Als wir das letzte Mal miteinander arbeiteten, wurde mir gesagt, dass wenn ich dich in diesen Zustand brächte, ich mit den

Menschen auf dem Schiff kommunizieren könnte. Er sagte, ich müsse keine anderen Anweisungen geben. Wäre es für einen von ihnen möglich, zu kommen und zu erklären, was während jener Zeitspanne geschah?

Während ich diese Fragen stellte und versuchte, den Kontakt wieder herzustellen, passierte etwas Ungewöhnliches in meinem eigenen Körper. Ich hatte das starke Gefühl von Hitze um mein Kronenchakra, welches sich auf der Oberseite des Kopfes befindet. Ich spürte Hitze und Kribbeln um meinen kompletten Oberkopf herum. Es war ein seltsames Gefühl, aber es beeinträchtigte nicht meine Fähigkeit, mich zu konzentrieren und Fragen zu stellen. Ich hatte es noch nie zuvor gefühlt und es war ablenkend. Ich sah mich im Raum um und versuchte herauszufinden, woher es kam. Und ich wedelte mit der Hand über meinem Kopf, als würde ich Fliegen verscheuchen, obwohl ich wusste, dass es nicht durch irgendetwas Physisches im Raum verursacht wurde.

Janice machte laute grunzende Geräusche, als wäre es schwierig, anzufangen. Die Stimme, die schließlich durchkam, war anders als beim letzten Mal. Diesmal war es nicht der mechanische Robotertyp, sie klang menschlicher. Sie hatte allerdings einen autoritären Ton. Janices höhere, etwas besorgte, eindeutig weibliche Stimme mit Arkansas-Akzent war verschwunden.

J: Du darfst einiges davon erfahren. Aber es wird dir nicht in seiner ganzen Fülle erlaubt sein, weil es unvollständig ist.

D: Was meinst du damit, es ist unvollständig?

J: Von diesem Vorfall kommt noch mehr. Aber es kann zu diesem Zeitpunkt noch nicht offenbart werden. Bevor wir anfangen, möchte ich mich für jedes Unwohlsein entschuldigen, das ich dir gerade verursacht habe. Wir haben dich gescannt, um sicher zu sein, dass du dieselbe Person bist, die das letzte Mal mit Janice gearbeitet hat. Wir mussten sicher sein, dass eure Denkprozesse richtig miteinander verbunden sind und deine Absichten immer noch dieselben sind, wie zu Beginn.

D: Das verursachte das Gefühl von Hitze?

J: Ja. Es war lediglich ein Scanner. Es hat keinen Schaden verursacht.

D: Wenn ich zuvor gescannt wurde, war es mehr ein kribbelndes Gefühl in meinem ganzen Körper (berichtet in Kapitel 7) und nicht Hitze.

J: Verschiedene Schiffe haben unterschiedliche Geräte, sie dienen jedoch demselben Zweck. Du kannst uns nicht täuschen. Wir kennen deine Motive besser als du selbst. Wenn deine Motive nicht immer noch rein und klar wären, dann wäre es dir nicht erlaubt, diese Kommunikation zu führen. Du kannst jetzt mit deinen Fragen fortfahren.

Diese Wesenheit fühlte sich maskulin an und ich war von seiner Erklärung überzeugt. Ich wusste instinktiv, dass dieses Wesen mir oder Janice nichts anhaben würde. Ich konnte Schutz in seiner Stimme fühlen. Wenn er mich hätte verletzen wollen, hätte er es beim Scannen tun können und ich hätte nichts unternehmen können, um dies zu verhindern. Aber ich habe nie Angst gefühlt, wenn ich mit diesen Wesen arbeitete, nur Neugierde.

D: Ich versuche zu verstehen, was mit Janice während dieses Vorfalls geschah. Fuhr sie wirklich die Straße entlang?

J: Sie fuhr tatsächlich die Straße entlang. Aber sie überschritt eure Dimension und weder ihr Auto noch sie befanden sich auf eurer Ebene.

D: Wo sind sie dann hingegangen?

J: Sie sind in unser Schiff gegangen.

D: Es ist möglich, auch ein Auto mitzunehmen? Ein so großes Objekt wie dieses?

J: Es ist möglich, jedwedes Objekt mitzunehmen.

D: Bedeutet das, dass sie von der Straße verschwunden ist?

J: Richtig.

D: Wenn Leute zugeschaut hätten, hätten sie etwas gesehen?

J: Sie hätten nicht erkannt, was sie gesehen haben, denn es ist beinahe so, als würde man das Licht ausschalten. So schnell findet der Wechsel von hell nach dunkel statt. Du erinnerst dich nicht an das Licht, weil du die Dunkelheit hast.

D: Die Leute auf der Straße hätten nicht gesehen, wie das Auto verschwindet?

J: Sie hätten es gesehen, aber sie würden sich nicht daran erinnern, dass sie es sahen.

Dies klang sehr ähnlich wie in anderen Fällen, von denen in diesem Buch berichtet wird, in denen die nicht an dem Vorfall beteiligten Personen keine Erinnerung daran behalten, etwas gesehen zu haben.

D: Ich versuche zu verstehen, was in jenem Prozess geschieht.

J: Sie wissen ... sie dachten, aber es wird durch eine Erinnerung ersetzt, die sie nicht erkennen lässt, dass sie es gesehen haben.

D: Weil es verwirrend wäre. Warum konnte sie dann nicht alleine mitgenommen werden? Warum musste das Auto ebenfalls mitgenommen werden?

J: Es war sinnlos, sie daraus zu entfernen, denn dies war eine Reise für sie. Und wenn zudem jemand ihr leeres Auto entdeckt hätte, hätte es ein Problem für den Zeitraum gegeben, während dessen sie fort war. Die Polizei wäre gekommen. Und wenn wir sie zurückgebracht hätten, hätte es ein großes Problem für sie gegeben, das zu erklären.

Die Stimme hatte auch einen Nachhall, der das Mikrofon zu beeinflussen schien.

D: Dann sahst du dies als eine Möglichkeit.

J: Als eine sehr reale Möglichkeit. Mehr als eine Möglichkeit, eine Realität.

D: Was geschah dann, als sie an Bord genommen wurde?

J: Interaktionen, die der Einzelne dringend benötigt, um die Arbeit fortzusetzen. Ein Auftanken, wenn du so willst, oder das Gewähren des Wunsches dieses Individuums, bestimmte Dinge zu wissen, die ihr gewissermaßen helfen könnten, sich in der Realität, in der sie lebt, zu assimilieren und funktionieren zu können. Um ihr also dabei zu helfen, diese Arbeit fortzusetzen, ist es manchmal notwendig, die Person wenn du mir den Slang erlaubst, um ihre Terminologie zu verwenden mit wohlig-warmen Gedanken zu versorgen, damit sie fühlen und verstehen kann, dass sie geschätzt wird und nicht für selbstverständlich genommen wird. (Er mag wohl Slang benutzt haben, aber es wurde so gesagt, dass es unangenehm und auf jeden Fall ungewohnt für ihn war.) Dieses Individuum ist für uns von solcher

Bedeutung, dass wann immer sie ein Bedürfnis oder ein Verlangen hat, dieses innerlich oder äußerlich in ihrem Alltag zufriedengestellt wird. Denn die Arbeit, die sie leistet und geleistet hat, ist für diesen Planeten von großem Wert. Und deshalb werden ihre Wünsche erfüllt.

Ich hatte den Eindruck, dass die Stimme von einem älteren Mann stammte. Die Wörter wurden sehr sorgfältig artikuliert und zuweilen kurzgefasst.

D: Ich denke, das ist sehr gut. Als also sie und das Auto mitgenommen wurden, reisten sie einfach durch eine Dimension? (Ja) Ich überlege immer, wie etwas so Schweres physisch durch die Luft oder was auch immer transportiert werden könnte.

J: Es hat mit der Beschleunigung oder Verlangsamung der Moleküle innerhalb der Form zu tun, wie sie es versteht.

D: Es fügt der Person oder dem Auto keinen Schaden zu? (Nein) Was geschah dort, als sie zurückkam, ohne Ton und mit dem Gefühl, unsichtbar zu sein?

J: Es geschah, damit sie weiterhin das Geschenk erfahren konnte. Es war nicht für die Augen der anderen bestimmt und es musste in ihrem Bewusstsein als reale Erfahrung verankert werden. Es war eine Methode, um sie wissen zu lassen, welchen Wert wir auf ihre Wünsche legen. Es war eine Methode für uns, ihr zu sagen: „Wir stimmen zu. Wir stimmen zu." Um dies in euren Referenzrahmen zu setzen, könnte man dies erklären, indem man sagt: Dies ist unsere Art, dem Individuum mitzuteilen, wie sehr wir es wertschätzen. Wenn man uns im Tageslicht sehen will, wie sie es sich gewünscht hatte, dann wird das geschehen, denn es ist wichtig für solche Individuen, zu wissen, dass wir ihnen vertrauen, und dass sie uns vertrauen können. Und in diesem Vertrauen kann die Arbeit weitergehen und fortlaufen. Was den Klang und den Zustand anbelangt, in dem unfähig war, sich zu verständigen, war dies notwendig, um sich wieder an diese Dimension anzupassen. Insofern ist es manchmal (Er hatte Schwierigkeiten mit dem Wort:) inkongruent, und auch wegen des Zeitbezugsrahmens ist es nicht möglich, sofort Anschluss zu finden. Insofern gibt es eine Zeitverzögerung aufgrund der Geschwindigkeit in der anderen Dimension. Man muss sich wieder neu an diese anpassen. Daher ist es manchmal notwendig, dem Individuum Unsichtbarkeit zu verleihen, bis es sich wieder assimilieren kann.

D: Dann konnten die anderen Leute sie wirklich nicht sehen?

J: Richtig.

D: Dann befand sie sich zwischen den Dimensionen. Und das war ....

Janice begann, Anzeichen von Unbehagen zu zeigen. Es schien ihr heiß zu werden und sie zog die Decke weg. Ich gab ihr Suggestionen für Wohlbefinden und sie schien sich abzukühlen und sich wohler zu fühlen. Ich fuhr dann mit meiner Befragung fort. „Der Tonmangel war darauf zurückzuführen, dass sie noch nicht ganz zurück war?“

Sie schien sich wieder unwohl zu fühlen. Dann ein plötzlicher Wechsel, als ob die Entität wieder die Kontrolle hätte. War es womöglich seine Energie, die das Gefühl von Hitze verursachte?

J: Man kann es auf diese Weise erklären. Dieses Individuum kann in mehreren Dimensionen gleichzeitig arbeiten. Dies war auch eine Art, ihr zu zeigen, dass sie dazu in der Lage ist. Ein Einstieg, wenn man so will, in diesen Raum und diese Zeit, darin, von einer Dimension in eine andere hinübergehen zu können. Vielleicht in die dritte Dimension. Es gibt Zeiten, in denen sie in mehr als einer Dimension tätig ist, und das weiß sie auch.

D: Dann waren sie und das Auto als sie zurückkam für die Leute wirklich unsichtbar, bis sie geparkt hat und ausgestiegen ist?

J: Richtig. Es gab einen Zeitpunkt, zu dem ihre vollständige Neuanpassung stattfinden sollte. Bis dieser Zeitpunkt in eurem Zeitbezugsrahmen erreicht wurde, konnte sie nicht zurückkehren.

D: In den Augen der anderen Leute auf der Straße gab es sie also nicht.

J: Richtig.

D: Als sie die drei Schiffe am Himmel sah, waren diese für irgendjemand anderen sichtbar?

J: Nein. Sie konnte sie sehen, weil sie Einblick in mehr als eine Dimension hatte. Die anderen hatten diesen Einblick nicht.

D: Als sie dann zurückkam, befanden sich die Schiffe noch immer in der anderen Dimension.

J: Sie befanden sich in der anderen Dimension. Aber sie konnte sie sehen, da sie in beide Dimensionen gleichzeitig hineinsehen konnte.

D: Ich hatte andere Leute, die auch über Erfahrungen wie diese sprachen, bei denen es keine Geräusche gab und sie versuchten, die Aufmerksamkeit anderer Leute zu bekommen. Und ich wunderte mich, was zu jenen Zeitpunkten geschah.

J: Es könnte dasselbe sein.

D: Und manchmal scheint es insgesamt keinerlei Aktivität auf den Straßen oder sonstwo zu geben, so als ob alles angehalten hätte.

J: Das passiert wirklich. Das ist eine andere Sache.

D: Was passiert in diesen Fällen?

J: Die Zeit bleibt stehen.

D: Für das Individuum oder die Außenwelt oder wie?

J: Es kann für beide geschehen.

D: Ich bin sehr neugierig. Ich versuche immer, diese vielen verschiedenen Dinge zu verstehen. Als ihre Energie auf dem Schiff angepasst wurde, wie du sagtest, wurde das mit irgendeiner Art Maschine getan?

J: Nein, es wurde mit Gedankenkraft getan.

D: Und sie musste in physischer Form dabei sein, damit dies getan werden konnte?

J: Das musste sie nicht, aber auf diese Weise ging es schneller. Dieses Individuum kann von überall aus arbeiten. Es gibt Zeiten, in denen eine direkte Zwiesprache erforderlich ist. Mehr erforderlich für das Individuum als für uns.

D: Darf ich fragen, ist dies dieselbe Wesenheit, zu der ich letztes Mal sprach? (Nein) Ich dachte schon, die Stimme schien anders zu sein. Und mir wurde gesagt, dass wer auch immer gerade nicht beschäftigt sei, derjenige sein würde, der zu mir sprechen würde. Ist das richtig?

J: Dies ist das Inviduum, mit dem sie gegenwärtig arbeitet.

D: Alles klar. Das andere Mal klang die Stimme mechanischer. Und ich versuche zu verstehen, wie jene Kommunikation stattfand. War es Telepathie, also telepathisch oder mithilfe einer Art mechanischem Mittel?

J: Ich verstehe deine Frage nicht.

D: Die andere Stimme erschien mehr mechanisch zu sein, oder ähnlich, wie ein Roboter, sollte ich wohl sagen.

J: Das war eine andere Ebene der Kommunikation.

D: Wie findet diese Kommunikation zwischen mir und dir gerade statt?

J: Es geschieht durch eine Methode der Übertragung in die Gehirnzellen deiner Probandin und dann werden ihre Stimmbänder verwendet, um dir den Klang zu vermitteln. Es könnte auch direkt mit dir gemacht werden.

D: Aber dann müsste es immer noch durch etwas kommen, nicht wahr?

J: Es muss nicht.

D: Woher kommst du, bist du ein Wesen, das Sprache benutzt?

J: Wir können, oder auch nicht.

D: Ich wusste nicht, ob du die Stimmausrüstung hättest, um Sprache zu verwenden.

J: Wir können eure Sprechweise simulieren. Das ist es, was ich tue.

D: Deshalb dachte ich, dass du eine Art mechanisches Gerät verwendest.

J: Es gibt verschiedene Stufen von Arbeitern. Du sprachst einfach mit einem Arbeiter einer bestimmten Stufe, mit dem sie damals gerade arbeitete. Es hat eine Steigerung gegeben. Es hat viele andere Treffen gegeben und wie dir bereits zuvor mitgeteilt wurde, findet gerade eine andere Stufe der Arbeit statt. Ich weiß, dass du dich erinnerst. Wir sagten dir, dass wir viele Projekte haben. Je mehr das Wesen willens und zu bearbeiten bereit ist, desto mehr wird es voranschreiten. Dies wird ein immer stärkerer Teil seiner Realität, bis zu einem Zeitpunkt, an dem ihr vielleicht gar keinen Unterschied mehr bemerken werdet.

D: Aber du sagtest, du könnest direkt zu mir sprechen. Ich für meinen Teil bevorzuge allerdings diese Methode. Ich möchte zu diesem Zeitpunkt lieber nicht direkt kontaktiert werden.

J: Wenn das deine Wünsche sind.

D: Ich denke, es unterstützt die Glaubwürdigkeit meiner Arbeit, zu diesem Zeitpunkt der objektive Reporter zu bleiben.

J: Wir würden deine Arbeit niemals behindern, denn es ist ein großartiger Dienst, den du deinem Planeten erweist. Du bist ein Pionier.

D: Deshalb würde ich es lieber auf diese Weise tun. Ich denke, wenn es andersherum liefe, könnte ich Angst haben oder erschreckt werden, bis zu dem Punkt, an dem ich keine weiteren Experimente mehr würde machen wollen.

J: Es gibt etwas, das dir erklärt werden muss. Und zwar: diese Methode, die wir verwenden oder die dir vermittelt wird. Seit deinem letzten Treffen mit diesem Individuum wurde viel Arbeit geleistet. Und es ging eine Assimilations-Integrationsarbeit vonstatten bis zu dem Punkt, dass wir jetzt mit diesem Individuum in einem Energiezustand arbeiten, in dem es einen Unterschied in der Funktionsweise gibt. Das Individuum ist über den Punkt der Zusammenarbeit mit dem gewohnten Wesen hinausgeschritten. Es befindet sich jetzt auf einer anderen Ebene.

D: Ich merkte, dass es einen Unterschied in der Persönlichkeit gibt. Darf ich fragen, wie du aussiehst?

J: Ich sehe euren Leuten auf der Erde ähnlich.

D: Denn der andere sagte, dass er eher den Kleinen mit den großen Augen ähnele.

J: Richtig. Wir kennen sie. Und wir verstehen ihre Arbeit. Sie sind uns allerdings unterworfen.

D: Und ihr seht eher so aus, wie Menschen üblicherweise aussehen.

J: Wir können aussehen wie wir aussehen wollen.

D: Wie macht ihr das?

J: Es ist eine Methode, die wir von Geburt an lernen. Es ist Gedankenkraft.

D: Du wirst feststellen, dass ich viele, viele Fragen stelle. Sei also geduldig mit mir.

J: Du bist eine neugierige Frau.

D: Das bin ich gewiss. Habt ihr denn irgendeine Form, die eure ursprüngliche Form oder euer hauptsächlicher Zustand ist?

J: Ja, haben wir.

D: Wie sieht diese Form aus?

J: Reine Energie.

D: Dann braucht ihr nicht unbedingt einen physischen Körper?

J: Richtig.

D: Aber ihr manifestiert aus verschiedenen Gründen einen physischen Körper. Darf ich wissen, warum?

J: Wenn wir auf eurem Planeten wandeln wollen, wenn es notwendig ist, eine Person zu retten, wenn wir in einem Bereich arbeiten müssen, in dem wir körperlich eine Präsenz benötigen.

D: Fühlst du dich dann so nicht eher gehemmt, wenn du doch eigentlich reine Energie bist?

J: Es ist sehr schwer, das zu tun.

D: Das kann ich mir vorstellen, weil du daran gewöhnt bist, so frei zu sein.

J: Es ist ein bisschen einengend, ja. Verstehst du, dass du zu einer Ebene sprichst, die dein kleines Wesen mit einschließt, insofern als ... (Seufzer) Es gibt einen Punkt, den ein Individuum erreichen kann. Es besteht die Fähigkeit, in diesem Energiezustand zu arbeiten und dieses Individuum lernt, das zu tun. Das ist es, was Janice zuletzt tat. Und sie ist sich dessen bewusst.

D: Bist du denn an Bord eines Schiffes?

J: Wir sind augenblicklich an Bord eines Raumschiffes.

D: Ich finde das sonderbar. Dein normaler Zustand ist reine Energie, und doch benötigst du ein Schiff zum Reisen?

J: In bestimmten Dimensionen tun wir das. Je näher wir der Erde kommen, desto notwendiger ist es für uns, dies zu tun, aufgrund der schädlichen Aspekte eurer Ozonschicht und der verschiedenen anderen Schadstoffe in eurem Planetensystem. Um die Reinheit der Energie aufrechtzuerhalten, ist es notwendig, sie in solch einer Weise einzuschließen, dass deren Teleportation in keiner Weise behindert oder unterbrochen wird. Wann immer man auf dieser Existenzebene arbeiten will, kann dies mit verschiedenen Methoden erfolgen, je nach Projekt. Was ich euch damit sagen will, ist dass ihr in Bezug auf den Energiezustand nichts weiter braucht, um zu arbeiten. Abhängig vom Zweck oder von der Mission bestimmt dies jedoch die verwendete Methode. Licht, euer Licht, euer reines Licht, euer reiner Gedanke, damit können wir von überall aus arbeiten, ohne Form, ohne Gestalt. Wenn es jedoch notwendig ist, in diese Dimension hineinzukommen, hier zu sein, müssen wir aufgrund der bestehenden planetarischen Bedingungen diesen Energiezustand schützen, damit er angemessen genutzt werden kann. Denn Energie kann durch das, was sie berührt, molekular beeinflusst werden. Wenn wir also im reinen Energiezustand kämen, würde jene Energie, die wir auf euren Planeten bringen -- und welche momentan so notwendig ist molekular verändert werden. Sogar ein Molekül der Veränderung würde einen Unterschied machen und würde nicht die notwendige Änderung bewirken. Ist das eine Erklärung, die du verstehst?

D: Ich versuche es. Ist das der Grund, warum ihr einen Körper manifestiert?

J: Deshalb manifestieren wir einen Körper. Deshalb kommen wir in einem Schiff. Denn innerhalb dieses Umgebungsraums beeinflussen die Moleküle eurer Atmosphäre zwar die Körperlichkeit, berühren jedoch nicht die Reinheit der innerlichen Energie. Wenn man in einem reinen Energiezustand kommt, interagiert man mit den Molekülen in der Luftc. Daher wird die vorhandene Negativität mit der Reinheit der eingebrachten Energie in Wechselwirkung treten und somit diesen reinen Essenzzustand verändern. Es ist jedoch enotwendig, den reinen Essenzzustand aufrechtzuerhalten. Das ist auch ein weiterer Grund dafür, Janice auf das Schiff zu nehmen, ihr Fahrzeug auf das Schiff bringen zu lassen. Die Essenz, mit der sie zur Erde zurückkehrt, könnte zwar von dort, wo wir sind, auf sie übertragen werden. Aber damit deren Beherrschung vollständig umgesetzt werden kann, muss dies in ihrer Körperlichkeit geschehen, denn schließlich muss sie in ihre Körperlichekeit zurückkehren und darin leben.

D: Ja, sie muss zu dieser Zeit in einem physischen Körper auf dieser Erde sein.

J: Das stimmt. Aber die Energie in ihr ist nicht von der Körperlichkeit dieser Welt, in der ihr lebt.

D: Ist das so, weil sie in Wirklichkeit eine von euch ist?

J: Sie war eine von uns. Sie hat uns hinter sich gelassen.

D: Dann war sie in früheren Leben, so wie wir linear vergangene Leben betrachten -- und das ist die einzige Möglichkeit, wie ich es verstehen kann – zu einer anderen Zeit also eine von euch?

J: Sie ist immer noch eine von uns, aber sie ist mehr als das. Sie ist an uns vorbeigezogen. Sie begibt sich auf unser Niveau herab, um mit uns zusammenzuarbeiten. Wir fühlen uns geehrt, sie in unserer Gegenwart zu haben.

D: Das ist sehr gut. Wenn die meisten Menschen euch Wesen sehen, manifestiert ihr euch in einer Form, die sie eurer Meinung nach sehen sollten?

J: Ich verstehe deine Frage nicht.

D: Okay. Wenn andere Leute sagen, sie hätten Außerirdische gesehen, wie wir sie nennen, oder Wesen aus dem Weltall, dann sehen sie sie in anderen Gestalten.

J: Weil das andere Außerirdische sind.

D: Ich frage mich, ob all diese Formen nur manifestiert wurden.

J: Sie existieren. Sie werden nicht ... (Seufzer) Sie existieren. Sie existieren so, wie ihr existiert. Der Unterschied ist derselbe wie der Unterschied zwischen euch und einem Chinesen.

D: Das habe ich mir gedacht. Aber euer Typ ist anders.

J: Wir sind eine Integration. Aufgrund unserer Entwicklung können wir die Dinge tun, die die anderen tun. Das ist jedoch nicht unser Hauptzweck. Die Experimente sind etwas, an dem sie stark beteiligt sind.

D: Und du bist nicht daran beteiligt.

J: Nicht an den medizinischen Experimenten. Wir arbeiten auf weit höheren Ebenen.

Janice atmete schwerer, sie spürte Hitze. Ich gab Suggestionen, damit sie abkühle. Die Hitze schien ein Energieanstieg zu sein, der schwankte.

D: Ich weiß, viele Fragen müssen wohl sehr einfach erscheinen, aber das ist die einzige Art, wie ich lernen kann. Ich hoffe also, dass du geduldig mit mir bist.

J: Die Worte behindern unsere Erklärungen an dich.

D: Doch nur so kann ich verstehen.

J: Wir verstehen das. Aber einen Prozess vollständig in euren menschlichen Begriffen zu beschreiben, ist manchmal schwierig. Und die Fehlkommunikation der Absicht oder des Sinnes wird aufgrund der Einschränkungen eurer Sprache nicht vollständig erkannt.

D: Ich habe das schön oft von anderen Leuten gehört.

J: Wir finden es sehr interessant, dass ihr eure Sätze ausschreibt. Ich werde das Wort „ulkig“ verwenden. Es ist ulkig für uns, dass ihr jedes winzig kleine Wort ausschreiben müsst. In unserer Kommunikation verwenden wir ein Symbol, und dieses Symbol kann Absätze und ganze Informationsabschnitte vermitteln. Wir verwenden Symbole zur Beschreibung oder zur Vermittlung von Information, sowohl in der mentalen Kommunikation als auch in der schriftlichen. Anstatt einen Namen für ein Individuum auf dem Schiff zu schreiben, könnte ein Symbol berichten, was er tut, was er getan hat, was sein Zweck hier im Projekt Erde ist und woher er kommt, aus welcher Art von Umgebung. Seine Geschichte und seine Funktion sind in diesem einen Symbol. Andere Symbole beschreiben das Planeten- und Sternensystem, von dem das Individuum stammt.

D: Das sind viele Informationen in einer.

J: Einige dieser Symbole befinden sich an den Wänden des Raumschiffs und auch in unseren Büchern.

D: Oh, da sind Bücher?

J: Ja, Janice wurde ein Buch mit dieser Art von Schriften gezeigt. Und obwohl sie darauf bestand, dass sie nicht verstehe, was es bedeutet, wurde ihr gesagt, dass sie es verstehe. Sie würde es aber nur in einem bestimmten Geisteszustand interpretieren können. Dies möge euch helfen, die Schwierigkeiten zu verstehen, die wir bei dem Versuch haben, mit euch in der archaischen und ermüdend langsamen Methode der gesprochenen Worte zu kommunizieren. Vor allem, wenn es für die Begriffe, die wir zu erklären versuchen, oft keine Worte gibt.

Die Wesenheit gab dann ein Beispiel für die mentale Kommunikation durch Symbole. Sie sagte, wir tun dasselbe, ohne es zu merken, aber wir haben es nicht bis zu demselben Grad entwickelt, wie sie. Beispielsweise enthält das Symbol „Weihnachten“ Tausende von Bildern und erinnert daran: Weihnachtsbäume, Dekorationen, Geschenke, Jesuskind, Geburt Christi, Weihnachtsmann, die Farben Rot und Grün, Glocken und so weiter und so fort. Die Bilder und auch die Gefühle, die ein Symbol in den Sinn bringt, könnten Seiten und Seiten des Schreibens füllen. Ich hatte keine Mühe damit, noch an weitere solche Symbole zu denken. Das war eine gute Analogie. Es erklärte die Gründe für die Kommunikation in Symbolen und die Einbeziehung ganzer Begrifflichkeiten in ein so einfaches Instrument. Es ist kein Wunder, dass sie Probleme und oftmals auch keine Geduld mit unseren langwierigen Kommunikationsmethoden in der schriftlichen wie in der gesprochenen Sprache haben. Ich kam zu der Frage zurück, die ich vor Beginn seines Vortrags gestellt hatte.

D: Wenn dann diese anderen Menschen Erfahrungen mit Außerirdischen machen, sehen nicht allevon ihnen manifestierte Formen. Dies sind ganz bestimmt physische Rassen, Spezies sozusagen? (Ja) Ich habe versucht, diese Aliens, von denen mir berichtet wurde, entsprechend den Arbeiten, die sie tun, in verschiedene Kategorien einzuteilen. Jetzt weiß ich nicht, ob das möglich ist oder nicht, aber ich würde gerne einige Fragen dazu stellen. Zum Beispiel die Art von Wesen, die wir als die „kleinen Grauen" bezeichnen. Du sagtest, dass sie hauptsächlich an den medizinischen Experimenten beteiligt seien?

J: Auf ihrer Ebene sind sie involviert und sind Helfer. Viele Menschen haben sie missverstanden. Sie wurden für viele Dinge verantwortlich gemacht. Es mag diejenigen unter ihnen geben, die diese Art von Experimenten durchführen würden, von denen ihr die Leute sprechen hört. Es gibt jedoch auch die Wesen, die in dem Gebiet arbeiten, dem Menschen dabei zu helfen, bestimmten Energieniveaus standzuhalten. Aufgrund der Veränderungen, die im Inneren eines Individuums stattfinden müssen, um sich in den Energiebereichen zu bewegen, mit denen die Person, mit der du sprichst, Janice, operiert, muss es körperliche Veränderungen in ihrem Körper geben. Andernfalls zerfiele er und könnte nicht in eure Dimension zurückkehren. Daher werden die Grauen und diejenigen unter unseren Brüdern, die auf dieser Ebene tätig sind, in gleicher Weise angesehen, wie eure Ärzte. Insofern als sie reparieren, rekonstruieren, instandhalten und diese Art von Arbeit mechanisch erledigen. Sie sind nicht an der Energiearbeit beteiligt, an der wir beteiligt sind. Die Energiearbeit, an der sie beteiligt sind, besteht einfach darin, die mechanischen Veränderungen innerhalb einer Person zu vollbringen. Und tatsächlich, wenn es an der Zeit ist, dass die Veränderung stattfindet .... (Sie zeigte abermals Anzeichen von Unbehagen.)

D: Wird dir jetzt kalt?

Es schien das Gegenteil von dem Hitzestau zu sein. Ich zog die Decke wieder über sie drüber und gab ihr Suggestionen.

D: Dann sind sie diejenigen, die in die Tests und diese verschiedenen Arten von Dingen verwickelt sind.

J: Ja. (Tiefer Atemzug.)

D: Mir wurde auch von einer anderen Rasse erzählt, die den Grauen ähnelt, aber sie sind sehr groß mit langen Fingern und langen Gliedmaßen. Kennst du diejenigen, von denen ich rede?

J: Es gibt mehrere Rassen wie jene. Ich bin mir nicht sicher, von welcher du gerade sprichst.

D: Nun, mir wurde gesagt, dass sie sehr große Wesen seien. Und sie tragen Gewänder, glaube ich. Und haben sehr lange Finger und lange Arme und Beine.

J: Und welche Farbe und welche physische Form hast du vom Gesicht? Es gibt nämlich eine Rasse von Wesen, die reine außerirdische Wesen sind, sie sind allerdings groß und bescheiden. Und wenn du sie sähest, würdest du denken, sie sehen aus wie riesige Versionen eures Volkes auf der Erde. Sie sind es aber nicht, sie sind Außerirdische.

D: Ich glaube, diese anderen hatten andere Gesichtszüge. Und sie wurden hauptsächlich auf den großen Schiffen gesehen. Was wir die „Mutter"-Schiffe nennen.

J: Ja. Falls du von den Wesen auf den Mutterschiffen sprichst, dann verstehe ich dich. Aber wenn du sagst, dass sie groß sind, es gibt da mehrere große Rassen. Viele von ihnen sind die Lehrer. Wenn das Individuum mit einem Mutterschiff arbeitet, gibt es dort ein großartiges Lehren. Sie sind weit über dem Niveau der Grauen. Sie sind aufgestiegen, wie es in deiner Sprache heißt.

D: Einige Leute haben sie bei Laborexperimenten in größerem Maßstab beobachtet.

J: Nun, ich bin damit vertraut, dass sie Experimente in anderen Bereichen machen. Bereichen von ... wenn man auf die Ebene der Physik geht.

D: Ich habe sie als intelligenter eingestuft.

J: Genau. Das ist es, was ich dir sage. Ich sagte, in eurer Terminologie gesprochen, ihr seid aufgestiegen. Ihr würdet das so betrachten, als hättet ihr ein anderes Niveau erreicht.

D: Und es gibt noch einen anderen Typ, von dem mir Leute erzählt haben. Sie scheinen eher ein insektenartiger Typ zu sein, so wie wir die Gesichtsmerkmale und Gliedmaßen von Insekten begreifen. Natürlich verstört dies eine Person immer, wenn sie diesen Typus sieht.

J: Wenn ihr euren Planeten betrachtet, werdet ihr dasselbe sehen, über das ihr gerade sprecht. Geht nach draußen auf eurer Erde und seht euch eure Ameisen an. Dann betrachtet eure Heuschrecke. Dann betrachtet euren Wurm. Dann schaut euch euren Vogel an. Dann betrachtet Bären. Dann betrachtet ... irgendetwas. Ich könnte endlos, endlos, endlos weitermachen. Es ist das gleiche Prinzip. Die gleichen Lebenskräfte, die auf eurem Planeten wirken, wirken auch hier. Bei all diesen Erscheinungsbildern, aus denen diese Wesen stammen, sind sie gleich. Es ist das gleiche ... (Er hatte Schwierigkeiten) das Wort ist ... die Sprache ist .... (Seufzer)

D: Was? Molekulare Struktur?

J: Nein. Vergleichend gesprochen, ist das, was ihr beobachtet und was Menschen auf der Erdebene beobachten, die verschiedenen Wesensebenen, die am Werk sind. Oder die existieren, die einfach existieren.

D: Aber es scheint die Menschen mehr zu stören, wenn sie diesen Insektentypus sehen.

J: Nun, denkst du, dass es eine Ameise nicht stört, wenn sie dich sieht?

D: (Kichern) Ich hatte daran nicht gedacht. Natürlich, wir sind ja viel größer.

J: Aha! Aha! Oh, du bist ganz anders als eine Ameise. Physisch siehst du für eine Ameise ziemlich seltsam aus. Und du flößt ihr Angst im Herzen ein, wenn sie deinen Fuß auf ihren Kopf zukommen sieht. (Ich lachte) Du hast also dasselbe Prinzip. Ich versuche dir zu sagen, dass das gleiche Prinzip in Kraft ist. Genau das gleiche Prinzip.

D: Aber ich habe versucht, sie hinsichtlich der Arbeit, die sie verrichten, zu klassifizieren. Und nach meinem Verständnis sind die Insektentypen eher ein dienerartiges Wesen. Vielleicht liege ich da falsch.

J: Nein, du liegst nicht falsch.

D: So, wie die Leute sie gesehen haben, tun sie mehr oder weniger, wie ihnen befohlen wird. Sie schienen keinerlei eigene Initiative zu haben.

J: Sie gelten als die Arbeiter.

D: Und andere Typen scheinen sich auf die eine Art zu präsentieren, während sie tatsächlich wie eine andere aussehen.

J: Sie können sich als alles präsentieren, was sie sein wollen. Wenn sie eine Katze sein wollen, sind sie eine Katze. Und einzelne Menschen, die mit uns zusammenarbeiten, erfahren dies und deshalb gibt es eine ganz andere Art der Interaktion, weil die

Individuen ganz klar erkennen, wann dies geschieht. So respektieren sie sich gegenseitig. Insofern es notwendig oder erforderlich ist, dass einer von uns herunterkommt und eine Katze ist, dann tun wir das.

D: Könnte das erklären ... manche Leute nennen dies „Deck-Erinnerungen". Sie glauben, sie sehen etwas, aber es ist nicht wirklich da.

J: Das ist einer der Zwecke, aber das ist nicht der ganze Zweck. Manchmal, wie im Fall von Janice, ist es aufgrund des hohen Niveaus, auf dem sie tätig ist und wegen einiger Projekte, an denen sie beteiligt ist, für ihren Wiedereintritt notwendig, ein physisches Objekt zu ihr zu bringen. Und in ihrer Interaktion damit wird sie dann wieder auf eurem Planeten geerdet.

D: Nimmt sie deshalb ihren Hund oder ihr Auto mit?

J: Nein, nein, überhaupt nicht. Es hat nichts damit zu tun, etwas mitzunehmen. Schau ... (Seufzer) Der physische Körper, der in eure physische Welt zurückkehrt, muss sich wieder integrieren. Manchmal ist eine Reintegration notwendig, um dem Einzelnen zu helfen. (Wieder hatte er Schwierigkeiten mit den Worten.) Aufgrund des Energieniveaus, auf dem dieses Individuum vor der Reintegration tätig war, ist es manchmal schwierig, diese Energie wieder zurück in die Körperlichkeit eurer Welt hinabzutransformieren. Um das zu schaffen ist es daher manchmal notwendig, dass diese Person mit einem von uns bereitgestellten speziellen Objekt interagiert. Daher könnte es in Form eines Tieres sein. Es könnte in Form eines Felsens sein, zu dem sich die Person hingezogen fühlt. Wenn sie anfängt, das Objekt zu berühren, integrieren wir sie dadurch wieder in ihre physische Realität. Du müsstest das sehr gut verstehen. Du bringst Menschen ständig aus der Hypnose heraus. Es ist in sehr ähnliches Prinzip am Werk.

D: Ich verstehe. Versuche, geduldig mit mir zu sein. Ich denke, wenn wir weiter reden, werde ich mehr verstehen. Aber am Anfang bin ich voller Fragen, die dir vielleicht sehr naiv erscheinen.

J: Du bist eine sehr weise Frau und ich entschuldige mich dafür, dass ich schroff bin. Es ist nur so, dass ich an diesem Punkt einen wenig Platz für mich haben werde und ich möchte, dass deine Fragen beantwortet werden. Also bin ich ....

D: Ein wenig ungeduldig. Schroff. Alles klar. Ich werde deine Persönlichkeit auch noch kennenlernen. (Kichern) Ich habe einige Fragen, die ich dir gerne stellen würde. Und wir können mit ihnen weitermachen.

J: Wenn es für dich an der Zeit ist, dieses Wissen zu erlangen, wird es dir gegeben. Bitte habe aber Verständnis dafür, dass alles, was nicht beantwortet wird, nicht darauf zurückzuführen ist, dass wir deine Arbeit oder deine Fragen nicht respektieren. Es wird einfach daran liegen, dass du in unserer Seinsart ... die Zeit verstehen musst, nicht eure Zeit, nicht unsere Zeit, sondern die ganze Zeit. Weil wir von einem Ort sind, der jenseits jeglicher Zeit ist. Um also in die verschiedenen Zeiten hinein- und hindurchzukommen, ist dies sehr präzise. Sehr präzise Aktionen, sehr präzise Momente -- wie ihr sie bezeichnen würdet -- Augenblicke. Es kann nur manchmal in diesem einen ganz besonderen Moment stattfinden. Wenn diese Sekunde eine zu früh oder eine zu spät ist, ist damit alles verändert worden.

D: Aus diesem Grunde kannst du mir keine Informationen geben, für die ich noch nicht bereit bin.

J: Es ist wichtig, dass du das verstehst. Es ist wichtig, dass du weißt, dass einige dieser Informationen kommen werden. Aber sie müssen speziell kommen und zu einem bestimmten Zeitpunkt. Ein bestimmter Punkt, nicht nur in eurer Zeit, sondern durch die Zeit, von der aus ich dorthin wirke, wo ihr seid.

D: Also kann ich nur die Frage stellen und warten, ob ich die Antwort bekommen kann. Dies sind einige Fragen, die mein Freund, der an der UFO-Forschung beteiligt ist, mich gebeten hat, dir vorzulegen. (Ich sprach von Lou Farish.) Wir werden einfach abwarten, ob du antworten kannst. Er möchte wissen, inwiefern genetische Experimente mit Viehverstümmelungen zusammenhängen?

J: Holografisch. Verstümmelungen von Rindern sind uns ein großes Anliegen.

D: Denn sie werden hier sehr negativ wahrgenommen.

J: Sie werden auf eurem Planeten negativ wahrgenommen. Was ihr jedoch wissen müsst, ist Folgendes: Ihr könnt in Little Rock in euer medizinisches Zentrum gehen, und ihr werdet dieselben Experimente vorfinden. Und ihr tut es euch selbst an. Warum solltet ihr also derart beunruhigt darüber sein, dass ihr zu

Forschungszwecken dasselbe mit einer Katze und einem Hund tut, wenn es aber dann auf der Ebene von Vieh getan wird, dann entschuldige mich flippt ihr aus? Nun, diese werden nicht zum Spaß gemacht. (Er hatte Schwierigkeiten, die Worte zu finden.) Anhand eines Organs experimentieren bestimmte Rassen damit, Dinge auf ihrem Planeten zu reproduzieren. Genetisch könnte eine Zelle aus der Kuhleber mit der einer Hühnerleber gemischt werden. Und aus dieser Kombination kann es eine völlig andere Art Lebensform geben. Die Viehverstümmelungen wurden alle in einen Topf geworfen. Das ist falsch. Falsch. Nicht alle eure Viehverstümmelungen wurden von den Weltraumbrüdern durchgeführt. Einige von ihnen wurden von hochentwickelten Einzelpersonen auf eurem eigenen Planeten zu nicht sehr ehrenwerten Zwecken durchgeführt.

Janice zeigte wieder Anzeichen von Unbehagen. Sie warf die Decke ab. Sie versuchte scheinbar, die Temperatur in ihrem Körper konstant zu halten.

D: Nun, die Leute, die diese Versuche mit dem Vieh durchführen, sind sie eine bestimmte Gruppe von Außerirdischen?

J: Es ist alles in einem Ganzen. Schau, es ist ganz so, wie ihr immer sagt: „Wir sind eins." Aliens sind alle eins, aber wir sind alle auf dieselbe Weise unterschiedlich. Und wir entwickeln uns genauso individuell, wie ihr.

Sie begann wieder, Hitze zu spüren. Ich gab ihr kühlende Suggestionen.

D: Ich weiß, es ist schwierig für dich, aber es wird nicht mehr viel länger dauern.

Anscheinend war es nur Janices Körper, der reagierte, denn es beeinträchtigte nicht die durch sie sprechende Wesenheit. Er fuhr fort, als ob es keine Unterbrechung gegeben hätte.

J: Auf dieselbe Weise, wie ihr euch individuell in einem unterschiedlichen Tempo entwickelt, tun dies auch die Aliens. Je nach dem, an welchem Punkt sie sich in ihrer Entwicklung befinden, wird es ihnen also erlaubt, ihre Experimente durchzuführen, genauso wie es euch erlaubt wird. Aufgrund der Interaktion zwischen den Gruppierungen unter ihnen passen wir alle in das Ganze. Es gibt eine bestimmte   und dies ist ein unpassender Begriff dafür, aber ihr werdet ihn verstehen Hierarchie. Es ist ein evolutionärer Prozess bei ihnen, genauso wie für die Menschen auf eurem Planeten und wie es vom Anfang eures Planeten an gewesen ist. So! Wir haben also Evolution, Alien-Evolution.

D: Eine Sache, die die Leute gefragt haben, ist, warum sie so viele Rinder töten müssen?

J: Sie haben sie nicht alle getötet. Das ist es ja, was ich versuche, dir zu sagen. Alles, was hier passiert ist, ist, dass es soweit sensationalisiert wurde, dass die Leute, die dies auf Ihrem eigenen Planeten tun wollen, damit davonkommen und sie die Aliens dafür verantwortlich machen können. Vieles ist den Außerirdischen vorgeworfen worden, was sie nicht begangen haben. Wir kommen nicht, um zu schaden.

D: Ich kann das glauben, aber sie wollen trotzdem, dass ich diese Fragen stelle. Gut. In der letzten Sitzung sprach das andere Wesen über ein Abkommen, ich nehme an, du würdest sagen, dass es mit der Regierung abgeschlossen worden war. Weißt du etwas darüber? Denn das Wesen sagte, die Regierung habe sie am Ende verraten.

J: Das ist richtig.

D: Kann ich etwas mehr darüber erfahren, wie es dazu kam?

J: (Seufzen und dann widerwillig.) Nun ... es gab eine Vereinbarung. Es gab einen Zeitpunkt, als eure Regierung wegen   was sie so nannten -- unserer „Macht“ (Seufzer) befürchtete, wir könnten oder würden oder wollten eure Welt übernehmen und vollständig kontrollieren. Nun suchten wir uns diese Zeit aus und schlugen aus dieser Angst Kapital, aber wir hatten nicht die Absicht, diese Angst zu wecken. Das bedeutet nicht, dass wir nicht hier sind, um alle und jegliche uns zur Verfügung stehenden Mittel einzusetzen, die Menschheit dazu zu bringen, aufzuhören. Hör auf! Hör auf damit, Menschheit. Begreifst du nicht, was du deinem Universum antust? Was ich euch damit nun erklären möchte, ist, dass eure Regierung Angst vor uns bekam. Wir sahen das als eine Gelegenheit, mit ihnen ein Abkommen zu schließen. Wir hatten jedoch keine Absicht, euren Planeten zu stürzen, aber wir erregten ihre Aufmerksamkeit. Und sobald wir ihre Aufmerksamkeit hatten, geschahen natürlich einige Dinge. Es geschahen einige Unfälle, was dieses ganze Szenario zur Folge hatte. Und eure Regierung hat einige Informationen, wie einige Leute bezüglich des Vorfalls von Roswell richtig annehmen. Bist du damit vertraut?

D: Ja, ich weiß davon..

J: Es fanden also Treffen statt und es wurden Kontakte geknüpft, die zu einem Waffenstillstand führten, in dem es nie einen Krieg geben sollte, in dem ein Waffenstillstand vereinbart werden musste. Aber wir ließen das zu. Und wir hielten unseren Teil der Vereinbarung. Eure Regierung jedoch hielt ihren Teil der Vereinbarung nicht ein.

D: Das überrascht nicht.

J: Was geschah ist, je mehr Informationen und je mehr Technologie wir mit ihnen teilten, desto gieriger wurden sie. So bekamen wir das wahre Herz des Menschen wieder zu sehen. Der Wurm windet sich und wir begriffen, womit wir es zu tun hatten. Und unser Herz wurde sehr schwer und traurig, weil wir dies erkannten. Dann zwang man uns, wieder subversiv zu werden, und das ist nicht das, was wir brauchen, um Frieden auf eurem Planeten zu stiften. Aber dies ist die einzige Art, die ihr versteht. Ihr scheint nicht mit „erhobenen Köpfen" umgehen zu können, sozusagen.

D: Mit Ehrlichkeit.

J: Richtig.

D: Dann hatten eure Leute Kontakt mit Regierungsmitgliedern, und es gibt Leute in der Regierung, die wissen, dass ihr existiert?

J: Sehr wohl.

D: Und mit euch kommunizieren?

J: Sehr wohl. Es gibt Leute in eurer Regierung, die ganz so sind wie Janice.

D: Welche Art Information wurde geteilt?

J: Euer Stealth-Bomber ist ein Ergebnis davon.

D: Oh? Gab es noch andere?

J: Es gab andere.

D: Ich habe gehört, dass es hieß, Computer seien ein Ergebnis der Kommunikation mit Außerirdischen. Ist das wahr?

J: (Großer Seufzer.) Es gab Leute, die bereits an den Computern arbeiteten. Es war nur eine Frage der Beschleunigung. Wir haben Ihnen also nicht unbedingt die Technologie gegeben. Ihr hattet die Idee dazu bereits von uns erworben. Ihr hattet die Idee von uns erworben. Die Arbeit daran hatte begonnen. So fand ein Teilen statt, welches dies beschleunigte. Die Regierung war zu diesem Zweck nicht beteiligt. Das war kein Teil von dem, worüber wir sprachen, der „Deal". Es gab Leute, die bereits an den Computern arbeiteten. Es war nur eine Frage der Beschleunigung. Wir haben Ihnen also nicht unbedingt die Technologie gegeben. Sie hatten die Idee bereits von uns abgekauft. Ihr habt die Idee von uns gekauft. Die Arbeit hatte daran begonnen. So fand ein Teilen statt, das es beschleunigte. Die Regierung war zu diesem Zweck nicht beteiligt. Das war nicht Teil dessen, worüber wir sprachen, dem „Abkommen".

D: Ich dachte an ein Abbkommen über Informationsaustausch. Es scheint mir, dass ein Bomber für einen negativen Zweck eingesetzt werden würde.

J: Nun, ihr Menschen habt manchmal die Aufmerksamkeitsspanne einer Ameise. Wisst ihr, der Bomber muss nicht zu einem zerstörerischen Zweck eingesetzt werden. Wenn ihr die Technologie nutzen und anwenden würdet, könntet ihr diese als Sprungbrett benutzen, um zu lernen, wie man tut, was wir tun. Bevor ihr wisst, was ihr mit einem Bomber tun könnt, wie könnt ihr da wissen, was ihr mit einem Raumschiff tun könnt? (Sie klang verärgert.)

D: Ich verstehe. Dann fühlt ihr euch von der Regierung betrogen?

J: (Sie beruhigte sich.) Ja. Sie haben die Vereinbarung missbraucht. Denn ... (Seufz) eure Regierung hat Länder in der ganzen Welt mit Waffen versorgt. Aber der Bomber war nicht für andere Länder bestimmt. Die Technologie war für dieses Land bestimmt, weil dieses Land dem Frieden geweiht war. Die Technologie eurer Atombombe wurde geteilt. Natürlich ist eure Regierung nicht völlig alleine schuld, weil die Technologie gestohlen und in die falschen Hände gegeben wurde. Das war unsere Sorge, dass die falschen Leute in den Besitz dieser Technologie kommen würden. Und das ist geschehen. Somit ja, wir wurden betrogen. Ich sage natürlich nicht, dass eure Regierung völlig alleine schuld war.

Wenn man jedoch in unserer Welt eine Vereinbarung trifft, dann gibt es keine Abweichungen.

Vielleicht war dies der Grund, warum die Aliens ihren Teil der Vereinbarung nicht brechen konnten, obwohl sie sahen, dass sie missbraucht wurde. Aber dies würde sie nicht davon abhalten, bei zukünftigen Bestimmungen der Vereinbarung selektiv zu sein, nachdem sie unsere Täuschung entdeckt hatten.

D: Und als Ergebnis dessen teilt ihr immer noch Informationen mit ihnen?

J: Bis zu einem gewissen Grad. Nicht in dem Maße, wie wir könnten. Es ist unmöglich. (Leise) Wenn sie das mit uns tun ... (Seufzer) dann sehe ich keine Gerechtigkeit. Wir sind sehr traurig über den Stand der Dinge.

D: Dann habt ihr nicht aufgehört, ihnen alle Informationen zu geben. Ihr gebt ihnen einfach nicht so viel wie früher, oder eine andere Art Informationen.

J: Selektiv. Es gab bestimmte Leute wie Tesla, denen man mit dem, was er wusste, vertrauen konnte. Es gibt bestimmte Personen wie Janice, denen man vertrauen kann, mit ihren Informationen das Richtige zu tun. Es ist Vertrauenssache. Was also das Teilen von Technologie angeht, werden wir damit nicht aufhören. Weil wir hier sind, um zu helfen, und nicht, um Abkommen zu machen. Ihr wollt die Abkommen. Nicht wir wollen die Abkommen.

D: Aber ihr werdet trotzdem nicht die Technologie teilen, die ihr könntet, wegen dieser Angelegenheit.

J: Genau. Gehe ich hin und bringe Präsident Bush bei, wie man die Lichtgeschwindigkeit nutzt, um sich selbst zu transportieren? (Erzwungenes Kichern) Ich werde es Janice beibringen. Sie weiß. Sie kann es schaffen.

D: (Kichern) Aber man konnte ihm nicht trauen.

J: Das ist richtig.

D: Oh, ich stimme zu. Aber der Mann, mit dem ich an diesem Thema arbeite, wollte mehr darüber wissen. Er sagte, das klinge rationaler.

J Wie? Ich ... Ich?

D: Der Mann, mit dem ich an dieser Art Information arbeite. Es gibt einen Mann, mit dem ich Dinge teile und er hat niemals ....

J: Wir wissen, wir kennen ihn, wir kennen diesen Mann.

D: Und er ist derjenige, der diese Fragen schrieb.

J: Was klingt für dich rational?

D: Es wurde gesagt, dass nicht die Regierung diejenige war, die das Abkommen brach. Dass es die Aliens waren. Und er sagte: „Das ergibt keinen Sinn."

J Eure Regierung ließ es so erscheinen ... Ihr wisst, dass sie darin sehr gut sind. Es ist so, wie wenn du sehr schwer bist und zwei Tonnen Eis essen willst. Du wirst einen Weg finden, dies als okay erscheinen zu lassen. Wenn ihr also unsere Technologie missbrauchen wollt, werdet ihr uns die Schuld an eurem Missbrauch geben. Weil ihr nicht hinsitzen und sagen werdet: „Oh, ich war böse. Ich habe das getan." Es ist sogar noch schlimmer in Amerika, wirklich.

D: Das ist, was er sagte: „Wie dumm müssen sie sein, zu glauben, sie könnten Leute täuschen, die ihre Gedanken lesen können."

Er lachte, aber es war erzwungen, nicht natürlich.

J: Das ist richtig. Wir haben gelacht, aber es ist nichts zum Lachen. Es macht uns traurig. Und wir werden sehr, sehr wählerisch bei den Personen, mit denen wir Informationen teilen. Um mit der Ebene zu interagieren, mit der du gerade sprichst, bedarf es einer Reinheit des Individuums, des Mediums, durch das wir sprechen. Verstehst du, dass ich über Energie spreche?

D: Ja, ich kann verstehen.

J: Wenn du sie auf ihren reinen Energiezustand reduziertest, würdest du kein einziges Molekül verkehrt vorfinden. Das kommt aus ihrem eigenen Tun. Und von ihrem eigenen Leben, wie sie sich selbst hingegeben und gelebt hat. Wenn du das nun auch weißt, musst du verstehen, dass dieses Wesen energetisch weit höherentwickelt ist als wir. Höher als hier. Begreifst du, was ich dir gerade sage?

D: Ich denke schon. Weil ich mit Leuten gearbeitet habe, die in anderen Leben sagten, sie seien auf einem höheren Energieniveau. Und manchmal kommen sie zurück in diese Welt.

J: Diese Person ist nicht von eurer Welt. Und doch ist sie in eurer Welt und in anderen Welten gleichzeitig tätig.

D: Und das erfordert einen sehr fortgeschrittenen Geist.

J: Sie wird ihre Gänzlichkeit immer vollständiger verstehen. Das ist nicht das Wort.

D: Ganzheit.

J: Nein, das ist nicht das Wort. Die Gesamtheit ihrer Energielinie, wenn sie Dimensionen überschreitet. Vergiss Dimensionen, wir sprechen nicht über Dimensionen. Die Verbindung ist jenseits Dimensionen. Es gibt keine Dimensionen, dort, wo sie herkommt. Sie ist in ihrer Seele sehr mit ihrer Essenz verbunden. Der beginnende göttliche Funke der Göttlichkeit. In ihr verborgen trägt sie die ganze Zeit mit sich. Ah! Dies ist für uns eine Ehrfurchtgebietende Sache, das in einem Menschen zu sehen. Wir schätzen das also. Und deshalb kommen wir, wenn sie darum bittet, uns tagsüber zu sehen.

D: Das kann ich wertschätzen. Lass mich noch eine kurze Frage stellen, und dann werde ich dich gehen lassen. Er wollte außerdem wissen: Es wurde uns gesagt, dass „Entführte“ -- ich mag diesen Begriff nicht, aber das ist der Begriff, der verwendet wird wenn Personen entführt werden, ihnen Monitore oder Überwachungsgeräte implantiert werden. Und sie werden ihr ganzes Leben lang überwacht.

J: (Zögern, als ob es nicht richtig wäre.) Nun ....

D: Oder im Auge behalten.

J: Und ihr tut dasselbe.

D: Nun, er wollte wissen: Leute wie wir, die UFO-Ermittler sind, werden wir auch überwacht und im Auge behalten?

J: Natürlich werdet ihr.

D: Er sagte, er habe es vermutet, aber er wollte es herausfinden.

J: Verstehst du, waum? Es ist wirklich wichtig, dass du verstehst, warum.

D: Ja, ich würde es gerne wissen. Ich denke, er auch.

J: Es ist zu eurem Schutz. Es ist nicht wegen irgendeiner Subversivität. Dir wird bereits vertraut. Du würdest jetzt nicht mit Janice sprechen, wenn du nicht vertrauenswürdig wärst, denn sie hat sich bisher noch nie Dingen wie deinen Ermittlungen ausgesetzt. Und das drei Jahren lang wohl in ihrem Bewusstsein. Sie hat all dies vollständig für sich behalten. Es erfordert eine große innere Charakterstärke, die Erfahrungen auf menschlicher Ebene durchzugehen, zumal sie sie dies auf der menschlichen und auf anderen Ebenen gleichzeitig tut. Deshalb bedarf es einer großen

Charakterstärke. Sterbliche tun das nicht so oft in menschlicher Hinsicht, weil die Menschlichkeit dabei zerbricht. Sie werden entweder verrückt oder sie können nicht funktionieren oder sie sitzen unter einem Baum und starren in den Weltraum oder ... Aber sie funktioniert aufgrund ihrer hoch entwickelten Natur. Und aufgrund des Mechanismus, aufgrund dessen ihr Gehirn und ihr komplettes Wesen molekular agieren. Die besondere Gestaltung des Energiemusters ihrer Quellenergie ermöglicht es ihr, dies zu tun. Nun zurück zu deiner Frage.

D: Ja, über die Ermittler.

J: Die Ermittler. Du und dein Freund ihr werdet geschätzt. Denn wir für unseren Teil schätzen das. Weißt du, ihr seid wie unser Personal. Wie nennt ihr sie? Du bist die PR-Abteilung (erzwungenes Kichern). Wir schauen darauf und wir wissen das zu schätzen. Was aber euer Verständnisniveau angeht, so mögen einige von euch vielleicht verängstigt werden, aber das ist nicht das Ziel der Überwachung. Nun zu deiner ursprünglichen Frage. Die Geräte, die implantiert werden, werden meistens und ich sage meistens, weil es unterschiedliche Zwecke für verschiedene Geräte gibt ... (Anzeichen von Unbehagen. Wieder Aufheizen. Suggestionen gegeben.)

D: Du sagtest, die Geräte werden auch in die Ermittler implantiert?

J: Nein, das ist nicht, was ich sagte. Du sagtest das.

D: Okay. Du sprachst von den Geräten, die implantiert wurden.

J: Ich sagte ... Okay. Du bist wieder bei deiner ursprünglichen Frage. Deine ursprüngliche Frage: Du sagtest, den Entführten werden diese Geräte implantiert und dann werden sie für den Rest ihres gesamten Lebens verfolgt. Nun, das ist das Gleiche wie mit den Viehverstümmelungen. Es gibt falsche Vorstellungen und Missverständnisse bezüglich: Nummer eins: deren Zwecke. Nummer zwei: wem sie implantiert werden. Und Nummer drei: dass sie diese für den Rest ihres Lebens aufrechterhalten. Okay. Geräte. (Seufzer) Nehmen wir das Wort „Novize". Neuling. Was ist ein Neuling?

D: Das ist ein Anfänger.

J: Oh! Ein Anfänger. (Der Ton war der von Geringschätzung.)

D: Das ist es, was ich denke. Ein Anfänger im Lernen.

J: Du hast Recht. Würdest du ein Kind nehmen und dieses Kind in das drei Meter tiefe Ende des Schwimmbeckens stecken? Würdest du ein Baby nehmen und es ohne Rettungsring dort hineinwerfen? Würdest du das tun?

D: Nein, würde ich nicht.

J: Wir auch nicht. Du weißt, abhängig von der Arbeitsebene des „Entführten" -- was von unserem Bezugspunkt aus nicht das ist, wofür wir diese Leute halten.

D: Ich auch nicht.

J: Wir betrachten sie einfach als Lichtarbeiter, genau wie wir. Wenn du all die Wesen nimmst, die wir berühren und die uns berühren, könntest du sie einfach und sehr wahrhaftig als „Lichtarbeiter" bezeichnen. Und du hast dies schon gehört. Nun, am Anfang, wenn ein Lichtarbeiter erweckt wird, oder wenn es nach dem großen Plan Zeit für diesen Lichtarbeiter ist, sich vertraut zu machen mit .... Oh, Junge! Dies könnte Stunden dauern, dir das zu erklären.

D: In Ordnung. Denkst du, wir sollten ....

J: Nein, nein. Du musst diese Sache mit den Geräten verstehen. Weil es, wie die Viehverstümmelungen, falsch ausgelegt worden ist. Es ist fürchterlich für Menschen, daran zu denken, dass sie ein Gerät in sich tragen. Es bringt sie aus der Fassung, weil sie denken, sie hätten keine Kontrolle. Dass sie zu Robotern gemacht werden, um kontrolliert zu werden.

D: Das ist eine Auffassung.

J: Ja. Und es ist vom menschlichen, ideologischen Standpunkt aus ein sehr reales Bedenken. Dies ist jedoch nicht wirklich der Zweck eines solchen Geräts. Das Gerät ähnelt sehr einem Samenkorn. Ihr habt eure zeitgesteuert freigesetzten Vitamine. Okay. Es gibt zwei Hauptzwecke von Geräten. Erstens: in der Lage zu sein, (klatschte in die Hände) ... sich so schnell mit diesem Individuum zu verbinden. Denn, auf die gleiche Art, wie wenn du das Baby in das drei Meter tiefe Ende des Schwimmbeckens wirfst ist es möglich, dass das Individuum in Situationen gerät, in denen es sehr notwendig wäre, sich ganz schnell mit dieser Person zu verbinden. Damit ihr physisch kein Schaden zugefügt werden kann, wegen der Energie, in der sie interagiert. Es gibt verschiedene andere mentale Prozesse, die das erwachende Individuum durchläuft. Und wir sagen „erwachend", obwohl es nicht wirklich so ist. Aber die mentalen Prozesse, die manchmal vonstattengehen, wenn eine Person weiß, dass sie entführt worden ist, sind für sie zuweilen sehr angsteinflößend. Wir möchten keine Angst verursachen. Es handelt sich also um Überwachungsgeräte und dies sind auch Methoden, mit denen Anpassungen vorgenommen werden können. Eine Kontaktquelle, die hochgradig ....

Sie hatte Schwierigkeiten, zu erklären und ich war besorgt, weil wir das Ende des Tonbands erreichten.

D: Ich denke, dass uns die Zeit ausgehen wird. Ich glaube, wir müssen das zu einem anderen Zeitpunkt fortsetzen.

J: Sicher.

D: Ich hasse es, an diesem Punkt aufzuhören, aber das war die Hauptfrage, ob die Ermittler auch überwacht und beobachtet werden?

J: Sie werden überwacht und beobachtet, aber nicht zwecks Misstrauens. Sondern zu ihrem eigenen Schutz.

D: Nun, ich denke, das ist alles, was wir für heute an Zeit haben werden. Und es scheint ohnehin, als ob diese Energie mit ihren Wärmeschwankungen das Medium in Mitleidenschaft zieht. Wäre es in Ordnung, wenn ich noch einmal komme und mit dir spreche?

J: Es tut uns leid, dich gehen zu lassen, weil wir dir diese Gerätesache nicht vollständig erklärt haben. Aber du kannst es zu einem späteren Zeitpunkt sehr genau erfahren. Es ist wichtig für dich, darüber Bescheid zu wissen, denn du wirst auf jemanden treffen, der sehr ängstlich ist. Du wirst beginnen, weiteren Menschen zu begegnen, die die Begriffe missverstanden haben.

D: Alles klar. Aber jetzt läuft uns die Zeit davon. Und ich möchte keine Informationen, die sich nicht auf meiner kleinen Maschine befinden. Ich kann mit diesem Thema das nächste Mal beginnen. Wir werden uns dann viel Zeit lassen, um es vollständig zu erklären. Wäre das so in Ordnung?

J: Natürlich.

Das Band ging aus. Es gab so viele Informationen, ich hatte es dieses Mal wirklich zusammengeschnitten. Bevor ich mit den Anweisungen beginnen konnte, um Janice wieder ins Bewusstsein zurückzubringen, hatte die Wesenheit ein paar Abschiedsworte, die ich nicht aufzeichnete. Es klang wie eine Fremdsprache: „Aleksei.

(Phonetik: Ah low key I oder Ah low key a)." Als ich ihn fragte, was es bedeute, sagte er, es sei ähnlich wie „Lebewohl". Ich sagte ihm, dass ich ihm auch Lebewohl sage. Er sagte dann, er werde gehen, damit ich sie zurückbringen könne. Aber er warnte mich, sie nicht zu schnell zurückzubringen, es sehr langsam und sanft zu tun. Die Verschiebung erfolgte dann sofort. Ich konnte erkennen, wann die Wesenheit ging und Brenda zurückkehrte. Zu diesem Zeitpunkt begann sie zu weinen und sagte emotional, dass sie nicht gehen wolle. Ich musste ihr beruhigende Suggestionen geben und sie davon überzeugen, dass wir wiederkehren können, bevor sie kooperierte und sich entspannte.

Janice wurde dann wieder zu vollem Bewusstsein gebracht. Sie war wieder benommen und es dauerte eine Weile, bis sie aus dem Bett steigen konnte. Zumindest störten sie die Hitzeschwankungen nicht mehr. Das schien mit der Energie der Wesenheit in Verbindung gestanden zu sein und löste sich auf, als die Wesenheit ging und sie wieder zu Bewusstsein kam. Sie hatte nur sehr wenig von der Sitzung in Erinnerung. Sie war interessiert, als ich Teile erklärte, aber sie lauschte, als höre sie ganz neue Informationen. Sie sprach das seltsame Wort mit mir aus, sagte aber, es habe für sie absolut keine Bedeutung. Sie war verwirrt, weil sie sehen konnte, dass sie geweint hatte und sie nicht verstehen konnte, warum der Kontakt mit diesem Wesen sie so emotional gemacht hatte. Sie war vollkommen ungläubig.

KAPITEL 10

DIE ALIEN-BASIS IM BERGINNEREN

Während meiner Zeit, als ich mit Janice arbeitete, fand ich auch einen weiteren interessanten Fall in Little Rock. Eine Frau namens Linda lieferte Informationen eines anderen Typs, die in meinem Buch Verschachteltes Universum enthalten sind. Ich hoffte, mit allen beiden Frauen zusammenzuarbeiten. Einen Monat später, im Januar 1990, reiste ich also nach Little Rock, zum alleinigen Zweck, mit Linda und Janice an ihren fortlaufenden Geschichten zu arbeiten. Ich wohnte wieder bei meiner Freundin Patsy. Ich hatte keine Vorträge geplant und hoffte, unbemerkt nach Little Rock reinzukommen, sodass ich meine ganze Zeit der Arbeit mit ihnen widmen konnte. Natürlich lief es nicht so. Ich erhielt einen Anruf von einem Mann, der zu meiner Dezember-Vorlesung gekommen war, der ein Problem hatte und Therapie benötigte. Also plante ich ihn für Freitag Abend nach der langen vierstündigen Fahrt ein. Ich terminierte drei Sitzungen mit Linda am Samstag und drei mit Janice am Sonntag. Indem ich für jede Frau einen Tag reservierte, hatte ich das Gefühl von Kontinuität. Ich hatte das noch nie zuvor getan. Ich dachte, wenn ich dies auf einer regelmäßigen Basis fortsetzen könnte, könnte ich die Arbeit eines Monats in einen Tag packen. Ich erwartete keine Probleme, denn ich nahm an, dass die Frauen sich nur so fühlen würden, als hätten sie tagsüber mehrere Nickerchen gemacht. Ich dachte, es würde eher mir Mühe machen, weil ich diejenige sein würde, die die Arbeit hätte und müde wäre. Falls sich herausstellte, dass es für jeden von uns zu viel ist, würde ich ein so hektisches Programm nicht noch einmal planen.

Aber ich versuchte, innerhalb weniger Tage so viel Arbeit wie möglich zu erledigen.

Die Sitzungen mit Linda am Samstag erwiesen sich als erfolgreich, wenngleich wir erst spät in der Nacht fertig wurden. Meine erste Sitzung mit Janice am Sonntag begann gegen zehn Uhr morgens. Meine Freundin Patsy ging irgendwohin, damit wir das Haus für uns alleine hatten. Ich war ein wenig müde von dem langen Tag mit Linda am Vortag und von dem langen Aufbleiben, um mit vorbeischauenden Besuchern zu reden. Aber nun lag mein Fokus darauf, die Wesenheit aufzufinden, die während des Besuchs im Dezember durch Janice gesprochen hatte.

Ich benutzte ihr Kennwort und sie ging sehr einfach in Trance. Da mir keine expliziten Anweisungen dafür gegeben wurden, wie ich mit den Wesenheiten, mit denen ich gesprochen hatte, Kontakt aufnehmen sollte, musste ich mir einen Weg ausdenken, sie zu finden. Ich wies Janice an, überall dorthin zu reisen, wo wir Zugang zu der Wesenheit finden könnten, mit der wir zuvor gesprochen hatten oder mit wem auch immer wir sprechen sollten, um unser Gespräch fortzusetzen. Ich wusste, dass ihr Unterbewusstsein sie an den richtigen Ort bringen konnte, also zählte ich sie dorthin und fragte, was sie sah.

J: Ich sehe nichts.
D: Was fühlst du?
J: Grüße und herzliches Willkommen.
D: Hast du irgendein Gespür dafür, wo du bist?
J: Nein. Es ist nur eine Art leerer Ort.

Im Nachhinein klang dies ähnlich wie Nostradamus' besonderer Ort, der grau und ohne Form und Substanz war.

J: (Die Stimme veränderte sich unerwartet.) Grüße und herzlich willkommen. Du bist gekommen, um unser Gespräch fortzusetzen? Was möchtest du also wissen?
D: Bin ich mit derselben Person in Kontakt, mit der ich zuvor sprach?
J: Das bist du.
D: Ich dachte, du seist beschäftigt und würdest jemanden anderen schicken. Gut. Letztes Mal sprachen wir über die Implantate, über die kleinen Geräte, die in die Köpfe oder die Körper einiger Menschen eingebracht werden. Es entwickelte sich zu einem sehr

engagierten Gespräch, als ich gehen musste. Du sagtest, es gebe noch viel mehr, das du mir erzählen wollest, damit wir den Zweck dieser Geräte verstehen. Möchtest du in dieser Richtung weitermachen?

J: Eigentlich glaube ich, dass wir unsere Diskussion bezüglich der Implantate beendet haben. Es gab jedoch noch einen weiteren Informationspunkt, mit dem du dich damals befasstest. Das ist die Neuanpassung. Wir wissen, dass du etwas Kenntnis darüber hast, wie das funktioniert.

D: Mache weiter und kläre mich auf, vielleicht verstehe ich, was es ist.

J: Für uns ist es ein sehr einfacher Prozess, die Moleküle so weit zu beschleunigen, dass wenn sie die Lichtgeschwindigkeit erreichen, die Übertragung sehr leicht bilokational auftreten kann. Ob es sich um eine Bilokation oder um einen einzigen Ort handelt, jeder der beiden Prozesse kann durchgeführt werden.

D: Lass mich sehen, ob ich verstehe, was du meinst. Sprichst du davon, wenn eine Person von der Erde aus an Bord genommen wird?

J: Nun, es findet auf diese Weise statt.

D: Auf welche anderen Arten wird dies angewandt?

J: Um Energie von einem Ort auf eurem Planeten zu einem anderen zu übertragen.

D: Was sollte das für einen Zweck haben?

J: Die Energie des Planeten auszugleichen.

D: Woher kommt die genutzte Energie?

J: Die Energie kommt von der Quelle   dein Wort wäre „Strom" -- aber tatsächlich ist es der universelle Fluss der kosmischen Energie, der sich durch alle Universen zieht. Sie wird also nur für eine Art Ausbalancierung des Planeten nutzbar gemacht. Manches davon wird mit Schiffen gebracht, manches davon nicht.

D: Warum muss diese Energie übertragen werden? Du sagtest, für die Balance, aber warum sollte der Planet ausbalanciert werden?

J: Weil ihr euch brenzlig nah am Rande der Zerstörung befindet.

D: Ich weiß nicht, ob die menschliche Spezies sich dessen bewusst ist. Wir wissen, dass viele Erdveränderungen zu geschehen beginnen. Ist es das, was du meinst?

J: Ja, das ist, was ich meine. In den letzten drei Jahren (1986 bis 1989) befandet ihr euch gefährlich nah am Rande der Zerstörung. Ihr habt also wegen der strategischen Anordnung eures Planeten im Verhältnis zu diesem Universum und zu anderen Universen Hilfe dabei gehabt, mittels verschiedener Systeme auf eurem Planeten das Gleichgewicht aufrechtzuerhalten. Ich bin sicher, es ist sehr schwer für dich zu verstehen, wie ein kleiner Planet Erde für andere Universen so wichtig sein kann, aber es ist eine Frage des Gesamtbildes. Mit dem Einziehen des Planeten Erde würde aufgrund ihrer atomaren Struktur Zerstörung über andere Planeten und Universen kommen. Daher ist der Planet Erde auf einer gewissen Ebene lebensnotwendig und damit auch seine Nicht-Zerstörung.

D: Du nanntest es „Einziehen des Planeten Erde". Was meinst du damit?

J: (Sie räusperte sich immer wieder.) Es ist notwendig, dass Anpassungen in der physischen Form desjenigen vorgenommen werden, mit dem du sprichst. Zu diesem Zeitpunkt können wir uns nicht ganz auf ihre Körperlichkeit einstellen. Habe also einen Moment lang Geduld mit uns, während wir eingestimmt und neu ausgerichtet werden. (Nach einer Pause.) Das Einziehen eures Planeten bedeutet: Wenn ihr den Mittelpunkt im Kern eurer Erde nähmt und in Erwägung zöget, dass die Erde in sich selbst hineingehen könnte, würdet ihr verstehen, was wir als Einziehen bezeichnen. Nun würde in diesem Einziehen die Zerstörung eures Planeten eintreten. Denn wenn sich der Erdumfang in die Mitte des Planeten einzöge, würde es zu einer Explosion bis hin zur Zerstörung kommen. Durch Feuer zerstört, wie in eurem Buch der Offenbarung beschrieben, wäre daher das, als was ihr Menschen das Geschehene bezeichnen würdet. Es wäre jedoch auf der Ebene der Physik tatsächliche Wirklichkeit, denn im Bereich des Einziehens würde sich der Raum im Zentrum des Erdkerns bis zu dem Punkt ausdehnen, an dem die Explosion stattfinden würde. Und das würde einen Welleneffekt auf das Weltall und auf Universen und andere Galaxien verursachen. Ähnlich dem, was in anderen Galaxien zuvor geschehen ist. Ihr wiederholt einfach nur die Geschichte in eurer Galaxie.

D: Ich dachte an das Einziehen als eine Art Zusammenbrechen.

J: Du kannst dieses Wort verwenden. Wir sehen es als andersartig an. Die Oberfläche eures Planeten würde in der Tat zusammenbrechen, so wie es gegenwärtig der Fall ist. Deshalb arbeiten wir mit bestimmten Personen an bestimmten Orten auf eurem Planeten zusammen, um die Auswirkungen der Erdbeben bezüglich dessen zu minimieren, was derzeit auf der Oberfläche eures Planeten passiert.

D: Bricht sie zusammen?

J: Das ist ein Symptom.

D: Ich weiß, dass es tektonische Platten gibt dund dass diese Platten sich verschieben und bewegen.

J: Verschieben und bewegen und einziehen.

D: Ich denke immer wieder, dass dies einige dieser Erdbeben verursacht. Und sie sind noch nicht an dem wirklich einschneidenden Punkt angelangt.

J: Das Einziehen ist das, was die Verschiebung verursacht.

D: Es scheint sehr schwer zu stoppen zu sein. (Sie machte einen tiefen Seufzer.) Oder es zu kontrollieren. Sagen wir es so.

J: Aufgrund der Art des auftretenden elektromagnetischen Feldes arbeiten wir eigentlich durch dieses elektromagnetische Feld, um die Energien wieder auszugleichen. Energien, die mit dem Abbau bestimmter Landmassen zu tun haben. Und das heißt, dass diese Landmassen dabei sind, zu erodieren, wie ihr es im Allgemeinen versteht.

D: Dann könnt ihr die Erdbeben nicht aufhalten. Alles, was ihr tun könnt, ist zu versuchen, den Schaden zu minimieren? Ist es das, was ihr versucht, zu tun?

J: Das tun wir. Es wird eine Entwicklung des Menschen geben. Was das Anhalten der Erdbeben anbelangt, sind wir nicht in der Position, einzuschreiten und sie zu stoppen. Obwohl es möglich ist, dass dies passieren könnte.

D: Aber ich dachte, mit eurer Energieübertragung und dem Ausgleichen würdet ihr versuchen, sie aufzuhalten.

J: Minimieren.

D: Ihre Auswirkungen zu minimieren?

J: Einen Teil ihrer Auswirkungen. Es bringt einen Großteil unserer Arbeit in das, was ihr eine „Zwickmühle" nennen würdet, um die Aufmerksamkeit der Menschheit auf das zu richten, worauf sie sich konzentrieren muss. Anscheinend ist das Einzige, was das bewirkt, katastrophale Ereignisse von solch einer Größenordnung, dass sie ihr Fundament erschüttern und die Menschheit erkennt, dass ihr Planet nicht unzerstörbar ist. Sie zu stoppen, würde daher das Ziel vereiteln, das Bewusstsein der Menschheit neu zu fokussieren. Wir stoppen sie also nicht, aber wir haben dazu beigetragen, die Auswirkungen zu minimieren. Nun, was ihr verstehen müsst, ist der strategische Standort eures Planeten. Und dass, falls ein Teil dieser Dinge, die stattfinden ... hat dies auch mit der Schwingungsrate des Bewusstseins der Menschheit zu tun. Mir ist klar, dass dies eine Idee ist, die euch in Bezug auf Bewusstsein, das die Körperlichkeit eures Planeten beeinflusst, fremd ist. Es besteht jedoch ein direkter Zusammenhang. Dies bedeutet nicht zwangsläufig, dass, nur weil das Bewusstsein in einer Gegend auf einer so niedrigen Stufe oder in einer fehlgeleiteten Sachlage ist, dies dazu führt, dass dieses Ereignis an diesem physischen Ort stattfindet. Es könnte etwas sein, das sich auf der anderen Seite eures Planeten abspielt und völlig unzusammenhängend mit dem Bereich ist, in dem das umwälzende Ereignis stattfindet.

D: Wir sind es nicht gewohnt, zu denken, dass unser Bewusstsein auch nur irgendetwas beeinflusst.

J: Deshalb beeinflusst euer Bewusstsein alles.

D: Weil es fehlgeleitet ist. Nun, ich habe gehört, dass all diese Beben und die vulkanische Aktivität ein Vorspiel für eine tatsächliche Erdverschiebung sind.

J: Ich betrachte das als unvermeidlich.

D: Dass es geschehen wird?

J: Ich persönlich glaube an diesem Punkt, dass es passieren wird, ja. Woran wir beteiligt sind, ist, zu versuchen, der Menschheit die Zeit zu geben. Denn seht, eure Ereignisse und Polverschiebungen müssen nicht stattfinden. Aufgrund der Natur des Menschen auf eurem Planeten ist es jedoch so, als würdet ihr in eine Sackgasse fahren, und nicht umdrehen und zurückfahren. Ihr steuert auf das Ende zu und das Ende ist eine Ziegelmauer. Deshalb ist alles, was wir tun, die Geschwindigkeit zu verlangsamen.

D: Glaubst du, es könnte bereits geschehen sein?

J: Sehr wohl.

D: Aber es gibt keine Möglichkeit, das alles zu verhindern.

J: Es gibt eine Möglichkeit, das zu verhindern. Wir glauben jedoch nicht, dass die Menschheit diesen Weg wählen wird.

D: Kannst du sehen, was passieren wird, oder hast du Zugriff auf dieses Wissen?

J: Ich habe dir gesagt, was passieren wird.
D: Ich meine, wenn die eigentliche Verschiebung stattfindet.

Das interessierte mich, weil ich damals gerade die Trilogie Gespräche mit a schrieb und die mögliche Erdverschiebung ein wesentlicher Bestandteil jener Bücher war.

J: Du sprichst von der Polverschiebung im Gegensatz zur Zerstörung eures Planeten?
D: Ja. Das sind zwei getrennte Szenarien, nicht wahr, oder Möglichkeiten? (Ja) Ist die Polverschiebung nicht das mindere der beiden Szenarien?
J: Die Polverschiebung ist nur ein Punkt auf der Straßenkarte. Sie wird nicht den Verlauf ändern von ....
D: Von was? (Keine Antwort) Meinst du, dass das Andere ultimativ ist oder was meinst du?
J: An diesem Punkt eurer Zeit ist es ultimativ.
D: Mir wurde erzählt, dass dies zwei Möglichkeiten sind. Und die Explosion der Erde oder Implosion, wie auch immer man es nennen will, wäre das drastischere Szenario und es müsse nicht passieren.
J: Keines der beiden muss passieren. Aber sie werden. (Seufzer)
D: Aber die Polverschiebung würde die anderen Planeten nicht beeinflussen, oder doch?
J: Die Schwerkraftströmung ändert sich bis zu einem gewissen Grad. Die Leylinien werden völlig umgekehrt. Daher kann es nicht anders, als die anderen Planeten zu beeinflussen.
D: Kennst du die Mechanik, wenn die Polverschiebung stattfindet? Ich interessiere mich für die physischen Veränderungen der Erde. Was würde zu dieser Zeit mit dem Menschen passieren?
J: Wenn du sagst: „Was wird mit dem Menschen passieren?“ Was fragst du damit?
D: Ich denke, ich interessiere mich für die physischen Veränderungen der Erdoberfläche und wie sich dies auf die Menschen auf der Erde auswirken wird.

Ich nutzte stets jede Gelegenheit, um Nostradamus’ Visionen dieses wahrscheinlichen Ereignisses zu überprüfen.

J: Du siehst derzeit einige der vorausgehenden Auswirkungen der Polverschiebung. Ihr könnt euren Winter nicht mehr von eurem Sommer unterscheiden. Es gibt verschiedene andere Dinge auf eurem Planeten, die euch veranlassen sollten, euch selbst anzusehen und zu wissen, dass der Polsprung bereits tatsächlich begonnen hat. Oder weißt du das?

D: Es wurde mir gesagt. Ich weiß, dass das Wetter sich seltsam verhält.

J: Deshalb habt ihr eure sogenannten „Launen der Natur".

D: Aber ich bin gespannt, was mit den Kontinenten passieren wird.

J: Es wird davon abhängen, was mit der Schwingungsrate des Planeten zum Zeitpunkt der tatsächlichen Polverschiebung geschieht. Abhängig davon, welche anderen umwälzenden Ereignisse stattfinden, könnte euer gesamter Planet in unvorstellbarer Weise in völlig andere Länder umgewandelt werden. Die Ozeane könnten sich schließen, ihr würdet vielleicht eure Geografie neu ordnen müssen und Asien würde nicht mehr länger Asien sein.

D: Ich gehe davon aus, dass die Pole schmelzen würden, wodurch mehr Wasser entstünde.

J: Es wird mehr Wasser geben und das Wasser wird durch Europa fließen, durch die Länder hindurch und sie teilen. Zusammen mit den Erdbeben und den verschiedenen anderen Dingen, die stattfinden. Deshalb sage ich euch, dass eure Welt, wie ihr sie jetzt kennt, nicht länger dieselbe Welt sein wird. Die Vereinigten Staaten könnten völlig zu einem Teil Europas werden. Ich meine, es wird keine .... Werft eure Landkarten fort. Ihr werdet einen neuen Columbus haben. Ihr werdet die Segel setzen, um neue Welten zu entdecken. Ihr werdet also damit beginnen, eure Geschichte zu wiederholen.

D: Was wird mit der Zivilisation, wie wir sie kennen, geschehen?

J: Ein Großteil der Zivilisation könnte aufgrund der Technologie, die verloren gehen wird, zurückfallen und ihr werdet in einigen Punkten von neuem beginnen.

D: Aber wird das überall auf der Erde sein oder nur an bestimmten Orten?

J: Es wird ganz ähnlich sein wie mit euren untergegangenen Kontinenten Lemuria und Atlantis. Als die Technologie an jenen Orten verloren ging, passierte dasselbe. Ihr könnt also eine Ahnung bekommen ausgehend davon, was ihr über diese planetarischen Veränderungen wisst im Verhältnis dazu, was ihr über diese verlorenen Kontinente wisst. Denn Kontinente werden untergehen, und damit auch die gesamte Technologie, die sie enthielten.

D: Ich denke, das ist es, was mich am meisten stört, zu glauben, dass wir alles verlieren würden und ganz von vorne beginnen müssten.

J: Nur so lernt der Mensch.

D: Deshalb dachte ich, es könne Teile geben, die ihre Technologie bewahren.

J: Es gab Teile, die ihre Technologie bewahrten, als Atlantis verloren ging. Das Ausmaß und der Entwicklungsstand dieser Technologie waren allerdings nichts im Vergleich zu dem, was verloren ging. Also begann es gewissermaßen von vorne.

D: Dann wird es einige Teile geben, die dies bewahren. Ich hasse die Vorstellung, dass alles verloren geht. Ich denke, das ist der menschliche Teil von mir.

J: Wie ich dir sage, ihr Menschen scheint nicht anders zu lernen, als indem ihr alles verliert. Du gehst nach Las Vegas und verspielst all deine Ersparnisse und du lernst.

D: (Lachen) Das stimmt. Ich habe in letzter Zeit so viel über diese Verschiebung gehört, deshalb habe ich so viele Fragen gestellt.

J: Es wird Änderungen bis zu einem Punkt geben, an dem die Flüsse keine Flüsse mehr sein werden. Ist es das, was du wissen willst?

D: Ja. Ich will wissen, was tatsächlich geschehen wird.

J: Wenn du deinen Globus betrachtest und euren Mississippi-Fluss aus der Nähe anschaust, werdet ihr keine Linie mehr dort vorfinden, wo der Mississippi River war, sodass es eine Landmasse ist. Und je nachdem, wie sie zu dieser Zeit geteilt werden, werdet ihr völlig unterschiedliche Kontinente haben. Daher wird es Flüsse nicht mehr dort geben, wo es sie jetzt gibt. Ist es das, wonach du fragst?

D: Ja. Die Topographie würde sich dann komplett ändern. (Ja) Ich nehme an, dass es einen großen Verlust an Leben geben wird. (Ja) Kannst du sehen, wie das passieren wird?

J: Das wird auf die gleiche Art und Weise geschehen, wie es gegenwärtig geschieht. Es wird zu einem gewissen Verlust an Landmasse kommen. Ihr habt Städte, die an Flüssen liegen und Flüssen laufen über, sodass entlang der Flüsse ganze Städte untergehen könnten. Zudem wird es auch viele Erdbeben geben, wenn es stattfindet. Ihr erhaltet vorausgehende Warnungen davor, was passieren wird. Die Ergebnisse eurer Erdbeben sind einfach eine Sache von .... (lange Pause)

D: Wovon?

Es gab eine lange Pause, dann einen tiefer Seufzer. Es war weich und unklar, aber es hörte sich an, als würde sie sagen: „Warum unterbrichst du?"

D: Wie bitte? (Eine lange Pause.) Was hast du gesagt? (Eine lange Pause und keine Antwort.) Geht da etwas vor sich auf deiner Seite?

Die Wesenheit war fort und Janice war zurück, verwirrt. „Etwas ist geschehen."

D: War es etwas mit dir oder mit demjenigen, der gesprochen hat?

J: Mit ihm. Ich weiß nicht wo er ... wohin ist er gegangen? Etwas ist geschehen.

D: Alles klar. Mal sehen, ob wir ihn zurückbekommen können. Vielleicht wurde er weggerufen oder so. Vielleicht war es eine Unterbrechung in der Kommunikation dort.

J: Ich weiß nicht was passiert ist. Es war, als ob ich einen Draht gesehen hätte, und es ... schnappte einfach.

D: Mal sehen, ob wir ihn zurückbekommen können. Vielleicht können sie sich auf eine andere Frequenz einstellen, oder wie auch immer es gemacht wird.

Ich gab ihr Suggestionen in dem Versuch, ihn oder eine andere Wesenheit auf einer anderen Frequenz zu lokalisieren, da die Verbindung anscheinend irgendwie unterbrochen worden war.

J: Ich kann eine Besprechung sehen und ... ich kann nicht hören, was sie sagen, aber ich sehe sie. Sie sind weiter entfernt von mir. Sie sind da drüben auf der anderen Seite. (Handbewegungen.) Und es gibt noch mehr Leute, die mit diesem sprechen, und er nickt, aber er sagt .... Ich kann nicht hören, was sie sagen. Aber neben ihm gibt es noch sechs andere.

D: Wie sehen sie aus?

J: Sie haben Roben an. Eine Art königlich wirkende Robe, nur dass sie nicht wie Könige sind. Sie tragen keine Kronen oder so etwas. Ich weiß nicht, wie ich sie beschreiben soll. Lose, aber es gibt ein großes breites Band, das vorne und an den Seiten nach unten verläuft. Das Material ist sehr hübsch. Ich beobachte das Treffen.

D: Wie sehen sie körperlich aus?

J: (Überrascht) Sie sehen aus wie Menschen. Aber sie wirken alt.

D: Faltig, oder wie?

J: Ja, einige Falten. Aber sie sehen alt aus. Wirklich alt.

D: Weißt du, welcher zu uns gesprochen hat?

J: Ja, er steht mit dem Rücken zu mir. Und sie stehen wie im Kreis.

D: Wo bist du?

J: Ich befinde mich in einem großen Raum. Er ist ausgesprochen weiß, sieht nüchtern aus. Aber ich höre ein Summen.

D: Gibt es noch weitere Dinge im Raum, Einrichtungsgegenstände oder Objekte oder sonst irgendetwas?

J: Ja, aber es sieht nicht aus wie unsere Möbel. Es ist eher so, als wären die Sitze an die Wände gebaut. Ich meine, es sind keine Stühle. Sie sind Teil der Mauer und sie sind gewölbt.

D: Wie eine Art Bank?

J: Ja, eher wie eine Bank, aber ich glaube nicht, dass sie das so nennen.

D: Gibt es noch etwas in dem Raum?

J: Es gibt einige Bildschirme ... dort drüben. (Sie zeigte nach rechts.) Große Fernsehbildschirme. Riesig.

D: Sind sie eingeschaltet?

J: Nein. (Pause) Nun kommt jemand herein. Da ist eine Tür. (Sie zeigte nach rechts.)

D: Sieht er aus wie die anderen?

J: Ja. Nur hat er lange ... es sieht irgendwie aus wie Haare, aber ich weiß nicht, ob es Haare sind. Sie sehen alle freundlich aus. Sie sehen nicht aus wie diese Typen mit den großen Augen. Sie halten alle inne und drehen sich zu ihm und jede Seite bildet eine Linie. Jetzt geht er nach vorne und wendet sich zu ihnen. Und sie machen so. (Machte Bewegungen.)

D: Legen die Hand über ihr Herz?

J: Mmh-mmh. Und er macht das ebenso. Und sie nicken. Oh, und nun gehen sie zu einem Tisch.

D: Gelingt es dir, zu erfahren, wovon sie sprechen?

J: Es ist, als wäre der Ton ausgeschaltet. Und ich kann sehen, wie sich ihre Münder bewegen.

D: Aber du kannst immer noch das Summen hören?

J: Es ist, als wäre es in meinem Kopf. Jetzt sitzen sie um den Tisch herum. Er sitzt an einem Ende und sie sitzen an jeder Seite. Sie übergeben einige Papiere. Nun, es sind keine Papiere. Es ist etwas. (Plötzlich) Oh! Oh!

D: Was?

J: Okay. Jetzt schalten sie diesen Bildschirm ein. (Ein tiefer Atemzug.) Verschiedene Dinge blinken auf. Sie erscheinen in schneller Abfolge auf dem Bildschirm. Da ist Wasser. Viel, viel Wasser. Es ist wie ein Film, der wirklich sehr schnell läuft. (Pause) Oh! Das sieht aus wie ... das ist ein Berg. Ich weiß was das ist. Wo ist das? Da wird ein Bild von einem Berg gezeigt. (Pause, als schaue sie zu.) Sie reden über ... (Leise) Warte eine Minute. Es hat gerade bei diesem Berg, diesem großen Berg angehalten. Es ist ein hübscher Berg. Der eine an der Stirnseite steht gerade auf und zeigt auf einen von ihnen. Nicht auf denjenigen, der mit mir sprach, sondern auf den, der eins, zwei weiter auf der linken Seite des Tisches ist. Er zeigt auf den Bildschirm und sagt .... Was sagt er? Meine Güte! Ich bin jetzt langsam genervt, weil ich es nicht hören kann. Ich glaube, sie reden über das Berginnere. Sie haben eine Basis darin. Das muss es sein. (Pause) Er schickt diesen Kerl zu dem Berg. Der Kerl verlässt den Raum. Ich denke, er geht jetzt zu diesem Berg.

D: Der Berg war alles, was gezeigt wurde? Es wurde nicht gezeigt, was drinnen war?

J: Ich weiß was drin ist.

D: Schnappst du es von ihnen auf?

J: Ich glaube, ich bin dort drin gewesen. Da ist eine ganze Welt drin.

D: Kannst du irgendetwas von ihnen aufschnappen?

J: In diesem Berg gibt es irgendein Problem. Und dieser Kerl soll gehen und sich darum kümmern.

D: Du sagtest, du kennst diesen Berg?

J: Ja, ich habe ihn hundert Millionen Mal gesehen. Ich kenne diesen Berg, aber ich weiß nicht wo er ist. Aber ich weiß, dass sie in seinem Innern eine ganze Stadt mit verschiedenen Abteilungen haben, genau wie unsere Städte. Außer, dass man mit einem kleinen Schiff hineingeht und dann steigt man dort aus und geht durch diese verschiedenen Reihen und Kanäle und solcherlei. Und dann kommt man zu einem Ding, das unserem Aufzug ähnelt und man gelangt auf verschiedene Ebenen in jenem Berg. Es gibt einen grünen Bereich, einen blauen Bereich, verschiedenfarbige Bereiche.

D: Warum sind sie verschiedenfarbig?

J: Es gehen verschiedene Dinge auf ihnen vor sich. Verschiedene Trainingsarten.

D: Warum warst du dort?

J: Weil ich in einem der Bereiche zum Unterricht ging. Man sitzt in diesem Raum und die Leute unterhalten sich und solche Sachen. Sie gehen zu verschiedenen Farbebenen.

D: Wann ist das geschehen?

J: Nun, es hört nicht auf zu geschehen.

D: Du meinst, du gehst noch immer dorthin?

J: Oh ja. Es ist ein wundervoller Ort. Er ist wie eine Stadt. Und es ist nicht unbedingt so nüchtern wie auf einigen der Schiffe, auf denen man reist. Ich meine, die sind sehr, sehr nüchtern. Aber in diesem Berg ist es nicht so.

D: Wenn du dorthin gehst, gehst du in deinem physischen Körper?

J: Ja, manchmal. Es hängt von dem Zweck ab.

D: Warum bist du dir nicht bewusst, dass du das tust?

J: Nun, wenn ich den Berg sehe, dann weiß ich, dass ich dort gewesen bin.

D: Ich wundere mich, dass du dich nicht erinnert hast.

Es war irgendwo hier, als die neue Wesenheit hereinkam. Es geschah ein paar Augenblicke, bevor ich es bemerkte, weil diese Wesenheit weiblich war und die Stimme zu diesem Zeitpunkt nicht dramatisch anders klang.

J: Aufgrund dessen, was in einigen Fällen geschieht. Wenn man die Art Stoff lernt, den sie dort unterrichten, würde es den Alltag beeinträchtigen, wenn man es mit zurück in sein Bewusstsein brächte, während man seinen alltäglichen Geschäften nachgeht. Dann würde man nicht in der Lage sein, auf seine normale Art innerhalb seiner Lebensbereiche zu funktionieren. Es gibt verschiedene Zeitpunkte, zu denen Assimilationen stattfinden. Man erinnert sich also. Es ist nicht so, als wäre es einem fremd, wenn man es weiß. Aber im Rahmen des Alltagsbewusstseins kommt es wie ein Gedanke, sodass man deswegen nicht ausflippt. Und dann wird es ein natürlicher Teil von einem selbst. Es ist eher so: „Oh, das wusste ich immer." Während man es eigentlich nicht wusste, aber man weiß, wo man es gelernt hat.

D: Wird dich nicht jemand vermissen, wenn du in deinem physischen Körper gehst?

J: Nein, weil mein Lebensstil so ist, dass ich viel alleine bin. Und noch etwas: Was wir in der Zeit der Menschen als eine Minute zählen ... man könnte in einer Minute acht Stunden dort verbringen, weil Zeit nicht auf die gleiche Weise funktioniert.

D: Aber dieser Berg befindet sich auf der Erde und die Zeit kann dermaßen schwanken?

Dies war wahrscheinlich der Zeitpunkt, als die andere Wesenheit vollständig eintrat, weil die Informationen nicht von Janice stammten und von jemandem präsentiert wurden, der sehr kenntnisreich war.

J: Ja, weil es dort eine Zeitverbindung gibt. Das ist der Grund, aus welchem so viele eurer Phänomene stattfinden, weil ihr in einer Zeitverbindung seid. Die Dimensionen, die bei einer Zeitverbindung auf der Erde und in Erdenzeit zusammentreffen, bewirken ein Drehen und Wenden, sodass die Wahrnehmung des Menschen in einer Weise verändert wird, dass er nicht wirklich weiß, was geschah. Er weiß nur, dass es geschah.

D: Ist das der Grund, warum sie diese Basis dort aufgestellt haben, weil sie sich an einem dieser Verbindungspunkte befand?

J: Ja. Schau, ihr habt eure physischen Ley-Energielinien, aber ihr habt auch Zeitverbindungspunkte, die ... die Menschheit weiß nichts über Zeitverbindungspunkte. Ich meine, sie weiß über Zeitverbindungen, aber sie versteht nicht die damit verknüpften Prinzipien.

D: Ist es dann möglich, dass jemand aus Versehen in eine Zeitverbindung gerät?

J: Oh, sehr, sehr real. Diese Dinge geschehen die ganze Zeit.

D: Wie würde der Mensch es wahrnehmen, wenn es geschähe?

J: Der Mensch würde es als Erinnerungslücke wahrnehmen. „Oh, das muss ich vergessen haben. Oh, was habe ich getan? Oh, warte eine

Minute. Lass mich kurz darüber nachdenken.“ So nimmt der Mensch es wahr. Nun, höher entwickelte Menschen werden wissen, dass da mehr war als nur der Gedanke: „Was ist passiert?“ Sie werden aufgrund der hoch entwickelten Natur ihrer anderen Sinne einen Sinn dafür haben. Abhängig von ihrem Entwicklungsstand und dem Niveau der Klassen, an denen sie teilgenommen haben oder wo sie sich in ihrer Entwicklung befinden, werden sie mehr als nur diese Gedanken kennen. Denn bei dieser Art von Menschen gibt es eine ganze Reihe weiterer Informationstransfers. Ihr Bewusstsein und ihr elektromagnetisches Kraftfeld und all die Schwingungsenergien, mit denen sie in Einklang stehen, geben ihnen eine ganze Reihe anderer Wissenswege und eine andere Art des Lernens.

D: Nun, es hört sich an, als habest du diese Zeitpunkte absichtlich gekreuzt, wenn du dorthin gebracht wurdest.

J: Es ist ein Teil dessen, dem ich zugestimmt habe. Und es ist nichts, was ich in meinen Alltag rückintegrieren kann. Aufgrund der Tatsache, dass ich der Menschheit dienen wollte, wurde ich verschiedene Möglichkeiten der Assimilation gelehrt, mit denen ich nicht bewusst vertraut bin.

D: Ich dachte, wenn der Durchschnittsmensch auf einen dieser Zeitverbindungspunkte stieße, würde das zufällig geschehen und es würde keine Absicht dahinter stecken. Ist das richtig?

J: Es steckt immer eine Absicht dahinter. Wenn der Durchschnittsmensch darauf stößt, wird er jedoch genau das erleben, was ich dir erzählt habe.

D: Und das würde nicht zwangsläufig bedeuten, dass er von irgendjemandem mitgenommen wurde.

J: Genau. Das bedeutet, dass er sich zu einem Zeitpunkt an einem physischen Ort befand, an dem sich bestimmte Energien und Zeiten verbanden.

D: Also, du sagtest, das sei eine Basis. Wer kontrolliert diese Basis? (Pause) Ich meine, es sind nicht Menschen oder doch?

J: Nein, nein, es sind nicht Menschen. Die Menschen haben wirklich keine Kenntnis von dieser Basis.

D: Wer betreibt sie oder wer hat sie dort angesiedelt?

J: Sie wurde in diesen Berg hineingebaut, damit wir bei Bedarf unter die Menschen gehen können. Und damit Menschen zu diesem

Berg kommen können. Und für die Verrichtung der Art von Arbeit, in die wir involviert sind.

D: Dann sind die einzigen Menschen, die davon wissen, die, die dorthin gebracht werden?

J: Das ist richtig. Und viele von ihnen sind sich nicht bewusst, dass es dies war, was stattgefunden hat. Sie wissen, dass sie irgendwo gewesen sind, erkennen aber nicht unbedingt, dass dies hier war.

D: Ich fragte mich, ob die Regierung davon weiß.

J: Nein, nicht von diesem.

D: Sie wissen von anderen?

J: Sie glauben, zu wissen.

D: Ist dieser schon seit langer Zeit da?

J: Ja. Dieser besondere Berg ist schon ... in euren Erdenjahren? Fragst du nach euren Erdenjahren?

D: Nun, ich frage, wie lange die Basis schon in dem Berg ist. Ich weiß, dass der Berg schon seit einer Ewigkeit dort steht.

J: Nun, so auch die Basis.

D: So lange? (Ja) Spreche ich wieder zu einer Wesenheit?

J: Ja.

Ich kann diese Stimme nur als süß und extrem weiblich beschreiben. Diese Eigenschaft war es, was mir klarmachte, dass ich nicht mehr mit Janice sprach. Das und das Maß an Wissen, das begonnen hatte, durchzukommen.

D: Ich dachte mir das. Ich fand, es war zu viel Information, als dass dies von Janice kommen könnte.

J: (Ihr Lachen hatte eine lyrische Qualität.) Also, wir wollen euch nicht täuschen. Es findet manchmal eine Art Verschiebung statt.

D: Ich dachte mir schon, ich konnte einen Unterschied erkennen. Was ist denn vor einer Weile passiert?

J: Nun, Alyathan (phonetisch: A-lei-a-than.) musste zu einem Meeting gehen. Er erhielt eine Mission und wird jetzt nicht mehr zurückkehren können, um mit dir zu sprechen.

D: Ich dachte, das klang nach einem anderen Wesen. Wie war sein Name?

Sie wiederholte ihn langsam, „Aleeathen“. Diesmal klang es mehr wie: A-lie-a-thin.

D: Aleeathin. Ich hatte keinen Namen, um ihn herbeizurufen, als ich versuchte, jemanden zu kontaktieren.

J: Wir halten uns ohnehin nicht an Namen.

D: Das dachte ich mir. Aber hast du Zeit mit mir zu kommunizieren?

J: Ich werde es können.

D: Janice hatte den Eindruck, dass in der Basis etwas nicht stimmte, und dass deshalb das Treffen einberufen wurde.

J: Zu diesem Zeitpunkt bestand Bedarf an einem Grad von Fachwissen, das dort nicht verfügbar war. Und um also für einige ... eigentlich kann ich wirklich nicht darüber reden. Ich kann dir aber sagen, dass dort bestimmte Fachkenntnisse fehlten, die jetzt jedoch dorthin entsendet werden.

D: Ich bin nur neugierig. Ich stelle viele Fragen. Und wenn du einige von ihnen nicht beantworten kannst, lasse es mich einfach wissen. Ich würde gerne etwas über die Geschichte dieser Basis wissen. Du sagtest, dass sie schon immer da war. Das fasziniert mich.

J: Nun, viele Dinge waren schon immer auf eurem Planeten, derer ihr euch nicht ganz bewusst seid.

D: Kannst du mir einige von ihnen nennen?

J: Nun, ich kann euch von einer Kommunikationsquelle erzählen, die die meisten Menschen nicht in der Lage sind um eure Umgangssprache zu verwenden anzuzapfen. Das einzige Wort, das in eurer Sprache äquivalent ist, ist „schwingungsartig“ obwohl dies nicht adäquat beschreibt, was ich gerade bespreche. Es gibt besondere Menschen, die einen gewissen Entwicklungsstand erreicht haben und die andere Kommunikationsprozesse kennen als mit Worten, mit denen der Mensch kommuniziert. Und ich spreche nicht unbedingt von Telepathie. Ich spreche eigentlich von einer Kombination aus Geräuschen und Strömungen, ganz ähnlich eurer Studie, die ihr eine Weile an den Delphinen und den Buckelwalen durchgeführt habt. Ihr seht, das ist eine völlig fremde obgleich eine recht ähnliche Kommunikationsmethode, die der Mensch nicht vollständig versteht. Er sucht immer nach einer Sprache. Und in seinem Bedürfnis, Dinge zu etikettieren, etikettiert oder kategorisiert er alle Dinge als Sprache. Wir widersprechen nicht, dass alle Dinge eine Sprache haben. Das haben sie. Aber der Wind trägt Botschaften. Das ist etwas, das in euren verschiedenen

Mythologien steckt. Ihr werdet hören, wie die Kinder davon reden, mit dem Wind zu sprechen, aber ihr werdet niemals Erwachsene davon reden hören, wie sie mit dem Wind sprechen. Und doch ist es eine sehr reale Quelle der Kommunikation.

D: Das klingt, wie einige der Indianischen Geschichten.

J: Die Indianer lebten sehr im Einklang mit der Natur. Und wo glaubt ihr, dass die Indianer das Wissen erwarben? Sie waren alle sehr im Einklang mit der UFO- und Weltraumenergie. Sie war damals um sie herum. Deshalb sage ich euch, dass sie schon immer da war.

D: Das ist interessant. Aber kannst du mir von der Basis erzählen und warum sie am Anfang erbaut wurde?

J: Die Basis wurde dort anfangs aufgrund der Tatsache errichtet, dass ... der Berg eigentlich als Zentrum des Universums betrachtet werden kann. Weißt du, wir sind Verfechter des Gleichgewichts. Und eigentlich, bezogen auf die Drehachse eures Planeten, würde man logischerweise meinen, wir würden sie am Nordpol positionieren, anstatt sie an der Stelle zu bauen, wo wie sie gebaut haben. Aber das ist nicht das eigentliche Zentrum der Gravitationsdrehung der Achse eures Planeten.

D: Aber es gab viele Veränderungen, seit sie erbaut wurde.

J: Es gab Veränderungen, aber das Zentrum wird sich nicht verändern.

D: Ich dachte, die Erde habe sich viele Male bewegt.

J: Die Erde hat sich bewegt. Aber in Bezug darauf, wie dimensional dies funktioniert, wird sich dieses besondere Zentrum nicht ändern.

D: Wäre es dir erlaubt, mir zumindest zu sagen, auf welchem Kontinent sie sich befindet?

J: Nein, das kann ich zu diesem Zeitpunkt nicht.

D: Ist es, weil du fürchtest, jemand könnte sie finden?

J: Es wäre kein guter Zeitpunkt.

D: Ich dachte, die falschen Leute könnten sie vielleicht finden.

J: Es steht zu diesem Zeitpunkt einfach nicht zur Diskussion.

D: Aber warum wurde sie vor so langer Zeit errichtet?

J: Es war am Anfang, gerade so, wie diese Erde am Anfang war. So wie ihr in eurer Bibel sagt: „Am Anfang". Es ist nicht etwas, das evolutionär entstanden ist, während sich euer Planet entwickelt hat.

D: Ich denke immer, alles hat einen Zweck, einen Grund.

J: Es hat einen Grund. Eigentlich gibt es mehrere Gründe. Einer der Gründe ist: Ein Platz für Individuen unter der Menschheit, wie Janice, die ein besonderes Niveau erreicht haben und die sich bereiterklärt haben, in der Kapazität zu dienen, in der sie dient. Es ist ein sicherer Ort. Es ist auch ein Ort, um die Talente des Einzelnen weiterzuentwickeln. Ganz so, wie ihr eure Hochschule und Universität anseht. Es ist tatsächlich eine in sich geschlossene Welt innerhalb einer Welt.

D: Aber wenn sie vor so langer Zeit erbaut wurde, da gab es zu jener Zeit doch keine Menschen auf der Erde, nicht wahr?

J: Das ist richtig.

D: Deshalb fragte ich nach dem Grund, warum sie dort platziert wurde, wenn es dort damals keine Menschen gab.

J: Das hat nichts mit ihrer Beziehung zu den anderen Dimensionen, Galaxien, Planeten und weiter außen Liegendem zu tun.

D: Ich verstehe. Ihr müsst Geduld mit mir haben. Ich habe viele Fragen und manche klingen wahrscheinlich manchmal sehr naiv.

J: Wir verstehen das.

D: Auf diese Art lerne ich. Etwas geht in meinem Kopf herum: War ich jemals dort?

J: Eigentlich warst du dort, aber es war nicht in diesem Leben.

D: Hmmm. Dann wohl in einem meiner vergangenen Leben.

J: Ja. Warum denkst du, bist du in die Arbeit verwickelt, die du jetzt tust?

D: Ich denke, einfach wegen meiner Neugier.

J: Aha! Nun, das ist nicht ganz richtig.

D: Kennst du den Grund?

J: Vieles hiervon hast du schon zuvor durchlebt. Deshalb fühlst du dich jetzt dazu hingezogen, verstehst du. Denn vieles von dem, was die Leute, mit denen du es zu tun hast, durchmachen, hast du eigentlich selbst schon durchgemacht. Deshalb kommt dir einiges so bekannt vor.

D: Du meinst die Information, die ich erhalte?

J: Ja. Sie erschreckt dich nicht.

D: Nein, das tut sie nicht. Das überrascht viele Menschen.

J: Überrascht es dich?

D: Es weckt meine Neugier und ich möchte stets mehr wissen.

J: Du möchtest dich an mehr erinnern. Du willst nicht mehr wissen. Du weißt es schon. (Sie hatte eine neckende Note in ihrer Stimme.)

D: (Lachen) Aber es ist überraschend, dass es mich nicht ängstigt.

J: Es könnte interessant sein, wenn jemand eine Rückführung mit dir machte.

D: Ich bin rückgeführt worden, aber nicht zu so etwas. Die Hauptsache ist, dass ich glaube, es würde mich erschrecken, sollte ich etwas Negatives anzapfen.

J: Warum bringst du das Wort „negativ" in dieses Gespräch? Wann immer wir gesprochen haben, war da nichts Negatives? Hältst du es für negativ?

D: Nein, das tue ich nicht. Ich sagte, deshalb erschreckt es mich nicht. Ich sagte, ich denke, das Einzige, was mich wahrscheinlich erschrecken würde, wäre, wenn ich etwas Negatives anzapfen sollte.

J: Das Leben verläuft in allen Dimensionen nicht immer glatt, weil ihr „das Gute mit dem Bösen" haben müsst, wie ihr auf eurem eigenen Planeten sehr wohl wisst. Weil durch diese Art Dinge Fortschritte erzielt werden.

D: Glaubst du, das ist der Grund, warum ich diesen Antrieb habe, zu forschen?

J: Ja, gewiss.

D: Scheinbar will ich verlorene Informationen finden und ersetzen.

J: Ja. Wie denkst du, dass du begriffen hast, dass sie verloren ist? Könntest du vielleicht schon da gewesen sein, als sie verloren ging? Deine vorherige Besorgnis über den Verlust der Technologie war es, was mich dazu brachte, mit dir ins Gespräch zu kommen.

D: Oh? Für mich ist es nämlich eine Tragödie, diese Dinge zu verlieren.

J: Es ist eine Tragödie. Aber nur eine Seele wie deine hat den nötigen Charakter, Besorgnis darüber zu empfinden. Und es ist eine großartige Arbeit, die du tust, indem du versuchst, sie zu rekonstruieren.

D: Das scheint alles einen Sinn zu ergeben. Jedenfalls, als ich dort war, war ich physisch dort?

J: Du warst physisch dort, denn es war eines deiner Leben.

D: Ich bin froh, dass die Regierung nichts davon weiß, weil ich glaube, dass sie einige Probleme verursacht haben, nicht wahr?

J: Ja. Deshalb werden sie nie von dieser Basis erfahren.

D: Kannst du mir von einigen der anderen Stützpunkte erzählen, von denen sie erfahren haben?

J: Das kann ich wirklich nicht.

D: Ich machte mir Gedanken über die Konsequenzen, wenn sie Probleme verursachten.

J: Es gab Probleme. Und was also passiert, ist, dass wir einfach fortziehen.

D: Der gesamte Stützpunkt? (Ja) Ich arbeite mit einigen Leuten in der UFO-Forschung zusammen, und sie glauben, dass die Regierung und die außerirdischen Wesen innerhalb einer Basis zusammenarbeiten. Und dass dort viele Dinge vor sich gehen, von denen wir lieber nichts wissen wollen. Ich weiß nicht, wie viel davon wahr ist.

J: Es würden keine Wesen aus unserer Gruppierung sein.

D: Ich glaube, sie sagten, die Regierung habe eine unterirdische Basis, und auch die Außerirdischen seien dort.

J: Die Außerirdischen waren in der Untergrundbasis der Regierung, aber es war nicht die Untergrundbasis der Außerirdischen.

D: Dann hat die Regierung also auch eine. (Ja) Wurden sie dorthin eingeladen?

J: Ja. Sie wollten, dass wir an einigen Experimenten teilnehmen. Sie wollten, dass wir ihnen etwas von unserer Technologie zeigen, aber dann missbrauchten sie sie. Natürlich wurde die Schuld an dem Missbrauch den Aliens zugeschoben. Würden die Menschen die Verantwortung für den Missbrauch von Technologien übernehmen, die ihnen, wie wir jetzt rückblickend wissen, vielleicht überhaupt erst gar nicht hätte gegeben werden sollen?

D: Ich weiß, dass Menschen keine Verantwortung übernehmen wollen. Was für eine Technologie war das?

J: Verschiedene medizinische Verfahren. Es gab einen genetischen Austausch. Einige der Fortschritte, die in eurer Medizin stattgefunden haben, sind durch diese Weitergabe entstanden. Die erste menschliche Herztransplantation durch euren Arzt ... war es Christian Barnard?

D: Ich denke schon.

J: Ja. Nun, wie glaubst du hat er sein Verfahren erlernt?

D: Bewusst?

J: Unterbewusst, aber es kam in sein Bewusstsein und er hat nie erkannt, dass eigentlich nicht er der Erfinder des Verfahrens war.

D: Aber das war eine positive Sache.

J: Es hat viele positive gute Dinge gegeben, die durch den Austausch entstanden sind. Aber es gibt auch, in eurer Umgangssprache, die „Schattenseite" der Erfahrung. Es sind Bestimmte Dinge passiert, die nicht allzu angenehm sind.

D: Kannst du mir sagen, welches diese Dinge sind?

J: Ich kann dir sagen, dass es einige Experimente gab, die von den Menschen improvisiert wurden. Sie dachten, weil sie die Methoden von uns hatten, könnten sie sie verbessern, während sie doch unverbesserlich waren. Und deshalb fanden Unfälle statt. Und sie wollten, dass wir kommen und das Durcheinander wieder in Ordnung bringen. Aber ... Ha!

D: Was für Unfälle?

J: Es sind einige Leben verloren gegangen, soviel will ich dir sagen. Aber darüber hinaus werde ich nicht besprechen, was passiert ist, außer zu sagen, dass menschliches Leben verloren gegangen ist. Ihr wisst damit also, dass einige der Vermisstenfälle ... in jedem Prozess kann es Unfälle geben. Wenn also die Verfahrensweisen nicht genau befolgt werden, geschieht dies manchmal. Am Anfang also, wenn es Unstimmigkeiten darüber gibt, wie etwas ausgeführt werden soll, und der Mensch fortfährt, treten wir nur einen Schritt zurück und warten ab, weil wir das Ergebnis kennen. Und wenn er nicht hört, kommt es zu Unfällen. Vielleicht gibt es also nur einen Weg, wie der Mensch lernt und dies ist eine Tragödie. Ich will dir sagen, es ist eine Tragödie.

D: Fanden diese auf dem Stützpunkt statt?

J: Sie fanden auf dem Stützpunkt der Menschen statt.

D: Du sprachst auch über genetischen Experimente. Meinst du das damit, oder etwas anderes?

J: Das ist etwas anderes.

D: Kannst du mir etwas darüber erzählen?

J: Ich kann dir das Endergebnis eines dieser Experimente schildern. Aber ich kann bei einigen anderen Experimenten nicht ins Detail gehen.

D: Das ist in Ordnung. Ich nehme alles, was ich bekommen kann.

J: Ich kann dir sagen, dass die Methode der künstlichen Befruchtung auf dem Stützpunkt erzeugt wurde.

D: Aber das ist etwas Gutes.

J: Es gibt viele gute Dinge. Und ich zögere, dir von den anderen Dingen zu erzählen, mit Rücksicht auf die Probandin, durch die ich spreche. Diese besondere Person, Janice, würde diese Dinge aufgrund ihres einfühlsamen Niveaus vielleicht erleben. Wenn nicht im Physischen, dann würden zumindest die Bilder, die in ihren Kopf kämen, in ihrem Bewusstsein sein, bedingt durch die Art, wie die Kommunikation mit ihr stattfindet. Und wir haben bereits daran gearbeitet, einige davon auszulöschen, weil sie anwesend war und das gesehen hat.

D: Viele von den Leuten, mit denen ich arbeite, haben das gleiche Problem. Sie sind zu empfindsam und wenn sie einige Szenen sehen, entwickeln sie daraus auch Gefühle.

J: Ja. Denn wie ich vorhin mit dir besprochen habe, der besondere kinetische Kommunikationssinn Janice beispielsweise ist in der Lage, mit den Blättern und dem Wind und der Sonne und den Elementen zu sprechen. So empfindsam zu sein, so im Einklang zu sein, in der Lage zu sein, so etwas zu werden, verursacht auf zellulärer und seelulärer Ebene ... du begreifst, was ich hier gesagt habe.

D: Solar, die Sonne betreffend?

J: Nein, seelulär.

D: Die Seele. Du meinst, die innere Seele?

J: Ich spreche vom molekular reinsten Energiezustand. Diese Moleküle und besonderen Wechselwirkungen prägen sich so ein, dass sie nicht leicht auseinandergenommen werden können. Auseinandernehmen ist nicht das richtige Wort, das ich benutzen will, um es dir zu erklären. Was ich zu sagen versuche, ist, sobald sie das einmal erlebt hat, wird diese bestimmte Erfahrung aufgrund der Art von Individuum, die sie ist, niemals verschwinden. Alles, was passieren kann, ist eine Umstimmung, es zu veranlassen, in einen anderen Punkt im Bewusstsein zu gelangen, wo es sie nicht berührt, weil sie so leicht betroffen ist.

D: Das klingt sehr vertraut.. Es gibt einen jungen Mann, mit dem ich arbeite, der dachte, er könne diese Dinge sehen, als würde er fernsehen. Sie brachten jedoch zu viele Nachwirkungen mit sich.

Ich sprach von Phil, dem Probanden meines Buches Hüter des Gartens. Als ich ihn benutzte, um in Band III von Gespräche mit Nostradamus jenen Nostradamus zu kontaktieren, hatte er große emotionale Probleme beim Betrachten der Szenen, die ihm gezeigt wurden. Daher musste ich die Zusammenarbeit mit ihm an diesem Projekt einstellen.

J: Die Nachwirkungen sind etwas, mit dem der Einzelne vertraut werden muss, um zu wissen, wie er mit ihnen umgehen soll. Und es ist ein Prozess. Es kann geschafft werden, es kann nur einfach nicht gleich zu Beginn geschafft werden.

D: Er scheint sehr empfindsam zu sein und er will nichts betrachten, das negativ ist.

J: Es wird einen Zeitpunkt in seiner Entwicklung geben, an dem ... es ganz so ist, wie ein Kind lernt. Es lernt krabbeln und dann lernt es gehen. Im Verlauf des Betrachtens dieser Vorfälle kann er eine Stufe erreichen, auf welcher er sie betrachten und dabei unberührt bleiben kann. Aber an diesem Punkt seiner Entfaltung ist er dazu noch nicht in der Lage. Geschweige denn im Hinblick auf die Experimente, die ich mit dir bespreche. Zu diesem Zeitpunkt kann Janice dies aufgrund ihres Grades an Empfindsamkeit nicht tun. Wir haben dies beobachtet, weil wir sie in Situationen brachten, die dazu führten, dass wir ihr Niveau in Bezug auf das Erleben dieser Dinge abschätzen konnten. Nun, deine nächste Frage lautet: „Wie?" Oder woher wissen wir das?

D: Was das Individuum verkraften kann.

J: Ja. Woher wissen wir, was das Individuum verkraften kann? Janices Freundin beispielweise schaut Horrorfilme. Sie kann das nicht.

D: Ich kann das auch nicht.

J: Janice hat sich in Situationen befunden, in denen sie die Straße hinunterfährt und sich ein Tier auf der Straße befindet, das überfahren worden ist oder etwas ist passiert, das dieses Tier getötet hat. Sie kann nicht hinsehen. Das sagt uns, dass sie nicht hinzusehen vermag. Es ist also jeder Wachmoment, jeder Moment im Leben eines Individuums, das mit uns im Einklang steht, hinsichtlich seiner Entwicklungsstufe oder Entwicklungsfähigkeit für uns sehr wichtig. Dies sind unsere sogenannten „Tests". An euren Schulen habt ihr Tests, um herauszufinden, welche Stufe die Person erreicht hat. Wir führen nicht unbedingt die gleiche Art

Tests durch, bei denen eine Person mit einem Blatt Papier dasitzt. Unser Test mit Janice, die nach Fort Smith fährt und diesen besonderen Vorfall sieht, zeigt uns, dass sie noch nicht an einem Punkt ist, dass sie darüber sprechen könnte. Wir würden nicht zögern, mit euch über diese Erlebnisse und Experimente zu sprechen, bei denen sie anwesend war. Wegen ihres Rest-Schadens ich verwende jedoch das Wort „Schaden" nicht in dem Kontext, in dem ihr Menschen es verwenden würdet. Aber wegen der Überreste der Erfahrung, die ihrem Alltagsbewusstsein zu nahe gehen würden, kann ich sie zu diesem Zeitpunkt nicht mit euch besprechen.

D: Und ich möchte nichts tun, was ihr Schaden oder Unannehmlichkeiten verursachen würde.

J: Sie ist eine sehr starke Person. Aber bei einigen Dingen ist sie noch nicht bereit, sich mit ihnen auseinanderzusetzen.

D: Ich schaue auch keine Horrorfilme oder Ähnliches. Aber wenn es hier Dinge gibt, die die Welt wissen muss, bin ich bereit, darüber zu schreiben. Auch wenn ich sie nicht mag.

J: Ja, du entwickelst dich ebenfalls. Und jede dieser Sitzungen, die du durchführst, versetzt dich noch mehr in die Lage, die Fähigkeit dafür zu entwickeln, mit dem ... ich habe kein Wort für eine Beschreibung dessen, was ich ...

D: Ich denke an „das Negative". Diese Dinge sind negativ.

J: In eurem Referenzrahmen wäre das richtig. Zu dieser besonderen Zeit möchten wir euch allerdings sagen, dass der Fokus, den ihr braucht, nicht in Bezug zur Negativität steht, denn die amerikanische Regierung tut in diesem Bereich genug, um die Aliens in einem ungünstigem Licht zu zeigen. Daher ist die Arbeit, die du tust, einfach ein Bemühen, uns Außerirdische in dem wahren Licht zu präsentieren, in welchem wir präsentiert werden sollten. Das ist der eigentliche Grund, warum wir mit dir zusammenarbeiten.

D: Ja, denn ich glaube all die Horrorgeschichten nicht, die ich gehört habe.

J: Es gibt Horrorgeschichten. Ich will dir nicht weismachen, es gebe keine.

D: Ich habe das Gefühl, ich spreche mit einer weiblichen Wesenheit. Ist das richtig?

J: Ja, das ist richtig.

D: Die Stimme hat einen anderen Klang und wie es scheint, auch eine andere Präsenz.

J: Janice hatte mich kontaktieren wollen und so kam ich. Ich bin die Wesenheit, die nach einigen Ihrer Anpassungen manchmal bei ihr ist.

D: Die erste Wesenheit, zu der ich sprach, schien eher mechanisch oder roboterartig zu sein. (Ich spreche von dem kleinen grauen Wesen.)

J: Eigentlich musste er einfach an zwei Veranstaltungen gleichzeitig teilnehmen. Deshalb wurde die Übermittlung dort sehr abgekürzt. Es war ihm nicht möglich, in adäquater Weise mit euch zusammenzuarbeiten und gleichzeitig an der anderen Veranstaltung teilzunehmen.

D: Das war der zweite, mit dem ich gesprochen habe. Als ich mit ihm sprach, hatte er eine sehr autoritäre ....

J: Nein, seine autoritäre Seite zeigte sich bei einer anderen Veranstaltung.

D: Aber der allererste Kontakt, den ich durch dieses Medium hatte, war ein mechanischer Typ, sehr roboterhaft.

J: Und was ist deine Frage?

D: Es scheint, als ob sie alle unterschiedlich seien.

J: Das ist so, weil Janice mit mehr als einer Art Energie arbeitet.

D: Der Erste verstand viele meiner Fragen nicht. Er war eher wie ein Roboter.

J: Der Erste war kein Roboter. Aber in deinem Verständnis des Begriffs „Roboter" könnte das stimmen. Er ist einfach eine andere Art Wesen.

D: Er schien ... nun, nicht menschlich zu sein, ist die einzige Art, wie ich ihn beschreiben kann.

J: In deiner Wahrnehmung des Wortes „menschlich" ist das richtig. Aber in meiner Wahrnehmung des Wortes „menschlich" ist er sehr menschlich.

D: Aber war er nicht ein anderer Typ?

J: Ja, sehr sogar. Und das ist die Stufe, die dir begegnen musste, damit du zu zunächst weißt, dass du mit den Raumenergien in Kontakt bist. Ansonsten gibt es Zeiten, in denen du es vielleicht nicht erkennst, weil die Stimmen dem, was du „menschliche" Stimmen nennst, so ähnlich werden können. Du meinst, du sprechest jetzt mit einem menschlichen Wesen, obwohl es nicht so ist.

D: Nicht? (Nein) Ich habe ein sehr gutes Gefühl bei dir.

J: Nun, ich bin ein sehr gutes Wesen. Und das war auch die kleine Person, die du für einen Roboter hieltest. Sie war ein gutes Wesen. Sie war einfach dem, was du für menschlich hältst, völlig fremd.

D: Kannst du mir sagen, was für ein Wesen du bist?

J: Ich bin ein Wesen mit demselben Energiemuster, mit dem du in deiner letzten Sitzung gesprochen hast. Ich bin ein Gegenstück.

D: Was bedeutet das?

J: Das heißt, ich bin die weibliche Seite der Energie, mit der du zuvor gesprochen hast.

D: Hast du einen physischen Körper?

J: Ja, habe ich.

D: Wie sieht dieser Körper aus?

J: In welcher Hinsicht? Willst du meine Beschreibung von mir selbst in menschlichen Begriffen oder eine Beschreibung meiner selbst im Hinblick darauf, wie ich lebe?

D: Nun, ich glaube nicht, dass ich jetzt genug Zeit habe, auf all das einzugehen. Ich habe mich nur gefragt, wie dein physischer Körper erscheint. Vielleicht können wir auf das Andere bei der nächsten Sitzung eingehen.

J: Also mein physischer Körper erscheint sehr wie ... (Sie schien amüsiert zu sein.) Ich habe ein Gesicht, ich habe alle Gegenstücke zu dem Körper eines Menschen. Wenn ich zur Erde käme, würdest du den Unterschied nicht sehen.

D: Und doch sagtest du, du seist kein Mensch.

J: Ich bin ein Mensch, aber ich bin mehr als ein Mensch.

D: Meinst du höher entwickelt?

J: Höher entwickelt im Energiezustand und auch physisch weiter entwickelt.

D: Kannst du das näher ausführen?

J: Ich habe Augen, die aussehen ... Hmm, ich weiß nicht, ob du „orientalisch" sagen würdest, denn sie sind nicht orientalisch. Es ist schwer zu vergleichen aus meinem Bezugsrahmen heraus, in dem ich war, als du die Frage stelltest. Also werde ich mich für einen Moment neu anpassen müssen und werde dir sagen, dass ich körperlich keine große Person bin. Meine Haut ist cremefarben. Ich habe einen klaren, leuchtenden Hautton. Meine Hände sind ... Ich habe Hände wie die eines Menschen. Ich sehe aus wie ein

Mensch. Ich bin es aber einfach nicht. Meine Augen werden mich verraten.

D: Hast du Haare?

J: Ja, habe ich. Sie sind rotbraun ... sie sind dunkel. In euren Begriffen würden sie nicht als schwarz beschrieben werden. Sie sind zwischen dunkelbraun und schwarz mit ein paar roten Strähnen.

D: Wenn ich wiederkomme, gibt es dann irgendeine Möglichkeit, wieder mit dir zu sprechen?

J: Wenn ich an der Reihe bin, zu kommen, werde ich hier sein. Schau, wenn du mit Janice zusammenarbeitest, gibt es andere Wesen, mit denen du Dinge besprechen wirst. Es hängt also davon ab, wegen welches Themas du kommst, zu welcher Zeit du kommst und was für die Information erforderlich ist, die dir zu diesem Zeitpunkt gegeben werden soll. Wenn also meine Zeit gekommen ist, Wenn ich also an der Reihe bin, zu kommen, werde ich einfach ... hier sein.

D: Nun, ich will eine weitere Frage stellen. Ich versuche, mit Janice mehrere Sitzungen an einem Tag zu halten, wegen der großen Entfernung, die ich reisen muss. Ist das körperlich in Ordnung für sie?

J: Ja, das ist es. Und ich kann das so beantworten, weil mein Fachgebiet mit Körperlichkeit zu tun hat. Es hat zu tun mit dem Bereich der ihr würdet vielleicht „medizinisch" psychologisch sagen. Ihr würdet in eurem Referenzrahmen sagen, dass ich eine Ärztin bin, obwohl dieser Begriff nicht ausreichend wäre, um alles zu beschreiben, was ich bin. Denn mein Fachgebiet bezieht sich nicht unbedingt nur auf die Körperlichkeit des Menschen, sondern auch auf den Planeten.

D: Ich wollte nichts versuchen, was sie irgendwie ermüden würde oder ihr schaden würde.

J: Sie wird nicht müde sein. Ich will dir sagen, dass du in diesem Fall von uns informiert wirst, also erlege die Verantwortung nicht dir selbst auf. Denn wir werden dir helfen, das herauszufinden, indem wir es dir sagen.

D: Dann möchte ich sie in ein paar Minuten aufwecken und ein paar Stunden freinehmen um dann wieder zurückzukehren. Ich habe noch nie zuvor versucht, mehrere Sitzungen an einem Tag zu halten, und ich wollte sie nicht ermüden.

J: Sie hat einen erstaunlich nachfüllbaren Speicher und ihre Regenerationskräfte sind sehr, sehr stark.

D: Dann werde ich in ein paar Stunden unserer Zeit hierher zurückkehren und mich mit dir oder wer auch immer verfügbar ist, in Verbindung setzen. Ist das zulässig?

J: Ja. Darf ich dir sagen „Friede sei mit dir"?

D: Und ich habe es wirklich genossen, in deiner Gegenwart zu sein.

J: Und ich auch. Wir werden uns wiedersehen.

Ich bat die Wesenheit dann, zu gehen, und bat darum, dass die gesamte Persönlichkeit von Janice in ihren Körper zurückkehrt. Als Janice Anzeichen gab, dass sie wieder da war, brachte ich sie zu vollem Bewusstsein.

Janice behielt nach dem Erwachen ein Bild der Ärztin in ihrem Kopf und wollte sie beschreiben. Sie war sehr schön, hatte lange dunkle Haare, die zurückgebunden waren und mit einem Metallband zusammengehalten wurden. Janice bevorzugte das Wort „rotbraun" als Beschreibung ihrer Haarfarbe. Mit ihrer recht „eindringlichen" Erscheinung waren ihre Augen definitiv ihre charakteristischste Eigenschaft. Sie waren tief dunkelgrün und die Form war nicht genau orientalisch. Sie erinnerten Janice an die alten Zeichnungen an den Wänden in Ägypten von Menschen, auf deren Augen eine dunkle Substanz aufgetragen war. In den Zeichnungen wurde Kajal verwendet, um die Augen mit Make-up-Linien zu umreißen, die in den Augenwinkeln nach oben abgeschrägt waren. Nur, dass dies im Fall der Ärztin die tatsächliche Form und Erscheinung der Augen war, sie wurden nicht mit Makeup hingeschminkt. Das brachte in mir die Frage auf, woher die alten Ägypter die Idee hatten, ihre Augen auf diese Weise zu schminken. Konnten sie diese Wesen tatsächlich gesehen haben und wollten sie ihre Schönheit und ihr einzigartiges Aussehen imitieren?

Wir gingen dann aus, um einen Hamburger zu holen und lenkten unser Gespräch auf die alltäglichen Dinge des Lebens, damit wir uns für eine Weile wieder in die Außenwelt einordnen konnten, bevor wir eine weitere Sitzung hielten.

KAPITEL 11

DER ENERGIE-ARZT

Nachdem wir zu Mittag gegessen und uns ein paar Stunden ausgeruht hatten, begannen wir gegen 15:00 Uhr mit einer weiteren Sitzung. Ich verwendete Janices Kennwort und sie trat wieder sehr einfach in tiefe Trance. Dann gab ich ihr Anweisungen, zu versuchen, dieselbe Entität erneut zu auszumachen. Dieses Mal befand sich Janice nicht an Bord eines Raumschiffes, als ich mit dem Zählen fertig war. Stattdessen schwebte sie im Weltraum und war sich nicht sicher, wohin sie ging oder was sie zu finden versuchte. Nach weiteren Anweisungen sah sie ein Licht. „Da ist ein fokussiertes Licht. Es ist eine riesige Fläche, wie die Pupille eines Auges, außer dass sie hell ist. Und ich bin noch durch sie hindurch. Ich bin entweder in ihr drin oder sie ist über meinem Gesicht. Etwas geschieht mit mir." Was auch immer es war, es verursachte offensichtliche körperliche Empfindungen, als sie auf dem Bett lag. „Das Licht hat die Farben gewechselt. Mein Kopf fühlt sich komisch an." Natürlich war ihr Wohlergehen meine größte Sorge, und ich gab ihr Suggestionen, um jegliche körperlichen Empfindungen zu entfernen. Ich fragte weiter, ob da jemand da sei, der mit uns sprechen und den Zweck des Lichts erklären könne.

Janice schien erstarrt zu sein und unfähig, irgendetwas zu tun, außer sich auf das Licht zu konzentrieren. „Ich kann nicht daran vorbeisehen. Ich glaube, es ist jemand hier, aber ich kann nicht aufhören, es anzusehen." Sie atmete tief durch. „Es tut etwas. Es ist ein wirklich starkes Licht. Es wartet auf etwas. Ich bin nicht sicher, was." Dies dauerte mehrere Sekunden an, und trotz meiner Vorschläge es zu tun, konnte sie nicht daran vorbeigehen. „Es ist, als ob ich in einer Warteschleife wäre oder so ähnlich. Ich muss da durchgehen.“

D: Willst du das?

J: Ich glaube ja. Es ist direkt über meinem Gesicht.

D: Ich will, dass du nur das tust, was sich für dich angenehm anfühlt. Wie fühlt es sich an, wenn du in es hineingehst?

J: Eine Wolke. Wie Dampf. Mein Körper fühlt sich komisch an. Es ist kein Kribbeln, aber es ist, als wenn der Fuß eingeschlafen wäre und nun wieder aufwachte. Weißt du, dieses lustige Gefühl. Mein ganzer Körper fühlt sich gerade so an. Und manchmal hat das Licht einen Rand um sich. Es ist im Zentrum konzentriert und dann ist da draußen ein dunkler Bereich und es bewegt sich, es kommt auf mich zu. Es ist zudem hübsch. Es hatte Farben und jetzt sieht es aus wie Dampf, hat aber nicht die Farbe von Dampf. Es ist dunkel, aber es ist nicht böse, und es ist nicht schlecht, es fühlt sich gut an.

D: Bist du durch das Licht gegangen?

J: Ich weiß nicht, ob ich hindurchging oder nicht. Ich sehe es nicht oder ansonsten bin ich wohl drin. Mein Körper fühlt sich jetzt nicht lustig an. Es fühlte sich wirklich seltsam an. Ich glaube, ich habe das schon mal getan. Ich weiß jetzt was es war. Das ist die erste Stufe. Es ist, als ob man sich auflöst. (Kichern) Es war nur für eine Sekunde, dass ich mich wie ein Jo-Jo fühlte. Weißt du, bonnngg! (Kichern)

D: Nun, du bist wieder ganz zurück, an einem Stück. Alles klar. Lass uns dort jemanden finden, der unsere Fragen beantworten kann. (Pause) Ist da jemand?

Nach all dieser Sucherei überraschte es mich, als die Wesenheit antwortete. Janice war definitiv fort, denn diese Stimme war weich, süß und sanft.

J: Was ist es, das du wissen willst?

D: Also die erste Frage: Was war der Zweck dieses Lichts?

J: Es ist eine Kontaktquelle.

Die weibliche Wesenheit war eindeutig zurück. Diese lyrische, süße Stimme war einfach zu erkennen.

D: Es störte Janice ein wenig, denn ihr Körper fühlte sich dadurch so seltsam an.

J: Es gibt dem physischen Körper zwar ein seltsames Gefühl, aber es ist sehr beruhigend für den mentalen Zustand eines Wesens. Es ist auch ein vorbereitender Schritt bei Bilokationsreisen.

D: Bist du dasselbe Wesen, zu dem ich vor einer Weile sprach?

J: Ja, das bin ich.

D: Ich sagte ja, wir würden nach nur kurzer Zeit zurückkehren.

J: Aber ich bin nicht an dem Ort, an dem ihr mich verlassen habt, daher gab es auch einen Unterschied darin, wie ihr mich finden konntet.

D: Oh? Ist das der Grund, warum es diesmal schwieriger war?

J: Es war keine Frage von schwierig oder einfach. Es war nur eine Frage der Veränderung relativer Beziehungspunkte in Zeit und Raum.

D: Dann ist unsere Zeit hier nicht dieselbe, wie die Zeit die du gerade erlebst?

J: Das ist richtig. Und das ist Teil von dem, was Janice erlebte. Von dieser Verschiebung, weil sie, wie sie dir schilderte, ein körperliches Gefühl der Veränderung durchlebt sowie eine Verschiebung von Raum und Zeit. Das kann nicht ohne irgendein Gefühl im physischen Bereich erreicht werden. Es ist weitestgehend so, wie ihr in eurer Terminologie Scheintod beschreiben würdet. Ist das ein Begriff, den du verstehst?

D: Ja. Das scheint der Punkt zu sein, wenn die Zeit stehenbleibt. Glaube ich.

J: Das ist ähnlich dem, was geschehen muss, damit die Verschiebung stattfindet. Daher ist die Wirkung auf den physischen Körper in dieser sich verändernden Übertragung des Bewusstseins manchmal ein eher seltsames Gefühl.

D: Also, nur aus Neugier, in der kurzen Zeit, die für mich verging, ist das eine lange Zeitdauer für dich gewesen?

J: Wie bitte?

D: Seit ich mit dir vor einer Weile sprach.

J: Oh, ja. Du sprichst in Bezug auf die Tatsache, dass es in deiner Zeit annähernd eine Stunde oder zwei gewesen sind. (Ja) in meiner

Zeit habe ich die Arbeit von einem Jahr geleistet. Du siehst also, es findet eine eindeutige Verschiebung statt.

D: *Als ich sagte, ich würde in ein paar Stunden zurückkehren, wurde mir nicht klar, dass du so lange warten müsstest.*

J: Ja, ich führte mein Leben fort, gerade so, wie du deines.

D: *Das ist ein bisschen schwer für mich zu verstehen. Als ich zuletzt mit dir sprach, beschriebst du dich selbst und du fragtest, ob ich wissen wolle, wie du lebst? Und ich befürchtete zu jener Zeit, die Antwort würde zu lange brauchen. Könntest du mir jetzt etwas darüber erzählen?*

J: Hast du spezielle Fragen oder wünschst du eine allgemeine Übersicht darüber, woran ich teilnehme oder möchtest du etwas über meine Kindheit erfahren? Wo tust du ...? Finde einfach einen Ausgangspunkt, der zufriedenstellend ist.

D: *Verallgemeinere zunächst einfach und dann kann ich Fragen stellen.*

J: Bei meiner täglichen Tätigkeit nehme ich an verschiedenen Missionen auf deinem Planeten teil. Meine Arbeit ist stark an einigen Experimenten beteiligt, an denen auch Janice teilgenommen hat. Sie ist mit mir vertraut, weil wir bei mehr als einer Gelegenheit beide an ihnen teilgenommen haben. Ich weiß viel über Geowissenschaften. Wie ich dir bereits sagte, könnte ich in deinem Referenzrahmen als Doktor der Medizin betrachtet werden. Gleichzeitig ist der Arzt in unserer Kultur jedoch mehr als nur medizinisch. Wir beziehen in unsere Lehren und in unsere Berufe das gesamte Sein ein im Gegensatz zu der nur allgemeinen spezialisierten Medizin. Als würde man zu einem Nierenfachmann gehen, weil wir Systemspezialisten sind. Das schließt alle Systeme ein, also physische, mentale und molekulare Strukturen. Ich könnte weiter und weiter gehen. Geowissenschaftliche Strukturen, Kommunikationsstruktursysteme und verschiedene weitere Facetten dieser Systeme, da sie interdimensional miteinander in Beziehung stehen.

D: *Das klingt sehr kompliziert. Du musst sehr intelligent sein.*

J: (Bescheiden) Nun, ich werde als vollendet betrachtet.

D: *Lebst du auf dem Raumschiff oder reist du nach Hause und zurück?*

J: Ich reise nach Hause und und zurück, aber es gibt Zeiten, zu denen ich vollständig auf dem Schiff lebe. Es gibt Zeiten, da meine

Mission mich einer Basis zuweist, in etwa so, wie Aleathin früher einer Basis zugewiesen wurde. Aus diesem Grund spreche ich nun mit dir, weil ich ein Teil der Gruppe an Raumenergien bin, die mit Janice arbeiten.

D: Arbeitest du auch mit anderen Leuten?

J: Ich arbeite in der Tat mit anderen. Wir haben Leute auf eurem Planeten, die sozusagen unserer Verantwortung unterstehen.

D: Ich bin neugierig, wo dein Zuhause ist.

J: Mein Zuhause ist nicht in eurer Galaxie.

D: Aber du sagtest, du könnest hin- und zurückreisen? Wie bringst du das fertig?

J: Es wird jenseits der Lichtgeschwindigkeit erreicht.

D: Wir sind an den Gedanken gewöhnt, dass die Lichtgeschwindigkeit die Grenze sei.

J: Deshalb ist interdimensionales Reisen für euch nicht verfügbar.

D: Wegen unserer Begrenzungen.

J: Genau.

D: Ist dein Heim ein physischer Planet?

J: Es ist an sich ein physischer Planet, ja.

D: Isst du Essen?

J: Wir haben verschiedene Arten von Essen. In euren Erdgärten beschriftet ihr alles, während wir das nicht unbedingt tun. Insofern bezeichnen wir ein orangefarbenes Gemüse nicht als „Karotte".

D: Aber konsumierst du Essen genauso wie wir?

J: Wir konsumieren Essen. Unser Essen ist anders insofern, als es eine andere Struktur hat. Mit anderen Worten, wir haben dort keine Tiere, die wir essen. Aber es gibt verschiedene Stufen unserer Wesen. So wie euer Baby mit Milch aufwachsen würde, gibt es eine Zeit, in der wir als Kind eine Sache essen. Wenn wir dann zum Erwachsenenalter aufsteigen, lernen wir zu leben von ... wir essen nicht das, was man in Erdbegriffen „herkömmliches" Essen nennen würde.

D: Aber ihr konsumiert wie wir und habt einen Verdauungstrakt?

J: Unser Verdauungstrakt ist nicht annähernd wie eurer, obwohl wir einen Verdauungstrakt haben.

D: Habt ihr ein Atmungssystem?

J: Ja, haben wir.

D: Ein Kreislaufsystem?

J: Ja, haben wir, aber nur im herkömmlichen Sinn des Wortes.

D: Was meinst du damit?

J: Ich meine, dass wenn wir in unserer Galaxie sind und in unserem eigenen Element, diese Systeme nicht so funktionieren, wie wenn wir auf eure Erde kommen. Es gibt also einen deutlichen Unterschied insofern, als dass diese Systeme in bi-struktureller und bi-systemischer Hinsicht unterschiedlich funktionieren, ganz gleich, in welcher Umgebung wir uns befinden. Wenn man sie mit euren Systemen vergleicht, hat euer Verdauungstrakt eine Funktion und er funktioniert nur so. Unserer nicht.

D: Du meinst, ihr passt euch an jede Umgebung an, in der ihr euch gerade befindet? (Ja) Würdest du dich auch an jegliche Elemente in der Luft oder im Essen oder was auch immer anpassen?

J: Ja. Aus diesem Grunde können wir zur Erde kommen und unentdeckt auf der Erde leben.

D: Du meinst, in der Basis leben?

J: Oder unter euch.

D: Sagtest du nicht, ihr würdet auffallen?

J: Nun, nur dem Individuum, das sich dieser Art Unterschiede im Wesen bewusst ist.

D: Du sagtest, eure Augen könnten euch verraten.

J: Nicht an das durchschnittliche Individuum.

D: Dann müsst ihr eine ungeheure Anpassungsfähigkeit besitzen.

J: Ja, das tun wir. Was ich dir beschreibe ist nur ein flüchtiges Erkennen. Das heißt, du bist vielleicht auf der Straße, in einem Restaurant oder irgendwo und kommst an einem von uns vorbei. Und in einer Kontaktsekunde wird dein Wissenssystem und Personen wie Janice erkennen das -- es ist wie ein familiäres Wiedererkennen. Ganz so wie eine Mutter ihr Kind erkennen würde, ohne es zu sehen. Es ist also diese Art von Erkennen. Und das Erdenindividuum könnte mit diesem flüchtigen Moment in der Zeit vorbeiziehen und ihn doch nicht unbedingt in Zusammenhang bringen. Es wäre, als würde man sagen: „Ich kenne diese Person. Da war etwas."

D: Ich habe solche Gefühle gehabt.

J: Aber Individuen, die stärker empfindsam sind und an Wissensunterricht teilgenommen haben, sind fähig, das zu tun und weiterzugehen, ohne dass es sie beeinflusst. Weil sie die Tatsache akzeptieren, dass dies eine Realität ist. Und es ist ebenso die Vermischung zweier Realitäten. Aufgrund der Tatsache, dass auch sie während ihrer Zeit auf eurer Erdebene interdimensional zusammenwirken. Es ist einfacher für sie, das zu akzeptieren, weißt du. Das durchschnittliche Individuum würde niemals auch nur daran denken, an mehr als einer Realität teilzuhaben.

D: Das ist wahr. Dann haben die anderen Wesen aus dem All diese Anpassungsfähigkeit nicht?

J: Einige von ihnen nicht. Es gibt allerlei mögliche Arten von Wesen im All, verschiedene Rassen mit verschiedenen Arten von Systemen, so wie es allerlei Rassen auf eurem Planeten gibt. Was also für eine Rasse typisch ist, ist es nicht für eine andere. Das mechanische Wesen, von dem du zuvor sprachst, war völlig anders als alles, was wir auf unserem Planeten erleben oder haben.

D: Seine Systeme und das alles?

J: Ja. Es funktioniert nicht so wie wir insofern, als er kein Essen konsumiert.

D: Wovon lebt er? Was ist sein Lebensunterhalt?

J: Er benötigt kein Essen, um zu leben.

D: Er muss doch etwas haben, das er als Energie nutzt?

J: (Großer Seufzer) In dem Bemühen, zu versuchen, es euch zu erklären. Das mechanische Wesen funktioniert mechanisch, so dass in ihm ein ... Worte! Es gibt keine Worte, um das zu übersetzen. (Pause) Vielleicht, wenn ich dir erkläre, ihr baut in eure mechanischen Geräte eine Batterie ein und sie funktionieren. Wenn also diese Art Individuum mit eurem Planeten zusammenwirkt, ist es aufgetankt. Es könnte so erklärt werden, als sei es ein besonderer, mehr ein elektrischer Energietyp, verstehst du.

D: Dann ist er eher wie eine Maschine. (Ja) Bedeutet das, er wurde durch andere Wesen erschaffen, anstatt von ... Ich denke daran, wie wir uns gegenseitig biologisch erschaffen. Wurde er wie eine Maschine durch andere Menschen erschaffen?

J: Er wurde nicht als eine Maschine erschaffen, weil er keine Maschine ist. Er ist ein Wesen. Er ist einfach ein andersartiges Wesen. Und das ist die Art Wesen, das dort existiert, wo er herkommt

D: Wie pflanzen sie sich fort? Duplizieren sie einander?

J: Es hat viel mit der Elektrizität ihrer Gegend zu tun. „Elektrizität" ist nicht das richtige Wort, da es von einem Energiezustand kommt.

D: Müssen sie sich selbst duplizieren?

J: Sie müssen nicht. Sie duplizieren sich selbst gerade so, wie wir oder ihr es tut, denn Sex ist für sie nicht dasselbe, was Sex für euch ist.

D: Das ist es, was ich mich gefragt habe. Wenn etwas maschinenartig wäre – ich weiß, das ist wahrscheinlich nicht die richtige Analogie. Ich dachte, dann würden sie vielleicht niemals sterben. Und dass sie nicht weiter Leben hervorbringen müssten.

J: Sie sterben.

D: Dann sind sie in dieser Hinsicht sterblich.

J: In dieser Hinsicht. In ihrem eigenen Bereich der Sterblichkeit, ja, sind sie es.

D: Es gibt für sie also eine Notwendigkeit, sich selbst zu erneuern, aber es wird auf eine andere Weise getan. Darf ich fragen, wie sich euer Typ fortpflanzt?

J: Es gibt zwei Arten wie wir uns fortpflanzen können. (Pause) Nun, ich habe nicht das Gefühl, dass ich das an dieser Stelle diskutieren sollte. Aber ich will dir so viel sagen, dass eine Art, wie wir uns fortpflanzen so ist, wie ihr euch fortpflanzt.

D: Warum habt ihr zwei verschiedene Arten?

J: Wegen der Art von Wesen, die bei jedem der Prozesse erzeugt wird.

D: Ich habe auch gehört, dass einige Wesen zweigeschlechtig sind.

J: Ja, sind sie.

D: Ich bin immer neugierig auf diese vielen verschiedenen Dinge. (Es war schwierig und unangenehm, Fragen zu einem Thema zu stellen, über das sie offensichtlich nur ungern diskutierte.) Aber wenn du es nicht diskutieren möchtest, ist das in Ordnung.

J: Es ist keine Sache von es nicht diskutieren wollen. Es ist vielmehr eine Sache davon, dass es mir nicht freisteht, es zu diskutieren.

D: Alles klar. Jedes Mal, wenn ich eine Frage stelle, die du nicht beantworten kannst, will ich einfach nur Bescheid wissen, das ist alles. Zu vielen Fragen, die ich stellen wollte, machte ich mir Notizen. Ich weiß nicht, ob du mir die Information geben kannst, oder nicht. Eine Sache über die ich etwas erfahren wollte, sind die anderen Planeten in unserem Sonnensystem. Hast du darüber Information? Du bist eher in einem anderen Bereich, nicht wahr?

J: Ich habe einiges von deiner gewünschten Information. Ich kann dir so viel sagen, dass es auf dem Planeten Mars Leben gegeben hat, wie ihr es heute kennt.

D: Es gab?

J: Zu einem bestimmten Zeitpunkt.

D: War das, bevor es Leben auf der Erde gab?

J: Das war, bevor es die Form von Leben auf der Erde gab, die heute existiert, ja.

D: Wie hochentwickelt waren diese Zivilisationen?

J: Diese Zivilisationen waren sehr hochentwickelt. Zu einem bestimmten Zeitpunkt war Mars vor den atmosphärischen Veränderungen ein Planet, der eurem Planeten sehr ähnlich war. Während eines katastrophalen Ereignisses fand jedoch eine große Veränderung statt. So dass das Leben, wie es derzeit bekannt ist, auf jenem Planeten ausgelöscht wurde. Das soll nicht heißen, dass es dort jetzt kein Leben gibt. Es ist für euch nur nicht sichtbar.

D: Was war dieses katastrophale Ereignis?

J: Es gab einen kritischen Zeitpunkt, zu welchem zwei Planeten kollidierten. Und der atmosphärische Niederschlag aus dieser Kollision veränderte die Atmosphäre auf dem Mars.

D: Konnten sie deswegen nicht mehr leben?

J: Sie konnten nicht leben, weil sie verbrannten.

D: Welche Art Wesen lebten dort?

J: Eine Wesensform ähnlich der euren.

D: Eine menschenähnliche Art?

J: Ja. Sie hatten weiter fortgeschrittene Systeme als ihr, physisch, physiologisch. Ihre Gesellschaft war weiter entwickelt, als die eure. Die Interaktionen ihrer Leute waren fortgeschrittener. Sie hatten nicht die Kriege und Morde und Dinge, wie sie auf eurem Planeten vor sich gehen. Es war also ein friedlicherer Zustand, weil sich ihr Bewusstsein auf einer anderen Ebene befand. Anders als ihr trugen sie keine Schuld daran, was mit ihrem Planeten passiert ist.

D: Hatten sie Städte?

J: Ja, sie hatten Städte, deren Überreste ihr wahrscheinlich sehen könntet.

D: Es gibt ein Phänomen, von dem Leute sagen, dass sie es auf dem Mars sehen können. Es wird das „Marsgesicht" genannt. Weißt du irgendetwas darüber?

J: Ja. Es ist ein Symbol, das euch sagen soll, dass euer Gesicht schon dort gewesen ist, will heißen: das Gesicht der Menschheit. Ein Wesen, das euch ähnelt.

D: Wie wurde das erzeugt?

J: Ich kann dir das nicht sagen. Ich weiß es nicht.

D: Aber wurde es von der Menschenrasse gemacht, die dort lebte?

J: Nein, das wurde es nicht.

D: Dann wurde es später gebildet? (Ja) Aber du weißt nicht, wer es dort hingebracht hat, oder ....

J: Nein, das weiß ich nicht. Es ist symbolisch.

D: Es wird auch berichtet, dass in seiner Nähe Pyramiden stehen.

J: Wie ich dir sagte, es existierte auf jenem Planeten eine Zivilisation, die der euren sehr ähnelte. Euer Planet könnte der zweite Mars in diesem Sonnensystem werden, wenn eure Zivilisation nicht vorsichtig ist. (Seufzer) Es besteht jetzt eine sehr heikle Situation. Aus diesem Grunde finden einige der Experimente und Projekte jetzt statt.

D: Sie meinen, es könnte hier auch geschehen? (Ja) Aber du sagtest, es gebe Leben auf dem Mars, das für uns nicht sichtbar sei?

J: Das ist richtig.

D: Kannst du mir davon erzählen?

J: Ich kann dir davon erzählen, aber ich .... (Sie zögerte, als würden wir in verbotenes Terrain vordringen.)

D: Es gibt viele Wissenschaftler, die diese Dinge gerne wissen würden.

J: Ja. Nun .... (Pause und dann Zögern.) Ich muss mir erst Anweisungen holen, ob ich darüber sprechen kann, denn es steht mir nicht frei, dies ohne Erlaubnis zu tun.

D: Ich will dich in keinerlei Schwierigkeiten bringen. Wenn du es herausfinden kannst, ich war einfach neugierig.

J: Ich kann dir so viel sagen, dass es eine Zivilisation auf dem Mars gab.

D: Ich dachte an eine rudimentäre Lebensform, sehr elementar, grundlegend. Es ist fortgeschrittener als das?

J: Es gibt Zivilisation insofern, als es Kolonien gibt. Es finden Projekte statt. Wenn ich dir sagte, dass es einen Steuerberater von eurem Planeten gibt, der mit seiner Familie auf dem Mars lebt, würdest du es glauben?

D: Ich glaube, alles ist möglich. Er würde die richtige Art Atmosphäre und Bedingungen benötigen.

J: Das ist richtig.

D: Ich nehme an, der Mars hat keine Atmosphäre, in der wir leben könnten.

J: Nicht mit dem aktuellen Entwicklungsstand eurer Systeme. Es gibt keine Möglichkeit für euch, so auf der Marsoberfläche zu leben, wie ihr auf der Erdoberfläche lebt.

D: Dann befinden sich die Städte nicht auf der Oberfläche. Ist das richtig?

J: Das ist richtig.

D: Sind dies Überreste der anderen Zivilisation, die dort lebte, als alles von der Katastrophe verbrannt wurden?

J: Einige ja, andere nein.

D: Dann haben einige überlebt?

J: Einige ja.

D: Wurden die anderen Städte von anderen Wesen erbaut, die dorthin kamen, um den Mars zu kolonisieren?

J: Das ist richtig.

D: Nun, der Steuerberater, wollte er freiwillig dorthin gehen?

J: (Mitfühlend) Ja!

D: Ich denke, es wäre ein ziemliches Abenteuer, aber er müsste alles hinter sich lassen.

J: Und das hat er.

D: Mir wurde gesagt, dass es für Menschen zuweilen schwierig sei, sich anzupassen, weil es so anders ist.

J: Nicht in einer umweltkontrollierten Atmosphäre.

D: Das klingt interessant. Weißt du, wir planen eine Entsendung ... wir haben schon etwas emporgeschossen, nicht wahr? Es müsste eine Sonde sein? Und wir haben Fotos gemacht.

J: Ihr Amerikaner geht in alle möglichen verschiedenen Richtungen ins Weltall. Vielleicht solltet ihr euch auf ein Projekt konzentrieren, bis ihr es abgeschlossen habt und dann zu einem anderen übergehen.

D: Ich glaube, die Amerikaner spielen mit dem Gedanken, eine Basis auf dem Mars zu errichten, stimmt das?

J: Sie spielen mit dem Gedanken, eine Basis auf dem Mars zu errichten und sie stellen auch Überlegungen für andere Planeten an. Sie überlegen, eine Basis auf dem Mond zu errichten.

D: Ich habe gehört, sie wollen eine bemannte Mission zum Mars senden.

J: Das wird eine Kooperation sein. Ich glaube nicht, dass die Amerikaner das alleine tun werden.

D: Glaubst du, es wird geschehen?

J: Oh, ja, ich glaube allerdings, dass es geschehen wird.

D: Glaubst du, es wird in für die jetzt auf der Erde lebenden Menschen absehbarer Zukunft geschehen?

J: Ja, ich glaube, das wird geschehen.

D: Ich frage mich, was geschehen würde, wenn sie dort ankämen und entdeckten, dass dort schon andere Wesen sind.

J: Sie würden sie nicht sehen. Sie haben sie nicht gesehen. Sie könnten es nicht. Sie werden es noch lange nicht wissen. Die Wesen auf dem Mars werden es wissen, aber die Amerikaner, die Franzosen und die Russen werden es nicht wissen.

D: Ich denke, es würde ein Schock für sie sein, wenn sie dort landeten und herausfänden, dass dort andere Wesen sind.

J: Nun, wir können nicht in deinem Land landen, ohne schockierend zu sein. Ebenso könnt ihr nicht an anderen Plätzen landen, ohne schockiert zu sein. Weil euer Bewusstsein nicht über ... den Verschiebepunkt hinausgehen kann. Einschränkungen des Verstandes.

D: Also gibt es Leben auf der Marsoberfläche?

J: Leben ja, aber nicht wie ihr es kennt. Was euch betrifft, gibt es nur eine Betrachtungsweise der Vegetation: Vegetation hat Blätter, Vegetation ist grün. Aufgrund des Vegetationstyps, der auf der Marsoberfläche existiert, ist sie daher für das menschliche Auge nicht erkennbar. Ihr seht Vegetation nur in einem Bezugssystem, aber andere Wesen können zum Mars reisen und sie erfahren, weil sie sie in einem anderen Bezugssystem sehen.

D: Könnten wir sie sehen, sobald wir sie untersucht haben?

J: Nein, weil sie andersartig ist. Die Struktur würde nicht mit eurer Vegetation vergleichbar ein, daher würdet ihr sie nicht Vegetation nennen.

D: Ich meine, Fotoaufnahmen haben lediglich Felsen gezeigt.

J: Ja, weil ihr es nur als Felsen begreift. Es bestehen Unterschiede in den Felsen. Es gilt, die Unterschiede zu kennen, die wir wahrnehmen können, im Gegensatz zu dem was wir uns vorstellen können.

D: Was ist mit anderen Lebensformen?

J: Ich denke, ich habe mit dir die Lebensformen besprochen.

D: Ich denke an etwas wie Tiere auf der Marsoberfläche, Insekten oder ....

J: Nein. Es gibt Vegetation, aber es leben keine Tiere auf der Marsoberfläche.

D: Sind sie unter der Oberfläche? (Ja) Gibt es dort irgendetwas, womit ich mich identifizieren könnte?

J: Ja. Ich habe dir gesagt, dass es dort eine umweltkontrollierte Atmosphäre gibt, in welcher ein Steuerberater von eurem Planeten leben könnte. Wenn ein Steuerberater auf dem Mars leben könnte, glaubst du dann nicht, er würde sich dafür dieselbe Art Atmosphäre und Lebensraum erschaffen lassen?

D: Ja, aber ich denke an etwas, das dort natürlich vorkommt oder auf dem Planeten heimisch ist oder seit der Katastrophe dort gewesen ist. Etwas, das keine künstlich erzeugte Atmosphäre unter der Oberfläche hat.

J: Es gibt Bereiche im Inneren des Planeten, die immer noch ursprünglich sind, gerade so, wie eure Wälder in bestimmten Gegenden eures Landes immer noch ursprünglich sind. Es haben jedoch Entwicklungen stattgefunden, so dass die gesamte Oberfläche des Planeten nicht mehr in ihrem jungfräulichen Zustand ist.

D: Dann sind dort immer noch einheimische Tiere oder Insekten am Leben?

J: In den natürlich beschaffenen Umgebungen.

D: Ich dachte, wenn Wesen von anderswo kamen, hätten sie wohl Leben in anderen Formen mitgebracht. Gibt es irgendeine Art Tier oder Insekt, mit dem ich vertraut sein könnte? (Nein) Nun, was ist mit den anderen Planeten in unserem Sonnensystem? Gab es jemals Leben auf ihnen?

J: Es gab Leben auf anderen Planeten, ja.

D: Auf welchen?

J: Jupiter, Venus.

D: Was ist mit Merkur?

J: Mit Merkur bin ich nicht vertraut.

D: Können wir über Venus sprechen?

J: Venus hat Leben gehabt. Ich erkläre dir wirklich Dinge, die nicht besprochen werden sollten. Ich fahre jedoch fort, weil ich keine Informationen erhalten habe, es nicht zu diskutieren. Deshalb ....

D: Glaubst du, jemand würde dich aufhalten, falls du ....

J: Ich glaube, das ist der Fall, ja.

D: Denn wir sind schon lange gespannt, ob dort Leben existiert. Mal sehen, Venus ist, glaube ich, von Wolken bedeckt. Ich versuche, von dem auszugehen, was ich weiß, was nicht viel ist. Wann gab es dort Leben?

J: (Pause, dann Zögern.) Ich denke, wir sollten vielleicht das Thema wechseln.

D: Alles klar. Eines, was ich dich fragen wollte, ist der Rote Fleck auf dem Jupiter. Kannst du mir etwas darüber erzählen, oder ist das nicht erlaubt?

J: Jupiter ist ein Planet, den die Erde sehr ernsthaft erwägen sollte, zu erkunden. Und zu diesem Zeitpunkt bin ich gerade ... Wenn du mich für einen Moment entschuldigen würdest.

D: Alles klar. Ich will dich in keinerlei Schwierigkeiten bringen. Vielleicht gibt es jemanden, der mehr Antworten in dieser Richtung hat, falls es erlaubt ist.

J: Da sind andere, die viel größere Kenntnis haben. Das ist eher ihr Fachgebiet, als meins. Wie auch immer ... Ich sollte dies an dieser Stelle nicht weiter mit dir besprechen.

D: Glaubst du, jemand mit mehr Kenntnis könnte es mit mir besprechen?

J: Nicht zu diesem Zeitpunkt.

D: Alles klar. Vielleicht können wir ein anderes Mal darauf zurückkommen.

J: Ja. Lass mich dir sagen, dass .... Einen Moment.

Sie schien mit jemand anderem zu sprechen und murmelte: „Ja ... Okay." Es klang dann wie eine andere Sprache. Es war leise und schwer zu hören, aber das Tonbandgerät fing es auf: Vashusha. (?? phonetisch: Va-shu-sha oder Ra-shu-sha. Keine Betonungen.) Es klang noch immer so, als ob sie mit jemand anderem sprechen würde, weil die Geräusche leise waren und offensichtlich nicht auf mich gerichtet waren. Dann wieder die Sprache. Diesmal klang es nach mehreren Wörtern: Temtem tensesavene (?? phonetisch: tem-tem tense-sa-ve-ne ??) Sehr schnell gesprochen, die Wörter verschwammen. Die Silben könnten unrichtig sein.

Ihre Stimme war lauter. Sie sprach wieder zu mir: „Ich soll dir sagen, dass in der Verkettung der Planeten die Erde am strategischsten angeordnet ist. Innerhalb der Verkettung etwas zu verursachen ...." Es gab eine Pause, da ihre Aufmerksamkeit wieder abgelenkt wurde. Sie flüsterte: „Was?“ Dann war sie wieder bei mir. „Was auf der Erde passiert, wirkt sich auf jeden anderen Planeten in eurem Sonnensystem aus. Daher ist es wichtig, dass die Existenz der Erde fortbesteht.“

D: Sagt dir jemand anderes, was du sagen sollst?

J: Ja. Ich kann nicht fortfahren, etwas anderes zu sagen, als das, was mir gesagt wird.

D: Ist es in Ordnung, wenn ich nach dem Roten Fleck frage, oder willst du, dass ich aufhöre, über Planeten zu sprechen?

J: Es wird aus einem anderen Bereich unserer Stufe mit dir besprochen werden.

D: Okay. Jemand anderes, der die Information hat?

J: Ja, weil die Information, die zu dir gelangen wird, entscheidend für das Verstehen von Jupiter und seiner Beziehung zur Erdebene ist.

D: Und das wird später kommen? (Ja)

Da dieses Thema abgeschlossen worden war, beschloss ich, zu einem anderen Thema zu wechseln.

D: Ich diskutierte mit den anderen Wesenheiten die Implantate, die in die Körper von Leuten auf der Erde eingesetzt werden. Und sie gaben mir einige Informationen darüber.

J: Was willst du wissen?

D: Werden diese in jedermanns Körper eingepflanzt?

J: Nein, werden sie nicht.

D: Nur von bestimmten Leuten?

J: Das ist richtig.

D: Wie werden diese Leute ausgewählt, falls sie überhaupt ausgewählt werden?

J: Es ist nicht so sehr eine Sache der Auswahl als vielmehr eine Sache des Einverständnisses.

D: Ich versuche, den Zweck zu verstehen. Ich glaube, es ist ein Überwachungsgerät.

J: Ja, es ist in einigen Fällen ein Überwachungsgerät. In einigen Fällen.

D: Was könnte es in anderen Fällen sein?

J: Lass mich dir eine Sache erklären, die du nachvollziehen kannst. Ihr habt Pflaster, die ihr nach der Operation und auch nach der postoperativen Periode aufklebt, um bestimmte Mengen der notwendigen Medikamente automatisch an die Person freizugeben. Daher haben Implantate zwei Zwecke. Sie haben mehr als zwei, aber zwei der Ziele, die ich mit dir besprechen kann, sind: Sie werden als ein einfaches Überwachungsinstrument betrachtet und auch so von euch verstanden. In einigen Fällen handelt es sich dabei auch um Instrumente, mit denen bestimmte Systeme des Individuums analog der Nachsorge gepflegt werden.

D: Dann meinst du, es wird an dem Individuum operiert? Es wird eine Operation durchgeführt?

J: In manchen Fällen.

D: Da dies dein Arbeitsbereich ist, kannst du mir über einige dieser Operationen und ihre Hintergründe erzählen?

J: Wir haben über Systeme gesprochen und menschlich gibt es alle Arten von Systemen im menschlichen Körper. Vom Kreislaufsystem über das Atmungssystem und den Verdauungsapparat bis hin zum Nervensystem und ich könnte so weitermachen. Es hängt also von der Art der notwendigen Entfaltung ab, dass diese Person bis zu einem Punkt vorwärtsgebracht wird, an dem das Individuum mit unterschiedlichen Mengen von a: Information, b: Schwingungsraten oder c: atmosphärischen Bedingungen umgehen kann, wie wir zuvor kurz diskutiert haben. Du siehst also, es sind nicht reine Überwachungsgeräte. Es hängt vom Typ ab.

D: Aber was ist der Zweck davon, dass sie sich anpassen?

J: Genau der Gleiche wie bei eurer zeitgesteuerten Vitaminfreigabe.

D: Damit sie sich an die Bedingungen auf der Welt anpassen können, oder wie?

J: Sie können sich an interdimensionale Reisen anpassen. Sie können sich in schnellerer Geschwindigkeit an die molekulare Rekonstruktion anpassen. Es gibt verschiedene Gründe für die Geräte, so kann der Mensch auf der menschlichen Ebene die Dinge richtig aufnehmen, damit er in dem Programm weitermachen kann, dessen Bestandteil zu sein der Mensch gewählt hat.

D: Verursachen diese Geräte jemals Probleme?

J: Manchmal, obgleich dies keine lebensbedrohlichen Probleme sind. Wenn du „Probleme“ sagst, definiere mir, was du darunter verstehst.

D: Nun, jegliche Probleme, die in die Funktionsweisen des Körpers eingreifen würden. Alles, was sie bemerken würden.

J: Das Individuum bemerkt von Zeit zu Zeit ein Problem. Aber es ist keine lebensbedrohliche Art von Problem. I versuche gerade, mich an eine Parabel zu erinnern, die ich auf dich beziehen kann, die das Äquivalent in deiner eigenen Umgebung oder deiner eigenen Kultur ist. (Nachdenkend) Es ist fast, als ob du einem Kind Rizinusöl gibst und das Kind sich krank fühlt, wenn es das eincnimmt, aber es heilt das Leiden. In Bezug auf ein Problem können in Abhängigkeit von dem betroffenen System Verbindungsprobleme bei der Verknüpfung mit der Funktionalität des Implantats bestehen.

D: Kannst du mir sagen, was einige jener Probleme sein könnten, damit sie erkannt werden können?

J: Die Person kann manchmal ein Gefühl von Rastlosigkeit bekommen. Es können tatsächliche körperliche Symptome auftreten. Der Körper kann sich so anfühlen, als ob er eine hundert Meilen lange Wanderung unternommen hätte, obwohl er nicht gewöhnt ist, Sport zu treiben. Es gibt verschiedene Dinge, die bei der Verdauung auftreten können. Wenn sich das Individuum an immer höhere Frequenzen anpasst, muss es seine Nahrungsaufnahme anpassen. Damit die höheren Schwingungsfrequenzen durch dieses Individuum hindurchgelangen können. Du wirst feststellen, dass bestimmte Personen ihre Nahrungsaufnahme geändert haben. Das könnte also von manchen als Problem angesehen werden. Wenn du gerne Fleisch isst und gerne rauchst und gerne derlei Dinge tust, wirst du womöglich eine Phase der Anpassung erleben. Ähnlich wie eine Person auf der menschlichen Ebene, die Diät leben und ihre Süßigkeiten aufgeben müsste. So wird auch der Mensch physiologische, physische Veränderungen durchmachen.

D: Werden diese verursacht, wenn das Implantat zum ersten Mal in den Körper eingesetzt wird?

J: Nicht unbedingt. Es kann geschehen, wenn das Implantat in den Körper eingesetzt wird. Es kann aber auch allmählich über einen

Zeitraum geschehen, beispielsweise im Falle des zeitgesteuerten Freigabe-Implantats.

D: Dann muss es nicht angepasst werden?

J: Doch, von Zeit zu Zeit werden Anpassungen vorgenommen.

D: Muss das an Bord eines Raumschiffes getan werden?

J: In den meisten Fällen ja, wenn es am physischen Körper getan wird.

D: Ich wundere mich über die Verdauungsprobleme. Bedeutet das Magenverstimmungen oder grippeartige Symptome oder wie?

J: Nun, der Körper macht Veränderungen durch. Vielleicht wie eine Person, deren Diät vorrangig eine Fleischdiät gewesen war. Wenn diese Person nun zu Obst und Gemüse überwechselt, wird es ein physisches Verdauungssymptom geben. Und es wird ein Sanierungsprozess stattfinden. Damit das geschieht, kann es in einigen Fällen zu Durchfall kommen, wenn es das ist, wovon du sprichst. Also hat es mit der Reinigung des Systems zu tun.

D: Dann wird es also nicht unbedingt durch eine Ernährungsumstellung verursacht, sondern durch die Funktionalität der Implantate.

J: Die Implantate helfen dabei, die Veränderung der Ernährungsweise zu beeinflussen. Somit ist es eine Kombination von beidem. Es ist nicht strikt nur das eine oder das andere.

D: Ich verstehe. Der allgemeine Glaube ist, dass diese Implantate schlecht seien. Die Leute glauben, dass in ihren Körper eingedrungen worden sei, wenn sie Implantate in ihrem Körper finden.

J: Das ist so, weil ihr Bewusstsein noch nicht auf der Stufe ist, auf der es versteht, woran sie teilnehmen. Sie haben auch die Möglichkeit, nicht teilzunehmen.

D: Wenn sie es nicht mehr tun möchten?

J: Das ist richtig.

D: Denn manche dieser Leute sind sehr verärgert, als ob in ihren Körper ohne ihre Erlaubnis eingedrungen worden sei.

J: Es ist vielleicht verständlich, dass sie sich so fühlen, denn was geschah ist ein gestörtes Gleichgewicht. Viele Leute geben ihr Einverständnis dazu, an etwas teilzunehmen, aber dann finden sie heraus: „Oh! Ich will das nicht tun.“ Nun, wenn sie nicht willig sind, in gewisser Hinsicht zu wachsen, oder wenn ihre geistige Fähigkeit nicht vorhanden ist, im Bereich höherer Tätigkeitsebenen Fortschritte zu erzielen, werden sie auf diese

Weise reagieren. Nun, es können aufgrund der Entscheidungen des Einzelnen verschiedene Dinge passieren, aber es ist ihre Entscheidung.

D: Das ist keine bewusste Entscheidung, nicht wahr?

J: Nein, ist es nicht.

D: Aber sie kann bewusst sein, falls sie dies entdecken. In welchem Alter werden die Implantate normalerweise in den Körper eingesetzt?

J: Es gibt kein besonderes Alter.

D: Muss es nicht geschehen, wenn sie ein Kind sind?

J: Es muss nicht geschehen, wenn sie ein Kind sind. Es kann in jedem Alter geschehen, es hängt von dem Individuum abs.

D: Ich nehme an, ich habe die Vorstellung, dass sie ihr ganzes Leben hindurch überwacht werden.

J: Nicht notwendigerweise. Es gibt solche Individuen. Nun haben wir erfahren, dass die Individuen, die ihr Leben lang überwacht wurden, in den meisten Fällen diejenigen sind, die durch ihre Teilnahme während ihres ganzen Lebens in der Lage sind, überzugehen und mit den höheren Energiestufen zu arbeiten. Es kommt nicht notwendigerweise von der Konditionierung, als vielmehr von einer entwicklungsorientierten Betrachtungsweise.

D: Was sind die üblichsten Stellen im Körper, wo die Implantate eingesetzt werden?

J: Es gibt verschiedene Teile des Körpers. Tatsächlich werden aktuell viele Tests durchgeführt, bevor die Stufe der Implantate erreicht wird. (Sie zeigte Frustration.) Wie kann ich es Ihnen sagen? Implantate werden als Überwachungsgeräte für einige Schlüsselpersonen verwendet. Der doppelte Zweck des Implantats besteht darin, das Individuum bei der Arbeit zu unterstützen, für die es sich entschieden hat. Die Individuen, die sich durch diese Implantate angegriffen oder verletzt fühlen, haben ihr Bewusstsein nicht so weit entwickelt, dass sie die Fülle des gesamten Projekts erkennen können, oder dass man ihnen die Fülle des gesamten Projekts anvertrauen kann. Und sie werden ein Gefühl der Wut durchleben. Wenn sie in dieser Wut weitermachen, dann sind sie nicht die   und ich zögere, das Wort „Qualität“ zu verwenden, aber ich kann mir im Moment kein besseres Wort vorstellen, um die Tatsache zu beschreiben, dass sie entweder in dieser Wut bleiben oder sie diese Wut transzendieren. Wenn sie in dieser Wut bleiben, werden sie aus dem Projekt entlassen, weil diese Wut ein Teil ihrer Wahl ist.

D: Oder, wenn sie wütend genug werden, um zu sagen: „Ich will nicht, dass ihr das tut."

J: Dann wird es auch nicht geschehen. Diese Wut ist ebenfalls eine Übergangsphase, weil das alte Individuum abfällt. Bei der Bewusstseinserhöhung hast du mehrfach – du hast das Sprichwort gehört „Unzufriedenheit züchtet Fortschritt". Das Individuum, das nicht auf der Bewusstseinsebene arbeitet, fängt manchmal an, wissen zu wollen. Wenn es beginnt, wissen zu wollen, wissen wir, dass es in der Lage und bereit ist, den nächsten Schritt zu vollziehen. Ist das verständlich?

D: Ja, ich kann das verstehen.

J: Wir mögen diese Zeitperiode nicht, so wie eine Person, die sich einer Operation unterzieht, nicht das Gefühl des Einschnitts mag, während dieser heilt.

D: Ja, der Erholungsprozess danach.

J: Aber das ist das Einzige, woran ich im Moment als Äquivalent denken kann. Und ich habe leichte Schwierigkeiten, meine Gedankenprozesse in euren Bezugsrahmen zu übersetzen, wenn du mir bitte die Verzögerung vergibst.

D: Das ist in Ordnung. Ich denke, es ist für die Leute wichtig zu wissen, dass dies keine Verletzung ist und sie nicht diese Wut zu haben brauchen.

J: Sie können nicht anders, als diese Wut zu empfinden, denn auf ihrer Bewusstseinsstufe könnten sie mit der Wahrheit nicht umgehen.

D: Sie denken einfach, dass ihnen etwas sehr Übles angetan worden sei.

J: Ja. Und sie betrachten es nur in dem Licht, weil sie in starkem Maße von den Medien auf eurem Planeten beeinflusst sind. Eine Person in einem Seinszustand, in dem sie völlig für sich selbst lebt, wird sich verletzt fühlen, sehr verletzt. Aufgrund der Tatsache, dass sie so sehr in ihrem Menschlichsein steckt, ist der einzige, an den sie denken kann, sie selbst.

D: Ja. Aber du sagtest, es würden viele Tests durchgeführt werden, bevor der Bereich des Körpers für die Implantierung ausgewählt wird?

J: Nun, es hängt wohl vom System ab. Und von dem System, das betroffen ist: neurologisch oder kreislaufmäßig

D: Gibt es dabei irgendwelche allgemeinen Stellen?

J: Ja, es gibt allgemeine Stellen. Eines der Überwachungsgeräte wird in das Nasenloch gesetzt und zwar deshalb, weil es so an einer Stelle platziert werden kann, die ganz nah an einem Nerv verläuft, welcher zum Sehnerv und zum Gehirn führt.

D: Wofür wird dieser Gerätetyp verwendet?

J: Es gibt zwei Zwecke dafür. Einer ist, aufzunehmen, was die Person sieht. Und der andere ist zu Überwachungszwecken, weil das Gehirn jeden Moment die Gedanken über den Aufenthaltsort der Person übermittelt. Wir können es auch als Kommunikationsgerät benutzen.

D: Welches ist ein weitere allgemeine Stelle?

J: Eine weitere allgemeine Stelle ist der Enddarm.

D: (Das überraschte mich.) Oh? Entschuldigung, aber ich dachte, würde das nicht rauskommen?

J: Nein, es würde nicht, weil es in die Haut eingesetzt wird. Eine weitere allgemeine Stelle ist hinter dem Ohr. Und eine andere an der Kopfbasis oder in der Kopfhaut. Wieder eine andere allgemeine oder eigentlich nicht so allgemeine ist in den Gelenken.

D: Gelenke, wie die Ellbogen und Knie?

J: Ja. Und Handgelenke und Fußgelenke.

D: Was ist der Zweck desjenigen im Enddarm?

J: Ich kann das nicht besprechen.

D: Das ist ein Zweck, über den du nicht sprechen kannst? Dann, wie ist es mit dem hinter den Ohren?

J Es gibt Druckpunkte durch die Körpermeridiane hindurch. Und die Geräte werden in Bezug zu den Druckpunkten gesetzt. Bist du mit Akupressur vertraut?

D: Ich habe davon gehört.

J: Entlang der Meridiane gibt es zentrale Punkte – wie wir ja bereits bei den Zeitverbindungspunkten besprochen haben, gibt es auch Meridianverbindungspunkte. In Abhängigkeit davon, in welches Projekt die Person involviert ist, diktiert es elektrisch, wo die Geräte implantiert werden.

D: Was ist mit dem an der Kopfbasis?

J: Es ist ein Überwachungsgerät. Es ist gleichzeitig Teil eines neurologischen Projektes.

D: Beeinflusst das die Person?

J: Es ist nicht zwangsläufig Beeinflussung. Einige der Geräte werden wie gesagt für Kommunikationszwecke benutzt. Es gibt unterschiedliche Arten von Kommunikation, die zwischen dem Individuum und ... (zögert) den Raumenergien stattfinden. Insofern ....

Ihre Stimme zögerte, als ob sie lausche und wurde dann leiser. Genauso, wie in dem Moment, als sie unterbrochen wurde, während sie mir über die Planeten erzählte.

D: Erzählt dir jemand etwas?
J: Ja. Ich werde gerade durch ein sehr schrilles Geräusch in meinem linken Ohr angesprochen.

Jene Seite von Janices Kopf zeigte zu dem Tisch, auf welchem das Aufnahmegerät stand. Aber ich konnte keinen Zusammenhang sehen, da der Raum sehr ruhig war.

J: Es ist eine Form der Kommunikation mit mir aus der Entfernung.
D: Oh. Weil es nicht in dem gleichen Raum ist, wo ich bin.
J: Nein, du hörst es nicht, weil du nicht dort bist, wo ich bin. Es ist eine Form der Kommunikation meiner Leute untereinander. Während ich mit dir spreche, erhalte ich Information, obwohl ich den Inhalt der Information nicht zu kennen brauche.
D: Du meinst, es wird automatisch in deinen Geist eingesetzt?
J: Es kommt mittels des sehr lauten Geräusches zu mir und entweder berichte ich dir, was es ist oder ich erhalte Anweisungen. Während wir sprechen, finden zwei Prozesse gleichzeitig statt. Ich spreche mit dir und ich werde mit etwas angesprochen. Aber ich muss mich nicht auf die Kommunikation dazwischen konzentrieren.
D: Ist es etwas, das ich wissen sollte oder ist es nur für dich bestimmt?
J: Wenn es für dich ist, werden wir es besprechen. Zu diesem Zeitpunkt weiß ich nicht, was es ist.
D: Alles klar. Ich war neugierig bezüglich des Implantats an der Wurzel des Gehirns ....
J: (Unterbrochen) Ja, ich besprach es mit dir .... (Tiefer Atemzug.) Um die unterschiedlichen Zwecke der Implantate zu besprechen -- denn wie ich dir sagte, werden sie nicht alle bei jedem Individuum

in der gleichen Weise verwendet. Das Implantat an der Schädelbasis bei Janice würde nicht zwingend als Implantat an der Schädelbasis bei jemandem namens John oder George, oder wer auch immer, benutzt werden. Mithin sind manche von ihnen einfach Abstimmgeräte. Mit Abstimmen meine ich eine Möglichkeit, einzustellen, worauf diese Person fokussiert werden muss. Und es ist radiologisch eine Kontaktquelle für uns.

D: Ich bin immer sehr sorgfältig. Deshalb frage ich so viele Fragen. Und manchmal wirkt das irritierend, glaube ich.

J: Es ist keine Quelle der Irritation für mich. Ich muss nur vorsichtig sein, denn mir wurde gesagt, dass es mir nicht freisteht, alles zu besprechen, das ich mit dir besprechen möchte.

D: Nun, wie steht es mit einigen der anderen Implantate? Du sagtest, es gebe einige in den Körpergelenken.

J: Ja. Wenn du willst, denke an die Körpermeridiane. Wenn du willst, denke an die Ley-Linien des Planeten. Wenn du willst, denke an die Person als auf einer Leylinie stehend mit den Meridianen im Körper, die den Leylinien des Planeten entsprechen. Dann wirst du eines der Projekte im Bereich Energieübertragung verstehen, an denen ich beteiligt bin. Ich kann Teile davon mit dir besprechen. Ich werde jedoch keine vertraulichen Details preisgeben können. Ich kann dir sagen, dass bestimmte Geräte in einer bestimmten Phase der Einbindung in das Weltraumprogramm stärker notwendig sind. Wenn die Person nun entscheidet, dass sie fortfahren möchte, ist es nicht so notwendig, die Implantate zu haben.

D: Sie braucht sie dann nicht?

J: Von Zeit zu Zeit werden sie notwendig sein, einfach dann, wenn sich die Systeme entwickeln und Schwingungsanpassungen an der Körperlichkeit des Menschen durchgeführt werden müssen.

Meine Neugierde nahm überhand.

D: Ist dir erlaubt, mir zu sagen, ob ich irgendwelche Implantate in meinem Körper habe? Oder kannst du es sagen?

J. (Pause) Ich finde keine, aber das bedeutet nicht, dass du keine hast.

D: Ich wusste nicht, ob du eine Methode hättest, mit der du könntest ....

J: (Unterbrochen) Ich habe eine Methode. Ich kann vielleicht deinen Körper scannen, falls ich deine Erlaubnis habe.

D: Ja, solange es kein Unbehagen auslöst. (Verlegenes Kichern) Ich bin einfach neugierig, ob es welche gibt.

J: (Lange Pause) Ich finde kein Implantat.

D: Nicht? Alles klar. Denn manchmal hatte ich Beschwerden an der Schädelbasis und ich fragte mich, ob das ein Implantat sein könnte.

J: Ich glaube nicht, dass es ein Implantat ist. Ich glaube, es gehen molekulare Veränderungen in deinem Schädel vor sich.

D: Etwas, worüber ich Bescheid wissen sollte?

J: Du bist so eine neugierige Frau.

D: (Lachen) Das bin ich allerdings. Vielleicht wurde ich deshalb hierfür ausgewählt. (Lachen)

J: Ich kann dir sagen, dass die Energien, mit denen du arbeitest ... um in der Lage zu sein, das zu tun, was du tust, kannst du nicht mit Implantaten arbeiten, ohne in irgendeiner Weise beeinflusst zu werden. Nun, alle Anpassungen, die innerhalb deines Schädels stattfinden, geschehen, damit du in der Lage sein wirst, deine Arbeit fortzusetzen. Denn sie wird vielleicht ein bisschen intensiver werden.

D: Es schien mir, dass dort vielleicht Implantate seien und diese die Beschwerden verursachten.

J: (Unterbrochen) Welche Art von Beschwerden?

D: Oh, manchmal ... nicht wie Schmerz, aber ein Wehtun hier und da, wie als wenn der Hals und die Muskeln wund wären. Zuweilen ein scharfer Schmerz, aber er bleibt nicht lange. Daher fragte ich danach.

J: Vielleicht sollte der obere Teil deines Kopfes untersucht werden.

Es gab eine lange Pause, während sie etwas tat. Was als nächstes geschah, war unerwartet. Wenn andere Wesenheiten das Scannen an mir durchgeführt haben, kribbelte mein Körper und ich tat es später immer wieder als vielleicht einfach meine Vorstellung ab, denn das Gefühl könnte lediglich durch meine Konzentration auf das, was sich ereignet, verursacht worden sein. In anderen Sitzungen mit Janice fühlte ich ein leichtes Gefühl von Hitze oder Vibration oben auf meinem Kopf, aber es war kurz und nicht unangenehm. Dieses Mal hatte ich erwartet, dass das Gefühl ähnlich sein würde, aber diesmal war es intensiver. Mein Kopf fühlte sich plötzlich heiß an, als ob eine Wärmelampe oder eine ähnliche Wärmequelle direkt auf den Bereich gerichtet wäre. Es konnte nicht meine Fantasie sein. Das Gefühl dauerte einige Sekunden an. Ich rief aus: „Ooooh! Ich fühle die Hitze!"

Ich lachte nervös, denn obgleich es heiß war, war es nicht unangenehm und ich hatte das Gefühl, diese Wesenheit würde mich nicht verletzen.

D: (Eine lange Pause) Ist da etwas?

J: Falls du ein Implantat gehabt haben solltest, hast du allerdings gegenwärtig keines. Und was auch immer der Zweck des Implantats war, wurde erfüllt, denn es gibt einen Aktivitätszuwachs in deinem Gehirn.

D: Dann denkst du, es wäre möglich, dass da einmal etwas gewesen ist?

J: Es könnte da etwas gewesen sein. Es war zumindest nicht ich, der es dort einsetzte. Das bedeutet nicht, dass ....

D: Warum war da so eine Hitze, als du das durchführtest?

J: Ich sah hinein.

D: Oh. Dann habe ich tatsächlich ein Gehirn irgendwo da drin. (Lachen) Es war ein seltsames Gefühl.

J: (Süßlich) Ich hatte ja deine Erlaubnis, wie du weißt.

Sie hatte recht. Ich konnte mich nicht über das Gefühl von Hitze beklagen, wenn ich ihr die Erlaubnis zum Schauen gegeben hatte. Ich wusste einfach nicht, wie es sich anfühlen würde. Ich wurde jetzt auf die Uhr aufmerksam.

D: Ich denke, wir werden wieder für eine Weile gehen müssen. Ich will versuchen, heute eine weitere Sitzung zu halten, da ich eine weite Strecke gefahren bin.

J: Ja, ich weiß. Und es ist eine gute Sache, die du da machst. Es ist gut, die Kontinuität zu wahren. Es gibt viele wichtige Themen, die mit dir durch diese Wesenheit besprochen werden können. Und wir wünschten, es gäbe einen Weg, wie es auf eine angenehmere ...

D: Wie ich sie häufiger sehen könnte. (Ja) Aber wenn ich komme und ich mehrere Sitzungen an einem Tag haben kann, das wird tatsächlich helfen.

J: Du wirst Kontinuität gewinnen.

D: Solange ich die Energie nicht verbrauche oder irgendetwas mit dem Medium anstelle, das Unbehagen oder Schaden verursacht.

J: Das kann nicht passieren, weil sie vollständig beschützt wird, wie dir zuvor schon gesagt wurde. Ich habe das Gefühl, es sollen weitere wichtigere Themen besprochen werden.

D: Ich versuche, mir ein paar auszudenken. Ich werde in ein paar Stunden meiner Zeit zurückkommen und vielleicht denkst du dir ein paar aus, die wir besprechen können. (Ja) Alles was ich brauche, ist ein Thema und ich werde die Fragen dazu finden. (Lachen)

J: Ich bin vielleicht nicht die Person ....

D: (Ich hörte sie nicht.) Vielleicht kann ich Notizen machen, um mit einigen Fragen aufzukommen. Sobald ich zurückkehre will ich sehen, ob wir dich wieder kontaktieren können. Und ich schätze es, dass du mit mir sprichst. Es war sehr aufschlussreich und sehr wichtig. Ich schätze, wir machen Fortschritte.

J: Friede sei mit dir.

D: Danke dir.

Ich brachte Janice dann zurück zu vollem Bewusstsein.

Nach dieser Sitzung gingen wir hinunter und aßen mit Patsy zu Abend. Während des Essens bemerkte ich, dass Janices Hände verfärbt waren, was aber nicht wirklich auffiel. Es sah aus wie ein Fleck, als würde man eine Zeitung anfassen und die Tinte bleibt an den Händen zurück. Es war nicht genug, um überhaupt etwas darüber zu äußern, aber ich wunderte mich, woher es kam, weil sie keine Gelegenheit hatte, auch nur eine Zeitung oder Ähnliches anzufassen, nachdem sie die Treppe heruntergekommen war. Nachdem wir ein paar Stunden gegessen und geplaudert hatten, entschieden wir uns für die letzte Sitzung. Sie schien sich gut zu halten. Ich war diejenige, die müde wurde, aber ich war fest entschlossen, das zu Ende zu bringen. Ich konnte immer noch später am Morgen schlafen, um mich für meine Heimreise auszuruhen. Wir hatten Fragen besprochen und eine Liste erstellt. Janice interessierte sich für Folgendes: Wenn Sie morgens aufwachte, hatte sie oft das bestimmte Gefühl, dass sie während des Schlafens irgendwohin reiste oder an irgendeiner Arbeit beteiligt war. Ihre Frage war: „Was tue ich nachts, wenn ich schlafe? Oder tue ich überhaupt irgendetwas?“

Die nächste Sitzung begann um 19:30 oder 20:00 Uhr an diesem Abend. Wir beendeten die Arbeit dieses Tages nach 22:00 Uhr. Selbst dann saßen wir herum und unterhielten uns, bevor Janice sich auf den Weg nach Hause machte. Es war ein langer Tag gewesen und wenn man den Tag zuvor mit einschließt, als ich mit Linda den gleichen strapaziösen Zeitplan hatte, war es ein langes hartes Arbeitswochenende gewesen. Aber die gewonnenen Informationen waren die Mühe wert.

KAPITEL 12

JANICE TRIFFT IHREN WIRKLICHEN VATER

Nachdem wir zu Abend gegessen und uns ein paar Stunden ausgeruht hatten, begannen wir um ca. 19:30 oder 20:00 Uhr an diesem Abend mit unserer letzten Sitzung. Wir hatten eine Liste mit Fragen, die wir eventuell stellen wollten, aber letztendlich kamen wir nicht dazu. Ich verwendete ihr Kennwort und gab ihr Suggestionen. Janice fand sich sofort an einem schönen, aber merkwürdigen Ort wieder. Sie saß in einem großen Raum, der einem Auditorium ähnelte, mit Reihen, die an den gewölbten Wänden entlangführten. Die Wände waren hellgrün und es gab Torbögen, die mit Pastellfarben in Grün, Blau und Pfirsich verziert waren. Es war ein wunderschöner friedlicher Ort, aber es war niemand sonst da. Die Reihen führten hinab zu einem vertieften Hohlraum in der Mitte des Raumes. Dann erschrak sie, als sie sah, wie sich der Boden des Raums öffnete und etwas, das einem Tisch ähnelte, sich aus dem Boden emporhob. Als das geschah, verspürte sie den Drang, die Reihen bis zu diesem Teil des Raumes hinunterzugehen. Es war noch immer niemand dort, aber nun durchströmte wunderschöne Musik den Raum. Sie konnte nicht erkennen, welche Instrumente die Musik spielten. Es ähnelte nichts, das sie jemals zuvor gehört hatte.

Manchmal kann sich der Proband so in die Beschreibung seiner Umgebung vertiefen, dass sich die Sitzung sehr langsam bewegt. Es ist die Aufgabe des Hypnotiseurs, die Szene vorwärtszubringen. Ich versuchte dies immer wieder, indem ich Janice weitergehen ließ, bis jemand hereinkam. Sie hatte keine Eile, sondern genoss die Musik und die friedliche Umgebung. Sie schien auf etwas oder jemanden zu warten.

J: Es gibt dort eine Tür und es scheint, als würde ich warten. (Tiefer Atemzug) Meine Güte! Da kommen einige Leute herein. (Anscheinend zu jemand anderem gesagt:) Und auch mit dir.

D: Was?

J: Jemand sagte: „Willkommen und Friede sei mit dir." Und ich sagte: „Und auch mit dir." Jetzt geht er weiter.

D: Kamen viele Leute herein?

J: Ja, da sind einige da vorne. Und ich habe keine Angst oder so etwas. Es ist bloß, dass ich nicht weiß, was passieren wird. Da sind weitere auf der Ebene, auf der ich zuerst war. Es ist so, als ob man in einem Auditorium wäre oder vielleicht in einem Theater, das einen Balkon hat. Und sie gehen dort oben umher und ein paar sind hier unten, wo ich bin. Sie scheinen miteinander zu reden. Ich verstehe es nicht.

D: Wie sehen sie aus?

J: Es gibt einfach Verschiedene. Ich meine, da ist einer, der aussieht ... (Zögern, etwas unbehaglich.) aussieht wie diese Fremden. Und es gibt andere, die diese Roben anhaben und dann .... (Sie wirkte ein wenig verärgert.) Ich habe keine Angst, aber sie reden miteinander und ich wünschte, ich könnte sie verstehen.

D: Aber das sind alles verschiedenartige Typen?

J: Ja, es gibt einige verschiedene Typen. Auf dieser zweiten Ebene da oben ist ein kleiner Mann. Hier unten ist ein Mann in einer Robe. Aber sie sind freundlich. Sie reden einfach. Ich war nicht in diesem Raum. Ich weiß nicht was hier stattfindet.

D: Bist du die Einzige deiner Art? (Ja) Wie nimmst du dich selbst wahr?

J: Ich bin einfach ich. Ich bin einfach hier. Ich warte einfach darauf, dass sie mir sagen, was ich tun soll.

D: Ich fragte mich, ob du wohl in einem physischen Körper bist.

J: Ich kann mich selbst sehen. Ich kann mich sehen.

D: Siehst du dich so, wie du im Physischen aussiehst?

J: (Pause) Ich bin nicht genau so. Aber ich weiß, dass ich es bin. Ich würde gerne wissen, wozu ich hier bin.

D: Kannst du sie mental fragen?

J: Ich werde es versuchen. (Lange Pause) Sie werden mir ein paar Fragen stellen.

D: Oh, sie werden dir Fragen stellen. Das wird interessant. Bisher haben wir all die Fragen gestellt. Was hältst du vom Beantworten von Fragen?

J: Es ist in Ordnung. Sie scheinen darauf zu warten, dass jemand kommt. (Pause) Ich wünschte, sie würden es einfach tun.

D: Du hast die Fähigkeit, weiterzugehen. Anstatt zu warten, können wir die Zeit beschleunigen, bis wer auch immer es ist, auf den sie warten, hereinkommt. (Pause) Ist die Person jetzt hereingekommen?

J: Nein. (Ein paar Sekunden Pause.) Jetzt kommt er herein. Er ist sehr nett. Er berührt meinen Kopf. Es fühlt sich kühl an.

D: Ist er jemand, den du schon einmal zuvor gesehen hast? (Sie nickte) Wer ist er?

J: Jener Mann, der mich früher zu besuchen pflegte, als ich klein war.

D: Jemand besuchte sich, als du ein kleines Mädchen warst?

Janice begann zu weinen. Sie schluchzte sehr emotional das Wort: „Ja".

D: Warum weinst du? Verärgert er dich?

J: Nein. Ich bin froh, dass er hier ist. Es ist, als ob dein Vater käme.

Ich versuchte, über die emotionale Reaktion hinweg zu sprechen, aber sie weinte immer noch offen heraus. Man könnte sagen, dass es eine emotionale Wiedervereinigung war.

D: Du sagtest, er pflegte dich zu besuchen, als du klein warst?

Ich musste sie zum Reden bringen, um das Weinen zu stoppen.

J: Ja, er kümmert sich um mich. Er ist ... (Sie brach wieder zusammen.) ... wie mein Vater.

D: Es gibt diese Art von Gefühl für ihn?

J: Ja, er ist mein Vater.

D: Dein wirklicher Vater? (Ja) Woher weißt du das?

J: Weil ich weiß, was ich für ihn empfinde. Weißt du, wie er mich nennt?

D: Wie?

J: (Emotional) Tochter.

D: Glaubst du, er ist dein echter biologischer Vater? (Ja) Und nicht der Mann, der in deiner Wohnung war, als du aufwuchsest, dein anderer sogenannter Vater?

J: Nein, das ist er nicht. Dies sind zwei verschiedene Leute.

D: Alles klar. Wird er dir die Fragen stellen?

J: Mmh-mmh. Er kommt und stellt mir Fragen.

D: Ich kann sie nicht hören. Wirst du mir die Frage wiederholen, bevor du die Antwort gibst?

J: (Immer noch weinend.) Wenn er mich lässt.

D: Frage ihn, ob es in Ordnung ist.

Die Änderung war so plötzlich, als würde man einen Schalter drücken. Sie hatte geweint und hatte aufgrund der Emotionen Schwierigkeiten, die Antworten zu äußern. Als die nächste Stimme durchkam, war der Wechsel unvermittelt. Es gab keinerlei Emotion, die Tränen hörten auf und die Stimme war offensichtlich männlich. Während die erste männliche Entität, die durch Janice sprach, wie ein alter Mann mit einem autoritären Ton klang, klang diese neue ebenfalls alt, aber mit einem Ton von Kultiviertheit, etwas mehr königlich.

J: Die Fragen können wiederholt werden, wenn sie richtig platziert werden.

D: Alles klar. Denn ich kann nichts hören, es sei denn, du schilderst mir die Fragen. Und mir liegt nur ihr Wohlergehen am Herzen.

J: Und mir ebenso.

D: Sie war sehr gerührt, dich wiederzusehen.

J: Das ist verständlich. Denn ich bin auch gerührt, sie zu sehen.

D: Ich habe mich gefragt, ob ihr wohl Emotionen habt.

J: Wir haben Emotionen genauso, wie ihr Emotionen habt. Insbesondere für einen der Unseren.

D: Das ist sehr gut. Wirst du ihr dann die Frage so stellen, dass ich sie hören kann?

J: Einige Fragen werden innerlich gestellt, und es ist uns nicht gestattet, sie mit dir zu besprechen. Wir befinden uns in einer entscheidenden Phase in Janices wie ihr sie nennt -- Entwicklung bei Ihrer Arbeit. Es ist eine wichtige Phase, in der wir uns befinden. Viele lernen hier von ihr. Einige der Fragen, die wir ihr stellen, wären für euch banal.

D: Das wird also auf zweierlei Ebenen stattfinden?

J: Das ist richtig, insofern haben wir Vertreter gesammelt für diese wie ihr es nennen würdet Besprechung. Es gibt Zeiten in Janices Leben, Erdenleben, die sie benötigt, um das zu erleben, was wir „Kommunion" nennen. Kommunion als Interaktion mit ihren Quellen. Es ist also nicht bloß Frage und Antwort, wie ihr es von Fragen und Antworten erwarten würdet, sondern es wird einen Austausch an Energien und eine Verstärkung all dessen geben, was sie für notwendig hält.

D: Wenn ihr es also auf zwei Ebenen tut, könnt ihr ihr die innerlichen Fragen stumm stellen und dann die anderen Fragen hörbar stellen. Ist das in Ordnung?

J: Das wird in Ordnung gehen. Ich bin mir nicht ganz sicher, wie dies funktionieren wird, denn dies ist der erste Versuch, den wir je unternommen haben, einem anderen Menschen zu erlauben, bei einer dieser Versammlungen zugegen zu sein. Wir halten es für wichtig, anderenfalls würdest du nicht auf diese Weise kontaktiert werden, denn dies ist kein normaler Prozess.

D: Das weiß ich zu schätzen. Wenn ich bei den Fragen und Antworten helfen kann, bin ich mit meinem begrenzten Wissen gerne dazu bereit.

J: Manchmal braucht ein Individuum lediglich Verstärkung der Kraft.

D: Willst du mit den Fragen beginnen?

J: Du wirst verstehen, dass der Nutzen der Antwort für dich nicht unbedingt ebenso groß ist, wie für die anderen, die hier versammelt wurden.

D: Das ist schon gut. Ich interessiere mich für das, was sie interessiert.

J: Sie interessieren sich für: Wie schmeckt Schokoladenmilch?

D: (Was für eine seltsame Frage? Ich amüsierte mich.) Wie schmeckt Schokoladenmilch? Das ist eine gute Frage.

J: Denn durch ihre Antworten können einige von ihnen das erfahren. Sie antwortet gerade.

D: Kann ich hören, was sie sagt, oder können wir es so einrichten?

J: Ich glaube nicht, dass es so möglich ist. Zwischen ihr und den hier versammelten Mitgliedern findet ein Austausch statt. Es ist ein Weg, Information auszutauschen, und es ist ein Bestandteil ihres

Dienstes. Und es ist ein Teil ihres Dienstes während ihres ganzen Lebens gewesen. Ich habe sie ihr Leben lang begleitet und bin in diesem Sinne als ihr Vater bekannt. Ich kann nicht längere Zeitspannen lang bleiben und pflege auch nicht auf sehr regelmäßiger Basis den Umgang mit ihr. Insofern verursacht dies eben die emotionale Reaktion, die du erlebt hast, in dem Gefühl des Getrenntseins von mir. Es ist eine sehr emotionale Erfahrung für Janice.

D: Nahm ihre Mutter an einem Züchtungsexperiment teil?

J: Ihre Geburt unterschied sich etwas von dem gewöhnlichen Verständnis von Empfängnis.

D: In welcher Hinsicht?

J: Es steht mir nicht frei, dir das zu sagen.

D: Das respektiere ich. Aber ich dachte, wenn du der leibliche Vater wärst, müsste es auf andere Weise geschehen sein. Darum habe ich gefragt.

J: Es wurde während des Geschlechtsverkehrs auf andere Weise getan.

D: Mit dir oder mit dem Vater, den sie Vater nennt?

J: Mit dem Vater, den sie Vater nennt.

D: Also kann es auf jene Weise getan werden?

J: Es gibt einen Punkt, an dem es sozusagen stattfinden kann.

D: Ich dachte, es müsse unter Laborbedingungen getan werden.

J: Nicht unbedingt.

D: Ihr habt viele Talente, von denen ich nichts weiß. Dann warst du von Zeit zu Zeit bei ihr, während sie aufwuchs? (Ja) Und sie wusste das unterbewusst?

J: Ja, sie hat es immer gewusst. Aber es war nicht in ihrem wahren Alltagsbewusstsein. Es gab Zeiten, in denen sie Gefühle erlebte, ganz so, wie du es gesehen hast, aber sie standen nicht in Beziehung zu ihrem Erdenvater. Sie standen im Zusammenhang mit einer stattgefundenen Erscheinung und einer Interaktion mit mir. Es wurde so traumatisch, dass ich aufhörte, so häufig kommen.

Diese Art Kindheitserfahrung mit einem „wirklichen Vater“ fand auch mit Fran in Kapitel 5 statt.

D: Ja, das kann sehr verwirrend sein, besonders für ein Kind.

J: Es war etwas verwirrend, aber es machte ihr Gefühl der Einsamkeit und ihre Sehnsucht, nach Hause zu kehren, intensiver.

D: Es war also besser, wenn du nicht so oft kamst.

J: Ja, ich bin zu verschiedenen entscheidenden Zeiten in ihrem Leben gekommen.

D: Auf diese Weise warst du zur Verstärkung da.

J: Genau.

D: Nun, wenn sie erklärt, wie Schokoladenmilch schmeckt, nehmen sie den Geschmack und den Geruch und das alles auf? (Ja) Auf diese Weise können sie es erfahren.

J: Das stimmt.

D: Sehr gut. Haben sie noch andere Fragen?

J: Sie haben viele Fragen. Es gibt Dinge, die sie nicht verstehen. Und sie werden immer wieder dieselben Fragen stellen und dabei auf eine andere Antwort hoffen.

D: Oder eine, die sie verstehen können. (Ja) Wie lauten einige dieser Fragen?

J: Wir werden dir erklären, wie bestimmte Personen, die hier versammelt sind, euren Erdplaneten wahrnehmen. Sie verstehen Gewalt nicht. Daher werden ihre Fragen an sie darauf gerichtet sein, zu versuchen, Gewalt zu verstehen. Dies ist Teil ihres Wachstums und es ist auch eine zur Ausbildung gehörende Erfahrung, wenn du verstehst, wo sie sich entwicklungsmäßig befinden. Wegen ihrer Umgebung und aufgrund bestimmter Missionen, die sie auf eurem Planeten durchführten, stifteten bestimmte Dinge, mit denen sie in Kontakt kamen, bei ihnen sehr viel Verwirrung. Diese Verwirrung lautet: Sie verstehen Gewalt nicht. Sie verstehen den Schmerz nicht. Wie kann der Mensch in diesem Zyklus weitermachen?

D: Ich denke, es ist wichtig, ihnen zu sagen, dass selbst manche Menschen das nicht verstehen.

J: Das weiß ich. Aber es hilft mehr, es von einem interdimensionalen Wesen zu hören, anstatt dass man mich oder jemand anderen vor sie stellt und einen Vortrag halten lässt.

D: Sie sollten es von jemandem hören, der es erlebt hat.

J: Interdimensional.

D: Haben sie keinerlei Gewalt dort, wo sie herkommen? (Nein) Hatten sie jemals? (Nein) Ich dachte, vielleicht hatten sie Gewalt in der Vergangenheit und entwickelten sich dann darüber hinaus.

J: Dies hat niemals stattgefunden. Sie kennen nicht einmal das Wort, wie es lautet, um Gewalt zu verstehen.

D: Erleben sie Schmerzen?

J: Sie erleben Schmerzen, wenn sie jemanden ein anderes menschliches Wesen töten sehen. Denn sie können nicht ... es liegt jenseits ihres Vorstellungsvermögens, dies zu sehen und zu wissen, was im Seinszustand der Lebensform geschieht. Weil sie das keinem anderen ihrer Art antun könnten, verstehen sie nicht, wie der Mensch das dem Menschen antun kann. Es gibt keinerlei Möglichkeit, wie ich es erklären und sie dazu bringen kann, es zu akzeptieren, denn sie wissen, dass ich selbst es weder erlebt noch selbst in dieser Art von Umgebung gelebt habe.

D: Aber es ist selbst für diejenigen schwierig, die in einer solchen Umgebung leben. Wissen sie, wie sich Schmerz anfühlt?

J: Nicht im selben Sinne.

D: Ich machte mir darüber Gedanken, ob ihre Körper Schmerz fühlen können.

J: Es ist ein mentales Konzept, das sie verstehen, aber physisch empfinden sie ihn nicht.

D: Haben sie sich jemals verletzt?

J: Nicht physisch. Alles findet im mentalen Zustand statt.

D: Dann wäre es für sie sogar schwer zu verstehen, wie sich Schmerz für den Körper anfühlt. Und auch Leiden.

J: Ja. Das haben sie nicht. Dort, wo sie herkommen, findet das nicht statt.

D: Glaubst du, dass die Erde auf diese Hinsicht einzigartig ist?

J: Nein. Die Erde ist bei dieser Art Aktivitäten nur höher entwickelt.

D: Ich würde es verabscheuen zu glauben, wir seien die Einzigen, die so tief gesunken sind, wenn ich diese Begriffe verwenden möchte. Dann gibt es noch andere Planeten, die Gewalt erfahren?

J: Es hat andere Planeten gegeben, die Gewalt erfahren, ja.

D: Aber diese Repräsentanten haben keinerlei Erfahrung mit ihnen gemacht.

J: Nicht intergalaktisch.

D: Ist sie erfolgreich bei dem Versuch, es ihnen zu erklären?

J: Es findet viel Kommunikation statt. Das ist jetzt abgeschlossen.

D: Ich kann mir vorstellen, dass sie Dinge aus ihrem Geist nehmen, die sie gesehen und erlebt hat.

J: Das ist richtig. Sie können bestimmte Erlebnisse wiedererleben, an denen sie teilhatte. Sie beginnen emotional und auf eine sinnliche Weise zu verstehen, was auf körperlicher Ebene stattfindet, weil sie es körperlich erfahren können. Es geht nur darum, es durch eine andere Person erleben zu können.

D: Und dann müssen sie es durch ihren eigenen Geist spüren.

J: Und durch ihr Empfindungsvermögen.

D: Und so können sie es neu durchleben.

J: Ja. Verstehe bitte, dass nicht jeder, der hier versammelt ist, das tut. Es gibt andere wie mich, die die Bandbreite der menschlichen Emotionen sowie die Körperlichkeit vollständig verstehen.

D: Es ist eine Lehre für diejenigen, die es nicht erlebt haben.

J: Ja. Damit sie die Arbeit in dem Projekt, das sie derzeit durchführen, fortsetzen, dies ist wie eine Schule.

D: Das sind interessante Fragen. Ich bekomme viele Einblicke in Ihre Gefühlswelt. Was ist das nächste Thema, an dem sie interessiert sind?

J: Sie reden über die Atombombe.

D: Ooooh, das ist ein großes. Was fragen sie diesbezüglich?

J: Sie möchten wissen, ob sie versteht, warum ihr die Atombombe aneinander angewandt habt.

D: Es gibt dazu in unserer eigenen Gesellschaft Pro- und Kontraargumente. Können sie verstehen, dass dies keine Dinge sind, die jeder auf Erden tut?

J: Sie verstehen, dass nicht jeder auf der Erde Teilnehmer an dieser Aktivität ist. Sie empfinden allerdings Verwirrung aufgrund der Tatsache, dass auf ihrem Planeten jeder Einzelne von ihnen verantwortlich ist. Sie tragen eine Verantwortung, entweder nicht teilzunehmen oder zuzulassen, dass eine Sache stattfindet. Sie finden, dass jeder Einzelne von uns dieselbe Verantwortung trägt. Sie haben Schwierigkeiten zu verstehen, warum Janice das nicht ändern kann. Sie wissen, dass sie die Fähigkeit hat, verschiedene Erscheinungen eurer Atmosphäre zu beeinflussen. Also fragen sie sie, warum sie das zulässt. Sie verstehen nicht, dass sie nicht die Gesamtheit dessen ist, was es braucht, um das zu auszumerzen.

D: Nein. Sie ist nur wie ein kleiner Fleck.

J: Aber das verstehen sie noch nicht.

D: Und zu der Zeit, als es geschah, ist sie gerade mal ein Kind gewesen, oder vielleicht war sie noch nicht einmal geboren?

J: War nicht geboren. Ein Teil des Grundes für ihre Geburt. Janice wurde tatsächlich geborent (tatsächliche Aussprache), als der Krieg endete. Daher trug die Energie, die sie mit auf den Planeten bringt, dazu bei, die Jahre nach jenem Krieg ins Gleichgewicht zu bringen. Es gab eine Zeit, als .... Nun, es muss nicht jetzt besprochen werden. Ich will dir so viel sagen, dass ein Teil ihrer Absicht, auf dem Planeten geboren zu sein, mit Energiearbeit von dem Planeten zu tun hat.

D: Vielleicht können sie verstehen, dass sie den Abwurf der Bombe nicht beeinflussen konnte, weil sie zu dieser Zeit nicht auf unserem Planeten am Leben war. Sie hatte also nichts damit zu tun.

J: Das ist richtig. Es geht nicht darum, dass sie nichts mit dem Bombenabwurf zu tun hat. Womit es zu tun hat, ist, dass die Bombe noch immer existiert und sie dort ist.

D: Ich verstehe. Und sie finden, die Bombe sollte nicht existieren? (Ja) Wissen sie, dass ein Teil der Atomkraft auch für Gutes verwendet worden ist?

J: Ja. Das ist ein Teil des Problems, das sie beim Verstehen haben. Dass sie für das Böse verwendet werden könnte. Oder dass sie in einem Zustand der Bereitschaft existieren könnte, um für das Böse benutzt zu werden.

D: Dies sind schwierige Fragen. Ich hoffe, dass sie in irgendeiner Weise hilft. Hat sie jene Frage beantwortet?

J: Zu dieser Frage können derzeit keine weiteren Informationen gegeben werden. Es findet eine Interaktion zwischen ihnen statt.

D: Führen sie eine Diskussion?

J: Ja. (Die Stimme wurde leiser.) Also, Janice, ich würde gerne sagen, Tochter, dass ich sehr stolz auf dich bin. (Lauter) Während sie eine Diskussion führen, kann ich mich mit ihr besprechen, denn es ist für uns Zeitverschwendung, daran teilzunehmen. Und wir werden später noch Gelegenheit haben, zu reden. Ich wollte, dass du dieses Treffen erlebst, damit du einen Teil ihrer Funktion verstehst.

D: Dies war eine Frage, die sie hatte. Sie wollte wissen, was ihre Arbeit ist.

J: Es gibt mehr als eine Art von Arbeit, die sie tut.

D: Sie fragte sich, was sie tat, als sie sich in diesem Energiezustand befand. Sie hatte das Gefühl, als würde sie arbeiten, vielleicht mit anderen Energien oder so etwas.

J: Das ist ein völlig anderes Projekt als dieses.

D: Sie wollte wissen: Wenn sie diese Art von Arbeit in dem Energiezustand ausführt, sind diese anderen Energien, die sie um sich fühlt, Wesen, die sie in der physischen Welt kennt?

J: Diese Energien, mit denen sie gegenwärtig zusammen ist, sind keine Menschen, die sie in der physischen Welt kennt. Doch zu anderen Zeiten gibt es bei dem anderen Projekt einige, die sie kennt, und einige, die sie kennenlernen wird.

D: Sie hatte das Gefühl, es gebe eine Vertrautheit, aber das war alles, was sie wusste.

J: Es gibt sie.

D: Kannst du ihr etwas über das andere Projekt erzählen beziehungsweise ist das erlaubt?

J: Ich kann das besprechen. Das ist zum Teil der Grund, warum ich gekommen bin. Wenn sie die Dinge nicht versteht, helfe ich ihr dabei. Das ist es, was ein Vater in diesem Sinne des Wortes tut. An verschiedenen Stellen in ihrer Entwicklung bin ich also gekommen, um ihr zu helfen, komplizierte Konzepte zu verstehen. Oder um Dinge zu verstehen, die sie in Bezug auf die von ihr geleistete Arbeit beunruhigten. Das ist also meine Verantwortung.

D: Sie wollte etwas über ihre Arbeit erfahren, derer sie sich nicht bewusst ist.

J: Sie hat einige Kenntnis davon und sie ist sich bewusst, dass es in ihrem Energiezustand ein sogenanntes Festhalten gibt. Ein Gefühl, etwas zu halten, etwas zu helfen, etwas zu heilen. Durch das Halten von etwas findet die Heilung statt. Es ist eine sehr graduelle Sache. Ich will dir so viel sagen, dass es ein Halten einer Frequenz ist.

D: Welchem Zweck dient das?

J: Das Halten der Frequenz dient dazu, diejenigen atmosphärischen Zustände außerhalb des Planeten im Gleichgewicht zu halten, welche die Dinge, die auf dem Planeten Erde vor sich gehen, direkt beeinflussen. Das ist der Teil, den ich dir verraten kann. Nun musst du verstehen, dass es eine sehr komplizierte Situation ist, die zu diskutieren ist. Aber ich kann dir sagen, dass noch andere mit ihr in das Projekt involviert sind, und sie .... (Pause) Nun, es ist ein großartiger Dienst. Denn es ist sehr ... es ist ....

Er zögerte. War es, weil er mir diese Dinge nicht erzählen sollte, oder versuchte er zu entscheiden, wie viel er preisgeben konnte?

Ich sah, dass das Band gerade zu Ende ging, also nutzte ich sein Zögern. Ich drehte das Band um und fuhr fort.

D: Aber du sagtest, dies sei ein großartiger Dienst?

J: Es ist ein großartiger Dienst an der Menschheit, denn es bewahrt euren Planeten vor der Selbstzerstörung.

D: Ich denke an Frequenzen wie Radiofrequenzen. Ist es anders als das? (Ja) Und wie beeinflussen sie unsere Erde?

J: Sie beeinflussen eure Erde. Und manche möchten behaupten, dass wir in diesem Projekt verschiedene Erdbeben verursachen, die vulkanischen Aktivitäten und die verschiedenen Aktivitäten, die klimatisch auf eurem Planeten stattfinden. Sie möchten gerne uns die Schuld zuschieben. Es ist jedoch genau das Gegenteil. Ohne unsere Teilnahme an diesem Projekt wären die Katastrophen noch viel schlimmer. Und die Zerstörung würde in sehr hoher Geschwindigkeit auf die Erde zukommen.

D: Dann verursacht ihr eine Entlastung?

J: Was wir sagen, ist, dass wir dabei helfen, ein Gleichgewicht aufrechtzuerhalten, an welchem Punkt auch immer der Globus Gleichgewicht braucht. Ein Energiegleichgewicht im Fluss, während diese Ereignisse stattfinden. Es könnte an verschiedenen Orten wesentlich schlimmere Erdbeben geben, wären wir nicht an der Arbeit in diesem Projekt beteiligt. Vielleicht könntet ihr es also als Wartungsprojekt oder als Instandhaltungsprojekt betrachten. Das bedeutet, dass die Schwere der Katastrophe klimatisch gemindert wird.

D: Gibt es keine Möglichkeit, das ganze Geschehnis zu verhindern?

J: Wir könnten verhindern, dass es überhaupt passiert, aber es gibt einen Punkt, über den wir derzeit in Bezug auf Katastrophen nicht hinausgehen können.

D: Wegen dem, was mit dem Planeten geschehen muss? (Ja) Und ihr könnt euch nicht in das letztendliche Schicksal einmischen.

J: In diesem Moment.

D: Es ist euch also nur erlaubt, bestimmte Dinge zu tun.

J: Das ist richtig.

D: Gibt es irgendjemanden oder irgendetwas, der oder das diese Regeln bestimmt?

J: Die Regeln sind universell. Sie sind, wie ihres nennen würdet, seit Jahrhunderten, die ganze Vergangenheit hindurch bekannt. Es steht geschrieben, es stand schon immer geschrieben. Die Regeln ändern sich nicht.

D: Wie lauten einige dieser Regeln?

J: Es gibt ein Gesetz der Nichteinmischung. So wie eure Politiker im Rahmen der von ihnen aufgestellten Gesetze arbeiten, arbeiten auch wir in dem gleichen Rahmen. Erinnert euch jedoch daran, dass Einmischung für uns nicht zwangsläufig dasselbe bedeutet wie für euch.

D: Mit anderen Worten, ihr könnt die Regeln ein wenig biegen, soweit es hilfreich ist.

J: Wir können helfen. Wir können unterstützen. Wir können unterrichten. Wir können miteinander kommunizieren. Wir können vermitteln.

D: Aber ihr könnt nicht direkt eingreifen. (Sie seufzte.) Ich versuche, einen Unterschied zu zeigen.

J: In bestimmten Fällen können und tun wir auch direkt interagieren, bis zu dem Punkt, den du als Einmischung bezeichnen würdest. Wenn es mit einem von den Unseren zu tun hat, werden wir uns definitiv einmischen, denn das ist nicht Einmischung in diesem Sinne des Wortes.

D: Nein. Das wäre Schutz, würde ich meinen.

J: Das ist richtig, aber es wird als Einmischung wahrgenommen.

D: Gibt es jemals einen Punkt, an dem ihr in die Geschichte oder die Veränderungen der Erde eingreifen würdet?

J: Nein. Es sei denn, dass wir von der Quelle dazu angeleitet werden.

D: Genau das habe mich gefragt, ob es eine zentrale Figur oder einen zentralen Teil gibt, von dem all diese Regeln kamen.

J: Es gibt eine Quelle.

D: Wie beschreibst du die Quelle?

J: Unbegrenzte Energie im reinsten Wesenszustand.

D: Kannst du sie sehen?

J: Wir können sie erfahren. So wie ihr zu bestimmten Zeiten in eurem Leben.

D: Dies ist wahrscheinlich, was wir in sehr begrenzten Begriffen „Gott“ nennen.

J: Es ist dasselbe. Wir verwenden nur andere Begriffe.

D: Du sagtest, dass die Regel der Nichteinmischung eine der Regeln war. Gibt es noch andere?

J: Wir verüben keine Gewalttaten. Wir sind nicht in die Negativität eures Planeten verwickelt und können es auch nicht werden. Es ist ein Gesetz, dass alles, was mit dieser Negativität zu tun hat, durch das Gegenteil von Negativität aufgehoben werde. Von uns aus können wir das nicht aussenden. Es ist unmöglich.

D: Wenn die Regeln von der Quelle festgelegt und verbreitet werden, wie werden sie an euch gesendet? Wie wisst ihr davon?

J: So wie ihr davon erfahrt: durch unsere Geschichte.

D: Ich denke, in meiner Vorstellung gibt es eine Gestalt, die Gesetze aufschreibt oder den Leuten sagt, so hat es zu sein.

J: Entschuldigung?

D: Was ist passiert?

J: Was war deine Frage?

D: Du hast den Kopf ruckweise bewegt. Ich habe mich gefragt, ob dort etwas vor sich geht.

J: Ja. Ich wollte nachsehen, was hier scheinbar vor sich ging.

D: Ich will dich dort von nichts abhalten.

J: Sie gehen.

D: Sie wollten nichts weiter fragen?

J: Sie haben ihre Fragen bereits gestellt.

D: Haben sie irgendwelche anderen Fragen gestellt, von denen ich wissen darf? (Nein) Die anderen waren für sie? (Ja) Alles klar. Ich sagte, in meiner eigenen Vorstellung sehe ich so etwas wie einen Mann oder eine Gestalt, die die Gesetze niederschreibt oder sie jemandem erzählt. (Körperliche Reaktionen deuteten darauf hin, dass etwas vor sich ging.) Was ist los?

J: Still! (Lange Pause.)

D: Was hast du getan?

J: Wir waren am Sprechen.

D: In Ordnung. Wird sie sich an das erinnern, was du sagtest?

J: Sie wird sich später erinnern. Vielleicht morgen.

D: Das ist einer der Vorteile, es in meiner Black Box zu haben, weil sie es in ihrem bewussten Zustand anhören kann.

J: Es ist wichtiger, dass sie es auf andere Weise in ihrem bewussten Zustand lernt, denn so hat es immer stattgefunden. So hat unsere Kommunikation von Kindheit an und im Erwachsenenalter stattgefunden. Sie ist mit meiner Stimme nicht so sehr vertraut.

D: Dann wird sie sich daran erinnern, was du sagtest.

J: Ja, aber es wird nicht alles auf einmal passieren. Denn gemäß eurer Terminologie ist es eine emotionale und traumatische Erfahrung, mit mir zu interagieren. Deshalb findet die Kommunikation so statt, wie sie stattfindet. Würde sie hören, was ich zu sagen habe, und es immer wieder auf einem Band abspielen, würde dies nur die Verstärkung jener Art von Emotion bewirken.

D: Ich kann dies verstehen. Ist es in Ordnung, wenn ich ein paar weitere Fragen stelle?

J: Ich möchte dir das auf deine Box sprechen für Janice. Die Male, die du mich bei dir gespürt hast, lagst du richtig. Es ist wichtig für dich zu wissen, dass wenn du meine Gegenwart spürst, ich wirklich dort bei dir bin. Ich möchte, dass du dies bei dir behältst und bei dir trägst, wenn du durch die kommenden Zeiten gehst.

D: Kann sie dich herbeirufen, wenn sie Hilfe braucht?

J: Ja. Es ist für uns beide schwierig. Denn wir empfinden für unsere Kinder in derselben Weise Liebe, wie ihr.

D: Das ist etwas, das Menschen nicht verstehen. Sie stellen sich vor, dass Aliens keinerlei Gefühle oder Emotionen haben. Ich glaube, es ist wichtig für sie zu wissen, dass ihr Gefühle habt.

J: Wir von unserer Galaxie haben dieselbe Art Gefühle, insbesondere für unsere Familie, wie ihr für eure. Das ist einer der Gründe, warum wir hier sind. Um den anderen zu helfen, jene Emotionen zu verstehen, indem sie uns mit Unseresgleichen interagieren sehen.

D: Diese anderen haben diese Emotionen nicht?

J: Manche unter ihnen haben sie, andere haben sie nicht. In den kommenden Zeiten wird es Prüfungen geben und Drangsal, wie es in eurer Bibel heißt. Und es ist schwer für mich, zu wissen, dass einer der Meinen vielleicht einige dieser Dinge erleben oder ihr Zeuge sein wird. Denn sie wird bereits von den Erdveränderungen betroffen. Ich will dir sagen, dass sie mich zu diesem Zeitpunkt nicht hören kann. Es wäre zu viel für sie, zu hören, was gesagt wird, und gleichzeitig meine Stimme bereitzustellen.

D: Aber sie wird es hören, wenn sie das Band abspielt.

J: (Emotional) Ja. Und ....

D: Es kann ihr helfen. (Dies schien die Wesenheit zu stören, also dachte ich, wir sollten uns vom Thema abwenden.) Kann ich dich etwas fragen? Sie wollte wissen .... (Sie zeigte Anzeichen von

Emotionen.) Es ist in Ordnung, es ist in Ordnung. Ich weiß es zu schätzen, dass du deine Gefühle mit mir teilst. Ich fühle mich geehrt, dass du mich teilhaben lässt.

J: Das ist sehr schwierig.

D: Vielleicht kannst du die Kommunikation fortsetzen, während sie heute Nacht schläft. Ist das möglich?

J: Oh, das tue ich recht oft.

D: Sie hatte eine Frage. Es scheint, als habe sie sich krank gefühlt, immer kurz bevor eine Katastrophe eintritt.

J: Das ist richtig. Das ist ein weiterer Grund, warum ich gekommen bin. Ich weiß, was sie erlebt hat. Und es muss so sein, denn es wird ihr eingeflößt und geschieht aus verschiedenen Gründen. Einer ist, ihr einen Hinweis zu geben, damit sie weiß, was auf sie zukommt, damit sie sich selbst schützen kann. Der andere ist, als Teil des Projekts und der Arbeit, an der sie beteiligt ist, sich auf diesen Energiezustand zu reduzieren, von welchem man gekommen ist, und mit anderen Energien derselben Quelle als Schutzdecke für den Planeten zu agieren. Und von diesem Seinszustand aus wird Energie durch verschiedene Ley-Linien über den ganzen Globus übertragen. So ist man im Energiezustand völlig mit dem Planeten verbunden. Wenn die Energie in den physischen Zustand zurückkehrt, wird sie nicht getrennt. Daher wird das Wesen von diesen Ereignissen auf physische Weise betroffen.

D: Sie sagte, es sei ein anderes Gefühl, je nachdem, ob es sich um ein Erdbeben oder eine allgemeine Katastrophe wie einen Flugzeugabsturz oder Ähnliches handelt.

J: Das ist richtig.

D: Wird sie in der Lage sein, den Unterschied zu erkennen?

J: Sie kann einige der Unterschiede bereits erkennen. Du musst verstehen, dass dies ein Teil ist von ihrer in Ermangelung eines besseren Begriffes – Schulausbildung. Es ist eine Frage des Lernens wie der gleichzeitigen Teilnahme an einem Projekt. Sie lernt, ihre Menschlichkeit zu schützen, aber gleichzeitig beteiligt sie sich an einem Projekt, das dem Planeten in jedem Moment hilft, in dem sie wach ist, schläft, isst, atmet.

D: Aber sie kann nicht wirklich etwas tun, um diese Katastrophen zu stoppen, denn zu dem Zeitpunkt, wenn sie dies spürt, ist es die Zeit, zu der es gerade passiert.

J: Nein, es ist nicht der Zeitpunkt, zu dem es gerade passiert. Es ist, bevor es auftritt, es ist während es geschieht und es ist danach.

D: Aber auf diese Weise kann sie nichts unternehmen, um jemanden zu warnen.

J: Es ist keine Frage des Warnens.

D: Sie kann es auf keine Weise aufhalten.

J: Es ist eine Frage der Energie. Es geht nicht darum, es zu stoppen. Es ist eine Frage des Minderns der Auswirkungen, wegen des Kanals, der sie ist, wegen des Empfängers, der sie ist, und weil die Energie sie so durchströmt, wie sie es tut. Was dann passiert, ist, dass der Schweregrad planetarisch von dieser Energie beeinflusst wird. Denn es ist gleichgültig, ob sie sich zu diesem Zeitpunkt im Energiezustand befindet oder nicht.

D: Gibt es andere Menschen, die auf die Erde gekommen sind, damit sie in dieser Art von Energie handeln können?

J: Ja. Es gibt Menschen auf eurem ganzen Planeten, die gekommen sind, um auf dieselbe Weise zu handeln.

D: Wie Janice sind sie sich nicht dessen bewusst, was sie tun?

J: Sie sind sich wie Janice bewusst und haben eine gewisse bewusste Kenntnis. Es ist einfach noch nicht an der Zeit für sie, die Fülle des gesamten Projekts zu kennen. In der gleichen Weise, wie du die Antworten deines Probanden auf Fragen, die du ihm stellst, nicht vorab beeinflussen möchtest. Wir geben die ganze Fülle noch nicht bekannt, um das Ergebnis oder die Einmischung durch das menschliche Individuum in das Projekt nicht zu beeinflussen. Denn wenn der emotionale Zustand des Menschen beeinflusst wird, können manchmal nicht dieselben Ergebnisse erzielt werden.

D: Die anderen Wesen, die zu Hilfe gekommen sind, sind sie Erdenergien, oder sind sie von woanders hergekommen?

J: Sie sind von woanders hergekommen.

D: Ich arbeite mit einem jungen Mann, Ich glaube, er ist derselbe Typ.

Ich dachte dabei an Phil, meinen Probanden in Hüter des Gartens.

J: Ja, das ist er.

D: Er ist von den Dingen, die er auf der Erde gesehen hat, auch sehr betroffen gewesen. Es ist sehr schwierig für ihn gewesen.

J: Es ist für sie sehr traumatisch, physisch wie mental. Jede Zelle ist darin verwickelt. Wenn diese Individuen auf einen zellulären, molekularen Zustand reduziert werden, ist es, als wäre jedes Atom von diesen Ereignissen durchdrungen. Wenn sie die Ereignisse also wieder in diesem Zustand der Materie erleben, dem Zustand des Menschen, dann erlebt jedes Atom in ihrem Körper diese Ereignisse in einer Sensibilität, die höher entwickelt ist als die eines Durchschnittsmenschen. Daher sind sie so stark betroffen, dass manche nicht in der Lage sind, aus dem Bett zu steigen.

D: An einem Punkt in seinem Leben versuchte er, Selbstmord zu begehen.

J: Und viele tun es.

D: Weil er einfach nicht verstehen konnte. Er wollte nicht hier sein.

J: Janice hat die gleichen Traumata erfahren, weil sie selbst nicht versteht, warum dies stattfinden muss. Denn sie ist und hat eine seelische Erinnerung an eine andere Seinsweise.

D: Das war es, was er immerzu sagte. Die sei nicht sein Zuhause.

J: Es ist nicht Zuhause. Es ist Heimat im wahrsten Sinne des Wortes. Ihre Frustration ist, dass sie das Potenzial des Zuhauses kennen, das es sein könnte. Das ist das Gefühl von Frustration.

D: Es scheint mir, dass dies geistige Wesen sind, die im Grunde noch nie zuvor auf der Erde gelebt haben.

J: Einige von ihnen haben schon zuvor auf der Erde gelebt, andere nicht.

D: Und sie haben sich freiwillig gemeldet, um an diesem Projekt teilzunehmen.

J: Das ist richtig. Ihr müsst jedoch verstehen, dass nicht alle Energien gleich sind, obwohl sie an dem gleichen Projekt teilnehmen. Das bedeutet nicht, dass sie ein und dieselbe Energie sind oder sogar aus derselben Energiequelle stammen.

D: Als ich anfing, mit Janice zu arbeiten, wurde mir gesagt, dass die Weltraumwesen eine negative Seite haben. Ich dachte, sie seien alle so wie du. Ich fragte mich, wie einer negativen Seite erlaubt sein könne, zu existieren. Ich glaube ich dachte, dass ihr euch alle zu einem Zustand der Perfektion entwickelt habet.

J: Nun, nicht alle von uns sind so entwickelt, wie ich in meinem Zustand. Ebenso, wie nicht alle Menschen so entwickelt sind, wie du es bist. Somit musst du verstehen, dass es unterschiedliche

Energien unter den Weltraumwesen gibt, genauso, wie es unterschiedliche Energien unter euren Leben gibt.

D: Ich war neugierig bezüglich dieser negativen Seite. Ich wollte etwas mehr Information über diese bekommen, ohne sie in irgendeiner Weise zu beeinflussen. Haben sie auch Raumschiffe und arbeiten sie auf dieselbe Weise wie ihr?

J: Ich bin nicht in der Lage, das mit dir durch sie zu besprechen. Ich möchte sie dem nicht aussetzen. Vielleicht zu einem späteren Zeitpunkt, zu einem anderen Zeitpunkt, aber jetzt nicht. Denn im Moment besteht Bedarf an Interaktionen, wie wir sie tun. Es gibt bestimmte Zeiten, in denen ihr auf eurem Planeten Familientreffen habt. Manchmal machen wir das auch.

D: Was ist mit den anderen Familienmitgliedern von Janice? Ich glaube, sie hat Brüder.

J: Sie hat Brüder. Sie sind alle sehr speziell. Sie sind wie sie. Sie wissen es nur nicht.

D: Bist du auch deren Vater? (Ja) Aber sie sind nicht so empfindsam, oder?

J: Sie sind auf eine andere Art empfindsam.

D: Hast du woanders eine Familie?

J: Ich habe woanders eine Familie.

D: Ich habe das Gefühl, dass du wohl viele Kinder hast.

J: Das tue ich.

D: Auf Erden wie auch anderswo. (Ja) Wird ein Vater aus einem bestimmten Grund ausgewählt, einem biologischen oder was auch immer. (Pause) Verstehst du was ich meine?

J: Nein. Ich bin mir nicht sicher, ob ich verstehe, was du meinst.

D: Wurdest du beispielsweise ausgewählt, der Vater vieler Kinder auf der Erde zu sein, weil du in gewisser Weise etwas Besonderes bist oder besondere Wesenszüge hast?

J: Ja, ich habe die Eigenschaften, die du in Janice verkörpert siehst. Du siehst, nicht alle unsere Kinder wie eure Kinder auch kommen gleich heraus. Wenn sie zur Erde kommen haben sie die Wahl.

D: Das alles geht zurück auf die Seele, die Essenz. (Ja) Welches sind deine Wesenszüge, die in ihr präsent sind?

J: Wir haben eine Reinheit der Absicht. Wir haben eine Hingabe, Ehrlichkeit, Geradlinigkeit. Und wir haben ein reines Gefühl der Liebe und verstehen, was es bedeutet, bedingungslos zu lieben.

D: Das sind alles sehr wundervolle Wesenszüge. Es haben also nicht alle Kinder, die du gezeugt hast, diese Eigenschaften.

J: Doch, sie haben sie. Sie sind entweder latent vorhanden, oder sie haben sie verworfen.

D: Ich kann verstehen, warum du zu Recht so stolz auf sie bist.

J: Ich bin sehr stolz.

D: Aber kannst du mir sagen, woher du stammst? Wo ist dein Zuhause?

J: Ich kann dir nur sagen, dass es außerhalb deiner Galaxie ist.

D: Was für uns immer schwer zu begreifen ist.

J: Dessen bin ich mir sicher.

D: Ist es ein physischer Planet?

J: Es ist ein physischer Planet.

D: Gehst du zu manchmal dorthin zurück?

J: Ja. Ich kam von dort.

D: Gerade jetzt? (Ja) Ich bin eine Marinefrau, wie es heißt. Mein Mann war viele Jahre von zu Hause weg auf Reisen und manchmal reiste ich mit ihm. Ich vermute, dass ich glaube, dass ihr zu diesem Raumschiff einberufen wurdet, wenn es das ist, wo wir sind.

J: Es spielt keine Rolle, auf welchem Schiff ich mich befinde.

D: Ich denke, dass du vielleicht einberufen wirst und viele Jahre lang von zu Hause fort bist.

J: Nicht unbedingt, weil Interdimensionen und intergalaktisches Reisen nicht nach der Messung von Jahren ablaufen, wie ihr es euch denkt.

D: Wie reist du dann?

J: Ich reise mittels Gedanken.

D: Einige dieser Antworten habe ich bereits gehört, aber ich suche immer nach weiterer Bestätigung. Was ist deine Beschäftigung dort, wo du lebst?

J: Ich bin der Herrscher des Planeten.

D: Oh, dann ist das ist eine große Ehre. Wurdest du deshalb für die Besamung ausgewählt, wenn ich dieses Wort verwenden darf?

J: Wenn du es als eine Wahl betrachten willst. Es ist streng genommen eine Lebensweise für uns, in welcher wir uns nicht als auserwählt betrachten.

D: Dann bist du nicht der Einzige, der Kinder auf unserem Planeten gezeugt hat? (Nein) Ist es eine große Verantwortung, Herrscher zu sein?

J: Es ist eine große Verantwortung. Aber wir haben nicht die Probleme, die ihr habt, daher muss ich mich nicht mit der Art von Aktivitäten beschäftigen, die die Zeit der meisten Herrscher auf eurem Planeten besetzen. -- Kannst du dir einen Planeten vorstellen, auf dem die Blumen so groß sind wie das Haus, in dem du lebst?

D: Nein, das kann ich mir nicht einmal erdenken. Ist es dort so?

J: Das ist ein Teil dessen, ja. Es ist sehr schön dort.

D: Habt ihr Jahreszeiten wie wir?

J: Eigentlich haben wir nicht diese Art Winter, den ihr habt.

D: Das ist ein Segen. (Kichern)

J: Und wir betrachten sie nicht als saisonale Arten von Jahreszeiten, wie ihr sie hier nennt. Es ist mehr eine Frage der Unterhaltung als eine Lebensweise. Denn wir beteiligen uns nicht an eurem saisonalen Anbau, an der Ernte, an dieser Art Dinge, die ihr mit den Jahreszeiten auf eurem Planeten gleichsetzt.

D: Konsumiert ihr Essen?

J: Wir konsumieren Licht. Verstehe jedoch, dass wenn wir Essen erfahren wollen, wir Essen erfahren können.

D: Weil ihr ein Verdauungssystem habt?

J: Nicht so, wie ihr euch Verdauung vorstellt.

D: Durch die Sinne? (Ja) So, wie sie euch von der Schokoladenmilch erzählte?

J: Das ist ein Ausdruck, ja.

D: Habt ihr denn Schwierigkeiten, die Art von Licht zu bekommen, die ihr braucht, wenn ihr an Bord seid?

J: Nein, weil ich das bin.

D: Ich dachte, es müsse vielleicht aufgetankt werden.

J: Nein. Nicht für meine Existenz.

D: Nun, seid ihr auf deinem Heimatplaneten sexuelle Geschöpfe?

J: Oh ja.

D: Habt ihr zwei Geschlechter, wie wir? (Ja) Aber wachsen eure Kinder wie unsere auf, von Baby an?

J: Sie müssen nicht lernen, wie es ist, ihre Schuhe zu binden.

Dies wurde nüchtern gesagt, aber ich spürte, dass er versuchte, mit mir zu scherzen. Sie hatten wahrscheinlich nicht einmal Schuhe.

J: Ihre Lebensmechanismen sind eingebaut, so dass sie nicht lernen müssen zu essen, wenn es Zeit ist, essen zu lernen ... mit Silberbesteck, falls dies so wäre. Und ich spreche nicht davon, essen zu lernen. Ich versuche dir einen Weg zu geben, auf den du Bezug nehmen kannst, wenn ich „systemimmanent" sage. Das bedeutet, sie sitzen nicht an einem Tisch und essen unbedingt mit Silberbesteck. Aber wenn sie zu eurem Planeten kämen, würden sie das nicht lernen müssen.

D: Es ist etwas, das automatisch geschähe. (Ja) Aber fangen sie als Baby an? (Ja) Und sie entwickeln sich auf dieselbe Weise wie wir uns zu einem Erwachsenen entwickeln.

J: Sie entwickeln sich in einer anderen Geschwindigkeit, aber sie entwickeln sich, ja.

D: Erleben die Menschen auf eurem Planeten den Tod? (Nein) Was passiert schließlich mit dem Körper?

J: Der Körper stirbt nicht.

D: Du meinst, er sei fähig, ewig zu leben?

J: Er ist fähig, ewig zu leben. Es gibt Übergangszustände, aber wir betrachten sie nicht als Tod.

D: Ich vergleiche gerade mit unserem Planeten, der Körper wird alt, zerfällt, und er muss ....

J: Es gibt ein „alt".

D: Aber der Körper muss nicht sterben, weil er sozusagen herunterfährt oder altert?

J: Er altert nicht.

D: Ich glaube, ich habe immer gedacht, wenn jemand nicht sterben könnte, wäre das der ideale Zustand. So denken Menschen.

J: Menschen denken so, ja. Es ist keine Frage von „nicht sterben können". Es ist eine Frage der Wahl des Übergangs.

D: Was passiert dann also, wenn man beschließt, dass man den Körper nicht mehr will?

J: Man kehrt zurück zur Quelle.

D: Was geschieht mit dem Körper?

J: Der Körper wird molekular resorbiert.

D: Das wird getan, wenn man seiner überdrüssig ist, oder wie?

J: Es gibt verschiedene Gründe. (Sie fing an, Unbehagen an den Tag zu legen.)

D: Ich glaube, wir haben fast keine Zeit mehr. Ich kann sehen, dass ihr heiß wird und sie sich unwohl fühlt. Ich möchte dir sagen, dass ich wirklich gerne mit dir gesprochen habe. Es war mir eine Ehre.

J: Vielen Dank, dass du gekommen bist, um mit mir zu sprechen. Und ich schätze deine Geduld. Denn ich habe mich nicht wirklich vollends auf dich und deine Fragen konzentriert. Ich war selbstsüchtig, weil ich mit Janice interagieren wollte, um Ihr Bedürfnis danach zu stillen, zu wissen, dass ich hier bin.

D: Das ist schon gut. Ich fühle mich egoistisch, dass ich dich abgelenkt habe.

J: Das macht nichts. Es war wichtig, dass sie sah, dass ich zu dieser Zeit noch existiere.

D: Vielleicht sprechen wir ein anderes Mal wieder.

J: Wir werden gewiss wieder sprechen. Ich danke dir sehr und ich schätze dich und die Arbeit, die du mit meiner Tochter tust.

D: Ich werde stets auf sie achtgeben, so gut wie ich kann.

J: (Autorität) Ja, das wirst du ganz sicher!

D: Ich bin sehr beschützerisch, wenn ich diese Arbeit tue.

J: Ich weiß das. Ich beabsichtige nicht barsch mit dir zu sprechen. Ich bin einfach ebenso beschützerisch.

Ich bereitete mich darauf vor, Janice hinauszuzählen, damit ich sie wecken konnte, aber er stoppte mich.

J: Ich muss mit ihr sprechen.

D: Wirst du das jetzt tun, oder heute Nacht, wenn sie schläft?

J: Es muss jetzt sein.

D: In Ordnung. Mache ruhig weiter, solange wir noch etwas Zeit haben. Möchtest du es laut oder innerlich tun?

J: Ich werde es auf beide Arten tun. (Er sprach mit großer Zärtlichkeit.) Meine Tochter, mein Kind, wisse, dass ich immer bei dir bin. Ich habe dir versprochen, dass du niemals alleine sein wirst. Und so sollst du in den kommenden Tagen immer wissen, dass ich niemals von deiner Seite weichen werde. Du kannst mich erfahren, wann immer du wünschst. Wann immer du die Stärke brauchst, um deine Mission zu erfüllen und wann immer du mit mir sprechen musst, kennst du die nötige Methode. Und du kennst den Ort, von dem aus es zu tun ist. Vergiss nicht, dass ich dich liebe, dass ich immer bei dir bin und wir immer eins sein werden. Wir sind jeder ein Teil des Anderen. Wir können nicht aufhören zu existieren. Obwohl wir jetzt in verschiedenen Dimensionen wohnen, weißt du, dass du jederzeit zu mir kommen kannst. Ich werde dir helfen. Ich werde für dich sorgen. Es ist wichtig, dass du dich daran erinnerst und deshalb sage ich es jetzt zu dir. In den kommenden Tagen wird es Zeiten geben, in denen du es vergessen könntest, wie du erst kürzlich vergessen hast, dass ich für dich da bin. Dies ist eine Erinnerung an dich. Nimm mich ernst. Du wirst mich brauchen und ich werde hier sein. In Liebe, ich sage dir Alokeia.

D: Alokeia. Ich danke dir sehr. Es ist Zeit, wir müssen gehen. Janice muss erwachen, damit sie nach Hause zurückkehren kann. Ich bitte jetzt das gesamte Bewusstsein und die Persönlichkeit, wieder zum Körper von Janice zurückzukehren und die andere Persönlichkeit, zu gehen und dorthin zurückzukehren, wohin sie gehen muss.

Ich gab ihr Suggestionen zur Neuausrichtung. Als ich Janice wieder zu Bewusstsein brachte, sträubte sie sich und begann zu weinen. Es war, als wollte sie die Wesenheit nicht verlassen. Ich tröstete sie, bestand aber immer noch auf Orientierung. „Nein, du musst, du musst. Du musst zurückkommen."

Ich verbrachte Zeit damit, mit ihr zu reden und sie vor dem Erwachen zu trösten. Ich versicherte ihr, dass wir jederzeit zurückkehren können, um die Wesenheit aufzufinden. Wir hatten den Weg gefunden, also war es keine dauerhafte Abreise. Als sie erwachte, erinnerte sie sich nicht und war überrascht zu merken, dass sie geweint hatte.

Nachdem sie erwacht war und aufrecht auf dem Bett saß, bemerkte ich ihre Handflächen. Sie waren für mich während der Sitzung nicht sichtbar, weil sie vollkommen still mit den Händen nach unten dagelegen hatte. Diesmal war die Verfärbung so dunkel, dass sie fast schwarz war. Sie bemerkte es auch und fragte sich, was es verursacht hatte. Sie schüttelte ihre Hände und massierte sie. Es gab keine Beschwerden, es war nur verblüffend. Während sie dies tat, begann die schwarze Farbe zu schwinden und die normale Färbung kehrte langsam zurück. Ich schaltete den Rekorder wieder ein, um dies zu erwähnen.

D: *Der Daumen und der große Muskel unterhalb des Daumes und alle Finger an beiden Händen waren so blau, dass sie fast lila waren. Es sah aus, als hättest du beim Anfassen einer schmutzigen Zeitung Druckertinte abbekommen.*

J: Aber ich habe keine Zeitung angefasst. (Übrigens: Wenn sie die Hände rieb, löste sich die Farbe nicht ab. Es war definitiv innerlich und kam vom Innern der Haut.) Und ich wusch mir die Hände, als ich ins Badezimmer ging, bevor ich hier hereinkam.

Ich bemerkte, dass ich, als wir zum Abendessen eine Pause machten, eine leichte Verfärbung festgestellt hatte, aber diese jetzt war viel dunkler, fast schwarz und weiter verbreitet. Nachdem sie aufstand und ich zu bewegen begann, fing die Farbe an, zu verblassen und ihre Hände wurden wieder normal. Ich glaube nicht, dass dies auf mangelnde Blutzirkulation zurückzuführen ist, weil es für den Probanden üblich ist, sich sehr wenig zu bewegen, wenn er sich im schlafwandlerischen Zustand der Trance befindet. Da es nicht unangenehm zu sein schien, beschlossen wir, es einfach als Kuriosum zu behandeln.

Später befragte ich meine Freundin Harriet dazu und sie hatte das Gefühl, es könne durch Energie verursacht worden sein, möglicherweise verursacht durch die verschiedenen Wesen, die durch sie sprachen. Sie schlug vor, das nächste Mal, wenn sie erwachte, auf ihre Fußsohlen zu schauen und wenn möglich auf ihren Nacken. Dies waren Energieaustrittspunkte. Sie wusste nicht, woher diese Ideen kamen. Sie sprangen nur in ihren Kopf und sie wusste nicht, ob sie Gültigkeit hatten oder nicht.

Jemand anderes sagte, die Haut tue das nicht, es sei denn, die Person ist tot. Ich erwähnte dies gegenüber Julia, meiner Tochter, die Krankenschwester ist. Julia sagte, dass die Person, die das sagte, offensichtlich noch nie viel Zeit auf der Intensivstation verbracht habe. Sie hatte dieses Phänomen an bestimmten Herzoperationspatienten beobachtet, jedoch nur unter extremen Bedingungen. In jenen Fällen war die Verfärbung nicht auf die Handflächen begrenzt, sondern war auch an anderen Körperteilen vorhanden und musste durch Medikamente gelindert werden. Ich konsultierte meinen medizinischen Experten, der mir bei anderen Büchern geholfen hat, wenn ich medizinische Fragen hatte. Dr. Bill weiß von meiner Arbeit und ist an meine seltsamen Anfragen gewöhnt, also musste ich nicht erklären, warum ich die Informationen wollte. Er gab mir die medizinischen Bezeichnungen für die Ursache der Verfärbung: Die venöse Obstruktion während des Zuflusses der Arterien blieb intakt. In laienhaften Begriffen: Der Blutfluss aus den Extremitäten (Armen, Beinen) musste eingeschränkt, gehemmt, blockiert werden, um das von mir beschriebene Phänomen zu erzeugen. Dies kann durch eine Abschnürbinde oder etwas Ähnliches verursacht werden, das den Blutfluss einschränkt und könnte unter diesen Bedingungen zu einer Nervenschädigung führen, wenn die Einschnürung lange genug andauerte. Er konnte sich nichts anderes denken, das eine ähnliche Verfärbung verursachen könnte. Aber die Hände von Janice wurden in keiner Weise eingeschnürt. Sie lagen während der gesamten Sitzung mit den Handflächen nach unten auf ihrem Bauch. Er sagte, dass es unter diesen Umständen definitiv nicht normal sei und möglicherweise durch etwas Übernatürliches verursacht wurde, das wir nicht verstehen. Für einen gesunden Menschen war es offensichtlich keine normale Sache.

Als ich Monate später mit Janice sprach, während ich versuchte, eine weitere Sitzung zu arrangieren, sagte sie, der Zustand sei nie wiedergekehrt. Sie sagte auch, dass sie niemals in der Lage war, eine der Kassetten anzuhören. Jedes Mal, wenn sie damit anfing, stoppte sie etwas. Ich hatte mir wegen des emotionalen Inhalts Gedanken über ihre Reaktion auf diese Aufnahme gemacht. Das Vaterwesen musste sich also keine Sorgen darüber machen, wie sie darauf reagierte, seine Stimme zu hören. Die Nachricht war in Janices Unterbewusstsein eingefügt worden, so wie er es wünschte.

Das Phänomen der Verfärbung von Janices Händen könnte eine Variation von dem gewesen sein, was Suzanne in Kapitel 7 geschah. Das war meine erste Begegnung mit einem Außerirdischen gewesen, der durch einen meiner Probanden sprach und als sie in dem Motel erwachte, hatte sie große rote Flecken überall an ihren Füßen und Unterschenkeln. Als ich Clara (Kapitel 3) 1997 in Hollywood zum ersten Mal rückführte, entdeckte sie einen roten Fleck in ihrem Nacken am Haaransatz, nachdem in der Sitzung ein Alien durch sie gesprochen hatte. Vielleicht sind diese physischen Manifestationen das Ergebnis der unterschiedlichen Energie, die durch einen physischen Körper interagiert. Obwohl die Befunde verblüffend waren, schienen sie vorübergehend zu sein und verursachten keine bleibenden körperlichen Folgen.

Als ich Janice 1998 um Erlaubnis bat, diese Sitzungen zu benutzen, hatte sie sich die Bänder noch immer nicht angehört. Sie erinnerte sich nicht einmal, wohin sie diese gepackt hatte.

KAPITEL 13

DIE ULTIMATIVE ERFAHRUNG

Es war ein halbes Jahr später, im Juli 1990, bevor ich wieder in der Lage war, nach Little Rock zu reisen, um mit Janice zu arbeiten. Ich wollte den Versuch unternehmen, mehrere Sitzungen an einem Tag zu halten. Als wir dies das letzte Mal taten, stellte sich heraus, dass drei Sitzungen an einem Tag für uns beide zu viel waren. Auf dieser Reise würden wir sehen, wie viele ausreichen würden, ohne einen von uns zu überfordern. Während dieses Besuchs nahmen die Sitzungen eine neue Wendung hinein in unerforschtes Gebiet. Wir drifteten eindeutig von den UFO-Erlebnissen ab und kommunizierten mehr mit Wesen in anderen Dimensionen. Einige dieser Wesen bestanden aus Licht und bezeichneten sich selbst als reine Energiewesen. Es schien, dass je mehr Janice mit diesen Energien arbeitete, ihr Training umso komplexer wurde. Die vorgestellten Konzepte waren so kompliziert, dass ich wusste, dass sie in diesem Buch nicht dargestellt werden konnten. Diese werden in meinem Buch Verschachteltes Universum ausführlich beschrieben. Das wird ein Buch sein, das sich an diejenigen richtet, die bereit und in der Lage sind, Konzepte und Theorien zu verstehen, die mein armes Gehirn sich wie Brei anfühlen lassen. Ich dachte, es sei besser, diese für diejenigen in einem Buch zusammenzufassen, die gerne herausgefordert werden. Da dieses Buch sich hauptsächlich mit UFO-Erfahrungen befasst und darauf hindeutet, dass weitaus mehr hinter ihnen steckt, wollte ich es weiterhin in diese Richtung lenken.

Eines, das ich hier hinzufügen möchte, betrifft die violette Verfärbung von Janices Händen nach den drei Sitzungen im Januar. Die Antwort kam von dem Energiearzt, mit dem ich zuvor gesprochen hatte.

D: Als ich zuletzt mit Janice arbeitete, hatte sie eine deutliche körperliche Veränderung an der Haut an ihren Handflächen. Kannst du erklären, warum das geschah?

J: Es geschah, weil sich der physische Körper nicht richtig an das Energieniveau angepasst hatte, auf dem er arbeitete. Dies war ein Kreislaufproblem.

D: Die Haut war so dunkel, dass sie an bestimmten Stellen an ihren Händen fast violett war.

J: Ja, sie befand sich auf einem sehr, sehr hohen Energieniveau.

D: Es wurde durch das Wesen verursacht, das durch sie sprach? (Ja) Ich hatte befürchtet, an diesem Tag vielleicht zu viele Sitzungen gehalten zu haben und dass dadurch etwas passiert sei.

J: Nein, es wäre ohnehin passiert. Ein Teil des Problems bestand darin, dass sie sich nicht in ihrem körperlichen Bestzustand befand. Tatsächlich hatte es mit der Wechselwirkung der Energie zu tun, die durch die Venen floss, in Beziehung zu dem Energiesystem, mit dem sie verbunden war.

D: Bestand irgendeine Möglichkeit, dass dies mit den Hautverfärbungen hätte Schäden verursachen können?

J: Wir hätten das nicht zugelassen. Das Wesen ist zu wichtig. Es wird nicht wieder vorkommen. Sie befindet sich jetzt auf einem anderen Entwicklungsniveau.

Diese Art Verfärbung trat nie wieder auf, während ich mit Janice arbeitete. Auch erlebte sie in den späteren Sitzungen nicht mehr die Wärmeschwankungen, die mir in früheren Sitzungen so viel Sorge bereitet hatten. Es schien, als hätte sie sich daran gewöhnt, mit diesen höheren Energien zu arbeiten, die durch ihren Körper sprachen. Anscheinend hat diese Art der Kommunikation in manchen Fällen einen spürbaren physischen Effekt auf den Körper, aber sie verursacht offenbar auch keinen dauerhaften Schaden. Es ist ein vorübergehendes Phänomen.

Ein weiteres seltsames Kuriosum trat in dieser Zeit im Zusammenhang mit diesem Fall auf. Ich mache immer Kopien von den Tonbändern und sende eine zu Lou und eine zu dem Probanden, es existieren also immer noch weitere Kopien. Normalerweise schreibe ich Bänder, die ich innerhalb weniger Wochen nach der Sitzung verwenden möchte, ab, somit habe ich dann auch eine gedruckte Kopie. Ich schrieb die ersten Sitzungen, die 1989 und 1990 durchgeführt wurden, ab. 1990 gab es drei weitere Sitzungen und eine ein Jahr später, 1991. Die Bänder, die ich übertragen möchte, lege ich stets an einen Ort in meinem Büro, damit sie nicht mit verschiedenartigen Bändern vermischt werden. Ich konnte diese letzten vier Bänder jedoch nicht finden, um sie zu übertragen. Jedes Mal, wenn ich über sie nachdachte, suchte ich sie in meinem gesamten Büro. Ich bat sogar Janice und Lou, mir ihre Kopien zu schicken. Janice hatte noch nie eine ihrer Kassetten angehört und hatte sie verlegt. Und Lou meinte, es sei ein ganz schöner Aufwand, seine zu finden, da sein Büro sehr unorganisiert sei. Ich erinnerte mich immer wieder, wie mich der Außerirdische ermahnte, dass ich nichts von dieser Geschichte drucken dürfe, bevor ich nicht das vollständige Bild habe. Hatten sie etwas damit zu tun? Ich war noch nicht bereit, es zu drucken, ich wollte nur die Bänder übertragen.

Mysteriöserweise fehlten die Kassetten fünf Jahre lang, während ich mit anderen Büchern und Projekten beschäftigt war. Sie tauchten dann Anfang 1996 plötzlich an einem offensichtlichen Ort auf meinem Schreibtisch auf. Es war ein Ort, an dem sie direkt im Blickfeld lagen und unmöglich hatten übersehen werden können. Zu dieser Zeit hatte ich begonnen, die Informationen aus meinen Dateien für dieses Buch zusammenzustellen. Als die Bänder auf mysteriöse Weise wieder auftauchten, wusste ich, dass es an der Zeit war, die Informationen zu verbreiten. Ich hatte mein Versprechen gehalten und acht Jahre waren vergangen, seit sie 1989 um mein Schweigen gebeten hatten.

Ich werde jetzt Informationen aus der letzten Sitzung mit Janice im September 1991 einbeziehen, die ich „Die ultimative Erfahrung" nenne. Zu jener Zeit dachte ich, sie sei zu einem Raumschiff gegangen, aber nachdem ich die Abschriften unserer Sitzungen durchgesehen habe, frage ich mich nun, ob sie nicht stattdessen auf der Untergrundbasis im Berginnern war. Wo auch immer es war, das ist der Ort mit Schulen, die eine Art des Lernens anbieten, welche im ganzen Universum einzigartig ist.

Ich kehrte im September 1991 zurück nach Little Rock, um Sitzungen zu zwei Fällen von vermuteter UFO-Entführung abzuhalten. Lou und Jerry fuhren mich dorthin und waren Zeugen. Während meines Aufenthaltes arbeitete ich auch mit Janice. Damals ahnte ich nicht, dass dies das letzte Mal sein würde, dass ich eine Sitzung mit ihr hatte. Diese wurde wieder im Haus meiner Freundin Patsy abgehalten. Janice wollte ein seltsames Ereignis erkunden, das erst vor kurzem im Juli 1991 stattgefunden hatte.

Zu dieser Zeit war Janice sehr glücklich, weil ein Mann, den sie bereits mehrere Jahre zuvor gekannt hatte, wieder in ihr Leben getreten war, und sie war romantisch mit ihm verbunden. Sie fühlte sich, als habe sie endlich eine verwandte Seele gefunden. Da sie ihn nicht verschrecken wollte, hatte sie ihm nichts von den seltsamen Erlebnissen erzählt, die sie geplagt hatten. Er war beim Militär und sie war zu der Stadt neben der Militärbasis gefahren, um das Wochenende mit ihm zu verbringen. Sie nächtigten in einem Motel und Ken musste am nächsten Morgen sehr früh aufstehen, um zur Militärbasis zurückzukehren. Nachdem er gegangen war, fiel Janice in einen tiefen Schlaf zurück. Ein paar Stunden später wurde sie durch das Klopfen des Zimmermädchens an der Tür geweckt, aber sie konnte sich nicht aufraffen, darauf zu antworten. Das Nächste, was sie wusste, ist, dass das Zimmermädchen von selbst in den Raum eingetreten war und hysterisch schrie. Dies rüttelte Janice wach und sie lag da und beobachtete, wie alle Lichter im Raum unregelmäßig an- und ausgingen, bis einige von ihnen explodierten. Das war es, was das Zimmermädchen erschreckte und sie rannte schreiend aus dem Raum. Somit wollten wir während dieser Sitzung herausfinden, was in dieser Nacht passiert war.

Ich benutzte Janices Kennwort und es funktionierte perfekt, auch wenn wir seit einem Jahr keine Sitzungen gehabt hatten. Ich zählte sie dann bis zur Nacht des Vorfalls zurück. Als ich dieses Band abschrieb, hörte ich einen merkwürdigen Klangeffekt, der zum Zeitpunkt der Sitzung nicht hörbar war. Als ich mit dem Zählen fertig war, hörte ich etwas, das sich wie eine startende Autozündung anhörte oder genauer, wie ein Motorboot, das beschleunigt. Es war laut, also kam es nicht von außen. Es hörte sich an, als wäre es direkt neben dem Mikrofon. Aus der Tonbandaufnahme wurde offensichtlich, dass ich kein echtes Geräusch im Raum gehört hatte, weil ich meine Anweisungen ohne Unterbrechung fortsetzte.

Janice erzählte von den schönen Erinnerungen an diese Nacht. Dann waren beide in einen sehr tiefen Schlaf gefallen.

D: Schliefst du die ganze Nacht hindurch?

J: Nein, es war, als wäre ich aufgewacht. Er wachte auch auf und wir redeten. Und wir sagten: „Was ist passiert?“ Es war, als wäre ich gerade dort angekommen. Und er sagte: „Wow, es fühlt sich an, als wären wir außerhalb dieser Welt gewesen.“ Wir wussten, dass wir physisch dort waren, aber wir wussten, dass wir uns auf eine andere Art anderswo befanden, weil wir diesen anderen Ort irgendwie berühren konnten. Es war wirklich seltsam. Ich wusste, dass in der Nacht etwas passiert war, aber ich wusste nicht was. Er musste aufstehen, weil er um 04:30 Uhr am Morgen abfahren musste, um zur Basis zurückzukehren und er hatte Schwierigkeiten, aufzuwachen. Ich machte mir Sorgen, weil ich wusste, dass er nicht wirklich zurück war. Und ich dachte: „Oh mein Gott! Er muss rausgehen und fahren.“ Als er dann aus der Tür ging, gab es auf der Rückseite des Motels ein riesiges offenes Feld, das war mit Nebel bedeckt. Er war nirgendwo anders. Es war wirklich verrückt, denn es war Juli und draußen gab es Nebel. Ich fragte ihn, wie er in diesem Nebel fahren könne, und er sagte, da sei kein Nebel. Er sah ihn nicht. Nachdem er gegangen war, ging ich zurück ins Bett und schlief sofort ein. Es war, als ob ich wüsste, dass ich nicht wirklich schlafen würde; ich ging irgendwo hin. Und ich war weg. Dann war es Morgen, das Zimmermädchen öffnete die Tür, und sie schrie und schrie. Ich konnte sie hören, aber ich konnte mich nicht rühren. Ich konnte meine Augen nicht öffnen. Sie stand nur schreiend da. Ich bemühte mich so sehr, meine Augen zu öffnen, aber es funktionierte nicht. Als ich sie endlich öffnete, blinkten alle Lichter ... oh, wirklich schnell. Und mir war so schwindelig. Das Zimmermädchen schrie weiter. Sie wusste nicht, was sie tun sollte. (Leise) Es ist okay. Es ist in Ordnung. Und sie blitzten weiter, bis einige von ihnen explodierten. Und dann hörten sie auf.

D: Lass uns zurückgehen zu der Nacht davor und du wirst herausfinden, was geschah. Fand dieses Erlebnis statt, während Ken dort war?

J: Manches davon geschah, während er dort war.

D: Gehen wir diesen Teil durch. Sage mir, wann es anfing. Warst du am Schlafen?

J: (Lächelnd) Wir waren eigentlich nicht am Schlafen. Es war kurz vor dem Schlafen. Und wir gingen gemeinsam.

D: Was meinst du damit?

J: Ich meine, wir verließen das Motel. Wir gingen zu den Raumschiffen.

D: Wie habt ihr das getan?

J: Ich weiß es nicht. Wir waren einfach auf ihnen. Es ging sehr schnell.

D: Bist du in deinem physischen Körper dorthin gegangen?

J: Scheinbar ja. Ich konnte seinen physischen Körper sehen.

D: Also habt ihr beide den Raum verlassen? (Mmh-mmh) Wo befand sich das Schiff?

J: Ich weiß es nicht. Wir ließen uns treiben und dann waren wir auf ihm. Einfach wusch! Wirklich schnell.

D: Alles klar. Sage mir, was du siehst.

J: Oh, wir sind froh, dass wir dort sind. Wir haben überhaupt keine Angst. Wir gingen in den heiligen Raum.

D: Was ist der heilige Raum?

J: (Pause) Ich bin nicht sicher, ob ich dir das erzählen kann.

D: Du meinst, du darfst es nicht, oder wie?

J: (Ein ehrfürchtiger Ton.) Es ist der heiligste Raum auf dem Schiff. Man kann nicht in diesen Raum gehen, wenn man kein spiritueller Lehrer ist. Es ist ein ganz besonderer Ort. Nicht jeder geht dorthin.

D: Gingt ihr beide dorthin?

J: Ja. Und wir saßen auf besonderen Stühlen. Es ist ein ehrfurchtgebietender Raum.

D: Warum ist er ehrfurchtgebietend?

J Weil es ein ....

Es gab eine lange Pause, dann änderte sich die Stimme. Jemand anderes sprach. Janice war ehrfürchtig gewesen aber diese Stimme war emotionslos.

J: Er ist eine Nachbildung der Zukunft.

D: Der Zukunft?

J: Ja, in diesem Raum passieren viele Dinge, die die Spiritualität von Galaxien und Planetensystemen beeinflussen, nicht nur die

Planetensysteme der Erde. Es ist also ein ehrfurchtgebietender Ort. Und es ist ein sehr heiliger Ort.

D: Gibt es das auf jedem Schiff?

J: Nein, nur auf diesem.

D: Ist das deshalb eine besondere Art Schiff?

J Ja. Es ist wie keines der anderen.

D: Befindet sich dieses Schiff an einem besonderen Ort?

J: Dieses Schiff ist jeder Ort. Es reist zu allen Galaxien und in alle Universen. Es ist beeindruckend. Und es kommen andere Leute hierher.

D: Was ist anders an den Menschen, die dort hinkommen?

J: Sie müssen einen bestimmten Entwicklungsstand erreicht haben, sonst kommen sie niemals hierher. Sie müssen ein gemeinsames Ziel haben. Obwohl sie vielseitige Ziele haben, gibt es darunter ein bestimmtes, das sie zu diesem Schiff bringt. Und dies ist das Schiff der Vereinigung.

D: Was unterscheidet das Schiff noch?

J: Die Form der Räume. Es sind keine rechtwinkligen Räume. Sie sind nicht wie irgendwelche Räume, in denen du jemals gewesen bist. Sie sind mehrseitig, mit acht Seiten.

D: Gibt es einen Grund, dass sie acht Seiten haben?

J: Ich weiß es nicht.

D: Sind alle Räume auf dem Schiff gleich?

J: Es gibt vier Räume, nämlich die inneren Kammern, das Innere, das Herzstück des Schiffes, die acht Seiten haben. Und es gibt äußere Räume, in denen Menschen unterrichtet werden. Die äußeren Räume sind gewölbt. Sie haben keine Seiten.

D: Ist das ein großes Schiff?

J: Oh, es ist riesig. Es ist ... oh Gott, es ist riesig.

D: Gibt es viele Leute darauf?

J: Ja. Es gibt viele Menschen, aber nicht alle sind für denselben Zweck da. Und sie gehen nicht in dieselben Räume.

D: Zu welchen anderen Zwecken kommen sie?

J: Einige kommen für Integrationsarbeit.

D: Was bedeutet das?

J: Es bedeutet, dass es an der Zeit ist, ihren Entwicklungsstand zu ändern. Und es muss eine Integration von physischen, spirituellen, emotionalen, mentalen, kausalen und astralen Körpern stattfinden. Von allen Körpern. Manchmal gibt es eine molekulare

Neuorganisation. Einige Leute haben eine Fusion. Manche Leute gehen einfach zum Unterricht. Manche Leute kommen, um zu unterrichten. Einige Leute kommen, um an anderen Aktivitäten teilzunehmen.

D: Welche Dinge werden dort gelehrt?

J: Der Mechanismus des Klanges. Der Mechanismus des Lichts. Der Mechanismus der Energie. Der Mechanismus der molekularen Neuorganisation. Der Mechanismus der Dematerialisierung. Der Mechanismus der Bilokation. Der Mechanismus von Paralleluniversen. Der Mechanismus der Zeit. Der Mechanismus des Weltraums in Bezug auf Teilchenmaterie und Energie. Der Mechanismus der Bewegung durch Zeit und Raum und Reisen mit Bezug auf das Licht ... über das Licht, über die Lichtgeschwindigkeit hinaus. Es gibt viele weitere Themen, die ich dir nennen kann.

D: Befinden sich die Leute in ihren physischen Körpern, wenn sie an diesen Ort kommen?

J: Manche ja, manche nicht. Aber schau, wenn man sich in seinem physischen Körper befindet, kann sich das ändern, auch nachdem man hier ist, also spielt es eigentlich keine Rolle. Wenn die Schüler in ihrem physischen Körper kommen, bleiben die meisten von ihnen auch in ihrem physischen Körper. Aber die Lehrer und die Avatare können sich in Energie umwandeln und sie tanken in gewissem Sinne auf. Sie revitalisieren sich und tun viele Interaktionen und viel Arbeit, die mit Energie zusammenhängt und dem Verstehen dessen, wie man sie in das Physische zurückbringt und sie überträgt. Um ihre Arbeit fortzusetzen, sobald sie zurückkehren.

D: Dann tun das sogar die Erdenmenschen?

J: Nun, nur sehr wenige Erdenmenschen sind tatsächlich Erdenmenschen. „Erden"menschen werden auf andere Schiffe gebracht, aber es gibt Erdenmenschen, die eigentlich nicht vollkommen Erdenmenschen sind. Sie sind Erdenmenschen, haben aber Bereiche und Entwicklungsstufen gemeistert, was dazu führt, dass sie auf physischer Ebene in sich selbst funktionieren und aber gleichzeitig auch auf mehrdimensionalen Ebenen. Sie sind sich dessen in ihrer Erdform am Anfang nicht immer unbedingt bewusst. Sobald sie jedoch die inneren Räume erreicht haben, sind sie sich der ihres Funktionierens innerhalb verschiedener molekularer Strukturen sowie der interdimensionalen und interplanetaren Dienste bewusst. Es geht also über das normale UFO-Phänomen hinaus, wenn man hier ist. Man ist darüber hinaus.

D: Wenn sie dieses Wissen aus dem Unterricht zur Erde zurückbringen, wenden sie es dann an?

J: Es wird gewissermaßen angewandt, es wird in ihrem Innern funktional, um eine gewisse Schwingungsrate zu übertragen. Und eine ihrer wichtigsten Aufgaben besteht darin, die Schwingungsrate aufrechtzuerhalten, die sie hier erreichen oder der sie hier ausgesetzt sind. Diese ist in ihr Wesen integriert, wenn sie zur Erde zurückkehren. Sie werden sie zur richtigen Zeit nutzen und sie wird ihnen in der Zukunft auf vielfältige Weise dienen, während wir uns dem nächsten Jahrhundert nähern.

D: Diese Leute erinnern sich daran nicht bewusst, oder?

J: Es besteht die Möglichkeit, dass es in den bewussten Zustand zurückgerufen werden kann, abhängig von der Gehirnstruktur des betreffenden Wesens. Es gibt Wesen, die im Physischen funktionieren und gleichzeitig eine Entwicklungsstufe aufrechterhalten können, was eine Neukonfiguration bewirkt, bis zu dem Punkt, dass das Funktionieren im Physischen so normal wird, dass es nicht länger offensichtlich ist. Wenn ... (Sie brach unerwartet ab. Etwas schien zu passieren.)

D: Was ist los?

J: (Janice war zurück.) Ich denke, wir ziehen um. Wir gehen jetzt zu einem anderen Zimmer. Es ist kein richtiger Korridor. Da sind vier Räume und sie haben acht Seiten, und man muss durch alle vier Räume gehen.

D: Geht ihr von einem Raum zum nächsten?

J: Nein. Wir sind nicht gegangen, sondern wir hielten uns an den Händen und bewegten uns. Durch Gedanken bewegten wir uns.

D: Was ist im nächsten Raum?

J: Eigentlich ist der nächste Raum eine andere Art von Ort. Er ist metallisch und wir werden hier nun auf andere Weise arbeiten. (Schweres Einatmen.) Oh, meine Güte! (Schweres Atmen.)

D: Was ist?

J: Wir sind nur ... Luft! Wir haben uns hier gerade dematerialisiert.

D: Aber du warst körperlich im anderen Raum. Meinst Du das?

J: Oh ja! (Sie war aufgeregt. Es kam anscheinend unerwartet.)

D: Und dieser Raum ist für die Dematerialisierung? Könnte man das so sagen?

J: Das ist, was passiert ist.

D: Was war der Zweck dessen?

J: Ich weiß es nicht. Nun, jetzt sind wir keine getrennten Menschen mehr (Schweres Atmen) Wir sind keine getrennten Menschen mehr. (Aufgeregtes Gelächter) Oh meine Güte!

D: Kannst du erklären, was du meinst?

J: (Taumelnd und murmelnd. Sie hatte sogar Schwierigkeiten, Worte zu bilden.) Puh! Oh Gott! Mir ist so heiß! (Ich gab Suggestionen, um sie abzukühlen.) Ich verbrenne!

D: Was meintest du damit, dass ihr keine getrennten Menschen mehr seid? Ist in diesem Raum etwas passiert?

J: Ja, wir sind eingetreten und dann schwupp! Wir waren einfach keine getrennten Menschen mehr.

D: Was wart ihr dann?

J: Ich weiß es nicht. Einfach keine Leute. (Aufgeregtes Lachen) Ich wusste es so: Dieser Teil gehört mir, dieser Teil gehört dir, dieser Teil gehört mir und dieser Teil gehört dir. Aber nun sind wir keine getrennten Menschen mehr.

D: Was meinst du damit? Teile über den ganzen Raum verteilt?

J: (Lachen) Nein, nein, nein, nein. Da sind keine Teile, sie sind keine ...

D: Du hast auf etwas hingedeutet. (Kichern)

J: Oh, tut mir leid. Ich meine, wir sind keine getrennten Menschen. Er ist hier, ich bin hier, wir sind beide hier, aber wir sind ein Wesen ... wir sind nicht einmal körperlich. Wir sind nicht einmal feststofflich ... du kannst uns nicht anfassen. Du kannst uns berühren, aber du kannst uns nicht anfassen. (Kichern) Wir sind keine getrennten Menschen mehr.

D: Meinst du etwa, ihr seid miteinander verschmolzen?

J: Anscheinend sind wir das. Es ist reine Energie. Es gibt hier keine physische Form, aber es gibt eine Form. Es gibt eine Form, aber keine physische Form. Aber ich weiß, ich bin ich, und er weiß, dass er er ist, aber wir wissen, dass wir es nicht sind.

D: Bewahrt ihr eure Persönlichkeit?

J: Nun, ja und nein. Wir sind verschieden. Wir sind jeder der andere, aber wir sind dieselben ... vermischt.

Während dieses Satzes ertönte ein leises Rattern auf dem Band, wie ein Motor, der Vibrationen im Mikrofon verursachte. Ein seltsamer Ton. Vielleicht Energie?

J: Es ist wie: Dieses Molekül gehört ihm, dieses Molekül gehört mir, dieses Moleküls ist seines, dieses Moleküls ist meines usw. Ich weiß das, er weiß das, aber alles in Allem gehören sie nicht uns.

D: Du glaubst also, „vermischt" könnte ein besseres Wort sein. Aber so wie du lächeltest, scheint es sich gut anzufühlen.

J: Oh, es ist wunderbar! Es ist wirklich hervorragend. Es ist einfach die totale Harmonie. Genau das ist es. Einfach rein .... Oh! Sie sagen es mir jetzt gerade. Es ist eine Essenzenergie.

D: Essenzenergie?

Anmerkung: Essenzenergie: Bezieht sich dies auf die reinste Form? Die früheste oder originäre Art? Die Gottenergie?

J: Es ist Energie. Es ist unsere Energie. Sie ist in ihrer reinsten Form, wie zu Beginn. Und dieses Molekül gehört mir, dieses Molekül gehört ihm, dieses Molekül ist meines, dieses Molekül ist seines, aber sie sind alle unsere Moleküle. Und sie sind leicht. Sie drehen sich, und sie bewegen sich so schnell, dass es wie eine Miniaturgalaxie aussieht.

D: Du sagtest, es sei wie Luft, aber jetzt kannst du es als kleine Lichtpunkte sehen?

J: Ja. Genau. Es fühlt sich einfach so gut an.

D: Aber du weißt immer noch, dass du du bist.

J: Ja, ich weiß ich bin ich. Und ich weiß, dass er genau hier ist, und ich bin ich und er ist er, aber wir sind nicht getrennt.

D: Ist das der Zweck dieses Raumes? Um euch zu zeigen, wie das getan wird und wie sich das anfühlt?

J: Ja, denn dann kann man sich als eine Einheit durch das Weltall von hier zu anderen Galaxien bewegen. Vorbei an allen bekannten Galaxien. Vorbei an allen bekannten Universen. Man kann sich von diesem Raum aus diesem Zustand des Seins zu allem hinbewegen, in alles hineinbewegen und niemals verlieren, was man als Essenz ist. Weil man gleichzeitig alles werden kann, was man sich nur erdenken kann.

Während dieses letzten Satzes verursachte das seltsame Geräusch eines Motors erneut Vibrationen und einige Verzerrungen auf dem Band.

D: Was könnte der Zweck dessen sein?

J: Um bestimmte strukturelle Energiemuster von festen Stoffen zu ändern. Wenn die Notwendigkeit bestünde, diese bestimmte Aktion hervorzurufen, dann hätte man, sobald man zum physischen Zustand zurückkehrt, die Möglichkeit, dies in einem physischen Zustand an einem physischen Zustand zu tun. In einem physischen Zustand. Innerhalb eines lebenden oder nicht lebenden Objekts.

D: Dann braucht man diesen Raum nicht nochmals, um das geschehen zu lassen?

J: Nicht unbedingt. Man muss nicht in diesem Raum sein, damit es geschieht, sobald man es einmal erfahren hat.

D: Sobald man es einmal erlebt habt, weiß man, wie es geht? Meinst du das?

J: Man weiß wie es geht. Das soll nicht heißen, dass man nicht zurückkommen und diesen Raum noch einmal erleben wird. Weil das Erleben dieses Raumes die Gesamtheit der Essenzenergie umstrukturiert. Weil sie im Körper aufgebrochen werden kann. Sie wird sich niemals auflösen, aber sie kann aufgrund von Wechselwirkungen mit unterschiedlichen Körperlichkeiten umgestaltet werden das Wort. Es ist kein Wort. Es ist so etwas Ähnliches. Es ist nicht ganz das Wort.

D: Gehst du danach dann in ein anderes Zimmer?

J: Ich weiß es nicht. Im Moment dreht es sich nur. Es ist tatsächlich so, als wäre man im Weltall unterwegs und man ist eine sich drehende Galaxie.

D: Und man kann die Gesamtheit von allem wahrnehmen. Ist das richtig?

J: Genau richtig.

D: Man ist dann unbegrenzt.

J: Oh, total. Es gibt einfach keinerlei Begrenzungen. Man weiß nicht einmal was das ist.

D: Keine Begrenzungen.

J: Nicht in irgendeiner Form.

Könnte das dem „Körper Gottes" ähnlich sein? Insofern, als er überall zugleich ist? Es wurde gesagt, dass wir Moleküle oder Zellen des Körpers Gottes seien. Unser letztes Ziel sei es, wieder im gesamten Körper oder der gesamten Einheit unseres Schöpfers zusammengefügt oder wieder eingegliedert zu werden. Es wurde gesagt, dass wir uns anfangs abgespalten haben. Wurde es nach dem gleichen Verfahren getan? Das würde für Janice erklären, wie wir individuell und doch Eins sind. Vielleicht ist dies das weitestmögliche Verstehen der Gesamtheit oder Komplexität Gottes und unserer Rolle in seinem Universum.

D: Ist das die Art, wie die Weltraumleute arbeiten?

J: Diese Weltraumleute arbeiten so.

D: Aber nicht alle?

J: Nicht alle Weltraumleute, aber diese Weltraumleute.

D Also haben unterschiedliche Weltraumleute unterschiedliche Fähigkeiten?

J: Genau.

D: Nun, lass uns weitergehen, bis diese Erfahrung vorbei ist. So können wir sehen, was danach passiert.

J: (Ein tiefer Seufzer, dann eine Zwischenruf) Ooooh! Meine Güte! Mann! Nun, es fühlt sich komisch an. (Lachen) Oh, meine Güte! Es ist nur so ... zurückzugehen in deine ... es ist, als wäre es eine .... (Verwirrung) Einfach eine Bewegung. Bloß sehr schnell. Einfach deine Moleküle zusammensammeln. Sie bewegen sich sehr schnell.

D: Du meinst, du musst sie zurückholen?

J: Also, es geschieht automatisch, aber es scheint, als wäre dies die Terminologie. Deine Moleküle zusammensammeln. Nein, sammeln ist nicht das Wort. Wiederzusammenbauen ist das Wort. Es ist nicht sammeln, sondern sie kommen wieder zusammen.

D: Glaubst du, dieser Raum ist wie eine Maschine oder so etwas?

J: Nein. Es hat etwas mit der Energie im Inneren zu tun. Der Raum hat eine Schwingungsrate, die in seinem Inneren aufrechterhalten wird, wenn man also hineingeht, geschieht es. Es muss keine Maschine sein. Es liegt an der Energie, die man in sich trägt und auf die Energie in dem Raum abstimmt. Die Umwandlung erfolgt automatisch ohne Maschinen. Maschinen werden nur auf Ebenen außerhalb dieser verwendet. Dies ist die höchste Stufe dieser Art von Arbeit.

D: Wenn du dann fertig bist, kommen die Moleküle automatisch wieder zusammen?

J: Das hängt vom Zweck des Besuchs im Raum ab. Es gibt viele verschiedene Zwecke, deretwegen man in diesen Raum kommt.

D: Was würde passieren, falls jemand mit einer anderen Schwingung diesen Raum beträte? Würde es den gleichen Effekt haben?

J: (Sie verstand nicht.) Was? Anders in was?

D: Du sagtest, wenn man den Raum betritt, stimme sich die eigene Schwingungsrate auf die Schwingungsrate des Raums ab und dies bewirke, dass dies automatisch geschieht.

Irgendwo an dieser Stelle wurde die Stimme wieder autoritär, und es war offensichtlich, dass ich mit jemand anderem als Janice sprach, einer Wesenheit, die noch detailliertere Informationen liefern konnte.

J: Der Raum hat vielfältige Zwecke. Und auch Menschen mit Vibrationsraten, die sich von Janice und Ken unterscheiden, betreten diesen Raum. Deshalb musst du Folgendes verstehen: Wenn bei der gegenwärtigen Schwingungsrate eine andere Schwingungsrate in den Raum eindränge, würde der Körper zu einem Nichts zerfallen. Und niemals wieder neu zusammengesetzt werden. Du musst also verstehen: Ein Schüler könnte bei dieser Vibrationsrate nicht eintreten. Die Schwingungsrate des Raums würde also angepasst werden, bevor ein Schüler diesen Raum beträte. Im Fall von Janice und Ken musst du verstehen: Sie befinden sich auf einem Master-Niveau. Und sie betraten den Raum aus einem anderen Grund als ein Schüler den Raum betritt.

D: Ich habe mich gefragt, ob sich eine Person auflösen und nicht wieder zusammengebracht werden könnte.

J: Eine sehr reale Frage deinerseits und eine sehr intelligente, möchte ich hinzufügen.

D: Danke schön. Ich will immer lernen. Aber ich überlegte, was wohl passieren würde, wenn eine falsche Person dort hineinginge. Aber ihr würde gar nicht erst Zutritt gewährt werden, oder? Die falsche Schwingungsrate?

J: Falsch wie in ....

D: Negativ oder unstimmig.

J: Ich glaube, du begreifst nicht, wo du bist. Negativität ist innerhalb dieses Schiffes nicht einmal im Bereich des Möglichen.

D: Es klang nicht so. Aber es ist immer noch möglich, dass jemand den Raum betritt und ....

J: Es besteht keine Möglichkeit dazu, da wir sehr gute Kontrolle über die Schwingungsrate dieses Raumes haben. Und nicht nur das: Die Meister-Schüler sind die einzigen Schüler, die diesen Raum betreten. Wir haben Meister-Schüler und dann haben wir Meister.

D: Ich verstehe. Mit wem spreche ich gerade?

J: Du sprichst mit der für diesen Raum verantwortlichen Person.

D: Ich danke dir für die Beantwortung meiner Fragen, auch wenn sie wohl etwas naiv klingen.

J: Es sind sehr intelligente Fragen.

D: Bist du für alle vier Räume verantwortlich oder ....?

J: Nein. Ich bin für diesen Raum verantwortlich. Ich bin viele Jahre zur Schule gegangen, um Eingeweihter der Schwingungsratenanpassung zu werden. Es ist mein endgültiger Beruf. Ich unterrichte in diesem Raum. Das ist ein Zweck, zu welchem ich auf diesem Schiff bin.

D: Es erfordert wohl viel Training und viel Verantwortung, um sicherzustellen, dass alles richtig funktioniert.

J: Wo ich herkomme, ist eigentlich kein Training erforderlich, da wir, wie ihr es ausdrücken würdet, mit dem Wissen um diese Dinge geboren wurden. Es bedarf also keiner Schulung und ich wurde eigentlich nicht „trainiert“, um diese Arbeit auszuüben. Ich wurde aufgrund meiner Fähigkeiten dazu auserkoren, diesen Raum zu leiten.

D: Bist du männlich oder weiblich, oder hast du überhaupt ein Geschlecht?

J: Ich bin grundsätzlich männlich, aber ich habe auch weibliche Eigenschaften.

D: Kannst du mir sagen, wo du ursprünglich herkommst?

J: Ich komme von Zylar. (Sie buchstabierte es, um sicherzugehen, dass es korrekt war.) Es befindet sich in einer unentdeckten Galaxie, von der eure Leute gegenwärtig nichts wissen.

D: Wir könnten sie mit unseren Teleskopen nicht sehen? (Nein) Bist du humanoid?

J: Ja, das bin ich. In gewissem Sinn. Wir betrachten die Menschen auf der Erde als Humanoide, in Bezug darauf könnte ich daher antworten „Nein". Aber „Ja", in Bezug darauf, wie ich physisch erscheine oder erscheinen könnte, wenn ich das wollte.

D: Hast du einen Normalzustand oder ein normales Aussehen, das du überwiegend beibehältst?

J: Nun, mein normaler Zustand ist reine Energie. Es wäre also nicht notwendig, physisch zu werden, wegen ... Die Notwendigkeit, physisch zu sein, ist ... Warum sollte ich das wollen?

D: Mit anderen Worten, du brauchst es nicht. (Nein) Aus diesem Grunde kannst du also als Lehrer und Betreuer dieses Raums fungieren, weil du überwiegend in dem Energiezustand arbeitest. Ist das richtig?

J: Das ist richtig.

D: Aber du sagtest, du seist überwiegend männlich mit weiblichen Merkmalen.

J: Nun, ich meine, ich habe weibliche Energie. Ich bin ein Gesamtgleichgewicht von männlicher und weiblicher Energie.

D: Ich habe das mit Körperlichkeit assoziiert.

J: Nein. Ich verstehe, dass du meistens von dem Physischen sprichst, während ich mich hauptsächlich auf die Energie beziehe. Daher haben wir eine Unstimmigkeit in der Kommunikation.

D: Ich habe mit anderen Wesen gesprochen, die sagten, dass sie auf der Energieebene operieren und dass sie alles manifestieren können, was sie wollen oder brauchten. Stimmt das oder ist das etwas anderes?

J: Nein, das ist richtig.

D: Mir wurde gesagt, dass es ganze Städte und ganze Planeten gibt, die rein mit Energie betrieben werden.

J: Ganz und gar. Aber du musst verstehen, dass es mehr gibt als nur meinen Planeten, von wo Wesen kommen, die ähnlich agieren.

D: Es gibt viele in den verschiedenen Galaxien? (Ja) Aber ist der Planet jeweils ein physischer Planet?

J: Es ist ein physischer Planet.

D: Aber die Leute sind nicht physisch?

J: Die Leute sind, was immer sie sein wollen. Sie haben eine Wahl und das bedeutet nicht, dass sie im physischen Zustand bleiben müssen, nur weil sie physisch werden. Sie können heute physisch sein und morgen nicht-physisch. Physisch in der einen Minute und nicht-physisch in der nächsten. Es hängt davon ab, an welchen Wünschen oder welchen Interaktionen auf welcher Ebene sie teilhaben möchten. Es ist also eine Frage des Lernens, Energie so zu manipulieren, dass das Physische eine Abwechslung ist. Es ist interessant, von Level zu Level zu wechseln. Und es gibt Gründe dafür, warum man im Physischen agiert im Gegensatz zu einem Energiezustand. Gewisse Dinge, die sich im physischen Bereich abspielen, bewegen einen dazu, physisch sein zu wollen.

D: Aber man kann es nach Belieben hin- und hermanipulieren. Man ist nicht sozusagen in der Falle. (Nein)

Obwohl diese Ideen Anfang der neunziger Jahre wie Science Fiction klangen, wurden sie in neuen Fernsehserien und Filmen populär gemacht. Durch diese Art von Fiktion werden sie jetzt auf eine Weise präsentiert, die die Menschen verstehen können. Die Energiewesen, insbesondere die zuvor erwähnten fließenden Flüssigkeitsartigen, sind permanente Charaktere in Deep Space Nine. Sie werden auch als „Shape-Shifter" (zu deutsch: Formwandler, *Anm. d. Übersetzers) bezeichnet. Wechselnde Realitäten und parallel-dimensionale Welten werden in Fernsehsendungen wie Star Trek, Sliders – Das Tor in eine unbekannte Dimension und Stargate SG-1 präsentiert. Was Science Fiction (wissenschaftliche Fiktion) war, wird immer mehr zu Science Fact (einer wissenschaftlichen Tatsache, *Anm. d. Übersetzers), während unser Verstand fähig wird, komplizierte Theorien zu verstehen.

D: Kannst du mir von anderen Planeten erzählen, die du kennst?

J: Momentan darf ich das nicht, aber ich werde es in der Zukunft mit dir besprechen. Und vielleicht bin ich nicht der Lehrer, der mit dir über andere Planeten sprechen wird. Denn mein Fachgebiet ist Energie und wenn du etwas über Energie erfahren willst, werde ich es dir beibringen und erzählen. Aber ich werde nicht unbedingt andere Gebiete mit dir besprechen, denn dies ist das Fachwissen einer anderen Person. Und ich respektiere das ihr gegenüber.

D: Ich war nur neugierig, weil ich die Regeln nicht kenne.

J: Es gibt keine Regeln als solche, außer die, dass, wer auch immer das höchste Niveau an Sachverstand hat, derjenige ist, mit dem ihr darüber sprechen solltet. Denn das ist der Entwicklungsbereich, in welchem ihr gerade agiert.

D: Für mich ist das alles verwirrend. Es scheint über meine mentalen Fähigkeiten hinauszugehen, aber ich möchte immer lernen. Falls ich Fragen stellen möchte, die sich mit Energie jeglicher Art, ihren Eigenschaften und ihrer Verwendung befassen, sollte ich dann mit dir sprechen?

J: Ich werde deine Fragen bezüglich Energie beantworten, ja.

D: Woher weiß ich, wen ich kontaktieren soll?

J: Du wirst zu diesem Raum kommen. Ich werde hier sein. Ich bin immer hier.

D: Ich werde dich den Wächter nennen.

J: Du kannst mich den Wächter nennen, wenn du möchtest.

D: Von dem Metallraum, dem Metallenergieraum.

J: Nenne es einfach den Energieraum, denn auch wenn er so erscheint, ist er eigentlich nicht metallisch.

D: Sage mir, habe ich dieses Raumschiff jemals besucht?

J: Das glaube ich nicht, nein. Es gibt ein Schiff weiter entfernt von hier, das du für deine Entwicklung besucht hast.

D: Dann geht man zu verschiedenen Entwicklungen auf unterschiedliche Schiffe. Und das passiert, während man schläft und nichts davon weiß?

J: Das kann in vielen Zuständen passieren. Dies kann im Schlafzustand oder in einem wachbewussten Zustand geschehen. Im Bruchteil einer Sekunde, mit einem Wimpernschlag hättest du hier und zurück sein können. So funktioniert Energie, weißt du?

D: Und man weiß es niemals bewusst.

J: Du denkst vielleicht: „Ich ging los zu dem anderen Raum, um einen Stift zu holen. Aber ... was bekam ich? Oh! Ich ging in den anderen Raum, um einen Stift zu holen." Und in dieser speziellen Zeitspanne bist du bereits auf dem Schiff und zurück gewesen. Es war nur ein kurzer Zeitverlauf für dich.

D: Und man hat etwas gelernt, als man dort war.

J: Genau.

D: Warum war es für mich notwendig, auf eines dieser Raumschiffe zu gehen?

J: Tatsächlich wolltest du das. Auch wenn du in deinem Bewusstsein nicht weißt oder denkst, dass du es willst. Wegen deiner Arbeit, es wird dir helfen, eine bessere Beziehung zu deinen Probanden zu haben. Wenn du Energie verstehst, deine Energie interagiert zu jeder Zeit mit deinem Probanden. Und manchmal findet eine kleine Verschiebung in dir statt, damit du dich auf deinen Probanden einstellen kannst. Du bist dir im Wachbewusstsein nicht gewahr, dass du weißt, wie es getan wird, aber du weißt, wie es getan wird.

D: Kann ich deshalb die Ergebnisse erzielen, die ich erziele?

J: Das ist ganz bestimmt einer der Gründe dafür. Es ist nur ein Teil der Gründe, warum du die Ergebnisse erzielen kannst. Du kannst die Ergebnisse erzielen, weil du eine reine Essenzenergie hast. Und deine Absichten, das Wissen zu sammeln, sind reine Absichten. Du hast keine Hintergedanken und wirst die Informationen nicht missbrauchen. Denn wenn wir dir sagen, dass es nicht an der Zeit ist, Informationen zu verbreiten, tust du es nicht.

D: Das stimmt.

J: Und ich respektiere dich.

D: Vielen Dank. Ich weiß für gewöhnlich nicht, hinter was ich her bin. Aber immerhin stelle ich Fragen und versuche die Informationen zu sammeln.

J: Ja, aber du hast innerhalb einer sehr kurzen Zeit Fortschritte gemacht. Vielleicht bist du dir dessen in deinem Bewusstsein nicht wirklich gewahr, und doch weißt du selbst, dass du begonnen hast, Konzepte schneller zu erfassen, als du es zu Beginn dieser Arbeit konntest. Ist das nicht wahr?

D: Ja. Zu Beginn wirkten selbst einfache Konzepte merkwürdig.

J: Zu Beginn war alles seltsam. Aber jetzt wird dich nicht mehr viel schockieren. Das war einer der Gründe, warum du zu den Schiffen kamst. Weil es einige Anpassungen und Zeitperioden von Anpassungen gab, die nur auf einer Schiffsebene stattfinden konnten. Du warst einverstanden, obwohl du es vielleicht nicht sagtest. Und es störte dein Leben nicht. Es war notwendig, um deine Arbeit fortzusetzen.

D: Dann ist es besser, diese Dinge zu tun, ohne dass das Bewusstsein davon weiß.

J: Es hängt von deinen Wünschen ab. Und deine Wünsche sind dir zu diesem Zeitpunkt nicht bewusst. Das kannst du jederzeit ändern. Du kannst es ändern und es wissen wollen. Wenn du es wissen möchtest, finden wir die geeignete Zeit und Methode und lassen zu, dass dies in einem sehr langsamen Tempo beginnt.

D: *Ich finde es immer besser, wenn ich nur als Reporter agiere und das Wissen sammle.*

J: Das ist ganz deine Entscheidung. Du kannst jederzeit hierherkommen. Wenn es der richtige Zeitrahmen für dich ist, zu wissen, werden diese Energiefragen beantwortet werden. Wenn es nicht der richtige Zeitrahmen für dich ist, zu wissen, dann werde ich ganz gewiss die Antwort ablehnen. Wie auch immer, du wirst mit Energie arbeiten, denn es besteht die Möglichkeit, dass du in der Zukunft beginnen wirst, einige komplizierte Theorien zu erklären.

D: *Ich verstehe diese Dinge nicht. Damit ich sie erklären kann, müssten sie mir auf eine Weise erklärt werden, dass ich sie verstehe.*

J: Das ist einer der Gründe, warum du mit Janice verbunden bist. Und ein Teil ihres Fachwissens ist, dass sie, wie dir zuvor schon gesagt wurde, fähig ist, komplizierte Informationen auf die praktische Ebene zu bringen und sie auf praktische Weise zu erklären. Das ist Bestandteil ihres Trainings auf der Erde. Sie ist die letzten zwölf Jahre daran beteiligt gewesen, auf Erdebene genau dasselbe zu tun, was sie auf spiritueller und energetischer Ebene tut.

D: *Warum ist es für die Menschen wichtig, diese Dinge zu lernen und zur Erde zurückbringen? Geschieht dies zu einem bestimmten Zweck auf unserem Planeten? Um diese Energien zu kennen, damit wir sie manipulieren können?*

J: Das hängt von dem Projekt ab, an dem ihr beteiligt seid. Diese Dinge werden auch gebräuchlicher werden unter Menschen, die nicht unbedingt an einem Projekt beteiligt sind, aber ihr Leben dem Ausgleich der Energie Ihres Planeten gewidmet haben. Sie müssen um diese Dinge wissen. Und wann immer Zeit für Integrationsarbeit oder Zeit für einen Fortschritt oder für andere Zwecke zur Verfügung steht, kommen sie in diesen Raum, um einige Bereiche ihrer Körperlichkeit anzupassen. Denn wenn sie in diesen Raum treten, werden sie nie mehr dieselben sein, sobald die Dematerialisierung und Neuzusammenstellung einmal stattgefunden haben.

D: *Du meinst, sie ändern sich, nachdem sie in Moleküle zerlegt worden sind?*

J: Sie ändern sich nicht unbedingt auf physische Weise. Es kann physische Veränderungen geben, aber in einigen Fällen gibt es physische Auswirkungen, insofern, wenn der physische Körper funktioniert ... dies wird sehr kompliziert. Und ich werde es dir erklären, wenn du willst. Aber der physische Körper kann sich verändern und beeinflusst werden. Normalerweise ist dies jedoch nicht der Fall.

D: Janice ist oft mit Prellungen an ihrem Körper aufgewacht. Hat das irgendetwas mit deiner Abteilung zu tun?

J: (ein Grinsen und ein Kichern) Es tut mir leid, dass dies passiert, aber das ist einer der Nebeneffekte, von denen ich spreche, bei dieser Art von Arbeit, wenn man in diesen Raum kommt. Ich habe es ihr in einem nicht-bewussten Zustand erklärt. Und sie ist sich dessen unterbewusst gewahr, aber es lässt sich nicht vermeiden, dass dies zwangsläufig geschieht.

D: Ich rate einfach mal. Wenn die Moleküle wieder zusammengefügt werden, passiert etwas, das die Blutergüsse verursacht?

J: Das hängt von der Ursache oder der Art und Weise ab, in der der Zusammenbau vonstatten geht. Manchmal geschehen Dinge auf der Erdebene, die ... also Zeit. Es hat etwas mit der Zeit zu tun, weißt du, je nachdem, wann sich diese Moleküle wieder zusammensetzen und wie dies vor sich geht. Wenn etwas vor Ablauf der Zeit unterbrochen wird, kann dies zu Schäden führen.

D: Geschieht dies in deinem Raum oder wenn sie zurückkehren?

J: Es tritt meistens auf bei der Rückkehr in die physische Schwingungsrate der Erde und in die physische Schwingungsrate, mit der der Körper schwang, bevor er die Erde verließ. Denn die Schwingungsrate, die er zu dem Zeitpunkt trug, als er die Erde verließ, ist nicht dieselbe, wie die, mit der er zurückkehren wird.

D: Wenn er zurückkehrt, ist das ein fragilerer Zustand, nachdem er auseinandergenommen und wieder zusammengefügt wurde?

J: Er ist tatsächlich innerlich in einem stärkeren Zustand. Aber aufgrund der Zerbrechlichkeit der physichen Struktur der Menschen ist auf physischer Ebene nun die gegenwärtige Struktur die höchste Energie, mit der ihr funktionieren könnt. Und es ist eine Meisterleistung, damit zurückzukehren. Nachdem man auf diesem Energieniveau war, ist es fantastisch, wieder in die körperliche Form zurückkehren zu können. Nur bestimmte Leute können diese Arbeit vollbringen. Dies wird nicht von jedem vollbracht.

D: Ich dachte, das sei der Grund für die Blutergüsse gewesen, weil der Körper zerbrechlich war, in dem Sinne, dass er wieder zusammengefügt wurde und durch einen Festigungsprozess ging.

J: Das ist richtig. Die Energie dringt in den physischen Körper ein und beginnt sich durch den physischen Körper zu zerstreuen. Wenn es Orte im physischen Körper gibt, die nicht genau ... naja, vielleicht geht sie nicht mit der richtigen Geschwindigkeit hindurch. Oder wenn sich der Körper bewegt; wenn es irgendeine Bewegung im physischen Körper gibt. Irgendeine. Ich sagte irgendeine. Das schließt das Atmen mit ein.

D: Während des Wiedereintritts? (Ja) Aber würde der Körper nicht leiden, wenn er nicht atmete?

J: Der Körper wird aufrechterhalten. Er muss im Energiezustand nicht atmen.

D: Und wenn auch nur eine einzige Bewegung gibt, kann dies zu Blutergüssen führen.

J: Manchmal versucht der physische Körper, die Energie zu übernehmen. Weil er sich seiner körperlichen Beschaffenheit und gleichzeitig seiner Energiehaftigkeit bewusst ist. Wenn der physische Körper Eigentümer der Energie werden möchte, bevor es an der Zeit ist, die Energie zu besitzen, dann tritt das Problem auf.

D: Es ist auch etwas mit ihrem rechten Knie. Weißt du etwas darüber? Ist das auf einer dieser Reisen passiert?

J: Nein, das passierte auf der Erde. Sie fiel und drehte sich dabei das Knie. Wir hatten keine Zeit für diese Verletzung, weil ihre Arbeit fortgesetzt werden musste. Also reparierten wir es medizinisch und wenn sie das Gerät nicht entfernt hätte, wäre das Knie vollkommen geheilt. Aber sie hat es entfernt, also ....

Janice hatte mir vor der Sitzung erzählt, dass sie einen kleinen Knoten direkt unter der Haut ihres Knies entdeckt hat. Sie konnte ein winziges schwarzes Stück herausziehen und konnte nicht verstehen, wie es unter ihrer Haut eingebettet wurde. Sie betrachtete es als Kuriosum.

D: Sie war neugierig. Sie wusste nicht was es war.

J: Wir verstehen, und wir sind nicht verärgert, dass dies geschah. Es wird neuerdings einfach auf eine andere Art und Weise getan, aus der Ferne.

D: Dann wurde ihr Knie auf einer dieser Reisen repariert, als dieses Gerät implantiert wurde?

J: Ja, aber verwechsle dieses Gerät nicht mit einem Implantat, denn sie benötigt keine Implantate mehr.

D: Sie hat diese Phase hinter sich gelassen. Was war der Zweck des kleinen Geräts? Sie sagte, es sei sehr winzig und schwarz.

J: Es war sehr klein. Es war schwarz. Und es ist ähnlich wie wenn man einen Zahn ziehen lässt und der Zahnarzt etwas in das Loch steckt, um das Medikament in die betroffene Zahnhöhle zu leiten. Das Gerät setzte eine bestimmte heilende Energie im Knie frei.

D: Als sie es herausnahm, unterbrach es den Heilungsprozess.

J: Ja. Es war nicht zwingend erforderlich, dass es bleibt. Es war zu ihrem Komfort, dass es dort platziert wurde.

D: Aber es wird jetzt aus der Ferne daran gearbeitet. (Ja) Nun, ich danke dir, dass du mir all diese Informationen gegeben hast. Wenn ich wieder Fragen stellen möchte, werde ich dich mit deiner Erlaubnis sicherlich wieder rufen.

J: Du bist herzlich willkommen, weil ich dir noch viel mehr zu erzählen habe.

D: Ich muss meine Fragen planen, denn ich wurde unvorbereitet erwischt. Kann ich dann Janice wieder haben? Ich möchte sie fragen, was sonst noch an Bord des Schiffes passiert.

J: Sie ist nicht mehr länger in diesem Raum.

D: Kann ich sie finden? In welches Zimmer ging sie als Nächstes?

J: Sie befindet sich eigentlich zwischen den Räumen und wartet darauf, dass du meiner müde wirst.

D: (Lachen) Alles klar. Dann lass mich sie zurückholen.

J: Danke, dass du gekommen bist und mich hat unser Besuch sehr gefreut.

Die Stimme änderte sich dann plötzlich. Sie klang weicher, weiblicher.

J: Bevor du Janice wieder zurückholst, will ich zuerst ein Wort mit dir sprechen. Du hast zuvor bereits mit mir gesprochen, ich glaube, du weißt das.

D: Nun, ich habe mit vielen Leuten gesprochen.

J: Du hast mich üblicherweise „den Arzt“ genannt, obwohl das nicht genau das ist, wie du mich nennen möchtest.

D: Als ich das letzte Mal mit dir sprach, dachte ich, du seist in einem anderen Teil des Schiffs.

J: Nun, ich bleibe nicht dort. Ich kann an verschiedene Orte auf diesem Schiff gehen, weißt du. Was ich dir aber erklären möchte, ist, dass ich mich um Janices komplette Gesundheit kümmere. Und du nennst mich gewöhnlich den Arzt?

D: Du sagtest mir, dass du ein Arzt seist, wenngleich nicht die Art von Arzt, mit der wir vertraut sind, weil du auch an Energien beteiligt bist.

J: Das ist richtig. Ich arbeite mit der Wesenheit, mit der du gerade gesprochen hast. Wir arbeiten sehr eng zusammen. Deshalb wollte ich mit dir sprechen und dir sagen, dass es eine Ko-Neuabstimmung der Bemühungen von unserer Seite gibt. Und wir tragen allergrößte Sorge für das Wohlergehen von Janice und Ken. Sie sind wunderbare Energien.

D: Dann war diejenige, mit der ich in dem Raum sprach, eine andere Entität als du?

J: Oh ja!

D: Dann hast du mich nur auf dem Weg nach draußen erwischt?

J: Nun, ich war einfach hier. Ich wollte nicht sprechen und unterbrechen.

D: Ich dachte mir schon, es klang wie eine andere Person. Ich erkenne deine Stimme.

J: Das ist schön. Du warst lange weg.

D: Oh, es gehen viele Dinge vor sich in meinem Leben. Ich konnte nicht dorthin reisen, wo Janice nun bereits seit langem lebt.

J: Nun, wir haben gewartet und gehofft, dass du kommen würdest.

D: Ich hatte viele Fragen, die ich dir stellen wollte. Ich weiß allerdings nicht, ob jetzt die rechte Zeit dafür ist.

J: Das ist völlig dein Vorrecht.

D: Nun, wir waren neugierig, was mit Janice los war. Deshalb habe ich die Fragen zu ihrem Knie und zu den Prellungen gestellt. Und wir bekamen die Antworten dazu. Wenn ich also medizinische Fragen habe, kann ich damit zu dir kommen?

J: Ja. Wenn du medizinische Fragen, psychologische Fragen oder soziologische Fragen hast. Ich bin mit jedem Aspekt des

Wohlergehens von Janice und Ken, ihrer Funktionalität, befasst. Siehst du, eigentlich dienen wir ihnen. Wir dienen ihnen. Sie dienen nicht uns. Das ist etwas, die ich klarstellen wollte. Und deshalb sprach ich mit dir, weil du diese Frage nie gestellt hast, geschweige denn auch nur darüber nachgedacht hättest.

D: Das hätte ich wahrscheinlich nicht.

J: Aber schau, sowohl Janice als auch Ken sind sehr hochqualifiziert und agieren weit über unserer Ebene. Faktisch ist es wichtig, dass du erkennst, dass wir ihnen dienen. Mal sehen, ob ich dir eine Erklärung geben kann. Sie sind die Direktoren vieler Projekte. Sie arbeiten nicht ausschließlich mit einer Energie oder einer Gruppe von Wesen oder einem bestimmten Zweck. Sie haben viele verschiedene Projekte und kontrollieren viele verschiedene Projekte.

D: Aber sie sind sich dessen nicht wirklich bewusst.

J: In gewisser Hinsicht wird sich Janice allmählich etwas bewusst, weil sie sich so weit integriert hat, dass sie auf körperlicher Ebene wissen kann und auf eine Weise unterrichtet werden kann, an die Ken erst noch fähig werden müsste, sich zu erinnern. Es geht einfach darum, in der Lage zu sein ... (Seufzer) Es gibt kein richtiges Wort für das, was ich dir vermitteln möchte, außer .... (Verwirrt und frustriert.) Oh je!

D: Kannst du einen Begriff oder irgendetwas Vergleichbares finden??

J: (Verwirrt) Vielleicht ... lass mich sehen. Nein, vielleicht kann ich es nicht beschreiben. Es muss ein Gleichgewicht geben. Damit Wesen wie Janice und Ken in allen Bereichen und in den vielen Galaxien, in denen sie arbeiten, agieren und weiterhin funktionieren können, muss es einen Punkt geben, an den sie von Zeit zu Zeit zurückkehren, um dieses Gleichgewicht wieder herzustellen. Ihr Zweck, sich in diesem besonderen Schiff aufzuhalten, besteht also darin, dieses besondere Gleichgewicht wieder herzustellen. Auf körperlicher Ebene sind sie nun zusammengekommen, weil ihre Arbeit es erfordert, dass sie auf physischer Ebene zusammenkommen. Über die letzten Jahre war das nicht der Fall. Und es musste sich zu einem Punkt hinentwickeln, an dem die Zeit für eine physische Verbindung sowie für eine Verbindung auf den anderen Ebenen reif ist.

D: Das wollte ich schon fragen. Warum kamen sie nach so vielen Jahren zusammen, in denen sie einander nicht gesehen hatten?

J: Sie haben Arbeit im physischen Bereich vor sich. Sie werden im Physischen erfahren, dass sich diese Projekte in ihrem Bewusstsein im Physischen entwickeln werden. Und dadurch werden sie in der Lage sein, größere planetarische Veränderungen zu bewirken.

D: Die andere Wesenheit sagte, es gebe weitere Leute, die auf dieselbe Weise arbeiten.

J: Es gibt weitere Leute, die auf dieselbe Weise arbeiten, aber du wirst feststellen, dass sie wohl nicht auf dieselbe Art und Weise miteinander verbunden sind wie Janice und Ken. Es gibt sehr wenige Fälle, in denen eine Verbindung so ist, wie bei diesen beiden.

D: Es scheint, dass dadurch die Energien, mit denen sie arbeiten, kompatibler werden.

J: Nun, es ist wie mit deiner an den Energiewärter gerichteten Frage über Negativität. Es ist nicht einmal relevant. Ihre energetische Interaktion liegt jenseits jedes Kompatibilitätsfaktors, den Erdenmenschen überhaupt kennen.

D: Ich finde es wunderbar, dass sie nach all dieser Zeit wieder zusammengekommen sind.

J: Oh, es war einfach nur eine Frage der Zeit. Dies hätte schon in der Vergangenheit stattgefunden, wenn sie andere Entscheidungen getroffen hätten. Und außerdem musst du verstehen, dass die Geschichte eures Planeten an einem so entscheidenden Punkt angelangt ist, dass sie in einem physischen Zustand zusammenkommen müssen, denn im physischen Zustand geschieht mit ihnen dasselbe, was im Energieraum mit ihnen geschehen ist. Im physischen Zustand geschieht dies auf wesentlich subtilere Weise, aber es geschieht dennoch. Und man wird zwar von ihnen Notiz nehmen, aber die Menschen werden nicht verstehen, was sie sehen.

D: So sind die Menschen eben. Kannst du mir sagen, wozu diese anderen Räume verwendet werden?

J: Es ist mir nicht gestattet, das mit dir zu besprechen. Du wirst es erleben, aber vielleicht nicht bei diesem Besuch. Ich bin nicht sicher, wohin du als Nächstes geleitet wirst. Ich möchte alle Informationen erst mit dem Rat besprechen, bevor du sie in ein Buch aufnimmst. Soweit ich es verstehe, müssen die Informationen, die durch Janice an dich übermittelt werden, vom

Rat genehmigt werden, bevor du sie in dein Buch aufnehmen kannst. Denn, wie ich es verstehe, selbst wenn du versucht, sie in ein Buch aufzunehmen, wird es nicht verwirklicht werden, bevor nicht die Erlaubnis hierzu gegeben wurde. Was du an diesem Punkt nicht erkennst, ist, dass alles interagiert. In einigen deiner Arbeiten erkennst du den Wert des rechten Timings. Wenn also Informationen dieses Kalibers vor bestimmten Ereignissen in historischer Zeit verbreitet werden, kann dies den Grad an Negativität verstärken, wenn sie in andere Hände geraten, als in die der richtigen Verbreiter oder der richtigen Übersetzer oder der richtigen Formen von Energieumwandlung. Das heißt: In die Hände der negativen Seite eures planetarischen Gleichgewichts. Dann könnte es einen stärkeren Grad an Negativität geben, der durch die Mechanismen des Verstehens der positiven Seite der Energie erzeugt wird. Was ich versuche, kurz und unkompliziert zu sagen, ist: Verbreite die Informationen nicht, bevor du nicht die Erlaubnis dazu erhalten hast, nicht nur von Janice, sondern von einem Rat, der sie genehmigt. Denn siehe, es gibt bestimmte Ereignisse, die stattfinden werden. Und in deinen anderen Büchern hast du über diese Ereignisse gesprochen. Es ist sehr wichtig, dass bestimmte Energieinformationen nicht vor bestimmten historischen Ereignissen verbreitet werden. Ich weiß nicht, ob du das Ereignis erfasst hast, von dem ich spreche. Falls nicht, muss ich dich informieren.

D: Ich werde aktuell nichts tun. Zu diesem Zeitpunkt sammle ich nur Informationen und ich werde mich an eure Anweisungen halten.

J: Aber es gibt ein wichtiges Ereignis, bei dem .... es wurde mir tatsächlich aufgetragen, dir das zu sagen. Es ist wichtig, dass diese Informationen, die du erfährst, die Mechanismen bestimmter Elemente nicht verbreitet werden. Und mein Rat wird jetzt gerade höchst aufgeregt. Sie sprechen sehr schnell und ich bin einfach nicht in der Lage, mit dem Strom der Worte, die ich dir übermitteln soll, mitzuhalten. Aber ich muss dir einfach sagen, dass du die Informationen nicht vor dem richtigen Zeitpunkt verbreiten darfst. Bestimmte Informationen davon dürfen vor diesem Zeitpunkt nicht auf einer physischen Ebene enthüllt werden. Es kann einfach nicht.

D: Dann werde ich sehr vorsichtig sein.

J: (Seufzer) Zu viele Leute reden. Zu viele Leute reden. (Sie begann, schwer zu atmen und sie zeigte Anzeichen von Unbehagen.)

D: Ist schon gut. Beruhige dich, denn ich werde es nicht ohne irgendjemandes Erlaubnis verbreiten. Ich werde sehr, sehr vorsichtig sein. (Sie beruhigte sich.) Wenn ich dich beunruhige, können wir das Thema wechseln. Ich hoffe nur, ich bringe dich nicht in Schwierigkeiten.

J: Nein, es geht nicht um Schwierigkeiten. Es ist nur so, dass es eine solche Schwingungserhöhung gab, dass meine eigene Schwingung auf ein Niveau angehoben wurde, auf dem zu arbeitenan ich nicht gewohnt bin. Und ich habe ein bisschen .... (Tiefes Seufzen) Aber du musst das anhören, also musst du mir einen Moment geben, um mich einzustellen .... Es wird mir auf meiner eigenen Energieebene diktiert. (Großer Seufzer)

D: Alles klar. Mache du weiter und passe dich dort an. Ich habe auf meiner Ebene etwas zu tun.

Ich nahm ein Band heraus und legte ein anderes ein.

D: Fühlst du dich jetzt besser?

J: (Verwirrung) Da ist einfach ein totales ... (Schweres Atmen.)

D: Ich hoffe auf alle Fälle, dass das, was ich dich gefragt habe, dir keine Probleme bereitet.

J: Es verursachte nicht mir Probleme. Es verursachte Probleme auf einer höheren Ebene, auf einer viel höheren Ebene.

D: Denn ich will niemandem irgendwelche Probleme bereiten.

J: Nein, es war eine Sache deines Missverständnisses, was du verbreiten darfst und was nicht, weißt du. Ich habe mit dir bezüglich der Schwingungsanpassung bei der Energieerhöhung gesprochen. Und das wurde mir von den Mitgliedern des heiligen Raumes diktiert. Und ich war mir der Kraft dieser Energie in jenem Raum nicht bewusst. (Sie spürte immer noch die Auswirkungen. Dies war es, was die Verwirrung und die Unfähigkeit zu kommunizieren verursachte.) Ich betrete diesen Raum nicht. Ich spreche mit dir aus dem Energieraum, von dem aus ich üblicherweise agiere. Und Janice und Ken sind an einem anderen Ort in einem anderen Zustand. Ich bin an diesem Ort und sie sind an jenem Ort. Und dieser Ort und ihr Ort und der physische Ort. Du musst also verstehen, dass es in einigen

Momenten kompliziert wird, es mit dir zu besprechen und es durch ein physisches Wesen ausdrücken zu lassen.

D: Es scheint, als ob der Rat diejenigen im heiligen Raum wären, die das aufnehmen, worüber wir reden. Und anscheinend dachten sie, du ....

J: (Unterbrach) Sie sind immer gewahr und hören mit, was mit dir besprochen wird. Es gab jedoch ein sehr mächtiges Etwas, das durch mich durchkam.

D: Ich dachte, sie meinten, du habest mir vielleicht Dinge offenbart, für die es noch nicht an der Zeit war.

J: Es war an der Zeit für dich, einige dieser Informationen zu erhalten. (Schweres Atmen und Verwirrung.) Entschuldige mich bitte. Ich funktioniere zurzeit nicht richtig. Aber wenn du mit mir Geduld hast, kehre ich wieder zu meiner normalen Verfassung zurück.

D: Es tut mir leid, wenn ich dir Unbehagen bereitet habe.

J: Ohhh! Es war kein Unbehagen im Sinne von Unbehagen. Es war einfach .... Oh! Ich wurde gebracht zu .... Vielen Dank für .... Oh, es war für mich eine überwältigende Erfahrung. Weißt du, ich darf nicht ... es ist keine Frage von Zulassung. Es ist nur so, dass ich nicht in diese Raum gehe, denn .... Puh! Ich bin ein bisschen desorientiert. (Wieder Verwirrung.)

D: Die Hauptsache, die ich klarstellen wollte, ist, was sie nicht wollen, dass ich tue.

J: Ja. Ich werde auf dieser Frequenz gehalten. Es ist wichtig, dass du weißt, dass ich auf einer anderen Schwingungsfrequenz als meiner eigenen funktioniere. Und das kann sich ändern. Du kannst direkt mit einem der heiligen Ältesten sprechen, wenn du ... Ich bin nicht sicher, was hier passieren wird.

Sie atmete schwer und versuchte sich anzupassen. Aus diesem Grunde überraschte mich der Ausbruch einer lauten anderen Stimme und traf mich unvorbereitet. „Dolores!" Die Stimme hatte Autorität und gebot Aufmerksamkeit.

D: Ja.

J: (Der Atem war nun ruhig.) Dolores!

D: Ja, ich höre dich.

J: Kannst du mich verstehen?

D: Ja, ich kann dich sehr gut hören.

J: Kannst du mich mit anderen als deinen physischen Ohren hören? Kannst du mich nun in deinem Kopf hören?

D: Also ... ich weiß nicht ....

J: Kannst du mich wie ein Licht hören? Kannst du das Licht hören?

D: Ich weiß nicht, wie das sich anfühlt, aber ich fühle etwas.

J: Das ist genug für dich, um es zu wissen. Es ist nicht schädlich für dich, aber ich kann nicht auf dieselbe Weise kommunizieren, wie du es gewohnt bist. Ich werde es versuchen. Ich simuliere eine Stimme, und das ist eigentlich nicht meine Art. Aber ich muss dir einige Dinge erzählen, denn du hast ein Gebiet betreten, von dem nicht erwartet wurde, dass du es betrittst.

D: Gibt es ein Problem damit?

J: Nicht im Sinne des Wortes ein Problem, wie wir ein Problem verstehen würden. Aber du musst Janice in ihrer Körperlichkeit anpassen, denn ich benutze ihre Stimme auf eine gewisse Weise, und doch benutze ich ihre Stimme nicht. Und sie leidet nicht an körperlichen Beschwerden, abgesehen davon, dass ... (Seufzer) du musst ihr Anweisungen geben, damit sie sich anpasst. Sich anpasst.

D: An die Energie oder an was?

J: Gib Janices physisches Selbst ... beeile dich und gib ihrem physischen Selbst die Anweisung, sich anzupassen. Tue es einfach und sage ihrer Körperlichkeit, sie solle sich anpassen. (Einfühlsam) Sage ihrer Körperlichkeit, sie solle sich anpassen!

D: Alles klar. Ich spreche zu Janices Körperlichkeit. Ich möchte, dass sie sich anpasst. Ich möchte, dass sie sich entspannt. (Ihr Atem verlangsamte sich wieder.) Und sich beruhigt. Es ist nur eine andere Energie, die durch dich spricht. Passe dich an und entspanne dich. Keinerlei körperliche Probleme. Ein sehr gutes Gefühl. Ein sehr entspanntes Gefühl. Es ist nur etwas anderes, das passiert. Aber der physische Körper ist sehr gut in der Lage, damit umzugehen. Gut. Macht sie die Anpassung?

J: (Eine süße und weibliche Stimme.) Sie nimmt die Anpassungen vor, ja, sie nimmt die Anpassungen vor.

D: Alles klar. Aber du sagtest, ich würde ein Gebiet betreten, von dem du nicht erwartet habest, das ich es betrete.

J: (Wieder die Autoritätsstimme.) Lasse die Anpassungen zu! Dies ist sehr wichtig. Denn du musst verstehen, du hast hier viele Energiestufen überschritten. Und wir können nicht zulassen, dass dem Körper irgendein Schaden zugefügt wird. Janice arbeitet derzeit auf vier Energiestufen gleichzeitig. Du nimmst das nicht wahr. Und du musst mit uns Nachsicht haben, denn es gab eine kleine ... Verschiebung. Eine sehr schnelle Verschiebung, an die sie sich in der Körperlichkeit nicht richtig anpassen konnte.

D: Ja, und ich wünsche ihr absolut keinen Schaden.

J: Nein, aber du arbeitest in diesem Moment im höchsten Energiestatus. Und wir müssen dir sagen, dass dies hin und wieder geschehen kann. Wir leiten dich. Fürchte nicht, dass du nicht wissen könntest, was du tun sollst. Denn wie du sehen kannst, erreichen wir einen Punkt der Bewilligung und Nicht-Bewilligung in Bezug auf eine bestimmte Körperlichkeit. In Bezug auf einen bestimmten heiligen Raum. In Bezug auf einen bestimmten Energieraum. In Bezug auf einen bestimmten Warteschleifenraum. Wir haben also alle vier dieser Seinszustände. Und was du verstehen musst, ist, dass auf jeder dieser Ebenen eine konstante molekulare Bewegung stattfindet. Bewegung. Und wenn du die Zeit transzendierst und wenn du verschiedene Zeitarten mit Überlichtgeschwindigkeit durchläufst - um dieses Energieniveau zu erreichen, bewirken gewisse schnelle Veränderungen Musteränderungen bis in die physische Struktur hinein. Und es ist sehr wichtig, das Gleichgewicht zu halten. Wir werden niemals ein Ungleichgewicht in diesem Wesen oder in Ken zulassen. Es kann kein Ungleichgewicht in diesen Wesen geben. Dies ist der Grund dafür, dass sie immer noch in der Körperlichkeit funktionieren können. In diesem Moment hat Ken ein Schwingungsungleichgewicht in seiner Körperlichkeit. Und wir arbeiten mit ihm zusammen, um sein Leben in ein Gleichgewicht zu bringen. Er hat Schwierigkeiten und wir arbeiten mit ihm zusammen. Obwohl er nicht bewusst ist und nicht zum Bewusstsein gebracht werden kann. Doch er wird durch Janice zum Bewusstsein gebracht werden. Es ist wichtig zu wissen, dass Ken in diesem Moment auch mit Janice in einem anderen Seinszustand ist, obwohl auch er in Oklahoma in seinem Bett schläft. Du musst also umd diese Dinge wissen. Und es ist wichtig, dass du weißt, womit du zu tun hast, weil du dir dessen nicht immer bewusst bist. Und das ist kein Manko. Bitte begreife, dass wir dies nicht als dein Manko betrachten. Verstehe, dass dies einfach Methoden sind, mit denen du nicht vertraut bist, weil du auf dieser Ebene noch nicht gearbeitet hast. Du hast wirklich nie zuvor auf dieser Ebene gearbeitet. Du warst diesem Niveau nahe, aber noch nie zuvor auf diesem Niveau. Und das ist der Grund für deine Verbindung mit Janice. Der Grund für einige deiner Interaktionen mit anderen Energien auf bestimmten anderen Ebenen ist, dass auch in dir die Bereitschaft vorhanden sein muss, auf diese Ebene zu gelangen. Auch du wirst das wahrhaftig tun, selbst wenn sich dadurch weder etwas in deiner physischen Lebensweise noch etwas in deiner Energieform ändert. Du wirst einen kleinen Unterschied spüren. Es wird ein positiver Unterschied sein. Was du verstehen musst, ist, dass du bereitwillig auf diese Ebene kamst, sonst hättest du nicht mit Janice auf diese Ebene gelangen können.

D: Mit anderen Worten, es wäre blockiert worden.

J: Es wäre nicht erlaubt worden. Du warst also bereit, hierherzukommen. Du solltest nun wissen, dass einige Dinge für dich in gewisser Weise leichter werden. Es wird ein natürlicher Übergang für dich sein. Verstehe mich nicht falsch, wenn ich das Wort „Anpassung“ ausspreche, denn Anpassung bedeutet auf dieser Energieebene nicht dasselbe wie für euch in eurem Seinszustand. Was passiert ist, dass nur euer höchstes Gut in unserer höchsten Wertschätzung gehalten wird. Im Hinblick auf deine Arbeit sollst du wissen, dass wir eine tiefe Bewunderung für deine Bereitschaft haben, über den Punkt deiner eigenen Körperlichkeit hinauszugehen, was du auch tust. Du tust es. Du bringst dich tatsächlich selbst über den Punkt hinaus, bis zu dem deine wahre Körperlichkeit entwickelt ist. Denn was du wahrnimmst ist, als du nach einer Methode fragtest, war das für uns der Aulöser, zu wissen, dass du bereit warst. (Ich konnte mich nicht bewusst daran erinnern, nach etwas gefragt zu haben, aber anscheinend geschah dies auf einer unterbewussten Ebene.) Es war zu dem Zeitpunkt, an dem du gescannt wurdest. Nach dieser Zeit warst du genau dieser Methode ausgesetzt, die wir dir heute Abend gegeben haben. Am Anfang akzeptiertest du sie jedoch noch nicht. Du hörtest davon, aber nahmst sie nicht an. Und wir wussten, dass du noch nicht bereit warst, diese Stufe zu erreichen. Das ist der Grund, warum verschiedene Personen zuvor durch Janice zu dir durchkamen. Sie war schon immer auf diesem Niveau. Aber sie musste herunterkommen, um dich so weit zu bringen, dass du bereit warst, hierherzukommen. Und dich bis zu einem Punkt zu entwickeln, an dem du über deine Angst, als Individuum verändert zu werden, hinausgehen konntest, denn du wirst dich nicht verändern. Aber du hattest Angst, außer Kontrolle zu geraten. In gewisser Weise hattest du eine innere Angst davor, Dingen ausgesetzt zu sein, die jenseits deiner Komfortzone liegen. Du hattest das Gefühl, dass du nicht in der Lage seist, mit diesem bestimmten Punkt umgehen zu können. Und du warst es auch nicht.

D: Das ist ein sehr menschlicher Zug.

J: Es ist ein sehr menschlicher Zug.

D: Aber ich kann mich nicht erinnern, eine Methode erhalten zu haben. Auf den Bändern dieser früheren Sitzungen war nichts zu finden.

J: Es war nicht auf dem Band. Es geschah in einer Diskussion nach der Tonbandaufnahme. Es wurde nicht auf das Band aufgenommen, weil es nicht auf dem Band sein sollte. Wir wollen dir an dieser Stelle sagen, dass viele deiner Gespräche mit Janice dazu da waren, um wenn du uns vergeben magst. Wir bitten dich um vorherige Verzeihung, aber wir haben dich in einem bewussten Zustand getestet und zwar bei einfachen Diskussionen, in denen Janice nach eurer Sitzung Begriffe besprach. Das war eine Bloßlegung durch Dinge, die sie zu dir sagte. Wenn du auf eine bestimmte Weise reagiert hättest, hätten wir von deinem Entwicklungsstand gewusst in Bezug darauf, ob du willens und bereit bist, mit diesem Energieniveau und der Arbeitsweise in Kontakt zu kommen. Du hast dies schon durch andere Menschen flüchtig gestreift. Du hast eine Unterrichtssitzung durchlebt. Du hast ein Schülerniveau durchlebt, aber du hast noch kein Meisterniveau durchlebt. Das hast du erst heute Abend hier getan. Du hast eine Meisterstufe der Energieinteraktion erreicht. Denn hier wirken, wie ich dir schon zuvor sagte, Janice und auch Ken durch UFO-Energie. Aber sie wirken auch außerhalb dieser Energie. Selbst bei einer höheren Schwingungsrate, so wie sie den UFO-Wesen bekannt ist, denen du ausgesetzt warst.

D: Ich war besorgt, weil Janice körperliche Reaktionen zeigte. Ich dachte, vielleicht könne sie diese Energie nicht aushalten. Das andere Wesen schien zu glauben, ich sei zu einer Energiestufe vorgedrungen, für die ich nicht bereit war.

J: Nein, du missverstehst. Du sprachst mit dem Arzt. Ich bin nicht der Arzt. Ich bin ein Mediator. Ich bin ein Ausgleicher. Das ist, was ich tue. Du sprichst nicht mit dem Arzt. Das Energiefeld des Arztes war gestört. Aber du musst verstehen. Ich muss dir einige Dinge erklären, die für dich wichtig zu wissen sind, denn dies wird wieder vorkommen. Dabei hast du nicht erkannt, dass, als du Janice mitnahmst zu als Janice und Ken den heiligen Raum betraten, erlebten sie eigentlich den heiligen Raum nochmals in ihrer Körperlichkeit. Und sie bewegten sich aus dem heiligen Raum. Aber sie haben sich nicht aus dem heiligen Raum entfernt, weil sie im heiligen Raum sind, selbst während wir jetzt sprechen. Und sie bewegten sich in einem anderen Seinszustand zu dem Energieraum. Obwohl sie sich im heiligen Raum sowohl im Physischen befinden als auch in der Energie, nur auf eine andere Art von Energie. Es ist kompliziert, aber es ist wichtig, dass du dies verstehst, denn du musst die Mechanismen dieser Verschiebungen verstehen. Darüber hinaus ist es wichtig, dass du weißt, dass du mit dem Energiewächter gesprochen hast, wie ihr ihn in eurer eigenen Terminologie sehr richtig bezeichnet habt. Er ist der Energiewächter jenes Raumes. Der Arzt ist es allerdings auch und er hat die Freiheit, in diesen Raum zu kommen und dort zu operieren. Sie wusste, dass du da sein würdest. Sie hörte dich früher am Abend darum bitten, mit ihr zu sprechen, oder dass du Kontakt mit ihr aufnehmen möchtest. Sie kam und sie war dort. Und du batest dann nicht um Kontakt zu ihr, also sprach sie nicht mit dir. Du entferntest dich allerdings von dem Raum und weil sie deine Wünsche erfüllen wollte, sprach sie mit dir. Das war gut so, weil du dich in einen anderen Bereich bewegst. Du bist ein Protokollant, aber du bist mehr als ein Protokollant. Und wenn du das nicht sein möchtest, musst du es uns jetzt nur sagen. Es gab einen Grund, warum du diese Sitzung nicht zu deinem gewünschten Zeitpunkt beginnen durftest. Es ist mir gestattet, diesen Grund mit dir zu besprechen. Du warst bestrebt, die Sitzung zu beginnen, aber du durftest die Sitzung nicht vor dem absolut richtigen Zeitpunkt beginnen. Es musste die absolut richtige Minute sein, damit du in diesen Energiezustand eintreten konntest. Der Telefonanruf sollte zu diesem Zeitpunkt stattfinden, somit konntest du die Sitzung nicht starten. Und du wünschtest, die Diskussion mit Bezug auf bestimmte Kenntnisse zu führen, mit denen du dich zufriedengabst.

Das stimmte. Ich hatte mich danach gesehnt, zu Erkundungsgebieten zurückzukehren, die ich auf körperlicher, irdischer Ebene verstehen konnte. Stattdessen wurden die Informationen immer komplizierter und verschachtelter.

J: Und du weißt in der Tat, dass es immer eine Wahl gibt. Du glaubst das. Es gab einen Punkt, an dem du dir nicht wirklich sicher warst. Gab es eine Wahl? Könnte das sein? Du hattest die Befürchtung, dass es sein könnte, dass du keine Wahl hast. Und dass etwas sehr Schlimmes auf dich zukommen könnte, und du keine Wahl hättest. Das war eine tiefe Angst in dir. Vielleicht hast du es es nur angerührt. Vielleicht hat es dich nie als solches ergriffen, außer vielleicht einmal. Aber das war ein Kontakt, dem du auf andere Weise als bei der UFO-Energie ausgesetzt warst. (Ich glaube, er bezog sich auf den Kontakt mit der Anti-Christ-Energie in Band II der Gespräche mit Nostradamus.) Aber anders als UFOs wirkt Energie auf alle Arten. Wir sind in gewissem Sinne Ausgleicher. Und das ist einer der Hauptgründe, warum wir zu eurem Planeten kommen. Es gibt eine solche Komplexität der Gestaltung, der Interaktion von Elementarwesen und ich spreche nicht von kleinen Feen, wenn ich von Elementarwesen spreche. Elementarwesen, verschiedene Strukturformen, Zeitwahl, aber ich komme vom Punkt weg. Und der Punkt, zu dem ich vom Rat im heiligen Raum zurückgebracht werde, ist, dass ich dir die Mechanismen dessen erklären muss, was heute Abend geschehen ist. Sodass, wenn du das Gefühl hast, dass es wieder passiert, du begreifst, dass du langsamer werden musst. Was geschah ist, dass du mit dem Arzt sprachst. Und dann gelangtest du in einen Bereich, in dem du dich zielstrebig mit einem Thema auseinandersetztest. Aber eigentlich wollten sie mit dir in Bezug auf ... sie sprachen mit dir über die Informationen, die aufkamen -- siehe, mir wird diktiert und ich spreche wieder schneller, weil diese Worte in einer Sturzflut kommen, sie kommen wirklich sehr schnell. Und ich bringe sie durch vier Energiestufen, um sie zu dir zu bringen. Was du also wissen musst ist, dass du mit dem Arzt sprachst und dabei nicht verstehen konntest, was sie dir über die

Informationsverbreitung in Buchform sagte. Du dachtest, sie spreche einfach über die Information der Lichtenergie. Sie sprach über die Informationen, die kommen werden, denn die Informationen, die du hier erhältst, dürfen nicht mit euren Ermittlungsfällen verwechselt werden, weil mit denen ein anderer Zweck verbunden ist. Und was du wissen musst ist, dass dieser Zweck mit Ereignissen in der Erdenzeit zu tun hat, die nicht durch die Verbreitung von Informationen in Buchform gestört werden dürfen, bevor sie ihre Zeit in der Erdenzeit erreicht haben. Es darf nicht geschehen. Und es wurde gefühlt vom Heiligen ... (Nach dem richtigen Wort suchend.) Es gibt kein Erdenwort dafür. Es ist kein Rat. Es ist höher als der Rat. Es ist höher als die Ältesten. Aber du würdest das Wort nicht verstehen, weil es nicht in englischer Übersetzung ist. Ich kann es nicht einmal in mein eigenes Bewusstsein bringen, weil ich nicht von dieser Stufe bin. Und als du es nicht verstandest, musste es durch den Arzt kommen. All diese Energie aus dieser Heiligkeit versuchte, durch ihre Energie hereinzudringen, und auch durch den Punkt, an dem Janices Warteschleifen-Energie war, zurück zum Physischen, zurück zu dir. Und es war so eine rasche Veränderung ... sie wurde gestört. Damit gab es ein Ungleichgewicht, weshalb du die Anpassung vornehmen musstest. Es ist wichtig zu wissen, dass es ein Buch von solcher Größenordnung geben wird, das eine Erweiterung aller Konzepte ist, mit denen du bisher vertraut gemacht wurdest. Aber du musst verstehen, dass wir zustimmen müssen, bevor du die von Janice gewonnenen Informationen in Buchform verbreitest.

D: Das verstehe ich auch. Ich war etwas besorgt, als Janice diese körperlichen Empfindungen hatte. Aber als diese schwere Stimme durchkam, sagtest du, dass sie offensichtlich direkt aus dem heiligen Raum kam. (Ja) Er deutete an, dass ich vielleicht in einen Bereich vorgedrungen war, in den hineinzugehen man von mir nicht erwartet hatte.

J: Zu dieser Zeit

D: Wäre es besser, wenn ich mich zurückzöge?

J: Es ist die Tatsache, dass du Dingen ausgesetzt sein könntest. Du darfst in diesen Bereich gehen. Nur hast du nicht gehört, was er dir sagte, oder vielleicht hast du nicht ganz die Schwingungsfrequenz deines Aufenthaltsortes in Bezug auf die einfache Informationsverbreitung verstanden. Es gibt zu diesem Zeitpunkt einen Schwerpunkt auf eurem Planeten und eine Dringlichkeit für die Verbreitung von Informationen. Und wir möchten mit jedem Wesen auf eurem Planeten in Kontakt treten, damit sich die Schwingungsfrequenz ändern kann. Bestimmte Arten von Informationen werden jedoch, wenn sie, wie ich bereits gesagt habe, vor zeitlich angesetzten, historischen Ereignissen verbreitet werden, die Fähigkeit der negativen Energien verstärken, jene Mechanismen auf ihre eigene negative Weise zu nutzen. Und das macht uns am meisten Sorgen.

D: Dann musst du dir keine Sorgen machen. Ich werde nichts tun, bevor ich nicht dazu aufgefordert werde.

J: Ich will dir sagen, dass bestimmte Teile der Informationen, die du erhältst, nach der Zeit des Anti-Christs verwendet werden.

D: Ich habe mich gefragt, ob ich in der Nähe sein werde, um es niederzuschreiben und es zu verbreiten.

J: Du wirst da sein.

D: Ich werde bis zu diesem Zeitrahmen überleben?

J: Ja, ich denke, das wirst du.

D: Und ich werde immer noch schreiben und Informationen sammeln?

J: Du wirst sammeln und du wirst schreiben.

D: Ich habe mir ausgerechnet, dass ich zu dieser Zeit sehr alt sein werde. (Kichern.) Aber ich werde immer noch in der Lage sein, es zu tun, obwohl ich sehr alt bin? Ich werde in der Lage sein, meine Bücher zu schreiben und ....

J: Ja, weil dein Alter anders sein wird.

D: Du meinst, es wird verändert sein, wenn wir in diesen anderen Zeitraum gehen? Diese andere Frequenz?

J: Ja. Sieh, nichts bleibt gleich. Du hast dies dein ganzes Leben lang gehört. Du fühlst dich sehr wohl, so wie du bist. Du magst Veränderung als solche nicht wirklich. Und doch gibt es innerlich einen Schimmer in dir, der weiß, dass sie auf winzige, winzige, winzige Weise in dir geschieht. Während du durch deine Arbeit wächst, wird dies eine Natürlichkeit sein und keine fabrizierte Veränderung. Es ist das, wozu du gekommen bist. Es ist dein sich entfaltender Daseinszweck, Also umarme diese Veränderung. Es ist dein Daseinszweck.

D: Dann werde ich noch am Leben sein, obwohl ich sehr alt sein werde. Und ein Beobachter all dieser stattfindenden Ereignisse sein.

J: Mir wird gesagt, dass es für dich zu wissen wichtig ist, dass du diese Arbeit fortsetzen wirst. Und du hier sein wirst.

D: Auf der Erde. (Ja) Alles klar. Ich habe noch so vieles, was ich tun möchte. Ich möchte nur gesund bleiben und Energie haben, damit ich diese Dinge tun kann.

J: Du wirst dich entwickeln. Indem du die Arbeit tust, wirst du mehr und mehr von den Dingen verstehen, die deinen Geist beschweren, weil es einfach eine Sache des inneren Wollens ist. Und nur dann, wenn du willst, wirst du empfangen. Denn wir werden niemals versuchen, dich zu überfluten. Siehst du, Janice und Ken stecken in einem gemeinsamen Projekt, an dem du ebenfalls beteiligt bist sowie einige deiner Kollegen. Du bist vergangenes Jahr wegen dieses Projekts umhergereist.

Im Jahr 1991, als diese Sitzung stattfand, hatte ich gerade meine Reise begonnen, um auf Konferenzen in den Staaten zu sprechen. In den folgenden Jahren sollte ich mehrmals um die ganze Welt reisen. Aber an diesem Abend wusste ich nicht, was meine Zukunft für mich bereithalten würde.

J: Es geschah ohne dein Wissen im Dienst an uns und an eurem Planeten, dass du gereist bist. Es wird in demselben Dienst geschehen, dass du nach London reist, und du wirst nach London reisen. Und was du wissen musst, ist warum. Und wovon spreche ich, wenn ich dir sage, dass du an einem Projekt beteiligt bist?

D: Ja, das ist es, was ich nicht verstehen kann. Ich dachte, ich schreibe diese Bücher, um Informationen herauszubringen. Aber geht es darüber hinaus?

J: Es geht weit darüber hinaus. Und die Arbeit ist äußerst wichtig. Nicht jeder auf eurem Planeten ist an diesem Projekt beteiligt.

D: Kannst du mir sagen, was das für ein Projekt ist?

J: Ja, es ist für dich an der Zeit, es zu wissen. So wirst du besser zurechtkommen mit Dingen, von denen du nicht unbedingt verstehst, warum du sie tust. Dies ist ein sehr wichtiges Projekt. Es würde eine Weile dauern, dir die Mechanismen der miteinander in Beziehung stehenden Energieströme im Menschen zu erklären. Und mit dir Teilchen und deren Vermischung zu besprechen, das heißt: Vermischung und Unterteilung. Die einfachste Form, dir das zu verdeutlichen, ist, dass wir von menschlichen Ley-Linien des Planeten sprechen, und du bist sehr stark auf diese Art verbunden. Obwohl du dir in den meisten Fällen der Energiefelder und Energiequellen nicht bewusst bist, beziehst du dich gelegentlich auf sie. Du bist interessierter geworden und wirst noch interessierter an dem Wissen werden. Denn deine Schwingungsfrequenz war notwendig in Denver. Sie war notwendig in Kalifornieren. Sie war notwendig in den verschiedenen Städten, die du vergangenes Jahr bereist hast. Sie wird notwendig sein in all den Städten und Ländern, die du in der nahen Zukunft bereisen wirst. Du verlierst niemals die Verbindung zu denen, die du berührt hast. Es ist dasselbe, als würde man in allen Augenblicken eine Linie von dir zu ihnen ziehen, weil alles, was ist, niemals aufhört zu sein. Die Energie, die du in diesem Moment hast, wird auch in diesem Raum bleiben, wenn du gehst. Sie wird diesen Raum nie ganz verlassen. Du wirst niemals wissen, dass sie diesen Raum nicht verlässt, weil du keinen Mangel fühlen wirst. Nur bei großen Fällen und Energieverausgabungen wirst du einen Mangel verspüren. Das ist ein wichtiger Zeitpunkt für dich zu lernen, wie man sich auffüllt. Du musst wissen, wie du dies mit einer schnelleren Geschwindigkeit tun kannst. Nun, was ich dir zu sagen versuche ist, dass die Leute mit dir über Ley-Linien auf diesem Planeten sprechen werden. Sie betrachten diese Linien als auf der Erde existierend, was stimmt. Das Projekt, über das ich mit dir spreche, hat mit menschlichen Ley-Linien, menschlichen Verbindungen zu tun. Wenn man bestimmte Personen an bestimmten Punkten und Orten auf dem Planeten zu einem bestimmten Zeitpunkt in der Erden- und Interdimensionalzeit visualisieren kann. Und es darf nicht einmal eine Sekunde Zeitunterschied geben. Es muss buchstabengetreu abgestimmt sein. Es hat mit dem Gleichgewicht der Ley-Linienenergie innerhalb der Erde zu tun. Es ist ein Hologramm von Leylinien. (Es kam zu einem plötzlichen Ausbruch seltsamer elektrostatischer Aufladungen auf dem Band, was elektrisch klang. Es verwischte keine Worte. Es war sehr schnell.) Das heißt: DeineVerbindung zu Janice. Deine Verbindung zu anderen Menschen in deinem Leben bilden sich bei dir und bilden ein Dreieck. Es ist das Triangel-Projekt. Es ist äußerst lebensnotwendig für diesen Planeten. Es ist äußerst wichtig, dass du zu verstehen versuchst, dass deine Schwingungsrate, während du in Denver warst, eine Veränderung auf der anderen Seite des Planeten verursacht hat. Aufgrund deiner Verbindung zu verschiedenen Menschen in deinem Leben. Weil diese Verbindung niemals unterbrochen wird.

D: Sogar zu diesen neuen Leutne, die ich immerzu treffe?

J: Ja, ja. Aber darunter sind Leute, die an dem Projekt beteiligt sind. Nicht jeder, mit dem du zusammenarbeitest oder den du triffst, wird im Projekt sein. Du hast einen Freund, mit dem du sprichst, und er ist im Projekt. Du bist in dem Projekt. Janice ist in dem Projekt.

Es gab viele Diskussionen über verschiedene Menschen, die ich getroffen hatte, und ihre mögliche Verbindung zu meiner Arbeit und meiner Zukunft. Zu dieser Zeit im Jahr 1991 machte ich mir ziemlich viele Sorgen darüber, weil ich noch keine eigene Firma gegründet hatte.

J: Du musst wissen, dass du Schutz genießt. Du kannst also mit jedem involviert sein, du kannst mit wem auch immer zusammen sein. Und das spielt nicht wirklich eine Rolle, denn du wirst unabhängig davon an denselben Ort gelangen. Wenn du also das Gefühl hast, große Anstrengungen zu erleiden, musst du zuerst verstehen, worüber ich mit dir anfänglich zu sprechen begann. Und zwar die Zeitverbindugspunkte. Denn ihr könnt eure Köpfe gegen alle Wände schlagen, aber solange nicht die Zeit da ist, da alles universell kongruent ist, wird jener günstige Moment, in welchem die Zeit der Menschheit und die interdimensionale Zeit zusammenkommen zusammenkommen -- nicht geschehen. Denn die Arbeit, die du tust, ist eine planetarische Arbeit, und sie ist für den Aufstieg der Menschheit. Du musst deinen Zweck hier verstehen. Du musst verstehen, dass du eine sehr große Verantwortung hast und du hast darum gebeten, diese Verantwortung zu übernehmen. Obwohl du es in deiner Arbeit nicht unbedingt als eine solche Verantwortung ansiehst, weil du damit beschäftigt bist, deinen Zweck zu erfüllen. Du musst nicht herausfinden, was es ist.

D: Ich habe immerzu das Gefühl, immer noch mehr Informationen zu finden.

J: Oh, das wirst du. Dazu bist du hergekommen. Du bist ein Übersetzer und deine Aufgabe besteht darin, der Menschheit dabei zu helfen, von Konzepten zu erfahren, die vergessen wurden. Konzepte, die mit einer Schraubendrehung die planetarische Geschichte verändern werden.

D: Hmm, das ist eine große Verantwortung.

J: Ja, das ist es. Und ich bin heute Abend hierhergekommen, um mit dir zu reden.

D: Das weiß ich zu schätzen. Ich habe das Gefühl, dass Janice Informationen benötigt, aber ich weiß es zu schätzen, dass du mit mir sprichst. Denn manchmal frage ich mich, ob ich auch das tue, was ich tun soll.

J: Du weißt, dass du das tust. Mache dir darüber keine Gedanken.

D: Es ist, als hätte alles in unserer Zeit so lange gedauert.

J: Deshalb versuche ich, dir Zeit zu erklären. Du musst die Zeit verstehen. Und das ist deine Aufgabe, denn das ist es, womit du dich in deinen Büchern beschäftigst. Du hast es mit interdimensionaler Zeit zu tun.

D: Und auch mit sehr komplizierten Konzepten.

J: Komplizierte Konzepte, deren Vereinfachung deine Aufgabe ist, damit der Mann auf der Straße sie lesen und sagen kann: „Oh!" Somit werden die Menschen anfangen zu lernen, mehrere Lebzeiten zur gleichen Zeit zu leben. Indem sie verstehen, dass alles, was sie hier im Physischen auf diesem Planeten tun, sich auf jede weitere Lebenszeit auswirkt. Ihre Linie zieht sich den ganzen Weg entlang. Diese Energiespur von wo wir jetzt sind, was wir jetzt sagen, was du sagst von wo du bist zu wo ich bin, wird immer bleiben. Einen Unterschied gibt es nur beim Übergang von Dimension zu Dimension.

D: Ich denke immer wieder, ich werde zu verlorenem Wissen geführt, zu verlorener Information.

J: Sie ist verloren.

D: Ich habe das Gefühl, ich müsse sie zurückbekommen.

J: Das ist mein Punkt. Das ist es, was ich dir sage. Wie fühlst du dich in Bezug auf das, was ich mit dir über dein eigenes Wesen gesprochen habe? Mir wurde aufgetragen, dich das zu fragen.

D: Wie ich mich dabei fühle? Nun, es fühlt sich für mich gut an. Ich möchte meine Arbeit fortsetzen. Die Hauptsache ist, dass ich gesund bleibe, dann kann ich die Arbeit auf eine bessere Art tun. Und dass ich Energie habe, um die Arbeit zu verrichten und zu reisen. Solange ich das kann, weiß ich, dass ich die Arbeit tun kann. Meinst Du das?

J: Das meine ich. Du begreifst, was du zu tun hast, wenn du ein Problem hast?

D: Dich um Hilfe bitten?

J: Ja. Wenn du willens bist. Wie du zu deinen Probanden sagst: „Wenn du willens bist."

D: (Kichern) Frage ich dann den Arzt oder dich, den Mediator?

J: Du wirst lediglich fragen müssen und du wirst mit dem richtigen Ort verbunden, mit der richtigen Energie. Und ja, ich würde sagen, dass es vielleicht eher der Arzt wäre.

D: Um bei Beschwerden oder Problemen zu helfen, die ich im physischen Körper haben könnte.

J: Beschwerden sind Probleme. Und ja, ich werde kommen und ich werde dir helfen.

D: Alles klar. Denn ich werde das brauche, um weiter zu funktionieren.

J: Du fühlst dich sehr müde?

D: Nun, wir sind schon lange dran. Und ich denke, wir werden die Sitzung jetzt beenden müssen.

J: Weil du dich sehr müde fühlst.

D: Nun, es ist nicht nur das. Es ist so, dass Janice morgen früh zur Arbeit muss. Wir haben unser physisches Leben zu leben. Und wir waren länger dran als bei jeder anderen Sitzung, die wir je hatten.

J: Nun, der Punkt, den du verstehen musst ist, dass es ein Jahr her ist, seit du zuletzt gearbeitet hast. Und Janice hat sich über deine ursprünglichen Methoden zur Informationsgewinnung hinausentwickelt. Bis zu dem Punkt, an dem ihre Körperlichkeit völlig anders ist, wie du gemerkt haben müsstest. Und sie kann absolut ohne Schlaf funktionieren.

D: Aber ich würde ihr das nicht antun wollen.

J: Nun, nein, darum geht es nicht. Aber es ist eines dieser Dinge, die wir sie gelehrt haben, und die verwendet werden können, wenn die Notwendigkeit besteht. Dies ist eine sehr wichtige Zeit, in der du dich gerade befindest, und es ist ein sehr wichtiger Ort, an dem du dich gerade befindest. Und ich bin nicht sicher, wann du wieder hierherkommen darfst.

D: Nun, ich denke in der Tat, wir sind schon lange genug hier.

J: Es liegt ganz bei dir.

D: Denn wir funktionieren in Erdenzeit. Aber ich weiß es zu schätzen, dass du mit mir sprichst und mir Anweisungen gibst.

J: Bitte schön. Es war unerwartet, dass ich dich heute Abend kontaktiere, denn es war unerwartet, dass ich gebeten wurde, einzugreifen.

D: Aber wenn wir das das nächste Mal tun, werde ich mehr von unserer Erdenzeit einplanen, weil ich weiß, dass diese Sitzungen länger dauern können.

J: Das solltest du tun, denn wenn du dieses Niveau erreichst, gibt es viele Informationen zu sammeln und zurückholen. Dies wird wichtig werden, weil es die Art Informationen sind, die verwendet werden, um zu funktionieren, nachdem bestimmte Ereignisse in der Geschichte stattgefunden haben werden. Es ist diese Art von Energie. (Die Stimme änderte sich und war wieder anders. Lauter. Ich versuchte, die Sitzung zu beenden, doch diese Stimme hatte wieder Autorität.) Es gibt etwas, das ich dir gerne sagen möchte, bevor du gehst. Ich möchte dir eine Sache erklären. Und zwar, dass dir kein Schaden zugefügt werden kann, während du diese Arbeit tust. Wir werden dir viele komplizierte Prozesse erklären. Und du wirst mit einem Wissen betraut, dem du in der Wirklichkeit nicht ausgesetzt warst. Und es ist mir wichtig, dir einzuprägen, dass wir deine Arbeit schätzen. Und wir möchten, dass du weißt, dass alles getan wird, um dir zu helfen. Und wir möchten dir danken, dass du in gewisser Weise eine Art Unterstützer für Janice bist. Somit kannst du ihr vielleicht helfen, sich durch das, was du tust, zu integrieren. In gewisser Weise ist diese Arbeit ein großer Dienst an eurem Planeten, obwohl sie auch ohne deine Arbeit stattfinden wird. Wie im letzten Jahr hast du zwar nicht mit Janice gearbeitet, aber sie hat bestimmte Kommunikationsformen übertroffen. Ich wollte nur, dass du weißt, dass ich persönlich damit einverstanden bin, wie du dich selber führst.

D: Ich danke dir.

J: Sehr gern geschehen. Und ich wünsche dir Frieden, Liebe und Licht.

D: Nochmals vielen Dank, wer auch immer du bist. (Janice machte Handbewegungen.) Das ist eine sehr schöne Geste. (Janice atmete dann tief durch und ich wusste, dass die andere Wesenheit gegangen war.) Also gut. Ich sage allen von ihnen Lebewohl. Ich möchte, dass sie alle zurücktreten. Und ich möchte, dass das Bewusstsein von Janice wieder vollständig in diesen Körper zurückkehrt.

J: (Sie unterbrach.) Die Lichter blinken!

D: Warum blinken sie? (Sie wirkte verwirrt.) Ist es die Energie? (Keine Antwort, als würde sie zuschauen.) Wird es durch die Energie verursacht?

J: (Leise) Ja. Weil das Zimmermädchen unterbrochen hat. (Traurig) Sie unterbrach.

D: Sie konnte es nicht wissen.

J: Sie klopft an die Tür. Sie hat es ruiniert. (Fast weinend.)

Meiner Meinung nach sind die Blinklichter möglicherweise durch das Eindringen des Zimmermädchens verursacht worden, bevor Janice sich wieder vollständig in das Körperliche integriert hatte. Die Energie war so stark, dass sie sich bei einer Unterbrechung in ihre elektrische Verbindungen auflöste. Es war eine solche Frequenzüberlastung, dass sie explodierte. Es war nicht vorauszusehen, dass das Zimmermädchen eine Störung verursachen würde, bevor Janice vollständig zurückgebracht werden konnte. Dies hätte, wie sie sagten, zu körperlichen Schäden führen können, wenn der Wiedereintritt unterbrochen wurde, sei es auch nur durch Atmung. Stattdessen leiteten die Wesenheiten die Überlast in den elektrischen Stromkreis.

Zu jener Zeit stand meine Reise gerade erst am Anfang und ich hätte nicht glauben können, dass meine ersten Baby-Schritte mich durch die ganze Welt führen würden. Ich bin im darauffolgenden Jahr 1992 das erste Mal nach London gereist und bin seitdem mindestens zweimal im Jahr nach Europa gereist. Ich erforschte die Kornkreise und besuchte die heiligen Stätten: Stonehenge, Avebury, Glastonbury, während ich Vorträge hielt und die Informationen verbreitete, die ich bei meiner Arbeit entdeckt habe. Ich war der erste amerikanische Schriftsteller und Rückführungs-Hypnotherapeut, der nach dem Wegfall der kommunistischen Kontrolle nach Bulgarien reiste, und ich befand mich auf dem Balkan direkt jenseits der Grenze, an der die Kämpfe in Jugoslawien stattfanden. Ich habe in jeder größeren Stadt Australiens gesprochen. 1997 erkletterte ich in Peru die Anden, um die alten Inkaruinen von Machu Picchu zu sehen. Ich reise jetzt durch die ganzen Vereinigten Staaten und bin oft täglich in einer anderen Stadt oder in einem anderen Bundesstaat. Wir planen jetzt, 1999 nach Hongkong, Singapur und Südafrika zu reisen. Bald scheint es, dass ich meinen Fuß auf jeden Kontinent der Welt gesetzt haben werde.

Habe ich an all diesen Orten meine Energie hinterlassen, wie sie sagten? Wenn ja, dann habe ich auch keinen Mangel bemerkt, wie sie sagten. Wenn überhaupt, hat meine Energie tatsächlich zugenommen, während sich meine Arbeit ausgebreitet hat. Die Bücher werden jetzt in viele verschiedene Sprachen übersetzt und somit wird die Energie kraft des geschriebenen Wortes an Orten verbreitet, zu denen ich niemals hätte reisen können. Wenn dies für mich so unerwartet gekommen ist, dann hat jeder Mensch die gleiche Verantwortung. Jede Person verbreitet ihre Energie unwissentlich entweder zum Guten oder zum Bösen. Das Ziel sollte sein, der Energie zu gestatten, dass sie Menschen positiv beeinflusst, damit unser Planet in eine höhere spirituelle Ebene der Existenz hineinwachsen kann.

KAPITEL 14

DEN UNTERSUCHENDEN UNTERSUCHEN

Es schien, dass, sobald die Aliens einen Weg fanden, mit mir durch meine Probanden zu kommunizieren (oder vielleicht war es umgekehrt und ich hatte die Methode entdeckt), sie bei jeder Gelegenheit Informationen bereitstellten. Die Kommunikation und der Zustrom an Informationen halten noch immer an und viele der komplizierteren Teile werden in Das Verschachtelte Universum enthalten sein.

Dieser Fall zeigt, dass nicht einmal UFO-Hypnotherapeuten und Ermittler immun sind. Sie können Erfahrungen ohne ihr bewusstes Wissen machen. Ich glaube nicht, dass mir das passiert ist, aber ich würde die Möglichkeit nicht ausschließen. Ich bevorzuge jedoch meine Untersuchungsmethode. Auf diese Weise kann ich der Beobachter, der objektive Reporter bleiben und muss nicht die komplizierten Emotionen durchleben, die mit einer aktiven Teilnahme verbunden sind.

Die Hypnotherapeutin dieses Falles zieht es vor, anonym zu bleiacben, weil sie eine laufende Praxis hat und diese Informationen nicht vorzeitig freigeben möchte. Sie plant auch, ein eigenes Buch zu schreiben, das sich mit den Informationen beschäftigt, die sie in ihrer Arbeit aufgedeckt hat. Zu jenem Zeitpunkt wird sie sich auf diesen Fall beziehen und die Verbindung zwischen uns wird offenbart werden. Also werde ich sie Bonnie nennen. Ich kannte sie seit mehreren Jahren und wir haben beruflich und auch in dem Vortragskreis Kontakt miteinander gehabt. Im Juni 1997 waren wir beide Redner auf einer Konferenz an einer Universität in Wyoming. Nachdem sie beendet war, hielten wir diese Sitzung in dem Studentenwohnheim ab, in dem wir wohnten. Wir waren beide todmüde und ich musste am nächsten Morgen abreisen, aber wir wollten die seltene Gelegenheit nutzen, zusammen zu sein und die Sitzung abzuhalten. Es waren zwei Männer anwesend, die Bonnie um Erlaubnis gefragt hatten. Einer von ihnen betätigte Bonnies Tonbandgerät, während ich meines überwachte.

Vor der Sitzung erzählte sie uns von einem seltsamen Vorfall, der sich einen Monat zuvor im Mai 1997 ereignet hatte. Sie hatte das unbestimmte, unangenehme Gefühl, dass mehr dahinter steckte und sie wusste, durch Hypnose konnten weitere Details entdeckt werden. Sie war zu einem Abendessen mit mehreren UFO-Forschern in einem Restaurant nördlich von Santa Barbara in Kalifornien gewesen. Es war sehr interessant und anregend gewesen, sodass sie erst kurz vor Mitternacht abreiste. Sie wusste die genaue Uhrzeit, um die sie das Restaurant verlassen hatte, weil sie schätzte, dass sie ungefähr zweieinhalb Stunden brauchen würde, um nach Hause zu fahren.

Sie sagte: „Ich stellte fest, dass es 11:35 Uhr war, als ich vom Parkplatz des Restaurants fuhr und auf der Autobahn gen Süden lenkte. Dies war der Highway 101 entlang der Pazifikküste. Es war eine sehr, sehr schwarze Nacht. Manchmal bin ich wirklich gerne in völliger Dunkelheit und diese Nacht war irgendwie samtig und elegant. Und ich war froh, dass ich alleine nach Hause fuhr, so konnte ich über den wundervollen Abend nachdenken, an dem ich mit all den anderen Forschern plauderte. Es war wie eine Meditationszeit, eine freie Gedankenzeit, während ich ganz alleine in dieser sehr, sehr schwarzen Nacht fuhr. Es war so schwarz, dass ich nicht sehen konnte, wo das Ufer zu meiner Rechten endete und das Meer begann. Wenn ich in den vergangenen Jahren nachts auf dieser Autobahn fuhr, nahm ich Reflexionen von Bohrinseln oder Booten wahr. Man hatte ein Gespür dafür, wo das Wasser war oder der wo Mond da draußen war und eine Reflexion auf das Wasser warf. Aber dies war eine jener Nächte, in denen es keine Sterne gab und es war so schwarz, dass man die Abgrenzung zwischen Land und Meer nicht auseinanderhalten konnte. Nach einer Weile erinnerte ich mich an ein kleines Schild, darauf stand 'Seacliff' geschrieben. Ich hatte mich nicht an eine Stadt mit diesem Namen an dieser Autobahn erinnern können, weil dies eine lange Küstenlinie ohne jegliche Städte oder Lichter ist. Ich war schon ziemlich weit gefahren, als mir klar wurde, dass es auf beiden Seiten der Autobahn keine anderen Scheinwerferlichter und Rücklichter gab. Irgendwann dachte ich, dass es irgendwie sonderbar sei, das einzige Auto auf der Straße zu sein. Aber es war in Ordnung, weil ich mich sehr wohl fühlte. Vielleicht kamen deshalb die nächsten Ereignisse so unerwartet, weil ich keinerlei Gefühl einer Vorahnung hatte."

Bonnie fuhr diese lange, leere Strecke, als sie von einem großen runden Lichtblitz zu ihrer Rechten direkt an der Küste erschreckt wurde. Er war weiß mit einer grünlichen Tönung und dauerte nur eine Sekunde. Und dann nichts, kein Geräusch. Es war kein Feuerwerk oder Fackeln. Sie fand es einfach eigenartig und fuhr weiter. Da waren große Hügel auf der linken Seite der Autobahn in diesem Bereich des Highway 101. Und als sie durch diesen unbewohnten Straßenabschnitt fuhr, bemerkte sie einen unglaublich hellen Lichtschein, der hinter den Hügeln hervorschien. Er beschien eine große Fläche, erschien in einem runden Bogen und bewegte sich nicht. Er war sehr hell und hatte die gleiche Farbe wie der Blitz: weiß mit einer leicht grünlichen Tönung. Sie dachte nicht, dass es das Selbe hätte sein können, weil sie noch nicht so weit gefahren war. Es waren zwei getrennte Lichter. Das Licht hinter den Hügeln deckte eine solche Entfernung ab, dass sie mehrere Minuten brauchte, um an ihm vorüberzufahren. Sie prüfte es, indem sie versuchte zu sehen, wodurch es verursacht wurde, als unerwartet etwas anderes ihre Aufmerksamkeit wieder auf die Straße lenkte. Auf ihrer Seite der Autobahn parkte etwas. Es sah aus wie das hintere Ende eines sehr großen LKWs, eines großen Sattelzuges oder eines Sattelschleppers. Es standen jedoch keine Kegel oder Reflektorlichter oder Leuchtsignale auf der Fahrbahn, damit er von entgegenkommenden Autofahrern bemerkt werden konnte. Er stand nicht in kompletter Länge abseits der Straße auf dem Seitenstreifen, sondern saß teilweise auf der Autobahn. Es gab noch genügend Platz, um an ihm vorbeizukommen, aber es schuf eine gefährliche Situation, weil ihre Scheinwerfer ihn erst sichtbar machten, als sie ganz in der Nähe war. Er war einfach plötzlich da auf ihrer Straßenseite. Als sie sich näherte, sah sie, wie einige Leute (vielleicht vier oder fünf) um das hintere Ende des Lastwagens herumgingen und auf die Autobahn zusteuerten. Dies war abermals eine gefährliche Situation, denn sie hätten angefahren werden können.

„Das waren nur Eindrücke, weil alles so schnell war. Ich fuhr wahrscheinlich 110 km/h oder gar mehr, weil ich allein auf der Autobahn war. Ich bemerkte, dass eine Art gedämpftes Licht dieses Fahrzeug von der Straße aus beleuchtete, als wäre vielleicht eine Taschenlampe in die Straße gestellt worden und würde an seinem hinteren Ende aufleuchten. Und als ich gerade dabei war, an ihm vorbeizufahren, sah ich am oberen Fahrzeugende eine große schwarze Schrift. Meinem Eindruck nach stand dort in großen schwarzen quadratischen Buchstaben: 'Noteinsatzwagen'. Und ich dachte, das ist seltsam. Ich habe noch nie ein solches Rettungsfahrzeug gesehen. Es war kein Löschfahrzeug, kein Polizeifahrzeug und auch kein Krankenwagen. Normalerweise würde man einen Sattelschlepper nicht für einen Noteinsatzwagen halten. Für meinen Eindruck war es ein ziemlich langer LKW. Ich fand die Reihe an Ereignissen jedenfalls merkwürdig: das Licht unten an der Küste, das Licht hinter den Hügeln, dieser große Lastwagen, der Noteinsatzwagen, die vorbeigehenden Menschen, aber keine Leuchtsignale. Und es blitzte der Gedanke durch meinen Kopf, dass dieser Lastwagen vielleicht gerade angekommen war, und dass sie vielleicht gerade Leuchtsignale aufstellen wollten, und dass es vielleicht etwas mit dem Licht hinter den Hügeln zu tun hatte. Es war definitiv kein Feuer, aber vielleicht war dieser Lastwagen dabei, es zu untersuchen, oder so. Aber das waren alles nur Eindrücke, weil es so schnell ging. Dies waren nur Merkwürdigkeiten und ich fühlte mich vollkommen wohl, hatte keine Angst oder so etwas.

Dann, ein oder zwei Sekunden später, geschah das Seltsamste von allem. Ich weiß nicht, ob ich den ganzen Weg an diesem LKW vorbeigefahren war oder mich noch im Bereich des Lastwagens befand. Aber plötzlich direkt vor mir schillerte der komplette Bereich der Windschutzscheibe meines Autos im hellsten Licht. Ich sah nicht, dass ich mich einem Licht näherte oder ein Licht auf mich zukam. Es war, als wäre ein Schalter eingeschaltet worden und plötzlich leuchtete die gesamte Fläche direkt vor mir in hellem Licht. Alles, was ich durch die Windschutzscheibe sehen konnte, war dieses totale strahlende Licht. Es war wahrscheinlich das hellste Licht, das ich je gesehen habe, aber es war auch sehr schön, irgendwie gelblich weiß. Es war blendend. Es war sehr seltsam, und das umso mehr, als es mitten im Licht wie ein Streifen von etwas aussah. Ich konnte das nur für einen Sekundenbruchteil sehen, bevor ich auf es traf. Es war entweder farblos oder weiß, aber es war in diesem Licht. Es sah aus wie ein Band oder vielleicht ein Klebeband, das straff über die Windschutzscheibe gespannt und leicht schräg nach links geneigt war. Der erste Eindruck, an den ich normalerweise denken würde, war vielleicht ein Draht, aber es war breiter als das, eher wie ein Band. Das war sehr seltsam, denn dies geschah nach dieser dunklen, dunklen, dunklen Nacht. Alles war schwarz vor mir und plötzlich war die Windschutzscheibe vollständig mit diesem strahlenden Licht gefüllt, und dieses Ding, das ich ganz offensichtlich treffen würde, war quer hinübergespannt. Und es machte einen gewaltigen Schlag! Fast wie einen Sprung, ein Knackgeräusch. Es schien ganz und gar um mich herum und durch mich hindurch zu hallen. Es war so verblüffend. Und ich dachte: „Was in aller Welt war das?" Dann bemerkte ich gleich nach dem Schlag einen großen Spalt an meiner Windschutzscheibe. Einen großen spinnennetzartigen Sprung auf der Fahrerseite mit großen Ranken, die sich auf halber Höhe über die Windschutzscheibe erstreckten. Und dann schien es, als wäre ich wieder aus diesem Licht draußen und würde mit dem normalen Licht der Scheinwerfer fahren. Der Riss blockierte mein Sichtfeld nicht wirklich, aber ich konnte sehen, dass kein Loch darin war, wie eine Kugel oder ein Stein es hinterlassen würde. Aber selbst wenn es etwas Derartiges gewesen wäre, warum hätte es dann all dieses strahlende Licht gegeben? Also war ich wirklich fassungslos.

Ich fuhr weiter, obwohl ich den Impuls hatte, runterzuschalten, zur Seite zu fahren, umzudrehen und jene Männer am Lastwagen zu fragen, ob sie irgendetwas gesehen haben. Aber was ich als 'die große Stimme meiner Seele" bezeichne, dröhnte so vehement zu mir durch: "Nein! Weg hier! Fahre weiter! Halte nicht an! Fahre nicht zurück! Weg hier! Fahre weiter! Fahre weiter bis nach Hause!' Und so fuhr ich also noch zwei Stunden lang den ganzen Weg bis nach Hause und machte mir den ganzen Weg Sorgen, ob die Windschutzscheibe wohl zerspringe. Etwas nach zwei Uhr kam ich dann zu Hause an, was die richtige Fahrtdauer war, insbesondere ohne Verkehr.“

Natürlich quoll Bonnie vor unbeantworteter Fragen über, als sie nach Hause kam. Sie war erleichtert, zu sehen, dass es keine fehlende Zeit gab, aber sie konnte nicht das unglaubliche Licht erklären und den quer über die Autobahn gespannten Streifen, der ihre Windschutzscheibe zerbrochen hatte. Sie hatte darüber nachgedacht, die Autobahn zu verlassen und ein Münztelefon zu suchen, um die

Autobahnpatrouille zu rufen, aber es war spät und sie war als Frau allein, also fuhr sie weiter, bis sie zu Hause ankam. Ihr Mann sagte, er sei froh, dass sie nicht angehalten hatte. Manchmal inszenieren Leute Situationen, durch die sie Menschen in die Falle locken können, um sie auszurauben oder ihr Auto zu stehlen, daher war es sehr weise, weiterzufahren. Zumindest verursachte das, was die Windschutzscheibe zerbrach, keinen Unfall.

Ich stimmte mit Bonnie überein, dass dies nicht nach einem normalen Vorfall klang. Es gab zu viele ungewöhnliche Komponenten. Ich wusste, dass wir unter Hypnose mehr Details gewinnen konnten, als das Bewusstsein liefern konnte. Bonnie war eine ausgezeichnete Probandin und ging sofort in tiefe Trance. Zuweilen leisten Hypnoseklienten Widerstand, weil sie sich der Prozedur bewusst sind und bewusst versuchen, die verwendete Technik zu analysieren. Aber ich hatte kein Problem mit Bonnie. Sie fühlte sich sicher bei mir, sie entspannte sich und kehrte unmittelbar zu der Szene in jener Nacht im Mai 1997 zurück. Das einzige Problem war, dass sie sie mit zu vielen Details ausfüllte. Sie erinnerte sich an die Namen aller beim Abendessen Anwesenden, wo genau sie am Tisch saßen, was sie aßen und was sie besprachen. Ich wusste, dass ich die Szene vorwärtsbringen musste zu dem Teil, den wir erkunden wollten. Sie schilderte viele Details dazu, als sie das Restaurant verließ, in ihr Auto stieg, die genaue Uhrzeit bemerkte und von dem Parkplatz fuhr. Das ist immer ein gutes Zeichen. Ein Proband, der eine wahre Begebenheit noch einmal durchlebt, liefert mehr außergewöhnliche Details als verlangt (oft beträchtlich mehr als nötig) und stellt oft scheinbar irrelevante Informationen zur Verfügung. Dies scheint die Methode des Unterbewusstseins zu sein, extrem genau zu arbeiten. So wusste ich, dass wir einen guten Start hatten.

Sie erlebte gerade wieder, wie sie auf dem Highway 101 Richtung Süden fuhr.

D: Während du also fährst, ist es nur eine normale Fahrt?

B: Also, sie ist normal, außer dass ich überrascht bin, dass vor mir oder hinter mir keine anderen Autos sind. Und es erscheint mir seltsam, dass mir auch keine auf der anderen Straßenseite entgegenkommen.

D: Herrscht dort normalerweise Verkehr?

B: Nun, ich fahre normalerweise nicht so spät von Santa Barbara nach Hause. Aber ich würde meinen, an einem Freitagabend um Mitternacht müsste dort etwas Verkehr sein. Aber es ist sehr angenehm in dem Sinne, dass mir vom Gegenverkehr kein blendendes Licht in die Augen scheint.

Bonnie machte Bemerkungen über die Schwärze der Nacht und die Unfähigkeit, das Land vom Meer zu unterscheiden. Dann fuhr sie an dem kleinen Schild „Seacliff" vorbei. Gleich darauf sah sie den großen Blitz eines vollkommen runden Lichtkreises an der Küste. Ein Stück weiter sah sie den großen Schein eines Lichts hinter den felsigen Bergen zu ihrer Linken hervorleuchten. Das Licht schien über eine weite Strecke, denn es dauerte eine Weile, bis sie aus seiner Reichweite fuhr. Bisher erlebte sie den Abend genau so wieder, wie es ihr bewusster Verstand berichtet hatte, außer, dass sie weiterhin Informationen über das Treffen im Restaurant und ihre Pläne für das kommende Wochenende lieferte.

B: Es ist wie eine Lichtkorona von etwas. Und ich sehe nicht, was dieses Etwas ist, weil die Hügel im Weg sind. Aber der Bogen dieser Lichtkorona ist wie das obere Ende einer großen perfekten Kurve oder eines Kreises. Und es hat eine klare Kontur. Weißt du, manches Licht ist zum Rand hin diffus und leuchtend und verschwindet allmählich in der Dunkelheit. Aber dieses ist nicht so. Dieses Licht hat so etwas wie einen Rand. Es ist so groß und hell und ich kann nicht sehen, woher es kommt. Es ist wie dieses andere Ding, das blitzte. Das ist so interessant, weil auf der rechten Seite das Blitzlicht war und nun auf der linken Seite dieses große Licht scheint. Was könnte das sein? Es gibt keine Stadt dort oder irgendetwas. Ich fahre zudem auch in hohem Tempo, aber es ist so groß, dass es eine Weile dauert, bis ich es hinter mir lasse. Übrigens, es bewegt sich auch nicht. Es bleibt nur statisch dort stehen. Und jetzt sehe ich allerdings auf der rechten Seite dieses große Ding. Es sieht aus wie das große hintere Ende eines sehr großen Lastwagens. Ich denke vielleicht ein Anhänger-LKW oder ... ich meine, es müsste ein wirklich großes Fahrzeug sein, wenn das Ende so groß ist. Ich sehe nicht seine Seite ein oder die Vorderseite, denn ich nähere mich ihm von hinten, von der der

Rückseite. Und ich denke, es ist seltsam, dass ich es erst direkt hier sehe. Und ich frage mich, warum es dort geparkt wurde. Ich gehe davon aus, dass es etwas mit diesem eigenartigen Licht dort drüben auf der anderen Seite der Autobahn zu tun hat, an den Hügeln zur Linken vorbei. Es scheint eine Art Glühen von unten herauf. Es muss von irgendetwas auf der Autobahn herrühren, schätze ich. Es ist ein irgendwie sanftes Licht. Und ich sehe die Silhouetten einiger gehender Leute. Ich bin mir nicht sicher ....

D: Hast du Angst, dass du sie überfahren könntest?

B: Nun, ich sehe, es gibt genug Platz. Ich frage mich, ob wir das so etwas wie einfrieren könnten ....

D: Ich wollte das bereits vorschlagen, die Szene einzufrieren, damit wir sie untersuchen können.

B: Denn ich fahre so schnell. Das geschieht alles so schnell.

D: Du kannst die gesamte Szene bis hin zu jedem Einzelbild verlangsamen.

B: Ich muss das tun.

D: Alles klar. Während du jetzt zur Rückseite kommst, kannst du es ganz deutlich sehen und es schildern. Denn wenn du das Geschehen verlangsamst, kannst du es sehr detailliert sehen. Sag mir, was du siehst, nachdem es sich verlangsamt hat.

B: Nun, diese Leute sind spindeldürr. Sie sind sehr dünn mit langen Beinen. Sie sind alle in Bewegung. Einige von ihnen gehen am hinteren Ende dieses Dings, dieses Lastwagens vorbei. Sie gehen alle in verschiedene Richtungen. Einige von ihnen laufen auf die Vorderseite des Lastwagens auf der Autobahnseite zu. Einer oder zwei gehen von der Seite um die Ecke nach hinten. Sie bewegen sich schnell, aber geschmeidig.

D: Kannst du weitere Details an ihnen erkennen?

B: Sie haben unterschiedliche Größen. (Sie zeigte Anzeichen von Unbehagen.) Sie haben große Köpfe. (Sich aufregend.)

D: Denke daran, du kannst es wie ein Reporter objektiv betrachten, wenn du möchtest.

B: (Fast schluchzend) Nun, sie sind nicht wirklich Menschen.

D: Warum sagst du das?

B: Weil sie viel dünner sind als Menschen. Und sie haben diese langen Hälse und großen Köpfe. Wenn es sich um Menschen handelt, sind es sehr sonderbar aussehende Menschen. Ich dachte, es handele sich um Menschen, um Straßenarbeiter oder so etwas.

D: Warum stört dich das?

B: Nun, es ist einfach eine Überraschung. Ich habe das nicht erwartet. (Noch immer aufgeregt.) Es ist nicht so, dass es schlecht ist. Aber es ist eine Überraschung.

D: Natürlich. Nachdem dies auf jedes Einzelbild verlangsamt worden ist, kannst du nun mehr Details an dem Objekt am Straßenrand erkennen? Du kannst es jetzt deutlich sehen. (Ihre Gesichtszüge deuteten auf etwas.) Was siehst du?

B: Ich sehe diese großen Buchstaben dort oben. Also, ich glaube, da stand „Noteinsatzwagen". Aber es ist eher ein Muster, denke ich. Es ist wie ... (Pause, während sie es untersuchte.) Ich möchte „Dreiecke" sagen, aber das ist es nicht genau. Wie Teile von Dreiecken, eckige Formen. So, wie wenn man sie auf eine bestimmte Weise zusammenfügte, und sie dann Dreiecke bilden würden, aber sie bilden keine Dreiecke. Ich würde nicht sagen, dass es Buchstaben sind, wie wir sie haben. Und die Ecken sind jetzt nicht scharf.

D: Glaubst du, du könntest es später zeichnen?

B: Ich kann einen Teil davon zeichnen. Ich fahre immer noch schnell, sehr schnell.

D: Ich möchte, dass du dieses Design, diese Buchstaben, in deinem Gedächtnis behältst, damit du sie später so gut wie möglich zeichnen kannst. Kannst du das für mich tun? (Sie murmelte etwas.) Behalte einfach in Erinnerung, wie es aussieht.

B: Und das Leuchten dieses Lichts dort unten. Ich dachte, da sei eine Art Licht auf der Straße, aber das ist nicht der Fall. Weißt du, was es ist? Es ist etwas an diesem großen Fahrzeug, das gerade von unten her glüht. Es ist nicht so, dass da etwas auf es draufstrahlt, wie ich dachte. Ich denke auch nicht, dass es so lange ist, wie ich annahm. Und wo zwischen der Seite und der Rückseite eine scharfe Kante oder eine Ecke war, ist es eher eine Rundung.

D: Aber du bewegst dich daran vorbei. Sage mir, was passiert, denn du kannst es jetzt erkennen. Du kannst alle Details sehen.

B: Plötzlich erscheint dieses unglaubliche Licht vor meiner Windschutzscheibe.

D: Was ist das?

B: (Verwundert) Ich weiß es nicht!

D: Doch, du weißt es.

B: Es ist einfach blendend. Es ist so unglaublich hell und blendend, dass es verblüffend ist. Ich meine, ich kann nichts anderes sehen. Ich kann nicht durch es hindurchsehen, ich kann nur in es hineinsehen.

D: Aber dein Verstand weiß, was es ist. Vertraue ihm. Woher kommt es?

B: Es kommt irgendwie von ihnen.

D: Diesen Leuten?

B: Ja. Und diese Art von silbernem Ding mit dem Licht, das von unten hervorstrahlt, aus der Rückseite. Es ist nicht einmal das gleiche Farblicht, aber es hat etwas mit ihnen zu tun. Ich weiß, dass sie es machen.

D: Was passiert dann?

B: Und dann bin ich ... das ist lustig, ich dachte, ich fahre einfach weiter. Tue ich aber nicht. Ich meine, ich fahre, aber ... ich fahre hoch. Nach oben. Das ist so sonderbar. (Ungläubig) Ich halte immer noch das Lenkrad und fahre hoch. Und ich bin immer noch in all diesem Licht. Ich dachte, dass das Licht nur eine Sekunde dauere, aber ich bin immer noch darin. Jetzt ist es rings um das Auto herum und es ist im ganzen Auto. Es ist wirklich ein wunderschönes, wunderschönes Licht.

D: Kannst du sehen, woher es kommt?

B: Nein. Ich fahre nicht vorwärts, sondern aufwärts wie auf eine große Rampe oder einen Hügel. Auswärts, nach oben steuernd.

D: Wie in einem Winkel?

B: Mmh-mmh. Ich merke aber auch, dass ich nicht mehr auf der Straße sein kann, weil die Straße nicht dort hinaufführt. Und da ist auch dieses Gefühl von Leichtigkeit und Mühelosigkeit. Ich glaube, der Automotor ist nicht einmal eingeschaltet, aber ich halte mich immer noch am Lenkrad fest.

D: Kannst du die Motorgeräusche hören?

B: Nein, ich höre nichts. Statt sich vorwärtszubewegen, schwebt es wie aufwärts. Aber ich fühle mich sehr beschützt, weil ich in einer großen ovalen Blase aus hellem, hellem Licht bin. Ich kann nicht sehen, wo das Licht aufhört. Ich weiß nur, dass ich darin bin.

Es gab viel Ablenkung für mich durch Geräusche von draußen. Wir waren in einem Studentenwohnheim auf einem College-Campus. Früher kamen hier Busladungen junger Leute zu einem Tennisturnier her. Sie sahen aus wie Sekundarschüler. Jetzt, da es dunkel wurde, schienen sie sich auf der Straße unter dem Fenster zu sammeln. Es wurde viel gequietscht, geschrien und gelacht. Ich versuchte, es zu ignorieren. Ich hoffte, dass es die Sitzung nicht störe. Doch normalerweise ist der Proband so auf das konzentriert, was er sieht, dass sogar laute Geräusche ihn überhaupt nicht stören. Ich stand auf und schloss das Fenster, obgleich das den Raum aufheizte.

B: Dieses Licht ist wirklich schön. Es ist um das ganze Auto herum und es geht sogar durch das Auto hindurch. Es ist, als säße ich einfach in dieser gewaltigen Blase aus blendendem Licht. Ich höre nichts, aber alles ist okay. Ich hänge immer noch am Lenkrad. Das fühlt sich gut an. ... Okay, jetzt ist es, als ob ich und mein Auto in etwas hineingeraten wären. Es fühlt sich an, als würde das Auto auf etwas gestellt, wie einen Boden oder einen Untergrund oder so etwas. Und dieses Licht beginnt zu verblassen.

D: Kannst du sehen, wo du bist?

B: Es ist ein riesengroßer Raum. Rings um mich herum ein runder Raum mit Fluren und Türen, die von ihm abgehen. Und da ist auch viel Licht, aber nicht so hell wie das Licht, in dem ich gerade saß.

D: Wie fühlst du dich dabei?

B: Oh, es ist okay. Es ist eine Überraschung. (Pause) Aber jetzt gibt es einen ganzen Schwarm ich wollte „Leute“ sagen, aber sie sind nicht wirklich Leute. Sie stehen um das ganze Auto herum. Es ist so lustig. Sie müssen auf der Motorhaube des Wagens sein und hineinschauen. Und sie sind alle um die Fenster herum. Ich drehe mich um und schaue durch die Heckscheibe, und da sind sie auch. (Sie fand das amüsant.)

D: Wie sehen sie aus?

B: (Kichern) Oh, sie sehen wirklich hübsch aus, aber sie sind sicherlich keine menschlichen Wesen. Sie haben diese großen, flüssigen Augen und kahle Köpfe. Ich meine, sie wirken überhaupt nicht bedrohlich. Sie sind neugierig und kindlich und freundlich. Und sie schauen nur herein und neigen jetzt ihre Köpfe, um einen besseren Blick zu haben.

D: Auf dich oder das Auto?

B: Ich denke beides. Ich denke, überwiegend auf mich, es fühlt sich so an. Und dann öffnen sie aus irgendeinem Grund beide Türen.

Das ist merkwürdig, weil ich die Türen verschlossen hatte. Ich fahre im Dunkeln immer mit verschlossenen Türen. Sie haben sie gerade geöffnet. Zwei von ihnen ... (Lautes Lachen) zwei von ihnen setzen sich rechts neben mich auf den Beifahrersitz. Meine Handtasche liege da und kleine Süßigkeiten, die ich esse, falls ich schläfrig werde. Und sie schieben diese beiseite. Und der Zweite drängelt irgendwie, stupst mit seiner Hüfte, während der Erste im Sitz sitzt. Wie kleine Kinder. (Mit hoher, imitierender Kinderstimme:) „Ich muss sie da zuerst reinlassen." Und da sind drei oder vier an meiner Tür. Und sie greifen hinein und sie ... es ist komisch, es ist komisch, weil ich einen Sicherheitsgurt angelegt und die Tür verschlossen habe. Aber das scheint sie nicht zu stören. Mir ist nicht bewusst, dass jemand hinübergegriffen und meinen Sicherheitsgurt entriegelt hätte, aber sie ziehen mich an meinem linken Arm heraus. Und dann packen sie mich ... packen mich nicht, sondern fassen mich an meinem rechten Arm an und schließen die Tür. Jetzt gibt es einige auf beiden Seiten von mir und ein oder zwei direkt hinter mir. Und sie schlurfen.

D: Nun, kannst du sehen, wie ihre Hände aussehen, während sie deine Arme berühren?

B: Ja. Sie haben wirklich magere Finger. Diese Leute sind irgendwie ... (Pause, während sie sie untersucht.) Ich wollte „blau" sagen, aber sie sind in Wirklichkeit viel heller. Mehr wie ein Grau mit einer blauen Tönung. Und ihre Augen sind sehr hübsch. Sie sind sehr groß und flüssig und auch bläulich. Bläulich-schwärzlich.

D: Kannst du sehen, wie viele Finger sie haben?

B: Nun, derjenige, der seine Hand an meinem rechten Unterarm hat, ich kann nur drei Finger sehen, und dann gibt es ein lustiges Ding, das versucht, sich um meinen Unterarm zu wickeln. Es sieht nicht wirklich wie ein Daumen aus, aber es erledigt die Arbeit mehr oder weniger.

D: Sie haben also drei Finger und diesen komisch aussehenden.

B: Ja, und sie sind sehr dünn. Ich denke, wir würden sie irgendwie knochig nennen.

D: Wohin bringen sie dich?

B: Nun, sie führen mich umher. Ich sagte, schlurfen. Es ist nicht wirklich schlurfen. Ich gehe nicht mal so, wie ich gehe. Ich meine, es scheint, als hätte ich angefangen zu gehen, aber dann muss ich es nicht mehr. Weil wir irgendwie dahingleiten. Es ist wirklich geschmeidig. Sie gleiten geschmeidig und ich gleite geschmeidig. Und von Zeit zu Zeit (Lachen) setze ich einen Fuß auf, als ob ich einen Schritt machen würde. Und das verlangsamt uns irgendwie. Es hält uns auf. Sie bringen mich also hinüber zu diesem großen ... Ich denke, es hat eher eine ovale Form als eine runde Form. Ich scheine das einzige Auto und die einzige Person zu sein. Oh meine Güte, es hat eine sehr hohe Decke. Es ist nicht wirklich etwas darin, aber es gibt ein paar Türen. Wir gehen auf diese schwebende Art über ein Ende des Ovals. Nicht wirklich in der Luft. Ich denke, wir sind ziemlich nahe am Boden. Und ich möchte mich umsehen, mein Auto sehen und sehen, was mit ihm geschieht. Aber ich habe das Gefühl, dass sie wirklich da drin sind und es inspizieren.

D: (Kichern) Genau wie kleine Kinder. Sie wollen es sehen.

B: Ja. Und ich frage mich, was sie über meine Bonbonpapiere, meine Handtasche und mein Notizbuch und meine Bänder denken werden. Da sind Audiokassetten.

D: Nun, sie werden nicht beschäftigen.

B: Ja, ich glaube nicht, dass sie diese Sachen wollen. Ich hatte nur den Gedanken: „Ich frage mich, was sie wohl denken." Besonders über die Bänder, die mit UFO-Dingen zu tun haben. (Kichern) Und ich frage mich, ob sie wissen wollen, was darauf aufgenommen ist. Wir kommen jedenfalls zu einer Tür und gehen in einen anderen Raum. Und in der Mitte des Raums steht ein Armstuhl. Er hat eine Kopfstütze und eine Fußstütze, wie ein .... Nun, sie setzen mich dort hinein und es ist wie ein Liegestuhl, nur hat er nicht den Teil, auf dem sich meine Beine ausruhen können. Aber er hat so etwas wie eine diagonale Fußstütze, und ich stelle meine Füße darauf. Sie hat Furchen, Grate, sodass meine Füße nicht abrutschen, obwohl sie schräg ist. Und sie legen meine Arme auf die Armlehnen dieses Stuhls. Mal sehen, woran erinnert es mich? Es ist ein bisschen wie ein Zahnarztstuhl. Und ein bisschen wie ein Schönheitssalonstuhl, mit gepolsterten Armlehnen. Und sie legen meine Arme dort drauf, wobei meine Handgelenke über die Enden hängen. Dies ist auf eine Art gewissermaßen wie ein Schönheitssalon, weil sie im Schönheitssalon diese Art Haartrocknergerät haben, weißt du? (Ja) Und so legen sie also etwas von hinten über meinen Kopf, was Teil von diesem Stuhl ist. Es muss wohl einstellbar sein und passt genau um meinen

Kopf. Und da sind einige Wesen, auf jeder Seite einer, sie stellen es ein. Und das ist ein kleinerer Raum. Er ist nicht rund.

D: *Was glaubst du, tun sie damit*

B: (Verwundert) Ich weiß es nicht. Wenn sie nicht freundlich aussähen, würde ich vermutlich wirklich Angst haben. Aber ich habe keine Angst.

D: *Kannst du sehen, wie es über deinen Kopf passt?*

B: Nein, weil sie es von hinten anziehen. Als ich mich dem Stuhl näherte, bemerkte ich, dass es fast wie ein bienenstockförmiges Ding aussah und es war kleiner als der Trockner in einem Schönheitssalon. Jedenfalls bin ich hier und sitze aufrecht in diesem Ding. Sie drücken es ziemlich fest an und scheinen es an meinen Schläfen auszurichten. Ich hoffe, sie werden es nicht zu eng machen, denn das ist eine empfindliche Stelle. Es reicht nicht über mein Gesicht, es sitzt nur auf meinem Kopf. Nun denke ich, haben sie es so eng, wie sie es nur bekommen können. Und die diejenigen neben mir schauen mich an. (Lachen) Sie sind irgendwie wirklich süß. Ich meine, sie haben immer noch diesen offenen, neugierigen Blick. Und sie schauen auf mein Gesicht und meinen Kopf und auf den Schläfenbereich. Sie berühren sie mit ihren kleinen knochigen Fingern und nicken irgendwie. Und ich bin nur überrascht darüber, dass ich keine Angst habe. Ich bin neugierig und sie auch. Und ich denke: „Wow! Ich bin wirklich hier. Ich mache wirklich diese Erfahrung. Diese Wesen sind wirklich hier und tun hier Dinge mit mir." Sie fangen gerade etwas an. Ich kann nicht behaupten, dass ich etwas höre, aber ich spüre ein Summen, ohne es zu hören. Ich denke, das bedeutet, die Vibration zu fühlen, aber eine sehr, sehr sanfte Vibration. Sie kommt aus allen Richtungen direkt durch meinen Kopf. Und es ist, als würden sie mir sagen: „Entspanne einfach deinen Nacken." Und ich entspanne mich in dieses Ding um meinen Kopf hinein.

D: *Sagen sie dir dies mit Worten?*

B: Nein, ich weiß einfach, dass dies ihre Gedanken sind, weil es nicht meine Gedanken sind. Aber da ich ohnehin in diesem Ding sein werde, möchte ich auch wenigstens meinen Kopf und meinen Nacken entspannen. Und dort gibt es eine Nackenstütze. Sie ist irgendwie hart, aber zumindest ist es etwas, an das man sich anlehnen kann. Sie hat eine kleine Polsterung wie die Arme.

D: *Und was passiert dann?*

B: Ich sitze einfach da und wundere mich darüber. Und da hat es all diese Knöpfe, und es kommen noch Weitere vorbei. Plötzlich befinden sich viele von ihnen in diesem kleinen Raum. Sie haben auch unterschiedliche Größen, wie unten auf der Straße.

D: Sehen sie gleich aus?

B: Nein, es gibt einen Größeren. Es sieht aus wie ein „Er". Er hat einen sehr, sehr knochigen weißen Kopf und andere Augen.

D: Was ist an ihnen anders?

B: Nun, sie sind wirklich sehr groß. Sie sind viel größer als die der anderen und von anderer Form. Aber weißt du, das Schöne ist, dass alle einen Ausdruck in ihren Augen zu haben scheinen. Und ich nehme großes Interesse wahr, es ist wie eine Ehrung. Ich meine, es ist mehr als Neugier. Es ist, als würden sie sich aufmerksam für das Geschehen interessieren und ich spüre auch eine große Anerkennung. Ich meine, sie bewegen sich nicht mit Aufregung, Klatschen oder so etwas. Aber ich habe das Gefühl, dass sie wirklich glücklich sind, dass sie diesen hier gefunden haben. (Kichern) Mich. Weil dieser eine Menge Informationen hat, die sie wollen. Und es scheint, als hätten sie diesen noch nie gehabt, bedeutet: mich. Ich fühle mich wie ein Neuer, wie ein neuer Proband, also interessieren sie sich besonders dafür. Ich sitze also nur hier. Und sie alle schauen zu, und Neue kommen herein. Niemand von denen, die hereinkommen, geht raus, also ist dieser kleine Raum ziemlich schnell gefüllt mit den verschiedensten Leuten. Einige von ihnen drängen sich sogar aneinander vorbei. (Lachen) Wie diese beiden Kleinen im Auto.

D: Du sagtest, du fühltest diese Schwingung. (Ja) Wo war die Vibration?

B: In meinem Kopf. Es fühlt sich an wie ein Summen, aber ich könnte nicht sagen, dass ich irgendwelche Geräusche höre. Da ist etwas wie elektrischer Strom, aber es tut nicht weh oder so etwas. Es ist tatsächlich sogar sehr beruhigend. Sehr entspannend.

D: Aber du weißt nicht, was gerade geschieht?

B: Ich weiß nur, dass sie sehr interessiert sind. Es scheint, als wollten sie wissen, was in meinem Gehirn ist.

D: Kannst du einen von ihnen bitten, es dir zu sagen?

B: Ja, okay. Ich kann meinen Mund nicht bewegen, aber ich glaube, ich kann es denken.

D: Ja. Sage ihnen, dass du neugierig bist.

B: Nun, es gibt zwei oder drei Ebenen übereinander von diesen ... (Lachen) Wesen um mich herum. Aber ich frage den Größeren, der etwa in der dritten Reihe vor mir ist. Der sehr Große mit den riesigen Augen und dem sehr knochigen weißen Kopf. Und es ist erstaunlich, dass ich ihn mag. Ich meine, normalerweise, wenn man so etwas sähe, würde man die absolute Gänsehaut bekommen. Aber er scheint wirklich nett zu sein, also schaue ich ihn nur an. Und es ist eigentlich schwierig, in seine beiden Augen zu sehen, weil sie weit auseinanderstehen sodass meine geradeaus schauenden Augen nicht ganz zu seinen passen. Also muss ich mir entweder das eine oder andere ansehen. Meine Augen stehen viel näher zusammen. (Kichern) Aber ich kann immer noch ein Auge und dann das andere ansehen. Also frage ich: „Was tust du? Was geht hier vor sich?“ Und er sendet zurück: „Du bist unsere hoch Geschätzte.“ (Bonnie wurde emotional und begann zu weinen.) „Wir müssen von dir lernen, so wie du von uns lernst. Und jetzt stehen wir uns von Angesicht zu Angesicht gegenüber.“ (Sie weinte jetzt lauthals.) „Und wir können erfahren, was du über uns weißt.“ (Ihr Weinen überlagerte die Worte.) „Und das ist sehr gut.“ (Weinen) Ich fühle mich völlig geehrt ... und glücklich. Das sind Tränen des Glücks.

D: Dann sind das keine Tränen der Traurigkeit oder der Furcht??

B: Oh, nein! (Weinend) Ich fühle mich durch und durch zutiefst geehrt.

D: Das ist sehr gut. (Ich versuchte erneut, sie wieder objektiv zu machen, damit sie die Emotionen aufhalten konnte.) Und wie lernen sie von dir?

B: (Ihre Fassung wiederfindend. Er sagt: „Wir laden Informationen aus deinem Kopf herunter. Und du weißt, was das jetzt bedeutet, Bonnie. Schön für dich! Du lernst Computer und verstehst das jetzt. Wir nehmen einfach alles, was du von all den Leuten weißt, mit denen du gearbeitet hast und die Episoden hatten“ interessant, sie nennen das „Episoden“ – „mit solchen wie uns. Und wir möchten wissen, wie diese Menschen unsere Interaktionen mit ihnen erleben. Wir möchten wissen, wie wir auf sie wirken, wie sie es erleben und was es für sie bedeutet. Und du weißt das alles Bonnie, von vielen Leuten. Und du hast gesehen, wie sie sich verändert haben. Du hast gesehen, wie sie von schrecklicher Angst und Trauma, wie ihr es auf Erden nennt, zu

Akzeptanz und Frieden übergehen. Und wie sie uns in vielen Fällen besser kennenlernen wollen. So wie auch du uns kennenlernen wolltest, als du eine gewisse Bewusstheit darüber hattest. Und jetzt kannst du uns kennenlernen. Diese Erfahrung ist also auch für dich. Du warst zuvor schon bei uns. Du hast einfach nicht an so etwas gedacht.“ Und ich denke: „Ja, ich habe mich schon zuvor mit diesen Bläulichen getroffen, früher um das Jahr 1742.“

D: (Das war eine Überraschung.)1742? Das war vor langer Zeit.

B: Als ich ein Burgwächter in Wales war. Sie nahmen meinen Körper auf und brachten mich weit, weit, weit, weit, weit, weit weg in den Weltraum, wohin mich diese silbrig-bläulichen Schönen mit den flüssigen Augen und dem strahlenden Wohlwollen begrüßten. Es war wundervoll.

D: Du kanntest sie also schon lange Zeit?

B: Eine lange Zeit. Und ich erlebte mich als Teil ihres Gruppengeistes, was wirklich sehr anders ist.

D: Aber kennst du sie seit dieser Zeit?

B: Das weiß ich nicht.

D: Sie wussten also, wer du bist, das ist es, was du meinst. Gut. Aber du befindest dich auf dem Schiff und erlebst diesen Download. Was passiert danach?

B: Dies dauert nicht einmal sehr lange, wahrscheinlich nur wenige Minuten. Es ist schwer zu sagen. Und ich bin so von ihnen geblendet. Schau, der innerste Ring dieser Wesen sind diese schönen Silbrig-Blauen. Sie sehen alle völlig gleich aus. Und sie strahlen eine liebenswerte Güte aus und Interesse und Neugier. Der Große dort hinten strahlt auch wirklich Wohlwollen aus. Er ist derjenige, der mit mir gesprochen hat.

D: Und was passiert, wenn sie damit fertig sind?

B: Das Summgefühl hört auf. Und sie halten sich jetzt zu meinen beiden Seiten auf, dort, wo sich meine Schläfen befinden und öffnen etwas. Ich weiß nicht, ob es sich um Scharniere oder Platten handelt. Und sie nehmen dieses Gerät aus meinem Kopf. Ich sitze immer noch in der gleichen Position mit meinem Kopf aufrecht. Und der Große sagt: „Danke. Wir schätzen deine Informationen. Und wir schätzen die Arbeit, die du mit den Menschen tust, mit denen wir zusammenarbeiten. Wir ehren dich sehr und es wird dir absolut gut gehen. Wir nehmen deine

Erinnerungen nicht mit. Sie sind alle vollkommen intakt. Und wir lassen dich sehr gerne alles, was du willst, mit den Menschen auf der Erde teilen. Denn es ist wichtig, dass sie sich stark an die Idee gewöhnen, dass wir alle existieren. Und dass wir mit vielen, vielen von euch interagieren."

Ich war so fasziniert, dass ich vergaß, mein Tonbandgerät zu überwachen. Bonnies Tonbandgerät schaltete sich aus und das bewegte mich dazu, meines anzusehen. Es war fast das Ende des Bandes erreicht. Während also der Mann ihr Band wechselte, nahm ich meines heraus, legte ein neues ein und fuhr fort.

D: Sie erlauben uns diese Informationen zu haben?

B: Er sagt: „Bitte nutzt sie! Nutzt jede Gelegenheit, um sie zu teilen. Jede Gruppe, in der ihr euch befindet, alle Individuen, die ihr trefft, alle Personen, mit denen ihr sprecht. Und ihr müsst damit beginnen, eure eigene Familie damit bekannt zu machen."

D: Was würde er zu jemandem sagen, der der Meinung ist, dass es falsch sei, ihre persönlichen Informationen zu nehmen?

B: Er sagt, im universellen Plan der Dinge sei es nicht falsch. Und obwohl eines Tages wir das heißt, sie. Er ist es, der das sagt. Obwohl wir diejenigen sind, die zu dieser Zeit viel mehr von euch lernen, werdet ihr Menschen, ihr Erdenleute schließlich an der Reihe sein, mehr über uns zu erfahren. Und viele von uns wollen, dass ihr auf der Erde mehr über uns erfahrt. Es gibt einige, die dies nicht wollen, aber wir wollen es, weil wir für das Allgemeinwohl wirken. Wir arbeiten mithilfe vieler Menschen auf der Erde wirklich sehr hart daran, die Lebensqualität auf der Erde weiter zu verbessern. Und es ist sehr, sehr wichtig, dass andere Leute diesen Teil davon kennen. Es ist ein sehr großer Ausgleich und ein Ausbalancieren der Katastrophenszenarien erforderlich, die euren Gesellschaften so häufig präsentiert werden. Und du, Bonnie, suchst immer schon in deinem Leben von Natur aus nach Gleichgewicht und gegenseitigem Verstehen. Deshalb gehörst du zu den Menschen, mit denen wir arbeiten. Manchmal schicken wir sogar Leute zu dir, damit du mit ihnen arbeitest. Es mag dir vielleicht nicht so vorkommen, weil sie sagen, sie hätten dich sprechen hören, oder sie wurden von jemandem empfohlen, den du kennst. Aber oft sind wir diejenigen, die sie prägen und zu dem

Vortrag führen, auf dem sie dich hören und erfahren, wo sie dich erreichen können. Und sie werden kommen und mit dir arbeiten, weil du eine von denen bist, die offen für das Gleichgewicht sind, offen für das Gute, das viele von uns so aufrichtig zu erreichen versuchen. Es macht uns sehr traurig, viele der Dinge zu sehen, die iunter den Erdenmenschen vor sich gehen. Und es macht uns sehr traurig, die geistige Verschlossenheit gegenüber anderen Wesen in den Universen zu sehen. Wenn wir also jemanden wie dich und Weitere wie dich finden, habt ihr keine Vorstellung davon, wie sehr wir euch alle ehren. Wir ehren es, dass du lernst, nachforschst und liest und du immer offen bist für alle anderen Inputs. Und du teilst das mit anderen Menschen. Die Arbeit, die du mit anderen Menschen tust, um ihnen in diesem Leben dabei zu helfen, sich zu öffnen und die Interaktionen mit uns zu akzeptieren, hat einen weit größeren Einfluss auf ihre Seele, als du erkennst. Er geht weit über diese Lebenszeit hinaus, denn jeder dieser Menschen beginnt, es zu integrieren und zu akzeptieren, dass er mit uns interagiert. Dies hat also eine viel längere oder weitreichendere Wirkung, als du zu diesem Zeitpunkt wissen kannst.

D: Darf ich dann zu einem anderen Zeitpunkt wieder mit Bonnie zusammenarbeiten?

B: Oh, durchaus. Wir freuen uns sehr, dass sie sich dessen bewusst wird.

D: Wenn ich dann wieder mit ihr zusammenarbeite, dürften wir dann mehr Informationen bekommen?

B: Oh ja. Wir würden uns freuen. Wir machen diese Erfahrung für sie sehr einfach. Wir schätzen die Tatsache sehr, dass sie auf dem Weg nach Hause ist. Und aus ihrer Erdenperspektive ist es spät in der Nacht und es ist eine dunkle Nacht, und sie hat noch viel vor sich. Ihr sollt wissen, dass wenn wir – wie ihr vielleicht sagen würdet - Menschen abholen und für Experimente mitnehmen, wir die Zeit in ihrem Leben gut wählen, in der wir dies tun. Wir holen sie nicht ab, wenn sie krank sind. Wir holen sie nicht ab, wenn sie operiert werden. Wir holen sie nicht ab, wenn sie sich in einer Ehekrise befinden. Oder wenn sie durch das, was ihr „Tod“ nennt, jemand Nahestehenden verloren haben. Wir wählen sie oftmals wenn sie sich nicht gerade inmitten von etwas ihre Zeit, Aufmerksamkeit oder ihre Emotionen übermäßig

Beanspruchendem befinden. Das ist einer der Gründe, warum wir so oft mit Menschen zusammenarbeiten, wenn sie schlafen. Um ihren Arbeitstag oder ihr Familienleben nicht zu unterbrechen. Wir treffen uns oft mit ihnen und nehmen sie mit, wenn sie im Urlaub sind und Freizeit haben. Ein Freund von dir Bonnie wurde oft während Campingreisen mitgenommen. Weit häufiger, als er weiß. Und das ist so, wie es sein sollte, weil er nicht angespannt ist und am nächsten Tag nicht geistesgegenwärtig funktionieren muss. Wir versuchen also, rücksichtsvoll zu sein. Und du hast mit dir selbst eine sehr geschäftige Zeit vor dir. Aber hier ist ein wunderschönes Zeitfenster, während du spät abends nach Hause fährst. Und ja, du hast morgen einen anstrengenden Tag, aber wir lassen dich nicht mit irgendwelchen traumatischen oder körperlichen Auswirkungen zurück. Wir werden dich einfach sanft hinlegen und du wirst deinen Weg fortsetzen. Und du wirst sogar kaum wissen, dass etwas passiert ist, bis du bereit bist, es zu wissen.

D: Kann ich fragen, was das Objekt am Straßenrand war?

B: Oh! Dieses Objekt, das war eines unserer kleinen Erkundungsfahrzeuge. Wir ließen es einfach aussehen, wie etwas den Erdenmenschen Vertrautes, wie einen großen Lastwagen. Und es waren einige unserer Wesen, die sie drum herumlaufen sah.

D: Was war das Glühen hinter den Hügeln?

B: Das war ein weiteres unserer Schiffe. Eigentlich war heute Nacht eine ganze Flotte von uns hier draußen. Und eines von ihnen war weit weg hinter dem Hügel. Es gibt einige Leute, die in den fernen Hängen leben. Dort drüben gibt es viele, viele Kilometer weit nur Hügel und Täler. Gelegentlich findet man eine Schotterstraße und ein Haus. Und einige von ihnen sind unsere Leute. Manchmal fragen sich Menschen auf der Erde, warum Menschen weiterhin in abgelegenen Gebieten leben, wenn sie diese Erfahrungen machen.

D: Du meinst, die Leute, die in dem Haus leben, sind eure Leute? (Ja) Sie leben auf der Erde, meinst du?

B: Ich beziehe mich auf die Menschen, die wir besuchen und mitnehmen.

D: Ich verstehe. Ich dachte, du meinst Leute wie dich.

B: Nein. Wir leben nicht auf der Erde.

D: Mit anderen Worten: Das sind Menschen in isolierten Gegenden, mit denen ihr zusammenarbeitet.

B: Ja. Hinter jenen Hügeln, wo Bonnie fuhr, befand sich eines unserer Schiffe. Und einige von ihnen strahlen große Mengen an Licht aus. Und dieses besondere Schiff suchte jemanden in einem Haus auf. Es ist eine Reihe von isolierten ländlichen Häusern dort hinten, die man von der Autobahn aus nicht sieht.

D: Dann war es nicht das Schiff, auf dem sie sich jetzt gerade befindet.

B: Nein, nein, nein. Es war ein anderes. Und in der Tat gab es aus ihrer Perspektive noch ein weiteres unten an der Küste. Was sie als hellen, plötzlichen runden Blitz ohne Ton erlebte, war einfach das Raumschiff, das gerade plötzlich in ihre Dimension hineinsprang. Es dauert nur einen Moment, und sobald es in diese dritte Dichte gelangt, gleicht es sich aus. Es ist nur der Kollisionspunkt, der den Blitz verursacht.

D: Du meinst die Kollision der Dimensionen?

B: Ja. Die Kollision des Schiffes, das aus einer anderen Dimension in die dritte Dimension der Realität hereinkommt. Es macht oft einen Blitz. Wir tun das tagsüber häufig, aber die Menschen neigen nicht dazu, die Blitze zu sehen, weil der Himmel aus dem Blickwinkel der Erde hell ist.

D: Sobald es also die Dimension erreicht hat, schwindet das Licht.

B: Ja. Es durchläuft eine sofortige Anpassung an ... Ich weiß, dass es für Erdenmenschen schwer zu verstehen ist, aber es wird dichter. Das Schiff und diejenigen auf ihm. Und so treten sie sehr schnell ein und passen sich beinahe sofort daran an, gerade tief genug in der dritten Dimension zu sein, sodass die dritte Dimension sie seltsamerweise für gewöhnlich nicht sieht. Sie können es sehen, aber normalerweise schauen sie nicht hin. Du wärst erstaunt, wie viele unserer Raumschiffe herumfliegen, ohne dass uns jemals irgendjemand sieht,

D: (Kichern) Ich wäre nicht erstaunt. Ich weiß, dass das geschehen kann.

B: Und da ist noch etwas. Wenn wir sie wieder auf die Straße setzen, werden wir alles tun, sie wieder ziemlich genau dorthin zurückzubringen, von wo wir sie geholt haben. Was einfach sein sollte, weil unser Schiff noch immer dort ist. Manchmal wissen wir es nicht mehr genau. Aber wenn wir das tun, muss auch sie in diese dritte Dichte zurückkehren.

D: Während sie auf diesem Schiff ist, befindet sie sich in einer anderen Dichte?

B: Genau hier auf dem Boot, währen sie auf diesem Stuhl sitzt, ist sie nicht in einer gleich dichten Form, wie wenn sie wieder auf der Erde in einer dritten Dichte ist.

D: Ihr müsst also die Dichte anpassen, wenn das Auto wieder herunterkommt.

B: Ja. Plus die Tatsache, dass in der Sekunde, wenn sie wieder eintritt, ein Lichtblitz erscheint. Und das wird sie sehr verblüffen.

D: Liegt dies an den beiden Dimensionen, die wieder miteinander interagieren?

B: Ja, weil sie aus einer geringeren Dichte zur dichteren dritten Dichte kommt. Genau wie es diesen Lichtblitz dort an der Küste gab, wird es einen Lichtblitz direkt auf der Autobahn geben. Und sie wird es sehen. Sie wird in ihrem Auto sein. Wir werden sie hier wieder in ihr Auto zurücksetzen und sie dann herablassen. Sie wird nichts von alldem wissen. Und dann wird da plötzlich dieser Lichtblitz sein. Und sie wird wieder zurück auf der Straße sein, der Motor läuft und sie fährt wieder.

D: Aber als diese Erfahrung anfing, sah sie einen Blitz quer über der Windschutzscheibe.

B: Richtig. Das war so, weil sie genau dann und genau dort mit unserer Hilfe natürlich angefangen hat, in unsere Dimension einzudringen.

D: Also verursachte das auch einen Blitz.

B: Richtig. Wenn also Erdenmenschen, Erdenfahrzeuge und Erdentiere -- in der Tat Erdlebensformen aller Arten -- die dritte Dimension verlassen und in unsere leichtere, höhere Schwingungsdichtendimension kommen bei der es eine Art von Körperlichkeit gibt, aber nicht so „solide" obwohl ihr dies auch nicht habt. An diesem Punkt kann es diesen Lichtblitz geben und gibt es ihn häufig auch. Nun, wie gesagt, sehen die meisten Menschen das tagsüber nicht; oder wenn sie nachts schlafen, werden sie es nicht sehen. Oder sie erleben einfach nur wie es ist, im Strahl des Lichts zu sein und nicht so sehr jenen Blitz. Aber manchmal, wenn es sehr schnell passiert, wie es auch ihr sehr schnell passiert ist, gibt es diesen großen Blitz. Oftmals tun wir es auf eine andere Art, wenn jemand die Straße entlangfährt. Wir umgeben die Person mit Licht und machen ihren Automotor funktionsunfähig. Ihr Automotor bleibt stehen, ihre Lichter gehen aus. Wir versuchen sicherzustellen, dass sie zuerst an den Straßenrand gelangt oder von der Straße weg. Wir wissen, was dort passieren kann. Das wäre nachteilig für alle. Doch es ist ein langsamerer Prozess und die Person im Auto ist sich bewusst, dass der Motor ausgeht. Es gibt also keinen so scharfen und plötzlichen Übergang in unsere Dimension. Verstehst du, was ich meine? Das Licht schwenkt um das Auto herum, der Motor bleibt stehen, die Person ist von der Straße. Wir tauchen auf, wir führen sie durch die Autotür oder öffnen die Tür, wie wir es bei ihr taten. Und normalerweise bringen wir sie in einen Lichtstrahl. In diesem Fall gibt es keinen Blitz. Du siehst, es ist ein eher allmählicher Übergang.

D: Es kann also auf zwei verschiedene Arten geschehen. (Ja, ja.) In Ordnung. An unserem Ort läuft die Zeit ab.

B: Das verstehe ich.

D: Ich möchte noch ein paar Fragen stellen. Sie sagte, sie habe im hellen Licht so etwas wie einen Lichtstreifen gesehen. Was war das?

B: Das ist einer unserer Lasereffekte. Es ist ein sehr dünner Strahl. Und er kam eigentlich von unserem Fahrzeug, das sich dort unten auf der Straße befand. Tatsächlich ist das Fahrzeug noch da. Es ist eigentlich nicht auf der Straße. Es befindet sich genau über der Straße. Wir stellen niemals wirklich irgendeines unserer Schiffe direkt auf die Erde.

D: Warum?

B: Es wäre aufgrund der Energien, die rund um das Fahrzeug und natürlich unter dem Fahrzeug ausstrahlen, sehr schädlich für unser Fahrzeug. Auf der gesamten Oberfläche strahlt eine Energie, die uns beim Antreiben und Fliegen hilft. Dies würde gestört werden, wenn der Boden des Schiffes auf der Erde säße. Es muss also schweben oder manchmal die Beine aufsetzen. In diesem Fall schwebt es einfach. Aber es ist ziemlich nahe am Boden, also schien es ihr, als ob es am Boden wäre.

D: Was war das für ein Lasereffekt, von dem du sprachst?

B: Das ist einfach etwas, das wir auf diesem kleinen Raumschiff haben. Eigentlich haben wir sie auf allen unseren Schiffen. Sie wirken unverzüglich und sind sehr mächtig. Sie sind ein Lichtstrahl. Eine bestimmte Qualität, eine bestimmte

Lichtfrequenz, die eine festgelegte ich will nicht sagen: „körperlich, Körperlichkeit" hat -- aber sie hat eine Stärke. Sie ist sehr dicht und kompakt und konzentriert in ihren Frequenzen, in ihrem Strahl. Es ist wirklich ein ziemlich schmaler Strahl. Heutzutage habt ihr eine leise Ahnung davon, wenn ihr Leute Vorträge haltet und Diavorführungen macht. Ihr habt einen Laserpointer. Und ihr drückt eine kleine Taste und dann seht ihr auf dem Bildschirm drüben den roten Punkt. Tatsächlich ist da zwischen dem Gerät und dem roten Punkt ein Strahl, eine bestimmte Frequenz. Er ist sehr schmal und für das menschliche Auge normalerweise nicht zu sehen. Für unser Auge ist er die ganze Zeit sichtbar. Wir sehen unterschiedliche Frequenzen. Dieser kleine Lichtstrahl wurde also hinausgeschossen, um ihre Aufmerksamkeit zu erregen. Und um sie vor allem späterhin wissen zu lassen, dass etwas Ungewöhnliches passiert ist. Aber wir wollen nichts tun, was sie wirklich erschreckt oder sie heute Nacht zu sehr traumatisiert, denn wir wissen es zu würdigen, dass sie noch eine lange Heimfahrt hat. Und sie hat an diesem Wochenende klare Verantwortlichkeiten und muss erfrischt und ausgeruht sein, um sie wahrzunehmen.

D: Sie sagte, dass die Windschutzscheibe zersprungen sei. Was hat das verursacht?

B: Das war der Lichtstrahl.

D: Der Lichtstrahl traf die Windschutzscheibe?

B: Ja. Er hatte eine solche Wucht.

D: War das Absicht?

B: Ja, das war es. Und der Grund, warum er in einem Winkel kam, ist, dass es von etwas weiter oben aus dem Schiff kam. Erinnere dich, ich sagte, das Schiff schwebe. Es saß nicht ganz auf dem Boden auf, als sie im Auto vorbeifuhr. Das Licht fiel also von leicht oben schräg über ihre Windschutzscheibe herab. Weil es nicht körperlich ist, wussten wir, dass es zwei Dinge tun würde. Wir wussten, es würde Auswirkungen auf die Windschutzscheibe haben und dort eine Spur hinterlassen. Wir wussten auch, dass es nicht so dicht war, dass sie ausweichen müsste und einen Unfall haben würde.

D: Hat dies die Windschutzscheibe getroffen, bevor sie nach oben zum Schiff mitgenommen wurde oder nachdem sie wieder abgesetzt worden war?

B: Nein, eigentlich haben wir das noch gar nicht getan. Was zuvor geschah, war das intensive helle Licht und eigentlich das Sehen des Streifens. Von eurem Blickwinkel aus haben wir, glaube ich, ganz erstaunliche Möglichkeiten. (Kichern) Aber wir ließen sie das Licht sehen. Und dann fuhr sie in ihm hoch, sie hatte Recht in einem Winkel. Dann hoben wir sie für den Rest des Weges zu einem anderen Schiff oberhalb hoch, während das andere kleine an der Straße blieb. Und wenn wir sie wieder nach unten bringen, wird es, wie gesagt, beinahe exakt an der Stelle sein, von welcher wir sie mitnahmen. Wenn wir können, werden wir sie zu genau dem Moment hinunterbringen, in dem sie das sah, was sie für einen Streifen von etwas in diesem blendenden Licht hielt. Und dann lassen wir die Erfahrung weitergehen. Sie wird von diesem Laserstrahl getroffen werden und es wird die Windschutzscheibe in Mitleidenschaft ziehen. Zu diesem Zeitpunkt jetzt ist das also noch nicht geschehen. Aber die Zeit ist so relativ, dass es fast so ist, als ob es passiert sei, weil es passieren wird.

D: Gut. Nun, wie gesagt, wir stehen hier in unserer Dimension unter Zeitzwängen. (Ja) Ich möchte mich ganz herzlich bei dir für die Kommunikation mit mir bedanken.

B: Das tue ich sehr gerne. Viele meiner Gefährten haben mit dir kommuniziert, Dolores.

D: (Lachen) Ich wusste nicht, ob es sich um dieselbe Gruppe handelte oder nicht.

B: Nun, du arbeitest mit vielen Gruppen. Aber ich bin eine der Gruppen, wir sind eine von mehreren Gruppen. Also bin ich mit dir vertraut.

D: Dann weißt du, dass ich immer neugierig bin.

B: Oh, und es ist wunderbar, was du weltweit tust. Wir sind so erfreut. Wir könnten nicht mehr erfreut sein.

D: Dann ist es okay, wenn ich fortfahre, zu arbeiten mit ....

B: (Unterbrach) Absolut! Und zu teilen. Wir honorieren, dass du schreibst und wir honorieren, dass du Vorträge hältst. Und wir honorieren, dass du reist. Es ist absolut großartig. Du hast die wunderbare Eigenschaft, solch ein guter Mensch zu sein, dass deine Mitmenschen dich akzeptieren. Und sie glauben dir. Sie öffnen sich für das, was du sagst. Du bist eine bodenständige, normale Person, die eigentlich weit herausragender ist als das. Aber das ist der Eindruck, den die Leute haben. Du bist eine gute mütterliche Person, der sie vertrauen können. Und das ist auf der Erde heute enorm wichtig. Dass die Leute dies von sympathischen, glaubwürdigen Menschen hören.

D: Dann habe ich die Erlaubnis, dich über Bonnie zu kontaktieren, damit wir so weitere Informationen erhalten?

B: Absolut. Bitte tue das. Wir sind hocherfreut. Und bevor wir schließen, möchte ich sagen, dass die Kleinen um sie herum die Gleichen sind, die mit ihr vor langer, langer, langer Zeit in einem anderen Leben gearbeitet haben.

D: Weil sie länger leben.

B: Ja, wir leben alle so lange, wie wir leben wollen oder müssen, um unsere Arbeit zu erledigen. So einfach ist das. Und danke für das Ermöglichen dieser Erfahrung. Danke, dass du Bonnie dabei hilfst.

D: Und du weißt, ich beschütze sie und mir liegt stets ihr Wohlergehen am Herzen.

B: Dessen bin ich mir sicher. Und sie ist sich dessen auch sicher.

D: Kann ich dich dann bitten zu gehen? (Ja) Und ihre Persönlichkeit und Ihr Bewusstsein wieder zurückkehren zu lassen ....

B: (Unterbrach) Wir müssen sie allerdings zurückbringen. Aber es wird nicht sehr lange dauern.

Ich hatte vergessen, dass wir uns außerhalb ihres Zeitablaufs befanden, aber das größere Wesen hatte es nicht vergessen. Wir mussten uns anscheinend an seinen Zeitplan halten, bevor Bonnie wieder in das Bewusstsein und unsere gegenwärtige Realität zurückgebracht werden konnte.

B: Die Kleinen setzen sie wieder zurück ins Auto. Und die kleinen Neugierigen ziehen sich zurück. Und sie öffnen den Boden dieses großen Schiffes. Sie wurde in Licht herabgesenkt. Übrigens befindet sich auf jener Autobahn noch immer niemand. Wir haben jeden beeinflusst, der zu dieser bestimmten Zeit auf der Autobahn 101 nach Norden oder Süden fahren wollte, was eigentlich eine sehr, sehr kurze Dauer in Erdenzeit ist um schlichtweg nicht zu fahren. Du wärst also erstaunt über die Leute, die die Straße verlassen und sich einfach dazu inspirieren lassen, das Meer zu betrachten oder ein kleines Nickerchen zu machen. Es gibt viele Leute dort draußen, die nach Norden und Süden unterwegs sind und einfach ein kleines Nickerchen machen. Nur für eine kleine Weile. Nur ein bisschen dösen. Wir tun das, weil wir nicht wollen, dass sie diesen ganzen Lichteffekt sehen.

D: Ich bin sicher, dass es nicht für sie ist.

B: Dann setzen wir sie auf der Straße ab. Sie geht jetzt gerade hinunter. Sie ist auf der Straße. Hoppla! Da ist der Sprung! Laserstrahl. Perfektes Timing! Absolut perfekt. Wir sind wirklich sehr stolz auf dieses Manöver. (Ich lachte) Und sie fährt weiter. Sie ist versucht, anzuhalten. Aber wir strahlen zu ihr durch nicht unbedingt die große Stimme ihrer Seele sondern wir strahlen zu ihr. „Fahr weiter! Halte nicht an! Fahre weiter! Weg hier! Geh nach Hause!" Und das ist, was sie befolgt. Wir mussten sie auf ihren Weg bringen, weil wir die Autobahn wieder öffnen müssen.

D: Gut. Und sie weiß es jetzt alles. Und es ist vollkommen in Ordnung für sie, es zu wissen.

B: Ja, das ist wunderbar.

D: Alles klar. Jetzt ist sie im Auto und fährt nach Hause. Und du gehst mit viel Liebe und Dank fort. (Ja) Und ich werde dich demnächst wiedersehen.

B: Danke, meine Liebe.

Ich gab dann Anweisungen für die Integration von Bonnies Bewusstsein und ihrer Persönlichkeit in ihren Körper und Anweisungen für die Orientierung zurück in diesen Zeitrahmen. Dann erwachte sie und begann, Fragen über die Sitzung zu stellen.

Bonnies Zeichnung der Symbole am hinteren Ende des Lastwagens.

Einer der Männer, die das beobachteten, sagte, er sei verblüfft über die Art und Weise, wie die Wesenheit sich unterhielt und so fließend war. Bonnie sagte, dies geschehe auch, wenn sie mit ihren Probanden arbeite. Sie verwendet anscheinend dieselbe Art von Technik, um über den emotionalen Zustand des Bewusstseins hinaus dahin zu gelangen, wo die wirkliche Information liegt.

Bonnie war voller Fragen, aber ich wusste, dass keine Zeit war, sie alle zu beantworten. Ich musste um 03:00 Uhr in der Früh aufstehen und einen Bus nach Denver nehmen, um mein Flugzeug zu erreichen (eine vierstündige Fahrt). Und Bonnie und die beiden

Männer fuhren nach Colorado zurück, eine zweieinhalbstündige Fahrt. Einer der Männer sagte, er würde fahren, denn ich wusste, dass Bonnie nach so einer tiefen Sitzung dazu nicht in der Lage sein würde. Bonnie sagte später, dass sie das Band während der Fahrt im Auto abgespielt haben und sie ziemlich erstaunt über die Informationen gewesen sei, die durch sie kamen.

Einige Monate später, im September 1997, musste ich eine Reihe von Vorlesungen in Kalifornien halten und ich war für nur einen Tag in Los Angeles. Bonnie kam für eine weitere Sitzung in mein Hotel. Sie hatte eine Liste mit Fragen vorbereitet, die sie stellen wollte, falls wir dieselbe Entität wie beim letzten Mal auffinden sollten.

Ich benutzte ihr Kennwort und sie geriet sofort in eine tiefe Trance. Ich brachte sie wieder zurück an Bord des Schiffes und sie sah sich wieder umgeben von den niedlichen, kindlichen Wesen.

B: Ich sitze auf dem Stuhl. Und all die Kleinen drängen sich um mich herum. Sie sind immer noch sehr neugierig. Und sie wetteifern um die beste Position, stoßen sich mit den Ellbogen beiseite und drücken sich mit den Schultern beiseite. Und starren mich einfach an, es ist wirklich sehr süß. Es stört mich nicht. Sie sind so lebhaft mit ihrem Interesse. Es ist wirklich schmeichelhaft, so viele Interessenten zu haben.

D: Vielleicht bekommen sie nicht sehr viele wie dich aus der Nähe zu sehen.

B: Ich weiß es nicht. Ich bekomme sie nie zu sehen. Das ist eins, was sicher ist. Weißt du was, ich möchte innehalten und nochmals einen Blick auf diese kleinen Bläulich-Grauen werfen.

D: Du meinst, du möchtest sie klarer sehen? (Ja.) (Es gab eine Pause, während sie sie untersuchte.) Sehen sie unterschiedlich aus oder sind sie alle gleich?

B: Nun, alle diese Kleineren sehen sich ähnlich. Aber dieses Mal wollte ich ihre Hautstruktur und weitere Details erkennen. Zuvor hatte ich den Eindruck, dass ihre Haut sehr glatt sei. Aber sie hat eine feine Maserung ... eine etwas unebene Textur, wie winzig kleine Beulen auf der Haut. Und wenn ich „uneben" sage, sind diese kleinen Unebenheiten so subtil und klein, dass es fast so ist, wie ... das Ähnlichste, was ich damit vergleichen könnte, ist, wie wenn wir Gänsehaut haben. Vielleicht ein bisschen mehr abgerundet, als das. Und da ist etwas über ihren Augen. So etwas wie eine Art Grat über ihren Augen. Du weißt, wie man bei menschlichen Augen ein Augenlid sieht, aber dann verschwindet es in den abgerundeten Teil des Auges hinein. (Ja) Also, es ist irgendwie in dieser Art, außer, dass ich kein Augenlid sehe, das sich über dem Auge schließt, geschweige denn Wimpern. Ich schaue einen an, der sehr nahe bei mir steht, zu meiner Rechten. (Sie hatte Schwierigkeiten zu erklären, was sie sah.) Es ist nicht flach, es gibt eine Art skulpturartige Form um die Augen. Ein bisschen eingedellt an beiden Augen. Und beinahe eine Art Augenbraue, aber keine Haare.

D: Du erwähntest einen Grat. Meinst du das?

B: Da ist Eine Art Wölbung über den Augen, die Form. Es ist schwer zu beschreiben, aber ich kann es sehen. Und es gibt sogar eine Andeutung einer Wangenknochenform. Sehr vage. Und nur einen kleinen Deut einer Nasenform, aber sie stechen nicht so hervor wie unsere.

D: Gibt es dort Öffnungen?

B: Ja, ich glaube, du würdest es Nasenlöcher nennen. Sie sind nicht rund. Sie sind ein wenig länglich, in einer Richtung von oben nach unten, einer senkrechten Richtung.

D: Gibt es irgendeine Art von Mund?

B: Nein. Nur einen sehr, sehr schwachen, sehr kleinen ... Ich sehe nicht wirklich Lippen. Ich versuche, ein Gefühl für die Größe zu bekommen. Ihre Münder sind vielleicht einen zwei bis drei Zentimeter breit. Vielleicht ein bisschen mehr, zweieinhalb.

D: Das ist klein. Kannst du Ohren sehen?

B: Nein, nichts, das heraussteht. Aber da scheint etwas zu sein ich frage mich, wie ihr es nennt wenn wir frontal auf das Gesicht schauen, haben wir eine kleine Erhebung oder einen kleinen Flansch, der die Öffnung des Ohrs schützt. Da ist so etwas in der Art, aber es gibt keine äußere Klappe. Hinter diesem kleinen Flansch befindet sich möglicherweise eine Öffnung, die jedoch sehr subtil ist. Ich kann nicht in die Öffnung hineinsehen, also in das Ohrloch schauen oder so. Es ist etwas da, aber es ist so klein.

D: Kannst du ihre Hände sehen?

B: Ja. Sie sind ganz anders als unsere. Sie sind sehr dünn. Wenn man auf den Handrücken schaut, ist er im Vergleich zu unserem sehr schmal und es gibt nicht so viele Finger. Es gibt drei Finger, dann gibt es noch ein Extrading, das, glaube ich, einem Daumen entspricht. Aber es ist ein bisschen mehr in einer Reihe mit den anderen Fingern. Es ist nicht ganz in der Position, aber es scheint zu mehr Seitwärtsbewegung fähig zu sein als die anderen Finger.

D: Tragen diese Wesen irgendwelche Kleider?

B: Das ist wirklich schwer zu sagen, weil alles dieselbe Farbe hat. Ich versuche zu sehen, ob es Unterschiede in der Textur gibt. Ich denke, es gibt eine Art Anzug, obwohl ich eigentlich keine Saumkante daran sehe. Das ist das Seltsame. Aber es scheint am Oberkörper glatter zu sein.

Bonnie leistete außergewöhnliche Arbeit als objektive Reporterin. In vielen anderen Fällen, die ich untersucht habe, fand der Proband die seltsam aussehenden Kreaturen abstoßend und wollte sie nicht länger als nötig ansehen. In einigen Fällen erlaubte ihr Unterbewusstsein ihnen nur, ein verschwommenes Bild zu sehen, oder (wie in dem Fall von Vermächtnis von den Sternen) sie nur von hinten zu sehen. Bonnie war so neugierig wie ich und bat darum, dass die Szene verlangsamt werde, damit sie die Kreaturen studieren und sie detailliert sehen könne. Dabei zeigte sie auch keine Angst, sondern wissenschaftliche Neugier. Und wenn man völlig objektiv wird, können noch mehr Informationen zutage treten.

D: Ist das andere Wesen da? Derjenige, der unsere Fragen beantwortete?

B: Ja, er steht hinter denen, die vor mir stehen. Er ist fast direkt vor mir, etwas links von mir.

D: Können wir wieder Fragen stellen?

B: Ja. (Leise, nicht an mich gerichtet.) Ich würde gerne weiter mit dir sprechen und einige Fragen stellen. Ich muss ihn stärker in den Fokus rücken lassen. Er sagt: „Werde klarer. Werde klarer."

D: Weißt du was er meint?

B: Ja. Ich soll ihn ansehen. (Seufzen) Vielleicht kann ich ihn beschreiben und kann ihn dann klarer sehen.

D: Er stört dich doch nicht, oder?

B: Nein, tut er nicht. Okay. Er ist sehr groß und sehr dünn. Und er ist sehr, sehr weiß.

D: Die Haut hat eine andere Farbe?

B: Ja, er unterscheidet sich sehr von diesen anderen Kleinen, denn sie sind eher wie ein dunkleres Blau-Grau und er ist reines Weiß. Nicht weiß, wie wenn wir weiß sind, sondern weiß wie weißes Papier.

D: Das ist sehr weiß. Ist sein Gesicht anders?

B: Oh ja. Er hat nicht annähernd so einen runden Kopf wie sie, aber sein Kopf und sein Gesicht sind länger und dünner. Er sieht auf der Oberseite abgerundet aus, außer dass er eine kleine Vertiefung in der Mitte der Oberseite hat, anstatt vollständig abgerundet zu sein. Und ich sehe keine Ohren. Es sieht fast wie ein Totenkopf aus, in dem Sinne, dass ich nichts sehe, das wirklich wie Fleisch aussieht.

Diese Beschreibung klang so anders, dass es für einen Menschen, der eine solche Kreatur betrachtete, normalerweise beängstigend erscheinen würde. Aber erstaunlicherweise beschrieb Bonnie das Wesen ohne jegliche Befürchtung, nur mit einem Gefühl des Wohlbefindens und des Wohlbehagens mit ihm. Angesichts unserer menschlichen Gefühle scheint dies widersprüchlich zu sein, aber es war eben die Art und Weise, wie sie sich den kleinen Wesen gegenüber fühlte: ein Gefühl von beinahe Liebe und Kompatibilität. In der ersten Sitzung meinte sie, sie hätte Angst haben müssen, als sie sie in den Raum brachten und den Apparat anschlossen, sie war jedoch leicht überrascht, dass sie keine Angst hatte. Die einzige Angst erlebte sie, als sie erstmals erkannte, dass die kleinen Wesen um den „Lastwagen“ herum nicht menschlich waren. Diese verblasste aber vollständig, als sie das Schiff betrat und sie war amüsiert über ihre kindlichen Qualitäten. Sie schien sich in der Gegenwart dieses seltsam aussehenden Wesens, das sie so ruhig beschrieb, recht wohl zu fühlen. Sie studierte die Kreaturen mit wissenschaftlicher Objektivität.

D: Meinst du mit totenkopfartig, die Haut erscheint sehr anliegend?

B: Sehr anliegend. Ich denke, es muss eine Bedeckung geben. Okay, also seine Augen sind sehr, sehr groß. Sie sind im Verhältnis zu seinem Gesicht größer als die Augen der kleinen Grauen.

D: Haben sie die gleiche Farbe?

B: Nein. Ihre waren eher schwarz-blau oder schwarz mit einer Art tiefblauen Schimmer. Seine sind eher dunkelbraun, fast schwarz, aber in Richtung braun. Und sie haben eine andere Form. Sie ähneln eher einem vertikalen Rechteck, außer dass sie gekrümmte Ecken haben. Sie gehen nicht seitlich über das Gesicht, so wie bei uns. Sie sind eher nach oben und unten ausgerichtet.

Das war eine Überraschung, während ich versuchte, mir die Kreatur, die sie beschrieb, geistig vorzustellen.

B: In der Längsrichtung, nach oben und unten, also vertikal, sind sie länger als sie breit sind. Und sie sind am oberen Ende etwas breiter als am unteren Ende, aber sie bedecken einen großen Teil seines Gesichts. Was man also hauptsächlich sieht, wenn man ihn betrachtet, sind diese Augen. Ich versuche in Begriffen von Zentimetern zu denken. (Pause) Die Augen selbst sind vielleicht neun bis zehn Zentimeter lang und vielleicht siebeneinhalb Zentimeter breit.

D: Das sind große Augen. Ist der Rest seiner Gesichtszüge denen der Kleinen ähnlich?

B: Nun, die gesamte Gesichtsform ist anders. Die Kleinen haben eine viel größere, abgerundete Oberseite des Kopfes und der Schläfen. Und dann verjüngt sich die Gesichtsform nach unten hin zu einem sehr kleinen Kinn. Aber seine Gesichtsform ist im oberen Teil größer und verjüngt sich dann nach unten. Ich will immerzu sagen, dass es eher ein pferdeartiges Gesicht ist, wenn man den Kopf eines Pferdes von vorne anblicken würde. Aber er hat keine Nase wie ein Pferd oder einen solchen Mund. Ich spreche nur von der Form.

D: Länger gestreckt. Ist der Mund oder die Nase denen der Kleinen ähnlich?

B: Nein, denn wieder erinnern sie mich an ein Pferd. Das ganze Gesicht tritt in der mittleren und unteren Struktur etwas hervor, aber es gibt keine Abzeichnung einer Nase. Ich habe wirklich Probleme, selbst den Mund zu finden. Lass mich nachsehen. (Pause) Ja, da ist ein Mund. Es könnte das Äquivalent von unten am Kinn oder sogar unter dem Kinn sein, denn ich sehe nicht, dass er quer über das Gesicht verläuft, wie ich es bei den Kleinen sah. Er ist sehr anders.

D: Was ist mit seinen Händen? Kannst du sie sehen?

B: Nein, kann ich nicht. Ich kann einen sehr langen, dünnen Hals sehen, der auch reinweiß ist. Und ich kann Schultern sehen.

D: Irgendwelche Kleider?

B: Er ist komplett weiß. Und ich glaube, er hat eine Art weiße Kleidung an, die von den äußerst dünnen Schultern fällt. Ich versuche jetzt, nachzusehen. (Pause) Ganz oben an der Nackenwurzel sieht es aus wie eine kreisförmige Öffnung, aber ohne Kragen. Dort, cwo wir normalerweise Schmuck tragen, einen Halsreif oder so etwas. Aber ich kann auf jeden Fall sagen, dass er sehr, sehr schmale Schultern, einen sehr, sehr dünnen Oberkörper und dünne Arme hat. Und doch sehe ich keine Abgrenzung davon. Es wirkt wie ein Kleid oder etwas Weites. Es scheint nicht so enganliegend zu sein wie bei den kleinen grauen Kerlen.

D: Alles klar. Glaubst du, er kann jetzt Fragen beantworten?

B: Ja, ich denke schon.

D: Sage ihm, wir sind sehr neugierig. Wir wollen viele Dinge wissen.

B: Wir sind sehr neugierig und ich habe viel über dich nachgedacht. Ich möchte auch sagen, dass ich mich jedes Mal, wenn ich an dich gedacht habe, dabei wirklich in Ordnung gefühlt habe. Ich fühle mich sehr geehrt. Ich hatte noch nie Angst oder schlechte Gefühle bei dir oder den anderen Kleinen. Und ich möchte mich auch bei dir bedanken, denn ich hatte seitdem nie mehr Angst beim Fahren, weder alleine, noch spät in der Nacht oder dergleichen. Er sieht mich einfach mit diesen Augen an. Die Augen all dieser Wesen sind so interessant. Weil ich keine Pupille oder etwas Andersartiges in den Augen, und doch scheinen sie sehr lebendig und reaktionsfreudig zu sein. Sie scheinen sich zu bewegen, aber ich kann nicht wirklich herausfinden, wie sie sich bewegen. Und sie haben keine Augenlider, die zwinkern, aber sie scheinen eine gewisse Ausdrucksstärke an sich zu haben. Und ich kann nicht ganz herausfinden, wie diese ist. Aber da ist sie.

D: Fragen wir ihn. Wie unterscheiden sich seine Augen von unseren?

B: Er sagt, dass sie die Fähigkeit besitzen, mehr in die Dinge hineinsehen zu können als unsere Augen. Sie sehen unter die Oberfläche.

D: Im wahrsten Sinne des Wortes?

B: So, wie sie in mich hineinsehen. Sie dringen in mein Inneres ein.

D: Du meinst wie ein Röntgenstrahl?

B: Ja, wie ein Röntgenstrahl. Sie können die Physiognomie sehen, aber noch wichtiger für sie sie können die Gedanken sehen sowie die Gefühle. Sie verstehen die Gefühle nicht immer, aber sie können sehen, was in uns als Individuen vorgeht. Das meinte ich damit, dass sie unter die Oberfläche sehen können. Und es ist sehr merkwürdig für sie, dass unsere Augen so klein sind. (Ich lachte.) Natürlich ist es für uns merkwürdig, dass ihre Augen so groß sind.

D: Und unsere Augen können nur auf einer Ebene gleichzeitig sehen.

B: Nein, nein. Ihre Augen können auch unter die Oberfläche vieler Dinge sehen, und sie haben ein weitaus größeres Gesichtsfeld als wir. Wie zum Beispiel, wenn sie nach unten auf die Autobahn blicken. Sie sehen die ganze Länge, soweit sie sehen müssen. Oder sagen wir „Weite“, abhängig davon, wie sie sie betrachten.

D: Du meinst, wenn er die Autobahn von dem Schiff aus betrachtet, in dem er sich befindet, kann er die gesamte Länge sehen.

B: (Die Veränderung war abrupt.) Ich möchte jetzt für mich selbst sprechen.

D: Okay, fahre fort. Es könnte auf diese Weise einfacher sein.

B: Wir sehen die ganze Gegend. Wir sehen alles, was sich hier im Schiff befindet. Und wir sehen, was da unten unter uns ist. Und wir sehen das ganze Gebiet. Wir sehen die Autobahn nach vorne und nach hinten und zu beiden Seiten. Wir sehen nach weit draußen ins Meer und landeinwärts. Und wir sehen weit nach Norden entlang der Küste und weit nach Süden. Einfach alles auf einmal.

D: Du meinst gleichzeitig?

B: Richtig. Wir müssen unsere Augen nicht so verschieben, wie es Menschen tun. Wir sehen ein sehr breites Spektrum. Und nicht nur das, wir sehen ins Innere all dessen, was in diesem Sichtfeld liegt. Wir sehen jede Person, die sich in diesem ganzen Gebiet in irgendeinem Fahrzeug befindet, oder sogar in Booten weit draußen im Meer. Und wir sehen jeden, der sich in irgendeinem Haus befindet. Sehen in jedes Gebäude, in jedes Haus. Sehen hinter die Hügel, auf die Bonnie blickte, als sie dort entlangfuhr. Wir sehen unser Schiff dort drüben. Wir sehen vier weitere Häuser, die auf verschiedene Straßen verteilt sind. Wir sehen all die rauen Hügel. Wir sehen die Stadt Ventura. Wir sehen die Stadt Santa Barbara und Montecito, Carpinteria.

Diese großen Augen erinnerten mich an Insekten. Wir haben keine Möglichkeit, wirklich zu erfahren, welch großes Gebiet ein Insekt sehen kann, weil wir nicht in seinen Verstand gelangen können. Ist es ähnlich? Nehmen die großen Augen eines Insekts mehr Informationen auf, als wir wissen?

D: Ist es nicht verwirrend, so viele Informationen auf einmal aufzunehmen?

B: Nein, nein. Ich denke das wäre es für Menschen.

D: (Kichern) Ja. Ich denke aus menschlicher Sicht.

B: Nein. Das tun wir immer. Worüber ich jetzt spreche, ist die dreidimensionale physikalische Realität der Erde. Aber es gibt noch mehr, das wir ebenso gut sehen. Wir sehen andere Dimensionen.

D: Tun die kleinen Wesen ....?

B: Fragst du, ob die kleinen Wesen das auch können?

D: Ja, funktionieren ihre Augen auf gleiche Weise?

B: Sie sehen zwar nicht einen so breiten Abschnitt, aber sie sehen definitiv hinein. Wie wenn sie gerade jetzt dort drüben wären und Bonnie anschauten. Und ich schaute auf ihren Hinterkopf. (Dieser Perspektivwechsel zeigte eindeutig, dass Bonnie nicht mehr kommunizierte. Das Wesen sprach von seinem Gesichtspunkt aus.) Sie sehen alles, was vor sich geht in Bezug auf ihre Gedanken, ihre Gefühle und ihre gesamte Geschichte. Und wie ihre Körperfunktionen arbeiten. Sie sehen, wie ihre Augen funktionieren. Ihre Augen sind offen. Sie sehen, wie ihr Gehirn arbeitet. Wie alle kleinen Verbindungskanäle funktionieren. All die kleinen Drüsen und Knoten und Texturen. Sie sehen die Nasengänge und die kleinen Härchen darin. Und die Flüssigkeiten und die Nebenhöhlen.

D: Ist das der Grund, warum sie sie so genau beobachten?

B: Ja. Sie haben einfach eine wundervolle Zeit. (Ich lachte.) Sie weiß, dass sie sehr neugierig sind.

D: Aber sie weiß nicht, dass sie das alles sehen können.

B: Sie hat keine Ahnung, was sie sehen können. Sie können die Gehörgänge sehen und wie das Gehör funktioniert. Und sie können das Wachs im Ohr sehen. Sie sehen den Speichel und die Nebenhöhlenflüssigkeiten. Oh ja, es gibt schrecklich viel zu sehen.

D: Warum habt ihr keine Bedeckungen, um eure Augen so zu schützen, wie wir es tun?

B: Wir haben Bedeckungen. Sie sind eingebaut. Es ist beinahe wie das, was ihr eine Membran nennen würdet.

Die Beschreibung zuvor klang nach einem Insekt, aber diese hier erinnerte mich ein wenig an die Augen eines Reptils.

D: Das schützt das eigentliche Auge?

B: Ja, ja. Sie hat eine Art Glanz an sich. Es ist eine selbsterneuerbare Membran. Wir brauchen die Augen nicht so zu schließen, wie Menschen es müssen. Der Mensch hat ein völlig andersartiges System. Er hat viel Feuchtigkeit direkt auf der Oberfläche des eigentlichen Auges. Und diese Feuchtigkeit zieht Dinge wie Staub an. Aber unsere Membranbedeckung, die ein natürlicher Teil von uns ist, hat nicht die Art Oberfläche, die Staubpartikel und andere Teilchen anzieht. Mit dieser Membran haben wir eine Methode, alles abzustreifen, was am Auge haften würde.

D: Mir wurde auch gesagt, dass ihr die Absichten der Menschen erfahren könnt, indem ihr sie beobachtet. Dass es keine Möglichkeit gebe, euch zu täuschen.

B: Ja. Dies ist Teil dessen, was wir sehen. Ich denke, dass Menschen dazu neigen, darüber zu denken im Sinne von „wir erkennen die wahren Beweggründe". Wir sehen, was sie als „Seele" bezeichnen würden. Wir sehen die Essenz sowie die ganze zusätzliche Deckschicht, alle Konditionierungen bis hin zur Essenz. Menschen sind für uns höchst erstaunlich, weil sie so viele Konditionierungen, Lehren, Theorien und Überzeugungen haben, die aufgetragen werden, während sie durch das Leben gehen. Auf die reine Essenz oben aufgetragen werden, die als menschliches Wesen geboren wurde. Und bis die Person das angemessene Erwachsenenalter erreicht hat, ist diese reine Essenz gänzlich und vollständig mit Lehren, Überzeugungen und Indoktrinationen überdeckt. Sodass es für die Person schwierig ist, überhaupt irgendein Gefühl dafür zu haben, dass sie in Wirklichkeit eine reine Seelenessenz ist. Und alles, was sie kennt, sind all diese Schichten von Lehren und Überzeugungen und Glaubenssätze und so weiter, die auf diese Essenz aufgeschichtet wurden, als sie ins Leben trat.

D: Mir wurde gesagt, dass einer der Gründe, warum sie mit mir und wohl auch mit Bonnie zusammenarbeiten werden, darin liegt, dass Sie unsere wahre Motivation kennen. Ist das korrekt?

B: Wenn du „sie" sagst, auf wen beziehst du dich da?

D: Auf euch, die wir „Außerirdische" nennen. Die Leute, die durch die Probanden sprechen, mit denen wir zusammenarbeiten.

B: Nun, wir wissen, dass eure Motivation sehr gut ist. Sie ist, zu helfen und die Wahrheit ans Licht zu bringen.

D: Denn mir wurde gesagt, dass wir unsere Beweggründe nicht verbergen können. Dass ihr unsere Absicht besser kennt als wir.

B: Ja. Und nicht nur das, sondern du und Bonnie ihr setzt euch sehr dafür ein, Informationen aus dem tiefen Innern der Person herauszuholen. Sei es, dass ihr in ein früheres Leben hineinblickt oder Informationen aus vergangenen Jahrhunderten zurückzubringt, so wie du es tust. Oder in die frühe Zeit dieses Lebens zurückgeht und Dinge findet, die zu wissen für den Menschen hilfreich sind. Oder dass ihr für die Ursachen aktueller Schwierigkeiten in andere vergangene Leben geht. Oder dass ihr in Erfahrungen hineingeht, die Menschen mit Wesen wie uns machen. Aber die Motivation von dir und Bonnie und anderen, die wie ihr diese Arbeit tun, ist, dass ihr versucht, die anderen Schichten und Dimensionen des Geschehens herauszuarbeiten. Ihr versucht, zur Wahrheit vorzudringen. Versucht, zur wahren Quelle zu gelangen. Und es ist sehr aufwendig, wie ihr es tun müsst. Wir können das beinahe augenblicklich tun. Trotzdem schenken wir euch große Anerkennung, denn ihr tut und vielleicht habt ihr noch nie zuvor darüber nachgedacht aber ihr tut vieles von dem, was wir tun. Das heißt, tief hineinzuschauen und zu sehen, was da drin ist. Mehr zu sehen von der reinen Essenz und den Überlagerungen, die in früheren Leben und in der aktuellen Lebenszeit auf die reine Essenz aufgetragen wurden.

D: Es ist einfach schwerer für uns. Es braucht mehr Zeit.

B: Ja. Es ist nicht so sehr, dass ihr in die Person schaut, obwohl ihr tatsächlich Leute habt, die ihr „Medium" nennt, die mehr von dieser Fähigkeit haben. Aber du und Bonnie insbesondere helft der Person, in diesen Bewusstseinszustand zu gelangen, damit die Person diese Erinnerungen durch alle Schichten der Überlagerung hochkommen lassen kann.

D: Nun, Bonnie hatte einige Fragen, von denen sie wollte, dass ich sie dir stelle. (Ja) Du sagtest, dass sie Informationen aus ihrem Geist entnahmen über die Fälle, an denen sie gearbeitet hat, und über die Menschen, denen sie geholfen hat. (Ja) Und ihr sie habt eingesetzt in -- was? -- etwas wie einen Computer? Ist das ein gutes Beispiel?

B: Wir tun das mit unserem Geist, ja. Das könnte ein Vergleich sein, aber wir setzen sie nicht in eine Maschine ein.

D: Ich muss menschliche Ausdrücke verwenden, die ich verstehe.

B: Ja, ja. Es ist ähnlich insofern, als wir in der Struktur unseres Geistes etwas haben, was ihr einen „computer"-artigen Apparat nennen würdet. Wir verwenden diese Informationen also selbst.

D: Sie wollte wissen, was ihr mit den Informationen tun werdet, die ihr aus ihrem Geist kopiert habt.

B: Wir haben Verbindungen zu vielen, vielen anderen Wesen. Von unserer Art und auch von anderer Art, die sich sehr für die Erde und die Erdenmenschen interessieren. Manchmal teilen wir das telepathisch mit. Wir senden es mit unserem Geist aus. Es ist wie Gedanken hinausprojizieren.

D: Dann kann jeder, der will, es erhalten?

B: Ja. An diejenigen anderen Wesen, die sich für diese Art von Dingen interessieren. Denn es gibt viele, viele Wesen, die sich für die Menschen auf der Erde interessieren. Einige von ihnen haben ein besseres Gespür für das, was ihr als „Gewissen" bezeichnet. Gewissen! Und möchten wissen, wie Menschen durch unsere Besuche beeinflusst werden. Es gibt weitere Wesen, die an Erdenmenschen interessiert sind, die sich jedoch nicht darum kümmern, wie die Erdenmenschen durch ihre Interaktionen und Besuche beeinflusst werden. Es ist wie ein Rundfunksystem, außer dass wir keine Kabel und solche Geräte verwenden, die ihr auf der Erde benutzt. Es ist mehr das, was ihr „direkt" oder „telepathisch" nennen würdet. Wir haben eine andere Schicht unter uns, ein anderes Kommunikationsmedium. Und es ist nicht auf physische Apparate angewiesen. Wenn wir das etwas verständlicher machen wollten, es ist so, als gäbe es ich versuche, dies in Begriffen zu formulieren, die du als Erdenmensch verstehen kannst.

D: Das ist immer der schwierige Teil.

B: Ja, weil wir so unterschiedlich arbeiten. Es ist, als gäbe es ein unsichtbares Maschenwerk oder ein multidimensionales Netz, das in alle Richtungen geht. Ich versuche immer wieder daran zu denken, dass du meistens physisch denkst. Und wenn du dir vorstellen könntest, von dort, wo du dich auf der Erde befindest, nach oben zu schauen und dir ausmalst, es gäbe dort ein vollständig dreidimensionales Geflecht oder Netz. Nicht zweidimensional wie über etwas gespannt, sondern alle Dimensionen, in alle Richtungen gehend. Es ist deiner Vorstellung davon ähnlich, in dem Sinne, dass wo immer einer von uns inmitten dieses allumfassenden multidimensionalen Netzes ist ich versuche, an etwas zu denken, das ein Vergleich oder eine Analogie zu dem wäre, was du kennst. Okay, lass uns eine elektrische Glühbirne ohne Schatten betrachten. Wenn dieses Licht eingeschaltet wird, würde es, wenn es nicht durch einen Schatten oder eine Wand oder irgendetwas gehindert wäre, auf der Erde in alle Richtungen gleichermaßen scheinen. So ist es auch mit dieser Verflechtung und Vernetzung von Kommunikation, von Gedanken. Beinahe wie Gedankenwellen, die von einem Sender wie mir gleichmäßig in alle Richtungen strahlen. Rundherum und gleichermaßen darüber und darunter. Sodass jeder in dieser Frequenz, der diese Fähigkeit hat, dieselben Gedankenwellen aufnehmen kann. Und wer daran interessiert ist, kann sie aufnehmen, während diejenigen, die nicht interessiert sind, dem einfach keine Beachtung schenken.

D: Weil die, die interessiert sind, danach suchen.

B: Ja. Es ist, als ob alles da draußen scheint. Es ist, als ob man einen Computer in seinem Büro hat sowie das Internet und das World Wide Web, die absolut strotzen vor Unmengen an Informationen. Und einige Leute kommen in ihre Büros, schalten ihren Computer an, greifen auf das Internet zu und beziehen viele Informationen daraus. Aber es gibt viele Dinge im Internet, auf die sie überhaupt nicht zugreifen. Sie sind einfach nicht interessiert. Also werden sie nicht, wie ihr sagen würdet, auf diese Informationen „klicken". Es gibt auch Leute, die in ihr Büro kommen und ihren Computer überhaupt nie einschalten. Und manche Leute haben noch nicht einmal einen Computer. Und so ist es bei uns allen.

D: Das ergibt für mich Sinn.

B: In unserer Dimension gibt es einige, die interessiert sein werden und andere nicht.

D: Okay. Nun, sie fragte sich, ob ihr auf eurem Schiff lebt? Oder kehrt ihr von Zeit zu Zeit dorthin zurück, wo ihr ursprünglich herkamt?

B: Das, worauf wir gerade sind, ist ein sehr großes Raumschiff. Und es ist ziemlich hoch über der Erde. Erdenmenschen sehen es für gewöhnlich nicht. Nur gelegentlich gibt es jemanden, der eines unserer sehr großen Schiffe doch sieht und darüber berichtet. Aber nochmals, weil wir dieses Sehvermögen haben und wir innerhalb unseres sehr breiten Sehspektrums in jeden hineinsehen können, verhüllen wir uns normalerweise, wenn wir entdecken, dass jemand uns gesehen hat, damit er uns nicht mehr sieht. Oder wir entfernen uns aus dieser Gegend. Wir haben immer noch das Gefühl, dass die Erdenmenschen im Großen und Ganzen nicht bereit sind, mit unserer Realität und unserem Dasein in einem solch großen Schiff konfrontiert zu werden. So viele von uns leben ich lebe auf diesem Schiff. Und meine kleinen Freunde hier leben darauf.

D: Hast du einen Ort, der wie ein Zuhause ist?

B: Ja, aber das ist sehr weit weg. Und es ist sehr viel sinnvoller für uns, auf diesem Schiff zu bleiben. Was jedes menschliche Erdenwesen sieht, wenn es kommt so wie Bonnie gekommen ist, um jetzt bei uns zu sein ist ein sehr kleiner Teil dieser ganzen Anlage. Wir haben Wohnbereiche und Arbeitsbereiche. Dies ist einer unserer kleinen Arbeitsräume hier. Sie hat nur zwei Teile dieses riesigen Komplexes gesehen. Und das ist gut so. Vielleicht gibt es eine andere Gelegenheit, zu der wir ihr mehr zeigen können, wenn sie möchte. Wenn sie will. Um hier jedoch zweckdienlich zu sein, wollten wir in relativ kurzer Zeitspanne das tun, was wir tun mussten. Also brachten wir sie und das Auto einfach in die Schiffsbucht. Und dann begleiteten wir sie in dieses kleine Zimmer. Und wir werden sie zurück zum Auto bringen und wieder hinunterbegleiten.

D: Aber sie ist neugierig, woher ihr kommt. Ist es ein Ort, den wir mithilfe unserer Sternenkarten oder Sternbilder identifizieren könnten?

B: Wir befinden uns definitiv innerhalb dessen, was auf den Sternenkarten der Erde zu sehen ist. Aber wir im Besonderen haben keine dieser Namen, die der Erde bekannt sind. Wir wissen, dass die Leute über Sirius und Lyra, die Plejaden und Antares, die Andromeda-Galaxie und verschiedene Orte sprechen. Wir haben keinen Namen, den die Erdenmenschen erkennen werden. In der Tat verwenden wir nicht einmal einen Namen für uns selbst.

D: Das dachte ich mir. Das habe ich bereits gehört.

B: Alles wird durch Energie und Vibration getan. Das heißt, wenn wir dorthin zurückreisen was wir nicht oft tun ist es eine Anstrengung und ein langer Weg. Wir können uns darauf ausrichten und es finden, aber nicht so, wie es Flugzeugpiloten auf der Erde tun. Und unser Erkennungssystem ist eher in der Art einer Schwingungsfrequenz als in der von Flugsicherungslotsen.

D: Natürlich spreche ich wieder in menschlicher Hinsicht, aber habt ihr keine Familie, die ihr vermisst und sehen wollt?

B: Viele von uns haben hier auf diesem sehr großen Schiff Familien. Also sehen wir sie.

D: Somit reisen sie mit euch.

B: Sie können auch zurückgehen. Nicht jeder hat hier eine Familie, aber viele von uns schon. Meine Familie ist hier.

D: Was mich zur Frage der Fortpflanzung bringt. (Kichern) Ich bin neugierig diesbezüglich.

B: Nun, es ist unterschiedlich für verschiedene Arten von Wesen.

D: Was ist mit deiner Art?

B: Aus der Sicht der Erdenmenschen sind wir im allgemeinen Verständnis eher ein insektenartiger Typ. Wir denken nicht so von uns selbst, aber wir wissen, dass viele Erdenmenschen so denken. Wir haben also eher eine Ei-Situation. Wir haben nicht die Art von Kopulation, die wir von den Menschen kennen. In der Tat sind Menschen auf der Erde in unseren Augen sehr sonderbar. Dass sie in einen solchen Zustand der Erregung geraten können, wenn die Fortpflanzung auf die Art erfolgt, wie sie direkt zwischen einem Mann und einer Frau geschieht. In unserem Fall erzeugen und legen unsere Frauen Eier und wir besamen diese Eier. Sie sind bereits außerhalb des Körpers der Frau. Es ist also ganz anders. Wir kommen nicht so mit unseren Frauen zusammen, wie die Menschen auf der Erde.

Insekten werden mit einem Rassengedächtnis geboren, das durch ihre DNA vorprogrammiert ist. Sie müssen nicht von ihren Eltern unterrichtet oder trainiert werden. Ich denke also, dass sie diese Art von Kreatur sind.

In anderen Fällen in diesem Buch klangen die Wesen eher insektoid als humanoid. Sie sagten, dass ihre Nachkommen schon bei Geburt viele Dinge wissen. Die Eltern binden sich nicht an die Jungen, weil sie sich schnell zu Erwachsenen entwickeln und wenig Ausbildung benötigen.

D: Was ist mit den kleinen grauen Wesen? Sind sie genauso oder pflanzen sie sich auf andere Weise fort? Oder müssen sie sich überhaupt fortpflanzen?

B: Es gibt viele verschiedene Arten von kleinen grauen Wesen. Ich denke, die Menschen auf der Erde neigen dazu, sie alle über einen Kamm zu scheren. Doch in Wirklichkeit gibt es viele Variationen.

D: Ich habe in meiner Arbeit herausgefunden, dass dies stimmt. Es gibt verschiedene Typen.

B: Ich muss eine Minute darüber nachdenken, weil ich auch mit einigen anderen Arten arbeite. Diese besonderen Arten von kleinen Wesen, die sich gerade in der Nähe von Bonnie befinden, pflanzen sich nicht auf dieselbe Weise fort, wie Menschen. Sie haben keine Penisse und Vaginas.

D: Sie sind keine sexuellen Geschöpfe?

B: Nein, sie haben keinen Geschlechtsverkehr wie Menschen, um sich zu vergnügen oder sich zu vermehren. Bei diesen Kleinen ist es eher wie bei einem Laborverfahren, bei dem Zellen von diesen Wesen genommen und vermischt werden. Es gibt bei diesen kleinen Grauen sehr subtile Unterschiede zwischen Männern und Frauen. Man sieht die Unterschiede zwischen Mann und Frau nicht körperlich von außen, wie bei den Erdenmenschen. Es ist eher ein genetischer Strukturunterschied. Also nehmen wir Proben von ihnen. Normalerweise nehmen wir sie von ihren geschützten empfindlichen Stellen. Es ist ähnlich dem, was ihr als Hautabstrich oder Haut-Zellproben bezeichnen würdet. Eine der beliebtesten Stellen, von denen man den Abstrich entnehmen kann, ist unter den Armen des Mannes.

D: Wie die Achselhöhle?

B: Die Achselhöhle, ja. Das ist ein sehr geschützter Bereich. Und manchmal können wir ....

D: Ich muss dich einen Moment unterbrechen. Ich muss mich um meine kleine Blackbox kümmern. Du verstehst, nicht wahr?

B: Ich sehe, was du tust.

Ich nahm das Band heraus und legte ein anderes in den Rekorder.

D: Wir haben nicht die Fähigkeit, uns an alles zu erinnern, was gesagt wird. Wir brauchen eine Maschine, um die Worte einzufangen.

B: Oh ja, und das wollte ich gerade sagen. Dass wir, oh, eher so etwas wie eine geduldige Toleranz für euch alle auf der Erde haben, die ihr so aufrichtig interessiert seid, so wie du, die aufnehmen, sich erinnern und wiedergeben können wollen. Und so ist es fast, wie wenn du als gebildeter erwachsener Mensch ein Kind ansiehst und dir bewusst wirst, dass es Zahlen addiert, indem es beispielsweise für eine Weile an seinen Fingern zählen muss. So seid ihr für uns, aber wir meinen das nicht herablassend. Es ist fast wie eine liebevolle unbedeutende Belustigung und eine Toleranz und Akzeptanz. Es ist vollkommen in Ordnung.

D: (Kichern) Aber wir tun dasselbe, weil wir versuchen, die Informationen weiterzugeben. Und wir wollen es so genau wie möglich tun. Wir wollen uns nicht auf unsere Erinnerungen verlassen.

B: Ja, das weiß ich sehr zu schätzen. Also zurück zur Fortpflanzung. Manchmal nehmen wir diese Proben wir nennen es das „genetische Material" von der Hautoberfläche. Ich spreche von diesen kleinen grauen Wesen. Und manchmal entnehmen wir die Probe zwischen den Beinen. Nicht, weil es dort genitale Aussparungen gibt, Öffnungen, sondern weil auch zwischen den Beinen eine Stelle ist, die nicht zugänglich ist für all die Luft und den Schmutz oder die Schadstoffe oder dergleichen. Sie ist mehr verschlossen oder geschützt. Wir haben hier auf unserem Schiff einen Raum, in dem wir diesen Fortpflanzungsprozess durchführen. Wir nehmen die Abstriche von den Männchen, und nochmals, sie unterscheiden sich nicht gewaltig von den Weibchen, aber gerade genug. Und wir nehmen welche von den Weibchen und mischen sie zusammen. Wir haben sehr strenge reine Laborbedingungen. Und wir ich nehme an, ihr würdet das Wort „züchten" verwenden oder ihr habt Fischbrutanstalten, nicht wahr? (Ja) und andere Arten von Einrichtungen auf der Erde, in denen ihr bestimmte Kulturen züchtet und austragt, bestimmte Lebensformen. Und wir haben das Gleiche. Außer, dass wir die männliche Substanz und die weibliche Substanz, die genetische Substanz, in kontrollierten flüssigen Milieus züchten, bis wir glauben, dass die Lebensform bereit ist, aus der Flüssigkeit herauszukommen und als ein normales Wesen zu leben.

D: Aber dies bedeutet, dass sich diese Art von Wesen ohne das Labor nicht reproduzieren kann.

B: Das stimmt.

D: Es klingt ähnlich wie einige der Fälle, von denen wir gehört haben, in denen einige Aliens Proben von Menschen entnommen haben.

B: Ja ja. Obwohl in einigen Fällen und ich bin mir sicher, dass du dir dessen bewusst bist und ich weiß, dass Bonnie es ist sie das genetische Material zwischen dem menschlichen Mann oder der menschlichen Frau und einer anderen Spezies vermischen und ein Hybridwesen erschaffen. Und verschiedene Gruppen tun das auf leicht unterschiedliche Weise, aber manchmal geschieht das auf eine dem von mir Beschriebenen sehr, sehr ähnliche Weise. Und bei bestimmten Gruppen werden sie manchmal die Eier der menschlichen Frau, nun, das Äquivalent dessen, was man das Ei „befruchten" nennen würde. Und dann implantieren Sie es wieder für etwa zwei, zweieinhalb Monate Tragezeit in den Schoß der Frau. Drei vielleicht höchstens. Und dann wird dieses Wesen oder dieser Fötus entfernt und für den Rest der Tragezeit wieder in unsere geschützte Umgebung gebracht.

D: Was ist der Zweck, die Genetik des Menschen mit anderen Arten von Wesen zu vermischen?

B: Unsere Gruppe, meine Gruppe, tut das nicht direkt. Aber ich bin mir durchaus bewusst, dass einige der anderen Gruppen dies tun. Und genau wie bei so vielen Aspekten dieser Interaktionen zwischen anderen Wesen und Menschen gibt es viele verschiedene Gruppen, die viele unterschiedliche Agenden verfolgen. Und so gibt es Gruppen, die auf die Erde kommen, um dieses genetische Material mitzunehmen und mit ihrem eigenen zu vermischen, um ihre eigene Spezies aufrechtzuerhalten, weil sie das Gefühl haben, sie befinde sich in wirklich großer Gefahr. Tatsächlich haben einige dieser Arten nicht einmal mehr ihren eigenen Heimatplaneten, auf dem sie noch länger leben können und so leben sie auf einem Raumschiff. Und einige von ihnen schicken Abgesandte auf die Erde, um das genetische Material zu sammeln, mit dem sie ihre eigene Spezies am Leben erhalten. Einige der Arten haben die Methode gefunden, über die ich mit dir sprach, etwa das Abschaben des genetischen Materials unter den Armen oder zwischen den Beinen. Einige Arten stellten fest, dass sie eine Zeit lang funktionierten, aber nicht mehr praktikabel sind. Sie brauchen anderes genetisches Material, das sich von ihrem eigenen unterscheidet. Nachdem sie sich eine enorm lange Zeit auf diese Weise gekreuzt haben, benötigen sie jetzt anderes genetisches Material von anderen Spezies. Und sie wählen den Menschen.

D: Weil es nicht mehr funktionierte?

B: Ja, es funktionierte nicht mehr. Es überlebte nicht genug von dem Nachwuchs. Ich weiß nicht, ob ihr euch dessen bewusst seid, dass einige der Arten, die diese Dinge mit Erdenmenschen tun, dies auch mit anderen Arten versucht haben, die ihr „außerirdisch" nennen würdet. Andere Arten, die nicht auf der Erde leben. Es findet also tatsächlich sogar zu dieser Zeit eine sehr große Bandbreite an Experimenten und Erfahrungen zwischen einigen dieser Spezies statt, die diese Fortpflanzungsarbeit ausüben und nicht nur mit Erdenmenschen, sondern auch mit anderen Wesen von anderen Orten des Universums. Alles in dem großen Bestreben ihr würdet sogar das Wort „verzweifelt" benutzen in dem verzweifelten Bestreben, ihre Spezies zu aufrechtzuerhalten. Überall dort, wo Leben vorkommt, sei es in den Millionen von Arten auf der Erde oder in den vielen verschiedenen Existenzformen anderswo, scheint es eine grundlegende Gemeinsamkeit des Lebens zu sein, dass jede Spezies ihre eigene aufrechterhalten möchte. Und wie ihr aus eurem Tierreich und so weiter auf der Erde wisst, wird diese Spezies das tun, was sie tun muss, um zu überleben. Dies ist also für einige von ihnen ein Teil des Hinausreichens, um zu überleben. Nun gibt es auch andere Agenden. Es gibt Arten, die das Gefühl haben, dass sie eine neue Art schaffen wollen, die die Menschen der Erde verstehen kann, indem sie teils Erdenmenschenart sind, teils die andere Art, die für diesen Nachwuchs extra genetisch vermischt werden. Diese Nachkommen werden dann in der Lage sein, beide Spezies zu verstehen: die Arten der menschlichen Erde und die andere Art und werden ein direkter Mittelsmann sein. Das ist sehr nötig. Und das ist ein sehr großes Programm. Es gibt also das Überlebens-Programm und es gibt das Vermittlungs- oder das Botschafterprogramm. Einige von uns bezeichnen dies als das freundliche Botschafterprogramm.

D: Das Problem ist, dass einige Menschen finden, dies sei ein Übergriff, weil sie das Gefühl haben, nicht konsultiert worden zu sein.

B: Ja. Was sie nicht erkennen, und ich schätze das sehr, ist, dass sie faktisch ihre Zustimmung geben. Aber wie so oft geschieht dies nicht auf einer Ebene, die die Menschen in ihrem bewussten Wachleben erkennen.

D: Ich verstehe das, weil ich das schon zuvor gehört habe, aber der normale Mensch versteht es nicht. Bonnie wollte wissen, wie ihr die Leute auswählt, mit denen ihr arbeitet. Gibt es einen Auswahlprozess?

B: Wir tun es auf verschiedene Arten. Und andere Gruppen tun es ebenfalls auf unterschiedliche Weise. Daher ist es schwer, eine vereinfachende Antwort zu finden.

D: Dies sind alles sehr komplexe Fragen.

B: Ja, und sehr gute Fragen, die dich mehr von dem verstehen lassen, was du wissen möchtest. Einige von uns arbeiten mehr auf der Ebene der Seelenessenzen, auf die ich zuvor hingewiesen habe. Wir können bis zur Seele, der Essenz, durch alle Schichten der Überlagerung und Konditionierung des Erdenmenschen hindurchsehen. Diejenigen von uns, die wirklich danach suchen, neigen dazu, mit einer Person zu arbeiten, wenn die Person einfach obwohl ich das Wort „einfach" nicht verwenden sollte, denn es ist alles, was wirklich ist nur eine Seelenebene, eine Seelenessenz ist, bevor die Person in dieses Leben inkarniert hat. Wir arbeiten mit dieser Seelenessenz, bevor sie in dieses Leben eintritt. Und wir haben eine wunderbare telepathische Beziehung zu der Person und zu ihren Helfern. Wir neigen dazu, diese „Führer" zu nennen, Geistführer, und sprechen von denselben als „Helfer". Wir sprechen mit der Person. Dies geschieht alles telepathisch, aber oft haben sie das Gefühl, uns in diesem Seinszustand zu sehen. Wir erklären, was wir tun und fragen, ob sie in diesem Leben, in das sie gerade gehen, mit uns zusammenarbeiten würden. Wir arbeiten nur mit denjenigen einzelnen Seelen zusammen, die sagen, ja, sie wollen und die zustimmen. Wie auch bei all den anderen Dingen, die die Menschen in dieser Seelenessenz-Erfahrung entscheiden, bevor sie in ein Erdenleben kommen, erinnern sie sich normalerweise nicht daran, wenn sie dieses Leben leben. Das ist einer der Unterschiede zwischen den Erdenmenschen und einigen anderen Arten, wie zum Beispiel uns. Aber weil wir näher an der Essenz dessen sind, wer wir wirklich sind und einander in die Essenz blicken und auf diese Art gegenseitig gesehen werden können, haben wir viel mehr Klarheit über unseren Zweck als viele, viele Erdenmenschen. Einige Erdenmenschen haben jedoch diesen Sinn.

D: Ich verstehe, weil ich das von anderen Leuten gehört habe, mit denen ich gearbeitet habe. Aber es ist der Durchschnittsmensch, der es nicht ganz verstehen kann.

B: Das trifft wahrscheinlich auf die Erdenmenschen zu.

D: Wir stehen hier unter zeitlichen Beschränkungen, da ich meinen Probanden nicht erlaube, zu lange in diesem Zustand zu verbleiben. Ich beschütze die Person sehr. Wir haben nur noch ein paar Fragen, die ich gerne stellen würde.

B: Ich denke, Bonnie geht es gut. Sie hat bereits viel Rückführungsarbeit getan.

D: Sie wollte etwas über sich selbst wissen. Wurde sie jemals von einer anderen Gruppe als eurer mitgenommen, die keine edle Absicht hat? Wurde sie jemals von irgendwelchen anderen Gruppen mitgenommen, die nicht positiv waren?

B: Das ist mir nicht bekannt. Ich glaube nicht. Der Grund, warum wir uns zu ihr hingezogen fühlten, ist, dass wir viele Erdenmenschen und unsere Erfahrenden im Auge behalten. Wir wissen, dass sie viel Hypnose-Rückführungsarbeit getan hat und dass sie sehr stark daran interessiert war. Sie hatte mit vielen Menschen öffentlich über diese Erfahrungen gesprochen. Siehst du, ich glaube, die meisten Menschen auf der Erde begreifen nicht, wie viel so viele von uns über sie wissen, weil wir dieses erweiterte Sehvermögen, diese Weite, Tiefe, Langlebigkeit der Sehkraft und Scharfsinn haben. Wir wissen unendlich viel mehr über Erdenmenschen als Erdenmenschen über uns und behalten bestimmte Menschen im Auge.

D: Nun, eine ihrer anderen Fragen lautete: Nehmt ihr ähnliche Informationen auch von anderen Rückführungstherapeuten auf?

B: Ja, ja, manchmal tun wir das. Und wir tun es auf verschiedene Weisen. Wir versuchen, hier ein umfassendes Bild davon zu zeichnen, wie wir und die anderen Gruppen Menschen beeinflussen. Aus unserer Sicht möchten wir die Art und Weise verbessern, wie wir mit den Menschen interagieren und unsere Gruppe möchte persönlich weder Not, Schaden, Angst noch Trauma verursachen. Wir sind uns bewusst, dass viele Erdenmenschen, die diese Dinge erleben, sehr verstört und sehr traumatisiert und negativ betroffen werden.

D: Aber als Mensch ist das ganz normal.

B: Ja. Deshalb möchten wir, dass all dies auf eine Art und Weise durchgeführt wird, die wesentlich besser aufgenommen wird. Wir möchten, dass die Erdenmenschen davon profitieren, uns zu kennen und mit uns in Kontakt zu treten. Wir haben eindeutig das Gefühl, dass wir von dem Kontakt zu ihnen profitieren. Ich muss mich jedoch sputen, zu sagen, dass indem wir das ausstrahlen, was wir beispielsweise Bonnie erfahren, die Möglichkeit besteht, dass weniger altruistische Gruppen aus dem Weltraum diese Informationen in einer aus eurer Sicht eher eigennützigen Weise benutzen. Es ist äußerst wichtig, dass die Menschen zu der Erkenntnis gelangen, dass andere Wesen auf die Erde kommen und mit Menschen interagieren, die sehr selbstsüchtig und sorglos sind, was die Auswirkungen auf die Menschen betrifft. Aber es gibt viele Gruppen, die sich sehr um den Menschen kümmern, um die gesamte Menschheit und um das, was die Menschheit in ihrer kriegerischen Natur an Negativem erlebt. Wir sind schrecklich besorgt über ihre Gier, ihre Selbstsucht und darüber, was die Menschheit dem schönen, lebendigen Wesen, das die Erde ist, antut. Es gibt also viele von uns, die sich große Sorgen machen und gerne so viel wie möglich helfen möchten. Aber wir wissen, dass es auf der Erde selbst in Bezug auf unsere Existenz enorme Vorurteile gibt.

D: Ja, und viele denken, dass es völlig negativ sei. Aber ich habe das nie geglaubt.

B: Ja. Und viele glauben nicht einmal, dass es überhaupt einen von uns gibt.

D: Das stimmt auch.

B: Was absolut lächerlich ist. Wir sind also wirklich mit einer Menge an Dingen konfrontiert. Es gibt einige unter uns, die sehr gerne gute, gleichwertige Verhandlungen und Kontakte mit Menschen hätten. Und hier und da gibt es einige Menschen, die das auch gerne hätten. Aber es ist sehr schwer für diejenigen unter uns, die so fühlen, sich angemessen mit denjenigen Erdenmenschen zusammenzutun, die auch so fühlen. Daher ist diese Erfahrung jetzt sehr wertvoll, weil wir sehr anständig und offen mit dir als Erdenmensch sprechen. Und du bist sehr empfänglich. Und es läuft alles sehr gut.

D: Aber ich habe das schon zuvor getan. Das ist wahrscheinlich der Grund.

B: Ja, und Bonnie fühlt sich auch sehr wohl damit.

D: Also sind wir nicht die Norm ....

B: In dieser Hinsicht seid ihr ganz bestimmt nicht die normalen Erdenmenschen.

D: Kann ich dich fragen, ob du jemals Informationen von mir genommen hast? Nicht ausdrücklich du, aber einige eurer anderen Gruppen?

B: Ja, ich glaube, einige unserer anderen Arten haben es getan. Ich persönlich nicht. Ich habe dich erst persönlich getroffen, als wir letztes Mal diese Art von Erfahrung mit Bonnie gemacht haben. Ich glaube aber, dass es andere gibt, die das getan haben, weil du enorm viel darüber weißt. Du wirst weiterhin mit Menschen zusammenarbeiten und wir schätzen dich sehr für diese Arbeit.

D: Ich sagte ihnen immer, ich wolle sie nicht sehen. Ich dachte, ich könne auf diese Weise objektiver sein.

B: Ja. Also, wir versuchen, Derartiges zu berücksichtigen. So wie wir in dieser Nacht mit Bonnie versucht haben, dies auf eine Weise zu tun, dass sie nicht ausflippt, wie sie sagen würde.

D: Und dass sie nicht gestört wird.

B: Nein. Wir störten sie schon genug, sodass sie ihre Windschutzscheibe wechseln musste und sich dann über die Erfahrung wunderte. Aber wir haben sie in keiner Weise verletzt.

D: Das ist sehr wichtig. Zumindest werden die Informationen, die sie jetzt erhält, auch in ihrer Arbeit für sie sehr wertvoll sein.

B: Ja. Und ich möchte auch sagen, dass wir uns bewusst darüber sind, dass sie kürzlich ein sehr, sehr schmerzliches Ereignis hatte, wieder auf der Straße, in ihrem Auto, demselben Auto. Und wir möchten, dass ihr wisst, dass wir nichts mit der Ursache dieses Ereignisses, dieses Unfalls zu tun hatten. Aber wir hatten

Kenntnis, nachdem er passiert war, insbesondere, als sie dort auf der Straße lag und in Gedanken jeden rief, der Kenntnis davon haben könnte und jeden, der helfen konnte. Wir sind sehr stolz auf sie, weil sie sogar an uns gedacht hat und an andere dimensionale Wesen, die von ihr wissen. Sie bat um Heilung und ich möchte, dass sie weiß, dass wir alles tun, um ihre Heilung zu beschleunigen. Und es geht ihr sehr gut. Sie wird das sehr, sehr gut durchstehen.

Vor Beginn der Sitzung erzählte mir Bonnie von einem schweren Autounfall, an dem sie nur wenige Wochen zuvor beteiligt gewesen war. Ihr Auto wurde demoliert und die Leute in den anderen Autos [es waren mehr als ein Auto beteiligt] wurden ernsthaft verletzt. Ihre Verletzungen waren größtenteils am Rücken und sie bereiteten ihr immer noch Schmerzen. Als wir die Sitzung begannen, fragte sie sich, ob diese eine Ablenkung sein würde und sie vielleicht vor dem Untergang bewahren würde. Sie positionierte Kissen um und unter ihrem Rücken, damit sie es bequemer hatte. Natürlich wusste ich, dass die Entspannung der tiefen Trance die Muskeln entspannen und sie entlasten würde, anstatt sie abzulenken.

D: Das ist sehr gut. Ich weiß, dass sie deine Hilfe sehr schätzt. Und es ist sehr nett von dir, das zu tun und um sie besorgt zu sein.

B: Ja. Nun, wir sind besorgt, weil wir grundsätzlich besorgt sind, aber auch, weil sie uns wichtig ist und wir möchten, dass es ihr gut geht.

D: Ich weiß, dass sie dir für deine Hilfe danken wird. Gut. Ich denke, an unserem Ende läuft uns die Zeit davon. Wir haben immer diesen Zeitfaktor.

B: Ich verstehe. Das ist sehr stark auf der Erde.

D: Ich werde dich also bitten, uns jetzt zu verlassen. Und ich möchte zu einem anderen Zeitpunkt wieder mit dir sprechen.

B: Ja, das ist gut. Wir schätzen diese Gelegenheit ebenso. Und danke dir. Wir freuen uns auf die nächste Gelegenheit.

D: Also bitte ich dich, zurückzutreten und zu deiner Arbeit dort auf dem Raumschiff, wo du lebst, zurückzukehren. Und ich fordere das gesamte Bewusstsein und die Persönlichkeit von Bonnie auf, wieder in diesen Körper zurückzukehren.

Ich richtete Bonnie dann neu aus und brachte sie heraus zu vollem Bewusstsein.

Als sie erwachte, erinnerte sie sich nur streckenweise an die Sitzung. Sie sagte, ihr Rücken fühle sich viel besser an und schmerze nicht mehr so, wie zuvor, als sie ankam. Wir wussten, dass es an der tiefen Entspannung lag, die sie gerade erlebt hatte.

Sowohl Bonnie als auch ich wussten, dass wir weiterhin zusammenarbeiten würden, weil die Wesenheit mehr als willig war, Informationen mit uns zu teilen. Aber das ist, wie man so sagt, eine andere Geschichte, ein anderes Buch. Ich füge hier nur die Teile ein, von denen ich denke, dass sie zu dem Thema dieses Buches gehören. Und um noch einmal zu veranschaulichen, wie sich meine Arbeit in zwölf Jahren stufenweise vom Einfachen hin zum Komplexen entwickelt hat. Ich habe jetzt die Türen geöffnet und die Informationen werden weiterfließen. Ich hoffe nur, dass die Menschheit offen sein wird und ihren Geist darauf ausrichtet, diese fortschrittlichen Ideen und Konzepte in ihre Realität zu integrieren. So wird sich die Welt der Zukunft zusammensetzen. Aus den freien Denkern, denjenigen mit dem aufgeschlossenen Geist, die andere Realitäten und Dimensionen wirklich akzeptieren und verstehen können. Denjenigen, die die Fähigkeit haben, die Fesseln abzulegen, die sie an unsere dreidimensionale Denkweise gekettet halten.

KAPITEL 15

DAS FAZIT

Das Material in diesem Buch ruhte schlummernd seit über zehn Jahren und wartete, bis die Zeit reif war, es der Öffentlichkeit vorzustellen. Die Außerirdischen sagten, es sei mir nicht erlaubt, etwas davon zu schreiben, bevor ich nicht das gesamte Bild habe. Sie wollten nicht, dass es herausgegeben werde, bevor es ein vollumfängliches Verstehen auf meiner Seite gebe. Als ich das Material vorbereitete, konnte ich meine Sichtweise zu Beginn meiner Recherche sehen und wie naiv sie war verglichen damit, wie ich all das jetzt betrachte. Ich konnte sehen, wie ich häppchenweise Information mit dem Löffel gefüttert bekam und ich nur mehr bekam, wenn ich es verstehen und verdauen konnte. Dies ist die Art, wie ich dieses Buch schreiben wollte, indem ich den Leser behutsam an die Hand nehme und ihn auf den Weg des Unbekannten führe, auf dem Weg stehen bleibe, um ihm Zeit zu geben, an den Rosen zu riechen und um die Information sacken zu lassen, bevor es zum nächsten Schritt weitergeht. Meine Forschung hat mich vom Einfachen zum Komplexen geführt und ich weiß, dass mir noch viel mehr bevorsteht. Als ich 1986 anfing, wäre ich von den Theorien, die ich jetzt empfange, überwältigt worden. Und wenn ich überwältigt gewesen wäre, hätte ich meine Hände über dem Kopf zusammengeschlagen und verkündet, dass dies besser geeignet sei für Physiker und Wissenschaftler, die das verstehen und zu erklären versuchen konnten. Mit anderen Worten, ich hätte aufgegeben, weil das gesamte Thema zu komplex war. Aber anscheinend verstanden sie meine Neugierde und mein Verlangen, Rätsel zu erfahren und zu verstehen und mir wurde nur so viel gegeben, wie ich zu dieser Zeit bewältigen konnte. Selbst als es kompliziert wurde, versuchten sie sanft, die Dinge mit Analogien und einfachen Erklärungen zu veranschaulichen (so einfach sie es eben konnten). Ihre Geduld mit mir war phänomenal und sie wurden nie gereizt. Sie waren genauso bemüht, die Information herauszubringen, wie ich es war, über sie zu schreiben.

Als ich anfing, mit MUFON zu arbeiten, lächelten die Hardcore-Ermittler über die Informationen, die ich über die Nutzung der Kraft des Geistes zum Antreiben von Raumfahrzeugen erhielt. Sie bestanden darauf, dass die Antwort darin bestehen müsse, eine Art Treibstoff zu entwickeln, um zum nahegelegensten Stern zu gelangen. Es gab auch die Überzeugung, dass die Astronauten in eine frei schwebende Bewegung versetzt werden müssten, weil die Reise so lange dauern würde. Sie konnten sich damals nicht für alternative Möglichkeiten öffnen. Jetzt im Sommer 1998 wurde eine Ankündigung gemacht, die diese Denkweise für immer ändern könnte. Eine Gruppe von Wissenschaftlern in Japan hat bewiesen, dass die Theorie funktionieren wird. Sie haben eine Maschine erfunden, die die Kraft des Denkens nutzbar macht. Sie sagten, die Wissenschaftler wussten seit Langem, dass Denken Energie ist. Das war sicherlich keine Offenbarung in meiner Arbeit, denn ich referierte seit Jahren über genau dieses Konzept. In der Nachrichtensendung demonstrierten die Wissenschaftler die Maschine, die auf dem Kopf platziert wurde. Sie sah den Maschinen zur Verwendung von Virtueller Realitäts-Technologie (VR-Technologie, *Anm. d. Übersetzers)) etwas ähnlich. Erstaunlicherweise konnte die Person durch Denken die Beleuchtung ein- und ausschalten, Maschinen an- und ausmachen und einen Alarm auslösen, um Hilfe zu rufen. Es wurde demonstriert, wie jeder Gedankentyp eine unterschiedliche Frequenz erzeugte, und diese wurde verstärkt und zur Steuerung von Dingen im Raum verwendet. Es bedurfte keiner starken Konzentration. Der einfache Gedanke reichte für das Auslösen der Mechanismen aus. Sie sagten, der erste Einsatz dieser Maschine werde für Behinderte sein, aber ich sehe in der Zukunft ein viel breiteres Potenzial. Eine weitere verblüffende Entdeckung: Es war egal, in welcher Sprache die Person sprach, die Maschine interpretierte den Gedanken, nicht das gesprochene Wort. Sie sagten: „Der Gedanke ist das Entscheidende." Die Japaner haben jetzt einen Weg zur Umgehung der Sprachbarrieren gezeigt, welcher genau die Methode ist, die die Aliens benutzen. Ich kann sehen, dass es nur ein kleiner Schritt von der Steuerung von Licht und Alarmen zur Steuerung eines Autos oder eines Raumfahrzeugs mit dem Verstand ist. Wissenschaftler auf der ganzen Welt arbeiten auch daran, eine Möglichkeit zu erschaffen, ein Objekt schneller als mit Lichtgeschwindigkeit anzutreiben. Dies wurde auf Einsteins Theorien beruhend einst als eine Unmöglichkeit angesehen. Was einst als Science Fiction galt, ist jetzt in das Reich der wissenschaftlichen Tatsachen eingegangen. Vielleicht werden wir somit die anderen Behauptungen der Außerirdischen als logisch möglich ansehen.

Als ich den endgültigen Entwurf dieses Buches vorbereitete, erschien im Mai 1998 eine Sonderausgabe des Discover Magazine. Diese widmete sich dem Thema Klonen und der Vervielfältigung von Menschen. Es hätte zu keinem besseren Zeitpunkt passieren können (wenn überhaupt je etwas Zufall ist), weil dadurch einige der Passagen im Buch richtig zusammengefügt wurden. Zu dieser Zeit hatten die schottischen Wissenschaftler das Schaf Dolly erfolgreich geklont und unsere Wissenschaftler folgten, indem sie das Klonen von Kälbern und Rhesusaffen ankündigten. Die Welt und vor allem die Politiker wurden verrückt und diskutierten über die Ethik des Klonens von Menschen. Sie versuchten, Gesetze zu entwerfen, die dies einschränken oder zumindest regeln könnten. Es war, als würde man die Scheunentür schließen, nachdem die Pferde bereits entkommen sind. Mehrere Laboratorien in Amerika und anderswo haben bereits angekündigt, dass sie an dem Experiment arbeiten und erwarten, den ersten erfolgreichen menschlichen Klon innerhalb von zwei Jahren anzukündigen. Sie sagten: „Wenn es getan werden kann, wird es getan." So funktioniert wissenschaftliche Neugier. Wenn die Wissenschaft vor eine Herausforderung gestellt wird, wird diese angenommen, ungeachtet der Konsequenzen. Hunderte von Menschen stehen Schlange, um die ersten Kandidaten zu sein. Die Wissenschaftler sagten, das Klonen eines Menschen würde viel einfacher sein als das Klonen eines Schafes.

In dem Zeitschriftenartikel wurde berichtet, dass Wissenschaftler in den 1930er Jahren erstmals zeigten, dass Klonen möglich sei. Dann wurde die Forschung eingestellt bis in die 1970er Jahre, als Frösche erfolgreich geklont wurden. Dann wurde bis zu den jüngsten Entwicklungen bei Säugetieren nichts mehr weiter berichtet. Glauben die Leute wirklich, dass während dieser 40 Jahre niemand daran gearbeitet hat? Denken sie wirklich, dass die Forschung nach dem ersten Durchbruch der Wissenschaftler in den 1930er Jahren eingestellt wurde? Ich glaube, dass die Forschung im Geheimen fortgesetzt wurde, weil sie Angst vor dem Aufschrei hatten, der gerade jetzt stattfindet. Sie wussten, dass die Leute über die moralischen Probleme des Versuchs, „Gott zu spielen" etc. debattieren würden. Meine Arbeit hat mich überzeugt, dass insbesondere die Regierung über viele Jahre Experimente durchführte und die jetzt angekündigten Techniken perfektioniert hat. Sie lassen nur gerade ein paar Krümel fallen und geben kleine Häppchen Informationen heraus, um eine verblüffte Welt darauf vorzubereiten, das zu akzeptieren, was vor langer Zeit schon erreicht wurde. Sie sagten schließlich, der erfolgreiche menschliche Klon würde sich nicht von irgendeinem anderen Menschen unterscheiden, und es könnten viele unter uns leben. Das gleiche gilt natürlich auch für Alien-Klone und Hybriden. Zitat aus dem Artikel: „Leute werden ihr (dem weiblichen Klon) sagen: 'Du siehst genauso aus wie deine Mutter.' Aber niemand wird Bescheid wissen, zumindest nicht, bis das Kind 16 Jahre alt ist und beschließt, seine Geschichte an die Boulevardpresse zu verkaufen."

Viele Leute (vor allem im religiösen Bereich) denken, dass ein Klon eine Art gedankenloser Roboter sei. Nichts ist weiter von der Wahrheit entfernt. Wissenschaftler haben die Techniken der Befruchtung außerhalb des menschlichen Körpers über viele Jahre hinweg perfektioniert und Hunderte völlig normale Kinder sind dabei herausgekommen, die sich von keinem anderen „normal empfangenen" Kind unterscheiden. Wir sind alle Klone, die sich aus einer Mischung der Gene unserer Mutter und unseres Vaters ergeben. Ein exakter Klon wäre das Ergebnis der Gene nur einer Person.

Bei einer „normalen" Empfängnis muss das Ei der Mutter mit dem Sperma des Vaters befruchtet werden, sei es im Körper oder in einer Petrischale im Labor. Beim Klonen wird das Sperma nicht benötigt, sondern das Ei wird auf andere Weise (chemisch oder elektrisch) aktiviert. Wenn das Ei beginnt, sich zu entwickeln, ist es eine Masse von Zellen, die absolut identisch sind. Innerhalb einiger Tage erreichen die Zellen einen Punkt, an dem sie sich zu differenzieren beginnen. Einige der Zellen werden zu Knochen, andere werden zu bestimmten Organen, andere zu Haut. Irgendetwas tief in der Zelle löst diese Reaktion aus und teilt der Zelle mit, zu welchem Teil des menschlichen Körpers sie wird. So können die Wissenschaftler mit den Zellen arbeiten, bevor sie sich differenzieren, bevor sie instinktiv wissen, welche Rolle sie übernehmen sollen und produzieren einen Klon. Aber der sich entwickelnde Embryo muss in den Körper einer Frau eingepflanzt werden, um auszureifen.

All dies klingt sehr vertraut nach den Alien-Informationen, die ich über zehn Jahre hinweg erhalten habe. Die Samenzellen- und Eizellenproben, das Abkratzen von Zellen aus verschiedenen Körperteilen. Das Wiedereinsetzen von Embryonen in den menschlichen Körper und die Entnahme der Embryonen, wenn sie schätzen, dass sie ihre Entwicklungsreife erreicht haben. Ein wichtiger Unterschied ist, dass die Außerirdischen auch Methoden entwickelt haben, den sich entwickelnden Fötus außerhalb des menschlichen Körpers auszubrüten. In Vermächtnis von den Sternen wurden die Zellen aus der Flüssigkeit im menschlichen Auge entnommen und das Kind entwickelte sich in künstlichen Gebärmuttern unter Laborbedingungen an Bord von Laborschiffen. Es hat viele Beispiele in meinen Büchern gegeben, in denen Menschen außerirdische Wissenschaftler sahen, wie sie mit Zellen in Schalen in Laboren arbeiteten.

Unsere Wissenschaftler sagen, dass jede beliebige Zelle eines erwachsenen Körpers verwendet werden kann, weil sie die DNA enthält, aus der eine Kopie erschaffen werden kann. Aber sie behaupten, sie hätten noch keinen Weg gefunden, die Entwicklung auszulösen, weil eine adulte Zelle bereits differenziert worden sei. Mit anderen Worten, ihr wurde bereits vermittelt, welche Rolle sie im Körper spielen solle, einer neuen Zelle dagegen nicht. Aber sie behaupten, dass es getan werden könne, also werde es getan.

Der Artikel sagte, dass ohnehin kein Klon ein exaktes Duplikat sei, außer physisch. Selbst wenn man beispielsweise Zellen von Einstein oder Shakespeare gewinnen und einen Klon erschaffen könnte, würde er dann das gleiche Genie besitzen, wie das Original? Wie viel wird von den Genen bestimmt und wie viel von der Umwelt und der Kultur, in der die Person aufwächst? Eine Person, die geklont wird, würde für mindestens eine Generation für immer vom Original getrennt sein. Das Duplikat würde von ganz anderen sozialen, kulturellen und umweltbezogenen Bedingungen aufgezogen und beeinflusst werden, als das Original. Sie sagten auch, dass sie nicht wüssten, wie viel Einfluss die Mutter auf das sich entwickelnde Kind hat, während es sich in der Gebärmutter befindet. Das ist genau dasselbe, was die Aliens auch über Janice sagten. Sie sagten, es gebe zwei ausgesprochen unterschiedliche Arten von Individuen, die produziert werden könnten. Eines, das aus dem genetischen Material der Mutter geklont wurde, wäre ein exaktes Duplikat. Eines, das im Mutterleib getragen würde, würde durch das beeinflusst werden, was die Mutter in ihrem täglichen Leben erlebte, und dies würde eine andere Art von Individuum schaffen.

Ein ganz wesentlicher Punkt wurde nicht angesprochen, nämlich warum der Klon kein exaktes Duplikat des Spenders sein würde, außer körperlich. Wir sind nicht ein Körper. Wir haben einen Körper. Das wahre Wesen des Menschen ist die ewige Seele oder der ewige Geist. Der Körper kann nicht Leben haben, bevor nicht diese Seele in den Körper eindringt. Ganz gleich, wie sehr sich die Wissenschaft auf die Entwicklung des Körpers konzentriert, er bleibt eine leblose Hülle, bis die Seele ihn belebt. Diese Seele bringt ihre eigenen karmischen Lektionen und ihre eigenen Ziele mit sich für das neue Leben, zu dem sie an Bord geht. Dies muss eine vom Spender verschiedene Person erzeugen, da sie zwei individuelle Seelen sind. Sogar die Aliens erkennen das an. In Vermächtnis von den Sternen hatten die Menschen, die in einer Zukunftswelt unterhalb der Erde lebten, die Fähigkeit verloren, sich fortzupflanzen. Sie stellten eine exakte Kopie der Leiche in einem Sarkophag-Behälter nach, aber sie wussten, dass sie leblos bleiben würde, solange die Seele nicht die Entscheidung träfe, einzutreten. In jenem Buch habe ich darüber diskutiert, wie wir alle in unseren langen Lebenszyklen zu einem bestimmten Zeitpunkt schon außerirdische Körper bewohnt haben, weil unsere Seelen oder unsere Geister für immer da sind und immer für immer da sein werden, während sie ständig neue und andersartige Körper betreten, um aus jedem erdenklichen Typ Lektionen zu lernen. Die Erde ist ein junger Planet, wenn man das Alter des Kosmos zugrunde legt, also hatten wir viele Abenteuer in unterschiedlichen Formen, bevor wir uns entschieden haben, die Lektionen aus den Emotionen und Begrenzungen zu lernen, welche die Erde zu bieten hat. Die Außerirdischen wissen, dass wir alle eine ewige Seele haben und dass wir ursprünglich von der Quelle (ihrem Namen für Gott) kamen. Das ist es, warum ich in diesem Buch sagte: „Sie sind wir und wir sind sie. Wir sind alle eins."

Ein Grund, warum ich der Meinung bin, dass die Regierung diese Techniken bereits perfektioniert hat, sind die Berichte von Menschen, die in geheimen Untergrund-Stützpunkten gewesen sind. Sie haben gesehen, wie dort das entwickelt wurde, was sie als „fremdartige Monster“ bezeichneten. Dies würde vermuten lassen, dass sie das Klonen perfektioniert haben und daran gearbeitet haben, genetisches Material von Menschen und anderen Arten zu kombinieren. Eine solche Arbeit konnte nur jenseits des Tageslichts im Verborgenen durchgeführt werden. Die Aliens sagten, sie haben mit Regierungswissenschaftlern zusammengearbeitet und versucht, Ratschläge zu erteilen, weil sie die Techniken bereits perfektioniert hatten. Aber die Regierung hatte ihren eigenen Weg verfolgt und den Rat ignoriert und versucht, das bereits Perfektionierte zu perfektionieren. Die Außerirdischen wussten, die Wissenschaftler würden Fehler machen, beschlossen jedoch, sie diese selbst herausfinden zu lassen. Die Außerirdischen sagten auch, sie haben ebenso Versuche von der Art durchgeführt, in denen verschiedene Spezies kombiniert werden, aber aus anderen Gründen. Das geschah nicht völlig aus Neugier, sondern um Arten zu produzieren, die geeignet wären, auf anderen Planeten in anderen Sonnensystemen zu funktionieren. Was von uns für monströs und abstoßend gehalten wurde, wäre in einer anderen Umgebung völlig akzeptabel. So gibt es viele Dinge, die mit der Regierung und Außerirdischen zu tun haben, die der Öffentlichkeit niemals offenbart werden.

Die Außerirdischen sagten, dass ein anderer Planet für die Menschen zum Bewohnen vorbereitet werde für den wahrscheinlichen Fall, dass wir diese Erde zerstören. Er sei ihr sehr ähnlich und einige der genetischen Duplikate, die sie erzeugt haben, würden bereits dorthin gebracht. Sie sagten, es dürfe nicht zugelassen werden, dass das menschliche Leben untergeht. Das Leben sei zu zerbrechlich und zu wertvoll. Daher werde unsere menschliche Spezies auf diese Weise bewahrt. Dies seien Dinge, für die der durchschnittliche UFO-Entführte kein Begriffsvermögen hat. Ihre Gene seien sehr wertvoll und werden verwendet, um Leben zu erhalten, sowohl hier als auch auf anderen Planeten in anderen Galaxien. Sie liefern möglicherweise unwissentlich die Antwort auf das Überleben der Menschheit.

Ich glaube, es wird ein Tag kommen, vielleicht nicht in meinem Leben, aber ich denke, er wird trotz allem kommen, da die Scheuklappen entfernt werden und die Wissenschaftler diese radikalen Ideen immerhin als Möglichkeiten betrachten. Sobald sie der Meinung sind, dass etwas möglich ist, wird ihr Geist frei sein, zu forschen und auf unbekannten und fremden Pfaden zu reisen. Auf diese Weise werden neue Entdeckungen gemacht, von denjenigen, die das Unversuchte versuchen und das Unmögliche erklären wollen. Wenn dieser Tag kommt, werden wir feststellen, dass es viel, viel mehr gibt als die physische Realität, die nur für unsere fünf Sinne verfügbar ist. Wir werden feststellen, dass es andere Ebenen der Existenz gibt, andere Dimensionen, andere Universen, die Seite an Seite mit unserem existieren. Wir werden entdecken, dass das Reisen zwischen diesen nicht nur möglich, sondern sogar wünschenswert ist. Wir werden feststellen, dass dies nicht einfach nur verrückte Theorien sind, sondern dass sie in Fakten wurzeln. Sobald wir die Scheuklappen entfernt haben, die unseren Fortschritt hemmen und wir den durch das lineare Denken auferlegten Begrenzungen entkommen, werden wir feststellen, dass wir wahrlich nur durch unsere Vorstellungen begrenzt sind. Dann werden wir in der Lage sein, die Fesseln abzulegen, die uns an die Erde ketten und uns unseren Brüdern, unseren Vorfahren anzuschließen und friedlich nebeneinander unter den Sternen zu leben. Es wurde gesagt, dass der Weltraum die letzte Grenze sei, aber andere Dimensionen und Paralleluniversen (die neben unserer eigenen Welt existieren) könnten die nächste Herausforderung sein. Zuerst müssen wir sie verstehen, damit sie erforscht werden können.

So werde ich fortfahren, zu suchen und Fragen zu stellen und ich werde der wachsenden Masse an Beweisen mein Material hinzufügen.

Die Odyssee geht weiter.

Über Die Autorin

Dolores Cannon, eine Rückführungs-Hypnosetherapeutin und parapsychologische Forscherin, die sich der Aufzeichnung von „verlorenem" Wissen widmete, wurde 1931 in St. Louis, Missouri geboren. Sie wuchs in Missouri auf und ging dort zur Schule bis zu ihrer Heirat im Jahre 1951 mit einem Marineberufssoldaten. Die nächsten 20 Jahre verbrachte sie damit, als typische Marinefrau um die ganze Welt zu reisen und ihre Familie großzuziehen.

Im Jahre 1970 wurde ihr Ehemann als dienstuntauglicher Veteran entlassen und sie zogen sich in die Hügel von Arkansas zurück. Sie startete dann ihre schriftstellerische Laufbahn und begann, ihre Artikel an verschiedene Zeitschriften und Zeitungen zu verkaufen. Ab 1968 beschäftigte sie sich mit Hypnose und seit 1979 ausschließlich mit Rückführungstherapie und Regressionsarbeit. Sie hat die unterschiedlichen Hypnosemethoden studiert und so ihre eigene einzigartige Technik entwickelt, die sie in die Lage versetzte, eine höchst effiziente Freigabe an Informationen von ihren Kunden zu erhalten. Dolores unterrichtete ihre einzigartige Hypnosetechnik auf der ganzen Welt. 1986 weitete sie ihre Untersuchungen auf den UFO-

Bereich aus. Sie führte Vor-Ort-Studien bei Fällen mit Verdacht auf UFO-Landungen durch und hat die Kornkreise in England erforscht. Ein Großteil ihrer Arbeit in diesem Bereich bestand in dem Zusammentragen von Beweismitteln vermutlicher Entführter durch Hypnose. Dolores war eine internationale Rednerin, die auf allen Kontinenten dieser Welt Vorträge hielt. Ihre siebzehn Bücher sind in zwanzig Sprachen übersetzt. Sie sprach zu Radio- und Fernsehpublikum weltweit. Und es erschienen Artikel über / von Dolores in mehreren US-amerikanischen und internationalen Zeitschriften und Zeitungen. Dolores war die erste Amerikanerin und die erste Ausländerin, welcher in Bulgarien der „Orpheus Award" für die größten Fortschritte in der Erforschung parapsychologischer Phänomene verliehen wurde. Sie erhielt Auszeichnungen von mehreren Hypnoseorganisationen für ihre herausragenden Leistungen und für ihr Lebenswerk. Dolores' überaus große Familie hielt sie in stabiler Balance zwischen der „realen" Welt ihrer Familie und der „Geisterwelt" ihrer Arbeit. Wenn Sie mit Ozark Mountain Publishing über Dolores' Arbeit oder ihre Schulungen korrespondieren möchten, wenden Sie sich bitte an folgende Adresse: (Bitte legen Sie einen selbstadressierten und vorfrankierten Umschlag für die Rückantwort bei.)

Dolores Cannon, P.O. Box 754, Huntsville, AR, 72740, USA

Oder senden Sie eine Email an das Büro unter decannon@msn.com oder über unsere Website: www.ozarkmt.com

Dolores Cannon, die am 18. Oktober 2014 von dieser Welt gegangen ist, ließ unglaubliche Errungenschaften im Bereich der alternativen Heilung, der Hypnose, Metaphysik und Rückführung zurück, aber am eindrucksvollsten war das ihr ureigene Verständnis, dass das Wichtigste, was sie tun konnte, das Teilen von Information war. Verstecktes oder unentdecktes Wissen aufzudecken, das von entscheidender Bedeutung für die Erleuchtung der Menschheit und unsere Lektionen hier auf der Erde ist. Informationen und Wissen zu teilen lag Dolores am meisten am Herzen. Aus diesem Grunde schaffen es ihre Bücher, Vorträge und die einzigartige QHHT®-Methode weiterhin, so viele Leute auf der ganzen Welt zu verblüffen, anzuleiten und zu informieren. Dolores erkundete all diese Möglichkeiten und noch mehr, während sie uns auf die Fahrt unseres Lebens mitnahm. Sie wollte Mitreisende, die ihre Reisen ins Unbekannte mit ihr teilen.

Other Books by Ozark Mountain Publishing, Inc.

Dolores Cannon
A Soul Remembers Hiroshima
Between Death and Life
Conversations with Nostradamus, Volume I, II, III
The Convoluted Universe -Book One, Two, Three, Four, Five
The Custodians
Five Lives Remembered
Jesus and the Essenes
Keepers of the Garden
Legacy from the Stars
The Legend of Starcrash
The Search for Hidden Sacred Knowledge
They Walked with Jesus
The Three Waves of Volunteers and the New Earth
Aron Abrahamsen
Holiday in Heaven
Out of the Archives – Earth Changes
James Ream Adams
Little Steps
Justine Alessi & M. E. McMillan
Rebirth of the Oracle
Kathryn/Patrick Andries
Naked in Public
Kathryn Andries
The Big Desire
Dream Doctor
Soul Choices: Six Paths to Find Your Life Purpose
Soul Choices: Six Paths to Fulfilling Relationships
Patrick Andries
Owners Manual for the Mind
Cat Baldwin
Divine Gifts of Healing
Dan Bird
Finding Your Way in the Spiritual Age
Waking Up in the Spiritual Age
Julia Cannon
Soul Speak – The Language of Your Body
Ronald Chapman
Seeing True
Albert Cheung
The Emperor's Stargate
Jack Churchward
Lifting the Veil on the Lost Continent of Mu
The Stone Tablets of Mu
Sherri Cortland
Guide Group Fridays
Raising Our Vibrations for the New Age
Spiritual Tool Box
Windows of Opportunity
Patrick De Haan
The Alien Handbook
Paulinne Delcour-Min
Spiritual Gold
Holly Ice
Divine Fire
Joanne DiMaggio
Edgar Cayce and the Unfulfilled Destiny of Thomas Jefferson Reborn
Anthony DeNino
The Power of Giving and Gratitude
Michael Dennis
Morning Coffee with God
God's Many Mansions
Carolyn Greer Daly
Opening to Fullness of Spirit
Anita Holmes
Twidders
Aaron Hoopes
Reconnecting to the Earth
Victoria Hunt
Kiss the Wind
Patricia Irvine
In Light and In Shade
Kevin Killen
Ghosts and Me
Diane Lewis
From Psychic to Soul
Donna Lynn
From Fear to Love
Maureen McGill
Baby It's You
Maureen McGill & Nola Davis
Live from the Other Side
Curt Melliger
Heaven Here on Earth
Henry Michaelson
And Jesus Said – A Conversation
Dennis Milner
Kosmos
Andy Myers
Not Your Average Angel Book
Guy Needler
Avoiding Karma
Beyond the Source – Book 1, Book 2
The Anne Dialogues

For more information about any of the above titles, soon to be released titles, or other items in our catalog, write, phone or visit our website:
PO Box 754, Huntsville, AR 72740
479-738-2348/800-935-0045
www.ozarkmt.com

Other Books by Ozark Mountain Publishing, Inc.

The Curators
The History of God
The Origin Speaks
James Nussbaumer
And Then I Knew My Abundance
The Master of Everything
Mastering Your Own Spiritual Freedom
Living Your Dram, Not Someone Else's
Sherry O'Brian
Peaks and Valleys
Riet Okken
The Liberating Power of Emotions
Gabrielle Orr
Akashic Records: One True Love
Let Miracles Happen
Victor Parachin
Sit a Bit
Nikki Pattillo
A Spiritual Evolution
Children of the Stars
Rev. Grant H. Pealer
A Funny Thing Happened on the Way to Heaven
Worlds Beyond Death
Victoria Pendragon
Born Healers
Feng Shui from the Inside, Out
Sleep Magic
The Sleeping Phoenix
Being In A Body
Michael Perlin
Fantastic Adventures in Metaphysics
Walter Pullen
Evolution of the Spirit
Debra Rayburn
Let's Get Natural with Herbs
Charmian Redwood
A New Earth Rising
Coming Home to Lemuria
David Rivinus
Always Dreaming
Richard Rowe
Imagining the Unimaginable
Exploring the Divine Library
M. Don Schorn
Elder Gods of Antiquity
Legacy of the Elder Gods
Gardens of the Elder Gods
Reincarnation...Stepping Stones of Life
Garnet Schulhauser
Dance of Eternal Rapture
Dance of Heavenly Bliss
Dancing Forever with Spirit
Dancing on a Stamp
Manuella Stoerzer
Headless Chicken
Annie Stillwater Gray
Education of a Guardian Angel
The Dawn Book
Work of a Guardian Angel
Joys of a Guardian Angel
Blair Styra
Don't Change the Channel
Who Catharted
Natalie Sudman
Application of Impossible Things
L.R. Sumpter
Judy's Story
The Old is New
We Are the Creators
Artur Tradevosyan
Croton
Jim Thomas
Tales from the Trance
Jolene and Jason Tierney
A Quest of Transcendence
Nicholas Vesey
Living the Life-Force
Janie Wells
Embracing the Human Journey
Payment for Passage
Dennis Wheatley/ Maria Wheatley
The Essential Dowsing Guide
Maria Wheatley
Druidic Soul Star Astrology
Jacquelyn Wiersma
The Zodiac Recipe
Sherry Wilde
The Forgotten Promise
Lyn Willmoth
A Small Book of Comfort
Stuart Wilson & Joanna Prentis
Atlantis and the New Consciousness
Beyond Limitations
The Essenes -Children of the Light
The Magdalene Version
Power of the Magdalene
Robert Winterhalter
The Healing Christ

For more information about any of the above titles, soon to be released titles,
or other items in our catalog, write, phone or visit our website:
PO Box 754, Huntsville, AR 72740
479-738-2348/800-935-0045
www.ozarkmt.com

www.ingramcontent.com/pod-product-compliance
Lightning Source LLC
Chambersburg PA
CBHW071932240426
43668CB00038B/1223
9781950608379